THE WAR IN NORTH AFRICA 1942—1943

破晓的军队

AN ARMY AT DAWN

从挺进突尼斯
到解放北非
1942—1943

三届普利策奖得主14年心血巨献

[美] 里克·阿特金森 著
Rick Atkinson

王国平 译
徐进 审校

新世界出版社
NEW WORLD PRESS

AN ARMY AT DAWN: The War in North Africa, 1942-1943 by Rick Atkinson
Copyright © 2002 by Rick Atkinson
Published by arrangement with Henry Holt and Company, New York.
Simplified Chinese translation copyright © 2020 by **Grand China Publishing House**
All rights reserved.

No part of this book may be used or reproduced in any manner whatever without written permission except in the case of brief quotations embodied in critical articles or reviews.

本书中文简体字版通过 **Grand China Publishing House**（中资出版社）授权新世界出版社在中国大陆地区出版并独家发行。未经出版者书面许可，本书的任何部分不得以任何方式抄袭、节录或翻印。

北京版权保护中心引进书版权合同登记号：图字 01-2020-4336 号

图书在版编目（CIP）数据

破晓的军队 /（美）里克·阿特金森著；王国平译. -- 北京：新世界出版社，2020.11
（二战史诗·解放三部曲）
ISBN 978-7-5104-7112-4

Ⅰ.①破… Ⅱ.①里…②王… Ⅲ.①第二次世界大战战役－通俗读物 Ⅳ.① E195.2-49

中国版本图书馆 CIP 数据核字 (2020) 第 159678 号

破晓的军队

作　　者：	[美]里克·阿特金森（Rick Atkinson）
译　　者：	王国平
策　　划：	中资海派
执行策划：	黄河　桂林
责任编辑：	贾瑞娜
特约编辑：	羊桓汶辛　张帝　林晖
责任校对：	宣慧
责任印制：	王宝根　汪勋辽
出版发行：	新世界出版社
社　　址：	北京西城区百万庄大街 24 号（100037）
发 行 部：	(010) 6899 5968　(010) 6899 8705（传真）
总 编 室：	(010) 6899 5424　(010) 6832 6679（传真）
http:	//www.nwp.cn　http://www.nwp.com.cn
版 权 部：	+8610 6899 6306
版权部电子信箱：	frank@nwp.com.cn
印　　刷：	深圳市精彩印联合印务有限公司
经　　销：	新华书店
开　　本：	787mm×1092mm　1/16
字　　数：	600 千字　印　张：36
版　　次：	2020 年 11 月第 1 版　2020 年 11 月第 1 次印刷
书　　号：	ISBN 978-7-5104-7112-4
定　　价：	89.80 元

版权所有，侵权必究
凡购本社图书，如有缺页、倒页、脱页等印装错误，可随时退换。
客服电话：(010) 6899 8638

谨以此书献给那些与我们素昧平生，却曾为我们出生入死的人们。

里克·阿特金森(Rick Atkinson)

二战史诗·解放三部曲简体中文版震撼上市
三度普利策奖获得者
耗时 14 年谱写最恢宏的二战巨著！

二战史诗·解放三部曲（The Liberation Trilogy）：

《破晓的军队》(*An Army at Dawn*)

《战斗的日子》(*The Day of Battle*)

《黎明的炮声》(*The Guns at Last Light*)

二战史诗·解放三部曲影响力：

亚马逊二战历史类畅销图书榜首

《纽约时报》畅销图书榜首

《纽约时报》百本最值得关注的好书

《华尔街日报》年度最佳图书

《华盛顿邮报》年度十大好书

作者凭此系列书再度拿下含普利策历史奖在内的多个重量级奖项

里克·阿特金森是美国最著名的军事历史学家，二战史诗·解放三部曲是其最具影响力的作品。此系列书的创作花费了阿特金森14年的时间，记录了二战中欧洲及北非战场的重大战役。阿特金森从普通士兵的视角出发，展现了现代战争的惨烈、残酷与血腥。《纽约时报》、美联社等著名媒体认为，很难想象有比这套著作更扣人心弦、更具张力、更客观公正和文笔优美的作品，因此这套著作堪称前无古人，后无来者。

里克·阿特金森于1952年出生在德国慕尼黑的一个美国军人世家，幼年曾随父亲辗转世界各地。他先后在《匹兹堡太阳早报》《堪萨斯城时报》《华盛顿邮报》担任记者和编辑，负责内容涉及国防、外交、情报等。其中,他在《华盛顿邮报》担任特约撰稿人和编辑更是长达25年。阿特金森在历史领域著作甚丰，主要作品有《与士兵同战》*(In the Company of Soldiers)*、《漫长的灰线》（*The Long Gray Line*）等。

作为目前美国最著名的军史专家，阿特金森已获得16项与新闻报道、军事历史有关的重量级奖项：

★ 1982年普利策国内报道奖
★ 1983年利文斯顿新闻奖
★ 1984年冠军媒体奖
★ 1989年乔治·波尔卡新闻奖
★ 1989年莫顿明茨新闻调查奖
★ 1990年玛莎·阿尔勃朗特别奖
★ 1999年普利策优异公众服务奖
★ 2003年普利策历史奖
★ 2003年军事史学会杰出图书奖
★ 2003年联邦政府历史学会亨利·亚当斯奖
★ 2007年杰拉尔德·福特杰出报道奖
★ 2009年阿克塞尔·施普林格奖
★ 2010年普利兹克军事图书馆文献奖"终身成就奖"
★ 2013年诺威治大学军事史名誉博士
★ 2014年塞缪尔·艾略特军事历史"终身成就奖"
★ 2014年美国米德兰作家协会"年度最佳非虚构图书奖"

更多资讯，请登录本书官网：http://liberationtrilogy.com

权威推荐

引自 2003 年普利策历史奖颁奖词

《破晓的军队》凭着精湛的文字演绎,为二战北非战场这段被埋没的历史树立了一座丰碑,栩栩如生地再现了将军和士兵们浴血战场的情景。

《纽约时报》

《破晓的军队》是一部非凡之作……作者的叙事技巧娴熟高超,对战场上那些重要的指挥官们的性格刻画得十分生动……读之令人心感愉悦。

《华盛顿邮报》

《破晓的军队》不愧为一部辉煌巨著……本书浓墨重彩地描写了战争时期戏剧般复杂而壮烈的往事。

《华尔街日报》

在《破晓的军队》中,里克·阿特金森用扣人心弦的文字与娴熟的叙事技巧,生动地记录了二战期间北非的战斗史……作为二战史诗·解放三部曲的第一部,阿特金森试图为我们重现美军在欧洲战区的全部战事,本书不愧是一个轰轰烈烈的开端。《破晓的军队》或将成为继科尼利厄斯·瑞恩的经典著作《最长的一天》和《遥远的桥》之后最好的关于二战的纪实类文学作品。

美联社

　　这部战争巨著足以与科尼利厄斯·瑞恩（代表作包括《最长的一天》《最后一役》《遥远的桥》）和约翰·基根（代表作为《战争史》）等大师的杰作媲美。

《科克斯书评》

　　鉴于里克·阿特金森在现代军事史方面的成就，他对美军在1942—1943年登陆北非的战役的叙述所展现出的深刻的历史洞察力也就不足为奇了……这是迄今为止最详尽、最权威的北非战役史。

《军事历史杂志》

　　阿特金森具有非凡的文字驾驭能力，他有化繁为简之才，以及丰富的知识积淀……这是一部让史学家们叹为观止的杰作。

《图书馆杂志》

　　阿特金森为我们献上了讲述二战史诗·解放三部曲的第一卷。登陆北非是盟军指挥的首次联合军事行动，影响了很多未来的决定。阿特金森引用大量的战场报道和档案材料，为读者讲述了一个关于北非战役的精彩故事，即便历史结局早已人尽皆知，这本书仍让人手不释卷。

《堪萨斯城星报》

　　只有里克·阿特金森这样才华横溢、笔耕不辍的作家才能写出这样辉煌的战争史。

《密尔沃基哨兵日报》

　　里克·阿特金森的作品生动鲜明、干净利落……《破晓的军队》给人的一大享受是精心设置的细节描写，譬如：一枚枚嘶嘶入水的贝壳；"头发油光可鉴、须髯威严"的上校；来不及拔出枪便倒在血泊之中的士兵。

《书单》杂志

继畅销书《漫长的灰线》之后，里克·阿特金森又为我们带来了关于二战北非和欧洲战区历史的三部曲，读之令人心潮澎湃。《破晓的军队》为三部曲的第一卷，讲述了1942年11月至1943年5月盟军在北非实施的火炬行动，生动地描述了德军在突尼斯战斗至投降的那段历史，展示出作者在讲述战役时兼顾宏观战略和微观作战的高超技巧……作者对每场战役的背景都进行了精细的研究，读者可以从文字中得知：与初出茅庐的美军相比，久经沙场的德军在利用山地和公路方面拥有多大的优势。本书为三部曲的后续之作树立起令人期待的典范。

《书页》杂志

里克·阿特金森的作品表明，他已如旭日初升，成长为一位胸怀大志的杰出军事史家……他揭开了尘封于历史中的令人惊叹的史实。

《芝加哥论坛报》

《破晓的军队》实为大师之作……这些以性格为导向的生动研究，兼顾政治、战略及战术各层面，重点讲述了那场将轴心国从北非驱逐出境的战役。

《罗利新闻和观察家报》

阿特金森叙述的独到之处在于，他把将领们的战术与前线作战官兵的体验融为一体。

韦斯利·K.克拉克将军　北约前最高司令官

《破晓的军队》是我读过的最令人信服的军事史，它将成为军事史和战略学的经典之作。里克·阿特金森的见解独到，观察细致入微，同时又能始终着眼于大局。上至政府最高层，下至散兵坑，其描述面面俱到。毫无疑问，这是一部史学巨著。

戈登·R. 沙利文将军　前陆军参谋长

《破晓的军队》是一部旷世杰作，兼顾了小规模的战术行动和高层的作战指挥。上至将军，下至列兵，各级官兵都被栩栩如生地展现在读者面前，是一部军人的正史。

保罗·福塞尔　《作战和战争时期》作者

里克·阿特金森的作品读来亲切、朗朗上口，又不失客观公正。《破晓的军队》不仅是一部军事史，同时也是一部社会心理学研究著作。仅凯塞林隘口一役的描写就让本书物超所值，而它仅是随后恢宏篇章的一场激动人心的序幕。我衷心推荐这部充满人性、细致入微、不事张扬的作品。

约瑟夫·L. 加洛韦　《我们当过兵，也曾年轻过》作者

里克·阿特金森出色地创作了这本《破晓的军队》，生动地展现了北非战役——残酷丑恶、形同乱麻，充满个人恩怨、不称职和勉强称职的各色人物。这让我对他的二战史诗·解放三部曲充满期待。

约翰·S.D. 艾森豪威尔　《盟友和密林》作者

从戏剧性的角度来看，突尼斯一役远胜二战其他战役。里克·阿特金森以现实主义手法描述了这场战事的激情与残酷，《破晓的军队》将成为二战史诗中的里程碑。

卡洛·德斯特　《巴顿与艾森豪威尔》作者

《破晓的军队》是一部描述盟军登陆北非的鸿篇巨制。这是一场之前为人所忽略的战役，里克·阿特金森却道出了它的精髓。

马克·A. 施托勒　《盟友和敌人》作者

《破晓的军队》是一部精彩的通史，其深入的研究和出色的写作技法，生动、细致地展现了二战中性命攸关却较易为人所忘的战役。1954年普利策奖获得者布鲁斯·卡顿和美国历史学家谢尔比·福特的三部曲着眼于内战，里克·阿特金森则致力于欧洲战场上的二战。

安德鲁·卡罗尔　《战火家书》编辑

《破晓的军队》绝对是一部杰作。里克·阿特金森以令人震撼的气势诠释了这场战争的人性冲突和历史意义。本书讲述了一个最引人入胜的历史故事。

罗纳德·斯佩克特　《海战和空战》作者

里克·阿特金森凭借细致入微的观察和专注地挖掘史实资料，娓娓讲述了这场战事。这是一部内容丰富、深刻动人的历史，必将成为经典之作。

目 录

序　幕　北非：美国的发家之地　1

第 1 章
枪声响起的地方就是前线　21

罗斯福启动了"火炬行动"，意在歼灭北非的德意军队，占领法属摩洛哥和阿尔及利亚，最后夺取突尼斯。但法国在此三处驻军 20 万，他们是否会抵抗盟军的进攻？崭露头角的美军将领、七拼八凑的美国杂牌军，在 1942 年 11 月 8 日午夜，和英国混合成 10 万大军，搭乘 500 多艘舰艇，兵分三路奔赴北非。如此招摇的舰队如何躲过精明狡诈的纳粹侦察机？一场最大规模的两栖作战在前方等候他们。

"火炬行动"方案　22
调兵遣将　32
突击队的秘密任务　41
美军初出茅庐　49
战事中的政治博弈　58

第 2 章
登　陆　67

1942 年 11 月 8 日，盟军计划采用两翼包抄的方式攻占奥兰及各码头：特里·艾伦的两个团在阿尔泽海滩登陆，特德·罗斯福则率军登陆 X 滩头。"村夫行动"中美军首次空降作战，战果却不尽如人意。为加速盟军在北非的进展，11月9日，克拉克奉命前往阿尔及利亚与法属北非当局谈判。但二战中备受争议的法军上将达尔朗却态度暧昧，出尔反尔、一再变卦。与此同时，盟国远征军总司令艾森豪威尔则对"火炬行动"的进展一无所知……

"漆黑的晚上谁认得是黑猫白猫"　68
登陆北非　78
"村夫行动"　90
战斗到底　95
"我们的骄傲"　106

第3章
滩　头　119

狡猾的达尔朗意识到第三帝国大势已去，旋即下令停止对英美联军的抵抗。虽然行动中延误和混乱的情况层出不穷，但经过3天的交火，盟军终于进入阿尔及尔、攻克奥兰和卡萨布兰卡。"火炬行动"宣告成功，同盟国控制了北非的一些重要战略基地。此次战役也是首次使用登陆舰艇的大规模渡海登陆战役，为整个二战期间的战略进攻提供了经验。之后，盟军挥师大举东进，直扑突尼斯，正如丘吉尔所言："战争并未结束。"

剑指阿尔及尔　120
奥兰上空蓝旗飘　129
"一派混战"　135
决战卡斯巴　146
"战争结束了"　153

第4章
东　进　167

突尼斯先到先得，德军抢先了一步。希特勒意识到，盟军倘若占领北非，他们就可以将外围远征转变成登陆南欧的平台，德军应不惜一切代价守住欧洲的门户。盟军在邻近的阿尔及尔登陆,在战略上确实出其不意,但他们能否好好利用这一优势?他们为什么不登陆海岸线近 800 英里的突尼斯?实际上盟军的登陆计划漏洞百出,空中指挥因明争暗斗而各自为战。一旦不按常理出牌,这支初上战场的军队立马乱了套。

希特勒:守住欧洲的门户　168
打响全面战争　172
与轴心国首次交锋　182
突袭朱代伊德,攫取门户钥匙　190

第 5 章
德国第 10 装甲师的反扑　197

在战役的关键阶段,每个步枪班都弥足珍贵,盟军却白白葬送了一个又一个营,从"预备役行动""终极行动""村夫行动",到阿盖尔、汉普郡团、萨里郡团、突击队、弗罗斯特的伞兵,再到现在只剩 10 辆战车的麦吉内斯第 2 营。一个月的战斗落下帷幕,这只是盟军和轴心国为期 30 个月的苦战的序幕。

与傀儡政府联姻　198
德美第一场坦克战　204
瞎指挥害了第一集团军　220

第 6 章
关隘之国　239

阿尼姆中将接管德国第五装甲集团军,转而防守,备战接下来的战斗。盟军预备在平安夜一战投入 80% 的兵力。但在发动攻势前,必须先拿下朗斯托普山。突尼斯战役陷入僵局。法军不肯听命于英方安德森的指挥,英美关系出现裂痕,德军明显更善于打仗……与此同时,美军渐渐在血的教训中学会了作战,也学会了恨。

冷溪近卫团的致命失误　240
达尔朗上将被暗杀了　253
美军战术漏洞　258

第 7 章
战争是条分界线　267

盟军首领齐聚卡萨布兰卡规划行动方案。丘吉尔深知统制地中海等于统制西方，也决定英帝国在埃及、中东和印度的命运；罗斯福则认为地中海是个无底洞，扩大战线只会耽搁登陆法国。关键问题是：如何将盟军作战资源分配到太平洋和大西洋两个战场？下一仗从何处下手？针对欧洲轴心国的战争是否会沦为和德国小跟班意大利的持久战？他们都已意识到，卡萨布兰卡会议是美国的关键时刻，也是世界史掀开新一页的转折点。

盟军智囊团齐聚卡萨布兰卡　268
撤出诱饵第 2 军　273
英美战略分歧白热化　284
美国人失了一着　300

第 8 章
前线"无"战事　305

"撒坦行动"中途夭折，盟军策划者又另起炉灶。东多塞尔是盟军在麦杰尔达河南岸的第一道防线，交给了法军。面对来势汹汹的轴心国部队，法军是否靠得住？本以为马克纳西大捷可以弥补法伊德溃败之过，不料却在舍涅德车站苦战了一天。美军的进攻成了强弩之末。指挥官之间的信任轰然崩塌，安德森和法国人怀疑美国人，艾森豪威尔怀疑弗雷登多尔……东多塞尔对面新鲜猎物（美国人）的味道，将成为"老狐狸"隆美尔的一剂良药。

法军成了送去引诱老虎的羊　306
D 战斗群的小打小闹　316
隆美尔：这都是补给问题　323
今晚大开杀戒　333

第 9 章
凯塞林之战　343

盟军在西吉·布·吉特遭遇德军强力反击后整合兵力，在哈姆拉山脚下重新发动反击。

攻破凯塞林隘口后，势如破竹的盟军长驱直入，节节败退的隆美尔凭借有限的条件顽强抵抗。艾森豪威尔和亚历山大的意见不合，英美合作关系也受到威胁。最终拿下凯塞林，是盟军的努力还是纯粹的巧合？

西吉·布·吉特战役：来势汹汹的德军　344
哈姆拉山反击战　354
斯贝特拉的灾难　360
隘口失守："沙漠之狐"的最大过失？　374
隆美尔的手段　380
凯塞林传奇陨落　389

第 10 章
早已名存实亡的世界　403

一心要整顿军纪的艾森豪威尔终于重新起用了他又爱又恨的巴顿，后者回到了第 2 军，继续用粗话鼓励着他的弟兄们。与此同时，乐观过头的阿尼姆将军又策划了几次军事行动，但都以失败告终。德军的形势不容乐观，元首纵观全局，终于下达了一个愚蠢得令隆美尔无比头疼的命令……

雷德奥克的不眠之夜　404
巴顿"驾到"：第 2 军的福音还是噩梦？　407
"卡普里行动"与阿尼姆的乐观主义　416
元首的死命令：坚守马雷特防线　426

第 11 章
分崩离析的联盟：英美联军的内部危机　439

从加夫萨到丰杜克，盟军一路挺进，可是队伍内部并不和谐。哈罗德·亚历山大将军频频越权，巴顿对他的行为提出抗议。艾森豪威尔甚至开始拿败军之将"开刀"，越来越多的将领被解职。虽然北非战事已到尾声，但盟军还能走得更远吗？

特德·罗斯福的勋章：血战加夫萨　440
铩羽而归：沃德的最后一场仗　454

巴顿的抗议　463
亚历山大无计可施：易守难攻的丰杜克　473

第 12 章
最后的要塞：北非战场的终章　489

对于德军来说，北非战场无疑是第二个斯大林格勒。但对盟军来说，却是一次绝佳的"实习"。装备、单兵作战能力、凝聚力和战斗力等各方面都得到了大幅提升，涌现出了无数能征善战之辈。然而，战争还没有结束，英雄们匆匆打完这一仗，奔赴下一个战场……

地狱的犬牙：突尼斯桥头堡　490
决战前的决战：势如破竹的蒙哥马利　500
"阿道夫，来清点你的喽啰！"　509
胜利的欢呼：攻陷突尼斯　522

后　记　541

盟国指挥系统
1942—1943 年，突尼斯战役

盟国远征军最高统帅：艾森豪威尔
盟国远征军最高副统帅：克拉克
盟国远征军最高统帅部参谋长：史密斯

海军司令：坎宁安　　　　　　　　　　　　空军司令：特德

第十八集团军群：亚历山大（1943 年 2 月）

美国第五集团军：克拉克（1943 年 1 月）　　　法军：吉罗
　第 2 装甲师　　　　　　　　　　　　　　　法国陆军：朱安
　第 3 步兵师

英国第一集团军：安德森　　　　　英国第八集团军：蒙哥马利

第 5 军：奥尔弗里　　第 9 军：克罗克　　　第 10 军：霍洛克斯　　　第 30 军：利斯
第 78 师　　　　　　（1943 年 3 月）　　　弗莱伯格（1943 年 4 月）　第 2 新西兰师
第 6 装甲师（1943 年 1 月）　霍洛克斯（1943 年 4 月）　第 1 装甲师　　　　　第 50 师
第 1 师（1943 年 3 月）　第 46 师　　　　　　第 7 装甲师　　　　　第 4 印度师
第 4 师（1943 年 4 月）　第 1 装甲师　　　　　第 56 师　　　　　　第 201 近卫旅
　　　　　　　　　　第 7 装甲师
　　　　　　　　　　第 4 印度师
　　　　　　　　　　第 201 近卫旅（1943 年 4 月 1 日至 5 月）
　　　　　　　　　　第 6 装甲师（1943 年 3 月）

美国第 2 军：弗雷登多尔　　　　法国第 19 军：埃尔茨
巴顿（1943 年 3 月）
布拉德利（1943 年 4 月）
第 1 装甲师：沃德
哈蒙（1943 年 4 月）
第 1 步兵师：艾伦
第 9 步兵师：埃迪
第 34 步兵师：莱德

标准单位换算表

1 英寸 =2.54 厘米	1 英尺 =0.304 8 米
1 英里 =1.609 34 千米	1 码 =0.914 4 米
1 寻 =2.67 米	1 英寻 =1.828 8 米
1 海里 =1.852 千米	1 英亩 =4046.856 4224 平方米
1 平方英尺 =0.09 平方米	1 平方英里 =2589 988.1 1 平方米
1 平方码 =0.836 平方米	1 立方英尺 =0.03 立方米
1 盎司 =28.349 523 克	1 磅 =0.453 592 千克
1 加仑 =3.785 43 升	1 品脱 =0.568 升
1 美制蒲式耳 =35.238 升	1 英制蒲式耳 =36 升
CC（液体单位，现称毫升）	1 华氏度 = - 17.22 摄氏度
1 节 =1.852 千米 / 小时	

两军交战，
短兵相接，
身披铜甲的战士奋力拼杀。
盾牌相接，车轮相碰，杀声震天。

——荷马史诗《伊利亚特》第四卷

序 幕

北非：美国的发家之地

  27英亩墓石排满了突尼斯迦太基美军公墓。这里没有方尖碑、墓穴或华丽的纪念碑，只有2 841块2英尺高的灰白色大理石墓碑，一列列纵横笔直。非同寻常的是刻在碑上的名字和阵亡时间。其中240块墓碑用英语刻着一段令人伤感的文字："一位光荣的无名战士长眠此处。"一堵长长的灰岩石壁上题着3 724个至今仍下落不明的士兵的名字，以及一句祝祷词："主啊，他回到了你的怀抱。"

  墓地建在迦太基的废墟上，距古老的迦太基古城仅一掷之遥。晨风裹挟着桉树的味道和地中海的腥风，非洲的黎明仿佛出自银匠之手，闪着一丝白光。突尼斯的恋人手挽手信步流连于狼尾草地上，或在被累累的橙色浆果和猩红的木芙蓉环绕的凉亭长凳上歇息。翠柏和沙枣树环绕的墓地，点缀着金合欢、阿拉伯松和扁叶柚木。一架钟琴整点准时奏响赞美诗，钟声中夹着祷告时间的通知，呼唤信徒去就近的清真寺祈祷。

  另一堵墙上刻着1942—1943年这些军人阵亡的战役名称——卡萨布兰卡、阿尔及尔、奥兰市、凯塞林、爱尔圭塔、西迪恩西尔、比塞大，以及一行引自雪莱诗歌《阿童尼》中的诗句："他已脱离了我们这片苦海。"按照

AN ARMY AT DAWN
破晓的军队

突尼斯政府立碑的规定，墓碑不能刻死者的墓志铭和悼词，甚至生卒年月。但熟悉这段历史（即 1942 年美英联军登陆北非后将轴心国逐出北非的为期 7 个月的战斗）的游人，不难做出合理的推测。

我们可以猜测 1942 年 11 月 9 日牺牲的第 26 步兵团上等兵威利·H. 华莱士，是在与法军苦战三日后于阿尔及利亚圣克卢阵亡的；两位来自新泽西州第 18 步兵团的二等兵沃德·H. 奥斯蒙和弟弟威尔伯·W. 奥斯蒙，想必是 1942 年圣诞夜在朗斯托普山（盟军第一波大举进攻在此受阻超过 5 个月，事后证明，此地与突尼斯近在咫尺）的血腥战斗中双双牺牲的；伊格内修斯·戈洛瓦奇，这位于 1943 年情人节牺牲的第 701 反坦克营上等兵，一定是在德军大举反攻凯塞林隘口时阵亡的；1943 年 4 月 29 日牺牲的第 135 步兵团中士雅各·范斯坦，无疑是在争夺 609 号高地的战斗中死去的。

突尼斯战场一游，可以让你进一步了解这场战役。半个多世纪以来，时间和风雨洗净了爱尔圭塔、凯塞林和朗斯托普山土地上的痕迹，但堑壕仍在，锈迹斑斑的 C 型干粮罐和弹片如玉米种子般散落四野。危险的低洼地，居高临下的制高点，这些留存的地形依旧时刻提醒着人们：在战场上，地势决定胜负。

不过，在了解了军方的周密计划，以及这个营或那个步枪班的行动之后，我们又渴望更深入地挖掘细节，了解散兵坑中的每一个士兵。比如，1942 年 12 月 24 日二等兵安东尼·N. 马尔菲奥尼到底在何处阵亡？1943 年 4 月 9 日希尔·P. 库柏弥留之际想到了什么？1942 年 12 月 25 日哈利·K. 米德奇夫中士阵亡时是否孤身一人，有没有好心人紧握他的手，亲吻他的额头？

他们已脱离了战争的苦海，在这片茫茫旷野上安息，但他们的日记、信函、官方报告和非官方记录，包括战后保存至今的文件，仍详尽地揭示了尘封 60 年之久的一段段故事。文字记录具有超凡的力量，即使再也没有亲历者讲述战时岁月，但二战发生的故事将永远载入国家的史册和轶传中。作者的任务是去伪存真：根据文字记录，证明这些事确实发生过，让历史显得更真实可信。

不过,孰是孰非,应该交由读者判断。作为一介凡人,我们只能靠想象回忆逝者。

作为 21 世纪的读者,如果不了解 1942—1943 年在北非进行的战事,就无法理解 1945 年同盟国在二战获得的最终胜利。解放西欧是一部三幕的历史剧,每一幕都环环相扣——第一幕是北非,第二幕是意大利,最后一幕是诺曼底登陆,以及纵贯法国、低地国家和德国的各大战役。

回溯 60 年历史,我们不难看出,北非是美国历史发展的关键点,是美国担纲军事、外交、战略与战术大国重任的发家之地。轴心国军队在北非和斯大林格勒(现伏尔加格勒)、中途岛永久丧失了主动权,大不列颠帝国此后在英美同盟中沦为附庸角色,而美国则在这里崭露锋芒并自此成为千禧年后的主导力量。

世间不存在必然,士兵血洒疆场、盟军最终获胜,甚至美国最终称霸,这些都并非历史必然。历史犹如一个人的命运,没有定数,只等着每个人来亲自书写。

与诺曼底登陆或阿登战役相比,北非战场最初多为小规模的交锋,涉及的不过是几百人的排或连。6 个月内,这场战役逐渐演变成数十万人的集团军群之间的战争,这一规模的斗争一直持续到二战结束。北非登陆为欧洲战场拉开了帷幕,其间伤亡、失踪的盟军士兵高达 7 万。

在二战中,论战争的复杂性、计谋、风险,以及美国陆军航空史所指的"出奇制胜的战术",没有哪次行动堪比北非登陆。此外,这是英美联军发动的首次战役,登陆北非明确了参战方和战略方向,为盟军下一步战略的确定奠定了基础。

北非登陆是盟军和德军的第一次交锋,初次检验了盟军地面部队的实力,确定了接下来两年战争的格局和主旨,包括盟友间的团结和反目。事实上,这场战役和以往美国参与的所有战役获得的初期经验一样，揭示了一条真理，那就是即使一支军队缺乏作战经验，仓促上阵，但依靠坚定的决心和独出心裁的战术，最终也能大获全胜。

北非是美国工业发展壮大之地，自此美国以"盟军军火库"闻名于世，不过这并非如某些历史学家所言，是其唯一可取之处。正是在此地，美国人第一次发自内心地意识到将才和胆识、策略和速度、主动出击和坚韧毅力的重要性。

正是在北非，同盟国达成一致意见：只有德军无条件投降，才可以结束战争。正是在北非，盟军实施了一项饱受争议的策略：放弃突袭西北欧、意大利的西西里岛和法国南部，首次在外围战场（地中海）打击轴心国。

北非，是盟军从战略上制定摧毁德军的策略之地；北非，是盟军摧毁第三帝国战无不胜的神话之地；北非，恰如一位德国将军后来承认的，是许多轴心国士兵对指挥官丧失信心、"无心恋战"之地。

北非，是西方许多伟大的指挥官脱颖而出之地，如艾森豪威尔、巴顿、布拉德利、蒙哥马利和隆美尔，以及其他不应被埋没的人才。北非肯定了威廉·特库姆塞·谢尔曼（*美国南北战争中的联邦军将领，以火烧亚特兰大和向海洋进军的战略而闻名于世。——译者注*）的带兵策略："每支军队都要有一位灵魂人物。如果一位将军不能调动部下的热血豪情，他就不可能发挥部下的全部潜能。"在北非，具有领导才能的军人踏上晋升之路，而其他人则中途败阵。

正是在北非，美军士兵尽展杀气。说起战争，许多美国士兵第一次领略了一个硬道理："这是一场极其恐怖的战争，卑鄙、狡诈，绝不像我们在家乡报纸上所读到的那样正义凛然。"一名士兵写信给身在俄亥俄州家中的母亲："我和身边的伙伴都绝不手软，这种事我们见得太多了。"记者厄尼·派尔记录道："在这份全新的职业中，杀戮是一门技术。"正是在北非，讽刺和质疑，折射出无数普通士兵的感受。"最后一战通常是结束战争的战争，但登陆北非的结束却仅仅是战争的开端而已。"一名英国兵恰如其分地表达了这种盛行于北非将士群体中的讽刺态度。

序　幕

北非战区盟军总司令德怀特·D.艾森豪威尔将军，摄于1943年初，阿尔及尔。（除特别注明外，照片均出自美军通讯兵团档案馆）

登陆北非60年后，二战和参战的军人均蒙上了一层神秘面纱。老兵们被奉为"最伟大的一代"，但事实上他们并不寻求这种褒奖，甚至将之斥为无稽之谈。基于某种感情，二战史注定是一部圣徒传记，其中的兄弟们英勇豪迈，姐妹们则贤良淑德。诚然，北非战役中，勇士和贤士层出不穷，但懦夫、蠢货与腐败堕落者亦不乏其人。北非登陆之后的战役中，枪杀、强奸平民，屠杀俘虏，在尸体统计数据上弄虚作假等丑闻也屡见不鲜。

这是一个充满诡计和暗算的年代，一个牺牲自我和自私放纵并存的年代，是一个模棱两可、暧昧不清的年代，既有大爱和真情，也有仇恨和屠杀。这个时代英雄辈出，但这些英雄也并非完全清白无瑕。在迦太基，英雄和懦夫比肩长眠。

美国将向欧洲派遣61个师，近200万官兵，堪称史无前例。我们不难猜测，那些后来埋葬在迦太基公墓的士兵，谁都不曾料到自己会长眠非洲。不过，恰恰是1939年9月1日，从德国入侵波兰这天起，他们后来不得不走上了北非征途，我们要从头说起的恰恰是彼时彼地。

因酗酒和抑郁症，记者厄尼·派尔体形消瘦，体重仅100磅。为了让美国人了解战争，他带着一台打字机抵达北非。照片是1942年12月初他在阿尔及利亚附近的圣克卢和伤员在一起。

★ ★ ★

这场战争持续了2 174天，平均每天夺去27 600条生命，每小时夺去1 150条生命、每分钟夺去19条生命。1939年9月1日是这场战争的第一天，也是在这一天夺去了第一批生命。德军出动60个师，闪电式进攻波兰，在4个星期内打死10万余名波兰士兵，有2.5万余名平民在轰炸中丧生；另有1万余名平民被屠杀，其中多半是中产阶级职业人士；余下的2 200万人归顺第三帝国。"好好看看华沙，"希特勒在视察这座沦为一片废墟的波兰首都时对随行的记者说，"欧洲任何一座城市，都将是这个下场。"

9月3日，法国和英国向德国侵略者宣战，但战事平息了6个月，期间希特勒巩固了战果，酝酿着下一步的行动。1940年4月初，德军占领丹麦，继续进攻挪威。一个月后，德军136个师横扫荷兰、比利时、卢森堡和法国。丘吉尔是一位五短身材、百折不挠、口若悬河却又口齿不清的政治家，这位5月10日刚刚走马上任的英国首相兼国防大臣对富兰克林·罗斯福总统说：

"这些小国被一一击垮了。"这是 20 世纪最重要的信件中的一封,是丘吉尔发给罗斯福的 950 封私人信件中的第一封。

法国不小,却不堪一击。德军战术失误,英军才得以分乘 900 艘船,从敦刻尔克北部港口撤出 33.8 万余名官兵。6 月 14 日,德军先头部队长驱直入巴黎协和广场,在凯旋门上挂上一面巨大的纳粹党旗。在法国分崩离析之际,德国的轴心国同党——贝尼托·墨索里尼领导下的意大利政府也向法国和英国宣战。"当初他们贪生怕死,不敢参战,"希特勒说,"这时候又匆忙宣战,想借机从中分一杯羹。"

在法国内阁如惊弓之鸟般仓皇逃到波尔多后,一位德高望重的人物挺身而出,领导法国的残余政府,他就是一战中的凡尔登英雄,如今年届 84 岁依旧精神矍铄、谜一般的菲利普·贝当元帅。贝当一度声称:"只有在真正大难临头的时刻,他们才会来请我出山。"

不过连贝当也不曾见过这样的灾难,他向德国请求媾和,柏林方面应允。在希特勒看来,与其冒险让法国在北非殖民地继续战斗,倒不如开出一个聪明的停战协定:法国南部 40% 的领土,不包括巴黎,仍由贝当政府统辖,德军不予占领。法国的新首都设在旅游胜地维希,法国在这里继续统辖其海外殖民地,包括摩洛哥、阿尔及尔和突尼斯等,总面积达 100 万平方英里,人口 1 700 万,多数为阿拉伯人和柏柏尔人。法国可以在北非保留自己的舰队和一支 12 万人的军队,誓死抵抗一切侵略者,尤其是英国。为顺利推行这项协定,德国将扣留 150 万法军战俘作为人质。

贝当元帅满口答应,且得到了大多数效忠他的法国高级将领和文职人员的拥护。然而,严词拒绝的人也不在少数。流亡伦敦、49 岁的戴高乐准将拒不承认与法西斯魔鬼签署的一切条约,同时以自由法国的名义宣布:"无论局势如何变化,法国抵抗运动的火焰不应也不会熄灭。"整个欧洲从挪威北角到比利牛斯山脉(*法国、西班牙交界处山脉名。——译者注*),从大西洋到布格河,如今都在希特勒的铁蹄之下,德国联合意大利与日本签订了三方同盟。这期间,日本一直在亚洲单打独斗,发动血腥战争。由此,轴心国做起了统一全球的美梦。"这一仗准赢，"希特勒对墨索里尼说，"只是时间问题而已。"

希特勒似乎夸下了相当大的海口。此时的英国继续孤军奋战，丘吉尔对下议院说："我们为众生而战，每时每刻都在力求生存。"自从纳粹德国空军被英国皇家空军打败之后，德国企图横渡英吉利海峡入侵英国的计划一推再推。虽然皇家空军飞行员3个月内击落近2 500架德军飞机，击毙6 000名纳粹德国空军飞行员，从而拯救了这个国家，但从1940年起，号称闪电战的德军轰炸始终不曾间断，屠杀了成千上万的英国平民，英国付出巨大代价。

丘吉尔也得到了罗斯福的援助。罗斯福虽承诺美军不参战，但他愿意推动美国放弃中立。罗斯福的心腹哈里·霍普金斯向丘吉尔代为转达了他真挚的慰问。1941年1月，霍普金斯援引《路得记》(The Book of Ruth) 中的话对丘吉尔说："无论你到哪里，我随你左右，你在哪里，我就在哪里；你的子民就是我的子民，你的上帝就是我的上帝。哪怕是天涯海角。"罗斯福送给丘吉尔50艘驱逐舰，换取英国在加勒比和西大西洋的军事基地。1941年春，罗斯福推动国会通过一项为同盟国提供战争物资的租借法案。直至战争结束，美国共援助同盟国3.7万辆坦克、80万辆汽车、近200万支步枪、4.3万架飞机。因此导致的飞机短缺，使美军飞行员的训练科目一减再减。不过到了1941年，用帝国参谋总长艾伦·布鲁克将军的话说，英国已"陷入了绝境"。

另一方面，希特勒大失所望，西班牙拒绝加入轴心国，或者说是拒绝放弃中立，不允许德国进攻驻守直布罗陀的英军堡垒，后者扼守地中海入口。1940年10月28日，意大利军队在不告知柏林的情况下擅自入侵希腊。"元首，我们已经出征！"墨索里尼大声宣布，但很快就发现自己计划欠周、招架不住，以至于德军不得不插手收拾烂摊子，击退一支被派去拯救巴尔干国家的英国远征军。1941年4月，希腊沦陷。一周之后南斯拉夫也沦陷，德国空军在一天之内炸死了1.7万余名南斯拉夫人。

墨索里尼同时出征非洲，从意大利殖民地利比亚进攻仍由英军占领的前英国保护国埃及。1940年12月,英军联合澳大利亚军队反攻,重创两倍于己的意大利军队,一举歼灭15万敌军。轴心国南翼岌岌可危,希特勒又被迫回过头来救墨索里尼,派早前驻波兰大本营指挥的魅力超凡的装甲军司令艾尔温·隆美尔,带领一支新组建的非洲军团远赴利比亚。隆美尔将军于1941年5月中旬抵达的黎波里,发动了一场持续两年、纵横北非沿海的战役,先是进攻英军,继而进攻美军。

1941年,两件彪炳史册的大事改变了战争格局。第一件事发生在6月22日,希特勒撕毁与苏联领导人约瑟夫·斯大林在1939年签署的、答应他分东欧一杯羹的《苏德互不侵犯条约》,出动近200个师的兵力入侵苏联。德军在一天之内摧毁了苏联四分之一的空军,4个月内占领了60万平方英里的苏联领土,俘获了300万红军,屠杀了无数犹太人和平民,将战线推进到距离莫斯科仅65英里之处。但4个月后,德军20万余人阵亡,72.6万人负伤,40万余人被俘,另有11.3万余人因冻伤而致残。

第二件大事发生在地球的另一端。同年12月7日,日本航母出动366架飞机,偷袭位于珍珠港的美国海军太平洋舰队,炸沉或炸毁锚泊的8艘战列舰,摧毁11艘其他军舰,2 400人死于非命。同一时间,日本还进攻了马来西亚、英占香港和菲律宾。为声援日本盟友,希特勒和墨索里尼立即向美国宣战,这或许是希特勒最大的失策,一如英国历史学家马丁·吉尔伯特所写,这是"二战中最具决定性意义的行为"。因为这样一来,正如1917年的第一次世界大战那样,美国肯定会作为交战国重返欧洲。

"获悉美国卷入战争,"丘吉尔事后写道,"我怀着蒙救和欣慰的心情上床睡了一觉。"

★ ★ ★

距离德国入侵波兰已过去2年3个月又7天,美国本应好好利用每一分钟积极备战。然而丘吉尔派驻华盛顿的首席军事代表、陆军元帅约翰·迪尔爵士却向伦敦报告,备战序幕虽长,美军"应战之仓促却令人难以想象"。

1939年9月1日，论规模和作战能力，美军排名第17位，居于罗马尼亚之后。在德军出动136个师占领西欧9个月后，美国陆军部一份报告称，自己只能投入5个师。美国就连本土防御能力都不堪一击：一部分沿海守军20年内没动过真刀真枪，陆军高射炮不足，甚至守不住一座美国城市，陆海空三军形同虚设。

这项任务启动时，美国首先在1940年秋征兵1 600万，军种涵盖陆军和国民警卫队。不过，新兵和刚刚并入联邦的警卫队各部的服役期限按律为12个月，而且服役范围只限西半球或美国本土。体检标准同样相当严格，但不多久，新兵请求军方不要检查视力，只点人头。应征新兵要求高于5英尺（约1.52米），体重达105磅（约95斤），不少于12对牙齿，没有扁平足、性病和疝气。但不合格的应征者仍不下40%，足见经济大萧条对国民健康的影响。

按征兵条例，军队不得征收为人父者、重刑犯和不满18岁者，这些条例同样沦为一纸空文。有近200万人因精神疾病不合格，尽管筛选期间往往仅以"你喜欢女孩吗？"这类问题走个过场，一位官员暗示，鉴于"军队不愿征收心理异常或异于常人的士兵"，不合格率相当高。

一项1940年10月的盖洛普民意调查显示，民众普遍认为美国年轻一代"散漫懦弱、耽于安逸、玩世不恭、意志消沉、思想左倾"。一位社会学家断定，"要将一名不羁的美国公民培养成士兵，无异于驯服一头兽性十足的野兽"。对这一说法，许多教官深表认同。1941年12月7日之前，对美国人而言，所谓的"敌人"既抽象又遥远，美军对他们没有刻骨之恨，也没有与之交战的冲动。据《时代周刊》报道，珍珠港事件前夕，士兵还对罗斯福和陆军参谋长乔治·C.马歇尔将军的新闻纪录片嘘声一片，而对不参战主义则大声表示支持。

美军的装备和武器也不容乐观，士兵训练时以排水管当反坦克炮，以大礼帽当迫击炮管，以笤帚当步枪。采购武器需要大量经费，而每款武器都要钱。美军资金短缺，因轻武器远比重武器便宜，所以采购轻武器较多。

1939年他们只造了6辆中型坦克。一首讽刺小调唱道："坦克就是坦克，坦克很珍贵，今年也不会有坦克。"这从一个侧面反映了他们对战马的忠贞不渝。即使德军闪电战标志着机械化战争的到来，《骑兵杂志》在1940年依然载文道："大军迅速出击不过是一句空谈，燃油和轮胎可不像饲料那般俯拾皆是。"1941年，陆军骑兵司令向国会保证，4名一字排开的骑兵可以进攻半英里的开阔地带，毫发不损即可捣毁一个敌军的机枪点。在珍珠港事件4天前，他正对美国骡马协会说："这帮汽车狂是鬼迷心窍，妄想将战马排除在战争之外。"事实上，当时美国最后一个陆军骑兵团已贱卖了自己的坐骑，以飨在菲律宾巴丹忍饥挨饿的驻军。一阵就餐铃，就这样轻描淡写地为骑兵时代画上了句号。

1940年动员令发布之初，美国陆军只有1.4万名职业军人，后来发展成多达800万的大军。两次世界大战间的美军实属一帮乌合之众，一位权威人士称之为火灾隐患——轻便手杖这种旧军队的法宝只配充当烧火棍。以反腐委员会著称的陆军部秘密委员会着手清理了数百名昏庸无能的年迈军官。1941年在职的美军军官，没有一个人曾在一战中指挥过一个师的兵力，校官平均年龄48岁。国民警卫队则更加僵化保守，近四分之一的中尉年过四十，高级职务多由没有从军经历的政客掌握。此外，18个州的国民警卫队均劣迹斑斑——贪污、弄虚作假、收受回扣和任人唯亲。

不过，这位巨人在渐渐苏醒。1940年，美国国会为军队拨款90亿美元，远超自1920年来陆军部军费的总和。这座传说中的民主国家的兵工厂渐渐发展壮大，尽管1941年生产的军事物资有近一半到了租借法案受益者的手中（包括租借给苏联的1.5万副截肢锯和2万把截肢手术刀）。此后，又有一大批有为的职业军官开始崭露头角。2年3个月又7天的备战期结束，现在到了开战的一刻。

★★★

不过，该从何处下手？20世纪20年代初，美国军事家认为最有可能的敌人是东京，因为美国和日本都觊觎太平洋霸权。但在1938年，美国与英国进行了一系列非正式会晤，两国之间的友谊日益增进。在英国的影响下，华盛顿日益深信德国极为可怕，大西洋航道应始终控制在友军的手中。在所有潜在的敌人中，德国拥有雄厚的工业基础和军事实力，因而成为美国的心头大患。美国在1940年12月的一份战略报告中指出，如果英国战败，"我们将面临严峻的问题，或许我们哪里都不会输，但同时我们哪里也不会赢"。

经一改再改，美国的作战方案最终确定为"彩虹5号"战略计划：倘若美国参战，1941年春由美国、英国和法国实施联合行动，会合较早前派去的美军部队，"一举消灭德国或意大利，或一箭双雕"。驻守太平洋的部队留在原地作为战略防守，直至欧洲敌人缴械投降。即使珍珠港全军覆没，也没有动摇罗斯福及其军事顾问的信念，他们始终认为要"先取德国"，这仍是二战中最关键的一项战略原则。

珍珠港上空的硝烟尚未散尽，丘吉尔即抵达华盛顿作进一步的会晤。这次代号为"阿卡狄亚"（ARCADIA）的会议未能拿出一个具体的英美进攻方案，但首相和总统重申了"先取德国"的决定。此外，1942年1月1日，26个自称"联合国"成员的国家签署了一项协议，声明在达成一致意见前，绝不单方面与法西斯集团媾和，并且以谋求"生命、自由、独立、宗教信仰自由、维护人权和正义"为己任。

美国人摧毁第三帝国的计划简单而直接——直捣柏林。陆军参谋长马歇尔将军宣布："借道法国这条捷径直捣德国的心脏。"法国西北部沿岸距德国首都不过550英里，平坦的土地上纵横交错的公路和铁路网也是切断德国战争工业的关键。倘若希特勒是攻击目标，美国人的本能"无疑是尽快借这条捷径，将他生擒活捉"。一位英国军官说，美国人"好大喜功，他们想报仇雪恨，他们想打仗"。

集中火力是尤利西斯·S.格兰特从内战流传下来的美式作战方针。要想取胜，最稳妥的办法莫过于彻底歼灭敌军，打得他们无力翻身，再也无法重新发动战争。作为世界上最有实力的工业大国，且拥有一支1 200万士兵的军队,美国有获胜的实力,尤其是现在,美国和英国、苏联、中国结成了强大的联盟。对此,一位出身堪萨斯州的青年美国将军道出了憋在美国人心中的怒火,他的勤奋程度、组织才能和灿烂笑容让他成为陆军部的后起之秀。"我们必须去欧洲作战,"1942年1月22日,德怀特·艾森豪威尔在日记中写道,"我们不能再浪费全世界的资源,更不能再浪费时间。"

身为陆军参谋部新任作战计划局长的艾森豪威尔协助起草了变战略冲动为行动的蓝图。1942年春,一项分三个部分的美国提案终成定稿。按此代号为"波列罗"(BOLERO)的计划,美国将用一年的时间,运输军队和物资横穿大西洋,到英国筹建基地。按"围歼"(ROUND UP)计划,他们将在1943年4月集结兵力,在5 800架飞机的增援下,出动美国和英国的48个师,横渡英吉利海峡,登陆法国,先头部队之后夺取比利时港口安特卫普,再向莱茵河推进,倘若登陆前德国仓皇撤退,或苏联在东线吃紧,需要牵制敌人,将启动代号为"大锤"(SLEDGEHAMMER)的计划,于1942年秋出动5~10个师的兵力,发动一次小规模的"紧急"突击,占领法国滩头,可能是瑟堡或加莱,尽可能多地牵制德军。

丘吉尔和手下的司令官原则上一致赞同1942年4月的作战计划,随后即刻动身回国。在这场战争中,英国被逐出欧洲大陆已达3次,分别在敦刻尔克、挪威和希腊,他们不愿冒第4次败北之险,仓促横渡英吉利海峡发动进攻。"我们会再度被赶出欧洲大陆。"艾伦·布鲁克警告说。眼下驻扎在法国的德军不下24个师,德军可以调整内陆战线,从东线调动部队,追加兵力,封锁盟军的任何一个滩头。

"大锤行动"着实难为英国,此行动出动的兵力多为英军,而美军此时仍在横渡大西洋。一项对英吉利海峡此前10年天气的研究表明,一如1588年西班牙舰队全军覆没时的天气,秋季频繁的大风或许会让盟军远征军桅断樯折。与此同时,轴心国在空中占有6对1的优势,可以3倍于盟军的速度增援进攻地点;驻法德军很可能根本不需要苏联前线的增援,就可以封锁或剿杀盟军桥头堡,因为后者不堪一击,甚至被一些怀疑人士称作"小钉锤"。

在北至北极圈、南至比斯开湾的西班牙边界，希特勒已动手建设了一道庞大的沿海防御工事，不少设计者认为欧洲壁垒坚不可摧，在他们看来，盟军只能登陆利比亚，即非洲西海岸的中段，由此打开一条通道。

丘吉尔和手下的各路司令一样忧心忡忡。"他惊恐地否决了一切正面进攻欧洲的提议。"一位英国将军事后回忆道。首相警告说，盟军如果兵败法国海岸，"我们就很可能输掉整场战争"。即使急于讨好从北美洲远道而来的救星，他也没有忘记一战中的百万亡灵。他认为，登陆一次法国，就要损失50万条人命；如果失败，他们就白白牺牲了。"漂浮在英吉利海峡上的尸体在他心头挥之不去。"乔治·马歇尔事后说道。提到"大锤行动"，马歇尔认为这是帮助苏联人的"亏本买卖"，简直让人如鲠在喉。

美国首推的战术是集中兵力打一场大规模会战，而英国却恰恰相反，他们本能地想要避免大规模登陆战。几个世纪以来，英国凭借庞大的海军队伍保护本土，维护英国遍布全球的利益。英国惯于打持久战，尽量降低损失和风险，以谋制胜，将战火限制在帝国的外围。1914～1918年身陷堑壕战的绝境，算是英国战略原则的一次例外。丘吉尔甚至希望，通过包围和压制希特勒的帝国，盟军可以扶植被德国奴役的欧洲民众起来反抗，民众的反抗将使德军元气大伤，此时英美联军就可以一举消灭疲于奔命的德国。

北非看来是实施这一计划的理想之地。1941年8月，英国军官首先提出英美在此采取联合行动的可能性。当年年底在华盛顿举行的"阿卡狄亚"会议期间，丘吉尔重提了这一设想，这项计划当时的代号为"超级体育家"（SUPER GYMNAST），凭着传教士般的孜孜不倦的热忱，他整个春天都在翻来覆去地提出这个议题。

每逢说到一个重点，丘吉尔首相就以他标志性的雪茄一指，向在场的众人一一陈述种种裨益：占领摩洛哥、阿尔及尔和突尼斯，可以围歼陷于新英美联军和在埃及抗击隆美尔的英国第八集团军之间的德国非洲军团；北非的盟军领地可以重启穿越苏伊士运河的地中海航线，缩短目前绕道好望角的数千英里的航程，节省高达百万吨位的运力；初上战场的美军士兵不必承受正面进攻法国之苦,且能积累作战经验;这次行动所需的登陆艇和其他战争物资少于横渡英吉利海峡;法国维希政府说不定会重返盟军阵营;为了实现罗斯福尽快援助苏联、实现盟军参战的愿望,此次行动可以提前到1942年。

"这始终与你的观点一致,"丘吉尔对罗斯福总统说,"其实,这是你首推的意见,是1942年名副其实的第二前线。"

此计划却遭到美国军方上下的强烈反对,他们认为北非是失败主义者在外围玩弄的一个游戏,纯粹是分散兵力。早在珍珠港事件前,美国陆军部的一份备忘录就曾经声称,出兵北非不过是为"粉碎纳粹助兴罢了"。1942年的上半年,美军的这一信念愈发坚定;1942年的另一份备忘录断定,登陆北非"不可能促使德军调动其在苏联前线的一兵一卒、一辆坦克或一架飞机"。

在众多美国军官看来,英国的提议与其说是速战速决,倒不如说是为了实现伦敦的帝国野心。数个世纪以来,地中海和联合王国及其在埃及、波斯湾、印度、澳大利亚和远东的利益休戚相关。尤其是当日军横扫中国香港、新加坡和缅甸,直逼印度后,"美国人要为保卫大英帝国血洒疆场"这老一套的猜忌重新在华盛顿盛行。美军军官又想起1917年一个辛辣的段子:"AEF"一词代表的不是"美国远征军"(American Expeditionary Force),而是"步英国失败的后尘"(After England Failed)。

1942年6月中旬,丘吉尔再次出访华盛顿后,这对兄弟间的龃龉愈演愈烈,英美关系进入了僵持期——事后被证明是这段战争联姻中最不痛快的几个星期。同年7月10日,马歇尔和海军战争部长欧内斯特·J. 金上将向罗斯福提议,英国如果硬是要在北非"分散兵力","那美国应在太平洋对日本采取果断行动"。这位一度被罗斯福斥为急性子的上将进一步嘲讽道,英国绝不会进攻欧洲,除非"跟在一队苏格兰风笛手后"。罗斯福认为他们如此抨击先取德国的计划太无礼了;他要求马歇尔和金当天下午就送来详细的"太平洋作战"方案,但他其实知道这套方案根本就不存在。

罗斯福高深莫测、不露声色,他手下的各路将领往往要通过英国人去了解他的想法。在一些将领心里,罗斯福非但没有听取自己军方智囊的意见,反而愈来愈听信丘吉尔的蛊惑。虽然罗斯福没有阐明自己的作战方针，但这些方针很可能已经被记录了下来，其中最主要的一条方针是在 5 月写下的："苏军剿杀的轴心国官兵、摧毁的轴心国物资，超过其他 25 个联盟国的总和，这是一个不争的事实。"

美国陆军部现在估计，苏联红军要抵抗 225 个德军师，仅 6 个德军师在埃及对抗英国。如果苏联抵挡不住，希特勒将获得高加索和中东取之不尽的油田，况且几十个在东线作战的德军师可转而增援西线。陆军部的分析人员认为，战争会持续 10 年，届时美国要投入 200 个师，现在行动兵力则可节省一半。租借法案将体现英美对支持苏联抗战的诚意。自 5 月允诺莫斯科，美国"有望"年底前开辟第二战场后，罗斯福于 7 月告诉手下的副官："如果美军地面部队在 1942 年对敌人采取行动，将具有极为重要的意义。"

其他因素同样影响总统的想法。珍珠港事件一年半后，固守孤立主义的美国人仍在质问美国为什么要攻击轴心国。12 月的国会大选要提交一份事关罗斯福这个作战领袖的全民公决，民意调查显示，他和民主党可能要落败。伦敦特拉法尔加广场和各地的示威者喊着"快开辟第二战场"，以声援兵临城下的苏联人。占领非洲，盟军可消灭轴心国或将建立的进攻南大西洋的航路及可能攻打美国的基地。太平洋战争虽不能为盟军翻牌，但稳定了战局，可实施"彩虹 5 号"计划中的战略防守；但除非在大西洋对岸另开辟一条战线，否则美军将流入太平洋。同年 5 月，美国海军在珊瑚海攻击了一支为开赴所罗门群岛和新几内亚的侵略军护航的日本舰队，双方损失大致相当。一个月后，4 艘日军航母在中途岛被击沉，标志着美军在这场战争中首次获得明确胜利。盟军首次反击日本的"瞭望塔行动"（WATCHTOWER）即将拉开帷幕，1.6 万名美军官兵将登陆所罗门群岛的瓜达尔卡纳尔岛。

但是，打击德国和意大利的战役却始终举棋不定。德军已越过顿河，直逼伏尔加河上的斯大林格勒。除英国和西班牙、瑞典、瑞士等几个中立国外，欧洲已悉数臣服轴心国。在埃及，德国的非洲军团距埃及港口城市亚历山大和尼罗河谷这两个通往苏伊士运河和中东油田的门户仅有 60 英里。

在开罗，难民们涌向火车站，吓破了胆的英国官员忙着焚烧秘密文件。经过旷日持久的围困，隆美尔俘获了驻利比亚港口城市托布鲁克的 3 万名英联邦士兵，希特勒为此奖励了他一根陆军元帅权杖。对这一奖赏，隆美尔答道："我要再接再厉，进军苏伊士！"

丘吉尔获悉托布鲁克的坏消息时，碰巧就在罗斯福的椭圆形办公室。读着这条消息，丘吉尔后退了半步，红润的脸顿时变得苍白。罗斯福的反应是让身处危难之中的朋友为之动容的慷慨姿态。"你需要我们提供什么援助？"总统问道。

从短期来说，美军能够也确实做到了。他们从刚刚装备第 1 装甲师的新谢尔曼坦克中抽调了 300 辆，运送给驻守埃及的英军。马歇尔、海军上将金和哈里·霍普金斯一起飞抵伦敦，回访丘吉尔，作进一步的战略谈判，但谈判僵持不下。美国人也不得不承认，在 1942 年横渡英吉利海峡发动进攻是不可能的。为了缓和气氛，3 个美国人回国前，英方带他们去参观了英国护国公奥利弗·克伦威尔的塑像和伊丽莎白女王的戒指。

罗斯福无法再等，眼下已经到了打破旷日持久的僵局并参战的时刻。7 月 25 日，在告知其高级军事顾问及丘吉尔美国打算攻打欧洲的计划后，他关起门来拒绝作进一步的探讨。7 月 30 日上午 8 点 30 分，他将副官召集到白宫宣布了他的决定。鉴于他是总司令，他的话一锤定音：北非"目前是我们的首要目标"；取消进攻法国的"大锤行动"；进攻非洲"越快越好"，最好在两个月内。

总统完全抛弃了他的将军和上将的建议，做了一个意义深远的战略决策。与其说他相信自己的同僚，倒不如说他将赌注压在了英国人身上。他打破了美军直捣敌人心脏的惯常战略，认为欲击杀敌人，应先断其四肢。他凭直觉和对时局的判断发布了指令。

选择登陆北非的"火炬行动"方案，罗斯福也有不少失算之处。他对马歇尔的一再警告充耳不闻，认为即使在 1942 年将兵力分散至北非，于 1943 年横渡英吉利海峡的登陆战依然有可能发生。他不够高瞻远瞩，没有预料到地中海围剿战将消耗掉其他无形的战略资源。在随后的 3 年里，有不下 100 万名美军官兵和数百万吨物资将陷于地中海，美国人在英国人心目中树立的形象也将大大受损。他还一再辩称："打败德国就是打败日本，兴许不用再发一枪一弹或伤一兵一卒。"

总统的决策就算不是十分明智，但也不无道理。说到横渡英吉利海峡，布鲁克说："胜算较小，况且取决于许多未知因素，惨败的概率更大。"美国战略规划人员认为英国支持"火炬行动"的原因出于"被诱导而非理性选择"，而美方的"大锤"和"围歼"计划则两者皆非。正面进攻的时机尚未成熟，但其拥趸却如此多，这种现象说明美国的战略思维仍显青涩，还需经历战争的锤炼。

美国军方人员大多数被满腔热情与急功近利的欲望驱使，这二者不是不能助美军取得最终胜利，但前提是他们能在战役和战术上得到足够锤炼。一位将军后来说，美国军需官们连这座法国港口在哪里都不知道，更不用说码头的具体情况和军队该从何处登陆；然而他们却信誓旦旦地说可派 10 个师支援盟军登陆瑟堡。仅出动一个装甲师就需要动用 45 艘运兵舰和补给船，外加战舰护航；出动 50 个师登陆所需的舰只远超盟军现有的能力。

与此同理，登陆艇这个关键问题也被完全无视。"谁来负责制造登陆艇？"在 1942 年 5 月的一份备忘录中，艾森豪威尔写道。有人估计登陆法国至少要 7 000 艘登陆艇，还有人认为要三倍于这一数字，但严峻的事实却表明，截至 1942 年秋，英方的登陆艇总共只够运送 2 万名官兵。美国陆军部的一项研究还断定，将一定数量的德军诱出苏联前线，至少要向法国投入 60 万兵力。"你们当我们横渡英吉利海峡是要去勒图凯打牌，或是去巴黎海滩游泳还是怎么着！"布鲁克怒气冲冲地说。

罗斯福虽然从事实上拯救了一腔热情的同胞，但他的决定却遭到了全国上下的一片反对甚至唾弃，并在接下来的几十年间饱受争议。后来提及同僚时，马歇尔说："我们万万想不到，一位民主党领袖必须得取悦于民。"艾森豪威尔认为，应将取消"大锤行动"当作史上最黑暗的一天载入史册。相比其他暗无天日的日子,这一说法实属天真,是过于夸张了。美方许多高级将领与一帮英国伙伴的分歧,从 8 月末一封陆军部的电报中即可见一斑。该电报指出,"中东能守则守,守不住会因祸得福也未可知",英国人罪有应得,得让他们醒醒脑子。

但最终决策已定。用艾森豪威尔的话说,"举棋不定的摸黑时期"终于告一段落,僵局已被打破。亟待解决的问题不胜枚举,上至登陆大军的规模和构成,下至登陆的时机和地点。8 月初,"火炬行动"的计划人员移师伦敦圣詹姆斯广场诺福克酒店的办公室,统归最近从华盛顿派往伦敦任欧洲战场总司令的艾森豪威尔领导。出于示好,且料到美军日后的力量,英方提出盟军由应美国人来指挥。丘吉尔提名马歇尔,但罗斯福不肯放走这个臂膀。而艾森豪威尔已身在海外,并且勤奋拼搏,令人印象深刻。因此,在 8 月 13 日,他受命担任"火炬行动"的总司令。

白天越来越短,转眼到了 1942 年秋,前线传来的消息却不容乐观:

> 德军已抵达伏尔加河,斯大林格勒保卫战打响了第一枪。德军潜艇运用狼群战术横冲直撞,无数舰只被击沉,其速度远快于美军造船厂建造的速度。一支往苏联北部运送补给的船队,尽管有一支由 77 艘舰只组成的舰队护航,40 艘运送补给的船中仍损失了 13 艘。在远东,中国的抗日战争形势日益严峻。所罗门群岛的战斗将瓜达尔卡纳尔岛夷为废墟。苏伊士运河岌岌可危。美军参战伊始,7 艘航母就损失了 4 艘。英美同盟间的龃龉日益加深,还未等到和共同的敌人交手,这一联盟的根基就已动摇。

恐怕只有先知或盲目乐观者才能猜到这些不祥之兆预示着胜利。盟军尚未胜利,但他们即将走向胜利。黑夜终有尽头,大潮终有消退之时。趁着退潮之际,一支大军将涉水登陆非洲,决心扭转这个误入歧途的世界。

第 1 章　枪声响起的地方就是前线

罗斯福启动了"火炬行动",意在歼灭北非的德意军队,占领法属摩洛哥和阿尔及利亚,最后夺取突尼斯。但法国在此三处驻军 20 万,他们是否会抵抗盟军的进攻?崭露头角的美军将领、七拼八凑的美国杂牌军,在 1942 年 11 月 8 日午夜,和英国混合成 10 万大军,搭乘 500 多艘舰艇,兵分三路奔赴北非。如此招摇的舰队如何躲过精明狡诈的纳粹侦察机?一场最大规模的两栖作战在前方等候他们。

"火炬行动"方案

  1942年10月21日星期三上午10点左右，一架双引擎海军运输机冲破华盛顿天际密布的阴云，在流经华盛顿的波托马克河上空一摆机身，斜刺飞向阿纳卡斯蒂亚机场。在远方国会大厦的圆顶隐约映入眼帘之时，亨利·肯特·休伊特少将轻轻舒了一口气。黎明前，休伊特决定从诺福克附近的司令部乘机飞抵华盛顿，免受驱车5小时横穿弗吉尼亚之苦。

  突然，阴云笼罩，机身在首都上空焦急地盘旋了一个小时，寻找云层中的突破口。这一耽搁，即便是极有耐性的休伊特也按捺不住了。罗斯福总统亲自召见他前往白宫密谈，虽说这次会议不过是礼仪性的召见，但身为"美国解放欧洲打头阵的大将"的休伊特认为，自己万不可让总司令久候。

  从外表看，休伊特不像个军人，时年55岁的他额头突出，头发花白，一副双下巴形同挂在脖子上垂下来的鱼篓。当一身军常服的他出现在军舰驾驶台上时，一位英国海军上将曾亲切地称其为"穿军装的肥佬"，似乎也不无道理。即使这天早上他身着礼服，袖口上饰以海军将领的金穗带，仍略显窝囊。休伊特是土生土长的哈肯萨克人，父亲是机械工程师，祖父是特伦顿钢铁厂前董事长，一位叔叔是纽约市前市长，另一位叔叔则任大都会博物馆馆长。但休伊特却选择了从军。据说，在安纳波利斯帆具舱做海军军校生的

第 1 章　枪声响起的地方就是前线

海军少将 H. 肯特·休伊特，美军 1942 年 11 月登陆摩洛哥期间任第 34 特遣队指挥官。当年他 55 岁，性格温和，长着一个极具书卷气的高脑门。休伊特堪称一名杰出的战将。

日子里，患有恐高症的他恨不能"挤出索具中的焦油"。年轻时期的他喜欢跳一步舞，近几十年却爱摆弄量尺或出入共济会。

然而，休伊特最终成为一位老练的水兵，曾乘美军军舰"密苏里"号，随西奥多·罗斯福的大白舰队环球航行了 15 个月。他精通航海，且运气非常不错。身为一战中的驱逐舰舰长，他骁勇善战，获过海军十字勋章。此后，他也曾担任海军学院数学系主任，在德国入侵波兰后的两年间，他负责护送来往纽芬兰和冰岛的横渡北大西洋运输战争物资的船队。

1942 年 4 月，休伊特奉命前往汉普顿锚地（位于弗吉尼亚州，是世界最大的海军基地，包括诺福克海军基地、诺福克海军造船厂、小克里克海军两栖基地、奥申纳海军航空基地和约克敦海军武器基地。——译者注）任大西洋舰队新组建的两栖作战部队指挥官。那年夏天，罗斯福启动"火炬行动"，意在夺取北非。两支舰队要将 10 万余人送往登陆海滩。一支舰队要从英国远渡 2 800 海里去阿尔及利亚，多半是运送美军的英国舰只。另一支被命名为第 34 特遣舰队，隶属休伊特的麾下。他要带领 100 艘美国军舰，33 843 名美军，从汉普顿锚地等美国港口出发，航行 4 500 海里远赴摩洛哥。

10 月 13 日的一条电报中，"火炬行动"总司令艾森豪威尔将军将这次任务总结为一句话："此次行动的整体目标是占领法属摩洛哥和阿尔及利亚，尽快夺取突尼斯。"罗斯福和丘吉尔早就为盟军确定了"火炬行动"的大方向：控制大西洋到红海一线的北非。

透过机翼上方的一扇小舷窗，可见首都小阳春的美景。从林肯纪念堂四周的榆树到国家大教堂外的橡树和枫树，都染上了猩红、橙黄、琥珀色和枯黄等斑斓色彩。飞越波托马克河的途中，可见阿灵顿公墓与波托马克河之间新建的五角形建筑。谈起这座五角形的庞大迷宫，民众已经开始打趣道：西部联合电报公司的见习生周五走进五角大楼，下个周一出来就成了中校。尽管如今它号称世界第一大建筑，但军方仍在市区租了 35 座办公楼，看不过眼的人揶揄道，军方要是像迅速占领华盛顿那样拿下敌军地盘，准能在一个星期内结束战争。

飞机降落在跑道上，缓缓滑向机库。休伊特扣上夹克，匆匆下了舷梯，走向一辆等在柏油路上的海军指挥车。车驶出机场大门，过了安那考斯迪亚河，直奔宾夕法尼亚大街。踏入白宫前，休伊特尚且有充分的时间取道市内的海军部去查看情报。

他常说："竭尽全力，然后往好处着想。"自接到第 34 特遣队这一绝密命令以来，他可谓殚精竭虑。每天都有许多问题要解决，要不断纠正错误，安抚士兵的焦虑情绪。"火炬行动"登陆演习十分仓促、混乱。鉴于轴心国一个月内击沉了近 200 艘盟军舰只，其中不少是在美国沿海被击沉的。因此，一切两栖作战训练都转移到了切萨皮克湾内，那里潮缓浪平，不像摩洛哥沿海那般惊涛骇浪。演习中，切萨皮克湾内风平浪静，星稀月朗，还有一座灯塔，但却只有一艘船抵达指定海滩，其他船只则四散在马里兰沿海数英里处。在诺福克以北 90 英里的科夫角的一次训练中，纪律涣散，士兵们蜂拥上岸，迎接他们的是一位颇有经商意识的冰激凌小贩。在苏格兰，准备登陆阿尔及利亚的演习也好不了多少：训练时并没有真船真舰等"累赘"作演习之用，部队只能徒步穿越一片假想的海洋，登陆假想的海滩。

维希政府在北非的 8 个法国师是否会抵抗？无从知晓。盟军情报部门估计，这些部队倘若拼命抵抗，艾森豪威尔的部下前往突尼斯的行程就要耗时

3个月。倘若法国的潜艇在大西洋航线上攻击一艘美国的运输船,那需要多少艘驱逐舰才能救起生还者?休伊特不敢肯定,自己能否做出痛苦的抉择,以避免危及特遣队。一想到要抛弃落入水中的士兵,他不禁心如刀绞。远征军的行动是否会走漏风声?每天他都接到报告称某人在某地正对此事津津乐道。

两栖作战部队成立最初的几个月,登陆的机密一直被严守,彼此通信时也仅用一个邮箱做通讯地址。了解休伊特作战目标的人屈指可数,但一支意在夺取敌军海滩的庞大舰队要想深藏不露,简直比登天还难。就在几个星期前,休伊特还收到了华特·迪士尼的一封信,信纸的信头凸印着"斑比:一段美妙的爱情故事",信中提出要为两栖作战部队设计图标。休伊特秉持一贯的绅士做派,在10月7日的回信中礼貌地表示了谢绝。

指挥车缓缓驶过国会山,往独立大道而去。全国范围内的汽油限额配给即将开始,但近3年来,华盛顿的人口翻了一番,如今街上人满为患。咖啡的限额配给可能来得更快,每人定量一天一杯。有些饭馆为了日后多招揽顾客已经开始做咖啡储备,就像非法经营的酒吧在禁酒令之前囤积白酒那样。街角的报童吆喝着当天来自各个前线的头条新闻:瓜达尔卡纳尔岛落潮时分之战;红军在斯大林格勒击退纳粹坦克的进攻;又一艘美国商船在大西洋沉没,这是自珍珠港事件以来被潜艇击沉的第500艘美国船只。国内新闻也脱离不了战争的主题,不过相对还是显得较为平静:纽约首个没有肉类供应的星期二平安无事;身负重罪指控(仅一项)的犯人被敦促保释,以便其报名参军;华盛顿百货商场调查显示,"无论拉关系还是花钱,都买不到一双尼龙袜"。

车停在海军部坚固的灰色大楼前,大楼就在国家广场南面。休伊特下了后座,匆匆走上台阶。他知道尼龙袜的去向。当天早上座机从诺福克起飞,他看见码头工人将5万吨食品、汽油和军需品推进停泊在汉普顿锚地的船舱。密封在那些箱内的秘密货物中,有6吨女袜和亚麻睡衣等,是用来和摩洛哥当地人换购的物品。军需采购人员暗中将东海岸沿线商场的货架扫荡一空。

对休伊特来说,要保守的是另一个秘密。

自从7月30日罗斯福发出最后指示以来,"火炬行动"的形势愈发复杂,计划文件装满了整整两个邮包，每个重达 50 磅。其中有两大问题让英美战略家伤透了脑筋，而自称"固执的荷兰人"的罗斯福总统对这两个问题均强调了自己的观点，且毫无商量的余地。

其一，他坚持第一波登陆不要英军插手。法国维希政府的反英情绪在过去两年来不断高涨，因英法之间有过几次过节。英国皇家空军轰炸机打击巴黎郊外的雷诺发电厂期间，意外炸死了 500 名无辜的法国平民。英国插手法国海外领土叙利亚和马达加斯加的独立，唆使戴高乐领导的自由法国进攻法国设在塞内加尔的达喀尔港，结果以失败告终，戴高乐被贝当元帅和法国官员斥为傲慢的叛徒。最要命的是，1940 年 7 月，英国军舰向驻阿尔及利亚奥兰市附近的米尔斯克比尔港的维希政府舰队发出最后通牒，要求各舰舰长立即驶往英国或中立国港口，以免舰只落入德军之手。该通牒遭拒后，英军立即开火。5 分钟内，英军屠杀了 1 200 名法国水兵。

8 月 30 日，罗斯福致电丘吉尔时说道："我有理由相信，英美同时登陆，势必会遭到非洲法军的全力抵抗。反之，如果英国地面部队不参与第一波登陆，那么法国人就不会抵抗，或者只是象征性地抵抗。"为检验这一说法，罗斯福总统委任新泽西普林斯顿一家公司审慎调查北非的民意。一份受调查人员不足 150 人、不十分准确的民意调查结果坚定了罗斯福的信念。

伦敦方面也不乏持怀疑态度者。一位英国外交官认为，罗斯福的"拉法耶特式气概"（马奎斯·德·拉法耶特，1757～1834 年，法国将军、政治家。美国独立战争时，曾率领法军援助美军。——译者注），不过反映了一个多愁善感的美国人的巴黎情结，"那里堪比美国人希望死后到达的天堂彼岸"。

然而，在登陆非洲还是法国这个大是大非问题上赢得一局的丘吉尔，这时候站到了总统一侧。"我愿听从你的号令，"他致电罗斯福，"这是美国的事业，我们是你们的助手。"总统进一步提议，要英军等登陆一个月后再去北非，但遭到婉拒，因为这项计划需要英国兵紧随美军进攻阿尔及利亚。

其二是登陆地点。英方战略家大部分都建议，盟军须在轴心国部队从西西里和意大利本土赶来建立一个桥头堡前，成功登陆非洲，并在两周内控制突尼斯，这一观点得到了艾森豪威尔的支持。一份英方电报指出："'火炬行动'能否成功，就取决于盟军能否尽快占领突尼斯。"一旦拿下突尼斯，盟军就等于控制了地中海的航运。隆美尔的非洲军团将困死在利比亚，如此一来，盟军在南方就拥有了一个进攻西西里或欧洲大陆的跳板。

这些理由证明，英美应将登陆大军部署到阿尔及利亚沿地中海的海滩，甚至是东至突尼斯的第一大港比塞大。英国三军司令指出，先落脚突尼斯，"我们势必要冒极大的风险"。越往西的登陆地点，越应避之如"瘟疫"，因为之后"向东推进将极为缓慢，给了德军大批抵达突尼斯的可乘之机"。8月末，艾森豪威尔拿出了"火炬行动"的初步方案，登陆地点集中在地中海，即奥兰、阿尔及尔和波尼三个阿尔及利亚港口。

不过，马歇尔将军和陆军部参谋却另有打算。突尼斯和阿尔及利亚东部在西西里轴心国作战飞机的打击半径内，而身在直布罗陀的盟军战斗机却鞭长莫及。在德国空军打击半径内的地点登陆极其危险。况且美军正担心希特勒借道中立国西班牙关闭直布罗陀海峡，犹如收紧麻袋口，将他们困在地中海，来个关门打狗。他们认为摩洛哥的大西洋沿线至少要有一个登陆点，以确保大西洋上有一条不受限制的补给线。

几个星期以来，电报来往频传，艾森豪威尔戏称之为"横跨大西洋的作文比赛"。皇家海军深信，虽然直布罗陀海峡最窄处宽仅8英里，一如英吉利海峡，但绝不会受敌军控制。英方计划人员同时推测，即使马德里同意德军借道西班牙（不过英方认为马德里不太可能同意），德军要想夺取直布罗陀，至少也得出动6个师，且耗时不下2个月。

不过，在美方看来，这样做代价太大。马歇尔认为，"火炬行动"必须成功，否则美军第一次大规模反击战落败只会"落人笑柄，动摇军心"。

罗斯福表示认同。"我要强调一点，"8月30日他致电丘吉尔，"其中一个登陆点必须在大西洋沿岸。"总统一口驳回了轴心国可能于盟军登陆前在突尼斯建防守阵地的观点。他在另一封给首相的电报中重申："我方认为，第一波进攻后的两周内，德国空军和伞兵部队不可能大批抵达阿尔及尔或突尼斯。"

丘吉尔对此再次默许，尤其是因为帝国总参谋长布鲁克将军和美国人一样忧心忡忡，认为让"休伊特的舰队转而去摩洛哥"是个更为明智的方案。

就算不明智，从短期来看也较为稳妥。打仗不能急功近利，实施"大锤行动"，无异于让英军去法国海滩自杀；此举将彰显美国人鲁莽到了愚蠢的地步。休伊特手下的第 34 特遣队要在突尼斯 1 000 英里外招募三分之一的兵力。登陆大军要兵分两路，一路向东，一路向西，打破一度被奉为金科玉律的集中歼灭原则，斩断敌人的手脚。在伦敦，艾森豪威尔转变了"可迅速攻占突尼斯"的观点，认为该目标将遥遥无期。

9 月 5 日，盟军最终决定在摩洛哥的 3 个地点以及阿尔及尔和奥兰附近的 6 个海滩登陆。"请务必在大选前落实。"罗斯福指示马歇尔。在这一点上，总统要失望了。因为种种原因，登陆时间的确定一拖再拖，9 月 21 日，马歇尔才终于将时间定在 11 月 8 日星期天早晨，即国会大选 5 天后。

"火炬行动"之大胆令人叹为观止，其凸显的领导人的才智和胆识亦超乎想象。但在这关键的一刻，盟军已无暇多想。

★ ★ ★

从海军部出来已是下午 1 点，休伊特发现天气已经转暖，温度接近 21 摄氏度。指挥车接上他，往东上了独立大道，然后向北经过位于第 15 大街的国家广场。

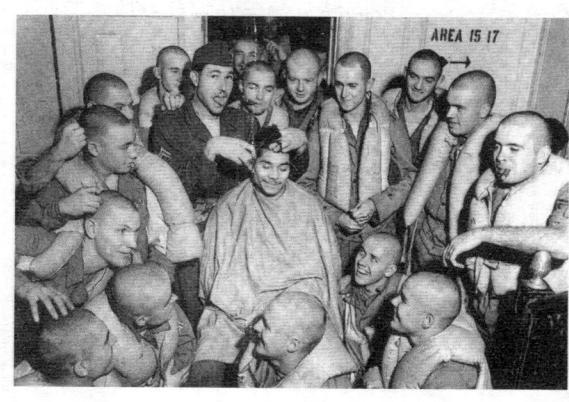

盟军登陆摩洛哥之前的 4 天，舰上的通信兵团光头俱乐部又接纳了一名新成员。官兵们在登陆前接令洗澡，以降低伤口感染率。

到了白宫，一名特工指挥司机进了东南角的大门，然后领着休伊特兜了个圈，避开了八卦记者。穿过一条狭窄走廊时，这位海军少将看出这座大楼为防御战火而进行了加固。窗户拉上了窗帘，天窗统统上了黑漆。这座易着火的老楼，每个房间都准备了一桶沙子和一把铁锹，外加一个个叠好的防毒面具。乱糟糟的"鱼舱"收藏了总统参加钓鱼大赛的奖品，让这位海军少将想起最近一次见到总统的情景。1936 年 12 月，任"印第安纳波利斯"号舰长的休伊特带罗斯福踏上了为期一个月的南美之旅。他清晰地记得，这位乘客从艇甲板上抛下鱼钩，不久就哈哈大笑地拖上来两条鱼。罗斯福给两条鱼取名为"缅因"和"佛蒙特"，因为当时竞选连任他在这两个州吃了败仗。

按计划，等待在椭圆形办公室一间拱顶小接待室内的是一位作战司令——小乔治·S. 巴顿少将，休伊特将登陆大军送上岸后，将由巴顿来指挥摩洛哥的美军。为了避开媒体记者，他同样绕了个大圈才被送到这里，但巴顿的形象想不引人注目都难。他形象高大，外表整洁。一身笔挺的红绿色军装，裤缝仿佛刀锋般坚硬。他左手拿着一副手套，十足一位准备开赴疆场的军人姿态。

即使和巴顿握了手，彼此微笑示意，休伊特仍然不能理解这个怪人。巴顿显然是一位天赋异禀、魅力四射、为荣誉而战的军人。但那种魅力维持的时间十分短，他很快就会口出狂言，露出桀骜不驯的一面。战争后期，参谋们提出，从发布登陆指令到舰队启程，至少要 6 个月时间准备；而眼下这个慢半拍的决策，只给了第 34 特遣队 7 周时间准备，而这将是美国有史以来最复杂的一次军事行动。

看来乔治·巴顿是故意要让每时每刻都变成煎熬。尽管巴顿口口声声骂"华盛顿那帮该死的白痴"，但他非但不将司令部迁至汉普顿锚地，反而继续待在华盛顿国家广场军需大厦顶楼宽敞的办公室里。休伊特怒不可遏地写道："我已经多番写信告知，请你务必尽快来见我们！"但陆军谋士完全没有咨询海军的意见，就提议了摩洛哥的登陆地点：一处没有海滩，另一处则是布满诡雷的浅滩。

最近几天，巴顿终于从华盛顿"移驾"诺福克，但他仍质疑海军军官们，说他们是"一帮响尾蛇"，其中矛头直指休伊特。休伊特先是困惑，继而恼火，最后恐慌起来。8月的满腹牢骚最终升级为9月中旬的正式抗议："陆军不肯合作。"艾森豪威尔亲自为老朋友的人格做担保，才免了巴顿遭到开除、辉煌的军事生涯尚未开始就结束的命运。在私下会见巴顿时，马歇尔责备他说："不要吓唬海军。"

另一次的尴尬局面是，11月8日拂晓的潮汐预报是落潮，因此休伊特提出"火炬行动"推迟一周，趁涨潮时登陆，以免舰只遭遇海滩搁浅。巴顿大臂一挥，表示反对，就连休伊特的海军上司也认为不能再推。奇怪的是，巴顿似乎对休伊特的怨言和他们在战略上的异议不计前嫌。更怪的是，休伊特发现自己喜欢上了这个人，他怀疑巴顿也喜欢自己。对这段不打不相识的友谊，休伊特不禁暗自发笑。

2点整，罗斯福打开了椭圆形办公室宽敞的大门，说道："请进，舰长和老骑兵，请告诉我好消息。"总统在没有扶手的轮椅上落了座，微笑着指了指室内的空椅子。巴顿不知道休伊特和罗斯福早年在舰艇上共事过6年，尴尬地看着这位海军少将将自己引荐给总统。

"请说吧，先生们，"罗斯福一挥手中的雪茄，说道，"二位有何高见？"

休伊特对此很有想法，然而他只是简明扼要地总结了"火炬行动"的方案。300艘军舰，外加近400艘运兵船和货轮要送10万余名士兵登陆北非，其中四分之三是美军，其余是英军。第34特遣队将于11月7日星期六起航，开赴摩洛哥。另一支舰队不久后将从不列颠开赴阿尔及利亚。如果一切顺利，统治北非的维希政府不会抵抗登陆军。不论如何，盟军将以东部为支点，趁敌人赶到前直取突尼斯。

绿色的四壁给椭圆形办公室蒙上了一层船舱的格调。巴顿以浓重的鼻音插空嚷道："先生，我只想说一句，离开海滩时，我要么是个征服者，要么是一具尸体。"

罗斯福露出微笑，高兴地仰起头（马歇尔私下称之为"烟嘴姿势"）。他问巴顿，将军难道要将坦克炮塔当作马鞍，亲自挥刀冲向战场？

谈话漫无边际，但保留的东西更多。休伊特不想谈及"火炬行动"的种种风险。与多数高级将领相反，获悉不正面袭击法国海岸后，他觉得如释重负。

8月中旬，6 000名加英联军突袭德军占领的法国港口迪耶普以惨败告终，所以现在连"大锤行动"的积极鼓吹者也学乖了。出访英国期间，休伊特观摩了突袭迪耶普的演习，至今还难以相信其中一半热血青年如今已血洒战场或在德军战俘营。

但是，"火炬行动"风险依然存在。除了8月的瓜达尔卡纳尔岛登陆以外，这是美国45年以来最大规模的两栖作战行动，也是迄今为止最大胆的行动，甚至还有人说这是自公元前5世纪薛西斯横渡赫勒斯庞特以来最大的豪赌。海上长途颠簸后登陆敌方海滩，近代只出现过一次——1915年英国惨败盖利博卢，当时登陆的盟军达100万，伤亡达四分之一。最初占领卡萨布兰卡、阿尔及尔和奥兰三个港口城市的任务如今更加棘手，登陆点一分为九，战线绵延900英里。威胁第34特遣队的不单单是潜艇，还有长时间横渡大西洋给摩洛哥沿岸带来的排山倒海式的大浪。

罗斯福也不愿提及陆军部对"火炬行动"由来已久的怨言。对此，就连他手下的战争部长亨利·L.史汀生也对他颇有微词，说他"四处留情"，北非是"总统的一个私生子"。登陆时间同样久而不决，但总统想必也发觉了民主党在两周内举行的大选中处境不妙。民主党人要丢掉60个国会议席，因为满腹怨言的选民不清楚祖国是否即将在这场战争中发起反击。

一个半小时后，会晤转而谈起了微不足道的琐事。罗斯福不厌其烦地给休伊特传授以尾锚固定舰身，保持船头迎风的技巧，这是他一度用在游艇上的绝技。巴顿做了最后一次努力，希望将话题引回"火炬行动"，他对总统说："鉴于战争的命运取决于我们的胜利，少将和我要不惜一切代价登上海滩。"但会议时间已到，总统最后挥了下烟嘴，答道："你们当然应当这么做。"他送两人出了大门，握了手，衷心道了一声："一路平安。"

巴顿回到军需大厦，休伊特驱车径直去了阿纳卡斯蒂亚机场，乘机飞往汉普顿锚地。下午晚些时候,他回到自己的办公室,即楠西蒙德旅馆一间改装的海景小客房。出去不过 10 个小时,递送给他的文件就积压了厚厚一摞,里面满是非洲和大西洋的天气预报、德军潜艇的最新情报。

尽人事,听天命吧。夜幕已经降临,休伊特登上停靠在维娄比海峡码头上的专用汽艇,艇长驾驶汽艇穿过汉普顿锚地,直奔门罗堡的钱伯伦酒店,他和妻子弗洛里德在酒店租了一间套房。他端详着停泊在这片大海湾里的一艘艘舰只的轮廓。庞大的舰身在天际若隐若现,要不是风雨甲板上间或闪着点点橙色的烟火,周围便是漆黑一片。两天内,这支舰队要满载 33 843 名士兵起航,这就是他肩负的责任。

休伊特在钱伯伦饭店匆匆吃了晚餐,在客厅的扶手椅上坐下,翻开下午的报纸。几分钟后,弗洛里德瞥了一眼客厅内的丈夫,发出一声惊呼——他瘫倒在地板上。休伊特慢慢坐起身,与其说是虚弱,倒不如说是昏昏沉沉。"我大概是刚刚摔下来的。"他说。其下属派汽艇去请军医。军医赶来为休伊特做了检查,然后说他并无大碍,只是操劳过度而已。军医劝告少将务必多休息。

调兵遣将

10 月 22 日拂晓,喧嚣声响彻汉普顿锚地。5 座码头上停靠了 12 艘船只,身穿工装裤、头戴白桶帽的水兵揭下甲板上的油布、木板和隔热软木。另有数百名水兵用锤和铲刀刮去舱壁上的油漆。当年初秋在所罗门群岛,舰只燃起的熊熊大火让海军决定拆除第 34 特遣队的一应易燃装置,一时间这支舰队的战舰内舱形同一个个未完工的汽修厂。

从诺福克和锚地南缘的朴次茅斯,再到纽波特纽斯和北部的汉普顿,只见拖轮顶着一艘艘货轮去停泊。大队的码头工人涌上一艘艘船,将舱盖堆上后甲板,在敞开的船舱内忙活起来。梯口工人将吊索钩上码头上的托盘,冒着黑烟的绞车将另一批货物往船上绞。在焊工和铆工的嘈杂声及刺耳的刮削声中,仓库内不时传出"那儿,那儿"的叫喊声,那是"港口乐队"在排练一个战时保留节目,"美国佬来了,美国佬来了……"

坦克、大炮、橡皮艇、尾挂发动机、弹药、机枪、放大镜、活梯、闹钟和自行车被装进货轮,另有牵引车、水泥、沥青、100多万加仑汽油(多是5加仑一罐)、数千英里的电缆、打井机械、火车车厢、75万瓶驱蚊油、7 000吨袋装煤同时入仓,其中黑球鞋、3 000辆车、扬声器、1.6万英尺棉绳和价值10万美元的金币,交由乔治·巴顿亲自保管;除此之外,还有数只信鸽,每1 000名士兵6把苍蝇拍和60卷粘蝇纸,每个连队5磅老鼠药。

应10月18日一封给陆军部的加急电报要求,又送来了一个装着1 000枚紫心勋章的特制板箱。这些特制板箱都贴上了封条,设有专人看守,以免向法属北非泄露一星半点的消息。标注发音的外语短语手册要到海上再发,这很好地利用了法国人的矛盾心理,让他们认为美国人是在说"我是你的朋友",但"你要抵抗,我就打你"。他们用从泽西市搞来的一台发射机和南加利福尼亚一家轧花厂的发电机,拼凑出一座宣传电台,悄悄地安装在"得克萨斯"号上,外加一个对柏柏尔部落广播的底稿:"各位,我们是神圣的美国勇士……我们是来解放你们的。"

军需官不仅将亚麻布制品扫荡一空,还搜罗了7万副护目镜,以及许多来自费城一家秘密工厂的护颈遮阳布,此外还有1亿盐片、6.7亿枚星条旗臂章、13.8亿枚安全别针。每个箱子上都用黑色笔写着:"抵达目的地前,不得开启。"之后本打算托运30天用量的毒气炸弹、炮弹和地雷,但9月末这一计划被取消,因为美军司令官们认为,北非战役初期,敌军"多半不会"使用化学武器。

凭借米其林公司印制的摩洛哥旅游地图,设在华盛顿郊外的一家政府印刷厂在几周内赶印了60吨地图,连同已封好的一卷卷旅行指南、旧版《国家地理》杂志、法国旅游手册和上百万卷的各式百科全书,由搬运工一道抬进船舱。荷枪实弹的士兵送来了摩洛哥港口和海岸线石膏立体地图(陆军部发现,从糖果和糕点协会征来的士兵是模型制作能手)。另有一些秘密板箱内装着直径54毫米的空心管和3磅撞针,外加说明书(特遣队没人听说过"发射器、火箭弹、2.36英寸、M9",也就是即将面世的反坦克火箭筒)。

这些货物应付一场战斗绰绰有余,但突击的一条关键原则是,按在炮火中登陆的需求,以相反的顺序装载。恰恰相反,现在,这条关键原则形同虚设。自9月末开始,物资源源不断地送来,由于车皮监管不到位,士兵将700个可疑的车厢指挥到里奇蒙德的一条岔道上,致使装货工作一度停止。

各个码头都是专线,这批被瞎指挥的货物还要用船横穿海湾驳回来。码头上堆满了材料。舱内货物随意堆放,士兵们只得爬过车辆寻找自己的装备,这一来,又踩碎了三分之一的挡风玻璃。用作压载的弹药来得较晚,一些船只只得返回码头补装。炮弹、散放的手榴弹、TNT炸药草草地倾倒在甲板上,或堆在过道、卧舱和运兵舱。"雷克赫斯特"号舰长私下里说,一枚鱼雷5分钟内就能将他的舰击沉,但如果舰上装载的汽油和弹药无意中走火,这种情况将来得更快。

一位想象力丰富、肚里有点墨水的军官,借《埃涅阿斯纪》(古罗马诗人维吉尔创作的史诗,叙述埃涅阿斯在特洛伊沦陷后到意大利建立新国家的经过。——译者注)的卷首语形容从汉普顿锚地启程:"也许有一天,这些困难都将变成甜蜜的回忆。"也许是有这么一天,但要等很久以后。

★ ★ ★

这个乱糟糟的星期四(10月22日),巴顿拎着铁皮手提箱,带领8名参谋,搭乘一架C-47运输机从华盛顿飞往诺福克。他用道劲古朴的笔迹给妻子比阿特丽丝留了一封遗嘱和一篇长文,嘱咐她自己外出期间照顾好他们的马。他还写了几封道别信,在给妻舅的信中写道:"我出了名的好运即将应验。带一队人马饮血疆场是我毕生的心愿,我就要实现我的心愿了。"对一位世交,他说等她见到这封信,"我有可能已血洒疆场,倘若如此,请为我做完美的爱尔兰式守灵"。

这时候,从停靠在码头上的一艘船跨上另一艘船,巴顿以一个决心战斗到最后一弹、一炮、一双球鞋的军人的决心,一一视察船上货物。他问起一名青年军需上尉，如何处置这些货物，这名军需官答道："我不知道，但我的卡车随时待命。"巴顿花了几分钟在日记中龙飞凤舞地写下这样一段话："这就是答案。如果人人尽了责，看似不可能为之的任务也能完成。想到我的责任之重大，不觉一惊，但转念一想，谁又能与我堪比？世间唯我一人。"

对于自从跨入西点校门那一天起已为这一刻准备了 40 年的军人，这是一份中肯的自我评价。自 1916 年讨伐墨西哥，初尝战火的硝烟，算来已 25 年有余，那次他剿杀了 3 名土匪，将他们的尸体当战利品绑在汽车脚踏板上，一度被捧为国家英雄。一战那年他 32 岁，是一名上校，同时也是装甲战的鼻祖。50 岁这年，他读了 J.F.C. 富勒的《将才：弊病及其纠正》（*Classic Generalship: Its Diseases and Their Cures*），不禁放声痛哭，因为书中列举的 100 名伟大的司令官，有 89 人比他年轻。现在他 56 岁，正是他时来运转的时候。

他是一个十分矛盾的人。一方面博学多才、通晓法语，有一大批追随者；另一方面又有故作姿态的怪癖和粗野放纵。这种矛盾的结合可谓后无来者。他在博览历史和军事史后归纳出一句战争宣言："集中一切力量，猛攻一个地点。"不出 3 年，他将成为 20 世纪驰名世界的美军司令，一如杰布·斯图尔特和菲尔·谢里登，是闻其名便可鼓舞骑兵冲锋陷阵的军人。不到 4 年，他将去世，《纽约时报》将发布一篇恰如其分的讣告："他不是一名和平年代的军人。"

"给我几员福将。"罗斯福最近对一位英方军官说。前一天下午在椭圆形办公室一见，罗斯福就敏锐地认为巴顿是员福将，并且相信他有运气。"巴顿是个令人愉悦的人。"罗斯福在接见后写道。但从巴顿的角度来看，他对总统总是感到失望的，因为后者不曾向休伊特少将传达不成功便成仁的指令，而休伊特的决心至今仍令他生疑。"杰出的政治家未必是名杰出的武将。"出了白宫后，巴顿在日记中写道。

从备战"火炬行动"期间巴顿的一再表现来看，杰出的武将也未必是位杰出的政治家。在休伊特备好舰只时，巴顿也备好了人马，在此过程中他凭借将自己的意志强加于周围的人、事、物，踏上完成使命的道路。

此次"火炬行动"，他麾下有从各单位抽调来的 3 个师：第 9 步兵师、第 3 步兵师和第 2 装甲师。为装备出征大军，其他 8 个师的人员和装备也被他搜了个底朝天，这 8 个师至少得花 6 个月才能恢复元气。过去两周，巴顿到横跨弗吉尼亚和北卡罗来纳的中间集结区视察，鼓舞士兵的士气。一位指挥官事后回忆，根据他了解的情况，巴顿所到之处，受他"垂幸"的单位必定会打电话来报，有大小军官"因惹他动怒，被下令逮捕"。10 月 14 日，巴顿给手下的高级指挥官发了同一封信："你要是吃了败仗，就不要活着回来见我。吃了败仗，没有理由生还。我坚信，如果诸位全心投入战斗，我们必将凯旋，获得更大的荣誉。"

在一个基地的晚宴上，他举杯说道："为妻子们干杯。唉，你们要留下多少寡妇！"他动员第 9 师打败德国人的口号是："牵着那帮狗×养的懦夫的鼻子，揍死他！"对另一个师，他说要对"那帮讨厌的杂种"大开杀戒。一次在布拉格堡（*美国北卡罗来纳州中南部城镇。——译者注*），正对老部下第 2 装甲师士兵发话时，他突然泪流满面，继而一言不发地大步走下舞台。战场士兵掌声雷动。巴顿在日记中曾斥自己"感情用事，不是军人的风格"。

10 月 23 日星期五早晨，150 余名指挥官、舰长和高级参谋鱼贯进入诺福克一座戒备森严的军方仓库。休伊特以三言两语向与会者首次透露，他们要开赴非洲。"火炬行动"的策划者花了 4 个多小时，一一审查了此次行动的细节，并定下了安葬阵亡士兵和登记坟墓的程序。

随后，身穿马裤、脚蹬马靴、裤兜一边一把象牙柄手枪的巴顿走上舞台。他宣布，谁要胆敢调戏摩洛哥妇女，别怪他不客气，以此树立军规，激励士兵们的士气。

"谁要不清楚自己的职责，我可以给你们非常简单明了地解读，"他尖着嗓子喊道，"你们都要给我往前冲，枪声响起的地方就是前线，这是常识。你们给我听好了：如果谁丢了一只手或打掉了一只耳朵，也许是擦破了鼻子，别以为这下可以去急救站了。要是叫我瞧见了，这将是你走的最后一步路。

身为军官,你就要往前冲!"

接着他效仿 1864 年在莫比尔湾(位于美国亚拉巴马州西南、墨西哥湾内。——译者注)冲向雷区的戴维·法拉格特的方式质问海军。不过,他接着说道:"我不指望该死的海军能将我们送到距海滩 100 英里内,或在预定日期一个星期内出发。没关系。只要把我们送到非洲,我们自己有腿。"

他大手一挥,结束了讲话:"我们要打 60 天的仗,如果需要,再打 60 天。如果我们玩命冲,如果边打边冲,我们将势不可当。"

巴顿阔步走出仓库,在场的军官全体立正。多半海军军官,甚至陆军同僚此前从未听说过乔治·S. 巴顿,今天总算见识了他。

随着出征时刻的临近,码头上一片混乱。巴顿时不时地成为这场混乱的祸根。一个风雨交加的早晨,他手下的军需官在上午 8～9 点,6 次修改装船计划。

不过,巴顿、休伊特和他们的副官的决策一贯别出心裁,导致美军注定要打一场持久战。当天 11 点,军医突然发现,第 34 特遣队储备的血浆不足。近来的经验表明,这种滤掉红白细胞的液体在救治伤员时有神奇的功效,一旦脱水,无须冷藏即可保存数个星期。手握陆军部授予的大权,在港的军医当天征调了密西西比河以东的全部血浆,并组织了 3 架轰炸机调运。这时候,诺福克上空黑云压境,地面人员点燃了篝火为飞行员导航。卡车带着 1 000 份宝贵的血浆从机场火速赶到港口时,舰队刚刚起锚。

论险象环生,恐怕非"伯爵夫人"号莫属。陆军部几周来一直在找一艘吃水较浅的船,以便溯蜿蜒曲折的摩洛哥河去往一个主要目的地——利奥泰港机场。经满世界寻找后,他们发现"伯爵夫人"号是一艘船身覆盖着盐块、锈迹斑斑的敞口平底船,吃水不到 17 英尺,一直来往于加勒比海运送香蕉和椰子。船接令开到了纽波特纽斯,船长威廉·H. 约翰是英国人,长着两条浓眉、一脸乱糟糟的胡子和松弛的长脸。当获悉要装 1 000 余吨炮弹、深水炸弹、优质航空燃料去一个未知的港口，船员当即跳下了船。

"伯爵夫人"号卸空香蕉，于10月24日上坞，为的是迅速修好漏水的铆缝。约翰船长和一名叫A.V.莱斯利的海军预备役少尉即刻赶往诺福克监狱，那是狱警们认为全弗吉尼亚最乱的一所监狱。约翰和莱斯利面试了50名犯人。他们多半是嗜酒如命的海员，据说他们"四肢发达、眼光迷离、行为怪异"，但高薪水、高风险的一段航程远胜过待在诺福克的囚室。最终15人入选，并减了刑期。海军卫队鸣枪送他们登上"伯爵夫人"号。泵干了水，经过大修后，这艘舱底干干净净的水果运输船滑下坞台，移泊到X码头，即军火码头，开始装货。

装货期间的种种混乱如今都在汉普顿锚地集结的3.4万名士兵身上上演。收起帘子的运兵车隆隆穿过诺福克和朴次茅斯，有时候找对了码头，有时候跑错了地方，颠簸了一整夜甚至几个星期，许多士兵筋疲力尽。一位炮兵指挥官怀疑要开赴热带战场，为让手下的士兵适应新环境，决定一路上都将车窗全部封死，一位生还的军官说，车厢形同"炼狱"。

宪兵在火车和汽车站来回巡逻，守候逃兵。在过去的6个月内，军方检控了2 600余名士兵，90%判了刑。几周来，驻扎在弗吉尼亚东南部的各单位纪律涣散。切萨皮克湾所罗门岛两栖作战训练期间，被判关禁闭的人太多，禁闭室人满为患，有许多人排队等候受罚；仅10月3日一天，就有30人被军事法庭判处违反种种戒律。风闻要开赴战场，许多部队喝到烂醉如泥。指挥官分发小册子警告："纵欲过度会伤身，削弱士兵的战斗力。"但还是有不少士兵拖着虚弱的身体爬上码头。

诺福克的风月之地投了出航前想寻花问柳的人之所好，尽管间或有招牌上写着"狗和水手不得入内"。这个镇的罪恶随着每一个兵团的到来与日俱增。每一个夜晚，都有成千上万的士兵涌上据说是"世上最大、啤酒馆最集中"的东大街。10月18日，缉捕队警察在"当地最大的一次突击行动中"，逮捕了115人。诺福克监狱人满为患，警察局长请求联邦政府"给我一座集中营……一座能容得下两三千名妇女的集中营"。战争的压力,再加上许多潜艇在弗吉尼亚沿海一带出没,让这个小镇近乎疯狂。此外谣言四起,说当地的黑人打算趁灯火管制屠杀镇上的白人,据传阴谋策划者甚至已在城里的五金店买了 300 把冰镐。

不管清醒与否,这帮人总算摸回了 28 艘运兵船。码头上的公用电话都被掐了线,港内的工兵在每一座码头区域都竖起了高高的围墙。"只要走漏了风声,你也许永远到不了目的地。"治安海报发出警告,但毫无意义,因为没几个人知道目的地。一些士兵将天然气充进安全套,系上纸条放飞到镇上,邀请愿意慰劳出征勇士的姑娘混入警戒区。最后一项愚蠢的决议是造成混乱的祸根,陆军部坚持要士兵按姓氏字母顺序,而不是作战单位登船。结果数千名士兵身背沉重的行军袋爬上跳板,在升降梯口徘徊几个小时,寻找自己的战友。还有一些人晚上上岸,在码头上安排重新集合,然后再登船。

一个单间卧舱要住上 8~12 名军官。士兵在货舱见缝插针,铺位摞到了 4 层,每一个空处都挂满了吊床。他们相互间打趣:"上帝肯定最爱军人,要不他为什么创造这么多。"大兵们在梯井里纵情地玩着扑克和骰子。水手们反复弹着琴。刚刚长出胡子的孩子躺在铺位上,呆呆地望着舱壁,或者一个字一个字地用家乡话说着自己的感受:"我害怕。我想你。我爱你。"

★ ★ ★

10 月 24 日的曙光照着汉普顿锚地上林立的桅杆和桅楼,这支最大的舰队即将从美国领海出发。大西洋上一阵短暂的暴风,给一艘艘舰只笼上了一层灰雾。一艘艘蒙上灯的汽艇载着在钱伯伦宾馆和妻子度过最后一夜的军官。休伊特裹着斗篷,登上了旗舰"奥古斯塔"号。水手长一阵嘹亮的哨声,宣布少将登轮。

1907 年,正是从这片锚地,在阵阵热忱的欢呼声中,由西奥多·罗斯福的"五月花"号汽艇引航,休伊特和大白舰队的 16 艘战舰起锚环游世界。此次为掩人耳目,休伊特定好与手下几艘最大的战舰在大西洋中部会合,其中包括从缅因州挑选来的一艘无畏级战舰"马萨诸塞"号。

此外，还有一支更大的分遣队等候在百慕大。这个大队包括唯一的航母"游骑兵"号，以及4艘作战甲板上堆满油柜的"护卫"舰。舰上经验丰富的飞行员屈指可数，海军部报告称，"曾见过大海的军官和士兵不下10人"。102艘舰只中，只有"伯爵夫人"号一拖再拖，此时仍在X码头装燃油和弹药，定将于两天后独自起航，追赶大部队。

巴顿住进"奥古斯塔"号舰长舱。卧铺旁的写字台上放了一摞侦探小说，外加一本《古兰经》，以打发途中的寂寞。他时不时对镜摆出一副威风凛凛的神色，但这种表演多此一举。他只是个作战司令，此次出征不过是去一个偏僻的角落。

"这是我在美国的最后一夜，"他在出征前一晚的日记中写道，"也许一去数年，也许一去不返。愿上帝保佑我尽忠，对属下尽责。"他想起3天前在华盛顿的星期三（10月21日）早晨。在去白宫前,他驱车驶上第16大街，去沃尔特里德陆军医院拜见老英雄约翰·J.潘兴将军。82岁高龄的潘兴追忆当年在墨西哥的经历，当时巴顿还只是个未授衔的副官。"我爱挑战士的毛病，"潘兴说，"你切记鲁莽是将之大忌。"巴顿亲吻了潘兴枯瘦如柴的手，请他为自己祝福。"再见，乔治，"老将军答道，"上帝保佑你，保佑你凯旋。"

"鲁莽是将之大忌。"他偏不信这个邪。在给身在伦敦的老朋友艾森豪威尔的信中，他写道："我们准备在卡萨布兰卡殊死一战。"他又龙飞凤舞地给比阿特丽丝写了两封短信，其中一封写道："或许有一段时间我不会给你写信，但我会日日牵挂你，爱你。"而另一封，在落笔一行写道"如若有一天，你接到我以身殉国的消息"，他承认实难向一位从16岁起便相识相知的女人表达自己的感情，他仿佛从另一个世界对她说："你对我的信任，是这个变幻莫测的世界唯一确凿无疑的东西。"

上午7点不到，"约瑟夫·T.迪克曼"号解缆离泊，带"托马斯·杰斐逊"号和"伦纳德·伍德"号等一支船队浩浩荡荡地汇入舰队。驱逐舰迎着海雾在前面劈波斩浪，旗舰不过是个荣誉位置，因为船队已组织了一道保护汉普顿锚地的反潜网。由于无线电管制，调整航向时，整个舰队号灯频闪、旗语纷飞。巡逻机和两艘银白色的飞艇在向东折向亨利角和查尔斯角间一条畅通的航道上空盘旋。舰队以 14 节的速度隆隆驶出被潮水淹没的詹姆斯河口,越过顶针浅滩和马掌沙。士兵们系上救生衣,扶着风雨甲板的船舷,默默地出神望着老波因特康福特(位于汉普顿。——译者注)。

黎明时分,天色放晴,狂风呼啸。一个个天使隐在支桅索和横桁上。有幸在半个世纪后得享天年的军人将永远记住这一刻,记住黎明时分,一支大军为了一桩未知的事业奔赴大洋。当这支庞大的舰队缓缓驶过之际,上岸回家拥着心爱的人入眠从此成为每个军人的梦想。

突击队的秘密任务

舰队从弗吉尼亚起锚前,一艘小型登陆先锋艇已先期抵达非洲沿岸。这支特遣队不到 12 人;无论是勇气还是胆识均过人一筹,他们要执行的任务将是彪炳二战史册的一次秘密行动。

10 月 21 日,一束光线闪过,马克·W. 克拉克少将登上皇家潜艇"六翼天使"号的舰桥,扶着望远镜看着阿尔及利亚岸边一座雪亮的灯塔。他双脚稳站在颠簸的潜艇上,扶着望远镜掠过 2 英里外波光粼粼的浪花。潜艇以 4 节的速度半潜,悄悄从直布罗陀历经数日横穿地中海后,克拉克恨不得立刻上岸。虽然"六翼天使"号每晚浮出水面充电,但舱内本就腐臭的空气愈发浑浊,想点根火柴都难。为了打发日子,克拉克和艇上的 4 名美军突击队员打了不知多少局桥牌,在吃了艇上英军突击队员的亏后,他们又改玩克里比奇牌。克拉克额头上青一块紫一块,他那 6.3 英尺(约 1.9 米)的身高,怎么都躲不过潜艇内密密麻麻的管子和把手。

"左边是一座圆锥形的小山,我可以看见它在天际下的轮廓。"克拉克对"六翼天使"号副舰长诺曼·L.A. 朱厄尔说道。一点若隐若现的灯光标明了歇尔谢尔渔港(阿尔及利亚西北一个临地中海的小渔港。——译者注)的方位,传说这座渔港是马克·安东尼和埃及艳后(公元前 70 ~ 前 30 年,古埃及女王。——译者注）的女儿塞妮涅所建。克拉克又将望远镜对准一座孤零零的农舍面海一侧耀眼的山墙，说道："农舍下是一片海滩，海滩后是一个黑影，是一丛树。对，这就是我们要找的地方。"

朱厄尔下令备车。"六翼天使"号缓缓驶到距岸边400码处。一轮初升的明月将银色的月光洒在甲板和漆黑的海面上。突击队员熟练地组装好小艇，也就是一种胡桃木骨架、帆布外板的两人小划子。克拉克和美国人又检查了一遍各自的装备，以及装满了美钞和1 000加拿大金币的钱袋，这些金币是星期天（10月18日）下午从伦敦市中心英格兰银行地下保险库好不容易搞来的。一队人都穿了军装，在此之前有6名身着便装的德国破坏分子在由潜艇送上纽约和佛罗里达后被俘，两个月后又在哥伦比亚特区的电椅上被处死。这次执行任务，谁都不想被误当成间谍而送命。

3组队员抓住横档，顺利地上了小艇。克拉克正要跨出潜艇，一个浪头掀翻了一艘划子和身在其中的突击队员及戈弗雷·B. 考特尼上尉。克拉克吼道："我要上去！现在！"另一艘小艇被叫了过来，一名美军将位子让给了克拉克。艇员翻过倾覆的小艇，又从海中救起考特尼。一切最终准备停当，一队人操起双头桨划离"六翼天使"号，然后呈"V"字队形划向海滩上方的灯塔。

★ ★ ★

挑选被朋友们唤作"韦恩"的马克·克拉克带队深入敌后执行秘密任务，着实令人匪夷所思。克拉克身为艾森豪威尔的副手和参谋长，他比谁都了解"火炬行动"。他还是屈指可数的几个了解ULTRA（"超级机密"，同盟国最高情报统合机构）的美国人，该机构收集了英方破译的德军电报，由于情报极为机密，被士兵们戏称为"BBR"（Burn Before Reading，阅前烧毁）。万一维希军方俘虏了克拉克，将他交给盖世太保，无论是对"火炬行动"还是盟军的大业，后果都不堪设想。

艾森豪威尔力排众议，将这项任务交给克拉克，说明他对这位刚刚走马上任的盟军副总司令非常信任。克拉克的父亲出身行伍，母亲是罗马尼亚犹太移民人家的女儿。初入西点军校时，克拉克信奉"胸怀大志的将军必然多受磨砺"这条教义，受洗入了圣公会。在学校里，他凭借投身军营这个幌子私下在军营买卖甜点出了名。最重要的是，他结交了一位名叫艾克·艾森豪威尔（也就是后来的艾森豪威尔将军。——译者注）的学长。1918年，克拉克遭到榴弹炮轰炸，身负重伤。两次大战期间，这名小上尉受命带领一支由口技、话剧演员和瑞士敲钟人组成的文工团，巡回各州宣传从军的好处。

最近担任陆军部参谋期间，克拉克奉命拟定扩充军队的方案。1941年6月，他的顶头上司评价他是"一位集勇敢和机智于一身的难得的人才"。珍珠港事件后，乔治·马歇尔让克拉克列出10位才华出众的准将名单，看谁最适合出任一项新作战计划的主帅。克拉克答道："我要把同一个名字列10次，德怀特·D.艾森豪威尔。"几年后，艾森豪威尔对克拉克说："我幸蒙你的提携。"

1942年8月，艾森豪威尔调克拉克到伦敦任参谋和"火炬行动"副司令，还了他这个人情。没多久，这两位深受丘吉尔宠爱的美国人时常半夜出没于唐宁街10号或首相的乡间官邸契克斯别墅，以磋商要务。克拉克绘声绘色地描述丘吉尔，说他一身宽松的罩衫，趿一双便鞋，一边喝着白兰地或大口吃着消夜，一边阐述作战方针。

> 汤一端上桌，他一把捧过，弓着背，嘴凑近汤，只见勺子在嘴和盘子之间纷飞，没等你看清，他就咕噜咕噜、吧嗒吧嗒地将盘子一扫而空，继而大喊一声："添汤来！"然后转身对着客人说："好汤！"

和艾森豪威尔一样，在过去的两年间，克拉克平步青云，从少校一路晋升至少将。谨慎和精明让克拉克脱颖而出，但也开罪了不少朋友，惹恼了对手。巴顿就属于后者，他在9月末的一篇日记中坦承："我看克拉克是一门心思地经营自己的未来，而不是要打赢这场仗。"还有一位将军称克拉克是盟军中的"奸臣"，这个绰号贬损了他的贡献。其实，克拉克是一个天赋异禀的助手，每天提交给艾森豪威尔的备忘录都堪称精准高效的杰作。他为身负的重任担惊受怕。他曾说："所得荣誉越多，爬得越高，你暴露的问题也越多，人们始终在找机会曲解你的一举一动。"

此行是应查尔斯·伊曼纽尔·马斯特将军的密约而仓促启程的。这位维希政府驻阿尔及尔的高级指挥官传话称，他要和美军高官共商盟军"不费一枪一弹，即可登陆北非"的大计。克拉克主动请缨，对参与这一冒险且肩负此战中美国最伟大的外交使命，他高兴得如同"一个新得了一把匕首的孩子"。

除了靠 ULTRA 收集情报，同盟国还通过引诱和窃取等途径获得了意大利、维希法国和西班牙的外交密电。华盛顿在北非组建了一个间谍网，即 12 名美国副领事，人称"十二使徒"，借维希和华盛顿间尚且有效的贸易协定，以食品检查员的身份做掩护。可惜"十二使徒"多半是外行，一位曾是密西西比的可可粉销售商，另一位不过是"巴黎酒吧的一件摆设"，第三个后来承认"我连撬办公桌抽屉都不会"。前哈佛考古学家、使徒之一的肯尼斯·彭德坦承："我们犹如飞到非洲这片仙境的爱丽丝。"一名目空一切的德国间谍向柏林汇报："他们满脑子的性和烹饪。"虽然"十二使徒"收集了一些港口、海滩和沿海工事等方面的情报，却解答不了最根本的问题："法国会不会参战？"克拉克就要解答这一问题。

克拉克和考特尼上尉等在离岸 200 米外的水中，只有一只狗的吠声和沙沙的浪花打破了夜空的宁静。此刻刚过 10 月 22 日午夜。月光和天窗里的一只灯泡照见悬崖上这座红瓦、藤蔓绕着粉墙的农舍。海滩上发出"无危险"的信号：一长一短一长，"K"字母的摩斯密码。两人按下手中的桨，敏捷地掠过碎浪，跟上已将划子拖上沙滩的突击队员。

悬崖边上一丛橄榄树中闪出一位身穿圆领毛衣、脚蹬一双帆布胶底鞋、头戴一顶棒球帽的高大驼背的男人——罗伯特·墨菲，他是美国驻阿尔及尔首席外交官，同时也是"十二使徒"的头子。"北非欢迎你们。"他随口说道，犹如一个精于世故的主人在迎接客人。克拉克抛开早用法语准备好的一大段寒暄，只答了一句："我总算到了。"一行人扛起小艇，跟墨菲上了山，穿过一扇绿漆大门,进了一个棕榈成荫的院子。站在暗处的房东叫亨利·泰西耶,是一名法国的爱国者。一眼看见克拉克手上的卡宾枪,另一名法国人嘟囔道:"带步枪的将军!这是一支什么样的军队?"将划子在厨房的储藏室藏好后,一行人走进一间杂乱的小屋,举起斟满威士忌的酒杯互道问候,然后才去好好睡上一觉。

墨菲兴奋得难以入眠,此次接头是他的功劳。他相信,此行倘若成功,不必流血,他即可将北非交到盟军手中。他是美国密尔沃基市人,现年 47 岁,皮肤白皙,是个"快乐可以感染他人的人",早年电梯事故导致他一只脚残废,一战期间他未能从军。

在投身外交事业前,墨菲学过法律,通晓德语和法语,性情随和、温文尔雅,在巴黎待过 10 年。德军南下时,他应华盛顿的指示随残余政府去了维希。他曾协助安排一艘美军巡洋舰暗中将 2 000 吨黄金从"法兰西银行"运至塞内加尔首都达喀尔。一向赏识人才的罗斯福任命墨菲担任自己在北非的私人代表,叫他"不必费神得到国务院的批准"。几个月间,他不时假扮一名中校,频繁来往于华盛顿和伦敦,用马歇尔将军的话说,"中校是个不起眼的人物"。借频频出入北非之机,他在外交行李中夹带了不少无线电发射机。

由于性格较保守,墨菲遭到自由法国领导人戴高乐的猜忌,以"他动辄就认为法国人都是当初和他共进晚餐的人"为由将他解职。英国外交官哈罗德·麦克米伦下过定论,说墨菲"可看出人性的每一个善良之处,且一一予以赞赏,这是他改不了的毛病"。墨菲坚信自己一直在遵从罗斯福的指示,对这些讥讽,他一笑了之。

上午 6 点,马斯特将军率 5 名参谋驱车从阿尔及尔赶过来。墨菲叫醒克拉克等人,一一为他们作了介绍,然后去客厅享用咖啡和沙丁鱼。马斯特五短身材、孔武有力,通晓英语。1940 年,他曾被德军俘虏,在萨克森的柯尼希施泰因一座臭名昭著的监狱度过几个月,后被遣返回国。尽管他身居维希第十四集团军副司令这一要职,但一直不忘起义。马斯特告诉克拉克,美军要登陆北非，不妨考虑春天行动，届时起义军会鼎力相助。克拉克接到严令，不得透露已然启动了的"火炬行动"，只含糊地答道："最好趁早采取行动，我们有兵力和能力。"

两位将军言不由衷地交谈了4个多小时。马斯特劝美国人与自己的恩人亨利·吉罗结盟，这位新近逃出柯尼希施泰因的上将已激起法国人新一轮的抵抗热潮。马斯特保证，美方若能将吉罗从法国南部的藏身处接到阿尔及尔，整个北非将"纷纷起义"，团结在这个重振法国的偶像周围。提起衣衫褴褛的维希军队，马斯特近乎哽咽道，有了足够的装备，在吉罗的号召下，北非可投入30万兵力，与盟军结为联盟，同仇敌忾。他还劝盟军同时登陆法国南部，以免这片维希统治下的领土落入德军之手。

在审慎考虑了马斯特的提议后，克拉克即刻答应送北非2 000把自动武器，这注定是一个无法兑现的承诺。他以罕见的率直承认，同时登陆北非和法国超出了盟军的能力。但他要马斯特放心，在法国本土的进攻不外乎8月在迪耶普的游击战，而登陆非洲则要出动50万士兵和2 000架飞机。他将这一数字夸大了5倍。

"请问谁出动这50万士兵？"马斯特问，"他们身在何处？"

"美国和英国。"克拉克答道。

"那岂不是太远了？"

"不远。"

空话和误解也许在所难免，即使马斯特信誓旦旦，克拉克也不敢透露即将采取的"火炬行动"。到了上午10点左右，他们在登陆时间、维希于北非的政治用意、双方出手相助的多寡、最关键的谁领导谁等问题上产生了分歧和猜疑。11点，马斯特起身说自己必须返回阿尔及尔，以免因外出而引起怀疑。上车前，他提醒克拉克："我们手下只有陆军和空军，海军不归我们管。"

马斯特重申了一遍早前的意见，吉罗将军要统领包括盟军在内的北非部队。克拉克未置可否，马斯特挥手作别，驱车缓缓驶过有人在打牌的咖啡馆和老人在玩保龄球的歇尔谢尔广场，带着要为盟军登陆准备几周甚至几个月

第 1 章　枪声响起的地方就是前线

亨利·吉罗将军在阿尔及尔检阅阿尔及利亚骑兵和殖民地步兵。他英勇无畏,一位法国人曾形容他的眼睛像瓷猫一样扑朔迷离。

的美梦上了路。

　　窝藏这次密谋者 12 个小时后,泰西耶先生的焦急非常明显。尽管如此,他还是拿出丰盛的辣鸡、红酒和橙子款待这帮谋士。马斯特将军手下的几名参谋留在农舍商量细节,呈上标着秘密汽油和军火库、机场、兵力部署等军事机密的地图和海图。克拉克则和法国人换了一身衣服,到院子里透透气。

　　傍晚前,这场愉快的会晤在一阵急促的电话铃声中草草收场。泰西耶接了电话,继而惊呼一声扔下听筒。克拉克事后说,当时泰西耶喊的是:"警察5分钟内赶到!"这条消息不啻往"桌上扔了 50 只死臭鼬"。一名法军参谋操起装着地图的包裹夺门而出,其他人则翻窗逃进了灌木丛。美国人叮叮当当地将法郎、加拿大金币和美钞抛在地板上,方便泰西耶行贿。克拉克撑着英军突击队员,要他们带步话机到海滩上提醒"六翼天使"号,然后带着 6 个人挤进天井下一个潮湿的酒窖。他喊道:"请别把我们锁在里面。"泰西耶砰地关上了暗门。蜷缩在黑暗中的几个人紧紧地攥着手中的步枪和装满文件的折叠袋。

　　墨菲和泰西耶说好佯装醉汉闹酒,骂骂咧咧地行着酒令,丁零当啷地碰着酒瓶。晚上 9 点半,一名和泰西耶交好的海岸警卫队士官生来到门口,解释早先电话通风报信的缘由:一名下班的官吏汇报一座农舍形迹可疑,警察怀疑存在走私活动,准备来个突然袭击。墨菲请士官生尽量敷衍那帮警察,

47

说道："我们开了个小派对，请了几个姑娘，吃个饭，喝点酒，大家这就走，我保证不干违法的事。"

克拉克等人即刻钻出地窖。"快去海滩。"墨菲催道。一行人翻出小艇，飞奔下悬崖。不远处风车欢快的吱嘎声表明起了风，让克拉克叫苦不迭的是，海面上卷起六七英尺的大浪拍向岸边。他脱下裤子，将钱袋和卷起的裤子塞进划子的座位下，踏着浪一阵疾奔，和一名突击队员上了划子，拼命地划桨。一个排浪掀起船头，克拉克倒着栽进汹涌的浪花。"别管裤子，"不知是谁在岸上喊，"保住船桨。"

赤着下身、浑身哆嗦、落汤鸡似的克拉克躲进农舍要了一条内裤，一眼瞧见吓破了胆的泰西耶。"行行好，"这个法国人央求道，"赶快走吧。"克拉克一句话打断了他："我不喜欢慌慌张张。"克拉克带了一片面包、两件"借"来的毛衣和几瓶酒，裹着一条台布赤脚跑回海滩。为了取暖，克拉克拼命地做着下蹲运动。与此同时，一行人掂量了一番，看是否要冲进歇尔谢尔偷一艘渔船。兴许可以买一艘，墨菲建议出20万法郎。一名法军参谋指出，这两个方案不是招来警察，就是引来士兵。

凌晨4点，不知是谁注意到一个风浪相对平静的隐蔽处。克拉克和一名战友爬上划子，另外4组人涉着齐肩深的海水推着划子。浪卷又倒着掀起划子，但划子这次处于浪尖。朱厄尔上尉驾驶潜艇缓缓滑向岸边，由于离海床过近，龙骨一阵抖动。另外几艘小划子至少都倾覆了一次，但终于冲出浪区，划向若隐若现的锥形小山。墨菲沿着海滩欢呼雀跃，兴奋地抱着法国参谋，后者正在收集突击队员丢掉的冲锋枪，并扫平沙滩上的足迹。

克拉克的手下将湿透的文件铺在船舱内烘干。在喝了两杯"六翼天使"号朗姆酒桶中的"纳尔逊之血"（即朗姆酒，纳尔逊是英国人心目中的英雄，他每次出征前都要带上大量朗姆酒以激励士气。1805年特拉法尔加海战中，纳尔逊不幸战死。他死后，水兵们把他的遗体浸泡在朗姆酒中运回国内。据说饮用了浸泡纳尔逊遗体的朗姆酒，可以增加勇气。——译者注）后，克拉克给伦敦拟了一份电报：

> 艾森豪威尔亲阅……除法国下达最高指令的时间，所有问题都圆满解决……预计法国陆军和空军大部分都不会抵抗……海军情报指示法国海军和沿海守军负隅顽抗，但随着我军登陆，这一抵抗将迅速全线崩溃。

朱厄尔掉转船头，向西驶向直布罗陀，同时响起下潜的铃声。

美军初出茅庐

休伊特率第 34 特遣队载着巴顿的大军，绕道驶向摩洛哥之际，另有 300 余艘舰只从克莱德锚地和英格兰沿海赶赴阿尔及利亚。各色舰只依次直插直布罗陀海峡，如期抵达巴巴里（埃及和大西洋间的北非伊斯兰地区。——译者注）各海滩。用丘吉尔的话说，两周的航程必须一环紧扣一环，如同一串"宝石手镯"。这个号令让皇家海军热血沸腾，舰队整齐划一，全速前进，"唯有车叶掀起的汹涌而洁白的浪花不听舰队的使唤"。

盟军采取了 8 套障眼术方案，用以制造假象，让人以为这支军队正要开赴斯堪的纳维亚（瑞典、挪威、丹麦、冰岛的泛称。——译者注）、法国或中东。这些障眼术包括：大肆收集挪威货币，公开讨论冻伤，公开装运御寒服装，大批采购法语词典，培训做米饭的炊事员，一队新闻记者躲到苏格兰北部接受滑雪和雪地行军训练。这些假线索制造得非常巧妙，且不管对轴心国情报部门造成了怎样的影响，连美军内部也被蒙骗了，尤其当舰队往西掉转方向盘时，许多人断定他们正要启程回国，实际上那是为了躲避潜艇的狼群战术，之后舰队兜了一圈才调向西南，直奔地中海。

一如休伊特的船队，这支舰队在英国装载了数万吨战争物资。舱单上还包括价值 50 万美元的茶叶，送北非土著的 5 000 套手工工具，39 万双袜子，针线街英格兰银行地下保险库的 30 个小保险箱中价值 500 万美元的黄金。

此外还增补了法语词典、英美英语特殊词汇对照表。

相比伦敦各港口的装货，汉普顿锚地的后勤考验不过是小巫见大巫。9月8日，艾森豪威尔给华盛顿发了一封长达15页的电报，承认手下的军需官稀里糊涂，近26万吨、够维持一个半月补给的物资、弹药和武器运抵伦敦后被弄丢了，能否请陆军部再送一批过来？电报解释称，美国的货物标记和派送体制混乱，比如美军一个团和装备分乘50艘船运往英国，英国的仓储工序更是一团糟。盗窃损失了20%，许多箱柜埋在码头边的上千个堆场，理不出来。艾森豪威尔羞于启齿但不得不提的是，让后勤部门追加其他物资，诸如理发椅和一辆普通外观的7座"防弹"车等。

这让几位有资格见到这封电报的高级官员怀疑艾森豪威尔的管理能力，看来他和巴顿都是仓促上阵。美国陆军部10月发给伦敦的一封电报尖锐地指出："我们发往伦敦的物资至少是你开列清单的两倍，甚至三倍。"鉴于"火炬行动"刻不容缓，后勤部门已没时间追究损失。截至10月16日，他们又往大西洋对岸发送了18.6万吨物资，还向英国借了1 100万发弹药。这些货物现已运往非洲。

从英国登舰的7.2万名士兵，了解或关心这摊事的寥寥无几。两倍于英国战友的美军，多半抽调自驻扎在英格兰、苏格兰和北爱尔兰的3个师，分别是第1步兵师、第1装甲师和第34步兵师。在海上颠簸几天后，单调乏味的船上生活只能偶尔借舷边拳击赛聊以解闷，身着无袖衬衫的拳击手往往把对手打得不省人事。一份标题为《船上生活指南》的军方小册子，说的尽是"晕船、御寒、稳定情绪"和"痢疾等传染病"。《精神问题》这篇同样叫人气馁的文章指出，"应予以克制的一项内心冲动是性"，这一忠告反而助长了没完没了的情欲和征服欲，或真实或幻想，比如贝尔法斯特的贝尔格莱维亚区宾馆被戏称为"贝尔格莱维亚马术学院"，那里是第34师最爱的神游之地。强制性的身体检查为不少浪子查出性病，他们也算是自作自受了。

团乐队下午组织的军歌和苏泽（1854～1932年，美国军乐作曲家和指挥家。——译者注）进行曲，往往轮流以美国国歌《星条旗之歌》英国国歌《天

第 1 章 枪声响起的地方就是前线

佑国王》和法国国歌《马赛曲》告终。苏格兰阿盖尔郡和萨瑟兰郡的高地联队士兵踏着风琴节拍，在"中国"号船头船尾踏步。尽管上头已经下令让士兵们摘掉各部队的标识，但大家一致认为，要是有敌人，谁都能认出行进中的高地联队。带着吉他或口琴的美军士兵弹起《进军佐治亚》或者一首名叫《验兵不合格的查利》的下流小调。英国兵唱的则是，"大洋此岸当不了官／去××的蛋"。"奥特朗托"号上的节目较为脱俗，一名士兵通过有线广播，为舰上的第 34 师士兵朗诵《哈姆雷特》中的一段独白。

对军官来说，此行却极为倦怠，就如同乘坐冠达邮轮去旅游。服务员每天早晨将茶水端到床头，侍者每餐开饭前将印刷好的菜单贴在餐厅。"德班堡"号上的一名美国军官事后回忆，他们"身着短上衣用餐，餐后在休息室喝咖啡"。每天晚上，一身黑白制服、身材匀称的印度男侍者为浴缸放上热海水，问道："沐浴吗，先生？"在"百慕大君主"号上，手下的参谋提第一行，第 1 步兵师副师长小西奥多·罗斯福（特德·罗斯福）准将便背诵大段吉卜林（1865～1936 年，英国作家、诗人。——译者注）的诗，为大家解闷。他还安慰部下，要他们注意舰尾几百码后的师指挥舰，似乎比"百慕大君主"号颠簸得更厉害。"我们解缆，奔赴一个陌生的港口，"10 月 26 日，小西奥多·罗

突尼斯前线的第 1 步兵师副师长小西奥多·罗斯福（特德·罗斯福）准将。他博学多才、骁勇善战，是位颇有造诣的作家、外交官、商人和士兵，但他形象邋遢，总是戴一顶绒线帽，常常被人误认为炊事员。

斯福在给妻子的信中写道，"我再次踏上了征程。"

水线以下的运兵舱人称"鱼雷的天堂"，此行似乎并不惊心动魄。汗水味、汽油味和毛毯味直扑鼻腔，叮当作响的骰子和此起彼伏的鼾声不绝于耳，仿佛能扯断树枝。铺位摞到了6层，上铺一名士兵拿铅笔在离鼻子仅几英寸的钢板上写诗，或者画费城的旅游图以打发时间。为管制灯火，夜间要关上舱盖，空气因而愈发的浑浊，几名冷溪近卫团的士兵支起了帆布通风井，但无济于事。舰队半途遭遇大风大浪，供晕船士兵使用的大桶盛着令人作呕的呕吐物在甲板上推来拖去。仅以海水涮一涮的脏桶导致痢疾暴发，救护室和厕所前排起了长龙，等不及的人则排在舷边解决。

偷吃应急口粮巧克力的士兵被戏称为"巧克力兵"，他们被罚饿两餐以示惩戒。这是一种令人愉快的处罚，因为正餐让人难以下咽。厨房每天都做许多肥羊肉，以致护航队中嘲讽的"咩咩"声此起彼伏，第13装甲团甚至开玩笑将作战口令改作"咩咩"。面包里嘎嘣脆的"葡萄干"实际是象鼻虫，因此士兵们学精了，吃之前先对着光线举起面包片查看，就像对着光源检查鸡蛋似的。"太平洋公主"号上的第1步兵师组织人手去筛面粉中的小虫子。"凯伦"号上生蛆的肉点燃了第34师士兵们的怒火，以至于上头不得不派军官到食堂维持秩序。"利蒂希娅"号上的士兵们质疑船上法国厨师的手艺，后者"顿时大发雷霆，扬言要跳海"。肚子遭罪，士气低落，手足间也起了嫌隙。

美国士兵吃不惯英式伙食；一直以来享受朗姆酒供应这一特殊待遇的英国士兵发现舰上最烈的酒就是姜汁汽水时，感到十分懊恼。为监控纪律，美方监察官从8 000余封家信中摘录了一些话，其中一名牢骚满腹的士兵写道："英国人都是卑鄙的杂种，拿猪狗不吃的伙食给我们吃。"另一位写道："别怪我满嘴牢骚，我不过是憎恨自己，憎恨这种生活，对这一切深感厌恶罢了。"

★ ★ ★

"将一队优秀的士兵培养成一支能征善战的队伍，需要3年时间。"西点军校美国军事学院创始人西尔维纳斯·萨耶尔19世纪初就下过定论。1942

年 10 月奔赴非洲的士兵，多半服役不过 3 年，有些甚至不到 3 个月。他们都是优秀的军人，但远非一支优秀的队伍。其实，他们还算不上一支队伍，不过是一支在"火炬行动"号令下拼凑起来的杂牌军。

如此说当然事出有因。1940 年组建、被世人熟知的老铁甲军——第 1 装甲师便是典型的例子。该师不下一半兵力留在英国等待下一批航运，由于仅有的登陆艇艏跳板窄了 2 英寸，这个师的中型坦克多半留在了后方。无奈之下，士兵们只好上了配备 37 毫米口径小炮的轻型坦克，有几个部队又重回骑兵年代。年初横渡大西洋去北爱尔兰前，老铁甲军因频频转移混乱不堪。士兵们可以在邓德拉姆湾钓马鲛鱼，每人只要付 50 美分就能吃很多新鲜龙虾，这些过往都令人十分惬意，但他们在英国狭窄的小巷和石头篱笆地里训练时根本施展不开手脚。

英国官员跟在美军坦克屁股后面，每轧毁 16 英尺篱笆就赔付当地农民 1 个先令。这个师不少优秀的士兵自愿报名参加游骑兵、伞兵和突击队，而补充进来的士兵没受过多少训练，有不少坦克兵仅开过 3 次坦克。老铁甲军作为唯一要参加二战沙漠战的坦克师，却没接受过沙漠训练。第 1 装甲师师长、未来的四星上将汉密尔顿·H. 豪泽后来评价道："这个师不堪一击。"

鲜有人会想到，更没人相信的是，其他部队的情况也如出一辙。第 34 步兵师作为美军派往欧洲战场的第一个师，曾在北非等战场立下汗马功劳，是二战期间美军最终投入的 89 个师中历经磨难且凯旋的典范，因此这个师尤其要反省。

20 个月前，第 34 师形同虚设，其属下的一个团是艾奥瓦州国民州卫队，另一个团则驻扎在明尼苏达。和平时期，国民警卫队队员一周集训一次，通常是在周一晚上，两个小时的集训津贴是一美元。战术训练无外乎对着橄榄球场的门柱练刺刀，穿过镇广场做侦察，各个排在这里演习包抄当地的内战纪念碑，擒拿格斗仅限于两周夏训。部队多半调去应洪水、收割或苏市斯威夫特肉联厂罢工之急。在 1938 年的一次罢工时，警卫队员在工人架好机枪前赶到码头，呈楔子队形突破工人的防线。这是他们有史以来唯一经历的"短兵相接"。

1941年2月10日，在发生9次假警报之后，陆军部将艾奥瓦和明尼苏达两个团合并组建了第34师。这是最后一批纳入陆军的8个国民警卫师之一，按国会法令，国民警卫队员将服役一年，保卫西半球的国民。各团匆匆出台动员令，招兵买马、扩充队伍，然后开赴路易斯安那州集训。团部设在明尼阿波利斯的第151野战炮兵团，开出了新兵津贴一个月21美元和"随明尼苏达炮兵南方游"的待遇。

一名国民警卫队少将给集中到州训练场走廊上的新兵训话："我希望诸位的钢盾上挂着希特勒和墨索里尼的人头凯旋！"此话令应征一年服役期的新兵颇感不安，他们宁愿把注意力投向罗斯福总统，因为总统在波士顿曾对着人群说道："我之前说过，但还是需要一再重申：你们的儿子不会被送往国外参战。"中西部的社论无一例外地领会了这一精神。"二战拼的是空军和海军，"艾奥瓦韦伯斯特市的《弗里曼日报》评论道，"即便美国应该参战，但谁都不希望步兵出国。"

10个月后宣战，迎来的却并非一场不需要步兵的文明之战。1942年1月，第34师火速赶赴英国是美国对同盟国一致对外的一个承诺。到了英国，这支卫戍部队卸下装备，负责警戒各个司令部，几乎没有机会上前线杀敌，错失了路易斯安那和卡罗来纳这一让美军各部队受益终生的大规模作战演习。一如第1装甲师，数百名精兵强将离队组建了新单位，譬如新组建的第1游骑兵营就多半抽调自第34师。"火炬行动"一声令下，身在英国的第34师可供调遣，随即被派往阿尔及利亚。下级军官仍是初出茅庐的孩子，还算不得该师的骨干，不过多亏了陆军对国民警卫队军官的大整肃，第34师总算保住了几位将他们带出中西部的领导。整肃一旦开始，混乱的局势一发不可收拾，比如仅在过去的一年，该师第168步兵团就换了3次血。

罗伯特·R.穆尔逃过了整肃一劫。这个可爱的平民军人如今身在"凯伦"号。自英国启程以来，他一连数日在食堂平息士兵们的怨气，打发手下做健身操消磨时间。穆尔中等身材，长着一双灰色的眼睛，帽檐下露出一排垂发，一张爱尔兰式的阔脸笑容可掬。他生在艾奥瓦西南的一座人口仅2 011人的

第 1 章　枪声响起的地方就是前线

罗伯特·R.穆尔，一位来自艾奥瓦州维利斯卡的药剂师，从国民卫队的"娃娃上尉"成长为一名出色的指挥官。德军反攻期间，在凯塞林隘口以东带领第 168 步兵团第 2 营作战。（穆尔家属友情提供）

小镇维利斯卡，开了一间药店，店门前有条纹伸缩雨篷，橱窗上贴着美登高冰激凌招贴，让人感觉宾至如归。1922 年，年仅 16 岁的穆尔加入艾奥瓦国民警卫队，6 年后升任第 168 团第 2 营 F 连连长。被称为"鲍勃上尉"或"娃娃上尉"的穆尔，可爱、倔强、严厉，在清除了连里一帮"无用之徒"后，继续带领手下的国民警卫队员备战谁都不曾料到的战争。

14 年后，37 岁的穆尔早已不是个孩子，也不再是个小上尉，如今他已升任少校副营长，是第 2 营的二把手。到了夜间，穆尔或在拥挤的"凯伦"号舱室，或借着风雨甲板上的月光写家信，他时不时想起在艾奥瓦州的最后一段日子，1941 年 2 月，这个团准备开拔，当时大家都以为不过是为期一年的训练。这段日子是衡量一队普通美国士兵化身为打垮第三帝国勇士的分水岭。

士兵们扯下军装上"艾奥瓦"字样的纽扣，换上"美国"字样的帽徽，这一情景穆尔至今历历在目。他还给 F 连 114 名士兵去信，命他们带上"3 套内衣（有长有短）、6 块手帕、6 双袜子（禁止携带丝袜）、1 件白衬衫（如有）"赶到维利斯卡训练场报到。他们头戴父辈在默兹河—阿尔贡（法国东北部，一战的主战场。——译者注）戴的汤碗头盔，操着同一杆斯普林菲尔德步枪，练了 3 周武器操作。他们在镇广场上支起帐篷，抱怨着脚上的四搭扣鞋，嘲讽军方成心将鞋帮设计得比烂泥平均深度矮 1 英寸，然后他们到长老会教堂地下室吃嫩牛扒。卫理公会教徒在镇上举办了一次盛宴，一队身着红、白、蓝制服的家政学学生端上烤火鸡，犒劳即将出征的勇士。宴后的节目有独唱《如果我不能回来》，以及伊娃·阿尔布克尔小姐朗诵的《星条旗之歌》。当地一位支持者献上一首振奋人心的歌曲："小伙子们武艺精，你们都无须担心，因为过去三年他们每周都练兵。"小镇居民踏着《天佑美国》的节拍，继而是连号手哀怨的"熄灯"号，美好的夜晚最终落幕。

出征的日子到了。1941 年 3 月第一周，各部到各自训练场集结期间，艾奥瓦 32 个镇的居民在通往兵站的街上夹道欢送。上了年纪的一战老兵拖着雪地上长长的影子，跺着冻僵的脚，追忆近四分之一世纪前自己应征入伍的日子。在得梅因，电台全程直播第 168 团 600 人从东一街过格兰大道桥去联邦车站。在乐队演奏苏泽的《野战炮兵进行曲》这首令人难忘的一战圣歌之际，一位跟在儿子身旁的母亲厉声喊道："那帮狗杂种！他们保证过决不再发动战争！"反坦克连登上伯灵顿专列时，克拉林达一支高中乐队演奏的是《上帝与你同在，直到我们再次团聚》。在雷德奥克，M 连的军官劝母亲们留在家中，"以免触发训练的士兵情绪失控"，但几十位痛哭流涕的母亲拥上月台，搂着自家儿子不肯放手。

3 月 2 日，汽车排在维利斯卡镇中广场，1 500 名士兵出了兵站，涌向邻近的街巷。"我这辈子都没见过维利斯卡礼拜天早上来这么多车。"谈起 1917 年出征情形，几位老人如此说道。上午 8 点不到，不知谁看见了第三大街挥舞的军乐队指挥棒。"他们来了！"人群交头接耳。罗伯特·穆尔带领手下，迈着整齐的步伐跟着 F 连旗手越过高架桥。到了兵站，他下令解散，让士兵们最后和亲朋好友拥抱握手，说几句谁都不相信的宽心话。一架飞机在头顶盘旋，不知哪个促狭鬼嚷了一句："德军轰炸机来了！"只听见人群中发出一阵紧张的窃笑。出发的命令传达了下去，士兵们挣脱亲人的怀抱，提着背包上了车，隔着车窗和亲人道别。列车一震，冲了出去。月台上的人群发自肺腑地呼喊着，声音中带着骄傲、希望和对未卜前途的恐惧。

"小伙子们武艺精湛,你们都无须担心。"从那一刻算起,已过了87周,远不到西尔维纳斯·萨耶尔认为将一队优秀的士兵培养成一支能征善战的队伍所需的3年。罗伯特·穆尔深知自己是一名优秀的军官,手下是一队优秀的士兵,但这个师是否能打仗,有待检验。

★ ★ ★

舰队11月初临近地中海,士兵们才得知目的地是阿尔及利亚。舰上的抱怨声顿时消停。士兵们发现自己即将发动战争史上最大的一次两栖作战,一种新的使命感不禁油然而生。

"所有人都按捺不住内心的兴奋。"一名二等兵写道。皇家军舰"阿尔斯泰君主"号误将两只嬉戏的海豚当作鱼雷,虚惊一场。第1步兵师说法语的军官答应教法语,结果蒙着一身粉笔灰绝望地走出设在餐厅的教室。身穿救生衣的美国兵边在甲板上跳跃边用法语唱着"我们是美国兵,我们是你的朋友"。

为掩饰"火炬行动"中英国的角色,英国兵都在袖口缝上了美国国旗。"只要能保命,就算缝上中国国旗也是可以的。"一位英国军官说。一份刚拆箱的小册子写着忠告:"不得当着穆斯林的面抽烟或吐痰""看见两个大男人手牵手,不要大惊小怪,他们不是同性恋"。小册子三令五申要士兵们顾全阿拉伯人的面子,据说许多士兵将北非人当作"穿着浴衣的弗吉利亚名门望族"。

11月5日日落后不久,舰队掉头向东,过了世界尽头(*直布罗陀海峡两岸的悬崖。——译者注*),兵分两路,一路3.3万名士兵奔赴阿尔及利亚,另一路3.9万人奔赴奥兰。艏楼穿过缕缕雾气,防空炮手竖起粗呢上衣领口,扫视着星斗满天的夜空,却不见一架敌机。直布罗陀海峡在左舷若隐若现,渐渐远去。北边西班牙海滨城市阿尔赫西拉斯和南边西班牙在摩洛哥的飞地休达灯光闪烁,数千名士兵涌上甲板围观。他们大多数人已经数月甚至数年不曾见过灯火通明的城市,此情此景让他们更加思乡情切,渴望和平。

"骰子丢了,"特德·罗斯福给妻子写道,"结果如何全凭天意。"

战事中的政治博弈

英军密码作"TUXFORD"、美军密码作"DURBAR"的直布罗陀（也作"要塞"解。——译者注），单听其名就令人生畏。3 英里长、1 英里宽的侏罗纪石灰岩上枪炮林立。英国卫兵驻守边疆，打击帝国的一切敌人，尤其严密监视"元首的侦察机"从西班牙一侧的边界窥视"岩石"（直布罗陀的别称。——译者注）。加拿大工兵坚持不懈地以格里炸药和专门对付坚硬岩石、装有 9 克拉人造钻石的特制钻头开凿，一条长达 30 英里的隧道慢慢穿过直布罗陀海峡。气锤凿下的碎屑被工兵填进海中，延长了 250 码的机场跑道。港内挤满了油轮、货轮及前来加油的军舰，仿佛磨坊水坝后横七竖八的原木。水手闲来信步在直布罗陀镇狭窄的鹅卵石街上，听说酒只要 10 先令一瓶时，顿时欢呼雀跃。

侦察机要监视的目标不在少数。14 个中队的战斗机装箱后历经数周水路运抵这里，如今在殖民地的墓地四周比肩排开。直布罗陀跑马场起跑马厩如今改建成了世上最繁忙的指挥塔台。数百名飞行员轮番驾驶喷火式战斗机和飓风式驱逐机，侦察和控制当地局势。猎猎的狂风叫人捉摸不定，跑道两头的风向袋往往指向对方。

1942 年 11 月 5 日下午晚些时分，正当赶赴阿尔及利亚的舰队刚刚驶入地中海时，5 架从英国远道而来的 B-17 空中堡垒降落在机场上。由于英吉利海峡的大雾，几架飞机从伯恩茅斯起飞的时间一推再推，用一位飞行员的话说，"连鸟儿都在地上走"。为避开敌军战斗机的耳目，以几百英尺的高度紧贴大西洋飞抵这里后，飞机又在直布罗陀上空兜了一个小时的圈子，等待拥挤的跑道清空。

数辆指挥车停在几架轰炸机下的舷梯前，挡住来往乘客好奇的眼睛。走下"红精灵"号飞机的首长，此行化名"豪将军"。不过，他的行李被货车运载穿过小镇送到曾是修道院的总督府，上面赫然印着"德怀特·艾森豪威尔中将"。格林尼治时间晚 8 点，他电告伦敦："请相关单位知悉，直布罗陀指挥部于 11 月 5 日格林尼治时间晚 8 点成立。"

艾森豪威尔出了二楼的客房,对总督客厅内的一大桶雪莉酒视而不见,径直去了折向港口上方米瑟里山的地道。"火炬行动"总司令一行阔步去指挥中心的路上,哨卡内的一名警卫"啪"地敬了个礼。在接下来的 3 周,艾森豪威尔将深入地道半英里,但今晚的行程仅 10 分钟,英方东道主对这条即将用作司令部的地道做了简要介绍。

这里如同一个地下村落,坑道内下水道、暖气管和供水总管密布。一块块指示牌指向通往洗衣房和猴洞休养所的斜巷道。地道内每隔 25 英尺有一盏裸露的灯泡,在滴滴渗水的石灰岩墙壁上投下阴森可怕的光影。水坑上架着跳板,咔嗒咔嗒的换气扇叫人不敢出声。地下鼠患肆虐,连开封的肥皂都被啃了。巷道被分割成 36 间办公室,衬着楞纹护板,一个个痰盂接着滴滴答答的渗水。

艾森豪威尔短暂的来访也让英方对他评头论足。当然,据说他灿烂的一笑"抵得上战场上的一个军团"。他的双眼间隔较宽,但目光坚定不移,宽厚的肩膀上架着一颗宽额脑袋。他的脸和手一刻不得闲,浑身上下散发出一股谁都想与他结交的亲和力。正如一位仰慕者所言,也许是因为人们凭直觉认为他"正直善良",或者用一位空军上将的话说,或许是"艾克具有讨人喜欢的孩子气"。

他平步青云,未必不是集才智、机会和运气于一身,在世人看来,似乎是上天垂青。年初和艾森豪威尔以"你是老朋友"相称的巴顿,私下里说"D.D."("德怀特·D."的缩写。——译者注)代表的是"神圣天命"(Divine Destiny)。两年半前,艾森豪威尔还是个不曾带兵打仗的中校。他的父亲是中西部一位转行去冰激凌店打工的落魄商人。艾克排行第三,年轻时投身行伍是因为西点军校不收学费。辗转各地实习后,他谋了个参谋之职,在少校这个不上不下的位置上一坐就是 16 年。在原地踏步将近 20 年后,他首次有机会觐见高层领导班子,但并没有受到重视:1942 年 2 月 9 日的白宫来访记录上,他的名字被写成了"P.D. 艾森豪乌尔"(P.D.Eisenhauer)。

他的世界观趋于保守，生性谦虚，笃信盟军的正义："轴心国倘若得逞，我等怕是真要尝到压迫、奴役和失去自由的滋味了。"他天生行事果断，乐于担负重任，但在两次世界大战之间怀才不遇。"放空话、擂桌子的人不少，干实事的却少之又少！"他愤懑地写道。他以不关心政治为傲，认为这正是军官的基本素质。一位英国上将后来指出，他给人的印象是"真诚、坦率和谦虚"，但"缺乏自信"。

但他胸有城府，深不可测。战地记者唐·怀特海德后来写道："他远非表面那么简单，他行事巧妙，常常成人之美，且以此为乐。"艾森豪威尔外在的真诚和公正，反而掩盖了他敏锐的才智。他博览群书，思虑周全。一战后不久，他即断定二战在所难免，战胜方势必要结为联盟，一致御敌，朋友们都说他危言耸听。他以第一名的成绩从陆军参谋学院毕业后，被分配到华盛顿和菲律宾，在美国的"马基雅维利"（1469～1527年，意大利政治家及历史学家，主张为达目的可以利用权术、不择手段。——译者注）道格拉斯·A.麦克阿瑟手下做了6年参谋，深谙宫廷或司令部中的逢迎拍马之术。

他吃苦耐劳，在过去的11个月里只请了1天假，去伦敦郊外练手枪枪法。他下笔有神，出口成章。一位历史学家总结道，他在白宫那段出了名的"前言不搭后语"的话，不过是为了掩饰他"觊觎总统宝座"。他给马歇尔的信往往以一句"敬爱的将军"开头，简洁明了，时而又不失谄媚，比如1942年10月20日的一封信就写道：

> 每每稍有懈怠，我即刻想到你要肩负的重任，有你率领我们建功立业，实属这支部队三生有幸。

对马克·克拉克等几名心腹，艾森豪威尔则说自己更想带一个师上前线拼杀，不过这话听起来不太真诚，因此他还要磨砺严酷的意志。10月，他写道："我发现，手下的高级指挥官全都对玩忽职守和失职的表现睁一只眼闭一只眼。"在给朋友的信中，他仿佛在为自己开脱："沽名钓誉、伶牙俐齿和做表面文章蒙混不了多久，需要受到严厉的谴责。"

"火炬行动"临近，他信心陡增。10月12日，即他52岁生日前两天，他写道："这是我这辈子最开心的日子，随着这一天的临近，我觉得自己能打败泰山。"其实，他一直心情烦躁，常常情绪低落，一天要抽4包骆驼牌香烟。他对马歇尔说："在众人面前保持自信和乐观，不过是小事一桩。"多年后他才承认"这是一段凝重甚至恐怖的日子"，而当时掩饰自己的焦虑不过是一种策略。

直布罗陀镇的格林巷和大北路对面，几座半圆形活动板房组成了作战指挥中心。从英国出发的舰队缓缓沿着地中海海图的线路向东挺进。一幅东大西洋海图标出了休伊特舰队的大致方位。一名委屈的英国军官带艾森豪威尔看他要和克拉克共事的办公室，这是一间8平方英尺的小格子，仅有一面挂钟、一幅欧洲和北非地图及几把硬背椅。艾森豪威尔忙于指挥直布罗陀堡垒，无暇顾及这里简陋的陈设，看后不觉一惊。

艾森豪威尔来回踱了48小时的步，抽了48小时的烟。与华盛顿和伦敦的海底电缆畅通，却无要事可报。除气象专家预报摩洛哥浪高15英尺的恶劣天气，从英国出发的舰队悄无声息，休伊特手下的特遣队也音讯全无。艾森豪威尔发电报给休伊特："尊敬的肯特，谨祝你和巴顿将军旗开得胜，马到成功。如有需要，我愿随时效命……艾克。"

11月6日，艾森豪威尔抽空致电伦敦，询问自己的爱犬——黑苏格兰犬泰莱克的近况。他私下又向克拉克叫苦：为何不登陆法国，偏要登陆非洲？驻北非的法军是否抵抗尚且是个未知数。尽管马斯特将军信誓旦旦地保证，奥兰等要塞附近的机场不会抵抗，但11月4日，罗伯特·墨菲却从阿尔及尔转来一位法军最高司令官的警告，透露法军"奉命不惜一切代价保卫法属北非，以免在进攻中失利"。墨菲又发来一封急电，要求"火炬行动"推迟至少两周，先摸清维希政府的意愿再说，这一请求被一票否决，艾森豪威尔说这项提议"不可理解"。他和克拉克一致认为，墨菲是"大惊小怪"。

10月7日，艾森豪威尔乘车去观看短尾猴。一位肩负保护直布罗陀短尾猴苦差的官员让英国坚信，短尾猴一旦灭绝，帝国将丢失直布罗陀。艾森豪威尔拍了拍一只短尾猴，祝它好运。午后的阳光在他身后投下长长的影子，蓝色的探照灯在机场和西班牙边界上空交织。1400英尺下方，一艘艘小船在港湾内兜着圈子。欧洲之角以南14英里，正是影影绰绰、仿佛布满了黄色污垢的非洲。

"我们箭在弦上，不得不发，"他当天上午致电马歇尔，"我们将不惜一切代价，确保登陆成功。"艾森豪威尔脱了帽子，驱车沿大北路一路颠簸，返回地道。"火炬行动"舰队发来了第一条消息，情况不容乐观。

★ ★ ★

直到轴心国侦察机发现了地中海西部的舰队，德军统帅部才怀疑盟军要发动登陆。轴心国猜测登陆地点在法国南部到埃及一线，德国海军认为目的地不可能是法属北非。希特勒认为，盟军舰队要赶赴黎波里或利比亚港口城市班加西，意在夹击隆美尔的沙漠军团。沙漠军团吃了蒙哥马利第八集团军的败仗，眼下正从埃及北部村庄阿拉曼仓皇撤退。希特勒调集35艘潜艇和76架飞机，妄图将盟军舰队一举歼灭在西西里海峡。"我等着看你们发动一场无情的进攻，一举获胜。"可惜为时已晚，届时元首将会发现，他几乎把手下大部分伏兵都安插在了东边，距离战地太过遥远。

11月7日星期六拂晓，"托马斯·斯通"号在西班牙海岸35英里外，以11节的速度紧随左侧一列舰队。"托马斯·斯通"号是这支舰队为数不多的一艘美国运兵舰，满载第9师第39步兵团2营的1400名士兵，这支部队虽未参加过两栖作战训练，艾森豪威尔却在突袭阿尔及尔最后一刻增派了这艘舰。驾驶台上一名机警的驾驶员发现左舷数百码外一道白色的鱼雷尾迹。"右满舵！"他一边命令舵工，一边将车钟推到全速。随着一声爆炸撕裂船尾，船掉向90度，几乎与鱼雷的轨迹平行。一声猛烈的爆炸使600码外的"塞缪尔·蔡斯"号还以为击中的是自己。

早上准备换岗的士兵涌上甲板。第39团随军牧师B.弗兰克·考克兰上尉早起朗读《圣经》，只听见水兵垂死的尖叫，以及消防队将弹药箱拖向另一舷的喊声。鱼雷摧毁了船尾甲板，将"托马斯·斯通"号螺旋桨传动轴一折两段，9名士兵当场阵亡。舵向右卷起，船慢慢飘了半圈，一动不动地定在阿尔及尔160英里外的海面上。上甲板腾起两枚白色的火箭，发出"我中了鱼雷"的信号。根据上级下达的命令，舰队中的其他舰只不得减速，继续航行，圆睁眼睛的士兵扶着船舷看着"托马斯·斯通"号。

第2营营长沃尔特·M.奥克斯少校现年38岁。"托马斯·斯通"号没有沉没之危，且从直布罗陀搬来了救兵，奥克斯将手下的士兵集中到甲板上，在一片欢呼声中宣布，他们将分乘24艘登陆艇，继续赶赴阿尔及尔。考克兰牧师要留在"托马斯·斯通"号，安抚不久于人世的水兵，下午3点，士兵爬下攀登网，上了小艇。一位大厨不肯留下，偷偷上了登陆艇。他对新战友说："这个营的士兵英勇无畏。"

不多久，士兵们一个个都晕了船。在风浪中颠簸到天黑后，这支木质舰队以8节的速度分3列向南行驶。晚上8点，打头的小艇出了故障。90分钟后，这支小舰队重新起航，结果又有2艘艇机器失灵。发动机过热，爆裂的油管仿佛天女散花。每次维修，一行小艇只得停止前进。海面上起了东风，掀起滔天大浪，士兵们只得拿头盔往外舀水。晚上11点，奉命带领这队登陆艇前往阿尔及尔湾的皇家小型护卫舰"斯佩"号突然掉头向东，去调查4英里外一个神秘的雷达信号。这支磨磨蹭蹭的舰队正等着，只见一束白光和22毫米口径大炮的轰鸣声撕裂了夜空。护卫舰返回后，久经战火的舰长告诉手下，他误将掉队且走错航向的28号登陆艇当作敌军潜艇，所幸没有命中。

午夜后不久，9号艇报告，因与另一艘艇相撞，该艇正在下沉。艇上的士兵打开海底阀，仓皇跳水。此时，舰队的航速不足4节，尚有百余海里的航程。拖缆绷断，发动机卡死，数百名干呕的士兵吊在船舷两侧，祈祷着重登陆地。奥克斯少校答应他们上7艘适航的小艇，其余的一概凿沉，"斯佩"号的炮手以难得的热情欣然接受了这一任务。

即便当时迷失了方向，巨浪滔天，艇如风中落叶，落汤鸡似的第2营士兵和偷渡的厨子还是战战兢兢地上了"斯佩"号，冒着巨浪和超载700人的倾覆之险，千方百计、毅然决然地奔赴阿尔及尔。

数小时后，艾森豪威尔获悉"斯通"号的第一条噩耗，和大多数前线传来的噩耗一样报好不报坏：船没有倾覆，船上的士兵也没有遭遇全军覆没。当另一条确切消息传到直布罗陀时，一个不啻鱼雷的挑战将考验艾森豪威尔，让他无暇旁顾：那个法国人到了。

两天前，及时雨"六翼天使"号从科特达祖尔救出亨利·奥诺雷·吉罗将军。他满脸胡楂，头戴一顶灰呢帽，身着一套皱巴巴的西装，脖子上吊着一架望远镜。从渔船登上潜艇时打湿了衣服，但他的风度却丝毫不减。他态度傲慢，翘八字胡显得神色威严，气度不凡。身材高挑的他仿佛上了香榭丽舍大街，昂首阔步地走进大北路的地道。这时是 11 月 7 日下午 5 点。

吉罗的手提箱里装着他的作战方案，登陆北非、解放法国、直捣柏林。他走进艾森豪威尔和克拉克恭候多时的小办公室，"请勿打扰"的红灯在身后的门外一闪，他即声明："吉罗将军在此。"接着又说："就我所知，一登陆北非，我要统领盟军，担任北非盟军总司令。"克拉克一时语塞，艾森豪威尔嗫嚅着说了一句："恐怕是误会了。"

确实如此。鉴于指挥权至今悬而未决，艾森豪威尔想方设法回避这次会面。但将军亲自到直布罗陀来询问，艾森豪威尔已无法躲避。

吉罗绝对是员猛将。据美国情报部门汇报，他 1940 年被捕前发的最后一条电报是："深陷百辆敌军坦克的重围，我正一一予以摧毁。"一位军官说他高喊"冲啊，小伙子们"，指挥手下的士兵作战。一提起威武的法国军队，他就模仿拿破仑一手叉腰，一手指天。身陷德军囹圄期间，他的信中一概签着"决心、忍耐、果断"这三个词。

但英雄也有气短时。他的一位同胞说，吉罗的眼睛仿佛瓷猫，迷茫困惑。哈罗德·麦克米伦写道，"这位将军高贵而糊涂"，对"奉承和祝福"一概来者不拒。美国人背后称吉罗为"该死的老爹"。

这位将军最傲人的经历似乎是被俘和逃脱。1914 年，他首次被俘，但不久就化装成屠夫、马夫、煤炭商人和巡回马戏团的魔术师逃到荷兰，继而又辗转到了伦敦。和另外 90 名法国将军身陷牢狱两年后，他于 1942 年春逃离柯尼希施泰因的经历则更充满戏剧性。他用节省下的礼品包装线搓了一根索子，又拿经猪油罐夹带进来的铜丝加固，绞了胡子、用砖灰染了头发，将索子抛过栏杆，不顾 63 岁的高龄，溜了 150 英尺，跳进易北河。他化装成阿尔萨斯的工程师，带着一颗被悬赏 10 万马克的人头，搭乘火车辗转布拉格、慕尼黑和斯特拉斯堡，潜过瑞士边境，最后逃到维希法国。

现在他在艾森豪威尔的办公室，要对后者逼宫。吉罗不谙英语，克拉克的法语也不尽如人意，只得让一位美军中校为这个惯以第三人称自居的人翻译："吉罗将军不能屈居人下，他的父老乡亲不会理解，也施展不了他的才华。"艾森豪威尔解释，按歇尔谢尔达成的含混协定，经罗斯福首肯，同盟国希望吉罗只指挥法军，不可能答应他统领盟军。为减轻吉罗的负担，美军驻瑞士专员筹备了 1 000 万法郎，分存数个账户。艾森豪威尔传来一名参谋，命他带地图来讲解登陆阿尔及尔和摩洛哥的地点。

吉罗固执己见。虽然这个方案让他有所触动，但法国南部的桥头堡又该如何？他认为 20 个装甲师足以为之，但是否万事俱备？四星上将对三星上将，艾森豪威尔是否明白吉罗地位在自己之上？关键在于由谁来统领盟军登陆法国领土。他说："吉罗不会妥协。"

翻来覆去地谈了 4 个小时后，艾森豪威尔面红耳赤地走出他如今所谓的"地牢"。艾森豪威尔答应到海军部食堂用餐，吉罗则去了总督府，享受总督的盛情款待。早在几天前，艾森豪威尔就通知马歇尔："统一指挥是个微妙的问题……我将如履薄冰，相信我不至得罪任一方，顺利解决。"可惜第一次会晤结束，克拉克如此对吉罗说道："老先生，希望你能明白，从现在起这儿没有你的位置。"艾森豪威尔致电马歇尔，表示"我已疲惫不堪"。

总督府的美酒和佳肴也平息不了吉罗的怒气。晚上 10 点半回到艾森豪威尔的办公室，红灯再次亮起时，对艾森豪威尔的所有要求，他都一口否决。你来我往地争论了 2 小时后，吉罗告辞。谈判陷入僵局：吉罗要的是最高指挥权，而非美方开出的只是指挥法军这个有限的指挥权。他最爱开的一句玩笑是"将军起了个大早却一事无成,外交官却可以奔同一个目的赶个晚市"。第二天拂晓吉罗想赶个早市,准备到镇上的巴扎去买内衣和鞋子。克拉克再次要挟他,尽管这次稍显礼貌。"请将军阁下明白,美国眼下用不着你光复法国,"他通过翻译说,"从今往后,我们用不着你。"吉罗肩一耸,最后以第三人称宣布:"吉罗将作壁上观。"艾森豪威尔小声开了个恶意的玩笑,说要为客人安排一次"小空难",说完后他走向门外思考良策。

从直布罗陀看,夜空下一望无际的地中海仿佛片片靛蓝。艾森豪威尔生来是位玩牌的高手,看出吉罗不过是虚张声势。吉罗赌的也许是时间,坐观登陆的成果。大局一定,艾森豪威尔猜他又会回来。

此外,各方传来的消息振奋人心。阿拉曼交战两周后,隆美尔已从埃及全线撤退;英国第八集团军将非洲军团各个击破,将隆美尔赶进不久将占领突尼斯的"火炬行动"大军张开的虎口。轴心国在地中海的伏兵不仅安插得过远,一支从塞拉利昂出发的英国商船队还将一支德军引出了摩洛哥。商船队十余艘货轮沉没,休伊特手下的第 34 特遣队却毫发无损。这一机密能否守到凌晨?安保出了不少大纰漏,比如送到伦敦盟军司令部销毁的秘密文件碎片飞出了烟囱,一帮惊慌失措的参谋飞奔过圣詹姆斯广场,见到白纸片就捡。此外,"火炬行动"似乎让轴心国大军始料不及。

艾森豪威尔致信马歇尔:"我无须告诉你连续几周来的紧张和苦闷。我想我们已顶住了压力……面对法国和摩洛哥的天气、政治、人身攻击种种问题,任何人都会心烦意乱,如果被允许的话。"

艾森豪威尔在返回地窖的途中,又掏出一支骆驼牌香烟。打开铺盖时,他打定主意,在等候前线战报期间,不出作战指挥中心一步。"我最担心的是恶劣的天气和潜艇将造成大批伤亡。"这位肩负重任、草木皆兵的军人故作威武地说。数年后,艾森豪威尔参与拯救的文明世界授予他种种荣誉后,他将会想起整个战争期间最关键的时刻。在给马歇尔的一封电报中,他的附言一语中的:"在某种程度上,人只能相信自己的运气。"

第 2 章　登　陆

　　1942 年 11 月 8 日,盟军计划采用两翼包抄的方式攻占奥兰及各码头:特里·艾伦的两个团在阿尔泽海滩登陆,特德·罗斯福则率军登陆 X 滩头。"村夫行动"中美军首次空降作战,战果却不尽如人意。为加速盟军在北非的进展,11 月 9 日,克拉克奉命前往阿尔及利亚与法属北非当局谈判。但二战中备受争议的法军上将达尔朗却态度暧昧,出尔反尔、一再变卦。与此同时,盟国远征军总司令艾森豪威尔则对"火炬行动"的进展一无所知……

"漆黑的晚上谁认得是黑猫白猫"

奥兰市面临大海，位于直布罗陀东南 230 海里处，是欧洲在非洲沿海的一块飞地。市内人口数量 20 万，其中四分之三是欧洲人。据说该市在公元 9 世纪由西班牙南部的摩尔人所建，历经数番洗劫与重建后，顽强生存下来，并繁荣至今。据说，建造大清真寺的资金就是基督教奴隶的赎金。

海盗时代已经一去不返，奥兰海港却留存至今。在这片海盗时常出没的古老海岸上，坐落着继阿尔及尔之后的第二大港口。码头上堆着成千桶等待出口的红酒和柑橘，防波堤上用白漆刷着贝当元帅空洞的口号："勤劳、家庭、祖国。"港内的一家家酒馆都呈现出一幅山雨欲来的景象。码头和防波堤围成一个长 1.5 英里的繁忙港口，扼守两岸的要塞和炮台一直延伸到海平面，使得奥兰成为地中海沿岸一个易守难攻的港口。

盟军准备出动海岸警卫队的两艘小汽艇和半个营的兵力，从正面发动进攻，登陆北非。在肯特·休伊特手下的第 34 特遣队前往摩洛哥沿海之际，来自英国的舰队则兵分两路，一路赶赴阿尔及尔附近的 3 个登陆海滩，另一路前往奥兰附近的 3 个海滩。鉴于驻守非洲的法国守军反应尚不明朗，因此盟军在摩洛哥和阿尔及利亚的行动要速战速决，控制各个港口以便加快人员和补给的登陆。北非登陆的成败关键就在奥兰，因此艾森豪威尔亲自批准了 1942 年 11 月 8 日拂晓奇袭奥兰、控制各码头的行动提议。

行动方案由英方在 8 月策划，代号为"预备役行动"。一如 6 个月前英军在马达加斯加完胜维希政府军，这次突袭也要先发制人，以防法军破坏奥兰港。英国情报机关估计，法军水兵只需 3 个小时就能凿沉停靠在码头的商船，另外还需 12 个小时凿沉入口一线的巨型浮码头（指用锚碇在岸边、供船舶停靠的趸船组成的码头。——译者注）。为应对奥兰港守军的反攻，英方还提出将两艘"五大湖"汽艇上的美军悉数投入突袭战。这两艘汽艇曾一度用作缉私船，如今按照租赁法案，移交给皇家海军，之后更名为皇家军舰"沃尔尼"号和"哈特兰"号。在漆黑的夜晚，法军炮兵是否能认出突袭的是美军他们并不清楚。丘吉尔也说，"漆黑的晚上谁认得你是黑猫白猫"。这两艘长约 250 英尺的皇家军舰可以抵挡北大西洋的风暴，但无法承受敌军炮火的猛烈攻击，因此驾驶台和下层甲板都装上了铁甲。各座码头、兵营及目标都以鲜艳的色彩为代码：洋红、柠檬黄、紫红、明黄、淡紫和深红。

英方任命口齿伶俐的 53 岁老兵弗雷德里克·桑顿·彼得斯为"预备役行动"指挥官。彼得斯长相阴柔，薄嘴唇、柳叶眉，在阔别军旅生涯 21 年之后于 1939 年重返海军。他早年曾带领一支小驱逐舰队执行一次护航任务，之后前往哈福德郡，担任一所特工培训学校的校长。

彼得斯的门生包括金·菲尔贝和盖伊·伯吉斯，这两人在 1951 年前往莫斯科加入克格勃，被视为叛徒。彼得斯刮胡子时很用力，因此下巴总是红通通的。他喜欢抽细长的方头雪茄烟，如果再有一个马屁精能及时为他点上就更妙了。彼得斯的一位朋友曾这样形容他："风雨、黑暗和秘密与他如影随形。"现在，彼得斯的目标是建功扬名，他不仅要阻止守军破坏港口，还要夺取要塞，接收奥兰的降军。他透露："这是我梦寐以求的机会。"

彼得斯和他的进攻方案令美国人忧心如焚。连丘吉尔都承认，8 月迪耶普战役的惨败"说明对一座重兵把守的港口展开正面进攻注定会失败"。自霍雷肖·纳尔逊上将（英国海军上将，1805 年英法战争中指挥特拉法尔加海战，成就英国海军史上最辉煌的一次胜利。——译者注）时代以来，皇家海军就谨记"用军舰去攻打要塞是愚蠢之举"这一格言。一位军事理论家曾辩称,"至少要让守军陷入枪林弹雨中,令其仓皇失措",如此才有可能成功。

然而事实上,"预备役行动"遭到的弹雨攻击史无前例,守军也不曾仓皇失措。突袭前曾有一份情报警告称:"奥兰港内的舰艇数量激增,而且这些舰艇均能够发射猛烈的远程炮火。"突袭行动的进攻时机也令人不安。按照最初计划,"预备役行动"要和奥兰东西方向的两个登陆点同时发动进攻。但现在,彼得斯决定在另两支军队登陆两小时后再进港。因此无论法军顽强抵抗也好,俯首称臣也罢,他都有时间取消该次行动。皇家海军强调,"预备役行动"不过是"渗透,而非突击"。

获悉彼得斯准备不顾地面情况贸然发动进攻后,奥兰特遣队美军高级将领安德鲁·C.贝内特少将为艾森豪威尔分析其中利害关系并指出,"倘若法国海军负隅顽抗(似乎是普遍观点),这支小部队必定遭受灭顶之灾"。他在 10 月 7 日的一份报告中写道:"倘若守军拼死顽抗,我认为 5 倍于此的兵力也不能成事。""预备役行动"是"自取灭亡,经不起推敲"。

另一位驻伦敦的美国海军上将伯纳德·H.比厄里也提出异议。但为了盟国间的和谐,艾森豪威尔要顾及英国,尤其是四星上将伯特伦·H.拉姆齐的面子。"请原谅我不能听取你的意见,"艾森豪威尔对比厄里说,"我只能采纳拉姆齐的提议。"于是比厄里去找拉姆齐,希望说服后者,但得到的答复却是,"就算这次行动不成功,对于执行这类任务的将士来说,也会备受鼓舞。倘若成功,那就可以极大地提升军中士气"。

被指定为"预备役行动"投入兵力的第 1 装甲师师长奥兰多·沃德少将也颇有怨言,但这只招来马克·克拉克的一顿训斥。10 月 13 日,克拉克要艾森豪威尔放宽心,"沿海守军若要开炮,这几艘军舰就立即撤退"。沃德顾虑重重,但在给属下的信中他依然写道:"我问心无愧。"

进攻奥兰港这项重大任务交给了沃德手下的第 6 装甲步兵团第 3 营。第 6 装甲步兵团于 1789 年组建,曾参加过查普特佩克、千塞勒维尔、圣胡安山和圣米耶等战役。杰斐逊·戴维斯(美国内战期间担任美利坚联盟国首任,

第 2 章 登 陆

乔治·F. 马歇尔的遗孀和儿子在五角大楼接受追授给他的一枚优质服务勋章。"预备役行动"中的官兵最后见到这位美军高级指挥官是在英国快艇"沃尔尼"号的船头，他正向一艘法军驱逐舰扔手榴弹。

也是该政权唯一的一位总统。——译者注）和扎卡里·泰勒（美国第十二任总统。——译者注）是第 6 装甲步兵团的明星人物。1837 年圣诞节佛罗里达沼地与印第安塞米诺尔族一战令该步兵团名噪一时：一位身负重伤的指挥官临终前喊道，"冲啊，战友们，占领那片高地！"

第 3 营营长乔治·F. 马歇尔来自佛罗里达州，现年 31 岁。这位西点军校的毕业生长着一颗大脑袋，马脸，下巴坚毅，曾在菲律宾担任侦察兵，后来娶了一位军医的女儿。最近几个月，马歇尔官运亨通，从上尉到中校，连升三级。即便对"预备役行动"有诸多疑问，他也只是在背后嘀咕几句。马歇尔告诉一位师部参谋，这次任务"安排得好"，他要占领高地。

在英国进行了短期的挠钩和软梯训练后，马歇尔带领手下的 392 名士兵及所有能带走的小汽艇，登上一艘皇家巡洋舰赶赴直布罗陀。11 月 5 日，艾森豪威尔及其参谋人员乘 B-17 前往直布罗陀机场为第 3 营饯行，之后这些士兵又分别登上从爱尔兰赶来的"沃尔尼"号和"哈特兰"号扬帆而去。26 名美国海军军官和水兵、6 艘美军潜艇、52 名皇家海军军官和新兵及汽艇上的英国水兵，组成一支反破坏特遣队。11 月 7 日中午，士兵和下级军官获悉此行的目的地。

横渡地中海这段短短的航程并不平静，严重超载的汽艇一路颠簸，吃饭的时候连汤都洒了出来。与此同时，罗伯特·墨菲手下的"十二使徒"及美国间谍机关战略情报局在奥兰市组织的一场暴动以失败告终，但彼得斯和马歇尔却对此事一无所知。尽管奥兰城内保皇党、犹太人、共济会和共产党人仍一心要占领港口等主要设施，法军高层中的同僚却犹豫不定。盟军设在奥兰的一座秘密电台给直布罗陀发了一封电报："预计全线抵抗。"可惜，这条消息没能送到盟军特遣队手中。

特遣队的每艘汽艇上都悬挂了一面台布大小的星条旗，其中两艘艇上还挂起了一面皇家海军军旗。英方士兵一意孤行，不顾此前说好的伪装方案，坚持悬挂己方的旗帜航行。彼得斯在"沃尔尼"号舱内和同僚碰面，进行最后部署。他信誓旦旦："我认为不发一枪一弹，就能完成任务。"

11月8日零点刚过1分钟，两艘艇上的士兵已各就各位，准备战斗。士兵紧挨着枪炮，伏在后甲板库房和一排堆在洗衣房的弹药箱旁。船艇抛下了攀登网。皇家海军中尉保罗·E.A.邓肯身穿美军作训服，腰后别着两把手枪、胸前抱着一挺机关枪，站在"沃尔尼"号黑漆漆的驾驶台上。他是彼得斯的翻译，操着一口美国腔，正小声地念叨一段法语，一会儿他要通过扩音器向港口的守军喊话。

"沃尔尼"号以6节的速度悄然驶向阿尔及利亚海岸，"哈特兰"号以600码的速度尾随在后，两艘军舰划开海水，在波光粼粼的海面拖出一条碧绿的尾迹。马歇尔上校的部下在住舱甲板上呷着咖啡，侧耳听着艇身嘶嘶而过的水声。军医助手在临时搭建的手术台上铺上白床单，其中一人名叫马文·P.克莱门斯，是西弗吉利亚埃克尔斯一座煤矿的司闸员。最近该营军医罗伯特·富勒将不服管教的克莱门斯贬为二等兵，因此后者打算抵达奥兰领到薪水后就开溜。克莱门斯一边帮富勒摆放手术器械，一边暗自策划出逃方案。

彼得斯、邓肯和另外15名士兵挤在驾驶台上。这些人脸上都抹了重重的伪装油彩，连最亲近的朋友都认不出他们来。奥兰市黑魆魆的山上泛着点点微弱灯光，凌晨2点45分，灯光突然熄灭。水面上远远地传来凄厉的防空警报声。"沃尔尼"号舰长P.C.梅里克少校大声朗读反破坏特遣队的指挥舰"拉各斯"号发来的一封电报。电报语义含糊，让人摸不着头脑："目前不得开火。登陆未遭遇抵抗。不到万不得已不得主动挑起战斗。"驾驶台上的一干人放声大笑。当右舷码头方向慢慢腾起一团火焰时，笑声戛然而止。彼得斯看到两条长 200 码的铁索拦在入港口。

梅里克急忙命舵手转向，前往港口东面的悬崖下隐蔽。几名士兵驾着两艘从直布罗陀带来的摩托艇着手释放烟幕。梅里克下令以 15 节的速度冲向铁索，"沃尔尼"号的车叶飞速旋转。凌晨 3 点整，彼得斯一点头，邓肯随即操起麦克风，憋着一口美国腔，对夜空用法语喊道："不要开枪，我们是你们的朋友，不要开枪。"

红色的曳光弹划过水面，港口上方的洛慕纳炮台喷出一道道火舌，哒哒哒的机枪声在拉万·勃朗码头回荡。猛烈的爆炸声在漆黑的海面上此起彼伏。"卧倒，防碰！"梅里克下令，"我们正接近铁索。""沃尔尼"号猛地一震，撞断了第一条铁索，继而犹如砍瓜切菜一般，撞断几条由煤驳（即运煤专用的中小型散货船驳。——译者注）串成的第二道封锁，"沃尔尼"号进了港。

但欢呼声被一阵猛烈的撞击声打断。一艘摩托艇冲出令人窒息的烟幕，一头撞上"沃尔尼"号。所幸没人受伤，但摩托艇艇头被撞毁，之后消失在茫茫夜色中。码头附近释放的烟幕仿佛浓雾，在港口上空升起的照明弹下腾起滚滚白烟，探照灯疯狂地向水面扫射。甘贝塔炮台发出低沉的轰鸣声，掩盖了码头和防波堤上哒哒作响的轻武器。突如其来的爆炸声过后，"沃尔尼"号的驾驶台被掀翻，邓肯中尉请求停火的话刚说到一半就倒地阵亡，手里还攥着麦克风，枪套内的手枪一弹未发。

"沃尔尼"号驶过拉万·勃朗和米尔兰德两座码头，在接近港口西端的目标之际，炮火声突然沉寂了足足一分钟。因为法军炮兵盯上了此刻暴露在探照灯下的"哈特兰"号，这两艘军舰一前一后相距几百码。"沃尔尼"号住舱甲板上的 200 名美军士兵听着头顶的交战声，先是热血沸腾，当听到机枪子弹打在船体上时，他们异常警觉起来。几名士兵在甲板上痛苦地挣扎，军医蹲在他们身边，摸索着找出士兵随身携带的吗啡。马歇尔上校奔前跑后，大声喊着集合令，然后冲向艏楼。英方水兵按照原定计划在一侧放下 3 艘小艇。其中一艘穿了一个洞，当即沉没，船上的士兵被抛下水；另两艘艇上的反破坏小组在摩洛哥海盆里拼命地划向码头。

沉寂突然降临，又骤然消失。透过驾驶台破烂的舷窗，彼得斯看见法军炮舰"奇袭"号加速向这边直冲过来，遂立即命梅里克掉转航向，准备与这艘舰迎头相撞，但法国舰长的反应速度更快。法军在 300 码外的一阵齐射，将"沃尔尼"号的驾驶台捣毁，舵手和他身边的士兵全部阵亡。彼得斯的左眼被打瞎，他冲另一名舵手大叫舵令，却发现后者早已身亡。"沃尔尼"号以 4 节的速度继续飘航，转瞬之间法军的枪口触手可及，相距仅 25 码之外的法国炮兵又发出一阵排射，对准"沃尔尼"号的甲板疯狂扫射。

更糟糕的事情还在后面。在"沃尔尼"号经过朱尔斯·吉罗码头的途中，一发炮弹击中机舱，造成大量士兵伤亡，润滑油柜也被损毁。机舱断流阀自动关闭，发动机卡死，"沃尔尼"号也失去动力。数发炮弹一齐射向两台锅炉，许多船员被烫伤。两艘靠泊的潜艇、港口上方的一座炮台及数名法军狙击手向"沃尔尼"号的船头船尾一阵乱射。炮弹打进军官舱、舰长舱和驾驶舱。上甲板是一摞摞的尸体，下层的住舱甲板则形同停尸房，鲜血横流。

"沃尔尼"号飘向港口西端的桑特尔码头，打横接近锚泊中的驱逐舰"雀鹰"号。反破坏特遣队的幸存者用挠钩钩住驱逐舰的烟囱，但"沃尔尼"号没有动力推进，绞冠不能启动，无法继续向驱逐舰靠近，士兵没法登船。与此同时，"雀鹰"号甲板上的炮火疯狂地扫射"沃尔尼"号，驾驶台上的梅里克、医务室内的军医富勒，以及在艏楼上与十余名劫数难逃的士兵一起往法国驱逐舰上扔手榴弹的马歇尔上校全部遇难。烈火舔舐着甲板。一个小时前站在驾驶台上的 17 个人，现在只剩下彼得斯。他冒着蔓延的烈焰，在一具具尸体之间穿行。

"哈特兰"号的情形也不甚乐观。由于与摩托艇距离太远，"哈特兰"号得不到烟幕的掩护，刚刚驶过洛慕纳炮台就引来了法军的猛烈袭击。曳光弹在甲板上飞舞，还没进港，舰上的一多半炮手就已经阵亡。榴霰弹片打断了蒸汽管，在战场的喧嚣中，一声尖锐凄厉的啸声划破夜空。这颗榴霰弹还在最不合宜的时刻炫花了"哈特兰"号舰长的眼睛。舰艇偏离航向，撞上伸出港口6英尺的防波堤。"哈特兰"号暂时搁浅，被岸上探照灯的光束照得透亮。脱浅后它带着一个大洞和熊熊大火，继续向港内驶去。舰长戈弗雷·菲利普·比约少校命炮手还击，但他指挥的同样是一堆身穿马裤的尸体。"哈特兰"号的3英寸口径火炮只发射了三轮，就被彻底打哑。

在"哈特兰"号绕道拉万·勃朗码头、驶向敦刻尔克码头的途中，恰好处于驱逐舰"堤丰"号的火力之下。100英尺外法军的一轮排炮，打穿了"哈特兰"号没有装甲的船体。侧倾的"哈特兰"号摇摇晃晃地继续前进，驾驶台被榴霰弹炸得粉碎，在船头住舱及设在军官住舱的急救站里，许多军医和伤员的尸体横七竖八躺了一地。机舱内弥漫着腾腾的硝烟和破裂管道泄出的滚滚蒸汽。一名十几岁的司炉手握铁锹倒在一旁。甲板上，法军的机枪仿佛花园喷壶，对准"哈特兰"号的甲板来回扫射。成堆的尸体挡住通道，幸存者竟无法拿到消防水管。水兵帮助负伤步兵穿上他们并不熟悉的救生衣，然后拽着他们翻过船舷。直到一枚4英寸口径炮弹喷着蓝色火焰呼啸越过"哈特兰"号的甲板，飞向其后的法国船只时，"堤丰"号才停止了炮击。

11月8日凌晨4点，比约少校抛好锚，刚刚踏出驾驶台，就被飞来的弹片打伤肩膀和两条腿。炸弹迅速爆炸，"哈特兰"号火光冲天，烧红的甲板就像炼狱。随即比约命令所有幸存者弃船逃生。

在突尼斯担任美军第2军军长的劳埃德·R.弗雷登多尔少将授予记者利奥·"比尔"·迪舍一枚紫心勋章。这位记者在"预备役行动"中身受25处创伤（11处枪伤和14处弹片伤），大难不死，事后针对这次惨败撰写了一篇杰出的报道。

一英里以西，"沃尔尼"号也在下沉。船上的幸存者稀稀落落地穿过甲板，跳进海里。军士拉尔夫·高尔刚刚爬到上甲板，就昏倒在船舷旁。醒来之后，他发现自己身上压着一摞尸体。"死人动不了。"他后来说。被降职的军医助理马文·克莱门斯此时根本用不着当逃兵，因为富勒上尉已经阵亡。在克莱门斯泅水逃往码头的途中，他的腿上中了 4 弹。"沃尔尼"号随军记者小利奥·S. 迪舍身中 25 处创伤，穿着被炮火撕成碎片的救生衣，好不容易才逃上了岸。一名美国兵从水中伸出一只手拉住了迪舍：他的另一只手已经被打飞。

幸存的盟军士兵划过油渣，头紧贴残骸，躲避嘶嘶入水、滚烫的榴霰弹片。码头和"雀鹰"号上的一些法国水兵帮忙救起生还者，而其他士兵则拿步枪和机枪瞄准泅水的士兵，将其一一击毙。

凌晨 4 点 15 分，一声爆炸骤然响起，已被炮弹炸穿 50 余个洞的"沃尔尼"号艇身微微一倾，就此葬身海底。星条旗和皇家海军军旗依然迎风飘扬。彼得斯顺着尾缆登上一艘小艇，和另外 10 名士兵上了岸，随后被法国水兵俘虏。

"哈特兰"号上的大火一直烧到早晨，摇动的火苗舔舐着旗帜。最终一阵雷鸣般的爆炸，不仅将"哈特兰"号炸成碎片，还损毁了拉万·勃朗码头附近的仓库。舰上 200 名士兵，只剩 2 人带着武器上岸，当即被俘。

拂晓出奇平静。"哒哒哒"传出几声沉闷的步枪声后，又陷入一片死寂。海面上，一团团燃烧的浮渣仿佛篝火一般噼啪作响。远处圣克鲁斯圣母院神龛内，一尊斑驳的石雕圣母将手伸向港口方向，仿佛要赦免人类在她眼前犯下的种种罪行。

法国海军陆战队士兵将这些幸存者团团围住。不断呻吟、血肉模糊的重伤员被拖上卡车和救护车，其余的人只能步行。他们只穿一件内衣、满身油污，赤脚或者套一双破烂的胶底鞋，顶着细雨，一瘸一拐地穿过奥兰的街道，前往 2 英里外的战俘营。法国平民在道路两侧流泪；阿拉伯人则向幸存者吐痰、扔石头，嘲笑这群战俘。"预备役行动"的伤亡率高达 90%，近一半士兵阵亡。马歇尔手下的 393 名士兵中，189 人阵亡、157 人负伤。皇家海军也付出了惨痛代价：113 人阵亡，86 人受伤；美国海军阵亡 5 人，伤 7 人。

英方自称，"预备役行动"参战人员的英勇气概，令法国海军肃然起敬，因此他们才没有"积极"破坏港口。但法军的行动证明事实远非如此。就在衣衫褴褛的残兵败将前往战俘营的途中，奥兰港司令即下令打开海底阀。不出几小时，27 艘法国废船体紧随"沃尔尼"号和"哈特兰"号沉入海底，一时间水面上桅杆和烟囱林立。包括 2.5 万吨级"大码头"在内的数艘浮船坞（一种用于修、造船的工程船舶。——译者注）被凿沉，将港口入口阻塞，后来用了整整 2 个月才将船体打捞出水。皇家海军随即进行了一次小规模的报复行动，从奥兰突围的 5 艘法国战舰或被击沉或搁浅：黎明时分，"奇袭"号带着舰长和 55 名士兵葬身海底；"雀鹰"号陷入一片火海中，自行冲滩；"堤丰"号在港内的航道上被击沉。

在"预备役行动"结束后的几个星期内，陆续有尸体浮出水面。士兵乘小艇用挠钩将尸体拖上岸，裹上毯子。打捞出的 300 余具盟军尸体令生者手足无措：第一波登陆时，反破坏特遣队没有殡葬队。攻克奥兰后的数日内，由谁安葬阵亡将士及在何处安葬，盟军各部队始终争论不休。最后由工兵在镇外选了一座小山坡，用风镐和气锤在白垩岩石上开了一条长壕沟将逝者掩埋。阵亡者中有 29 人身份不明。许多士兵失踪，包括乔治·马歇尔在内，他留下了一个寡妇和一双幼子。

为避免招致法国人的不满，艾森豪威尔手下的英方海军司令安德鲁·布朗·坎宁安上将坚称，在提到"预备役行动"时"最好保持沉默"。参加奥兰突击的英方高层幕僚个个都升了职。彼得斯被授予英国最高荣誉：维多利亚十字勋章及美国第二大荣誉奖章——优质服务勋章。据授予仪式上的一位目击者说，戴着黑色眼罩的彼得斯如同一个垂头丧气、丢盔弃甲的海盗。"预备役行动"结束 5 天后，在前去面见丘吉尔的途中，直布罗陀反复无常的大风导致飞机失事，彼得斯坠机身亡。维希政府幸灾乐祸地援引当地的法律，声称凡是驶进奥兰港的船只都要支付引航费，"预备役行动"的失败就是他们给盟军"沃尔尼"号和"哈特兰"号两舰开出的收费单。

在一次非公开的英美参谋长会议上,艾森豪威尔最终揽下了此次突袭行动惨败的责任。他的姿态无可厚非,但当初强烈反对此次行动的美军上将安德鲁·贝内特却得理不饶人,穷追不舍。这使英方和艾森豪威尔大为光火,后者声称,他要"立即把那家伙赶走"。贝内特仍喋喋不休,不久即被调往冰岛。

至于奥兰多·沃德少将,仍和手下的第1装甲师大部留在英国。当第3营全军覆没的消息传来时,他不禁动容,挥笔在日记上写下《鲁拜集》(*Rubáiyát of Omar Khayyám*)中的诗句:

旧日湖山同醉客,

只今寥落已无多。

几杯饮罢魂销尽,

——生涯酒里过。

(以上诗句由郭沫若译。——译者注)

登陆北非

海风裹着刺鼻的碳烟、湿腥和腐臭味飘向 4 万余名突击队员,他们计划 11 月 8 日一早从东西两翼包抄奥兰市。此时这些士兵对于奥兰港内糟糕的战况一无所知,他们掏出口袋里可辨识各自部队的一应物件。各舰娱乐室内是一堆堆情书、舞伴卡、火车票根、会徽和驾驶证等来自和平时代的零碎物件。厨艺饱受诟病的大厨们打起精神,做了一顿"丰盛如上路饭、却没人会尝"的饭食。

一名短波话务员别出心裁,想办法接收到"陆军—圣母玛利亚"橄榄球赛事,通过舰上的有线广播为第 16 步兵团播放。第 26 步兵团团长小亚历山大·N. 斯塔克上校在最后发言中告诉手下的士兵:"我们要给敌军一切体面投降的机会,不要逼他们打。一着不慎,将铸成大错,所以我们要三思而行。"黑暗中,只听一艘艇的甲板上有人说:"我当然害怕,你个傻瓜。别告诉我你不怕。"马歇尔上校的兄弟单位——第 6 装甲师第 1 营的士兵呆呆地望着 6

第2章 登陆

奥兰港。11月8日拂晓的"预备役行动"中,"沃尔尼"号和"哈特兰"号两艘英国快艇将数百名美军士兵送入法国守军的虎口。这张照片拍摄于6个月后,在照片上方可以清晰地看到入港口。

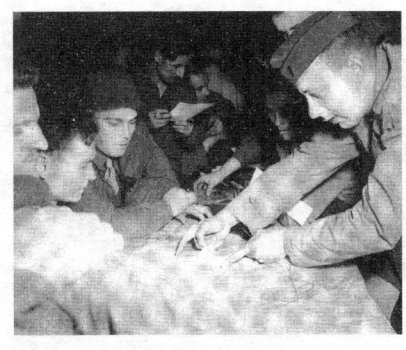

1942年11月7日,"火炬行动"之初、占领阿尔及利亚港前几个小时,舰上的第1游骑兵营的官兵正在研究阿尔泽地图。

海里外黑魆魆的海岸。除了港口附近不时出现的奇怪闪光外,海岸线一片平静。"看样子他们不想打。"士兵们互相安慰。

　　按照艾森豪威尔和克拉克批准的方案,参加这次行动的美军统一由劳埃德·R. 弗雷登多尔指挥,计划登陆横贯50英里,命名为X、Y、Z的三个滩头,采用双重包围战术控制奥兰市。在拂晓前抢滩X、Z两个滩头的坦克呈钳形向纵深推进,协助占领奥兰以南的两座机场,"预备役行动"此时想必已经

79

攻占了港口。步兵也将包围这座城市，阻断前往奥兰的法国援军。据盟军情报机关汇报，法军在这座城市的13个沿海炮台布下了4 000名重兵，仅奥兰师的士兵就达1万人之多。

从美军第1步兵师和第1装甲师抽调的士兵组成了一支规模最大的登陆分遣队，这支分遣队将分乘34艘运兵船，攻占位于奥兰以东16英里的渔港阿尔泽附近的Z滩头。阿尔泽扁石滩由两座炮台把守，第1游骑兵营的任务是在盟军主力部队登陆前夺取这两座炮台的控制权。英方突击队为游骑兵营进行了6个月的培训，训练期间这些学员都效仿其教练，蓄起八字胡或山羊胡。这一传统要追溯到法印战争（英美为争夺美洲殖民地及世界贸易控制权于1754～1763年进行的战争。——译者注）期间的杂牌军，他们凭小偷小摸、旺盛的体力和无休止的内讧而久负盛名。第1游骑兵营的士兵多半是炼钢工人、

11月8日，两位来自艾奥瓦州的游骑兵下士罗伯特·贝文和厄尔·德罗斯特瞄准阿尔泽港上方的一座法军炮台。

第 2 章 登 陆

农民、斗牛士、驯兽师、股票经纪人和滑稽戏团出纳出身。指挥官威廉·O. 达尔比现年 31 岁,是一位来自阿肯色的炮兵,勇敢决绝、一呼百应。

500 名游骑兵仿佛抽屉里的勺子,从"阿尔斯泰君主"号、"皇家阿尔斯泰人"号和"皇家苏格兰人"号挤上登陆艇,头盔下露出一张张苍白的脸。他们并未利用攀登网,而是直接在军舰甲板上跳入登陆艇,再用吊艇架和绞盘机将小艇放到水中。舵手启动沉闷的 V-8 发动机,登陆艇划出一圈圈涟漪,驶向海岸。在放一艘小艇入水的过程中,前吊艇柱的一根缆绳突然折断,将游骑兵、枪支和达尔比的电台一股脑儿全抛下海。水兵被这一幕逗得前仰后合,他们嬉笑着救起在水中扑腾的士兵。一时间咒骂声连天,最后一个伦敦士兵吼了声:"还不多亏我们把你们救上来!"

W.H. 达默少校带着 2 个连直奔阿尔泽港。到达后,他们发现法国驻军睡得如婴儿一般香甜,码头上放着成桶的腌制沙丁鱼。8 艘登陆艇放下艇艏跳板准备登陆,但防波堤比预料中的高,游骑兵一再滑下黏糊糊的石堤,最后揪着绳子才攀上码头。15 分钟后,他们来到四周围有堑壕的普安特堡,悄悄蹲伏在古堡外。领头的小分队发现一名法国水兵,便一路跟踪他来到大门。一阵枪声和子弹打在地上噼里啪啦的声音过后,这名士兵抽搐着扑倒在地。随后,游骑兵活捉了指挥官夫妇和 60 个睡眼惺忪的法国士兵。一个兴高采烈的英国水兵在下面的登陆艇上喊道:"为国王和祖国而战!"普安特堡初战告捷。

第 1 游骑兵营营长威廉·O. 达尔比中校在阿尔及利亚阿尔泽郊外。见过他的人,都认为他生来就是要在黑夜中领导其他人作战。

81

同一时间，达尔比带领 4 个连越过港口北部 1 英里处一片乱石丛生的海滩。这支游骑兵在海上颠簸了几个星期，现在重回地面，感觉周围的陆地似乎都在翻滚。他们气喘吁吁地翻过一道陡峭的沟壑，从两翼包抄诺尔堡。3 支连队并肩越过一道铁丝网，将掩体内和阿尔及利亚妓女鬼混的 3 个法国兵赶了出去。一阵猛烈的炮火逼得达尔比赶紧撤回手下的士兵，同时往碉堡方向一连扔了 80 发榴弹炮弹。随后，一些游骑兵咆哮着冲向被炸塌的炮台，将爆破筒（装上炸药的管子）塞进 4 个炮眼。其他人对准透气孔扔了一通手榴弹，还没等爆炸声响起，法军炮兵就顶着弹药箱冲了出来。

很快，一名法军指挥官匆忙在睡衣外套了件短大衣、趿着一双布拖鞋，带领 60 名水兵，打着白旗走出炮台。按照达尔比的吩咐，这名指挥官给附近一个用作外籍军团疗养院的兵营打了一个电话，敦促他们尽快投降。疗养院中，烂醉如泥的外籍士兵只得同意将步枪扔下井。牙关格格作响、哆哆嗦嗦地抱着听筒的阿尔泽市长也答应将这座城市交给盟军。

达尔比冲上一个居高临下、俯瞰海面的石丘。只有毁掉阿尔泽的炮台，皇家海军才能放心地将运兵舰开到海岸对面 5 海里处。事先确定的行动成功信号是点燃 4 枚绿色信号弹，然后是 4 组白双响满天星。但达尔比的白色信号弹和电台全都掉进了海里，于是他一枚接一枚拼命地发射绿色照明弹。远处地平线上等待消息的士兵挤在军舰甲板上，望着空中一道道绿色弧线发出阵阵轻声的赞叹。经过一番激烈的讨论，特遣队指挥官准确地猜到了这些信号弹的真正意义：在当年汉尼拔（北非古国迦太基名将、军事家。——译者注）和大西庇阿（古罗马统帅和政治家。——译者注）治下的土地上，盟军攻克了这次行动开始后的第一座城镇。

一位下巴突出的少将神色坚毅，迈着骑兵特有的罗圈腿，在"太平洋公主"号的风雨甲板舷边踱来踱去，青铜色的头发在头盔里凌乱地竖起来。此人粗颈斜肩，而且从英国启程后一路用体操棒和健身球锻炼，一看就知道他膂力过人。这位少将一般要在早餐后慢跑 3 英里。在接下来的一天中，他会故意拍着空空的口袋，到处向部下讨烟抽。他脸颊上两处对称的伤疤就像两个酒窝：在

第 2 章 登 陆

1918 年阿尔贡战役中,一枚穿他脸而过的子弹打掉了他的牙齿。最让他头痛的问题是口吃。只要他一着急,说话时旧伤就会引起可笑的嘶嘶声,好像漏气的轮胎。他现在就急了,停下脚步,呼哧呼哧地研究了一阵追着登陆艇的橙绿色磷光。在第一波士兵冲向地平线之际,他嘟哝了一句:"登陆。"

一位崇拜者写道,单看特里·德·拉·梅萨·艾伦这个名字就知道这人不可一世。身为第 1 步兵师师长,特里·艾伦秉承了"大红一师"的一条非官方训言:"能吃能喝、敢打敢拼,因为他们盼着第一个冲锋陷阵。"

"梅萨"这个富有异域情调的中间名来自艾伦的母亲,她是一个在南北战争期间任联邦上校的西班牙人的千金。艾伦的父亲是一位长期驻守得克萨斯的炮兵军官,他将非凡的骑术及吃喝嫖赌的嗜好都一股脑儿传给了儿子。在西点军校的最后一年,艾伦因军械和射击两门功课不及格而黯然退学,之后就读于一所天主教大学并顺利毕业,后于 1912 年应征入伍。在 1918 年的圣米耶勒战役中,艾伦身负重伤,被担架抬下战场。他刚一恢复神志,就一把将急救标记扯下,冲回战场召集手下的士兵投入战斗。在第二颗子弹从右至左横穿他的下颚之前,他还在一个德军机枪手的头上砸折了自己的拳头。

据艾伦的一位副手称,对这位"最英勇的人"来说,这两次世界大

1943 年初,第 1 步兵师师长特里·德·拉·梅萨·艾伦少将与法国军官在突尼斯前线。一位副官事后说,连年骑马使他的双腿变成像孩子一样的罗圈腿,但他仍然"是我见过的最勇猛的战士"。

83

战的间隙简直是无聊。1922年1月，得克萨斯牧场主协会打算举办一场马拉松式赛马，以了解步兵是否能与真正的牛仔一决高下，这次比赛让艾伦过足了瘾。艾伦少校代表军方挑战驯马世界冠军、在奇瓦瓦拥有400英亩牧场的车队老板基·邓恩。二人同时从两地出发：艾伦从达拉斯，邓恩从沃斯堡，他们都要骑行300英里，赶到终点圣东尼奥的阿拉莫。

邓恩身穿马裤、头戴牛仔帽，骑一匹面部有白斑、名叫阿沃尔的卡尤塞马。艾伦则穿一身笔挺的骑兵服，骑一匹叫科罗纳多的黑色高头大马。二人均以每天60英里的速度策马在得克萨斯州穿行。每一名骑手策马越过得克萨斯州界之际，都有人群夹道欢迎，彩旗飘舞。一位评论员说："大家为这场比赛下的注足够造一艘战舰。"比赛进行到一半时，得知邓恩的马缺少草料，艾伦立即送给邓恩一车干草和燕麦。在马鞍上颠簸了101个小时56分钟之后，这位年轻的军官策马漫步越过终线，领先对手7个多小时到达终点。在人群的一片欢呼声中，艾伦骑着马去打马球。

艾伦在利文沃斯堡陆军参谋学院求学期间的表现却不尽如人意：艾森豪威尔少校以全班第一的优异成绩毕业，他却是全班倒数第一，因此被校长斥为"学校有史以来最差的学员"。不过，艾伦任本宁堡步兵学校教员期间，却深受副校长乔治·C. 马歇尔的赏识。在1932年一份勤务评定报告的10个项目中，马歇尔给了他9项良或优（是"操行等级"一项唯一获得良好评价的教员）。艾伦年轻漂亮的妻子玛丽·弗朗西斯总结得好：马是艾伦战后的情人。当艾伦的照片和一篇谈论未来将才的文章一起出现在密苏里一家报纸上时，文章的简介中称他是"头号暴乱和反叛分子"。

经过战火的洗礼，这帮暴乱分子终成大器。军队中团级和师级部队的人数与日俱增，在物色合适的指挥官人选期间，马歇尔和作战训练部参谋长莱斯利·J. 麦克奈尔的保险柜里保存了400余名上校的档案，他们的勤务评定均为"优秀"。既非上校、勤务评定也不优秀的艾伦并不在此列。1940年，上级决定将艾伦从中校晋升为准将，连升两级。在西点军校的同窗中，他第一个戴上将星。但他这时却因拒不执行命令而正在接受军事法庭的审判。马歇尔知人善任，有时对于能征善战的军官犯下的错误会一笑置之，他的远见卓识恐怕无人能及。在艾伦晋级令下方的贺词中，上级用铅笔写了一行字："我们这帮警卫室的兄弟也想为你庆贺。"

晋升少将以后，艾伦哼着歌曲《得克萨斯深处》，阔步穿过大街，到第1师赴任，这是美军历史最悠久的一个师。历经两次世界大战，"大红一师"几乎完好无损，许多西点军校毕业生和正规军军官云集于此。在艾伦的领导下，"敢打敢拼、能吃能喝"这一传统得以发扬光大，马歇尔背地里警告他："大白天喝酒……你要注意影响。"从伦敦出征前，艾森豪威尔发布了一份措辞严厉的备忘录，指出一个月前在英国因酗酒和违纪被捕的美军士兵中，有三分之二来自"大红一师"。

第1师傲慢、固执、暴躁，既是一支军队，也是一个好战的部族。弗兰克·U. 格里尔上校向手下士兵发出号令："第18团的战士们，我们即将投入战斗！""火炬行动"前夜，上级给艾伦发来一纸通知，称不要将法国当作敌人，但他当即将其付之一炬。"你就当什么也没看见，"他对手下的情报官说，"这么晚才通知我们，法国人要和我们并肩作战，这对我军相当不利。"第1师对这名离经叛道的指挥官的忠心获得了回报。"从来都没有碰到过这么多急需解决的问题。"艾伦在写给玛丽·弗朗西斯及幼子的信中写道。不过，他说士兵们个个训练有素，已经做好了战斗的准备。"我现在对第1师信心倍增。他们比以往强上10倍……他们虽然年轻，但结实强壮。我会一直想念你和桑尼的。"

艾伦将一条腿跨过"太平洋公主"号，以体操健将的身姿爬下攀登网，登上了等在下面的小艇。

阿尔泽附近的海滩一片混乱。一股意料之外的西向洋流使运兵舰和登陆艇偏离了航向。黑暗中，几十个晕头转向的艇长沿着岸边来来回回地寻找登陆滩头。士兵携带的装备多半重达100磅，每个人活脱脱一副全副武装、要被吊上马背的中世纪骑士模样。一到岸上，几个星期以来船上饮食欠佳及缺少锻炼的后果立即显现，士兵们跌跌撞撞地冲进沙丘，丢掉了防化服、护目镜、羊毛内衣和手榴弹。海滩上挤满了因落潮搁浅的登陆艇，士兵只好动用推土机将它们推出去，如此一来，损坏了许多车叶和船舵。

登陆队原计划用平底船将轻型坦克送上海滩，如此就不必涉水300英尺上岸。后来工兵用几个小时在水中筑了一条路。见英国水兵拿铅锤测水深，一名美国军官吼道："伙计，我们等的就是这一刻。我们快上！"他将靴子挂在脖子上，一脚跨过登陆艇的船舷，当即不见了踪影。他的部下连忙七手八脚地把他拽上艇，这时艇长正一点一点地将登陆艇靠向岸边。

翻译拿着喇叭用法语喊："打倒德国！打倒意大利！法国万岁！"第18步兵团的一门迫击炮连连发射出一种鸵鸟蛋大小的特制炮弹；炮弹升上200英尺高的夜空，在五光十色的焰火中一面美国国旗徐徐展开，慢慢地飘向大地。现在总算有了明确的攻击目标，法国炮兵立即报以猛烈的炮火。"行，小伙子们，现在大开杀戒！"一名营长下令，"给我狠狠地打！"

有人开枪，另一些人却犹豫不决。突然来到一片漆黑陌生的海岸，许多士兵都怕误伤自己人。山坡上到处都可以听到暗号和对答："喂，银币！""滚——！"尽管艾伦将军生性好斗，但他手下的军官深信不开第一枪的训诫，即使法军的抵抗让他们无所适从。因此，尽管法国炮兵猛轰己方部下，一位步兵营营长仍一连声地说："他们打得不是我们，他们打得不是我们！"其他人则乱打一气，用阿尔泽附近的一名士兵的话说，他们"打断了北非一半葡萄藤"。在清剿阿尔泽郊外的狙击手时，第18步兵团K连的士兵打死了一名阿拉伯平民。

第16步兵团第2营的士兵把装备堆在几头征来的骡子和几辆牛车上，继续向纵深推进。法军用一阵榴弹炮将他们逼进了一条水沟。一些士兵接到命令准备退回去重新集合时，军队中突然人心涣散，士兵犹如惊弓之鸟，溃不成军地沿着大路逃窜。

这支缺乏作战经验的军队就这样度过了战斗的第一夜，一个充满了混乱与失误、英勇和罪恶的夜晚。听到阿尔泽郊外可怕的叮当声和马达轰鸣声，第1步兵师的士兵用嘶哑的嗓子悄声说："坦克来了！"不知是谁下的令："不要乱开枪!"但夜晚的宁静仍被 20 名步枪手一阵猛烈的齐射打破,紧接着又引发一阵窃笑:他们袭击了一辆运酒的卡车,司机中弹死在驾驶室内。"第一起伤亡、黑暗中截住老卡车司机这一幕,我们一辈子都忘不了。"一名士兵事后写道。

在审问俘虏时,一名法属殖民地士兵刚把手伸进口袋里拿身份证件,一个胆小的美国兵看守就一刺刀捅了过去,这名倒霉的俘虏立刻横尸当场。对某些士兵来说,战争不过持续了几个小时。第 18 步兵团一名大腿受伤的士兵被送到圣路野战医院,口中还念叨着:"一切都好。"一位随军牧师一直陪伴他直到人生最后一刻。"他们是法国人,改不了的法国人,"一名受伤的记者评论打伤他的人,"这帮法国死硬分子。"

特里·艾伦见识过比这更糟糕的情况。据说艾伦在法国担任营长时,因为着实看不惯一名优柔寡断的下级军官,他一把拔出这名军官的手枪,照着这个人的屁股开了一枪。"好了,"艾伦说,"你不用打仗了,你负伤了。"但这种姿态此时却毫无用处。张扬的个性使艾伦成为众矢之的,他也讨厌"辣手艾伦"这个绰号,因为这显得他"像个江湖骗子"。在 30 年的军旅生涯中,艾伦将战争哲学归纳为几句常识性的格言。冲锋陷阵时,他逼着部下"迂回、冲上去、踏扁他们"。他教训手下的军官:"士兵打仗不是为了拯救受苦受难的人,全是废话。打仗就是要证明自己的部队是全军最优秀的部队,证明自己和这个部队的其他人一样勇敢。"

艾伦拿着一柄蒙上红布的手电筒仔细研究地图,随即明白第 18 步兵团正向圣克卢稳步推进。与此同时,第 16 步兵团将南下包抄奥兰市。最初关于"预备役行动"的汇报表明战斗形势严峻,不过,如果奥兰以西的军队成功登陆,那么在接下来的 24 小时内预计会有 1.8 万名特遣队员登陆,这正是伦敦策划者最希望看到的结果。

他对"第 1 师的信心"就像他信仰上帝一样不可动摇。"我坚信,无论做什么事,如果你出于正义,"他常挂在嘴边的一句话,"自有神明相助。"迄今为止,就像艾伦离开"太平洋公主"号时祷告的一样,上帝真的眷顾着"大红一师"。艾伦瞧见师部旁边有一副血迹斑斑的空担架,就躺上去打了个盹儿。

★ ★ ★

在奥兰另一侧进行的登陆行动,成功和混乱的情况同样层出不穷。在该市以西近 30 英里处的 X 滩头上,意外不断。不过尽管遭遇许多船只受损、出现不曾预料到的沙洲、一台发动机失火致使一艘登陆艇燃烧到天亮等状况,一支快速轻型坦克部队仍然成功越过浅滩,在上午时分抵达内陆。

Y 滩头位于 X 滩头与奥兰之间,是欧洲人钟爱的一处海滨度假胜地。5 000 余名步兵沿着莱桑达卢塞宽阔的海湾跌跌撞撞地冲上岸。在空荡荡的海滨浴室后,一个矮小精悍的身影站在一辆挡泥板上标有"骑兵"字样的吉普车顶,攥着马鞭喊道:"站起来!往前冲!"特德·罗斯福有一副雾角(安装在靠近港口的岸边或有发电设备的灯塔上,是雾天里向过往船只发出警告的喇叭。——译者注)似的嗓子。听到他的话,扑倒在 Y 海滩上的士兵使劲地眨眨眼睛,爬起身,又摇摇晃晃地向纵深推进。特德·罗斯福突然发现一支法军骑兵在侧翼巡逻,立即命司机追了过去。他端起一挺卡宾枪,将一名骑兵击落,其他人见状四散奔逃。

第 1 师内的赌注登记人以 1 赔 10 的赔率,赌他们的副师长在这场战斗中活不过两周。几个月后,罗斯福获悉此事,特地花 10 美元请一名输了的赌徒吃饭,期间还给他讲了赌博的种种害处。尽管特德·罗斯福向来不顾个人安危,但要杀他也没那么容易。一如艾伦,罗斯福生来就是名军人。"说到对战争的热情,特德和你脾性相同。"乔治·C. 马歇尔在给艾伦的信中写道。在认出一个老兵后,罗斯福对他吼道:"你吓我一跳,瞧你丑的!你越来越难看了!"被认出的老兵顿时喜形于色,反唇相讥:"将军你也不是什么帅哥!"罗斯福一阵大笑,拿马鞭敲了一下腿,又驱车寻找下一个捉弄的目标。

罗斯福确实算不上英俊,跛着一条腿、斗鸡眼、近视,患有心脏病和严重的关节炎,走路时离不开拐杖。他总是穿一身邋里邋遢的迷彩服、戴一顶毛线帽,就像顶着一头廉价的假发,乍一看还以为他是个伙夫。一名副官承认,

"在我见过的所有将军中,就他没个将军样儿"。用马歇尔的话说,他是"一名难得的勇士,更难得的是他拥有百折不挠的毅力"。据说特德·罗斯福、艾伦、巴顿都是乔治·C. 马歇尔参谋长的爱将。

罗斯福的父亲,也就是第 26 任总统西奥多·罗斯福曾说他"这辈子都不会有什么大出息"。的确,从哈佛大学毕业后,特德·罗斯福便在一家地毯厂找到了一份日薪一美元的工作。不过,到 1914 年,他已经跻身于腰缠万贯的投行经理之列,那年他 27 岁。罗斯福任第 26 步兵团营长期间,曾身中毒气、受过枪伤。他的一战生涯,则以中校军衔、瘸了一条腿为代价,画上了句号。

罗斯福曾一度深信战争的"统一目标"是"涤荡我们骨子里的柔情",但一如他最终脱离了"美国第一"的孤立主义阵营,他渐渐摒弃了这个荒谬的观点。一战后,罗斯福协助创建了美国退伍军人协会,成为一位出色的作家,出任过海军部助理部长、波多黎各总督、菲律宾群岛总督、美国捷运公司董事长等职。在担任道布尔戴出版社副社长期间,他开创了极具"美国特色"的健康养生系列书籍之先河。1941 年,时年 54 岁的罗斯福重返军营,仍要解决与小自己 7 个月的艾伦的上下级关系。用马歇尔的话说,两人脾气太近,不可能意气相投。

罗斯福口袋里揣着本《天路历程》(*Pilgrim's Progress*)、背包塞了本《中世纪英国史》,随第 26 步兵团的一帮老部下上了岸。他与第一波突击队员趁天黑登陆,夜色中这些人只是"一个个模糊的身影"。刚刚踏出冰冷的海水,罗斯福就敦促胆小的士兵往"枪响的地方冲"。在牡蛎湾给家人写信时,他常常流露出对"和平日子"的渴望,但不是今天。他现在无暇分身,眼前的战斗场面蔚为壮观,此刻也不是吐露心事的时候。通红的炮弹从头顶呼啸而过,曳光弹在山间飞舞直到磷光燃尽。炮兵拖着一架架榴弹炮越过海滩,连他的儿子、炮兵连长昆廷也不例外。"他们肩上套着拖绳,这画面仿佛儿童版《圣经》中建造金字塔的插图。"罗斯福写道。

法军出动 14 辆古董级雷诺坦克反攻,其中 5 辆抛锚,只能拖上战场。不到几分钟,即被一举歼灭,它们的反击只不过弄脏了美国人的坦克。第一批殖民地俘虏是双眼灵活、脸上烙着部族标记的塞内加尔步兵,他们列队登上一艘货轮,之后被转送上一艘囚船。据一支侦察先遣队汇报,盟军控制了奥兰以南5英里、靠近拉塞尼亚的一个法军指挥部,但在办公室保险箱里只搜出来两个胸罩和一本淫秽小说。

"胆小鬼,你在那儿干吗?"罗斯福冲缩在土丘后的一个二等兵吼道。"快,跟我来。"这名士兵冒着嗖嗖乱飞的机枪子弹跟了上去。罗斯福停下吉普车,猛吸了一口气,然后宣布他要去前线搜寻准备投降的法军司令。"如果我两个小时内没有回来,你们要全力以赴。"说完,他掉头顺着大路向前驶去。

"我恨不能手握长剑,身卧沙场,"他在投给《哈泼斯》杂志(Harper's)的一首诗中写道,"四下遍地敌尸。"

"村夫行动"

每一个战场都充斥着各种各样的小道消息,半真半假令人难以参透。11月8日星期天早上从东西两翼包围奥兰的美军士兵只能依靠感觉分辨流言的真伪。看来法国人执意要打,但他们会怎么打、要打多久,谁都说不清。疲惫的士兵、登错滩头的队伍和突如其来的死亡已经与阿尔及利亚的风景融为一体。沙丘和山间如今到处回荡着"喂,银币!"和"滚!"的声音。就连

1942年12月初,安葬阵亡的美军士兵。这处临时墓地位于阿尔及尔附近的莱桑达卢塞。

指挥官对于奥兰附近的战况也只有大概的了解：部队会登陆 X、Y 和 Z 滩头；两面夹击该市的进展并不顺利；夺港一战显然凶多吉少。同时对于阿尔及尔和摩洛哥登陆行动的情况，他们一无所知。

但盟军尚未使出奥兰登陆的最后一招：美军将进行首次空降作战，参战者的胆识亦可谓空前绝后。前一天下午，即 11 月 7 日星期六，556 名美军伞兵在英国西南沿海康沃尔两座机场集结。脸上抹着伪装油彩的士兵领到一份印刷小册子，上面逐一列明跳伞服上的各个装备：两支铅笔（左胸袋）和手纸（右臀袋），配 4 片刀片的剃须刀（右裤袋）和 4 枚手榴弹（野战短外套口袋），几张印有加密电码的米纸（万一被捕，可以食用），如"燕八哥"（伞兵已空降）和"鸭子"（伞兵已空降，但找不到机场）。士兵们拿胶布把鼓囊囊的口袋捆上，免得碍手碍脚，然后准备登上 39 架 C-47 运输机。

"村夫行动"的目标非常简单：控制奥兰以南名为塔法拉乌伊和拉塞尼亚的两座机场，并坚持到海滩登陆部队前来增援。不过，简单到此为止。从康沃尔到作战区的航程达 1 100 英里，是以往空降作战半径的 3 倍，况且这些缺乏作战经验的飞行员和领航员还要在 1 万英尺的高空、夜间飞行 9 个小时横穿中立国西班牙。因受到德军在荷兰和克里特空降行动的启发，这次行动的盟军策划者对作战形势做出错误估计，并未料到会有惨重伤亡。许多英方指挥官对这次行动持有异议，他们告诉丘吉尔，不如用这些飞机和珍贵的兵力对突尼斯发动突然袭击。连负责攻占奥兰的美军策划者也断定，"村夫行动"没有任何"实质性意义"。艾森豪威尔和他们一样持怀疑态度。"路途太远。"他冷冷地说，但最终答应了一再鼓动的克拉克。"英方不过是要把我们的飞机据为己有，挪作他用。"克拉克告诉艾森豪威尔。

第 509 伞兵团第 2 营营长爱德森·D. 拉夫五短身材，是个固执的西点军校毕业生。该营士兵为这次行动接受了一番苦训，但跳伞训练多半在晴朗的白天进行，而且选用的是大降落区域。目前第 60 空运大队只有 4 套引航仪。经过紧急请求从美国发来的另外 35 套，据说在转运时"投错了地方"。在出发前的最后一刻，领航员终于收到了一批英国仪器，但他们既不会操作，在美军飞机上也无法使用这种仪器。地图和航线图奇缺，只有分队的领导才拿得到。许多飞机在预定起飞时间的前几个小时才抵达康沃尔，就连作战指示也只是"几分钟心不在焉的会谈"。一路颠簸，许多飞行员累得都睁不开眼睛。

克拉克在离开伦敦前往直布罗陀前批准了最后一套综合方案。鉴于驻阿尔及利亚的法军反应尚不明朗，盟军制订了两套应对方案。方案Ａ：倘若法军抵抗，空降兵将于下午5点从英国起飞，在次日拂晓前空降，然后控制两座机场；方案Ｂ：倘若法军不抵抗，该营将推迟4小时起飞，于次日白天空降拉塞尼亚，准备执行下一项任务——进攻突尼斯。11月7日，拉夫中校和部下要收听由皇家空军转播发自直布罗陀的广播，确定应该执行哪一套方案。"挺进亚历克西斯"意即执行方案Ａ，准备战斗；"挺进拿破仑"意即执行方案Ｂ，预计法军抵抗不力。

在伦敦司令部这个平静的庇护所，这种安排或许合情合理，却并不适合此次行动。艾森豪威尔和克拉克只想着到直布罗陀与吉罗将军谈判，没有充分重视阿尔及利亚方面关于法军动向的种种相互矛盾的汇报。直布罗陀的盟军无视墨菲的警告和其他征兆，对"村夫行动"普遍持乐观态度。

11月7日下午4点15分，艾森豪威尔的指示抵达圣艾弗尔和普雷达内科附近的康沃尔机场："挺进拿破仑。"和平在握。已经启动引擎预热的飞行员关掉发动机，逛到控制塔台又喝了一杯咖啡。4个小时后，伞兵各就各位，他们拉下飞机上的遮光窗帘，谈论着等待他们的阿尔及利亚的酷热天气。78台发动机"噗噗噗"一阵响，点着了火。晚上9点15分，领队飞机一仰头冲入稀薄的雾气中。卡洛斯·C.奥尔登上尉搭乘的是"鲨鱼饵"号，这位31岁的军医在袖珍日记本上写道："上帝啊，用你的智慧帮助我平安归来吧。"

机队起飞后，几乎诸事不顺。比斯开湾晴朗的天空忽然乌云密布，风雨大作。为避开雷雨云砧（强烈发展的雷暴云的顶部，呈砧状结构。——译者注），许多飞行员间相互失去了联系。没过多久，39架飞机飞临西班牙上空，除3架飞机暂时失踪外，这支最大的机队仍完好无损。擅长天文导航（利用对自然天体的测量来确定自身位置和航向的导航技术。——译者注）的引航员屈指可数，密布的云层又从中作梗，许多飞行员只能靠航位推算飞行。身在英国的气象学家不曾料到，一股劲的东风推着 C-47 不断向西飘移。不到几个小时，飞机不知不觉间至少偏离航线 50 英里。拉夫上校手下的伞兵盖着毛毯缩在寒冷的机舱里，以为法军见到自己便会缴械投降。他们啃着压缩饼干、嚼着口香糖，以防晕机。

为了帮飞机定位奥兰而紧急调来的两套助航设备也失灵。停泊在奥兰港对岸 35 英里处的英国船"阿林班"号原计划需发射 440 赫[兹]无线信号，为"村夫行动"飞机提供归航信标。但不知何故，它发射的却是 460 赫[兹]，飞行员自然无法接收信号。第二套助航设备倒是精巧。这套代号为"雷别卡"的电子发射装置分别装在两个大箱子中，从直布罗陀转道丹吉尔偷运至奥兰。11 月 7 日午夜前，美国战略情报局特工戈登·H. 布朗藏在一辆法国救护车后座，来到塔法拉乌伊机场附近一片荒无人烟的牧场。

布朗摸黑架起一根 9 英尺高的天线用拉索固定后，打开仪器，听着咕咕的鸺鸟叫，白白躲在灌木林里等了一夜，却不知道康沃尔机场的伞兵还天真地以为法军不会抵抗，推迟了出发时间。凌晨 5 点，天已破晓，奥兰附近传来了炮声，布朗才拆下天线，将"雷别卡"拖进一片沙漠，砸了个稀巴烂。

11 月 8 日早上 6 点 30 分准时升起的太阳告诉伞兵，他们已经散落在西地中海各地。一架飞机在直布罗陀降落，两架落在法属摩洛哥的非斯。另外 4 架飞机在西属摩洛哥着陆，伞兵们沮丧地捶着墙一连声地骂："见鬼，见鬼！"在这里他们要被拘禁 3 个月。有 3 架飞机奇迹般地找到了拉塞尼亚机场，不过迎接它们的是法军猛烈的防空炮火。这番"盛情款待"表明双方绝不可能握手言和，也让飞行员骑虎难下——燃料所剩无几，他们通过电台战战兢兢地交谈。"鲨鱼饵"号上的士兵开始动手给救生筏充气。

在此次行动中，小威廉·C. 本特利上校是拉夫座驾的高级飞行员，他将飞机降落在一片谷地上，看到一群一脸茫然的阿拉伯人像苏格拉底一样不停地问这问那，这些飞行员知道自己没来错地方，至少找到了非洲。

拉夫的飞机再次升空。上午 8 点，本特利发现在奥兰盐沼西端，一片沿着海滨向南延伸 20 英里的干涸湖床上，聚集着至少 12 架 C-47。附近有一支装甲纵队看来准备进攻这群刚着陆的伞兵。拉夫立即命令本特利后面 9 架飞机上的伞兵空降到装甲部队后方。拉夫第一个跳出舱门，来了个硬着陆，摔断了一根肋骨。在得知这些坦克属于美军第 1 装甲师时，他还在吐血。登陆 X 滩头后，坦克部队打算赶往奥兰南部的机场，因为空降兵未能按照计划将其占领。拉夫手下的数百名士兵大半个上午的时间都在躲避狙击手的子弹。

本特利带着余下的飞机降落在盐沼东端，随即做了俘虏。法军看守将他关到设在圣菲利普堡的一座监狱中，与几百名盟军俘虏做伴，其中还包括满身油污的"预备役行动"幸存者。

"村夫行动"的最后一幕绝不辉煌。经拉夫首肯，威廉·P. 亚伯洛少校决定带一支敢死队徒步前往塔法拉乌伊机场。但他们还没走出 200 米，就发现盐沼干燥脆弱的表皮下尽是烂泥。在这块盆地行军，就像蹚着糖浆走路。这队士兵一路上把弹药和羊毛内衣全都零零散散地丢在盐沼中，最后总算到了湖床南沿。筋疲力尽的士兵用头盔挖了几条又浅又窄的战壕，瘫在一堆杂草下不肯起来。

亚伯洛通过步话机命令 3 架 C-47 将被困飞机上的燃油抽尽，然后过来接他和手下。就在几架飞机带着亚伯洛一队人刚要起飞前往不远处的塔法拉乌伊机场时，6 架法军地瓦丁战斗机的一阵机关炮将这几架飞机机身打成筛眼。美军飞行员急忙掉转机头，放下机轮，以 130 英里的速度迫降在这片盐沼。期间地瓦丁又来扫射了不下 3 次，造成 5 名士兵死亡，15 人受伤。杀人魔头终于扬长而去，只见一名排长的尸体头朝下挂在亚伯洛这架飞机的舱门口，副驾驶在座舱内倒地身亡，此情此景让胆量过人的空降兵也灰心丧气。

拉夫手下幸存的士兵多半于 11 月 9 日乘卡车抵达塔法拉乌伊。在康沃尔祈求上帝保佑的军医卡洛斯·奥尔登，是 11 月 8 日早上该营唯一乘飞机抵达战场的人。当其他伞兵跳下飞机徒步穿越盐沼时，他待在"鲨鱼饵"号上没下来。

英方对"村夫行动"的质疑并非无凭无据。这次行动对登陆确实毫无贡献，还白白浪费了盟军一个班的空降兵。在执行这次任务的 39 架飞机中,只剩 14 架完好无损,可以立刻起飞。在这种一个步兵班对盟军战争大业都弥足珍贵的时刻,只有 15 名伞兵可以在 3 天内执行下一项任务。

登陆第一天,盟军包围了奥兰市,以很小的伤亡使数千名士兵成功登陆。虽然皇家海军没有控制港口,但得到了制海权。与此前的"预备役行动"一样,"村夫行动"再次证明,一意孤行、草率行动势必会付出惨痛的代价。

战斗到底

从环绕阿尔及尔的半月形海湾极目远眺,这座城市仿佛葱山翠岭间展开的一幅白色画卷。阿拉伯城区弥漫着恶臭,法国的殖民统治丝毫不影响这座城市的魅力,距离反而为它平添一分风韵。林荫大道两侧是鳞次栉比的电影院、商场及别致的咖啡馆,昂首阔步的公子哥儿徜徉其中,让一个个夜晚顿添生气。

在 1492 年出走西班牙的穆尔人来此地避难前,阿尔及尔还是一个不起眼的小村庄。与奥兰一样,这座城市很快靠海盗繁荣昌盛,庇护横行地中海的海盗船队长达 3 个世纪之久。高达 400 英尺的巴巴罗萨(*德意志国王腓烈一世。——译者注*)王宫建于 16 世纪,如今仍屹立港口上方天际。20 世纪 20 年代,一名西方游客站在王宫前浮想联翩,认为这座古老的建筑里"回荡着基督徒奴隶的呻吟"。

一个多世纪以来,阿尔及尔一直是法属北非帝国的中心,这座白色的城市里"苍蝇乱飞,街上满是乞丐和巴黎上等人"。在法国人的眼里,这座昔日的海盗城如今犹如"一个露着白花花的身子、倚门卖俏的半老徐娘"。但艾森豪威尔及其参谋人员认为,即使没有覆盖整条非洲海岸线,阿尔及尔也是阿尔及利亚的战略要冲。作为"火炬行动"最东端的登陆点,这座城市是随后盟军长驱直入挺进突尼斯的一块跳板。继英美联军登陆之后(打着美军旗号),英军转道东折直取突尼斯。

11 月 8 日一早,罗伯特·墨菲开着一辆大别克,匆匆穿过阿尔及尔最繁华的城区，去履行他这辈子最重要的一项外交使命。在11月7日星期六傍晚之前，这位美国外交官一直待在办公室里无所事事，对于即将发生的大事还浑然不觉。现在，用他的话说，"两年的酝酿和筹划"即将接受检验。此前艾森豪威尔和白宫一口否决了他提出的将"火炬行动"推迟的建议，这令他颇为不快。墨菲致电罗斯福："我深信，如果得不到法军最高指挥部的支持，那么北非登陆必将是一场灾难。"华盛顿的回电也毫不含糊："总统决定，登陆行动按原计划进行。"墨菲接到指示，"务必确保目前与你接洽的法国军官的沟通和合作"。

他已经尽力。几位可靠的法国起义人员，包括马斯特将军在内都在几天前提醒他盟军在北非可能会有所行动。"你好，罗伯特，富兰克林来了"，一听到伦敦发来这条事先定好的电报，墨菲即刻提醒这些起义人员，盟军的登陆行动即将开始。奥兰市内的兵变显然以失败告终，但在阿尔及尔，虽然克拉克无法兑现在歇尔谢尔会议中做出的提供现代化武器的承诺，数百名法国游击队员仍开始占领一些关键设施，正如一位法国历史学者后来写道，旨在"消灭这座城市"。起义人员骁勇善战、足智多谋，很快控制了警察局、发电厂、阿尔及尔电台和电话交换台，还把许多法军指挥官关在司令部。许多维希官员乐得被拘禁，一位旁观者指出，"如此他们就不必苦苦寻觅自己的良知了"。至于墨菲一再致电直布罗陀，询问："吉罗在

维希军队和盟军停战后，美国驻阿尔及尔高级外交官罗伯特·墨菲和法国驻北非地面部队司令阿方索·朱安将军合影。墨菲刚刚被授予优质服务勋章，以表彰他在"火炬行动"中的贡献。

哪里?"却始终无法得到一个满意的答复。

11月8日星期天中午12点45分,墨菲来到比亚尔这块飞地上一座戒备森严的黄色阿拉伯宅邸——橄榄别墅,与身材高大的塞内加尔哨兵擦肩而过。他敲了敲门,一名面色黝黑、留着小胡子的男子阴沉着脸走进客厅。维希政府北非陆军司令阿方索·皮埃尔·朱安将军的一贯装束是一顶巴斯克贝雷帽、一件泥迹斑斑的短斗篷,这次却穿着一身粉红色条纹睡衣。因为1915年右臂重伤,朱安获准以左手行礼。可这一次,他既未向墨菲敬礼,也没有与他握手。

"很荣幸受我国政府委派,前来通知你,美英联军即将登陆北非。"墨菲说。

"什么?你是说,我们在地中海看到的舰队要在这里登陆?"

墨菲忍不住紧张地咧嘴一笑,点了点头。

"可一个星期前你还亲口对我说,美国绝对不会进攻我们。"

"我们受人之邀。"墨菲说。

"谁的邀请?"

"吉罗将军。"

"他来了?"

墨菲暂时不想透露吉罗这会儿正在直布罗陀的一个地下室里生闷气,便对朱安的问题置之不理,立即转移了话题:"他很快就到。"

墨菲介绍了埋伏在非洲海岸的登陆大军,同时还不忘将军队规模夸大了7倍。"从你我这几年的交往来看,"他对朱安说,"你比谁都希望解放法国,但只有和美国合作这件事才有可能成功。"

现在,一出滑稽剧正式上演。朱安将军对盟军的事业深表同情,但碍于顶头上司不久便会来到阿尔及尔,他表示爱莫能助。"他可以立刻撤销我发布的命令,"朱安说,"这样的话,部下只会听命于他,而不是我。"就在这时,一阵急促的电话铃声响起,朱安匆匆派出一辆别克。20分钟后,二战中一个万夫所指的人物粉墨登场,走进了这座官邸。

在这个只剩下平庸之辈的国家,达尔朗上将是个最不起眼的角色。时年

61岁的达尔朗出身于法国水兵世家，五短身材、鸡胸驼背，无疑是对德军自诩的高颜值的一个莫大讽刺。虽然是美国人叫他金鱼眼，但他却对英国人恨之入骨，想必是因为他的曾祖父在特拉法尔加战役中葬身直布罗陀。他是法国舰队的掌权人，同时也是贝当元帅的继任者和维希政府三军总司令。作为一名亲纳粹分子，达尔朗为第三帝国提供托管地叙利亚的机场，并允许其借道突尼斯为隆美尔提供补给。丘吉尔给他的评价是"一个足智多谋却眼光狭窄的坏蛋"。

不知是上天刻意安排还是机缘巧合，此刻达尔朗正在阿尔及尔陪伴儿子阿兰。阿兰患脊髓灰质炎躺在马约医院，即将不久于人世。在过去的两年间，这位上将在背地里曾不止一次暗示，如果条件允许，他愿意支持盟军。在艾森豪威尔从伦敦动身赴直布罗陀前，丘吉尔还对他说："如果能见达尔朗一面就好了，虽然我恨他，但若能争取他的舰队加入盟军阵营，哪怕要我跪在地上爬一英里，我都愿意。"罗斯福总统的想法与丘吉尔惊人地相似，10月17日他给墨菲也下达了类似的指示，命令他与这位对"火炬行动"极为有利的维希海军上将接洽。

但达尔朗态度暧昧，似乎不愿多谈。获悉盟军即将发动登陆战，他满脸通红地说道："我早就知道英国人极其愚蠢，也深信美国人还是更聪明一些。但在这件事情上，你们显然要和英国人一样铸成大错。"

达尔朗抽着烟，在房间里来回踱步整整15分钟。墨菲放慢脚步，走到达尔朗身边，焦急地说道："眼下时机已到！"上将一挥手，回绝了墨菲的请求。"我向贝当发过誓，"他不肯就范，"我不能违背诺言。"但他答应会致电维希政府，请求进一步指示。刚一走出室外，两人就发现原来的塞内加尔卫兵换成了40名戴着白臂章、端着普法战争时代长筒步枪的起义人员。"这么说，我们被俘了？"达尔朗问。

他说的没错。墨菲的同事肯尼斯·潘德受命火速前往法军上将位于市中心的办公室，拿到达尔朗写给维希政府的密电。潘德私下拆开信件，仔细阅读之后认为达尔朗对盟军事业的诚意不够，当即将其丢弃。回到别墅之后，潘德含糊不清地对达尔朗说："该做的都做了。"

维希政府没有发来片言只语，盟军也不见任何动静。就在双方僵持之际，墨菲误以为自己看错了日期，准备提前一天仓促发动起义。时间在嘀嗒声中一分一秒地流逝。天已破晓，达尔朗停下脚步，长舒了一口气，给出一个深思熟虑的政治建议："吉罗不是你们的人，政治上他还很幼稚。他不过是个优秀的师长，仅此而已。"

事实上起义已经失败。"这不就是一次民防演习吗？"一名摸不着头脑的维希政府官员问道。维希政府军冷静沉着，一连夺回了几个坚固的支撑点（军事上指对巩固防御阵地起支撑作用的扼守要点。——译者注）。在陆军司令部，起义人员和政府军同唱《马赛曲》，之后这些反政府武装分子缴械投降，列队走出大楼。获悉阿尔及尔和奥兰事变，身在维希的贝当立即给罗斯福发了一封电报："事关法国的安危和荣誉。有敌来犯，我们应当自卫。"

一支政府军巡逻队开着3辆坦克封锁了橄榄别墅的各个大门，击退了起义人员，把墨菲和潘德锁进门房。朱安手下的一名副官挥着一柄特大左轮手枪，指着美国人喊道："你们都干了些什么？你们都干了些什么？"潘德恍若进入了《潘赞斯海盗》(*The Pirates of Penzance*) 的场景之中。一名塞内加尔卫兵给每个美国人发了一支吉丹雪茄，要被执行枪决的人都会受到如此礼遇。

盟军又策划正面突袭阿尔及尔港，但可悲的是，与"预备役行动"一样，这次行动也无法逃脱失败的命运。这次任务"终极行动"仍由英方策划指挥，由美国人助阵，意在完好无损地拿下这座港口，主力是两艘古董级驱逐舰——"布洛克"号和"马尔科姆"号，由皇家海军 H.L. 圣·J. 范考特上尉指挥。为抵挡火力，工兵在每艘驱逐舰甲板四周焊上厚达 0.5 英寸、高 3 英尺的铁板。船舺舱内被填满水泥，船舺装上重型装甲板。就在墨菲对于盟军登陆时间疑神疑鬼之际，这两艘战舰已经抵达阿尔及尔湾的 11 寻（测量水深用的长度单位，约 1.829 米。——译者注）等深线处，继而向西驶向栅栏撅（战时布置在港口的水底铁丝网。——译者注），阻塞海港入口。

"布洛克"号和"马尔科姆"号两艘战舰上的 686 名士兵均来自第 135 步兵团第 3 营，两年前离开明尼苏达州与姐妹团一起加入第 34 师。该团在葛底斯堡的一场苦战换来一句"战斗到底"的座右铭。第 3 营自称"歌唱的第 3 营"，因为军营歌谣是这个营的保留节目，比如《一艘驶离孟买的运兵船》这首黄色英国小调。这支部队沿袭了明尼苏达州的特色，士兵名字清一色的埃里克森、卡尔森和安德森。营长埃德温·T. 斯文森中校担任过斯蒂尔沃特明尼苏达州立感化院典狱长助理。

斯文森中校机智、慷慨，有一张职业拳击手般棱角分明的脸，据说他能滔滔不绝地骂上几个小时都不重复一个脏字。斯文森曾对一名英国人夸下海口，说随便叫出第 3 营的一个军士长，都能把这名英国人给揍趴下。范考特上尉告诉斯文森，盟军突击队要拿下把守这座俯瞰港口的法军炮台。几门法军大炮炮口离地过高，下方有一片盲区无法命中目标。"终极行动"在阿尔及尔东西两翼展开的第一梯队登陆的目的是引蛇出洞，很可能将守军引出港口。后来证明范考特的话与事实截然相反。

阿尔及尔港灯光闪烁，盟军驱逐舰冲向伸出半月形防波堤的栅栏揿。星条旗在桅杆上猎猎作响，市内陡然一片漆黑，探照灯光柱交替掠过水面。斯文森一度以为，他们的任务就是为轰炸机指明入港方向。很快探照灯发现并且盯上了这两艘驱逐舰，灯柱晃得驾驶台上的人睁不开眼睛。"布洛克"号和身后 1 海里的"马尔科姆"号一边开炮，一边转向右舷避开防波堤，在烟幕的掩护下掉头。驱逐舰试图第二次冲破栅栏揿也失败了，法军的探照灯仍然完好无损，斯文森手下的士兵发射了几颗照明弹打算照亮入口，但照明弹的光束却无法穿透驱逐舰释放的烟幕。

这时"马尔科姆"号进入了法军大炮的射程。从凌晨 4 点 06 分开始，炮弹接二连三地击中船体，锅炉被打穿，舰速只剩下 4 节，裹着白烟的"马尔科姆"号一时成了活靶子。有几颗炮弹击中烟囱，弹片散花般落在甲板上，300 名步兵哆哆嗦嗦地趴在不堪一击的防狙击盾牌后面。堆着成箱榴弹的中舱燃起大火，舰身严重右倾，风雨甲板离水面不到 6 英寸，士兵拼命将着火的榴弹箱扔出船舷外。"马尔科姆"号终于重新发动，左右摇晃向海上开去。船员花了几个小时冲洗甲板上的血迹和脑浆，用床垫套当作裹尸布包着尸体丢进海中。

在第四次进港的途中，"布洛克"号舰长 A.F.C. 莱亚德发现了标明进港航道的两盏昏暗的绿色浮标灯，于是他下令提速到 20 节，不费吹灰之力就冲破了用铁链绑在一起的木栅栏橛。莱亚德将战舰停靠在路易·比亚尔码头，期间舰上的火炮也将码头方向的狙击火力压制住了。

"马尔科姆"号颠簸得厉害，斯文森中校和"歌唱的第 3 营"费了好大力气才爬上甲板，冲过跳板上了码头。斯文森指示手下："你们要像屁股后面追着个老虎的狒狒一样冲上码头，找到隐蔽的地方后，给我狠狠地打。"其实没有必要狠狠地打。

天刚破晓，盟军就控制了阿尔及尔的电厂、莫雷的油库及航母基地码头以南的几座仓库。航拍照片上与海防炮台类似的圆形目标其实是厕所。礼拜天弥撒的祈祷钟声响彻城市上空，码头和米舍莱街两侧漂亮的白色宅邸异乎寻常地宁静。士兵开玩笑说，阿尔及尔的味道就像沙龙，这是因为汽油短缺，汽车只能用酒精作燃料。斯文森竖着耳朵听第 168 步兵团的脚步，盼这支来自艾奥瓦西南的姐妹团下山来接应从该市以西登陆的战友。

确实有声音传来——恰恰相反，"嗖嗖嗖"的声音来自北面一英里的诺尔码头上一座炮台发射的炮弹。法国水兵拆了一段老城墙，海滨全部暴露在这座炮台的火力之下。第三发炮弹一下削掉"布洛克"号的艏尖舱，码头岸壁顿时腾起一阵烟尘。经范考特上尉许可，莱亚德砍断了舰上的缆绳，将驱逐舰移泊到一艘停泊在敦刻尔克码头的法国货轮下风。11 月 8 日上午 9 点 20 分，阿尔及尔港暂时恢复平静，突然间法国炮兵又在左上方开火。前 6 发打偏，后 5 发全部命中海图室和军官舱。还有一发从医务室呼啸而过，一名医生当即死亡，另一名军医的右臂被打断，他趁吗啡的劲还没过，传授了美国助手一些紧急截肢技术。

范考特拉响撤退号,但斯文森的部下仍分散在码头各处,处于法军狙击手的火力下。直到"布洛克"号再次断缆、拖着一股尾巴似的浓烟迂回离泊时,只有 60 名士兵爬上船。上等兵哈洛德·卡勒姆的胳膊和腹部早已中弹,等他爬到码头边,驱逐舰已开走。他只好躺在太阳下,嚼着磺胺片,喝着水壶里的水,目送"布洛克"号驶出视线。"众目睽睽之下驱逐舰在港内沉没,对军中士气大为不利。"范考特 3 天后如此解释道,但他却对被丢在岸上的 250 名士兵的士气只字不提。"布洛克"号船身被炸开 22 个洞,在舰上的人员跳上救援船后不久便沉没了。

虽然损失了这艘驱逐舰,斯文森仍未气馁。他估计共有 4 个法军步兵连包围路易·比亚尔码头,敌军虽然人数众多,但还不至于势不可当。他不敢动用迫击炮和机枪,怕伤到从门口和十字路口向外张望的平民。但皇家海军炮手却连连轰炸诺尔码头上方的一座要塞,斯文森仍然心存幻想,以为第 168 步兵团会按计划尽快赶来增援。他用草垛和包装箱构筑了一道工事,外围可将法军挡在手榴弹射程外,内围可掩护伤员和重武器。

没过多久,码头上到处回荡着清晰的装甲履带声。几辆雷诺轻型坦克的机枪和一门 37 毫米口径大炮对准斯文森的防御工事发起猛攻。斯文森连忙集中仅有的几枚反坦克手榴弹,命令炮兵伏击闯过来的坦克。可惜每一发手榴弹都未命中目标。炮弹爆炸引燃了草垛,火势逐渐蔓延到仓库。又赶来的两辆雷诺坦克织成一条交叉火力带,把美军逼到海边。火苗舔舐着成摞的弹药箱,引爆一轮轮迫击炮弹。美军步兵即将弹尽粮绝,斯文森指示士兵装上刺刀,转念又觉得不妥,"终极行动"已经造成盟军 24 人死亡、55 人受伤。在码头上耗尽这些士兵的生命没有任何意义。中午 12 点 30 分,斯文森举旗投降。

担架员连忙转移伤员,滚滚的烈焰就快烧到他们的绷带。斯文森和手下集合完毕,塞内加尔士兵就开始搜刮他们的手表、戒指和钱夹。这时,一名法国军官走了过来,命他们退还赃物,还拔枪吓唬这群抢劫者。在美国人列队上山去俘虏营的路上,一名顽固的狙击手最后一枪命中阿尔文·朗宁下士,这个来自明尼苏达米兰的高大金发农家小伙当场死亡。与破败的奥兰港不同，这里的法国守军粉碎了盟军的突袭行动，得意忘形之际忘记破坏港口。对于参加"终极行动"的美军来说，这个意外的收获兴许可以聊以自慰吧。

11月8日，3.3万名盟军士兵跌跌撞撞、狼狈不堪地登上阿尔及尔东西两翼的海滩。有几艘超载的登陆艇进水沉没；许多人因艇艏跳板放得过早，或舵手缺乏经验致艇身打横而落水；有些攀登网太短，士兵们要从6英尺高处跳入等在下面的小艇中。尽管上级命令要保持绝对安静，但喧闹声还是大得"恨不得让远在柏林的德国人都听见"，一位军官事后写道。东萨里和皇家西肯特郡团最终等来了配给的酒，当士兵们喊着口号下艇冲向巴巴里海滩，至少有两名借口"尝尝味道"的军官迷迷糊糊、摇摇晃晃地爬上床酣然大睡。

事后证明，夜间登陆阿尔及尔滩头的难度相较奥兰突袭有过之而无不及。登陆艇仿佛追逐萤火虫的孩子，在一盏盏信号灯间漫无目的地徘徊了几个小时。许多身强体壮的士兵都晕船晕得不想动，甚至不去理会自己将因临阵退缩而被送上军事法庭。"你们是哪个单位的？你们要去哪里？"这些大声的询问，只能招来断断续续的回应或一顿臭骂。一位戴着白臂章、黑暗中更显眼的英国登陆指挥官，嗔怪地对一艘接一艘的登陆艇说："对不起，你们登错了滩！"有6艘登陆艇偏离航线2海里，进入马林岛法军炮台的射程，其中4艘被击沉。由于操作失误，阿尔及尔舰队的104艘登陆艇中，第一波只有4艘成功登陆。6艘艇返回去接第二波，却发现母船不见踪影——一股2.5节的西向海流在4个小时内将舰队向下游推移了11海里。

法国守军以一敌五，不久就败下阵来。阿尔及尔湾东部的开普马迪府附近，一队士兵误在一片沙洲上下艇，他们蹚着没顶的海水，拽着缆索像袋鼠一样跳上海滩。英美突击队在马迪府发现了一座他们正在寻找的海防炮台，便立即向弹药仓扔了几枚手榴弹。几声闷响过后便是一阵尖叫和熟悉的骂声："你们干吗不去打德国鬼子？"英国海军的炮没打中目标，反而伤到了平民和盟军。一名法国农夫抱着他12岁儿子的尸体，迈着沉重的脚步走在滨海大道上。一户户衣着考究、准备赶早弥撒的法国人家遇到盟军士兵时都别过脸去。在艾因泰耶市广场，一群落海的士兵正围着一大堆篝火取暖，一群穿着睡衣的村民聚集在一起，冷冷地望着这个奇怪的礼拜天早上隆起的海面，这时一个精明的酒店老板打开了店门。

盟军登陆的最西端，英军第 11 旅将 7 000 名士兵送上卡斯蒂廖内，然后惊奇地发现一位同情盟军的法国军官不肯给部下发放弹药。1830 年，在西迪费鲁希，一支法国军队宣称阿尔及利亚属于拿破仑二世之后，驻军几分钟内即宣告投降。现在，一位炮兵少校走出海滩附近的掩体说："先生们来迟了。"

第 34 师第 168 团本来要挥师向东，赶往阿尔及尔港增援斯文森被困的"终极行动"大军，但他们不仅来得太迟，还迷了路。第 168 团 4 000 名美军稀稀落落分散在 35 英里的海岸沿线。军官们驾驶征用的汽车一遍遍驶过狭窄的乡村小道寻找自己的部下。登错滩头的士兵中就有艾奥瓦州维利斯卡的娃娃上尉——罗伯特·穆尔，他如今是该团第 2 营的副营长。午夜前穆尔带着 2 个连从"凯伦"号下来，分乘 9 艘登陆艇到离船几百码的集结区，但他等了几个小时也没等来一艘登陆艇，随后便命艇长调头驶往陆地。

闯过离岸 1 海里处一片汹涌的浪区后，一名海军军官请穆尔放心，他没有走错航道。冲滩并将装备拖上海滩后，士兵们却懊恼地见到了第 11 旅的士兵。穆尔当即断定，他们非但没有登陆白啤酒海滩，反而顺风转向航行 8 海里，到了白苹果海滩。穆尔派了一个班去纵深侦察，这个班一去不返。他只好集合余下的 200 人，出发去找该营余部。

第 34 师两年的训练这时候才见分晓。艾奥瓦州国民警卫队业余橄榄球场演习和小镇广场训练似乎与阿尔及利亚沿海的短叶松完全无法相提并论。该师师史中记载，第 34 师提前 10 个月仓促调到英国，各团分散到北爱尔兰各地，训练设施不足、人事变动过于频繁，各部队挪作劳工或司令部警卫，表明抵达非洲的各部多半"仓促上阵"。和该师其他团一样，第 168 团也拥有傲人的历史，仅一战中就立下 5 次战功。可惜辉煌的过去既不能占领阿尔及尔，也给不了士兵作战经验，更不能告诉罗伯特·穆尔他如今身在何处。

第2章 登 陆

穆尔带2个连沿海滨的山坡穿过1英里的葡萄园和松树林后，才发现走错了路。他立即下令停止前进，按原路返回，但走在队伍前面的中尉没听到命令，仍带领一小支先头部队继续前行。将近中午时分，200名法国殖民军乘坐12辆卡车在穆尔一行人面前驶过。穆尔和手下士兵瞪大眼睛一声不吭地看着车队走远，未发一枪一弹。

登陆几个小时后，穆尔又累又渴，这时阿尔及尔以西的朗比利迪方向传来炮火声。公路一侧土丘上一挺法军机枪将G连2名士兵击毙，另外2人受伤。穆尔立即命令3个排将这个阵地包围，经过一阵激烈交火后，7名敌军投降。就在几个孩子挤在家门口，伸手向美军士兵讨香烟的工夫，法军狙击手的子弹钻进石墙、掀起人行道上一块块草皮。几名阿拉伯人身穿邋遢的长袍、脚蹬发黑的拖鞋，仿佛法军狙击手和他们的美国目标根本不存在一样，慢吞吞地穿过广场。

穆尔混在一群行人中快步穿过一段没有遮蔽物的十字路口，准备再次组织部下从侧翼突袭。现在他的手下是该团3个营的余部，还有几十名掉队的士兵。一栋楼上的一挺机枪打死了一名中尉，打伤了一名上尉。穆尔爬上一座高出这栋楼的小山，匍匐着小心翼翼地抬起头。

他陡然一翻身，被惊得目瞪口呆。紧挨他的一名列兵中了一枪。穆尔解开帽带，脱下头盔。狙击子弹在帽顶开了一条黑疤似的深槽，只要再低一英寸，这一枪就会要了这个娃娃上尉的小命。

穆尔第一次体会到恐惧是什么感觉。哪怕一次莫名的冲突也能置人于死地。"或许和狙击手交手才是真正的战斗。"几个月后，他因在朗比利迪的英勇表现荣获银星勋章时说，"我现在才明白，这不过是一场喜歌剧（指前古典主义时期在意大利首先出现的一种新型的歌剧形式。——译者注）战争。"此外，优秀的士兵应该像在安蒂特姆河和默兹—阿尔贡一样，躺在地上一动不动。穆尔在给家人的信中写道："子弹在钢盔上擦出一道裂痕，我刚要坐起来，突然意识到那样会变成敌人的靶子。我被吓得半死，还好安然无恙。"

战斗的最初几个小时，与非洲北端数千名美军士兵一样，穆尔得到了几个重要教训，包括战斗时要低头；出发前多花些时间研究地图。另外几项涉及战争和领导的教训则是：混乱是战场的固有属性；随机应变是必备技能；速度、伪装和火力能赢得小战斗，也能赢得大会战；每一刻都有危险、人人都会死。

穆尔戴上钢盔，叫来一名军医助手照顾负伤的列兵。生者仍在等待上级的命令，远处是阿尔及尔若隐若现的白色屋顶。没有受伤但流着血的罗伯特·穆尔继续迎敌而上。

"我们的骄傲"

第34特遣队从汉普顿锚地出发，于11月7日夜间按天文定位精度抵达4 000海里之外的摩洛哥海岸，比原计划提前了8分钟。

100余艘战舰只分9列呈20乘30海里的矩形方阵横渡大西洋，舰队路线蜿蜒曲折，每一条航迹都犹如"醉汉在雪地里跌跌撞撞"走过的痕迹。休伊特少将痛斥各军舰之间的无线电通话"像新年期间的洗衣店而非一支开赴战场的舰队"之后，舰队沉默了整整两个星期；10分钟内，舰队两侧相互打起了熟练的旗语。实际上几百名新兵是被强拉上战场的，中士们在尾梢训练新兵装枪填弹、瞄准和射击。其他部队则取出新式反坦克火箭筒，一名套着石棉消防服的大兵自告奋勇，朝海里开了一炮。巨大的冲击波将通红的弹片掀上船，被弹片刮伤的水兵却对此不以为意。士兵聚集在舷边，仿佛杀了一条恶龙，欢声如雷。

11月4日，一股从冰岛南下的风暴在马德拉群岛（位于非洲西北部大西洋中。——译者注）附近袭击了这支舰队，掀起的滔天大浪令重型巡洋舰倾斜30度。为治疗晕船，各营军医用光了颠茄制剂和苯巴比妥。运输船"查尔斯·卡罗尔"号船长看了看倾斜仪，他说话的语气可以吓坏身边每一个初次出海的人："真不敢相信，船摇得这样厉害居然没翻。"以"不可或缺"闻名的 4 艘头重脚轻的护卫舰颠簸得太厉害，每次船身横倾时，水兵们都要打赌这几艘舰还能不能撑过来。

在休伊特看来，这次风暴是对他航海生涯的一次最大的挑战。人们普遍认为，浪高超过 5 英尺不利于实施两栖登陆作战。现在，摩洛哥沿岸掀起了 18 英尺的大浪。

几个星期来，气象学家频繁往返于直布罗陀和亚速尔群岛之间测量数据，他们在笔记本上记下神秘的符号，以便了解东太平洋的天气情况。侦察飞行员一再拍摄摩洛哥沿岸海况，现在都能一口报出浪高 10 英尺。陆军部发来的一份电报称将于 11 月 8 日进行的登陆海况"非常差"。

休伊特想着天气预报，在颠簸的驾驶台上踱来踱去。英美两国海军部都发来电报，内容一样令人沮丧。3.4 万名士兵的性命压在他的心头：历史上，无视天气强行登陆者遭到惩罚的事例屡见不鲜。但 11 月 7 日黎明前一定要做出决定，以便舰队兵分两路，在摩洛哥沿岸的 3 个登陆点对面各就各位。美军要夺取卡萨布兰卡以北利奥泰港一座全天候机场的控制权，从海空登陆这座城市，控制该市及其港口。抛开复杂的作战计划，休伊特将问题简化：等待稳妥的海况，但燃油日渐耗尽，更有虎视眈眈的 U 型潜艇、严阵以待的法军炮兵；他也可以掉转船头进入地中海，寻找海岸线平坦、但远不如卡萨布兰卡关键的港口；或者按原计划出动登陆艇，做最好的打算。

英方两栖部队司令路易斯·蒙巴顿爵士在伦敦也看到了这则严峻的天气预报。"希望上帝保佑，"蒙巴顿说，"休伊特少将有勇气解决这个问题。"

登陆时机由休伊特决定，巴顿却一再催促赶紧行动，登陆后他即将指挥这支远征军。一路上巴顿都在读《古兰经》，并在舱内举着餐桌、原地跑步锻炼身体（他计算过，480 步可达 250 米），同时还练习宣战口号。

"能够参加这次行动是我们的荣幸，"他对手下的士兵说，"你们只许胜不许败，绝对不能像懦夫一样临阵退缩，否则会铸成大错。美军绝不投降！"士兵应在"舰上设备允许的范围内做剧烈运动"来备战。在发现陆军部制作的法语宣传手册错漏百出后，巴顿还把手下的参谋骂了一顿。比如说"dèle"（信仰）

一词少了一个重音符。"不知是哪个该死的笨蛋把它给忘了,"巴顿对情报官说,"你去找几个人让他们立即开工,要么叫他们加上重音符,要么就别投放这些狗屁册子。难道你要我拿着这种狗屁不通的名片登上法国领土?"于是,数千本手册交到了一整排手拿铅笔的士兵手中。

这段旅程中,巴顿和休伊特不计前嫌,越走越近,差点成为挚友。但巴顿还是怀疑海军在尽可能地避免作战。他常常说"战场是军人建功立业的地方",临阵退缩这个念头让他难以忍受。从诺福克出征前,巴顿一再请求艾森豪威尔秘密授权,如果休伊特怯阵,他可以强行命令休伊特轰炸卡萨布兰卡。"不行,再说一次不行,没有我事先授权,不得轰炸……除非通信中断,你们才可以自行判断是否采取行动。"显然巴顿不能随心所欲,他轻率地排除了登陆艇在大浪中倾覆的危险:"你们知道一旦翻船会有什么结果。船里的人会被冲上岸。如果真发生这样的事,士兵们会被冲上岸。那样的话,你们就在那里准备作战吧。"

11月7日最后几个小时,休伊特在"奥古斯塔"号驾驶甲板指挥部的吊床上打盹,他手下的高空气象学家过来叫醒了他。R.C. 斯蒂尔中校拿着一幅脏兮兮的地图和一个手电筒。斯蒂尔认为陆军部和海军的天气预报有误。暴风有减弱的迹象。他递给休伊特一张纸,上面印着他的预测:"浪涌将因近海风大大减弱,海况逐渐趋于平静。星期六夜间浪高预计2~4英尺。"

休伊特仔细研究了斯蒂尔的预报和气压图。11月9日星期一可能有大浪,盟军只有一天时间抢滩登陆。肯特·休伊特最喜欢"天鹅绒"般的海面,这样的海况有应付突发事件的余地。他现在相信,上帝给了他一片天鹅绒。休伊特并未掩饰内心的澎湃,他忐忑地下令:"先生们,我们按照计划执行方案1。准备天一破晓就通知特遣队。"身在伦敦的蒙巴顿评价此举是"此战最关键的一个决定……一个勇敢的决定,一名真正的指挥官做出的决定"。

11月7日拂晓,26艘船载着6 000名士兵离开舰队奔赴摩洛哥南部城市萨非。8个小时后,另外一批27艘船载着9 000名士兵北向前往利奥泰港附近的一座小村梅地亚。休伊特的主力部队,近2万名士兵在巴顿的监督下保持航向不变，驶向卡萨布兰卡以北15英里的费达拉。海平面上一艘孤零零的香蕉船则是勇敢的"伯爵夫人"号，它孤帆只影，在波涛汹涌的海面上运送弹药和航空煤油横渡大西洋。为提防喜欢乱开炮的美国水兵，"伯爵夫人"号上的犯人船员升起一面洪都拉斯国旗和各种醒目的标语，比如"我是一艘掉队船"。休伊特特意派了一艘驱逐舰护送"伯爵夫人"号至梅地亚，并直言不讳地说装载危险品的船只要与舰队的其他战舰保持距离。

接到这条紧急决议，士兵们开始研究画在军官室舱壁上的岸形。军医认为注意卫生的士兵在受伤感染后存活的概率较高，于是命令所有即将登陆的士兵洗澡。士兵住舱"如同一个舞会前的兄弟会所"，一名水兵说，"每只手都在用力地搓"。这些士兵不会知道，军方预计摩洛哥一战第一天的伤亡数字：1 700人阵亡或淹溺、4 000人受伤。水兵检查了绞车、给滑轮组和飞轮又上了一遍油，把甲板货移下舱盖。其他人则给木质甲板和麻绳浇上水防燃。有许多士兵不理解他们为什么要和法军作战。"算了吧，伙计，"一名副炮手说，"我们就当他们是日本人。"

忍不住长篇大论的指挥官用他们的座右铭安慰手下的兄弟。这艘战舰以马萨诸塞州命名，舰长说的正是该州的拉丁语格言："Ense petit placidam sub libertate quietem."水兵们无疑个个都明白这句话的意思："用利剑追求和平，但真正的和平来自自由。"休伊特的护航舰队副司令罗伯特·C. 吉芬少将宣布："重创敌军、速战速决，这就是我们所要追寻的荣耀。""布鲁克林"号舰长叫来随军牧师，对他吐露心声："我不是教徒，但我想对万能的上帝说句心里话：'哦，主啊，为这艘战舰指条路吧！'"

11月8日一早，巴顿打了个小盹儿才走上"奥古斯塔"号驾驶台。出征前他说的最后一句话像是给步兵的忠告："离开那片该死的海滩，越快越好。"马歇尔经艾森豪威尔向其他盟军指挥官下达了"避免开第一枪"的命令，但巴顿仍心存警惕。他曾对司令说："不要拿3万名士兵的性命赌谁要投降，谁不投降……我们不知道法军会不会打出白旗，放弃进攻，但我怀疑你能不能见到白旗。"美国军人"要有优越感"，他一再强调，让法国人打第一枪对鼓舞士气没什么好处。

从舰上的有线广播里听到罗斯福的声音，巴顿在漆黑的驾驶台上又发起了脾气。BBC 每隔半小时播放一次总统在白宫用英法两种语言秘密录制的对维希政府的呼吁。"我们来此是为了摧毁你们的敌人，而非伤害你们，"罗斯福声明，"我请求你们不要妨碍这一伟大的目标。"巴顿曾经再三恳请艾森豪威尔，既然在登陆阿尔及利亚几个小时后就要进军摩洛哥，不必再播放这段录音。（两次进攻时间差是为了防止 11 月 7 日前摩洛哥守军发现休伊特的舰队）"不朽的法兰西万岁！"罗斯福最后用法语说道。"奥古斯塔"号等战舰上的士兵听到这段话全都惊呆了，此时没有一艘登陆艇下水。巴顿学着罗斯福蹩脚的法语："我的朋友们……我的朋友们。"然后在驾驶台上踱来踱去。

突然，他气冲冲地停下脚步看向海面。此时风停浪息，看来高空气象学家斯蒂尔说的没错，大西洋海面一平如镜。"我猜，"巴顿说，"我一定是上帝最偏爱的那个人。"

摩洛哥沿岸，法军仍浑然不觉地做着美梦。因燃料短缺，维希政府早已不再出动空中巡防，也无人监听 BBC 的广播，因为法军轻蔑地认为它不过是盟军的专用宣传频道。罗斯福的讲话没人听到，休伊特的舰队也未被发现，巴顿白白发了一通火。

只有起义仍在酝酿之中。两年来英美特工一直着手创建第五纵队。结果却阴差阳错。摩洛哥犹太人计划炸毁卡萨布兰卡码头上 5 000 吨橡胶的计划落空，但在德国停战委员会安装监听器却出奇地顺利。"十二使徒"以极富异国情调的化名（菲什先生代表海参，勒罗伊代表威斯康星人）组建了几个秘密特工小组和极具想象力的掩护身份（一位叫红眼的外籍老兵，身份是黑市通心粉商人）。

领导这支起义纵队的是"黑兽"埃米尔·贝图阿尔少将。身为卡萨布兰卡师师长及 1940 年法波联军远征挪威的英雄，贝图阿尔是罗伯特·墨菲和马斯特将军的同谋。11 月 7 日上午 8 点，贝图阿尔告诉 10 名心腹，盟军即将登陆，现在要派他们去稳住兵营和登陆区域。他事后回忆，这些人"几乎是带着天真的热情"立即动身。6个小时后,贝图阿尔叫醒尚在睡梦中的拉巴特总督奥古斯特·保罗·诺盖斯将军,通知他这个国家即将移交给盟军。他还逮捕了维希驻摩洛哥空军总司令,要他"在扶手椅上坐一坐"。

之后,诸事不顺。诺盖斯是个从不点头说"是"的滑头。他稳坐自己的府邸,不肯相信几百艘美国军舰能神不知鬼不觉地潜入自己的国境。诺盖斯通过刚刚安装的密线致电卡萨布兰卡海军部,告诉海军司令反政府武装分子的起义。海军副司令弗朗索瓦·米舍利耶瞥了眼海面,然后要总督放心,海上一艘盟军舰船都没有,况且这次远征"从技术上来说不可能实现"。米舍利耶在凌晨3点、4点和5点都回电话证实自己的判断。

诸多迹象都证明自己判断无误,诺盖斯指责贝图阿尔受了"一小撮白痴"的蒙蔽,同时命一名将军加强警戒。贝图阿尔丧失了信心,缴械投降。他当即被收押在监,只有一名狱医偷偷带了两瓶香槟进囚室对他以示安慰。

在卡萨布兰卡,塞内加尔士兵无精打采地架起机枪。身披厚斗篷的阿尔及利亚骑兵策马跑出兵营,睡眼惺忪的海军军官乘"雪铁龙"、摩托和自行车赶往港口和海防炮台,盟军特工烧毁了密码本。除了从菲斯驻军指挥官情妇的床上将其活捉外,起义人员一无所获。更糟糕的是,他们还成功地提前

盟军和维希军队停火后,拉巴特阅兵仪式上的摩洛哥总督奥古斯特·保罗·诺盖斯将军(左)和小乔治·S.巴顿少将。诺盖斯为人狡猾、说话含糊其词,盟军称他"从不说'是'",在北非登陆的前3天中领导法军抵抗美军。

几个小时惊动了维希政府，使后者加强戒备以防止发生骚动。

"月黑风高，"上登陆艇前，一名年轻的陆军中尉匆匆写了封家信，"一切都很理想。"

中尉想错了。海岸上一场骚动正在酝酿，休伊特的舰队也乱了阵脚。两周来的完美航行，在终于看到陆地时却功亏一篑。在一半舰只分头南下前往萨非、北上赶赴梅地亚之前，舰长们就为舰队的准确位置争执不下。一张海图（地图的一种，以表示海洋区域制图现象的一种地图。——译者注）显示，这支舰队已经驶入摩洛哥山区。11月7日晚漫天繁星，看到汉克闪亮的灯塔，舰长们还是争执了半夜。卡萨布兰卡灯火通明，一艘潜艇浮出水面向岸边航行了7海里，艇长还以为来到了"时代广场"。

现在证据确凿，陆地近在眼前，赶往费达拉的这支主力舰队却并未修正航向防止舰只掉队。晚上11点半左右，舰队右舵45度修正船位，但15分钟后又转回原路。月黑风高的夜晚，用来发号施令的红绿灯都无法看清。声号要么没听见，要么听漏了。"仿佛由一个开关控制似的"，汉克的灯光突然熄灭。等到船长下令抛锚，没有一艘舰处于正确的位置，有几艘远在6海里外。"说句实话，"一名海军军官承认，"我都不知道自己身在何处。"

驱逐舰在海面上来回穿梭，防止敌军潜艇偷袭。微风送来岸上淡淡的泥腥味，仙女座和大熊星座在斑斑云朵后升起。一路轰隆轰隆的主机陡然偃旗

小卢西安·K.特拉斯科特准将。盟军登陆摩洛哥北部梅地亚的特遣队司令，突尼斯战役期间任艾森豪威尔前线司令部司令。他含胸驼背，有着一双凸出的灰眼睛、满月脸和一副嘶哑的嗓子。

第 2 章 登 陆

息鼓，带来一段从诺福克出征以来从没听过的宁静。不久，锚链声打破了这段宁静。水手掀开舱盖，突突的辅机将货物绞出货舱，但新水手却听得不明就里。拥挤昏暗的士兵住舱内烟雾缭绕，一身绿海魂衫的士兵搬动吱吱嘎嘎的背包，等待命令。

一声令下，士兵们立即涌上甲板。以颜色标记的货兜仿佛蜘蛛网般搭在两舷。一名身背牛角号的装卸长指挥一艘登陆艇靠过来："人员登陆艇靠过来，红色的！"身穿黄油布上衣和宽大马裤的艇长驾艇缓速近前，眯着眼睛辨别颜色，免得货兜网缠住车叶。军官们爬下船舷，背上的冲锋枪和地图匣一路撞着后背和屁股。这支舰队不知演习了多少次从右舷离船，现在士兵们却莫名其妙地接令从左舷登艇。现场一片混乱。有人听说要装上刺刀，结果一个大兵在网上被刺穿了大腿，立即被当作伤员拖上甲板。不时有人腿软抽筋。一战老兵登艇前给士兵鼓气时常说："不要为难惊魂不定的士兵。"

没过多久，装卸长就吼道："开船！"艇长发动机器，船头划出一道绿色的磷光。他仰望星空，希望北极星或天狼星能为自己指条路。

在费达拉，第一波 26 艘登陆艇 5 点之后稀里糊涂地向东驶去。被带错路的登陆艇错过滩头，一名军官事后悲叹，在"难以形容的混乱"中撞上了一座暗礁。第 30 步兵团的士兵蹚着齐脖子深的海水，被珊瑚划得遍体鳞伤，好不容易才上了岸。士兵的背包中装满挖战壕的工具、步枪、手榴弹、老虎钳、防毒面具、弹药箱和 K 号干粮，在被海浪打翻后，没几个人能浮得起来。一名艇长驾着一艘长 50 英尺的驳船在一座暗礁前冲得太远，船头撞上海滩 200 码外的海底，翻了个底朝天，艇上只有 6 名士兵生还。

士兵们扑倒在沙滩上，对着切尔基海防炮台方向的探照灯拼命开枪，在这种紧要关头，阿拉伯人却骑着跛脚驴，沿海边"打捞"盟军士兵的救生衣和水壶。特遣队的口令很快在草丛中此起彼伏："乔治！""巴顿！"

在 80 英里以北的梅地亚，8 艘登陆艇上的士兵打算继续向纵深推进 6 英里，占领利奥泰机场。小卢西恩·K. 特拉斯科特准将爬下"亨利·T. 艾伦"号的货兜，乘着小艇告诉每艘船上犹疑不定的士兵，他才是梅地亚特遣队的

113

总司令。一支七零八落的登陆艇队总算靠了岸,艇尾的米字旗猎猎作响。海面上传来几声枪响:4 名士兵被登陆艇上装弹的战友误伤。沙洲上有几艘登陆艇搁浅,或者因士兵扒在一舷急于上岸而翻覆。许多肿胀的尸体脸朝下被浪花冲上岸,身上还套着没打开的救生衣和步枪。5 点 40 分(比预定计划晚了 100 分钟),第 60 步兵团的一支部队顺利翻过绿滩后,却发现一座 16 世纪的葡萄牙要塞挡住了他们前往机场方向的去路。

"火炬行动"中第三个和最后一个需正面突袭的要塞,是卡萨布兰卡以南 140 英里的萨非。萨非是哥伦布时代的贸易重镇,一度靠养马享誉世界,后来成为全球最大的沙丁鱼市场。如今是一个年出口 2.5 万吨磷酸盐的小镇。美军多半是依据发黄的 1906 年法国海图、海军收集的明信片及提到沿海地形的文章制订作战计划。犹太悬崖这段萨非郊外一处隐蔽的海滩,就是根据一张褪色的明信片确定的。这片海滩被更名为黄滩,是主要登陆地点。

为夺取萨非港,海军特地挑选了两艘古董舰"科尔"号和"博纳多"号参战。"科尔"号是 1921 年全球航速最快的船只,每小时航速达 42 节。为降低船身重量,两艘战舰在百慕大进行了秘密改建,烟囱被"锯或敲掉"以降低高度。两艘驱逐舰要装载第 47 步兵团的 200 名突击队员。队员们都拿着一个缝着米字旗的袖标和两盒贿赂法国人的香烟。占领这座小港之后,巴顿可带领一个配备 54 辆谢尔曼坦克的步兵营,避开狰狞的海防大炮,从南面包抄卡萨布兰卡。

萨非突击代号为"黑石行动",行动指令有别于奥兰和阿尔及尔。萨非的防守较阿尔及利亚其他城市弱,美国军舰可一举粉碎任何抵抗。此外,为避免打草惊蛇,进攻仅限于登滩。第 47 步兵团指挥官埃德温·H. 兰德尔上校是土生土长的印第安纳州人,头发光滑油亮,留着一把威风凛凛的络腮胡子。"只有猛、狠、快的战斗才能获胜,"兰德尔告诉手下士兵,"枪口要低,跳弹能杀敌人,也能吓唬敌人……你要打得凶,打得猛。"

离船登陆期间依旧一片混乱,进攻因此推迟了半个小时。装卸长最后在"莱昂"号和驱逐舰间拉了一张大网,将士兵们推到战友们张开的双臂中,一名士兵跌落大西洋失踪。凌晨3点50分,"博纳多"号和"科尔"号一前一后驶向海岸。领头的驱逐舰驶过花岗岩礁石之际,一名眼尖的法国哨兵用摩斯密码发出了口令。"博纳多"舰长用信号灯准确地对上了口令。"博纳多"号绕过打钟浮标,4点28分进港,这一招蒙蔽了守军18分钟。船员鼓捣着能够卷开鲜艳米字旗的装置,但这面顽固的旗子怎么也打不开。

此时,法军开火了。机枪子弹在头顶扑哧作响,75毫米口径炮弹呼啸着钻进海里。"博纳多"上的士兵以牙还牙,榴弹炮和迫击炮向码头飞去。没过多久,舰身猛地一震,艇艏冲上鱼码头30英尺。K连士兵一个个摔倒在甲板上。

2则电报越过海面,飞向美军舰队。"猛轰"是通告法军抵抗。4点38分,"打球"批准进行报复。一声震天的轰鸣过后,"纽约"号战舰和"费城"号巡洋舰遵命瞄准9海里外的炮口开炮。

士兵和水手出神地望着火红的炮弹划过天空,插进萨非以北的海防炮台。"纽约"号一发14英寸口径炮弹打中图尔角一处高300英尺悬崖的崖嘴,在悬崖上炸开一条20英尺长的槽,弹起的炮弹穿透拉雷鲁兹炮台的指挥塔,塔内法军无一幸免。坍塌的墙壁上沾满了炮台指挥官的头皮和军装布条。

士兵们一阵骚动,慢慢地爬下"博纳多"号。每开一炮,他们就扑倒在甲板上,最后被各自的指挥官撵着、推着走向挂在船头的唯一的攀登网。水壶和烟盒绊进网眼,士兵仿佛一条条网上的鱼。回到地面后,士兵们又生龙活虎起来。法军赶着一头驴,丁零当啷地将一门小野战炮拖上码头。美军一阵猛烈的炮火,将他们打得落荒而逃。"科尔"号于凌晨5点靠上磷矿码头。L连蜂拥上岸,将外籍军团赶出码头,占领了火车站、邮局和弹药燃料库。

3波步兵成功登陆。港口上方的露台挤满了一身白袍、从旁观战的阿拉伯人。一名美军少校事后向陆军部汇报:

> 一名士兵好不容易迂回穿过一片乱石阵,架起一挺轻机枪,抬头小心翼翼地瞄准,却发现身边围过来一群一本正经的当地人。各个十

字路口犹如网球场看台，挤满了伸着脑袋看热闹的当地人，他们全然不顾头顶呼啸而过的子弹。

中午时分，登陆军占领了一片宽 5 英里、纵深 0.5 英里的滩头。美军神枪手摧毁了 3 辆雷诺坦克，然后掉转坦克的炮口，对准法国军营。300 名殖民地士兵缴械投降。

一架孤零零的维希轰炸机到港口虚晃一圈。美军高射炮手的热情超过了精确度，打得仓库顶棚和自己的吊杆上子弹横飞。50 毫米口径的曳光弹仿佛是"举着割吊机的焊枪"。

法国驻军指挥官应接不暇，美军冲进梅尔阵地的司令部，后者及手下的 7 名参谋乖乖地投降。他们的武器库只有两把左轮手枪。除了几个零星的狙击手，萨非失守。美军损失 2 名士兵，25 人受伤。

艾森豪威尔相信自己的运气，迄今为止他一直吉星高照。只有直布罗陀地道内办公室的钟告诉总司令，此刻是 11 月 8 日拂晓。这个礼拜天的早晨风和日丽，他既听不到直布罗陀教堂的钟声，也没看到"喷火"战斗机从跑道起飞去西班牙和意大利边界巡逻。艾森豪威尔从帆布床上起身，去盥洗室用冷水洗漱。洗漱完毕，他向马歇尔汇报：

> 一切顺利……特遣队的情况暂时还不明朗，在这种时候，我不想麻烦各位指挥官向我汇报。不过，凡是此刻进行精确汇报的战区，我要奖励一个月的薪水。我军已登上东、中两个登陆点，西线也展开了攻势。

除此之外，他知之甚少。阿尔及利亚、摩洛哥、华盛顿和伦敦的急电纷至沓来，译电员还在译几个小时前的电报。阿尔及尔和奥兰来的简报表明，部队已登上阿尔及利亚所有 6 个滩头。休伊特除简要汇报了他正在全速前进，第 34 特遣队的其他情况一概不知。监听器监听到巴顿的宣传电台播放着《星条旗永不落》和《马赛曲》，却没听到巴顿的声音。

"一旦你身居要职，"艾森豪威尔在最近写给儿子——西点学员约翰的信中说，"你会发现军人的职责就不仅仅是带兵打仗、翻山越岭、突出重围或挖散兵坑。此时，军人的职责一方面是政治，一方面是演说、写文章、社交……你将成为一个希望躺在吊床上，在如盖的树下读几本西部杂志的人！"

"军人的职责"也包括静静地等待。时间一分一秒地过去，又接二连三地来了几份急电，如"阿尔及尔港遇到麻烦"和奥兰港的抵抗。截至上午 9 点，盟军想必已经控制了阿尔及尔郊外的一座机场。

不过，除了得知"村夫行动"有 3 架运输机迫降之外，没听到任何空降作战的消息。艾森豪威尔的副官和心腹、哥伦比亚广播公司前总经理哈利·C. 布彻在日记中写道："其余 36 架飞机呢？"一封断章取义的急电显示，在摩洛哥的一个滩头，巴顿打着休战旗撤回登陆艇。"我不相信，"艾森豪威尔给身在伦敦的参谋长沃尔特·B. 史密斯少将的电报中称，"除非我错看了乔吉，他绝对不会撤回一兵一卒，包括他自己。"

艾森豪威尔又点了一支"骆驼"牌香烟，回到自己的小办公室，他答应一个小时内再和吉罗谈谈。达尔朗上将眼下在阿尔及尔和罗伯特·墨菲谈判，这一令人费解的消息让他很为难。艾森豪威尔记得丘吉尔说过："只要能争取法国海军，你要不惜舔达尔朗的屁股。"那吉罗呢？

他拔下自来水笔帽，以遒劲的笔锋在信头上写道："指挥官的烦恼。"他列举了十条悬念。比如，一、"西班牙不祥的安静。"三、"防守战已经打响，虽说大部分法军游移不定，但许多地方却在负隅顽抗。"六、"吉罗不好应付——他只想掌权，向盟军索要装备，却无心停战。"九、"不知道空降部队身在何处，情况如何。"十、"两眼一抹黑。"

放下心头的包袱，他放下笔，又仔细看了一遍电文。看来伤亡较小，"预备役行动""终极行动""村夫行动"还有待进一步汇报。法军应战是出于无奈，但他们没有布雷、侦察或出动维希潜艇和飞机，防守也只是疲于应付。

但如果指挥官摇摆不定、军队作战不力，法国就不会投降。维希政府在卡萨布兰卡和梅地亚附近的抵抗似乎陷入僵局。达尔朗瞻前顾后；吉罗在直布罗陀防空洞的某个地方生闷气；墨菲显然被俘；许多法国起义人员身陷牢笼；德意两个军队不会坐视不理。况且发动史上最有胆识的海上登陆的目标突尼斯，还很遥远，远在天边。

有时候，他只想爬上吊床，读几本西部杂志。

第 3 章　滩　头

狡猾的达尔朗意识到第三帝国大势已去，旋即下令停止对英美联军的抵抗。虽然行动中延误和混乱的情况层出不穷，但经过3天的交火，盟军终于进入阿尔及尔、攻克奥兰和卡萨布兰卡。"火炬行动"宣告成功，同盟国控制了北非的一些重要战略基地。此次战役也是首次使用登陆舰艇的大规模渡海登陆战役，为整个二战期间的战略进攻提供了经验。之后，盟军挥师大举东进，直扑突尼斯，正如丘吉尔所言："战争并未结束。"

剑指阿尔及尔

不只是艾森豪威尔不了解"火炬行动"的进展，阿尔及利亚和摩洛哥各个滩头的士兵也和他一样，除了眼前发生的事情，其他一概不知。海上的水兵只能看见炮火飞向岸上，岸上的士兵也不了解山后面的情况。指挥官接到的消息大多是只言片语，或者自相矛盾，有时根本是误传。一位记者写道，这就是战争，"我们的处境和历史，我们生活的地方"。但也有许多人只是把战争看作一条炮声隆隆的街道。在初上战场的新兵看来，首次作战的经历说明：战争就是一无所知的军队在一片漆黑的平原上瞎打误撞。

英美联军与维希守军只打了3天。有胡乱射击、敷衍了事，也有激烈交火。老朋友间的龃龉却因虚伪的外交策略，以及与轴心国军队的第一次动手而加剧，许多美军仍不相信自己要攻打法国人。从星期日早上到星期二夜间，即1942年11月8日到10日，这一切几乎都在同时上演，如果像说的一样简单，此举说不定能峰回路转，起于阿尔及尔、止于摩洛哥。

11月8日破晓后，美军第39步兵团的一个营出现在阿尔及利亚首都以东的白屋机场入口。为了祖国的荣誉，维希方面的法军士兵胡乱开了几枪，随即投降。上午10点，第一批飓风战斗机因从直布罗陀提前起飞几个小时，在非洲找不到一个可靠的降落地点，于是在跑道上迫降。

英军从滩头西端的卡斯蒂廖内登陆，迅速控制了卜利达的另一座机场，

第3章 滩 头

美军登陆之初，两名士兵守护一艘在摩洛哥沿岸打横的登陆艇。虽然海况出奇的好，但行动中盟军还是在摩洛哥和阿尔及利亚损失了数百艘登陆艇和驳船。

并绕道城南进入阿尔及尔。与此同时，勤劳的阿尔及利亚人忙着将登陆艇上的罗经（提供方向基准的仪器。——译者注）和螺旋桨拆下来。一位急性子的指挥官捉了6名人质（据他称这些人"都非常友好亲切"），然后驱车前往码头，拿手枪顶着门警的脑袋，在法军指挥部上空升起一面英国军旗。用他的话来形容，"欢呼声响彻云霄"。

在朗比利迪西郊，第168步兵团第1营指挥官爱德华·J.多伊尔中校见几名士兵慑于敌军狙击手的火力（同一个狙击手此前曾打穿罗伯特·穆尔的头盔）畏缩不前，便不顾原地待命的命令，当即派了24名士兵将这几个散兵包围，其余的直奔阿尔及尔。很快他就来到总督夏宫的门口，但警卫不放他进去，称"总督去了海滩"。美军的答复是将一辆驶出街对面的德国领事馆的轿车车胎打爆。司机不住叫骂，因为战时的优良车胎尤为珍贵，不过他的愤怒很快就被狙击手的枪声打断了。多伊尔左肩胛中了致命的一枪，倒在人行道上。他是当天早上继参加"预备役行动"的马歇尔阵亡的第二位营长。

11月8日星期日下午，纳粹德国空军从意大利起飞，在开普马迪府对面的舰队锚地第一次露面。一架容克-88躲过盟军的拦截，在水面上方50英尺的高度发射两枚水雷。一枚打偏，第二枚击中"里兹镇"号右舷。"里兹镇"

号螺旋桨被打飞,失去了动力,该舰和舰上的 500 名士兵成了活靶子。附近的姐妹船被轰炸机撕开了几道口子,紧接着"里兹镇"号船腹又中了两枚鱼雷,很快船头开始下沉。舰上的士兵一次次想要跳出舷外,但都从鱼雷孔被吸了回去。落难士兵乘着小船向岸边漂去,还不忘一路高歌。然而,滔天巨浪呼啸而来,歌声便戛然而止。当地人放下手中捞来的战争财,砍来长茅草,将落水的幸存者拉上岸,带他们来到一座废弃的戏院。浑身打战的士兵搂着干草,喝了白兰地才缓过神。此时,"里兹镇"号已沉在 20 寻的海底。

或许轴心国对这一报复性袭击感到痛快,但作为一名资深政治家,达尔朗以敏锐的眼光察觉到,纳粹德国大势已去。维希总司令在阿尔及尔只有 7 000 名士兵,而且弹药紧缺。此外,两座主要机场均已被盟军占领,舰队遭英国军舰包围,城外还有 3 万名敌兵包围。

星期日下午 3 点,达尔朗又来到橄榄别墅,因为朱安将军枪下留人,墨菲和肯尼斯·潘德才幸免一死。这位法国海军上将在午餐桌上找到两位美国外交官,望着码头上浓烟滚滚的仓库及阿尔及尔湾上空盘旋的轰炸机,郑重地宣布,他愿意与盟军谈判。他想知道墨菲能否找到美军的指挥官,听说后者就在阿尔及尔以北 10 英里的海滩上。

一面白旗和三色旗在挡泥板上迎风飞舞,这些外交官坐上朱安的豪华轿车,绕过阿尔及尔以西七零八落的美军,在白啤酒海滩找到坐在石头上的查尔斯·W. 赖德少将。第 34 步兵师师长赖德是艾森豪威尔的老乡和西点军校同窗,他身材高大、精瘦,在一战中功勋卓著。问及是否愿意和法国人谈判,赖德平静地答道:"只要肯将阿尔及尔交给我,去哪儿谈、和谁谈,我都愿意。"他坐在石头上,一边嘟囔着要换一套新军装,一边慢条斯理地给直布罗陀拟了一封电文。"请你原谅,"他对墨菲说,"我整整一个星期都没睡觉。"墨菲停下脚步,搀起将军,将他推进专车里。

"我不喜欢流血。"上车时,墨菲对赖德如实相告。轿车载着一行人穿过朗比利迪,在全速驶往若弗尔元帅大道的途中,一只安放在车上的喇叭吹起了停战号角。在维希司令部拿破仑堡外,朱安的参谋长伫立街头,身后 6 名

第3章 滩 头

达尔朗在1942年12月1日的一场庆祝活动中与第34步兵师师长查尔斯·W.赖德少将握手。照片上站在两人中间的是后来担任美军参谋长联席会议主席的参谋官,李曼·L.莱姆尼策。

士兵呈V形排开。法军参谋长以标准的投降姿势将剑柄递给赖德,像极了"博物馆中的历史画面",赖德事后回忆道。在念念有词地说了几句投诚的话后,参谋长一转身,正步进了城堡。

赖德和墨菲紧随其后,走进一间壁上挂满战利品的大厅。50名法国军官沿着墙边站成一排,不住地朝这些美国人和朱安将军张望。朱安脱下前天晚上的粉红条纹睡衣,换上一身挂满勋章的军装,站在盖着绿台布的长桌桌首。皇家海军飞机轰炸了距离此处不足100码的目标,轰鸣的爆炸声掩盖了远处的枪声。"妙啊!"赖德喊道,"自一战以来,我还是第一次身经炮火。"然而,并没有人答话。

"你是高级指挥官?"朱安终于开口,行了一个左手礼。

"正是。"

"如果我向贵军投降,你能保证维护阿尔及尔的法律和秩序吗?"

"可以,"赖德答道,"如果我有幸让法国警察执行我的命令的话。"

"请问你何时能履行这一职责?"

"立刻。"

123

"请问法军能不能保留武器?"

赖德犹豫了片刻说:"可以,但这些军队得乖乖地待在军营里。"

按照协议,盟军各部将于上午8点进城,法军要释放"终极行动"生还者在内的所有俘虏。法国军官派了几辆车,以军号到阿尔及尔各区通报该市投降。

虽然盟军占领了阿尔及尔,但法属北非的其他地区仍在交火。不久之后,美军获悉达尔朗在城外正式辞去一切职务,后者愤怒地表示,他无权交出维希法国的其他领土。双方在拿破仑堡又进行了一次会晤,这次达尔朗在场,但他只答应允许盟军舰只进入阿尔及尔港。

11月9日星期一拂晓,特遣队旗舰"布洛洛"号威风凛凛地驶向铁路码头,全然不知德国空军的一枚炸弹此时炸毁了机舱的车钟,险些命中船身。驾驶台发出全速倒车的常规靠泊指令自然无人听见。看着船头以12节的速度迅速逼近,码头上的法国接待小组惊恐万状。驾驶台上的军官还在为撞击后大桅会前倾还是后倾争得不可开交,码头上的法国人已惊叫着四下逃窜。"全体卧倒!"舰长对部下喊道。巨大的船头冲上一个泥滩,摧毁了防波堤,将岸边的一幢房子撞出一道缝,之后又完好无损地退回港内。码头上的人终于回过神来,掌声雷动,齐声称赞皇家海军精湛的进港技术。

吉罗将军也是如此。11月9日星期一上午,他乘坐一架法军飞机从直布罗陀飞往阿尔及尔,打算挤掉达尔朗,就任北非的新总督。一如艾森豪威尔所料,吉罗此行就是为了探听"火炬行动"的虚实。他故作姿态地叹了口气,答应去北非担任法军司令和行政首长。将吉罗打发走后,艾森豪威尔公开宣布:"他(吉罗)一出面,法军就会停止零星的抵抗。"但他曾背地里向马歇尔坦言:"我真是受够了这帮法国佬。"

维希当局怒斥吉罗将军是"卖国求荣的叛徒",以此回应艾森豪威尔的公告。吉罗抵达卜利达机场,前来迎接他的并非是他预料中的仪仗队和欢呼的人群,而是几个暗中前来提醒他提防暗杀的支持者。祸不单行,他的行李和制服不知所踪。吉罗将军怎么能穿一身皱巴巴的长袍来发动政变?衣衫不整的他垂头丧气地爬上一辆借来的车，朝阿尔及尔卢梭区蜿蜒曲折的巷子疾驰而去，一户同情吉罗的人家答应让他在那里暂避时日。

3个小时后，马克·克拉克奉艾森豪威尔之命，乘B-17飞抵白屋机场，协助吉罗接管法军，达成全面停战协议。令人始料不及的是，这位所谓的总督却迟迟不敢露面，达尔朗上将则对维希政府忠心耿耿，在阿尔及尔以外的各地指挥作战。克拉克焦急地对墨菲说："这下真的乱了套！"

达里尔·F. 扎努克是克拉克随从中的一员，曾经是《铃叮叮》（*Rin Tin Tin*）的编剧兼20世纪福克斯电影公司制片人，现任陆军通信兵中校。扎努克带来一台电影摄影机和10卷胶片，准备记录克拉克带领凯旋之师挺进阿尔及尔的盛况。不料十几架德国空军飞机的出现打断了拍摄。"喷火"战斗机和"容克-88"轰炸机在头顶盘旋，聒噪的平民却争先恐后涌上街头观看这场恶战。克拉克和随从只得挤进两辆英国造半履带式装甲车，哐啷作响地入城。他们所到之处，都会看见墙上贴着大幅的贝当元帅画像。北非登陆战役开始尚且不到24小时，但显然已经演变成一场法国式的闹剧。

圣乔治饭店是一座灰白色的不规则建筑，位于阿尔及尔最豪华的米舍莱大街，坐落在海边，迷人的风景吸引了许多前来地中海观光的名媛淑女下榻。如今饭店已是维希海军的司令部，海军将门厅中精美的马赛克地板踏得泥迹斑斑。美方答应11月10日上午在这里与达尔朗及其手下副官会面。

经过几个小时的讨价还价，赖德将军身心俱疲，称"我已经尽量拖住他们了"。一个步枪连奉命潜藏在棕榈林中，如果有法国人生事就"一律将其击毙"。墨菲领着克拉克穿过饭店门厅，走进一间蓝色穆尔式屋顶、狭小闷热的客房，房间窗户正好面向波光粼粼的地中海。5名上将和另外5名将军正在那里等着他们。达尔朗脚蹬一双增高鞋，穿一套黑双排扣上将军常服，显得皮肤越发苍白。他热情地问候了美国人，却不愿与克拉克一行中唯一的一名英国军官握手。克拉克在桌首落座，达尔朗在左，朱安居右，墨菲担任翻译。

"我们要携手对付共同的敌人。"克拉克说。

"我和我的同仁都认为对抗徒劳无益。"达尔朗答道。但除了交出阿尔及尔，他无权签停战协定。"在下不过是奉贝当之命行事。"

"还有一个比这更严重的问题，"克拉克的言外之意是突尼斯，"请问阿尔及尔以东的法军是否会阻止我军去抗击我们共同的敌人？"

达尔朗一双淡蓝色的眼睛避开克拉克的直视。"你提出的条件，我已请求维希政府尽快做出明示。"

克拉克用拳头猛击了一下桌子。"我真想把你软禁起来！你最好识相点，我们必须东进。我现在就去找吉罗将军，他会签署这个协定，下达必要的指令。"

达尔朗摸了摸脑袋，嘴上掠过一丝不易觉察的笑。"我不敢肯定军队是否会服从他的命令。"

"如果你认为贝当同意停战，何不现在就下令？"

"如果我这样做，德国会立刻占领法国南部。"达尔朗不紧不慢地说。

克拉克又在桌上重重地敲了一拳。"你的所作所为只会让更多的法国人和美国人丧命，现在我们必须根据形势而非命令行事。这是法国人团结一心、共同抗敌的好时机，是你们最后的机会。"

"那是你的想法。"达尔朗说。

"你给我告诉他，"克拉克对墨菲说，"我们的士兵可不认识贝当是谁。"他推开椅子起身要走，但朱安按住了他。"请再给我们 5 分钟。"

盟军特派员一行鱼贯走出客房，达尔朗小声对墨菲说："能否请你想办法告诉克拉克少将，我是一名五星上将？请他不要把我当尉级军官训斥。"

美国人退到门厅对面的过道。法国人的声音透过紧闭的房门，传入他们耳中。克拉克踱着步，小声地骂："YBSOBs。"这是只有他和艾森豪威尔才懂的一句暗语，即"贪生怕死的杂种"。克拉克暗中扬言要在北非推行军事管制法，这吓坏了墨菲。他不敢想象该如何管理这片面积达百万平方公里的土地上的铁路、通信、供水等机构及近 2 000 万的人口，更何况他们操着和美国人不同的语言。如果盟军希望挺进突尼斯的同时不必担心背后受敌，法国人的帮助则不可或缺。

房间的门猛地被推开，达尔朗那位五短身材的心腹、阿尔及尔的主人雷蒙德·弗纳尔微笑着向美国人打手势，请他们返回房间。克拉克等人再次就座后，达尔朗转身对墨菲说："J'accepte."（我接受。）

达尔朗将一份通告全体法军不再做无谓抵抗的指令草稿放在克拉克面前。一封致贝当的电报指出，继续对抗只是徒然耗费法国在北非的人力物力。达尔朗提笔"以上将的名义"签署了一项决议，命法国驻北非的海陆空三军立即停火，返回各自基地，严守中立。"就这么定了。"克拉克宣布。克拉克立刻将协议电告直布罗陀。"我认为要不惜一切代价实现停战。"他对艾森豪威尔说。吉罗头戴军帽、身穿马裤和绶带、脚蹬锃亮的马靴，再度出山。"他就像刚从理发店出来似的。"记者艾伦·穆尔黑德事后写道，"他那颗像鸟一样的小脑袋打扮得油光闪亮。"丢失的制服找了回来，气焰自然收敛三分。为了法国的荣誉，吉罗愿意屈居达尔朗之下，共同抗击德军。

但还没等盟军下令停战，这次交易就失败了。几个小时之后维希政府传来消息，为避免德军攻占维希法国、攻击停泊在土伦锚地的维希舰队，贝当元帅将海军总司令达尔朗撤了职，还废除了他与美国人签订的一切协议。"我下令，保卫北非。"贝当公告世界。达尔朗犹如一个被削除继承权的嗣子，在弗纳尔的官邸耷拉着脑袋，比先前更加闷闷不乐。"我输了，"他无奈地说，"我只能自首。"

获悉这个新使徒想撕毁他 6 个小时前签的停战协定，星期二（11月10日）下午 3 点，克拉克和墨菲再次登门。

"贝当不过是希特勒的喉舌。"克拉克一再强调。

达尔朗耸了耸肩。"我只能撤销我今天上午签署的命令。"

"你敢！"克拉克挺身说道，"你现在只是个俘虏！"

"你也要俘虏了我才行！"

克拉克大发雷霆，立即命两个步兵排将弗纳尔的官邸团团围住。美军上校本杰明·A. 迪克森推开达尔朗的副官，对他说："上将先生，按最高司令官的指示，你已被捕。如果你敢逃跑，哨兵可奉命开枪。"

迪克森退回至大门处。"那幢住宅里的俘虏是达尔朗上将,"他告诉卫队长,"他五短身材、秃顶、红脸、尖鼻子、尖下巴,是个贼眉鼠眼的家伙。不论此人穿军装还是便装,只要他企图逃跑,格杀勿论。"

在直布罗陀,为了弄清前线战况,艾森豪威尔翻遍了非洲发来的急电。"战争常常造就一种怪诞而荒唐的局面。"星期一(11月9日)下午,他在一份备忘录中写道。这场战争的怪异和荒诞与日俱增。艾森豪威尔在一张便签上用潦草的字迹写下标题"一名指挥官在漫长等待中的随想",他又继续写道,"西岸的行动令我牵肠挂肚;奥兰行动;吉罗的动向和意图;达尔朗的提议;意大利空军的动向;西班牙的态度。"

迫于维希政府和克拉克两方的压力,达尔朗两次投降,又两次变卦。看来吉罗在北非的影响微乎其微。克拉克的一封电报让艾森豪威尔仰天长叹:"耶稣啊!我这需要一名刺客!"但不知他是否能够收买得到。他问克拉克,

1942年11月22日,盟军和法国驻北非军队正式签署极富争议的停战协定后,维希法国三军司令让·达尔朗上将(左)和马克·M.克拉克中将在阿尔及尔共饮咖啡。贝当元帅的照片从克拉克身后看着这一幕。

盟军是不是应考虑在"瑞士这样的中立国"存一大笔钱。

阿尔及尔对盟军事业极为关键，是挺进突尼斯的中转站。鉴于法国在北非的地位，一旦克拉克确定法国不会勾结轴心国，保持中立，等在海上的英国军队就会立刻大举东进。摩洛哥同样是美军一条关键的补给和增援的命脉。不过，艾森豪威尔仍没有休伊特和巴顿的消息。

在星期一（11月9日）晚上发给马歇尔的一封电报中，艾森豪威尔表达了对奥兰一役的顾虑。阿尔及利亚西部的机场对盟军在北非集结部队至关重要，奥兰港和梅尔斯克比尔附近海军基地的地位也同样关键。"此刻最令我头疼的问题是奥兰地区的进展太过缓慢，"艾森豪威尔写道，"我一定要尽快解决。"

奥兰上空蓝旗飘

艾森豪威尔很快就如愿以偿。

11月8日一整天，美军士兵都在集中火力攻打奥兰。9 000名法国守军退到一片直径20英里的盆地中。特德·罗斯福带领第26步兵团由西向东推进，以垒球、高尔夫和曲棍网兜球等娱乐项目为各条道路命名，沿途各个村庄则以士兵家乡为代号命名（如布鲁克林、布罗克顿、锡拉丘兹）。

特里·艾伦和第1步兵师大部从圣克卢以北的一座沙石山、奥兰以东的一个十字要道和南部的盐湖突袭该市。一身脏兮兮长袍的孩子错将这支部队当作德国人，冲他们喊："喂，银币！"或挥着僵硬的手臂行纳粹礼。蒙着面纱、刺着文身的柏柏尔妇女从窗帘后向外张望，茶馆里头戴毡帽的男人从茶杯上抬起头，以非洲人的方式欢迎门前走过的部队：真心诚意地伸出手腕，交叉在一起卖力地鼓掌。一名战地记者搜肠刮肚，最后才找到"堕落、无趣、眼拙和可悲"这几个词来形容当地人。

筋疲力尽的士兵背着军官溜进灌木丛里，没过多久，连荆棘都像在打鼾。滚滚的炮声不时将他们吵醒，但他们常常充耳不闻。一些士兵手臂、肩膀并用，

1942年11月8日凌晨,第1游骑兵营占领奥兰东部阿尔泽一座法军海防炮台。

推着当作弹药车的大车,迈着沉重的脚步,顶着烈日,汗流浃背地赶往地平线另一边看不见的城市。丢弃的弹夹和野战马甲标出了一条通向阿尔泽的宽敞、凄凉的道路。偶尔驶过一辆以柴火为动力的汽车,将蓬头垢面的法国俘虏送往设在海滩的战俘营。第18步兵团一名炊事员征用了一头棕骡和一辆两轮马车运送野战炊具。挣脱缰绳的骡子经过一列哈哈大笑的士兵跑向法国阵地,炊事员扔下断成两截的缰绳,一枪结果了这头牲口。这群士兵再也笑不出声,只好自己拉炊具。

一名伤兵躺在草丛中等待救护车,央求路人:"别踢我的腿,请别踢我的腿。"在一次迫击炮阻击中,第16步兵团F连的4名士兵躲进一条灌溉渠。轰炸开始时,路对面的一名中尉看见一阵耀眼的蓝光,发现一块弹片切断了头顶的电线。4名士兵碰到落下的电线,全部触电身亡。

这就是战争。士兵们互相诉说:不幸就在某个路口等着他们,不幸、被击毙的骡子和灌溉渠中突如其来的死亡。

圣克卢是一座乡村小镇,镇子中有许多黄色建筑。镇上有居民3 500人,住宅都是坚固的石屋,四周是大片的葡萄园。11月的葡萄藤只剩下光秃秃的枝丫。圣克卢扼守奥兰东部要道,火力带达半英里。因此维希政府增派了第16突尼斯步兵团、外籍军团第1营、一个炮兵营、外籍军团的准军事部队、效仿德国党卫军的法国法西斯分子驻守此地。美国情报部门评定这支守军为"二级或三级作战部队"。但 11 月 8 日中午前,特里·艾伦的第 18 步兵团 C 连遭伏兵击退,和第 1 营反扑圣克卢时,再次被击退。

当天下午 3 点 30 分,第 1 营从勒南出发沿公路再次发动进攻,与此同时第 2 营则从南翼包抄圣克卢。数挺法军机枪组成的火力带打折了葡萄藤,A 连一名上士前额中弹,当场死亡。该连连长喉部中弹,身负重伤。圣克卢高耸的石尖塔上的钟报时 4 点整。一名狙击手的枪口从钟楼上肆无忌惮地吐着红色的火舌。美军 12.7 毫米口径步枪的子弹钻进尖塔、打在钟上,纷乱的钟声响彻全镇。

两个营的士兵匍匐穿过葡萄园,潜入环绕圣克卢以南 200 码墓地的白石墙。在墓地和石碑间穿梭的两名美法机枪手仿佛黄昏下的幽灵。砰砰乱飞的子弹打碎了墓碑,削掉了大理石雕刻的六翼天使的翅膀。炮火在墓穴里轰鸣。

爱德华·麦格雷戈上尉从 B 连抽调了一个突击队。三声哨响后,他带头跳过墓地围墙,向镇上冲去。3 名士兵跟着他跳了过去,其余 40 人则缩在墙后一动不动。麦格雷戈暴跳如雷地返回召集部队,怒气冲冲地吼道:"谁敢临阵脱逃,我会亲手解决他。"士兵们这才跟上去,直到一颗子弹削去 B 连连长的半边脸。"给我冲,麦格!"此前,连长还催促道。话音刚落,他便倒地身亡。麦格雷戈和其他 8 名士兵被俘,攻占圣克卢的行动宣告失败。

法军炮兵架起野战炮,猛烈的阻击火网吓得美军士兵四散奔逃。指挥官追着他们吼:"停下!停下!"一名受伤的中尉躺在路边苦苦哀求:"行行好,行行好,别丢下我。"可现在谁都顾不上他。等到黎明时分军医助理找到他,发现后者脸色惨白,虽然还活着,但一条受伤的胳膊已经废了。法国炮兵发现了第 32 野战炮兵团设在该镇北部山丘后的炮兵阵地,随后呼啸而来的炮弹仿佛受惊的羊群,在美军榴弹炮阵地里横冲直撞。两番轰炸过后,美国炮兵瘫倒一片。

夜幕降临,圣克卢小镇宛若一座阴森的城堡。粗壮的葡萄藤间尸体横陈,仿佛铺上了一层血迹斑斑的地毯。紧张的哨兵们发出一阵阵枪声,在这样的夜晚里，士兵不惜牺牲生命，也要赶在黎明到来之前推进。

11月9日上午7点，第18步兵团的7 000名士兵发动新一轮攻击。中午时分，进攻失败，伤亡惨重。对该团团长弗兰克·格里尔来说，圣克卢是一场恶战。由于小镇守军的顽强抵抗，盟军总攻奥兰的行动被耽搁。格里尔站在充当团部的酒厂水泥装卸台上，拿望远镜仔细观察圣克卢。镇中的教堂，半个尖塔被毁，但时钟还在走。棕榈树被拦腰折断，几座张开大口的屋顶清晰可见。一匹失去骑兵主人的马，身披法军马鞍，拖着缰绳茫然地望着镇子边缘。地上横躺着一堆死马，四脚朝天，仿佛翻倒的桌子。

"我打算使用密集式弹幕攻击，从镇子的这一端开始，推进到另一端。"格里尔说。200发炮弹被装上引信，堆在每一门炮下。1 500发炮弹的掩护炮火将于下午1点开始释放，在3分钟后，该团会派出3个营发动进攻。据侦察兵汇报，镇上的几百名妇女、儿童蜷缩在残垣断壁中，有些已丧生。在这样的炮击中，许多人必死无疑。

一个身穿衬衫的身影乘吉普风尘仆仆地赶往酒厂。在图维尔的一间教室里，一盏汽油灯幽幽地照着墙上贝当的照片和彩色的法国殖民地图，特里·艾伦挤进一张课桌下过了一夜。战报显示，特德·罗斯福的部下已登上奥兰以西一处高地——米尔贾卓山。据说特德·罗斯福拿着一挺冲锋枪，亲自追赶一队法国骑兵。塔法拉乌伊机场不久即被攻克，第1装甲师的5 000名士兵绕过米瑟尔林的一个固定支撑点，占领了拉塞尼亚机场。

"村夫行动"的伞兵或"预备役行动"的突击部队情况仍不明朗，但外籍军团从南部沙漠的西迪贝勒阿巴斯发动的反攻已被瓦解。"小伙子们，"艾伦喊道，"我刚给法国人发了一个信号，要他们出动精兵强将。"对蜷缩在壕沟内筋疲力尽的步枪连，他则鼓励道："镇上许多漂亮姑娘等着迎接解放她们的美军呢。"对有些人来说，这仅仅是一句简单的警告："不拿下奥兰，不许吃饭！"

艾伦嘴里叼着支烟站在无花果树下，脑袋摇来摇去，避开烟气熏到眼睛。格里尔陈述了自己的计划，艾伦则望着不远处的圣克卢深吸了一口气。师参谋不同意格里尔的方案，认为它没有考虑到惊恐的平民，后者正口念"万福玛利亚"等死。

和每次战役一样,特里·艾伦早上也曾祈祷过。他展开地图,盯着圣克卢看了半天。一战期间,艾伦到过许多与它类似的小镇。按他的性格,是瞧不起比"巴黎"更拗口的外国地名的。所以,每当遇到多音节的词,他一贯以"它们叫什么来着"代替。但在圣克卢,他想到了蔬菜店、成衣铺、挂着杜博尼酒招牌的小酒店,以及身背绶带、令人讨厌的侍者。

他转身对格里尔说:"不得集中火力大范围轰炸。如果进行轰炸,进攻又失败,这个小镇恐怕要遭灭顶之灾了。"他认为毁掉一座法国小镇对美国的"政治形象不利",况且还要耗费大量弹药。"再说我们也不需要这个鬼地方。我们不如绕过圣克卢,趁夜占领奥兰,这里只留一个营拖住敌人就好。"随后,他召集遍布镇外的其他人马,挥师挺进奥兰。格里尔挥手敬礼,但失望之情溢于言表。

事后看来,他们显然不应绕过这个镇。艾伦铤而走险,在后方留下一大支队伍,同时还要压制士兵们的火气,后者决心不惜一切代价,也要拿下这个镇,以报仇雪恨。作为一个要解放欧洲的美国将军,艾伦已经料到政治和战场上的变数,并做出了第一个战略决策。

"我绝对不能这样做,"艾伦事后说,"绝对不能。那鬼地方有平民,我不能开枪。"

盟军围困圣克卢、攻占拉塞尼亚的举动令法军猝不及防,阵脚大乱。美军兵临奥兰城下。11月10日早上7点15分最后攻城,艾伦口授"陆军3号令",他最后说道:"无论是谁,都无法阻挡这次进攻。"

法军其实拖住了他们,先在阿尔科莱,继而在圣尤金,但都没拖延多久。一名年轻的少校抱怨说手下的士兵又累又饿,需要休整。此时,第16步兵团团长绕到他背后,猛拍了他一巴掌,"你别给我说这些,你要进攻"。11月10日拂晓,经历了一夜的凄风苦雨后,集结的美军仅仅遇到了一些狙击枪手。第1装甲师中人称"色鬼"的约翰·托德中校下令:"带上你的坦克,给我冲!"托德的坦克推开路障,沿着马斯卡拉大道一路驰骋,来到蔚蓝的奥兰湾。然而，他们来迟了一步，没能阻止"预备役行动"后的破坏行动。尽管如此，他们还是成功阻止了法军在港内泼上燃油、将其付之一炬的计划。另一位装甲营营长约翰·K. 沃特斯中校（巴顿的女婿）气势汹汹地将坦克开上保罗杜美大道。不幸的是，坦克在大教堂附近耗尽了燃油，铁家伙顿时成了一只纸老虎。

欢天喜地的人群挤满道路两侧，一边冲他们摆出"V"字手势，一边躲避零星的狙击子弹。艾伦许诺的漂亮姑娘在若弗尔大街两侧的露台上冲他们微笑飞吻，往坦克炮塔上扔木槿花环。一名头戴黑呢帽、大腹便便的男人，举着白旗拍着坦克车身，自称是奥兰市长，愿意把这座城市交给盟军。第6装甲步兵团第1营冲进圣菲利普堡大门，把500余名伞兵、飞行员、英国水兵，以及"沃尔尼"号和"哈特兰"号两舰的美军步兵释放。解放者和被解放者个个喜极而泣。法国看守自觉地排好队，缴械投降，麻利地列队走进设在自己营盘的牢房内。

第18步兵团第1营和达尔比手下的游骑兵营发起最后一轮攻击（无炮火掩护），圣克卢负隅顽抗。5个多小时后，巷战开始，镇上守军缴械投降，盟军俘获400名法军俘虏，缴获14门大炮和23挺机枪，但无人清点尸体。丁香花和胡椒树环绕下的新宫前，叮咚泉水中锦鲤悠闲地游弋。罗伯特·布瓦索将军于11月10日星期二中午率奥兰师投降，按事先约定的信号，奥兰上空升起一面巨幅蓝色旗旗。

抛开"预备役行动"，仅"大红一师"在奥兰的伤亡就高达300余人。在该师9个步兵营营长中，有2人因失职被艾伦和罗斯福就地撤职。这座城市的法国守军总计165人阵亡。

解放者随即将奥兰变成一座大型补给站。军需官征用当地的斗牛场当作食品仓库，不久就发现这里散发着除不掉的牛粪味。宪兵司令下令修建一座带围墙的场地，用以隔离取道英国途中染上性病的159名士兵。这些士兵们把这里叫作"卡萨诺瓦广场"（好色之徒），一名指挥官说，带倒刺的铁丝网让"他们想到鞋跟儿"。未来的四星上将沃特斯中校大着胆子，从奥兰码头

第3章 滩头

在前往摩洛哥和阿尔及利亚的途中,士兵们磨刺刀和短刀的尖厉声一路不绝于耳。这张照片摄于1942年11月7日,登陆前夜。

缴来10桶红酒,给自己手下的每个士兵装了满满一钢盔。一支反坦克部队为艾伦和罗斯福开了一个派对,期间士兵们保持了"大红一师"的传统,喝得醉眼蒙眬。

现在,近3.7万名士兵占据了宽70英里、纵深15英里的滩头。阿尔及尔投降、奥兰被攻克,盟军实际上已经控制了阿尔及利亚。摩洛哥守军还在负隅顽抗,北非的政治局面则愈发混乱。此外,11月10日从奥兰发给艾森豪威尔的一封急电总结了虽然短暂但普遍存在的情绪:"诸事顺利。"在焦急、混乱中等了3天,这则消息着实令人振奋。"我们要完好无损地拿下各个港口,然后继续向东推进。"艾森豪威尔同一天致电伦敦。

"战斗就是不断地往前冲,"他说,"但我就喜欢这样。"

"一派混战"

卡萨布兰卡是维希政府在土伦以南的第一良港,法国海军决心要保卫摩洛哥港,只是这种意志用错了地方。法国水兵几乎无人知晓11月8日拂晓隐隐出现在雾霭中的敌军舰队的身份。上午7点刚过,汉克的海防大炮台率先开炮,紧接着是靠在码头上的"让·巴特"号舰艏炮塔4门15英寸口径大炮。炮口喷出橙色的烈焰和圆柱形烟雾。汉克发出的第一轮炮火交叉轰炸1.8万码外的"马萨诸塞"号,前一天晚上吟诵拉丁语诗句的人就是该舰舰长。"让·巴特"号的炮弹在舰艏右舷600码以外的海面上掀起巨大的水柱。"马萨诸塞"号和姐妹舰很快予以还击,美国海军开心地说"打弗拉纳根"这个老游戏开始了。

在"快!"和"打球!"的欢呼声中,肯特·休伊特在"奥古斯塔"号驾驶台上通过电台和旗语通知各舰,对敌人的炮火要以牙还牙。从汉普顿锚地出发已两个星期有余,一路上休伊特吃得很多,却极少锻炼,身上长满了赘肉。自从相信了手下高空气象学家的判断,着手部署兵分三路登陆摩洛哥的计划以来,他忙得不可开交。他知道南路进攻萨非一切顺利,但北路进攻梅地亚的特拉斯科特将军却没有消息。战略情报局暗中策动埃米尔·贝图阿尔将军政变的行动显然失败了,休伊特只能猜到奥古斯塔·诺盖斯总督要负隅顽抗。

卡萨布兰卡以北的费达拉,要去摩洛哥的2万名士兵即将登陆,第一艘登陆艇已提前2小时先行抵岸。虽然风平浪静,还是有许多艇打横或倾覆,但至少有士兵登陆,准备进攻卡萨布兰卡。休伊特尽心尽责,每隔2小时便以密电向上级汇报一次进展。但糟糕的是海军电报员一时大意,没有将电报分类,艾森豪威尔还是没有收到只言片语。

休伊特认为上苍仍眷顾自己,他现在愁的是"天鹅绒"。斯蒂尔提醒他,一天内很可能会变天,敌军潜艇也不会永远待在港湾,尽管有驱逐舰在两翼巡逻,有8艘布雷艇在四周布雷。陆军部不顾休伊特提出的后续部队暂

1942年11月8日星期天,美军登陆摩洛哥的费达拉。据当地居民所说,那天是数十年来海面最风平浪静的一天,之后大西洋很快掀起滔天巨浪。

缓跟进、待攻克卡萨布兰卡港后再作打算的提议，仍命令另一支大型舰队开出汉普顿锚地，并于11月13日星期五抵达。

法军显然执意要战斗，而且斗志昂扬。但海滩上一开始出现的仅是零星的防御炮火，与其说是战斗，倒不如说是做做样子。"布鲁克林"号巡洋舰舰长5点39分电告休伊特："发现炮火，我军要做好准备，以防万一。"此后他们发现，汉克炮台和"让·巴特"号的炮弹都是舰艇杀手，大西洋战争史上最激烈的海战就此展开。

第一轮炮轰后不到10分钟，卡萨布兰卡人工港和港湾上空仿佛下起一阵钢片雨。美军炮弹掀起码头上大块大块的水泥，将碎片撒在船体和码头对面。10艘商船脆弱地停在锚地，不久便与3艘法国潜艇一道沉没。从达喀尔分乘3艘客轮于前一夜刚刚抵达这里的最后2 000名难民，逃下码头后不久即被打成肉泥。包括船长在内的数十名水手，因没有跳板被打死在码头上，失去了体面的海葬机会。

法国崭新的无畏战舰，炮塔大如护卫舰的"让·巴特"号尚未完工，无法离泊。"马萨诸塞"号一发16英寸口径炮弹钻进战舰的前炮塔，另一发炮弹打中炮塔装甲护板，将这几门大炮摧毁。在发射了七轮炮轰后，"让·巴特"号上一片寂静。"马萨诸塞"号3发炮弹击穿了"让·巴特"号的装甲甲板、船舷和龙骨，"让·巴特"号沉入海底。令人匪夷所思的是，没有一发炮弹爆炸，这几发炮弹和其他50余发美国哑弹（部分是因为1918年的引信）让卡萨布兰卡幸免于难。法国第2分舰队指挥官吉尔维·德·拉封和部下一样，不知敌军的身份。雾色中看不清敌舰上的旗帜，上司或海滩前哨也没给他可靠的消息。但拉封察觉即将大难临头，只有趁日出时阳光耀眼之际出港沿海岸线出逃，他的舰队才能逃过一劫。

但拉封没料到敌军有雷达。拉封下达命令，登上法军旗舰号驱逐舰，于上午8点15分驶向入港口。在俯冲轰炸机忙着轰炸商船坞的时候，法国潜艇兵拖上最后几枚鱼雷解缆离泊。一个身穿黑法袍的勇士——法国舰队的随军牧师冒着炮火向码头飞奔，对眼前经过的每一艘突围的军舰都画着十字。

悬崖边的盘山路上，法国水兵的妻儿挤在屋顶，声援投入战斗的 16 艘军舰。但他们无法看到美军炮火正在抹掉他们熟悉的卡萨布兰卡舰队的轮廓。

为了方便炮兵看清准落点，法军把炮弹都填装了颜料，绿色、紫色、红色和蓝色喷泉在美军舰只四周此起彼伏，景象颇为壮观。鉴于敌军的两发炮弹不会落在同一个地点，舵手按令"追逐炸点"。在炮火两面夹击之际，这不是一件轻松的工作。巡洋舰"布鲁克林"号、驱逐舰"奥古斯塔"号和"马萨诸塞"号前腾后挪，战旗猎猎作响。战舰中了一发炮弹，但损失较小，另一发炮弹将舰旗撕成破布条。舰炮的后坐力震断了"塔斯卡卢萨"号和"马萨诸塞"号的雷达天线，舰上的炮组只能靠目测胡乱估计，浪费了大量的弹药。"奥古斯塔"号三号炮塔的冲击波震掉了支架上的天线，天线在甲板上摔碎，通信随即中断。截至当天中午，通信的中断导致数名通信兵因无能被解职。

旗舰尾炮塔的冲击又殃及另一个人：巴顿打算冲滩的登陆艇在被吊出左舷时，翻了个底朝天。除了刚刚系上的象牙柄"柯尔特"和"史密斯文森"两把手枪，他的装备统统掉进了大西洋。巴顿在诺福克就发誓要身先士卒，第一波登陆。现在，他却头戴闪亮的两星钢盔，脚蹬马靴，狼狈地被困在"奥古斯塔"号上。"见鬼，"他冲一名副官吼道，"我希望你多带了一把牙刷，好让我漱漱我的臭嘴。多亏了美国海军，我现在一无所有。"

他立即住口，给比伊写了封信："风平浪静，看来是上帝眷顾我们。"他在笔记本上记下了这个早晨发生的大事：

> 我正扶着二号炮塔后主甲板的船舷，一枚（法军炮弹）落得太近，水花溅了我一身。后来我登上驾驶台，一枚炮弹落得更近，但我站在高处，没有溅到水。烟雾弥漫，敌人也施放了烟幕。我只能瞧见它们，当是我们的炸点。我们下令"马萨诸塞"号、"布鲁克林"号和"奥古斯塔"号等舰还击，兜起了大圈子……你非得在耳朵眼里塞上棉花不可。有人负伤，但情况还算可以。

休伊特忙得无暇顾及巴顿的火气及他对海军的出言不逊，这场海战无疑打消了巴顿心头对海军是否愿意参战的疑虑。海军只顾与"让·巴特"号和海防炮台对阵，各舰很快就到达费达拉以南 30 海里处。拉封少将的分舰队直扑不堪一击的美军运输船。上午 8 点 30 分，一架侦察机提醒法国人要从港口突围。休伊特命"奥古斯塔"号、"布鲁克林"号和另外两艘驱逐舰全速拦截法军。据当年还是"布鲁克林"号上预备役军官的历史学家塞缪尔·艾略特·莫里森说，"4 艘舰仿佛一群松开锁链的狗，疯狂地投入战斗"。

胜负难料。东方升起的太阳发出耀眼的光芒，海军雷达时不时地发生故障，眼前的法国舰队仿佛地平线上跳动的黑点。由于岸边燃烧的油轮和法国舰队施放的烟幕，能见度越来越差。攻打反应灵活的维希驱逐舰如同"拿石头打蚂蚱"。海防炮台的几发炮弹打中了"帕默"号，其中一发正好打中厨房的一个垃圾桶，却没伤到两名抬桶的水兵；另一发则打断了大桅。该舰慌忙以 27 节的速度向西逃窜。

美军驱逐舰"勒德洛"号炮火猛烈，甲板上的炮口仿佛喷出一条火龙，直扑拉封的旗舰"米兰"号，将该舰打起了火。而它自己则被一枚 6 英寸口径炮弹击中，军官舱被炸毁，在舰艏左舷横贯一个大洞，不曾铲掉的油漆仿佛柏油纸般熊熊燃烧起来。"勒德洛"号也逃离了战场。逃过一劫的法国潜艇在港内的报复险些得手："马萨诸塞"号躲过 4 枚鱼雷阵，第四枚从右舷防水雷器的 15 英尺外擦身而过。几分钟后，"塔斯卡卢萨"号躲开"美杜莎"号的 4 枚鱼雷，"布鲁克林"号则躲过"亚马逊"号发射的另外 5 枚鱼雷。

上午 11 点，法国人的好运在距离运输船队 4 海里处走到了尽头。因风太小，为飞机起降伤透脑筋的"游骑兵"号航母和"萨旺尼"号强行掉头，寻找有强风的激流水域。一队格鲁曼"野猫"战斗机终于从"游骑兵"号上升空，迎战维希战斗机。在这场交火中，美法分别损失 4 架和 8 架飞机。机身和机翼碎片如雨点般洒向卡萨布兰卡大清真寺的尖塔。损毁至无法修复的飞机机腹朝上坠落，倒是方便了飞行员跳伞。"游骑兵"号的机修师要修补"野猫"身上的无数弹孔，一时间胶带告罄，不得已通过全舰广播索求私人的胶带。

带着满身的补丁和满腔的怨恨，美军飞机蜂拥上8 000英尺的高空。战斗机已经不是在战斗了，如法国作家安东尼·德·圣-埃克苏佩里所说，它们在屠杀。每架"野猫"安装了6挺50毫米口径机枪，每挺机枪每分钟发射800发子弹，这些子弹穿甲、纵火，无所不为。飞行员从舰尾到舰艏，猛烈地扫射拉封的舰队，法国舰只一时间火光四射。"我相信，第一轮攻击是毁灭性的。"一名飞行员说。驾驶台被摧毁，舰上的士兵血肉模糊。一轮扫射，除一名躲在装甲炮塔内的炮手外，一艘驱逐舰甲板上的士兵无一幸免。战斗机带着满是积炭的枪口，返回航母补充弹药，然后再度升空。

虽说落在汉克的41发炮弹算不得直接命中，但法军很快就领教了空中打击和美军炮火的厉害。海军红色和绿色的炮弹如雨点般落下，先是几十发，继而是成百发。仅"布鲁克林"号就发射了2 600发，"马萨诸塞"号消耗了一半16英寸口径炮弹。一艘遍体鳞伤的法国驱逐舰舰尾"仿佛拖了个大烟囱"，一名飞行员说。"奋进"号舰艏朝下沉没的过程中，舰尾的炮还在不停地开火。

"进攻"号机舱进水，回到港内后翻覆。"布雷斯特"号返回一座码头，同样难逃倾覆沉没的命运。"布洛奈"号准备发射鱼雷的过程中连中8炮，它沉得太快，以至于"马萨诸塞"号发射的最后一枚炮弹落在了它消失的水面处。"米兰"号舰艏受损，驾驶台上的人员全部受伤，连拉封也没有幸免，最后只能抢滩。"信天翁"号连中两弹，在炮火下被拖回卡萨布兰卡，并带着一百余名伤亡士兵抢滩。绿色光点一个接一个地从美军的雷达屏幕上消失。

最悲壮的要数法军第2舰队最大的巡洋舰"普里茅盖"号。在美军动手之际，这艘舰的4座炮塔就已经卸的卸、拆的拆。截至上午9点，3座炮塔已经重新组装完毕，553名士兵各就各位。在两艘拖轮的协助下，"普里茅盖"号出港加入混战。航速增加到20节后，它很快与"马萨诸塞"号和两艘巡洋舰交上了火。3发哑弹命中"普里茅盖"号，紧接着又一发将该舰打残，在水线以下连贯5个洞。"普里茅盖"号锅炉歇火，舰身冒着浓烟，以4节的速度返回卡萨布兰卡。"野猫"在黑诺士海滩对面的海上截住它，将舰长和驾驶台上的 28 名士兵击毙。一个简短的遇险信号显示，火势已经"失控"。士兵们跳海逃生。舰上受惊的猪冲破舱内的围栏，躺在甲板上的伤员不幸被乱冲乱踏。"普里茅盖"伤亡过半，大火烧了整整一天。

出港的法国舰只中只有"阿克勇"号安全返航，负责搜救幸存者。但除了硝烟和海水，它一无所获。包括 8 艘潜艇在内的其他 16 艘舰只非沉即伤，士兵阵亡 490 人，969 人受伤。4 艘美国军舰各中了一弹，"勒德洛"号中了两枚。在这场交火中，海军阵亡 3 人，伤 25 人。有一名阵亡者是轰炸机上的机枪手，此前他曾一口回绝战友掏 200 美元买他第一波进攻的位置。高射炮重伤了他的一条腿，他在拿丝围巾止血的时候被一枪打死。几名跳伞的飞行员被俘，从卡萨布兰卡的监狱窗户声援每一轮轰炸，然后拿从狱卒手上买来的香槟洒满全身，以祛除牢房内肆虐的跳蚤。

死心不改的法国军官妄图再组建一支舰队，可惜只剩下两艘小型护卫舰，再战的雄心很快消退。水兵将美军 16 英寸口径哑弹从港口拖到海军司令部，贴上一张用法语写的牌子："有朋自远方来！"放在入口处示众。生还的水兵又被集中到一起，每人发一杆步枪和 5 发子弹，组建保卫卡萨布兰卡的步兵连。负伤的拉封少将拄着拐杖，一边检阅手下即将重上前线的水兵，一边还礼。

11 月 8 日星期天下午 1 点 20 分，巴顿总算乘一艘救生艇上了费达拉 1 号红滩。想当年，这座人口 1.6 万的渔港上马场和赌场生意兴隆，是卡萨布兰卡名流商贾的休闲度假胜地，如今却沦为一座荒无人烟的空城。巴顿蹚着齐腰的海水，在端着冲锋枪的警卫的护送下，来到防波堤上的一座小屋。早晨在"奥古斯塔"号上沾到法军炮弹的颜料，他的皮夹克上到处是斑斑的黄迹。苦练了多少个寒暑，他终于有了用武之地。现在，他要从容地一试锋芒。

"如果可能的话，我并不想和法国人作战。"巴顿对"奥古斯塔"号上的同僚说。但现在，深厚的法国情结只能暂且搁置一旁。与"火炬行动"的其他指挥官一样，巴顿此刻对海滩以外的情况一无所知。和众人不一样的是，他醉心于这种模糊的战况：接下来的两天半，继而是两年半，这种模糊将尽显他的为将之道。中午的来电向"奥古斯塔"号汇报，萨非的法军早在 7 个小时前就已缴械投降，但谢尔曼坦克长途跋涉 140 英里北上卡萨布兰卡，至少还要两天才能全部上岸。上午 7 点 15 分，特拉斯科特在费达拉以北 50 英里的梅地亚发出"打球"这一信号，之后便音信皆无。当然，部分原因在于舰炮后坐力震坏了"奥古斯塔"号上的电台，故无法接收信息。当务之急是调遣登陆费达拉的第 3 步兵师的 3 个团占领这座港口城市，然后调整部署，攻占以北 10 英里的卡萨布兰卡。

这谈何容易。巴顿说过，打仗是"一派混战"，费达拉就证实了这一观点。各部非但没有集中在 4 英里的滩头，反而分散在长达 40 英里的沿岸。70 辆坦克只有 5 辆登陆。登陆的 9 个炮兵指挥部队，只有 2 个联系上舰炮要他们指挥的军舰。操作技能不熟练的报务员想要通过增加无线电电台的发射功率来扩展量程，结果占用了人家的频道。小偷小摸的当地人把海滩当作生财之地，喊着"乔治"和"巴顿"的口令，却怎么也想不明白犹太人军队来这里做什么（见到登陆车辆上的大白星，他们想当然地认为这是犹太军队）。士兵们抛下笨重的反坦克炮，后来遭遇一支塞内加尔步兵，有几个士兵指着他们袖口上缝着的美国国旗，弄得他们非得解释清楚不可。"倘若德军抵抗，"巴顿事后承认，"我们绝对上不了岸。"

休伊特的舰队海战正酣，犹如困兽般的巴顿却仰天长叹："我恨不得自己是个正当年的少尉。"他如今的表现正是如此：连抽带骂，毫不留情地驱赶摩洛哥人和贪生怕死的士兵。他飞奔过小屋，撵出躲在沙丘后的大兵。"要再逮着美国兵趴在海滩上，"他吼道，"我就军法处置！"巴顿相信，"批评能激励士兵，让他们成为舍生忘死的英雄"，他手下的一名上校说。这番话有没有激起士兵们的勇气不可考，但后者总算拖拖拉拉地向纵深推进。士兵们不敢掉队，看来是多亏了一句谣言：据说柏柏尔人会阉割俘虏。

法军以 2 500 名士兵组成的 5 个步兵营，以及 46 门大炮迎战 2 万名美军。但此时他们人心涣散，美军登陆费达拉其实已经包围了这支守卫卡萨布兰卡北部沿海的法军。登陆大军进攻费达拉东北 3 英里、配备 4 门大炮的彭布隆丹海防炮台首战告捷。第 30 步兵团的迫击炮弹落在这座要塞时，一名排长一遍遍地喊"集合",他以为这个词的意思是"投降"。几艘军舰趁热打铁,打死 4 名法国守军,将他们赶进了一座坚固的石头厕所。炮弹还打死了内非非河沿岸一片空地上的 6 名美军士兵。"海军的掩护炮火落到自己人的阵地,这可是够叫人泄气的。"一位少校说。黄色烟幕弹(停火信号)命令停火失败,一位军官通过电台呼叫:"天哪,请停止炮轰费达拉!你们打死了自己人……炮弹在镇上遍地开花。只要你们停火,他们会投降的。"

炮击终于停止了。一块白手帕在窗外的刺刀尖上飞舞,71 名失魂落魄的法国守军走出炮台。楼梯上躺着一名断了双腿的法国水兵,一名美军上尉将水和烟递到他手上。一位天主教随军牧师跑前跑后,为双方已死和将死的士兵作最后一次祈祷。

侦察兵冲进城内,俘获了德国停战委员会的 10 名成员。其中几个还穿着睡衣,彼时正跑过高尔夫球场,准备登上等在那里的飞机。美军从他们下榻的米拉马尔宾馆客房搜出成摞秘密文件,外加一顶华丽的波斯军盔。军盔的主人埃里希·冯·维利希早逃到了西属摩洛哥,事后又致电诺盖斯将军,眼泪汪汪地和他道别:"这是自 1918 年以来德军最大的一次撤退。美国人要抄隆美尔的后路,将我们赶出非洲。"

隆美尔远在 2 000 英里外,美国人眼下连卡萨布兰卡都还没攻下。为了给法国人一次"是握手言和还是等着挨打的机会",巴顿命令会讲法语的上校威廉·黑尔·威尔伯乘一辆吉普,打着白旗去谈判。威尔伯带着西点军校击剑队领队证书等谈判文书,去找贝图阿尔将军,浑然不知后者犯了叛国罪,已被关进梅克内斯一座监狱中。威尔伯驾车冲过法军防线,对塞内加尔机枪手愉悦地打招呼:"你好啊,我的朋友!今天早上可好?"海军部院内,鹅卵石小道上血迹斑斑,那是负伤的法国海军陆战队员爬过留下的。

在那里,威尔伯被撵了回去。他躲过自家的炮火,驾车回到美军阵地。威尔伯后加入一队坦克进攻一座海防炮台,被授予一枚国会荣誉勋章。第二名特使好不容易赶到海军部大楼,正赶上下午 2 点针对汉克的又一轮炮火。"这就是给你的回答。"一位法国军官鄙夷地说完,"嘭"的一声关上了大门。

一名参谋告诉巴顿,"法国海军看来是要执意顽抗到底"。

巴顿有些失意,但并不沮丧。被困在"奥古斯塔"号上,他无法施展身手,也无法登陆。现在他如鱼得水,"指挥官必须完成自己的任务,他80%的任务是鼓舞部下的士气"。星期天(11月8日)晚上,随着副官一声"立——正!"巴顿别着手枪、脚蹬锃亮的马靴、头戴维利希那顶波斯双鹰白头盔,走进米拉马尔宾馆烛影摇曳的餐厅。他在一阵哄堂大笑中,举着香槟宣布:"我要戴着它进入柏林。"

当晚就寝前,他在日记中写道:"上帝今天帮了我大忙。"

11月9日星期一,上帝不再眷顾于他。继费达拉居民说的"68年中最风平浪静的一天"后,大西洋陡然变天,11月9日黎明前掀起6英尺高的大浪。卸货速度放缓,不久近乎停顿。虽说40%的部队已登陆,但休伊特船队上的1.5万吨物资,才卸了不到十分之一。378艘登陆艇和坦克登陆艇,不下一半损毁、沉没或搁浅。炊事员给筋疲力尽的士兵吊下成桶成桶的浓咖啡。诺福克草率装货,再加上部队长期疏于后勤,这次卸货让巴顿吃足了苦头。

海滩后勤特遣队缺少铲车、货盘、绳索和乙炔炬。浸了水的纸箱一碰就烂。送上海滩的枪炮不是缺瞄准器,就是缺弹药,甚至没有炮手。关键的无线通信设备因为太重,被拖到舱底做压载,取不出来。医疗设备远在海上,还要60个小时才能送到。由于车辆和船只不足,几十名伤员和敛好的死者困在海滩上。弹药奇缺,只得靠救生筏拉上岸。巴顿不假思索地罢免了离摩洛哥尚有几天路程的后勤部长,征来的摩洛哥装卸工(工资一个小时一盒烟),算是找到一个偷窃的好机会。

一支由113名士兵组成的宪兵连,从"伦纳德·伍德"号分乘4艘登陆艇,奉命去"整顿海滩上混乱的秩序"。黎明前的黑暗中,领头的艇长错将燃烧的"普里茅盖"号当作费达拉黄滩的航标。几艘艇沿着岸线下行了15英里,进了卡萨布兰卡港的航道。一名宪兵误将一艘军舰认作美军驱逐舰,歇斯底里地宣称:"我们是美国人!"

第3章 滩 头

法国军舰的机枪在 50 码外开火,打死了宪兵连的连长。打头艇上的士兵惊恐万状地举手投降,有几个甚至脱下内衣拼命挥舞。法军乘胜追击,报以 20 毫米口径榴弹炮和 3 英寸口径炮弹,摧毁了舰艇的发动机,不到一分钟就将这艘艇击沉。20 码后的第二艘艇掉头要逃,但一发炮弹打飞了艇长的腿,一名跳过去操舵的中尉被机枪打残。一名生还者事后回忆,"空中子弹横飞"。点燃的汽油仿佛一条哔噗作响的蓝褥单,从艇尾席卷向艇舷。幸存的士兵跳海逃生,后面两艘艇冒着猛烈的炮火没命地逃窜。此战中 28 名美军伤亡,法国水兵从海中捞起 45 名俘虏。另有几名士兵呕着含油的海水,游上了岸。法国平民将他们拖上防波堤,脱下外套给他们裹上。

两个小时后,巴顿带着"督懒、惩不称职、撑胆小鬼"这一信念,又走上费达拉海滩。巴顿蹚着浪花在一艘倾覆的船所装载的尸体中间前行,他命令除费达拉港外,全部停止卸货。"海滩上乱成一锅粥,军官却不闻不问。"他在日记中写道。当看见一名士兵在海滩上胡言乱语,"我朝他屁股上飞起一脚……算是鼓舞他的士气。总之,士兵贪生怕死,军官更糟。士气低落,不容乐观"。

一名军官学着巴顿,在齐腰深的水里喊士兵帮忙抬一艘搁浅的登陆艇:"过来!对,我说的就是你!都过来!放下手上的东西,过来!快,见鬼。我喊一、二!……抬、推。对!推,见鬼,推!"

惩罚、大骂平息不了滔天的大浪,也无法填满空空如也的弹药车。11 月 8 日,第 3 步兵师出发,准备南下攻打卡萨布兰卡,由于物质装备短缺,遂下令停止前进。但截至 11 月 9 日凌晨,第 15 步兵团的运输工具只有几峰骆驼、几头驴和 5 辆吉普,不具备打突击的能力。上午 7 点,该师组织 4 个营的兵力发动了一次进攻,又因缺少车辆和弹药而在几个小时后叫停。这一天终于结束了,巴顿照例感谢上帝,但这次只敷衍了事地在日记上写下:"再次承蒙上帝眷顾。"

11 月 10 日破晓,美军还在卡萨布兰卡 5 英里外。第 7 步兵团居右,第 15 步兵团在左,向着两列纵队侧翼咔咔的靴声和杂种狗的咆哮声艰难地冲去。法国海军虽桅断樯折，但不可小觑，还带着 5 发子弹打游击。远处山脊上出现一队身披鲜艳制服的阿尔及利亚骑兵，举着战旗和长枪气势汹汹地冲向这里。"敌军骑兵！"一名美军军官喊道。"正前方！"战马在晨曦下飞奔，笼头上的银饰闪闪发光。当美军狙击手正在为打人还是打马争论不休之际，目标却消失在雾霭之中。法军至少有 12 门 75 毫米口径野战炮开火，第 7 团的一个营仓皇后撤了 500 码，带队的军官才稳住了队伍。

"今天什么事情都不顺利。"巴顿在星期二（11 月 10 日）晚上写道。艾森豪威尔从直布罗陀发来的一封电报更是火上浇油："亲爱的乔吉……阿尔及尔已占领了两天。奥兰防线迅速崩溃……唯一的硬骨头交给你。务请尽快攻克。"

巴顿在 11 月 10 日的日记中写道："上帝偏爱勇士，胜利属于勇敢的人。"他现在相信，只有荡平卡萨布兰卡，才能拿下这座城市。谢尔曼坦克已从萨非抵达南郊；休伊特的舰队和舰载飞机雄霸海空；第 3 师从东北两翼包围了这座城市；通往马拉喀什的公路已被切断。

巴顿通知手下的参谋和军官：星期三（11 月 11 日）破晓，务必迅速攻克卡萨布兰卡。

决战卡斯巴

美国决策者认为"火炬行动"选在阿尔及利亚和摩洛哥的 9 个主登陆点，可以不费吹灰之力将其攻克，实际上却费尽周折。卡萨布兰卡以北 8 英里的海滨胜地梅地亚，就让卢西恩·特拉斯科特头疼不已。虽然登陆行动屡屡受挫，所幸并未遇到激烈抵抗。特拉斯科特准将麾下的 9 000 余名士兵计划占领蜿蜒曲折的塞布河以北利奥泰这座现代化机场。控制这座机场对美军来说意义重大：来自直布罗陀的飞机和"希南戈"号航母护航舰上的 77 架 P-40，外加"伯爵夫人"号上充足的弹药和燃料，将得以在摩洛哥为巴顿提供强大的空中支援。特拉斯科特要马克·克拉克放心，干掉 3 000 名法国守军、拿下这个阵地不过是"小菜一碟"。一名中士说得好,美军认为法国守军肯定会吓得"敲锣打鼓"地欢迎他们。乔吉·马歇尔对艾森豪威尔说,他希望11月8日中午前控制机场。但大话说得过早了,马歇尔的希望最后落了空。

"吾妻至爱,"两个星期前,特拉斯科特在诺福克给妻子的信中写道,"我唯一的志向是要证明你对我的信任,不枉你对我的爱。"他多愁善感、惧内,但也鲁莽、粗俗,能跟军中目不识丁的二等兵交换香烟。"翩翩绅士赢不了马球,打不了仗。"他说,"不做痞子,难成大器。"他现年47岁,灰色的眼睛凸出、满月脸、嗓音嘶哑、虎背熊腰。一双大手,根根指头都粗如帐篷桩。他喜欢自己动手做马球棍,拿指甲刀修指甲。珐琅头盔、丝巾、红皮夹克和马裤,一套行头尽显他公子哥儿的派头。

1917年加入骑兵前,特拉斯科特曾在一所只有一间教室的学校任教整整6年。迪耶普战役惨败前,他都没听过愤怒的枪声,当时他担任美军观察员。在返回英国的途中,他在舱内拿自己的布尔·达勒姆牌板烟一边给伤员搓烟卷,一边想着作为"火炬行动"的策划者自己要如何避免类似的惨剧重演。"我有些担心特拉斯科特不能胜任,"巴顿在日记中写道,"或许他缺少胆识。"

从卡斯巴老城北城墙上俯瞰汇入大西洋的塞布河河口。德玛·T. 克劳上校在老城墙脚下这条通往利奥泰港的路上遭法军伏击阵亡。(作者收藏)

特拉斯科特的第一着棋是派出两名特使，带上系着红丝带的蜡封羊皮书卷，敦促法军司令官缴械，那是一份以娟秀的字体写就的劝降书。肩负这项使命的是两位飞行员：西点军校 1924 级马球队长德玛·T. 克劳上校和皮尔庞特·M. 汉密尔顿少校。汉密尔顿出生于纽约塔克西多，是格罗顿学校的毕业生，曾在巴黎生活多年，是一家跨国银行的经理。两人身着笔挺的骑兵制服，于星期天早晨登滩，乘一辆吉普直奔内陆。克劳举着法国三色旗和美国星条旗坐在副驾驶位，汉密尔顿则打着停战旗坐在车后的弹药箱上。

从梅地亚出发前往目的地，要经过一座 16 世纪的葡萄牙要塞，翠蓝的塞布河从此处汇入深蓝色的大西洋。这座要塞是公元前 6 世纪迦太基的一座贸易重镇，美国人称其为卡斯巴。两舷晾着渔网、船头高翘的渔船在沿河锚地里随波荡漾。沿途的电线杆顶着一个个大如皇后卧榻似的精巧鹳巢。汉密尔顿和摩洛哥步兵互相招手。几发炮弹落在车的四周。"见鬼，"克劳在电台上喊，"你们和法国人都朝我们开火。"往前 3 英里，他们发现了掩映在塞布河套内的机场水泥跑道，再远处是利奥泰港。

吉普爬上一座小山丘，没有任何预兆，一挺机枪就哒哒哒地响了起来。克劳的胸口被打成了筛眼，瘫倒在司机身上，当场身亡。一名法军中尉冲上前，缴了汉密尔顿和司机的枪械，丢下蜷在吉普内的克劳，将俘虏交给摩洛哥狙击兵团团长让·伯蒂上校。伯蒂对死者表示同情，但并不赞成法国投降。看了羊皮书卷，他说："我无权做出这种决定。"在听候拉巴特的上级指示期间，伯蒂为汉密尔顿少校安排了一个单间，让他在军官餐厅就餐。汉密尔顿则花了 3 天时间，历数美军的反坦克火箭筒等秘密武器，来恐吓逮捕自己的敌军。

出使无果（克劳和汉密尔顿为此各获一枚荣誉勋章），特拉斯科特速战速决的希望落空。即将赶到卡斯巴的第 60 步兵团被自家海军猛烈的炮火逼退到梅地亚灯塔。卡斯巴这座要塞的石门厚达 1 码，坚不可摧。美军登陆时，要塞只有 85 名守军。到星期天晚上，守军已增加到 200 人，在城垛和枪眼要给美军以颜色。第 60 步兵团团长下令绕过卡斯巴迂回前进，但发现只要法军的大炮还在，他们就寸步难行，而彼时为时已晚。特拉斯科特一时冲动,下令即使没有战舰,仅凭"肉搏"也要攻下卡斯巴。法军出动3辆破旧的雷诺坦克发动了一场反攻,将特拉斯科特的第2营打得四散逃窜,最后只有30人集合。"初上战场,军官和士兵一样不知所措。"一位少校事后告诉陆军部。

夜幕令本就焦灼的战事更加糟糕。一名胆小的士兵对一个可疑的黑影喊了几遍"乔治",对方没回应,他就扔了一枚手榴弹,结果炸死了灯塔看守的一头毛驴。潟湖上传来一阵阵阴森恐怖的呻吟声吓坏了许多坦克车手,后来才发现那是非洲呱呱叫的大癞蛤蟆发出的。法国人在河边一个鱼类加工厂附近伏击一支巡逻队,打伤一名军官,击毙了6名士兵。海滩和舰上乱开火的部队一阵猛射,一架双引擎飞机被击落,事后才发现这是直布罗陀派来监督登陆的一架英国飞机。一名神经质的美军士兵发出一梭机枪子弹,只差一英寸就打中了特拉斯科特的头。

梅地亚宽阔的白扁石滩上,特拉斯科特的一双大手罩着一支烟。他只想抽支烟,因此顾不上自己的灯火管制令。橙色的余光映出他一脸的愁容。事后提到那个"残酷孤独"的周日夜晚,他写道:"我突然觉得,即使身处几百人中间,我也仿佛是个孤家寡人。"

放眼海滩,所见之处一片混乱。登陆艇在汹涌的波涛中冲滩,艇身打横,人员和装备全部掉进海里。士兵们仿佛没头苍蝇,呼喊着战友和各自的部队,骂声连天。

狙击手的枪声突然在头顶响起,士兵们立即整齐划一地卧倒。远处传来隆隆的炮声:这无疑是法国人的大炮,美军的武器还上不了岸。在费达拉,巴顿曾为高达15英尺的潮水而伤透脑筋。现在,特拉斯科特的弹药、淡水和一半士兵还在舰上。慑于卡斯巴的炮台,海军退得远远的,"都回到百慕大的半路上",特拉斯科特怒不可遏地说。驳船和登陆艇每往返一次,要多走30海里的路。

和巴顿一样,特拉斯科特断定,"装备精良的敌人要是执意顽抗",登陆将是一场"灾难"。希望打仗的士兵不多,要投降的人倒是不少。特拉斯科特怀疑,和平时期的训练是教他们如何投降,而非如何打仗。"战场让我铭记一条最基本的教训,"他事后说,"不论投入多大的兵力,每一场战役都是靠单兵和基本单位打下来的。"

他吸了口烟,操起一杆步枪。每一场战役的胜利也要依靠将军的行动。特拉斯科特大吼一声,命令身边掉队的士兵、艇长拿起武器,向纵深转移。"拿着。"他将一杆被丢弃的反坦克火箭筒递给一名水兵。卡斯巴背后露出星期一的第一抹晨曦。迪耶普惨败绝对不能在非洲重演。卢西恩·特拉斯科特绝不允许发生这种事。不是痞子,无以成指挥官。

梅地亚的美军是靠运气、勇气和法军的犹豫,才摆脱了被赶回大西洋的命运。特拉斯科特的装甲兵营,54辆坦克只有7辆登陆,但也足矣,"萨凡纳"号驱逐舰及时击退了11月9日(星期一)从拉巴特赶来梅地亚增援的法军装甲部队。法军的雷诺和美军的斯图亚特在100码射程内交火,上下左右不留一寸死角。炮管卡住时,坦克车长们不顾危险,拿指甲抠出炮膛内的弹片。法军的子弹楔进了几辆坦克的炮塔和车身,卡死了旋转装置。车手们跳出座舱,像拔牙似的拿老虎钳拔出弹头。海军用对付潜艇的深水炸弹,往坦克和炮队丢了50发。

截至11月9日夜,滩头不再是个险象环生之地,尽管法国狙击手顾不得是人是影,一有风吹草动就开枪。一个被远远送上北边一处海滩的步兵营,在浓密的红松林砍出一条路,来到机场对面的塞布河北岸。斯图亚特坦克从西南向利奥泰港进逼。这虽算不得一个"欢欣鼓舞的夜晚",特拉斯科特事

经过美国海军3天的炮击和飞机轰炸,卡斯巴沦为一片废墟。攻打梅地亚和利奥泰港期间,美军伤亡超过300人,同时承认,"攻城有过于招摇之嫌"。

后回忆,"但较前一夜平静如意"。

11月10日天刚破晓,美国军舰"达拉斯"号靠近扼守塞布河口的一道石防波堤。这艘一战时代的驱逐舰上有77名美军突击队员,为减少吃水,该舰削去了烟囱和上层建筑,以便溯流而上直达机场,由利奥泰港前首席引水勒内·马尔沃掌舵。这名法国爱国者因同情戴高乐分子曾一度入狱,年初由战略情报局牵头,经一辆雪佛兰拉的拖车偷渡到丹吉尔。司机每隔几英里都要停车听听马尔沃说一句"一切安好,不太糟!"才肯放心。

马尔沃取道直布罗陀去伦敦,在盟军司令部自称"琼斯先生",要求面见艾森豪威尔,最后被带到华盛顿一间战略情报局的密室,因为情报人员认为他不过是个骗子。得知他逃跑后,乔治·马歇尔大为光火,说马尔沃出逃利奥泰港过于惹眼,会"将敌军注意力集中到这个地方"。马尔沃身穿美国海军制服,掌着美军驱逐舰的舵,他如鱼得水,在这次"通敌"的引航中,拼命回忆阔别了几个月的季节性浅滩。

"达拉斯"号冒着如鹅卵石般落在甲板上的暴雨,顶着陡落的潮水逆流而上。30英尺高的碧浪扫过防波堤,扑向驱逐舰舰尾,浪头抽打着驾驶台,马尔沃摸索着航道,避过一处处暗礁。水手提着一个用锚链做的手动铅锤,喊着不断减少的水深。塞布河的泥底吸住了驱逐舰的船体,将它牢牢地定在罐头厂附近。浪花拍打着"达拉斯"号的船尾,卡斯巴方向打来的炮弹在舰身四周绽开一朵朵巨大的翠绿色水花。

马尔沃下令全速前进。"达拉斯"号的车叶猛烈地旋转,机舱仪表盘显示25节,但船身只是在蠕动,龙骨在淤泥中掘出了一条槽。驱逐舰上的3英寸口径大炮对卡斯巴和山上的机枪手还以颜色。马尔沃绕过两艘沉船,顺着河套来到机场跑道东侧。上午7点37分,"达拉斯"号牢牢地搁死在浅滩。突击队员放下橡皮艇,两分钟就占领了机场。

两个小时后,特拉斯科特蹲在卡斯巴以南一座罐头加工厂的隐蔽处。他占领了机场,但梅地亚守备队不肯投降,进攻要塞的步兵屡战屡败。200余名伤员躺在海滩附近的急救站,数十名阵亡士兵躺在临时搭建的停尸房。由于风高浪急，船岸之间的一切活动被叫停，眼下淡水、弹药和药品奇缺。特拉斯科特手下的人马也越来越少，巴顿发来的一封电报告诉他无兵增援。一队由炊事员、文书和司机组成的暂编突击连躲在一个沙丘后，匆匆学了下"汤普森"冲锋枪的使用方法，然后渗透到梅地亚灯塔以北的战壕。

炮兵顶着大雨，将两门 105 毫米口径榴弹炮推到卡斯巴城墙下，对准城墙一阵猛轰。城门洞开，但法军的手榴弹和机枪又将盟军逼退了 200 码。上午 10 点 30 分，特拉斯科特扶着望远镜扫视敌人城垛，8 架海军俯冲轰炸机在头顶露面。榴弹炮兵用烟幕弹对准目标，没过多久，卡斯巴城内腾起冲天大火。

"这一幕着实令人振奋不已。"特拉斯科特事后写道。步兵大喊着冲进城门和缺口，端着上了刺刀的步枪在迷宫般的丰杜克（城市）追赶狙击手，往司令部的枪眼丢手榴弹。工兵部队攻克塞布河下游的闸门，卡斯巴投降。守备军司令身亡，200 余名法军高举双手走出司令部，另外 150 名法军士兵在附近的战壕或茅屋被俘。"攻城有过于招摇之嫌。"一份军方记录坦承。

敌军败退，但狙击枪声和零星的炮火（包括"得克萨斯"号 200 发高爆炸弹）一直持续到星期二（11 月 10 日）晚间。晚上 10 点，一名法国军官驾驶一辆指挥车前往美军阵线，车子的散热器上拴着一面三色旗和一个不停地喊着"停火"的喇叭。美军哨兵误将这煽动人心的喊话听作"冲锋号"，开枪打废了汽车的车身，所幸没伤到人。耽搁和忙乱了几个小时后，海滩指挥部内的特拉斯科特获悉，法军指挥官要求谈判。这场短暂的谈判，用一份记录描述的话说，就是"一场各色法军和殖民军制服、阿拉伯长袍和旗帜的盛会"，会上达成了正式的停火协议。法军丢下武器，返回自己的驻地。"谈判结束之后，又是一阵客套。"

经过梅地亚和利奥泰港 3 天的激战，美军阵亡 79 人，250 人受伤。法军阵亡人数在 250～300 人，这一误差情有可原。克劳上校和阵亡的双方士兵合葬在俯瞰塞布河的一处悬崖上，距卡斯巴仅数码之遥。11 月 10 日晚些时候，勒内·马尔沃从"达拉斯"号转移到溯河而上的"伯爵夫人"号上。

这艘平底船擦着塞布河口的沙洲，冲破南岸的防波堤，吱吱嘎嘎的撞击险些引爆 1 000 吨弹药和燃油。"伯爵夫人"号搁浅，船艏钢板受损，两分钟之内前舱就进了 13 英尺深的水。

两艘船走得太远，都骑虎难下。等到涨潮，马尔沃掉转船头，全速倒退 10 英里抵达机场。卸货用了 3 天时间。之后，马尔沃胸口别着一枚银星勋章，返家重见妻儿。

最后一番波折是"希南戈"号上起飞的 77 架 P-40，其中 1 架坠海，1 架在雾中失踪，17 架降落时坠毁在苦战夺来的利奥泰机场跑道上。事故多半是由于飞行员犯的低级错误。幸存的飞机没有加入"火炬行动"战斗。

"战争结束了"

身疲力乏的巴顿乘一艘破损的小艇返回"奥古斯塔"号，为征服卡萨布兰卡再做打算。见他艰难地爬上攀登网，休伊特连忙在井甲板上跪下身，将巴顿拖了上来。"医生，我看将军太累了，"休伊特对军医说，"请你给他开点药，给我也开点。"军医拿出一个酒瓶，为两人倒了两剂提神药。巴顿和休伊特两人仍互称"将军"和"少将"（9 个月后在西西里，两人才以"乔治"和"肯特"相称），这段双方各自为战的小插曲，是两人友谊不断加深的重要阶段。精力恢复后，两人商讨了作战细节，之后巴顿乘艇返回军营。

11 月 10 日，休伊特刚在驾驶台上坐好，被看作失去战斗力的"让·巴特"号就死灰复燃了。原来，法国海军已经悄悄修复了损毁的炮塔，却留下倾斜的大炮以迷惑盟军。一名法军军官搂着桅杆盯着"奥古斯塔"号观察了几个小时，他勾着指头小声说："近些，再近些。"到了 1.4 万码处，"让·巴特"号两炮齐射。两股 60 英尺高的橙色水柱扑向"奥古斯塔"号的驾驶台。

紧跟着又是 9 炮。休伊特下令右满舵全速前进，施放烟幕，"奥古斯塔"号仿佛一位女神，冒着两面夹击的炮弹，腾云驾雾般扬长而去。法军的炮火仍然紧追不舍，"游骑兵"号的舰载机当即报以一阵几千磅的炸弹击。

"让·巴特"号船艏主甲板穿了一个直径 10 英尺的大洞，船尾被撕开一道 20 英尺长的口子。机长通过机载电台汇报航母："'让·巴特'号不复存在。"这一次是真的。

巴顿认为要适可而止。艾森豪威尔曾明确指示："没有我的许可，不得实施轰炸。"但巴顿执意要荡平卡萨布兰卡，他不愿通知直布罗陀，更别说等艾森豪威尔的批准了。在巴顿设在费达拉的司令部里，工兵在作战计划中又添上炸毁供水供电设施的标注；飞行员则在认真研究打击目标的空中侦察照片；炮兵搬来堆积如山的弹药；步兵擦亮刺刀，悄悄埋伏到前线。所有人都在认真准备着将于 11 月 11 日星期三上午 7 点 30 分发动的突袭。

凌晨 2 点，即特拉斯科特获悉利奥泰港守军投降之后，一辆照例鸣着号的法国车来到第 30 步兵团的一个哨卡，车上有一面用手电照着的休战旗。2 名军官和 4 个士兵带来一封诺盖斯将军的急电。身在米拉马尔宾馆的巴顿起床穿衣，穿过门厅对面一间吸烟室的双层门。据巴顿的副官查尔斯·R. 科德曼事后说，一名头戴黑皮头盔、穿一身沾满尘土的卡其制服的法军少校递给巴顿将军一张薄薄的葱皮纸。巴顿坐在窗口的一张凳子上，借着烛光仔细地阅读这份亲笔信。经过达尔朗和克拉克在阿尔及尔的多次讨价还价，贝当和诺盖斯最终同意下令北非守军全线停火，至少驻摩洛哥的法军已经接到停战命令。

巴顿看着端坐在直背椅上的法军少校，阴沉着脸说："除非法国海军立刻执行停火令，否则我方将按原计划进攻卡萨布兰卡。"他给了法军 3 个小时。巴顿开了一张穿过美军阵线的通行证，送走少校一行人。"参谋要我收回成命，但我暂时还不想这样做。"他在日记中写道，"况且现在为时已晚，更改计划对我方不利。"

黎明时分，子弹上膛、瞄准目标。荷枪实弹的海军轰炸机从"游骑兵"号腾空而起，转身飞往卡萨布兰卡。休伊特给维希海军总司令米舍利耶上将发去一封措辞强硬的电报："不要逼我军消灭你们的舰队，摧毁你们的海防设施。你们的士兵是否血溅沙场，全在你一念之间。"

第 3 章 滩 头

上午 6 点 40 分，身在第 3 步兵师师部的巴顿接到法方答复。他通过话机向副总司令下达命令："取消进攻！法国海军已投降！"然后对休伊特说："'奥古斯塔'号注意，即刻停火。请立即回复。巴顿。"一位"野猫"战斗机队长发出通知："兄弟们，战斗结束。全体返航。"飞行员将炸弹丢进茫茫大海，返回航母。

法美友好关系迅速重新缔结，在美国人看来这是再自然不过的事。过去 3 天的血腥杀戮，忘记也好，原谅也罢，暂且搁置一旁，就好比看在孩子的分上，夫妻俩不计前嫌。一名满脸胡茬的美军上校抱着一挺冲锋枪和几把手枪来到海军部，一名法国军官佯装害怕的模样举手喊道："芝加哥，我投降！"美军从法军停尸房认领盟军阵亡士兵，挖了个坑，撒上石灰，将他们葬在海滩上。11 月 11 日中午时分，巴顿和休伊特在费达拉一间啤酒店宴请法国同行，席间痛饮波尔多白葡萄酒和白兰地。

黄昏时分，诺盖斯、米舍利耶一行驱车穿过椰子和香蕉树成荫的车道，惊奇地发现巴顿等已在米拉马尔宾馆门口列队迎接。巴顿在吸烟室盛赞对手英勇豪迈，并且在同意法军保留自己武器的前提下，提出一项君子协定。身在阿尔及尔的艾森豪威尔和达尔朗费尽心思拟定停火的具体条件，巴顿以一句"为我们将来战胜共同的敌人干杯"，就促成了这笔交易。

"他们喝了 40 美元的香槟，"巴顿事后向华盛顿汇报，"但不枉如此破费。"休伊特握住米舍利耶伸过来的手说，美国海军不该向法军开火。在过去的 3 天中，美国海军向摩洛哥共发射了 1.9 万枚炮弹。"大家各为其主，你也是身不由己。我同样要为祖国效忠，"米舍利耶答道，"现在我愿意和贵军通力合作。"

美军为征服摩洛哥付出了伤亡 1 100 人的代价：337 人阵亡、637 人受伤，122 人失踪，71 人被俘。现在，盟军在非洲夺得了一个大西洋基地，巩固了海上航道，加强了对直布罗陀海峡的控制权。轴心国闻风丧胆，无心派遣远征军取道西班牙。"我们控制了卡萨布兰卡的港口和机场，"巴顿在 11 月 11 日的日记中写道，"赞美上帝。"他致信艾森豪威尔："有志者事竟成。"

发自摩洛哥的报道尽管粗略且主观，但还是成功地将巴顿树立为民族英雄。74个小时的战斗，让他得以施展出色的指挥才能。干劲十足、意志坚定、能洞悉敌人举动及嗜杀成性，是他鲜明的性格特点。"当然，作为一名基督徒，我何尝不想避免杀戮。"他致信战争部长史汀生，"但作为一名战士，我要冲锋陷阵。"

但巴顿的短处也在这次战役中暴露无遗：轻视后勤工作；常与他人结怨；不会体恤惊魂不定、初上战场的士兵；藐视上级的命令；好逞匹夫之勇、高估自己的能力。他凭自己的魅力及真假参半的汇报，向艾森豪威尔解释自己未经批准就准备轰炸卡萨布兰卡的原因："我控制不了空军，而且电台发挥不了应有的作用。既然媒体无法列举我的英雄壮举，责任就由我一力承担。"但巴顿是一名具有雄心壮志的职业军人，不可能就此满足。"遗憾的是，除了在遭受敌人扫射时我没有卧倒外，我找不到任何机会来证明自己。"在给比伊的信中他如此写道。

或许比伊11月8日的回信是对巴顿最中肯的评价："对你的行为，我发现自己处在长年累月的焦急等待中。但今天，我只想着你的辉煌战绩。曾经如铃声般萦绕在我心中的事，你已经做了，以后我不必再提心吊胆。"

★ ★ ★

星期三（11月11日）下午晚些时候，休伊特离开米拉马尔宾馆，狼狈地返回"奥古斯塔"号。费达拉对面是一片没有遮挡物的锚地，那里停着15艘运兵船和货轮。虽然大部分部队都已登陆，但尚有四分之三的物资在船上，将近1.1万吨。已经登陆的部队缺少粮食、燃料、医药设备、帐篷，无一不缺。解决办法就是将船移泊到卡萨布兰卡港卸货。一名参谋向休伊特递交的简报和备忘录显示，特兰斯弗塞尔码头有5个泊位，各个船坞至少可以容纳10艘船。休伊特趁午餐时间向米舍利耶问起港内的情况，但这位法国上将双手一摊说："那是一个垃圾堆放场！"

休伊特也承认，船队夜间穿行于布满残骸的水域极其危险。更要命的是，

第 3 章 滩 头

第二支舰队已经从诺福克出发，满载 3.2 万名士兵的 24 艘舰只将于 2 天内，即 11 月 13 日之前赶到这里，希望停靠在一个安全的港湾。但费达拉面积太小，无法容纳所有船只。这些舰只满载士兵和物资，每一艘都弥足珍贵。

此外，休伊特仔细研究了当天下午接到的一封情报部门发来的密电。预计超过 14 艘德军潜艇正扑向卡萨布兰卡，包括 8 艘潜艇将采用狼群战术偷袭盟军，其行动代号为"施拉格托特"，他们奉命要给盟军"致命的打击"。"追着他们猛攻"，"我们要不惜一切代价，不拖各位的后腿"。美军舰只和飞机都收到了预警。尽管鱼雷紧张，但盟军还是沿着船队锚地东北方布了一片雷区，又增派 11 艘驱逐舰到各个入口巡逻。休伊特一再要求陆军晚间要熄灭卡萨布兰卡的灯光，因为灯光会暴露船队的位置。

"好兄弟，"休伊特经常对手下的参谋说，"你们为我解决了许多难题，我只要做决定就行了。"在综合考虑各方面的因素后，做出一个明智的决定也并不容易。休伊特深知，近几天许多隐蔽处都遭到轮番轰炸，发现浮出水面的潜艇也并不容易。在夜间根本无法发现潜望镜伸出水面弄出的"微波"。靠深水炸弹打击潜艇如同以石块击鱼。下午 6 点，休伊特叫来"奥古斯塔"号上的参谋，又给巴顿发了一封电报，请求他下令进行灯火管制。舰队要在锚地抛锚一夜，这个问题留到明天早上再说。

米拉马尔餐厅高大的窗户蒙着窗帘。窗外飘着淡淡的花香，微风徐徐，一丛婆娑的竹影将棒球场和沙滩上的赌场隔开。巴顿和 24 位参谋正在举办全鸭宴，法国大厨是美军几个小时前临时招来的，非常可靠。这天适逢巴顿 57 岁生日，众人频频举杯祝寿，庆祝他摩洛哥大捷及一战停战二十四周年。

下午 7 点 48 分，一声沉闷的爆炸打断了宴会，面向大海的窗户吱嘎作响。巴顿和手下连忙冲向阳台，爬上宾馆五楼楼顶。海面上又传来两声爆炸，黄色的火焰吞噬了海滩 3 海里外的一艘船：船上的汽油和弹药爆炸，在空中腾起耀眼的橙色火球。另外两艘船看来也一并遭了殃，远处海平面上弧形排列的另外 20 余艘舰只拼命地闪着信号灯。通过望远镜可以看见在火光的映衬下，士兵们在水中挣扎。巴顿的工兵司令事后回忆："宴会一下子就结束了。"

德军一艘 U-173 潜艇避过盟军的驱逐舰，朝集中在锚地的美国舰只发射了 6 枚鱼雷，击中了 3 艘舰的左舷。不到 20 分钟，"约瑟夫·休斯"号就头朝下，带着舰长和几名水手沉入海底。"威努斯基"号油轮一名驾驶员刚发现一枚鱼雷划过船舷，一扭头就看见第二枚鱼雷钻进驾驶台和后甲板之间的船体。爆炸伤了 7 名士兵，将一个油舱炸出一个直径 25 英尺的大洞，所幸这是个压载海水的空舱。

等候加油的驱逐舰"汉布尔顿"号舰首机舱水线下 4 英尺被击中，20 名士兵被炸死，该舰舰尾被破坏，用一名目击者的话说："舰的首尾分家。"幸存者挤在甲板上喊："不要弃船！" 8 点 30 分不到，一艘驱逐舰发现 U-173 向公海方向逃窜。驱逐舰上的士兵一时分不清到底是德军潜艇还是美军登陆艇，凶手趁机逃之夭夭。不过，这艘潜艇时运不济，5 天后在卡萨布兰卡被美军截住，几枚深水炸弹将它连同 57 名德国士兵一起炸沉海底。

用陆军戏谑的话说，3 艘船的"失利"让休伊特一夜未眠。11 月 12 日一早，他就将"奥古斯塔"号上的高级指挥官召集到参谋长拥挤的舱室。袭击发生两个小时后，他向各舰发了一则多余的通知："要特别警惕轴心国潜艇。"经过紧急排水，"威努斯基"号的艇身被纠正。险些首尾分家的"汉布尔顿"被拖进卡萨布兰卡港的船坞。但其他舰只仍然面临着老问题：增援的数万名士兵明天将随第二批舰队抵达这里，这个小港口无法容纳原有的货轮和新来的舰只。

休伊特怒不可遏。几个月来，他一直告诫陆军，后续船队提前一周抵达此处将陷自身和登陆大军于不利境地。但巴顿等人却反复游说并声称在摩洛哥需要立即投入大批部队和装备补给，他才"勉强和不安"地答应下来。

"我只要作决定就行了"，这个决定，他反复斟酌了一个多小时。他可以立刻将登陆舰队移泊到卡萨布兰卡，命令后续船队等在海上。但对于一支得胜的舰队，此举似乎是退居守势，因而令人难堪，也对后续舰队极为不利。休伊特有意白天继续在费达拉这个小港过驳（指大船停靠码头、浮筒、装卸平台，或大船在锚地用驳船或其他小船装卸货物。——译者注），晚上则前往相对安全的公海,将卡萨布兰卡让给后续舰队。但这会严重影响卸货的速度,况且公海也不见得安全:就在今天早上,"游骑兵"号在距岸边 50 海里的地方还险些遭到德军潜艇的袭击。

最后,他决定在费达拉夜以继日地卸货,盼望最后一晚的进攻侥幸成功。休伊特的运输指挥官罗伯特·R. M. 艾米特极力怂恿他采取第三套方案。艾米特认为,海军在卡萨布兰卡的首要任务是支援陆军。即使签订了停战协定,巴顿和手下的指挥官仍对海军延误卸货骂个不休。

休伊特摊在椅子上,艾米特说得很有道理。海军当然有能力保护自己。如果有船只在近海区域被击沉,那么水兵还有机会打捞一些货物,这总比在远海被德军偷袭要好得多。

"奥古斯塔"号移泊卡萨布兰卡,停靠在臭气熏天的磷肥码头。其他舰只仍在费达拉对面抛锚,以便尽快卸货。少将将部下遣散,心神不宁地登上驾驶台。现在就是他要的"天鹅绒"般的海面。但肯特·休伊特经历了多年的海上风雨,是一名优秀的水手,不能自欺欺人。他明白,"天鹅绒"即将一去不返。

星期四(11 月 12 日)的暮色洒遍费达拉,巴顿的参谋聚在米拉马尔宾馆用晚餐。德军 U-130 号潜艇艇长恩斯特·卡尔斯下令减速,艇身贴着海底,悄悄从东北部水域潜入摩洛哥沿岸。卡尔斯深知美国人的脾气:今年年初,他在两周内击沉了 9 艘船,因此获得一枚骑士勋章。U-130 微速穿过海滩和美军雷区之间的水域,不易觉察的艇翼像鲨鱼鳍般悄无声息地划过海面。下午 6 点前,这艘潜艇从艇艏鱼雷管发射了 4 枚鱼雷,继而敏捷地一转身,从尾管发射了第 5 枚。

每一发都命中目标。"斯科特"号、"拉特利奇"号和"布里斯"号 3 艘满载物资的运输船顿时腾起大火。1.2 万吨级的"斯科特"号右舷身中两弹,仿佛中了鱼叉的鲸从海中一跃而起,当即尾倾 30 度。被炸烂的隔舱薄木板仿佛上千支箭,刺向餐厅的水兵和厨房内的厨师。保护驾驶台的水泥板凿穿了变形的甲板,下方的隔舱被炸扁。舰上一片漆黑。火势蹿向右舷扶梯,燃油在倾斜的过道四处飞溅，滑倒的水兵摔做一团。二号锅炉突然爆炸，滚烫的热水从机舱喷泻而出，士兵只要碰到炽热的隔板，当即生出一手水泡。水兵们从救护室拖出自己的战友，放出禁闭室内犯事的士兵。喧嚣中只听有人喊了一声："弃船！"在"斯科特"号船尾冒着气泡沉入海底前，能动的士兵都爬过了船舷。

两艘姐妹船也面临相同的命运。"拉特利奇"号中了两发鱼雷，当即陷入一片黑暗，失去了动力。以为海风和潮水能将船推上岸，舰长小 M.W. 哈奇森抱着一线希望命令下锚。"拉特利奇"像一座高炉般燃烧，在被鱼雷击中整整 7 分钟后，船身倾斜着沉入海底。"布里斯"号苟延残喘几个小时，火红的船上不断发出令人毛骨悚然的哭喊声，30 多名水兵被烧成灰炭。"奥古斯塔"号上一名军官不知在骂谁，一个劲地念叨："该死的笨蛋，该死的笨蛋！"

晚上 8 点 25 分，一名情报官递给休伊特一封手抄电报："'拉特利奇'号沉没。'布里斯'号起火。'斯科特'号倾斜，弃船……需要一整夜的时间来搜救幸存者。"休伊特呆呆地看着这封急电，下令派拖轮将"布里斯"号拖到隐蔽处，但根本找不到拖轮。星期五凌晨 2 点 30 分，"布里斯"号沉入海底，几缕褐色烟雾标明它的葬身之处。

1 500 名幸存者手脚并用，爬上海滩。一支登陆艇和法国渔船组成的小船队从海中救出满身油污、只露出两个眼睛的水兵。有 500 名士兵需要救治，从进攻开始忙到现在的军医晕头转向。费达拉码头上的一个骆驼厩被当作临时急救站。在米拉马尔宾馆外一个四面透风的木制赌场的赌桌间挤着 150 多副担架。橡胶树一样皮开肉绽的士兵走进门来，悲惨地索要一针吗啡。

军医依靠通信兵的电筒灯光做手术，急救员借烛光替伤员接骨止血。400 名烧伤伤员，用巴顿的话说，像"一块块熏猪肉"，有四分之一的人需要输血。10 月末火速送到诺福克舰队的 1 000 单位血浆多半保存下来，至少挽救了 20 条生命。但关键的医疗设备丢失，麻醉机的一些重要部件也不翼而飞，许多伤员因此丧生。

第3章 滩头

周五一抹惨淡的晨曦洒满非洲大地,将这场灾难呈现在人们眼前。受伤的水兵趴在天主教堂的长凳或教室的地板上。驳船将重伤员送上医疗船,在那里,有人死去,有人活了下来,还有人在生死之间徘徊。一名三度烧伤、身份不明的水兵被送上"伦纳德·伍德"号,他醒过来后,用了好久才拼出"K-E-N-S-T-K"这几个神秘的字母,不久又陷入昏迷,在3天后去世,这几个字母到底有何意义,或许只有上帝知道。

士兵们望着海面上渐渐远去的舰只,个个心绪不宁,不见了往日的笑容。没过多久,休伊特下令幸存船只远离海岸。一天后,5艘停靠卡萨布兰卡港的船只在卸货完毕后带着伤员启程返回美国。提前到达这里的舰队被调走,它们在东大西洋漫无目的、有惊无险地漂了5天,于11月18日被召回卡萨布兰卡,比休伊特预计的时间足足提前了一个月。击沉25艘盟军舰只的U-130潜艇,在4个月后被盟军堵在亚速尔群岛附近,连同潜艇里的士兵一起葬身海底。

11月17日,休伊特乘"奥古斯塔"号启程返回诺福克。这是自33年前大白舰队完成环球航行后,他再次凯旋回到汉普顿锚地。这回他更加清楚地知道:世界是圆的,但并不完美。然而,休伊特总是郁郁寡欢,他怀疑140名士兵之所以命丧非洲,是因为他做出的一个错误决定,这是他十多个重要决定中唯一错误的一个。然而,这位二战英雄还要返回西西里、萨勒诺(意大利南部港口城市,1943年9月被盟军解放。——译者注)、安齐奥、法国南部。而11月的那个夜晚,卡萨布兰卡对面的那个地方,将永远是这位坚强水手心中一道深刻的伤疤。

★★★

倘若英美联军和法军握手言和,政治纷争也就不复存在。"火炬行动"的最后一幕在阿尔及尔上演,北非登陆战役就像它的开始那样,草草收场。

11月11日,获悉10个德军师和6个意大利师入侵维希法国,达尔朗上将再次郑重表示自己将全力支持盟军,克拉克将军释放了这位上将。鉴于北非有一支盟军部队,希特勒有所顾忌,不敢暴露德军在法属地中海的侧翼,因而"安东行动"开始几个小时后在维希草草收场。达尔朗致电法国驻突尼斯司令(被克拉克监听),下令抵抗一切轴心国侵略。

他还致电多伦的维希舰队司令让·拉伯德上将,请他立即起锚赶赴北非。不过,两人互相瞧不起,拉伯德讨厌达尔朗,用一句简短有力的脏话"去你×的"打发了后者。

尽管如此,克拉克还是心满意足地上床做了一个美梦。11月12日凌晨5点,他被叫醒并得知达尔朗又一次出尔反尔。给突尼斯指挥官下达的指令被暂时搁置,因为要有诺盖斯将军的首肯才能执行,被围困的贝当已委任这位将军为北非全权代表。圣乔治会议室内熟悉的一幕再度上演:恐吓、敲桌子、摔板凳及蹩脚的法语。

"你只顾你自己的利益,这已经不是一次两次了!"克拉克冲达尔朗吼道。"你这一套我真是受够了!你这个懦夫!"

海军上将达尔朗小心翼翼地搓着几块碎纸片,然后叠成满意的形状。

"我要打德国人,"朱安将军宣布,"我支持你。"

"不,你才不会呢。"

"我支持你,"朱安又说了一遍,"我无法忍受不公正的待遇,但我处境艰难。"

达尔朗将纸片撕成碎末。

"我清楚,但我的情况更加不利,"克拉克说,"我不知道谁是敌谁是友。我绝不能犯错。"

11月13日中午,艾森豪威尔从直布罗陀飞抵此地,僵局得以打破。克拉克征用两辆法国车去白屋机场迎接他,但两辆车车胎磨损严重,车主告诉司机,时速不得超过8英里。即便车辆用这种蜗牛一样的速度行驶,艾森豪威尔也并无怨言。用他的话来说,能够逃离"600英尺的地面下通风不良的办公室",哪怕只是几个小时,他也很高兴。

"我们费尽了周折,"两天前他致信沃尔特·史密斯,"经历这些事得来的教训非常重要。"如此看来，处变不惊将是艾森豪威尔此后在战场频频取胜的一大原因。他能做到这样，部分原因在于他一直往前看，决定"尽速东进"。他致信马歇尔，称"梦寐以求"的就是要"提前把突尼斯和多伦法国舰队作为一份厚礼送给盟军"。另一部分在于身为总司令，他从感情上撇开了伤亡这种作为盟军总司令难辞其咎的责任。他在给丘吉尔的一封信中写道，"较之于我们目前取得的优势，这点损失不值一提。"这场战争中，恐怕没几个指挥官能以一句"不值一提"，将数千名士兵的生命一笔抹杀。

在圣乔治，克拉克和罗伯特·墨菲罗列了最近的进展：诺盖斯将军从摩洛哥赶来，称呼吉罗将军为懦夫和骗子；诺盖斯随后将权力交还达尔朗并重申在突尼斯抵抗轴心国的命令，但结果不得而知；克拉克再次扬言要大举报复。不过，经过几个小时的激烈争吵，法方当天早晨达成了一个克拉克认为可以接受的协定：达尔朗担任法属北非最高长官，吉罗担任法军总司令，朱安担任陆军司令，诺盖斯仍担任摩洛哥总督。

艾森豪威尔叹了口气。政治斗争让他既不解又愤慨。"这帮人到底是想做伟大法国的元帅，还是要遗臭万年？"他问克拉克。他致电马歇尔，直言不讳地指出："要是这帮愚蠢的法国人认清形势，现在就是一个建功立业的好机会。不过看来他们愚不可及。"此外，新协定看来是一条走出"政治阴谋和私心这个迷魂阵"的捷径。艾森豪威尔告诉克拉克，他打算"强行制定法令"，但现在似乎没有必要这样做。

在宾馆的会议室，达尔朗换上一套三件套西服。美国人下午 2 点进门时，他已和其他人端坐在会议室中。艾森豪威尔与他们一一握手，寒暄几句后，他只说了 11 句话，如："对于你的意见，我毫无保留。从今天起，达尔朗上将领导法属北非。罗斯福总统同意我的看法……我们必须齐心协力，同仇敌忾。"说完，他又和达尔朗一行人一一握手，昂首走出会议室。

登上停在白屋机场的 B-17 前，艾森豪威尔从口袋中摸出两个五角星，别在克拉克肩头的另两个将星旁，授予他中将军衔。"你出门在外的日子，"他对克拉克说，"我仿佛失去了左膀右臂。"

克拉克兴高采烈地返回圣乔治，举办了一场记者会。"现在我军可以有条不紊地开展工作，"他告诉记者，"一切顺利。"

★ ★ ★

"火炬行动"60年后，对于盟军伤亡的准确数字，官方依然闪烁其词。美国官方的统计为英美联军的伤亡总计1 469人，其中526名美军阵亡，显然并未计入英方损失。英方的数字包括11月12日和13日几次小行动的损失，估计盟军的损失为2 225人，阵亡近1 100人。

法军的伤亡数字将近3 000人。维希政府驻北非法军在3天内损失了一半以上的坦克、装甲车和飞机。有鉴于此，艾森豪威尔认为在作战能力上，法国18个营都不敌美国1个营。盟军指挥官最初禁止刊发提及"火炬行动"作战激烈程度的报道，免得法国人"怨恨我们将他们打到投降"。

"火炬行动"让更多的法国人站到了正义的一边，包括许多连进攻、占领和瓜分都分不清的糊涂人。但艾森豪威尔和副官过于天真，他们不曾料到与达尔朗合作的结果。达尔朗有过劣迹斑斑的前科，同盟国领导人在两年前就已将他一票否决。"这样不妥，"戴高乐写道，"我看过不了多久，就会发生令人作呕的一幕。"

作为在边疆哨卡冲锋陷阵20年的美国军官，艾森豪威尔的政治眼光有限也是情有可原的。其实，这支羽翼未丰的军队刚刚踏上北非，还不知道应如何发挥世界强国的作用。战役的格局，确切地说，战争的格局不仅要求指挥官会打仗，而且也要求他会治理军队。艾森豪威尔就体会到了这一点。他致信比特尔·史密斯，"我们正进行一场大冒险"。

战争的天平向同盟国倾斜，但在1942年11月中旬，了解这一转变不可逆转及如何造成的人却寥寥无几。丘吉尔一个月前还说，"如果'火炬行动'失败，我就完蛋了"，但这一刻，他的评价最为精辟："战争并未结束，甚至算不上最后一战的开端。不过，或许真正的战争刚刚开始。"

说到作战部署，"火炬行动"在领导、战术策略、人员装备、士气和作战常识方面暴露出严重不足。但两栖登陆及侧翼攻击战术在实战中经过了严峻的考验并逐步完善，为此后盟军的战略进攻提供了一个样板。

但美军对联合作战这一现代战争的精髓却不甚了了，不知如何协同运用步兵、装甲兵、炮兵、空军和其他作战部队。士兵们仍在"和平的幻想和战争的无情之间"游走。

但更糟的是，极少有人能够认识到这一点。听到子弹嗖嗖的士兵成千上万，但用乔治·华盛顿的话说，听出其中真意的能有几人？他们听得太少了。看见美军坦克炮弹击穿盔甲上缠着阿尔及利亚葡萄藤、大摇大摆地冲进自己阵地的法国雷诺坦克时，许多人高呼："坦克再来！"受这种自信的感染，连美英两国的参谋长都提议削减"火炬行动"的兵力，以便开始进行登陆萨丁等大规模行动。"看在上帝的分上，"艾森豪威尔答道，"我们最好确保一次完成一项任务。"不过，就连这位审慎的司令也有些飘飘然：他要白宫静候 12 月攻克突尼斯和比塞大、次年 1 月占领的黎波里的佳音。

他们以为自己身经战火的考验，以为制伏了软弱的法国就是大功告成。他们认为自己是正义的，胜利已成定局，年轻的生命将不朽。在车轮滚滚东进，展开米其林印制的突尼斯地图之际，他们认为自己已然深陷战火。

第4章　东　进

　　突尼斯先到先得，德军抢先了一步。希特勒意识到，盟军倘若占领北非，他们就可以将外围远征转变成登陆南欧的平台，德军应不惜一切代价守住欧洲的门户。盟军在邻近的阿尔及尔登陆，在战略上确实出其不意，但他们能否好好利用这一优势？他们为什么不登陆海岸线近800英里的突尼斯？实际上盟军的登陆计划漏洞百出，空中指挥因明争暗斗而各自为战。一旦不按常理出牌，这支初上战场的军队立马乱了套。

希特勒：守住欧洲的门户

11月8日凌晨2点，美国驻突尼斯总领事胡克·A.杜利特尔敲响了总督府大门，求见维希总督。随后，让·皮埃尔·埃斯泰瓦上将走了出来，穿着一身海军制服和一双拖鞋，虽然说不上正式，却也无可挑剔。这位单身汉身材矮小，蓄着一把修剪整齐的白胡子；因其一贯禁欲式的生活，人称"修道士"，比如每天黎明前起床参加弥撒、午饭前除不涂奶油的吐司和一个橙子外粒米不沾。

埃斯泰瓦出生在兰斯，是软木塞商人之子。62岁那年，他就盼着退休，然后投身家乡的圣母院，一座曾历经26位法国国王加冕的大教堂。杜利特尔气喘吁吁地通报盟军突袭，看来会让埃斯泰瓦的晚年起一番波澜。

埃斯泰瓦留神听着杜利特尔的话，后者曾被熟人形容为"一位落魄的绅士"。杜利特尔预测盟军即将出动足以遮天蔽日的大量战机，大举登陆突尼斯。"他们最好趁早来，因为别家在48小时内就赶到了。"埃斯泰瓦冷冷地说了一句，将客人送到门口。

杜利特尔乔装成法国农民赶回家，随即借了一辆车，带着西班牙女仆和狮子狗逃离了突尼斯。一到盟军的阵地，他见人就喊："快！快！"

"别家"是谁？埃斯泰瓦上将无须明说，而且他也低估了德军的反应速度。

正如副元首赫尔曼·戈林所说,从意大利的轴心国大本营到突尼斯不过"一箭之遥"。11月9日上午10点55分,德国空军的第一架战斗机降落于突尼斯东北的欧韦奈机场。俯冲轰炸机和运输机紧跟其后,低空掠过这座城市,以壮声势。仓促上阵的德军(其中多数兵士勉强可以参战)跌跌撞撞地走下舷梯。

法军包围了机场,装甲车的炮口对准飞机座舱,在跑道上迎接一架架降落的德军飞机。一支纳粹空军保安部队在一座机库后架起机枪,在法军车辆四周布上地雷,才打破持续了几个小时的僵局。埃斯泰瓦决定听取维希的指示,而非来自阿尔及尔的胡言乱语,于是他下令后撤。截至当日黄昏,有90架德军飞机降落。德军从机场沿狭窄的迦太基公路赶到营地后,一边挖战壕,一边唱着《莉莉·玛莲》。

德国国防军在突尼斯的防卫工事,为德军和英美联军此后长达两年半的对抗做好了准备,这场战争的战火将燃遍两大洲、造成数百万人丧生。横扫萨勒诺、安齐奥、诺曼底和突出部等旷日持久的土地(至少是西方土地)争夺的系列大型陆战,就是从这里拉开了序幕。

在图林根一条偏僻的铁路支线逗留期间,希特勒掌握了盟军登陆的规模,此时他正赶往慕尼黑去重温老啤酒馆"战斗机"(德语"Kämpfer")的旧梦。不到几个小时,他就意识到,盟军倘若占领北非,他们就可以将外围远征转变成登陆南欧的平台。此举将陷他最亲密的盟友于不利的境地,包括意大利及从法国到希腊等轴心国领地。希特勒说:"放弃非洲等于放弃地中海。"他事后致信墨索里尼,称这"不仅毁了我们的革命,而且毁了我们的人民的未来"。信的落款为"你牢不可破的盟友"。

在德军260个师中,已有230个师处于防御状态。某些德国战略家认为,他们的战线已从扩张转为收缩,但希特勒不肯承认德军丧失了战略主动权,他认为突尼斯将是"我们欧洲南翼作战的基石"。就算它的重要性次于东征苏联,它也将是一个关键的转折点。按希特勒夸下的海口:西线,新非洲攻势要将"火炬行动"的登陆大军赶出阿尔及利亚和摩洛哥;东线,将英国第八集团军赶过苏伊士运河。截至11月末,元首的战略眼光可归结为一句话:"不惜一切代价守住欧洲的门户——北非。"这句话让双方100万官兵饱受了7个月的折磨。

11月10日(星期二),德军伞兵首次大举空降非洲。从那不勒斯飞抵此处的第5伞兵旅的一个排立即封锁了通往突尼斯以西的要道。拨给驻埃及的隆美尔军团的武器,转而送往突尼斯,还裹着包装纸就被送往前线。燃料奇缺,各部队用的是草或橄榄油渣制成的煤球。指挥官们雇法国出租车做指挥车。来往各司令部的传令兵乘突尼斯街头的电车,一名送急件的年轻下士开心地说,没人让他买票。

如果说德军先锋部队没有多少战斗力,那么维希法国驻北非3万官兵的领导则更加无能。法军最高指挥部陷入了两难。11月11日,希特勒命德意两国军队占领维希法国;同一天,维希驻比塞大(突尼斯以北40英里。——译者注)海军司令路易斯·德里安上将对部下说:"我希望诸位保持镇定、克制,处之泰然。"同一晚,在接到达尔朗从阿尔及尔下达的命令后,德里安下令:"我们的敌人是德国和意大利……你们要全力以赴,痛击1940年的敌人。我们要报仇雪恨。法国万岁!"法国军官以香槟庆祝,《马赛曲》响彻比塞大各个码头。

这一豪情持续了不到一个小时。午夜时分,即德里安发表战争宣言40分钟后,他又奉维希之命收回成命。他在日记中写道:"11月8日,我们见谁打谁;11月9日,我们打德国人;11月10日,我们谁也不打;11月11日(晚上),我们打德国人;11月11日(午夜),我们谁也不打。"战争期间,恐怕只有这段文字准确记录了法国的煎熬和其子民的道德波动。

11月12日,德里安致电当时仍犹豫不决的达尔朗,但没有得到明确的答复。愈是受制于维希,埃斯泰瓦愈是情绪低落。一名德国军官说,埃斯泰瓦"只会唯唯诺诺,看来他还应付不了这种紧张局面"。埃斯泰瓦承认:"服从了40年的命令,我如今已不懂得如何违抗了。"第一批经海路运来的德军和装备,包括17辆坦克和40吨弹药于11月12日抵达北非。德里安从军42年，原本要在一个月内解甲归田，如今他预感到，"我将被世人铭记为'把比塞大拱手相让德国人'的上将"。

令人遗憾的是，他说得没错。截至11月14日，德国人仅在比塞大就安插了3 000名官兵。他们控制了突尼斯的重要设施，德军呈四列纵队直奔市中心的福熙（Foch，1851～1929年，法国元帅，第一次世界大战联军总司令。——译者注）元帅府。人去楼空的美国领事馆成了德军的指挥部，尽管德国人对不通文墨的突尼斯"文员"颇有怨言。为壮德军小分队的声势，伞兵乘着从法军指挥官手上借来的装甲车，围着城外兜圈子。突尼斯的本地首领因其家族上下几代人受够了法国人的气，很快就宣誓效忠柏林。首领的护卫队穿着一身红、黑、金三色制服，迈着当下时髦的方步，从皇宫出迎。

德里安不久就接到了德国发出的最后通牒："法军30分钟内全部投降，交出比塞大所有舰只，否则将对6 000名法国官兵格杀勿论。"他争取了唯一一项特权：保留一个武装连队，体面地降下驻地的三色旗，然后投降；但德国拒绝了他保留佩剑的要求。

一位法国法官以"有辱祖国尊严"这项罪名判埃斯泰瓦入狱。虽然埃斯泰瓦上将曾说，"为了文明这个崇高理想，我虽苦犹荣"，但他所受的苦却源自卑贱的行为。"火炬行动"中，法军打死了数百名英美士兵，却未伤德国侵略者一兵一卒。只有突尼斯师师长乔治·巴雷将军不肯屈节，带领9 000名官兵和15辆旧坦克，向西进入突尼斯的荒山野岭，以图东山再起。

公元前146年，在遭遇罗马人洗劫之后，骄傲的迦太基被一场大火烧成灰烬，据说足足烧了17天。如今，自出现第一个德国人的身影时起，法属突尼斯就成了一片冰冷的余烬。"我们生活在悲剧时代，"贝当说，"军队中士气低落。"

★★★

阿尔贝特·凯塞林元帅却是兴味盎然，鉴于他一张笑脸和与生俱来的乐观，人赠外号"微笑的阿尔贝特"。英美联军登陆后的第二天早上，希特

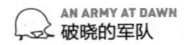

勒就打电话给凯塞林,"放手"让他处理突尼斯的战事。这将成为盟军的一大灾难。

凯塞林的父亲是拜罗伊特(Bayreuth,德国巴伐利亚州一城市名。——译者注)一所学校的校长,其家族为巴伐利亚的一个名门望族,一战后因大萧条家道中落。凯塞林肩臂宽阔,秃顶,能操一口流利纯正的意大利语。一战期间,他担任过炮兵和气球侦察员,48岁那年学习飞行,不久就在纳粹空军身居要职。身为第三帝国最有才华的指挥官,他胆识过人、嗜血成性,曾经被击落过5次,参与过轰炸华沙、考文垂等大小城市,以及针对苏联的空战。有一次德军高射炮误射他的座机,凯塞林破口大骂,说他们打偏了这么容易击中的目标。

11月10日,希特勒正式将凯塞林调到罗马,担任墨索里尼的副手。手握轴心国在地中海的空军和地面部队大权,这位元帅婉拒了"领袖"(墨索里尼)以毒气进攻盟军和用医疗船运输战争物资的提议。与此相反,他要在突尼斯和比塞大附近建设桥头堡,平息属下关于"轴心国以卵击盟军这块石头"的怨言。

凯塞林承认,盟军在战略上出其不意,但他们能否很好地利用这一优势?他们为什么不登陆海岸线近800英里的突尼斯?凯塞林同意征用突尼斯平民建设要塞,为轴心国船只卸货。但牢不可破的桥头堡不足以灭敌。11月13日,他命手下的副官策划进攻西线。挽回非洲的损失,唯一方法是越过突尼斯群山,反攻阿尔及利亚。"微笑的阿尔贝特"执意要将英美联军赶出非洲。

打响全面战争

阿尔及尔和突尼斯相隔560英里陆路,东进的第一部分盟军一路谈笑风生,下至列兵,上至将军,无不将远征看作漫步。他们谈的多半是抵达的黎波里甚至那不勒斯的日期。一名士兵代表了众人对德国人的态度:"这帮德国佬打不了仗。妈的,把他们交给英国佬好了,我们好去解决日本鬼子。"一名青年军官说，他手下的坦克营唯一苦闷的是，美国人还没来得及证明自己的勇气，"德国人就全都逃跑了"。

镇长们身穿礼服、头戴高帽，以对方听不懂的热情洋溢之词迎接盟军。欢呼的民众捧上难以下咽的阿尔及利亚葡萄酒和成篮的柑橘。车名为"颠簸的车""女主角""良家女子"的吉普，其驾驶天线上缠着黑嚏根草，司机们假装在享受当地人送上来的烟，但是很快就戏称之为"阿尔及利亚大粪"。"美国万岁！"阿拉伯儿童往往冲着英国军队这样喊道。

为处理不可避免的交通事故，盟军确定了一个弹性赔偿标准，以被美国兵称作"墙纸"的特大号法国货币支付：死一峰骆驼赔偿 2.5 万法郎（折合500 美元）；死一个男孩赔偿 1.5 万法郎；死一头驴赔偿 1 万法郎；死一名女孩赔偿 5 000 法郎。

第一波主要是英国军队，他们将伪装服绑在头盔上打个结，仿佛"爱德华时代的面纱"。阿尔及利亚村庄沿街可见装了百叶窗的旅馆和身穿海魂衫的鱼贩子，让不少老兵想起了佛兰德斯（Flanders，中世纪欧洲一伯爵领地，包括现属比、法、荷等地区，为一战激战地。——译者注）。在乘车的人看来，标着醒目的"40 人，8 匹马"的窄轨车厢，让人仿佛回到了西线：在那里，法国的车厢能装 40 人或 8 匹马。阿尔及利亚火车上坡的速度非常慢，以至于士兵们常常跳下车步行，一路走，一路在引擎上烧热水泡茶。

在美国人看来，一切都那么新鲜：路边肉摊上剥了皮、鲜血直滴的羊肉；叫卖草垫和蓝丝绸的阿尔及利亚人；一路骂骂咧咧的赶骡人；身体前倾操作犁具的农民；靠司机拿拨火棍搅动绑在保险杠上的木炭引擎驱动的公共汽车。被选作先头部队的美军各部队招摇过市。第 13 装甲兵团第 2 营的坦克满载鸡蛋和私藏的老爷威士忌，开出阿尔泽，直奔阿尔及尔。第 5 野战炮兵营举着猎猎的大旗上了大路，每门大炮都指着第 1 师的护旗队，该师乐队奏响了《弹药车隆隆驶过》（*When the Caissons Go Rolling Along*，1908 年驻菲律宾美军炮兵创作。——译者注）。

弹药车隆隆驶过土坯墙上开了枪眼的阿尔及利亚村庄，驶过"仿佛挂了

"一盏盏红灯笼"的柑橘林，驶过老马拉着的一辆辆法军干草车，驶过一身双排扣制服、骑着高头大马的炮兵军官，驶过一度是罗马粮库的麦茬地，驶过毁于汪达尔苛政时期、如今在烈日下销蚀成石骨的沟渠。

黄昏时分，他们来到宿营地。士兵们跳进冰凉刺骨的地中海，或拿头盔舀水洗澡（这被称为"妓女沐浴"）。他们让蝎子在浸了汽油的纸上打架，或者给宠物蜥蜴灌酒后欣赏它们的醉态。地里腾起的暮霭，味道仿佛刚割下的干草，据士兵们所学的知识，是致人死命的毒气味；至少有一个单位在一片"毒气！毒气！"的尖叫声中，惊慌失措地寻找防毒面具。士兵们借手势锻炼了以物换物的功夫，怀着"嗓子大能消除一切语言障碍"这个美国式的信念，粗声大气地嚷嚷着。一个精明的士兵用一盒糖果换来了三瓶香水、一打鸡蛋、一张大幅的贝当肖像和一头小毛驴——他们给它命名为"隆美尔"。

当地人一贫如洗，小偷小摸时有发生。士兵们拿熏肉皮将燃料罐抹了个遍，希望不得近猪肉这一伊斯兰禁忌能防贼。若发现窃贼割下吉普车的帆布篷做鞋，士兵们会大喊一声"Allez!"（加油），这是除了"C'est la guerre"（这就是战争）外人人都会的一句法语。听说一顶降落伞可以做 500 条汗裤。一份师史中断言："如果能带得走，他们能把车胎气给偷走。"从这一刻起，他们渐渐瞧不起阿拉伯人。陆军后勤部长说当地的雇工"不中用、不可靠、一无是处、目不识丁、病恹恹"。

黎明时分，部队接着"散步"。这里普遍用人粪做肥料，一名中士也许被其味道熏糊涂了，在家信中写道："每一个城镇都散发着一股尸臭。"他一语成谶，这即将成为现实。

但眼下和煦的阳光和战友间的友谊让一些官兵诗兴大发。"蓝天如洗，"第 1 师的一名军官写道，"夜晚犹如诗人的梦境。"起伏的山峦一直延伸至突尼斯边界，牧羊人看着渐渐走近的队伍，听着隆隆的车声和激扬的战歌：

　　她要绕过大山，
　　她要绕过大山，

第4章 东 进

她要绕过大山到这里来。

幸亏"超级机密"破译了轴心国的密码,艾森豪威尔和副官获悉德意两军涌入突尼斯的准确人数。但他们因不了解这种部署的意义,导致一开始发生误判。盟军情报机关预计,近1万名轴心国官兵将在两周内抵达突尼斯,但他们多半是"步兵,没有车辆"。事后一份英国情报分析断定,盟军"从各方面都低估了轴心国介入的尺度","其结果倒无甚紧要"。两周之后,轴心国的实际兵力已达1.1万,包括一流的伞兵和坦克掷弹兵,以及随后赶到的第10装甲师。

英美盟国间的会议一再提及迅速反击轴心国的介入,但多半是纸上谈兵。艾森豪威尔和克拉克原打算将占领突尼斯的任务交由英军来完成。"火炬行动"中运载了大部分装备和兵力,占领北非和提防德军取道西班牙大举出兵摩洛哥,主要得靠美军。第一波登陆后的行动,盟军有欠考虑,了解突尼斯的地形、后勤和空中增援的参谋屈指可数。鉴于德军一举占领了突尼斯和比塞大,同盟国领导决定让美军迅速东进,以增援英军。他们派出了3个美军装甲营,但随后又被缺少装甲兵的英国指挥官瓜分。这部分美军将为突尼斯前线增加100辆坦克。

显然,盟军没有对敌作战的军事计划,或者说他们此刻根本就无计可施。他们拿不出美军和英军合作、为英军提供补给或投入前线的方案。艾森豪威尔抱怨,他临时下达美军增援英军的命令,"既没人充分理解,也没有得到有效的执行"。他对胞弟埃德加说:"这是一直困扰高级指挥官的难题,我也深受其苦——我可以下达命令,但这些命令在前线的执行只能转交给别人。"

11月16日,艾森豪威尔致电比德尔·史密斯:"我急欲大功告成,恨不得能让士兵或卸货速度再快一些。"但法国投降后,他在远离阿尔及尔、远离战场的直布罗陀的地道里又待了近两个星期。他在办公室里大骂埃斯泰瓦和突尼斯的法军指挥官,说他们原本"轻易便可消灭该地区的德意两军,并毫发无损"。艾森豪威尔说,只要埃斯泰瓦抵抗,法国人把握住自己的机会,盟军"可以冒险一试"。他声讨敌人往往不痛不痒，甚或过于谨慎。他对史密斯说："终有一天，我们将在一个窗明几净的司令部，商讨如何打击可恨的德国佬！"他难得表露克服一切障碍将敌人赶尽杀绝的决心。他自称"痛恨轴心国及其代表的一切"，但骨子里却没有这种恨意。他暂时还没有这么绝情。

艾森豪威尔还算不上一位元帅。海空两路进攻的计划不周，执行不力。盟军没有出动侦察机或进攻经海路过来的轴心国军队，战略轰炸只针对意大利和北非以外的目标，甚至没有轰炸机阻止轴心国往突尼斯和比塞大集结兵力。海军在3周时间里都没对轴心国舰队发出一枪一炮。整个11月，轴心国开赴突尼斯的舰队没有损失一艘舰只。

交通运输或许是最大的败笔。艾森豪威尔和克拉克不顾军需官的反对，将运输车辆和武器的有限舱位，用来运额外投入的数万官兵。对美军这支占领军来说，这一决定也无可非议。但开赴奥兰的舰队，从英国出发前就削减了1万辆车。形同乱麻的卸货作业更是雪上加霜：截至11月12日，原计划8 700辆车登陆奥兰，实际登陆数量只有1 800辆。如今，名义上的占领军转而成了进攻部队，各单位多半成了步兵。"混乱在所难免，"记者菲利普·乔丹写道，"一旦不按常理出牌，这支初上战场的军队马上就乱了套。"

军需官怀揣价值5 000美元的银锭，踏遍奥兰寻购烧炭卡车，或雇用马夫拉弹药。北非的铁路系统尤其不尽如人意，近一半火车因缺少燃料瘫痪，能运美式谢尔曼这类中型坦克的法国机车屈指可数。每天从阿尔及尔"爬"往突尼斯的九列小火车中，两列要拉供自己烧的煤炭，一列拉当地人的救命粮；法国、英国和美国的军需官为余下来的六列争得不可开交，还往往要花近一个星期才能抵达突尼斯边界。

就算抢到了车，也保证不了它能动。为展示前对手间的新友谊，美军公关部门在奥兰组织了一场盛大的仪式，欢送法军一个营开赴突尼斯。新闻摄影师记录下了这一幕，美军士兵拥上铁路岔道，与法国战友交换香烟，挥手作别之际，却听站长宣布，东线的耽搁意味着火车至少两天内走不了。火车为了拍摄和热烈的欢呼开了几百码，天黑后又退了回去，择日再开赴战场。

第 4 章 东 进

肯尼思·A.N.安德森中将，突尼斯北部英国第一集团军司令。一位刻薄的部下给他取了个外号"阳光"，而美军给他的外号是"牢骚鬼"，虽然他精通法语和意大利语，但无论哪一种语言他都不愿多说一个字。

★★★

肯尼思·A.N.安德森中将就摊上了这事。11 月 11 日，他在阿尔及尔接掌刚刚成立的英国第一集团军，奉命开赴东线。"我佩服你的锐气和干劲，"艾森豪威尔 12 日致电安德森，"如今胆量胜于数量。祝你好运！"

对安德森这个生性悲观的指挥官来说，"胆量胜于数量"不过是句空话。第一集团军只有四个英国旅和一个大杂烩的美军部队，实力抵不上一个师。即便如此，安德森还是从指挥船"布洛洛"号搬到了阿尔伯特宾馆，并且放出话来，要尽快"给隆美尔一个下马威"。过后又恐被人认为过于掉以轻心，他又给记者补发了一份书面声明："德军是好样的，我估计要有一场恶战。"

安德森于 1891 年圣诞节生于印度，父亲是铁路公司总经理，曾被授予"骑士"称号。父亲最终打发他去了英国陆军军官学校。在索姆河一役，他身负重伤，此后还上过巴勒斯坦、叙利亚和印度前线。敦刻尔克撤退时，他是一位师长。他笃信宗教，长着小眼睛、薄嘴唇，一头凌乱的灰发，脸刮得干干净净，用一位美国军官的话说，"一副露齿而笑、引人注目的样子"。有人说他缺一个"坚毅的突下巴"。一位英国朋友说："看他模样，与其说是一名军人，倒不如说是一位小有所成的军医。"穿着上，他喜欢一身旧式的马裤和绑腿。在东征的路上，他不时撩起敞篷车的帆布，查看他乘坐的火车。

一位英国将军明褒实贬，说他是个"好厨师"，这句妙语很快传遍军营。当然，他这种不擅交际、不招人待见的苏格兰人往往被人称作"刺头"。一名刻薄的副官给他起了个外号叫"阳光",而美国人则说他是"牢骚鬼"。他精通法语和意大利语,但哪一种语言他都难得开口。就算他开了口,其言论也不便公开:他曾经扬言,胆敢提到他的记者,统统逐出北非。艾森豪威尔说:"他学透了书面语言,直到把纸张烧穿的程度。"很少有人猜到,长期以来,安德森始终都在突破他所谓的"一种难以走出自我的心理障碍或腼腆……我也想和蔼可亲,但何其之难。人的本性真是一种奇怪的东西"。这无疑是天意,他笃信上帝,好比他深信,"间或受一次挫折,是对自信的一剂良药"。在去突尼斯的路上,就有这么一剂药。

安德森的一大愿望是,11月12日前,盟军伞兵空降突尼斯和比塞大,增援部队随后赶到。但是,登陆时的危局(如法军抵抗和美军伞兵四散各地)打乱了他的全盘计划。当海军沿地中海海岸发起一系列包围行动时,陆军各部队正经公路和铁路向纵深缓慢推进。

11月11日,皇家西肯特团的一个营登陆布日伊(Bougie,阿尔及利亚北部港市贝贾亚的旧称。——译者注),没有遭到任何抵抗,据说这个阿尔及尔以东110英里的小港是蜡烛的发明地。但滔天的大浪让皇家海军放弃了30英里以东的另一个登陆点季杰利。这个小小的挫折酿成了严重的后果。皇家空军的"喷火战斗机"因缺少燃料,在季杰利机场趴了两天窝,没有空军的掩护,登陆布日伊的部队成了活靶子。

11月11日下午4点40分,30架容克-88轰炸机在低矮云层的掩护下,和随后赶到的德军鱼雷轰炸机一起进攻布日伊港。四枚炸弹炸穿了运输船"爱华特"号,一枚鱼雷紧跟着贯穿了该轮左舷;该轮不久即倾斜40度,腾起布日伊蜡烛商人从没见过的大火。"比斯特"号驱逐舰救起25名幸存者,并用消防水带扑救烈焰滚滚的货盘,由于靠得太近,"爱华特"号的吊艇架撞到了该轮的驾驶台。"爱华特"号在最后一声猛烈的爆炸声中,于晚上11点沉没。

两发炸弹击中浅水炮舰"罗伯茨"号,重创该舰。载有1 200名英军官兵的"中国"号时运不济,险些被命中的炸弹打瘪了船体,厨房还中了一发哑弹。这一出吓坏了舰上的船员,他们自顾自放下小艇,划离这支恐怖的部队。一支登陆艇组成的救援队救走了舰上的全部人员。虽说肇事者被击落,一位军医说,见"一名被炸飞双腿的士兵拼命地用仅剩的胳膊游泳逃命"。午夜前不久,"中国"号着火,在烧了一夜后沉没。

11 月 12 日也好不了多少。为备战拂晓的空袭,凌晨 4 点 45 分起锚的防空舰"马恩岛"号,撞上了德军飞机布下的水雷,沉入 7 英寻深的海底。拂晓的进攻如期而至。炸弹击中甲板上挤满"中国"号幸存者的运输船"卡兰贾"号,舰上的官兵又自顾自放下救生艇。"卡兰贾"号舰长意识到这个早晨属于敌人的天下,上午 8 点 30 分他下令弃船。该舰不久即行沉没。

海陆两军的官兵表现出非凡的勇气,但勇气也掩盖不了败绩:四艘英国军舰沉没、一艘好不容易赶到阿尔及尔的军舰受损。几艘临时充作医疗船的舰只,载着装在帆布袋里的阵亡者返回阿尔及尔港,伤员将住舱甲板的餐桌弄得形同肉铺的案板。在布日伊登陆后向东推进的英军,不时扭头望一眼身后,除了其他损失,他们的大衣沉到了布日伊湾的海底,而寒冷的突尼斯阿特拉斯山在前面若隐若现。

波尼(Bône,阿尔及利亚东北部港市,现称 Annaba,即安纳巴。——译者注)的战事较为顺利。这座小港位于布日伊以东 125 英里,是主教会于 393 年首次承认《新约》教义的地方。两艘驱逐舰送唱着法国国歌的英美联军登陆,没有遭到任何抵抗。不久,300 名伞兵跳伞加入了他们的行列。但指挥官 R. G. 派恩-科芬(R. G. Pine-Coffin,字面意思为"松木棺材"。——译者注)少校的姓氏太不吉利,硬着陆当场造成一人阵亡,十二人受伤,一名受到脑震荡的伞兵军官昏迷了 4 天,嘴里一直念叨着:"再来一份大比目鱼,服务员。"11 月 12 日日落时分,这支盟军部队距比塞大仅 185 英里。

波尼偏巧离凯塞林在西西里和撒丁岛的机场相对较近。炸弹炸毁了火车站、电影院和撑着条纹伞的路边大排档。炸弹击中港口的谷仓,码头上顿时扬起金色的谷物瀑布,妈妈们抱着购物袋、推着婴儿车,慌不择路地跑过卵石街寻找藏身之处。港口的 22 座码头中,18 座不久就被毁。进攻还吓坏了当地人,盟军六艘船周末靠泊,竟然找不到突尼斯劳工卸货。临时充作装卸工的英国兵为此还作了一首打油诗：

> 在这支部队，我们心里只有一样委屈：肉少，骨头多（在英语里，骨头和波尼的读音相近。——译者注）。

英军曾追得拿破仑·波拿巴亡命天涯，兴许认为不能不听这位皇帝的某些教诲。比如：兵力广为分散、被敌人各个击破乃兵家大忌。安德森将军和手下的副官恰恰提出拉开战线的建议。此外，他们打算仅以几辆坦克和大炮，在易守难攻和有埋伏的山区采取这一行动。

11月14日，安德森下令手下的盟军部队东进，打算在一周内攻打比塞大和突尼斯。英军第36旅——来自第78师的4 500名官兵要登陆盟军左翼的海滩。第11旅一支人数相当的分遣队在盟军右翼25英里与他们齐头并进。盟军的中路，一支由2 600名坦克兵、步兵和伞兵组成的杂牌军，亦作尖刀部队，要攻占两个旅之间的高地。

英国计划占领突尼斯后，切断轴心国的桥头堡，孤立比塞大。赶过来的美军各部即刻投入战斗。安德森手下的官兵眼下刚过1.2万人，"可以动用"的部队不过"火炬行动"登陆官兵的十分之一。英国装甲部队的主力是瓦伦丁坦克，这种老式坦克可乘3人，越野速度每小时8英里，一门可发射2磅炮弹的炮或许能给敌人一顿迎头痛击。

他们制定了方案，订下了计划。虽然成千上万名久经沙场的轴心国老兵正在向西拓展桥头堡，但若要调整计划，"按部就班的英国人提不起兴趣"。鉴于安德森这支微不足道的军队和拙劣的后勤，他的其他举措饱受非议；但将这支七零八落的部队凝聚成一记重拳，将是一个良好的开端。

没过多久，他们就到了突尼斯。越过努米底亚（Numidia，北非一古国，其位置相当于现代的阿尔及利亚。——译者注）和迦太基间这条古老的边界，公路又折回雾霭和烟火中散发着浓浓苔藓味的橡树和花椒树墩间。夜间转凉，寒风呼啸，官兵们如同古时的骑士，拿头盔遮住脸。官兵们的家信中开始强调北非这个"北"字,将这里说成"一个烈日当空的寒冷国度"。突尼斯的面积略大于佐治亚,但其冬天冷似密歇根。由于严格控制用火,美军蜷缩在沾满雪花的毛毯下。浑身打战的英国人则怀念他们丢失的大衣。

由于梅塞施密特战斗机(Messerschmitts,二战期间的德军战斗机。——译者注)频繁出动,连营火都熄了。官兵吃早餐要面向东方,便于发现背对太阳飞过来扫射的战斗机。补给不尽如人意,尽管缺炮弹、新鲜食品和餐具等日用品,发油等无关紧要的东西却绰绰有余。一名英国坦克兵说得好,"最重要的物资往往离不开勺子"。

艾森豪威尔派埃德森·拉夫保护安德森的南翼。拉夫的伞兵营在"恶棍行动"中四散地中海各地,如今又重新部署。拉夫手下的"恶棍"分乘30架飞机,在阿尔及利亚东部城镇泰贝萨空降,这次一举成功。他随后让他们分乘绿色的木炭车,在每辆车顶的行李架上架一挺机枪,沿着笔直的大道,驱车穿过粉红色的泥灰农舍和尼奥-帕拉迪奥式法国别墅,直奔遥远的突尼斯绿洲加夫萨,其部队在这里很快增加到2 500人。跟在他们后面穿越凯塞林山口关卡的美国工兵部队,被法国海关官员扣住,要对物资征收关税。工兵们发现法国人和阿拉伯人一样执迷于官印的威力,于是私刻了橡皮图章,"在每件物资上一阵猛盖"。

但盟军多半远在北部,赶往突尼斯的只有七零八落的两个旅。英国第78师师长维维安·伊夫利少将的手下多半是兰开夏郡工人、肯特郡小职员和萨里郡劳工。伊夫利有着红脸膛和大肚腩,人称"圣诞老人",他长着塌鼻子和一口稀牙,上唇的一抹胡子犹如一条军功绶带。他能言善辩,嬉笑怒骂,但一发脾气就语无伦次。据说他为了资历这个荒谬绝伦的问题,和精锐第1近卫旅旅长结下了梁子;据说他一心要赶在别人前头夺下突尼斯,立下头功。

经安德森首肯,伊夫利决定让500名伞兵空降到拖拖拉拉的大部队前面。英军第1营从阿尔及尔登上飞机,11月16日空降到边境小镇苏克阿尔巴。五名士兵因斯特恩机枪走火受伤,一名士兵则在半空被自己的伞索勒死;这座小镇全城出动,为这名士兵举行葬礼,按当地的风俗,全镇3 000人坚持

要和被指定为主丧人的营长握手。

他们乘公共汽车赶往 40 英里外的巴杰——一座自当地的农田替罗马竞技场供应面包时起就满目疮痍的山顶小镇。在一夜凄风苦雨后，该营于 11 月 17 日将营部搬到了当地的一座屠宰场。500 名官兵戴着汤碗头盔穿过巴杰狭窄的街道，然后谨慎地换上红色贝雷帽，冒充"一支纯属乌有的大部队"，吓唬三心二意的法国人或阿拉伯人。上当也好，没上当也罢，当地人从自家白屋子的露台和巴杰拜占庭式尖塔的扶栏上冲他们欢呼。

11 月 18 日，一支英军侦察队在该镇东北伏击了一小股德军，打死 6 名德国兵，扭回 9 名俘虏，缴获一辆德军指挥车，如百人队队长展示战利品似的列队返回巴杰，人群再一次夹道欢呼。这次伏击离比塞大的门户马特尔仅 10 英里。眼下他们和马特尔近在咫尺！在英美两国伞兵和在他们身后艰难跋涉的两个旅看来，这一目标似乎唾手可得。

德军俯冲轰炸机对巴杰进行了轮番轰炸，英国兵认为这次进攻十分"反常"，欢呼声戛然而止。炸弹让该镇陷入一片火海，掀去了加雷大道两侧的法式折线形屋顶，烧焦的椽子和墙纸仿佛裸体示众。炸弹在小花园内遍地开花，将阿拉伯泥巴屋夷为平地。炸弹让废墟雪上加霜，罗马式也好，拜占庭式也罢，都变成分不清是古迹还是当今建筑的废墟。巴杰频繁遭到轰炸，截至周末，有 300 名法国人和阿拉伯人丧生，为尸体防腐的石灰一时短缺。

当地人顾不得盟军的事业，连一只大鸟的影子都能让市民在大街上乱窜，惊叫着寻找不存在的避难地。和波尼、布日伊的遭遇，以及这里和柏林之间的上千座城镇即将到来的遭遇一样，巴杰卷入了盟军和轴心国的战争，是这个星期打响的全面战争的受害者。

与轴心国首次交锋

汉尼拔兴许说过："谁占领迈杰兹巴卜，谁就掌握着大门的钥匙，能统领整个突尼斯。"这句话虽不足信，但这个观点在公元前和 1942 年却千真万确。

现代的迈杰兹巴卜四通八达，是个尘土飞扬、散发着迷迭香和红松味的贸易城市，精明的商人拿科隆香水换阿拉伯农民的烟草和盐巴。小镇名字的含义是"涉水而入"，随处可见罗马、拜占庭甚至17世纪西班牙的遗迹。盟军和轴心国在迈杰兹巴卜首次交锋，套用《荷马史诗》中的话说，"如青铜器武装的斗士般拼杀"。由此他们展开了长达7个月的拉锯战。

迈杰兹巴卜横跨麦杰尔达河，到突尼斯直线距离30英里，具有重要的战略意义。麦杰尔达河发源于阿尔及利亚高原，向东北蜿蜒125英里，汇入比塞大和首都之间的突尼斯湾，是东多萨尔的重要门户，南面连绵起伏的山峦是突尼斯东部沿海平原的一道屏障。位于迈杰兹巴卜的麦杰尔达河谷据说是全球六个最肥沃的地区之一：肥沃的土地和灌溉渠类似于加州的中央裂谷。浅而呈芥末色的麦杰尔达河，宽不足百码，两岸是20英尺高的峭壁，河底怪石密布。一座建于18世纪的八孔石拱桥在迈杰兹巴卜横跨麦杰尔达河两岸，据说建桥的石头来自罗马栈道。9座大桥中每两座之间相隔6到10英里，横跨河两岸，蔚为壮观。

突尼斯师师长巴雷将军选了这个田园风光之地作为自己的根据地。在婉拒维希上将埃斯泰瓦和达尔朗的通敌卖国行径后，巴雷采取权宜之计，向德国人示好，换取了几个星期的时间。他率领手下9 000名官兵出突尼斯，向西进入山区，取出德国入侵法国后、两年前为防万一藏在那里的燃料和弹药。他们以几辆吱吱嘎嘎的坦克和六门骡子拉的大炮，在西边过来的盟军和东进的轴心国军队的夹缝中艰难求生，这也恰如其分地体现了维希指挥官的总体现状。

11月18日，正当英国伞兵在巴杰炫耀战利品之际，在20英里外，德军第5伞兵团第3营则兵临迈杰兹巴卜城下。身穿土灰色军装、头戴煤斗式头盔的军队沿50号公路呈扇形散开，这条狭窄的沥青路沿麦杰尔达河而上，直通迈杰兹石桥。他们越过沿河林立的桉树丛，绕过镇东一个个小农场四周的仙人掌篱笆。许多士兵用报纸裹住枪口，以防枪口沾上泥巴。

虽说他们都是些老兵，为登陆马尔特，他们先前在诺曼底训练了两周，但比起长途跋涉的英军或法军，德国人的装备好不了多少。发给突尼斯司令部的电报抱怨称，缺少铁锹、电台、热饭菜、机枪和望远镜。该营营长威廉·科洛奇皮肤黝黑、浓眉大眼，平素爱援引腓特烈大帝的至理名言："我手下不需要倒霉的军官。"

与法国军官的几次谈判，科洛奇迄今运气亨通；看了他标着纯属乌有的几个团位置的地图后，法国人向德军交出了麦杰尔达河谷的朱代伊德和泰布尔拜镇。但巴雷不肯放弃迈杰兹。本来就没有多少耐心的德国人这时候已忍无可忍。凯塞林元帅提出了新要求，"将敌人赶回波尼"，"动用轰炸机严惩法军，结束这一叫人忍无可忍的局面"。科洛奇在最后一次谈判中放了话："请好好考虑一下利害关系。我只要出兵，就能攻无不克。"

11月19日凌晨4点，一名德国使者打着一面休战旗驱车驶入迈杰兹巴卜，直奔河边一座水泥建筑。这次不是谈判，是最后通牒，命法国人上午7点前投降。一位法军上校故作愤慨地答道，德军的通牒侮辱了他和法国。尽管巴雷手下的官兵分散在东多萨尔一线，只有几百名官兵驻守迈杰兹巴卜，但他们愿意决一死战。如果节省一点的话，法军的弹药足够坚持一天。

巴雷传话给迈杰兹附近的英国装甲兵中队，敌人很可能在几个小时内进攻。他还致电设在阿尔及尔的法军司令部，宣布他要收回成命，重返盟军阵营。

英国人本就欠妥的计划愈发漏洞百出。11月18日，安德森命伊夫利将军，完成集结前不得出兵。但法国将军这时慌忙请求增援。11月19日凌晨6点前，安德森司令部告知吉罗，"虽说要不惜一切力量予以协助"，但战斗机远在波尼，难以有效调动，再说手边没有坦克。

"圣诞老人"那头吃紧，麦杰尔达河谷的战略意义显而易见。德军的坦克已出现在他的左翼，距地中海仅几英里之遥。四散各地的盟军又要七零八落。伊夫利向迈杰兹派了几支部队，包括从巴杰出发的500名伞兵和美军第175野战炮兵营的12门榴弹炮。

一抹杏黄色的晨曦洒遍河谷，宣告这是一个晴朗的秋日。出门喂养牲口的农夫，不时忧心忡忡地瞥一眼200名身着土灰色军装的德国兵，他们连夜在迈杰兹外 1 000 码处，沿麦杰尔达东岸挖了一条战壕。科洛奇将营部搬到镇东一处高地的公墓。7 点过了，接着是 8 点，然后是 9 点，最后通牒仿佛虚张声势。但 9 点 15 分，步枪开火，紧接着响起了清脆的机枪声。子弹在河两岸来回乱飞，市民惊慌失措地逃往镇外。事后回想起来，一名炮兵感慨万千地说："战争就此打响了！"

镇子以西，几名英国兵守在路边，等着指挥美军大炮进入阵地。远处腾起一股滚滚的烟尘，这股烟尘中很快现出四门巨大的榴弹炮，炮组不顾拼命挥手的英国兵，从他们身边疾驰而过。他们翻过一座小山岗，正要沿着前面一道俯瞰迈杰兹的斜坡而下时，在德军眼皮底下陡然收住了脚步。清脆的枪声陡然大作，一位英国军官汇报："各种枪炮齐发。"

英国伞兵和德比郡自耕农匆忙赶来营救自家兄弟。好斗的美国炮兵被说服相信了山谷的优势，混战才稍有缓和。问起美国人的古怪观点，英国伞兵指挥官 S.J.L. 希尔中校才知道，"这个炮组在统计，这次世界大战中，谁是对德国人开第一枪的美国人。他们一个个在你追我赶地争抢这个身份"。希尔上校泰然自若地接受了这一解释。当一名年轻的美国人被问及为什么要打迈杰兹教堂的尖塔时，他答道，因为他可以"看到是否击中"，希尔同样认为这一回答"合情合理"。

这一天的较量并不荒唐。上午 10 点 45 分，120 名身披红斗篷、头缠骆驼毛头巾的阿尔及利亚骑兵，两路汇成一股，呐喊着冲向石桥之际，第一批德军俯冲轰炸机出现在上空。"可怜的小伙子被俯冲轰炸机炸得身首异处，跌落马下。"一名美国炮兵说。飞机一摆机身，近乎垂直地俯冲而下，银色的炸弹带着啸声翻滚而下。滚滚的烟尘和纷飞的斗篷中，马和骑手的残肢断臂飞上半空。俯冲轰炸机没摧毁的，都由德军机枪和迫击炮补遗。一名目击者数了 96 具骑兵尸体。

截至当天傍晚，除火车站外，德军占领了河东岸的一应要塞。法国殖民军战斗到弹尽粮绝，火车站最终也失守了。即使德军俯冲轰炸机每隔两个小时准时来轰炸一次，也没能击退河西岸商店和民宅内巴雷的部下。美军 25 磅炮弹猛

烈的炮火为这座大桥竖起了一道屏障,击退了敌军的一次次强攻。德军营长科洛奇派 10 连这支侦察队泅渡过河,从南翼包抄守军。德军蹚着齐脖深的冰冷的河水,打哑一挺法军机枪,生擒了几名俘虏。

但这支侦察队中了埋伏,暴露在纵射炮火之下,去不了桥头。这时候,德军沦为俎上肉。该连连长冒险冲出河岸隐蔽处,不久被一枪击中脑袋,倒在人行道上。盟军机枪对准灌木丛一通猛扫,打得河水泛红,德军尸体如同灰色的小舰队随波逐流。只有 4 名士兵回到东岸。

夜幕降临,一门德军迫击炮响起,几秒钟后,小镇传来一声巨响。盟军士兵躺在散兵坑内,望着头顶狭长的天空数着星星。法国指挥官清点刽子手的血债,巴雷手下的官兵近四分之一阵亡,他再次徒劳地请求增加装甲、弹药和援军。

11 月 20 日凌晨,迈杰兹四个区响起断断续续的爆炸声。由两个意大利步兵连增援,十个德军侦察队身背炸药包和手榴弹泅渡过河。德军全自动手枪见到闪过的影子就打。盟军来不及炸毁大桥,匆忙撤退。大火吞没了这座空城。

希尔上校召来迈杰兹的法国高级军官,通知他们准备全面撤退,于凌晨 4 点 30 分弃城。美国炮兵连同英国和法国步兵翻过陡峭的山脊,仓皇西撤到巴杰。科洛奇手下伤亡仅 22 人,盟军刚一撤出,科洛奇的部队即刻拥入迈杰兹。截至拂晓,"钥匙"落入德军囊中。

★ ★ ★

计划于 11 月 21 日对突尼斯和比塞大发动总攻的安德森将军,被坏消息搅得坐卧不宁。安德森反对向突尼斯增派美军,担心第一集团军本就脆弱的后勤不堪重负,这时候,他甚至怀疑没有重兵增援,盟军能否抵达突尼斯。鉴于补给连连出现问题,难以集中盟军作战力量,他下令将进攻推迟 3 天。

天性悲观的安德森在前线一番视察后,情绪愈发低落,他发现了一个不争的事实:轴心国扩充兵力远比伦敦或华盛顿料想的更加迅速。不过,双方目前都打不了持久战。记者 A. J. 列伯林写道:"战争仿佛线上的珠子……连成一线。"一名美军少校说,突尼斯成了"一条滑稽的战线,宽约 50 英尺,横跨公路,两侧稍稍有点距离"。

但轴心国部队向北进逼,渗透到南翼,占领了加夫萨绿洲。新任驻突尼斯指挥官沃尔特·K. 内林是位波兰、法国、苏联和隆美尔非洲军团的老兵,他以盟军罕见的迅雷不及掩耳之势宣布:"眼下刻不容缓……每一名官兵都必须明白,一定要战斗到底。"内林在突尼斯有 1.6 万名德军和 9 000 名意军,他们行动迅速,除"超级机密"外,盟军情报机关一时失算,以为兵力不到这个数字的一半。由于丢三落四、战略失算,错误地利用了突尼斯的地形,盟军一方无法发动偷袭,比如将宝贵的坦克转移到南翼,来到一处山区,完全施展不了身手。

计划落空的挫败感着实叫人恼火。英国士兵提到美军时全以"爱丽丝"相称,这绝不是恭维。安德森致电身在直布罗陀的艾森豪威尔:"一支高效的法军神速赶来支援的乐观局面不过是个幻想。"艾森豪威尔手下的海军司令安德鲁·B. 坎宁安上将在给朋友的信中写道:"突尼斯谁先到谁得。但这帮德国佬先了我们一步。"

一向毫无顾忌地嘲弄这位元帅的丘吉尔,忍不住指责他手下的指挥官胆小如鼠、过分依赖后勤。"陆军就像孔雀,只看见尾巴。"他愤愤不平地说。帝国总参谋长布鲁克将军则反唇相讥,"少了尾巴,孔雀只会头重脚轻"。丘吉尔不为所动,换了个比喻,斥责道:"我要将北非变成一块跳板,不是沙发!"当英国指挥官质疑美国人的作战素质时,有些人也对手下队伍的失职暗自惭愧。丘吉尔年初就表示过担忧:"我们的士兵一代不如一代。"布鲁克则担心,由于上次大战损失了优秀的指挥官,"近半数军长和师长根本不称职"。

虽说怀疑此战稍不留神即会铸成大错,不胜其烦的艾森豪威尔依然摆出一副若无其事的模样。11 月 21 日,他致信外号"幸运"的陆军航空兵司令亨利·H. 阿诺德将军:"我眼下最担心的,是从西西里和意大利涌入突尼斯的轴心国增援部队快过我挥师东进的速度。"一天后,艾森豪威尔在备忘录中写道:"眼下认为可以一举歼灭兵力达 1.2 万人的轴心国部队是错误的。"实际情况比他料想的更严重:内林 11 月 25 日的实际兵力已达 2.5 万人。失败的后果不堪设想,但艾森豪威尔在给史密斯的一封短信中总结:"如果不能迅速攻克突尼斯,我方将丧失主动权,同时也给了轴心国充分的时间在该地区为所欲为,助长了敌人的气焰……我们赢不了,重申一遍,我们赢不了这场战争。"

最令人气馁的莫过于敌军的空中优势。除西西里、撒丁岛和意大利的基地外,轴心国在突尼斯拥有 7 座地势优越的机场。凯塞林集结了 20 个俯冲轰炸机和战斗机中队,他们出手极其凶狠。

相比之下,盟军战斗机从远在波尼这种条件恶劣的机场起飞,距离突尼斯 135 英里,在战场上空逗留不了 10 分钟。德国空军 11 月 21 日的一次空袭,摧毁了十几架停在阿尔及尔机场上的飞机,将空中堡垒悉数逼到奥兰附近较为安全的机场,这意味着来回突尼斯一趟要飞 1 200 英里。被击落的飞机包括艾森豪威尔捐给空军的 B-17 座机。

机场的条件相当落后。飞行员常常要亲自提着 5 加仑的油桶为飞机加油,用羊皮过滤法国炼的劣质煤油;仅有的几套雷达设备送到非洲,早期预警系统还要靠法国宪兵的电话。截至 11 月末,盟军在北非的飞机只有一半能参战;因失事等事故损失的美军飞行员是作战的两倍,一名指挥官说这一比例"骇人听闻"。盟军的空中指挥因明争暗斗和大国沙文主义而变得混乱无序、各自为战。

盟军这才知道,北非不仅寒冷,而且多雨:突尼斯一年 16 英寸的降雨量几乎集中在 11 月到来年的 3 月。机组人员挥舞棍棒和铁锹剔去机轮上的烂泥,好让飞行员将飞机滑上跑道。为防机鼻冲进烂泥,机长要坐在飞机水平尾翼上,等飞机有了速度才跳下飞机。飞行技师在道路上铺垫过软木、竹子和钢垫,但都被烂泥吞噬。"这种可爱的烂泥能一直漫到你的胳肢窝。"一名英国士兵写道。

第 4 章 东 进

★★★

11月24日，安德森命伊夫利将军迅速出击突尼斯和比塞大。两个旅和中间的尖刀部队再次艰难地向东挺进。第36旅发现，在他们的左翼，即距地中海8英里的地方有一支德军不肯履行自己的职责。德国伞兵决定与其待在狭窄的公路上挨英国人的打，不如干脆沿途下地雷，一路后撤。盟军扑了个空。第36旅猛冲，德国人则犹如小步舞伴，再次后撤。就这样以每小时几百步的速度，持续了不下两天。

盟军南翼30英里处，英军第11旅三个营由美军炮兵增援，分两路再次进攻迈杰兹巴卜。在士兵拿炭灰抹脸的工夫，军官们挥着黑刺李手杖为他们打气。11月25日拂晓前，北安普敦郡团第5营和美军第175野战炮兵团从西南方向发动进攻，在迈杰兹3英里外打死12名意大利士兵，占领了布·慕斯山，并将之更名为"近卫兵山"。山名流传至今，但盟军却没能守住。德军坦克从迈杰兹发动了反攻，几个小时内就扫清了这座山脊。英美两军再次后退，这次是等待第二天赶来的美军装甲营增援。

另一路盟军从西北进攻迈杰兹。兰开夏明火枪团第2营乘卡车赶来，然后下车步行接近该镇。官兵们披着猎手月（11月的满月。——译者注）笼上的蓝影，沿公路和铁路路基前进，只听到脚步和吱吱嘎嘎的装备声。凌晨4点30分，迈杰兹映入眼帘，黑色桥拱下的河水波光粼粼。河对岸地平线上露出第一抹晨曦之际，英军营长 L. A. 曼利中校漫步走向目标，交换了几下手势、沙哑地低声交谈几句后，上前侦察。500个身影呈完美的突击队形，鱼贯穿过一片开阔地。

这一切尽入科洛奇营长手下的眼底，他们如今有88毫米口径大炮和第190坦克营增援。这批德国伞兵参加过克里特岛（Crete，希腊。——译者注）和低地国家各大战役，善于夜间近距离作战。迫击炮手瞄准移动的身影，以开保险柜的精度调整俯仰转螺。

第一阵机枪响起，曼利中校应声倒地。500名英国士兵顿时卧倒在地，匍匐着四下寻找掩体。迫击炮管突突作响，德国人的炮弹在战场后方轰炸，挡住了英军的退路，炮弹又继续向前，让英国士兵无法守在原地。子弹噗噗地钻进地里。步兵像父辈在索姆河所说的"跳袋子"一样跳出战壕，兰开夏人跳起身反攻枪口冒火的德军前线部队。他们冲过桥边的树篱，冲向河边，跳下泥泞的河堤，跳进麦杰尔达河，高举着步枪蹚着齐胸深的河水冲向对岸。

他们和 5 天前科洛奇的第 10 连一样无处藏身。子弹和迫击炮弹片溅起朵朵水花，德军 88 毫米炮弹在头顶噼啪作响。伤兵跌进河里，有的被战友拖上岸，有的却没这么好的运气。尽管曼利等军官阵亡，群龙无首，两个连还是冲到河东岸，在嘟嘟的哨声中，呐喊着冲向一片无人地带。

两个连被打得七零八落。一轮红日跃上天空，染红了英国兵的脸，晃得他们看不清炮口的火焰。军官们大声下达命令，但轰鸣声中，仿佛每一句话都被打掉了尾巴，只听到半截音儿。眯着眼睛的官兵跳进子弹横飞的麦杰尔达河，仓皇后撤。待在战壕内的兰开夏第 3 连也一样倒霉，其中一个排被机枪和炮弹打到只剩下最后一人。尸体再次随波逐流，但这次身上穿的是英军的哔叽呢。

进攻结束。一支盟军炮兵掩护还活着的士兵过河爬上西岸。他们拽着伤员的领子，蹚过宽阔的泛着血水的麦杰尔达河，从残垣断壁中反攻一路追赶英国兵的坦克和步兵。麦杰尔达河两岸留下"一片阵亡官兵的屁股"，成为又一幕索姆河惨景。但刽子手这次的血债是打死打伤 144 名兰开夏郡团官兵。

突袭朱代伊德，攫取门户钥匙

两个旅两面受敌，英国第一集团军突破的希望如今落到了中路暂编尖刀部队的肩上。这个单位规模小，兵力不足 3 000 人，却有百余辆坦克，其中半数属于美军。喊着"驰援突尼斯"的尖刀部队和形似"一口大牙、手持一码长刺刀的黑勇士"的塞内加尔狙击兵迎敌而上。尖刀部队发现山城西迪恩西尔以东的轴心国防线较为薄弱，打算派两个坦克营、英国第 17/21 枪骑兵团和美军装甲第 1 团第 1 营打开一条突破口。双方都接令要在与麦杰尔达河近乎平行的迪内河谷开辟一个"坦克出没的战场"。

这项命令让美国人欢欣鼓舞，即使他们不明白"坦克出没"是什么意思或者如何发挥这个充分的条件。第 1 营的上级单位于 19 世纪 30 年代为黑鹰战争（Black Hawk War，1831～1832 年美国正规军、民兵和印第安人盟军在伊利诺伊州和威斯康星州击败由黑鹰率领、企图收复失地的索克和福克斯印第安人。——译者注）组建，官兵主要抽调自肯塔基、田纳西和西弗吉尼亚。

35 岁的营长约翰·K.沃特斯，英俊潇洒，父亲是巴尔的摩的银行家。沃特斯上了两年约翰·霍普金斯大学，之后花了一天时间，说动一位芝加哥众议员，安排他上了西点军校 1931 班。沃特斯的志向是当一名飞行员，但因视力不佳受挫；后来他退而求其次，进了骑兵队，和脾气火爆的少校巴顿的千金订下婚约。巴顿对这个前来求婚的年轻中尉说："沃特斯，我不认识你，3 年后再来。"沃特斯如约前来，最终赢得了巴顿的青睐和他女儿的芳心。

沃特斯手下的 54 辆轻型坦克担当尖刀部队的前锋，因为奥兰登陆的美军中型坦克过不了狭窄的铁路隧道，现正经水路送往前线。14 吨重的 M-3 斯图尔特行动敏捷，配备一门 37 毫米口径的大炮，美国坦克手称之为"小口径步枪"。斯图尔特头重脚轻，仿佛"壁橱顶架上要掉下来的帽盒"，坦克有一个手动炮塔和一台猛摇 12 下才能启动的发动机。挤在里面的 4 名坦克手从狭小的棱镜窥视孔看敌人，实际是两眼一抹黑。内部通信系统失灵的时候，炮塔上的坦克长常常靠踢车内司机的左右肩直接下达指令：踢一脚后背是"停"，猛踢一脚是"前进"，照头一脚是"后退"。

这个营沿崎岖的羊肠小道，向东穿过狭窄的迪内河谷。德军俯冲轰炸机一出现在头顶，沃特斯就连忙将斯图尔特赶进附近的仙人掌丛，他的司机跳出舱盖，连声说着"吓死我了！吓死我了！"并躲进壕沟。11 月 25 日下午，侦察兵发现一股敌军躲在迪内河畔一座为抵御阿拉伯土匪而建的法国村寨。一圈带胸墙和枪眼的厚石头水泥围墙中间，是一座胶树成荫的长方形庭院。

只见意大利兵在围墙外的战壕和坑道内探头探脑。

A连的坦克冲了过去,尖叫着围攻这座村寨。他们将机关枪伸进战壕,打死了几名步兵,但"小口径步枪"却奈何不得石墙。沃特斯出动迫击炮排和突击炮加入战斗。迫击炮和野战炮的轰隆声很快加入了密集的坦克炮火。连连的炮击打碎了许多屋顶的红瓦,点燃了两个干草堆,却没有收到多少效果。守军的步枪和机枪冲斯图尔特一顿猛射,打碎了不少玻璃瞭望孔。坦克长拼命地踢着司机,左肩、右肩、左肩,但没有步兵和炮兵增援,进攻很快成了强弩之末。沃特斯将该连撤回山谷,坦克手们在这里花了一个下午的时间,抠出嵌在车身上的数百枚敌军子弹。一位军官事后写道,其效果"仿佛长了3天的胡茬",给装甲钢板平添了一股男子汉气概。

再往北,一个英国枪骑兵团围捕了140名轴心国俘虏,收下一位慷慨的农夫送来的咩咩叫的绵羊,然后稍事休息,吃了茶点。德军俯冲轰炸机飞行员显然将盟军的高射炮火误作德军的信号弹:一名枪骑兵汇报,"我们看到,德军步兵一再发射一串串维利式信号弹,却将炮弹引向了自己的阵地"。比塞大的门户马特尔仅在10英里外。

但恰恰是在这片坦克出没之地的南缘,上演了当天最不可思议的一幕。在进攻村寨即将结束之际,沃特斯出动了C连的17辆坦克,侦察麦杰尔达河上的大桥。长1英里的舒维居伊隘口出迪内河谷,向东正对突尼斯20英里外肥沃、一马平川的平原。一条纵贯隘口的石板路折向东南,通往5英里外麦杰尔达河谷的农田和果园。鲁道夫·巴罗少校在这条路上一路尾随C连的三个排。

巴罗和手下的官兵以35英里的速度绕过泰布尔拜镇,沿通往横跨麦杰尔达河艾尔巴山桥的55号公路前进了2英里。一阵坦克机枪吓得哨兵四散逃窜。在迈杰兹巴卜吃了大亏的盟军如今在迈杰兹下游22英里的德军腹地占领了一座麦杰尔达大桥。

巴罗一副骑兵的架势,向敌人冲去。坦克借橄榄树的掩护,沿麦杰尔达河左岸隆隆地驶向7英里外的朱代伊德村。几百码处的一座山脊后,一架德军飞机升空，紧跟着又是一架。巴罗派威尔伯·H.胡克中尉带一个排过去摸摸情况，余部则隐蔽在橄榄林中。

胡克和手下的坦克手很快跑了回来。胡克汇报称，小山另一侧新发现一座"停满飞机"的机场。机场没有哨兵，纳粹德国空军看来没注意到逼近的美军。巴罗命坦克摆好阵，两个排在前，一个排稍稍在后。巴罗电告沃特斯，大声转达了胡克的汇报："我们前方发现一座停满飞机的机场，敌军官兵都下了飞机，坐在油桶上聊天。请指示！"

沃特斯大半天都藏在仙人掌丛中，躲避这些飞机。他顿时不敢相信地跳起身。"快给我进攻！杀过去！"

17辆斯图尔特一拥而上，翻过山岗，履带碾压着麦茬地，从西北方向冲下前坡。坦克长将头伸出炮塔，拼命地催司机向前冲。数十架梅塞斯米特战斗机、俯冲轰炸机和容克斯战斗机挤在泥泞的跑道两侧，让一名美国军官想起了"小池塘上的肥鹅"。有的飞机在临时加油站加油，有的则正装上炮弹和一条条机枪子弹。夕阳下落在坦克前的影子，仿佛在和坦克赛跑，看谁先到坡底。不少德国空军转身挥手，他们显然以为是意大利人的坦克。

机枪首先对停在机场的飞机开火，由此展开了一场混战。油桶爆炸，一团团火焰飞过跑道，吞没了德军士兵和飞机。17辆坦克的炮声在山谷中回荡，坦克炮手连连扣动扳机，装弹手都来不及将炮弹装进炮膛。坦克炮火的阵阵热风荡平了灌木丛，在坦克前腾起一阵阵黑色的烟尘。

"小口径炮"是机身的克星。飞机爆炸、解体，在冲向跑道尽头的路上撞上别的飞机。一架梅塞斯米特战斗机正准备加速升空，但被机枪击中，一头栽到地上，腾起了大火。容克斯战斗机在泥泞的跑道上挪不动步，美国炮手可以从容地瞄准，用机枪从螺旋桨一直打到垂直尾翼。至于还能提速的，一名坦克长在跑道尽头对起飞的飞机一通纵射，打得附近的庄稼地变成火光冲天的十字架。

坦克冲上跑道，吓破了胆的飞行员头戴皮帽绕着弯儿穿过机场，但都难逃一死，或被履带轧成肉饼。几辆坦克冲到一排飞机身后，斩断了它们的机尾。

一名坦克手事后回忆,德军杂乱的步枪打在炮塔上,"豌豆似的弹了开去"。几名守军妄图掉转 20 毫米高射炮口,对准坦克瞄准器,但斯图尔特轻便灵活,几名炮手还没来得及开火,就死在了自己的炮位上。

坦克在机场上来回寻找猎杀的目标。子弹外壳雨点般地落到斯图尔特司机和炮手身上,他们一个个用毛巾裹住颈子,扣紧领口,以防被通红的子弹壳烫伤。进攻时升空的几架飞机折回头冲过来一阵猛扫,打着了绑在美军坦克上的背包。坦克手爬出舱盖,扑灭火焰后冲上去继续追杀。

战斗在半个小时内结束。巴罗带领突突作响的坦克撤回山顶。这次突袭损失了一辆坦克,另外几辆受损,外加两人阵亡,其中包括一名排长。

他停车最后看了一眼山脚下的战场。20 余架燃烧的德军飞机残骸散落在方圆 1 英里,燃料和弹药爆炸蹿起的火苗舔舐着跑道,照亮四下散落的螺旋桨、机轮和机身。机场上尸横遍野。巴罗一时想冒被斩断退路之险,乘胜进攻突尼斯,但此刻夜幕笼罩四野,沃特斯要 C 连回去。坦克掉头驶向舒维居伊隘口,在他们身后的东方,朱代伊德上空的云层下露出一抹浅橙色的霞光,仿佛黎明前短暂的天光。

11 月 25 日夜,接到"美军坦克距突尼斯仅 9 公里"这一惊慌失措、言过其实的汇报,内林险些气绝。盟军和突尼斯港之间仅有几条灌溉渠和两门 88 毫米高射炮。内林从设在美国原领事馆的指挥部致电身在罗马的凯塞林,事先通知他,自己"出于无奈,撕开一道战术缺口,以免因小失大"。由于首都已将兵临城下,一个驻守马特尔的坦克营要向南转移。这一招洞开了比塞大的门户。桥头堡的德军指挥官翻箱倒柜,准备烧毁秘密文件。

凯塞林对这位战地司令员"情有可原的激动"深表同情。他承认,突袭朱代伊德"闹得机毁人亡,说明德军防守薄弱"。但内林不应过于慌张。凯塞林说:"这个横生的枝节肯定叫人不爽。"但他们的境况并不像内林想的那样糟。这位战地司令对敌人多少有些了解:他们谨慎、浅尝辄止,不敢贸然

第 4 章 东 进

出手。凯塞林要内林保持冷静,并且答应早上飞往突尼斯,仔细察看一下情况。

"微笑的阿尔贝特"的安慰听来似乎言之有理。一鼓作气有时比重整旗鼓更难,在朱代伊德大捷后,盟军却不知乘胜追击。刚将指挥部从直布罗陀搬到阿尔及尔的艾森豪威尔看来无意冲上前线,给赶来阻止的凯塞林最后一击。

安德森和伊夫利故步自封,没能集中兵力以击破脆弱的轴心国防线。后勤不力、空中力量薄弱、步兵不足和恶劣的天气似乎合起伙来和盟军作对。他们连主要目标是比塞大(代号"迪齐")还是突尼斯(代号"因可")都搞不清楚。

但凯塞林的放心话也没能说动内林,他断定,元帅不了解突尼斯已危如累卵。德国空军飞行员汇报,有 30 辆坦克向北进逼马特尔。作为一战中的步兵和此次大战中的坦克司令,内林的勇气可嘉、身手不凡,此番在非洲军团担任隆美尔的副手。两个月前他曾在一次空袭中身负重伤,此次到突尼斯肩负重任,中断了他身心的康复,在去突尼斯途中又遇飞机失事,对他的身体犹如雪上加霜。

内林一蹶不振。挂了电话不久,他就下令收缩战线,退守一个易守难攻的桥头堡。麦杰尔达河谷的战线从泰布尔拜后撤 7 英里,至朱代伊德;以北的部队后撤到马特尔。全线的德意士兵收起武器和弹药,不声不响地向东转移。

11 月 26 日星期四破晓时分,迈杰兹巴卜镇内一声闷响,吓了西面山中的盟军哨兵一跳。河上腾起一股白烟。刚刚赶到的一队美军坦克营,由英国步兵带路,谨慎地穿过迈杰兹郊外的残垣断壁。

德军爆破手刚刚炸毁的一段长 40 英尺的石拱桥倒进麦杰尔达河。除了几只流浪猫和一头踢踢踏踏的骡子,这里成了一座空城,瓦砾中散发着说不出的味道。美军坦克手惊讶地发现,一个星期前吃了败仗的英军留下的尸体,遭阿拉伯人剥得一丝不挂。一名士兵在家信中说:"这种行为是因为他们缺乏起码的教养。"

门户的钥匙又回到了盟军的囊中。在镇上，美英士兵为自己的好运欢呼雀跃。丧葬队挖坑修墓，埋葬阵亡的官兵。工兵察看断桥，花了10个小时，建起一座浮桥。步兵和装甲兵沿河去往东北部的泰布尔拜。

　　50号公路沿途丢了一地敌军撤退留下的罐头盒、空弹夹和血迹斑斑的绷带。高2英尺、红漆帽顶的白水泥里程碑倒计着去突尼斯的里程。营炊事员围着行军灶跑前跑后，翻箱倒柜地想找些好食材，特别是牛肉，用以庆祝1942年的感恩节。

　　官兵们重新树立了信心。两个星期来，艾森豪威尔一直游离在希望和绝望之间，迈杰兹传来的消息让他振奋不已。他在给巴顿的信中写道："我们目前的战况好于预期。"在给比德尔·史密斯的一封电报中，他愈发自信。他说："我深信，敌人出于无奈，要不了多久，不是放弃'迪齐'，就是放弃'因可'，以便集中兵力把守一处。"

第 5 章　德国第 10 装甲师的反扑

在战役的关键阶段，每个步枪班都弥足珍贵，盟军却白白葬送了一个又一个营，从"预备役行动""终极行动""村夫行动"，到阿盖尔、汉普郡团、萨里郡团、突击队、弗罗斯特的伞兵，再到现在只剩 10 辆战车的麦吉内斯第 2 营。一个月的战斗落下帷幕，这只是盟军和轴心国为期 30 个月的苦战的序幕。

与傀儡政府联姻

　　艾森豪威尔从圣乔治饭店的角落办公室，通过高大的窗户望着外面的城市，那儿仿佛战争并不存在，一切照旧。有轨电车刺耳的喇叭声淹没了信徒祷告的声音，也淹没了圣女热纳维耶芙学校涌出的蓝校服女生的叽叽喳喳声。饭店前门外的咖啡厅里，阿拉伯人翘起粉红的手指，按住麻烦的胡须呷着咖啡。唯一的理发椅上的制作者印章表明它是圣路易年代的古董。

　　阿尔及利亚骑兵跨着白马，领着满载刚从突尼斯下来的伤兵的敞篷卡车，嘚嘚地从门前走过。阿拉伯妇女挥着扫帚，清除饭店走廊上泥泞的脚印，可惜白费功夫。圣乔治餐厅飘出扑鼻的感恩节大餐香味：烤孔雀、卷心菜和豌豆，佐以上好的阿尔及利亚玫瑰葡萄酒。

　　对长期窝在直布罗陀阴暗潮湿的防空洞中的军官来说（从他们苍白的脸色和闷咳即可看出一二），阳光明媚的阿尔及尔是个疗养胜地。紫色的叶子花、粉红的夹竹桃、鲜艳的蓝雪花将这个城市装点得五彩缤纷。说到逃离直布罗陀，艾森豪威尔比谁都高兴，湿气浸透了他的骨髓，他的感冒几个月迁延不愈。总司令本打算11月10日或11日迁出司令部，但比起阿尔及尔，直布罗陀的海底电缆更方便他与伦敦和华盛顿联系，直到11月23日他才成行。通信方面现在看来祸福参半。11月20日，他在给克拉克的信中写道："我烦透了和伦敦、华盛顿的这种长途论文竞赛。"一天后,他又说:"我在后方挨了一个星期的训。有时候,战场上的我们,谁都无法令华盛顿和伦敦满意。"

阿尔及尔,他鞭长莫及,但要是通信不畅,陆军部和唐宁街更是山高水远。圣乔治二楼东头的通信科,浴缸的一个木架上摆着密码机。英方的密码室挤在花园内一座狭窄的活动房内,而美方的发报员和译电员则在饭店休息室里胡乱摆放的椅子和铜桌间忙个不停。

艾森豪威尔的办公室宽敞、功能齐全,长廊尽头的三间客房和一个客厅改装成一个套间。窗户多,光线足,但老式宾馆的供热只能靠几座小壁炉,弄得他和手下的参谋浑身散发着烟火味。圣乔治的夜晚寒气逼人,尤其苦了在走廊上过夜的士兵。德军轰炸机频频袭击附近的港口和机场,饭店每次都剧烈地晃动。在办公室经历了第一个不眠之夜后(他自此将寝室搬到一座偏远的别墅),他指责盟军空防不力,大骂手下的空军司令无能。

在撤离直布罗陀几天前,他就提出将司令部限制在150人内。"我迫切希望裁减臃肿的机构,削减一应文件,"他对克拉克说。阿尔及尔不过是个临时营地,盟军司令部要在两个月内迁到更靠近战场的地方。但盟军联合司令部仍迅速扩张。不到两个星期,司令部就占用了11栋大楼,近400间办公室。300名军官目前要消耗配给1.5万名法国平民的肉食。

艾森豪威尔的通信参谋提出,配备一个司令部的方案要有"一个合理数值,再乘以5"。盟军联合司令部要坐镇阿尔及尔数年之久,将扩张成一个"庞大的文职大军",包括高达1 000名军官和1.5万名士兵,占用2 000座门房。一句戏言很快传遍前线:"这么多的军官隔着这么远的距离指挥着这么少的士兵,真乃旷世奇闻。"问及德军为什么不轰炸盟军联合司令部,一名美军少校嘲讽道:"因为司令部顶他们50个师。"

阿尔及尔业已显露出被占领的气象。早上电动剃刀嗡嗡作响,甚至干扰了电台发射。阿勒提饭店的妓女每次服务收10先令。一家法语报纸开始刊印英语教程,比如:"对不起,先生,我是有夫之妇,要赶回去,我家先生等着我呢。"在奥兰的食堂,一身红绿制服的军官坐在绿皮椅上用餐,旁边有身穿晚礼服的乐师演奏乐曲。军需少校提议制作勋章,题上"英勇、忍耐、晦涩难解",用以"奖励优秀的社会问题论文"。

阿尔及尔的橙子原来 15 美分一蒲式耳如今飙升到 15 美分一打;啤酒从 2 美分一大杯涨到 1 美元。"漂亮玫瑰"和"一桶血"这样的夜总会人满为患,营军士长到妓院挨家挨户检查,选出名声较好的发予执照。发现码头上等着出口的大酒桶,士兵们举枪打穿,拿水壶去灌;酗酒闹事演变成一场枪战,赶来镇压的宪兵统统缴了码头工人的械。

纪律涣散让军事法庭应接不暇:仅奥兰一处,登陆后 2 周,就有数百名美军士兵因各种违法行为被捕,但提起公诉的不到 2%。盟军为整顿秩序成立了一个简易审判庭,12 月上旬审判的 300 名士兵,只有 9 人被宣判无罪。有三分之一的案件与酗酒有关。重罪严惩不贷,自残大脚趾逃避战争要判 4 年,强迫劳役中踢打上司判 8 年,枪杀一名阿尔及利亚妇女判终身监禁。

各类文件尽和艾森豪威尔作对,纷纷落到他的肩上。许多烦心事着实荒唐。阿拉伯人中谣言四起,说艾森豪威尔是个犹太人,奉犹太教徒罗斯福之命,要在北非建立一个犹太国家。因此美方需要打一场宣传战,突出这位将军的德裔新教徒祖宗。陆军部想抬高他的身价,敦促记者不得提"艾克",但适得其反,这个绰号反而流传至今。一心盼着自己的名字见诸报端的克拉克,在记者会上信誓旦旦地说不久就能占领突尼斯和比塞大;艾森豪威尔在离开直布罗陀前就戳穿了这段大话。记者们建议,最好不发引起国内民众消极情绪的急电,很快下发了严格的新闻审查制度。同样严格的家信审查制度让一名士兵突发灵感,在给父母的信中写道:

> 从原地出发来这里前,我们并不知道是从那里开赴这里,我们也说不上到底有没有抵达这里。不过,我们在这里,不在那里。
>
> 这里的天是这个季节一贯的天,这里的人还是同样的人。

一名检查员在这封信上只写了一个词:"阿门。"

第 5 章 德国第 10 装甲师的反扑

在 11 月 22 日的一份电文中，丘吉尔希望艾森豪威尔"不要过于担心政局"。说到突尼斯的德军，首相提出，"以轻松的心情痛击这帮猪猡"。但这又谈何容易。艾森豪威尔在给克拉克的信中写道："德军重兵压境，我们要让所有士兵都上阵杀敌，身在国内的人恐怕理解不了我们这场恶战。"在给比德尔·史密斯的信中，他写道："我只想着突尼斯。"

★ ★ ★

实际上，艾森豪威尔的精力至少有四分之三用在政治问题上，根本无益于盟军的大业。要是这位司令能排除杂念，一心拿下突尼斯，未来几个月的战局兴许另当别论。但做了二十余年的参谋，对行动指令的谨小慎微和取悦上司的天性让他积习难改。艾森豪威尔还要软硬兼施，按自己的意志行事，成为一位真正的指挥官。

最叫他心烦的莫过于法国人。虽说他瞧不起"这帮法国佬"，瞧不起他们"不可理喻地要面子"，但他心里明白，法国人的合作对社会秩序至关重要，在保护盟军补给线方面他们抵得上 10 个师。如今统领北非法军的吉罗将军，还是一如既往地要求统领盟军。艾森豪威尔认为他"反复无常"、狂妄自大，"他对后勤的了解，还不如狗对宗教的了解"。

但这位总司令缺乏自信或气量去坚持要求法军与安德森将军全面协作，事实上如今许多法国兵因抵抗英美联军而立功受奖。结果，军队的行动、前线补给和进攻敌军桥头堡的部队依然各自为战。家属在德占区的突尼斯法军官兵尤其令人生疑，仅一个营就上报 132 人开小差。许多部队的装备不比 70 年前普法战争的时候好多少。一名法军士兵说，他的靴底太薄，踩上一团口香糖都知道是什么味的；有些殖民地兵根本没靴子，但他们的一双光脚丫脏得仿佛穿了靴子。法国军需官还请求提供大批桌子、台布、瓷器和军官制服的金穗。

眼下最恼人的莫过于国内对《达尔朗协议》一片哗然。"美国媒体像报道坦慕尼协会丑闻一样报道"北非的政治乱象。与傀儡政府头子达尔朗这桩贪财图利的联姻纯属动机不纯，违反了盟国的基本原则。"这到底怎么说？我们是打纳粹，还是要和他们同床共枕？"美国著名主播爱德华·R.默罗脱口问道。

英国的民意和议会的反响更为强烈。艾森豪威尔的副官在日记中写道，达尔朗在伦敦"臭名昭著"。英国外交部电告华盛顿大使馆，"我们在捍卫国际礼仪，达尔朗却背道而驰"。戴高乐设在伦敦的自由法国公关部门煽风点火，将达尔朗斥为魔鬼。身为特使，达尔朗的隐忍难以平息民愤。数千人深陷北非囹圄，其中包括曾协助英美联军的官兵。维希政府唯恐开罪阿拉伯人，仍保留着反犹太人法。400名新闻审查员为达尔朗效力，干扰BBC广播信号，因此北非人没收听到一则指控，即有人从上将在法国的家中没收了500磅咖啡和800磅糖。

艾森豪威尔对此充耳不闻、视而不见。感恩节那天的一封短信中，他告诉巴顿："我们来此不是干涉别人家事的，而是来履行军职的。"他变得闪烁其词，到处诉苦。他告诉马歇尔："我们尽量减小损失。"对联席会议，他则说："我发现，这也许是国内的情绪，以为我们出卖了国家。"但达尔朗提出："这是趋利避害的唯一可行之举。"艾森豪威尔有时怒火中烧，他告诉史密斯："传言我们的军队控制了这个国家，伦敦和华盛顿当局一再受此误解所害，实际上我们骑上高头大马号令天下的日子还远着呢。"

罗斯福承认达尔朗的协议，但在支持这项协议的公开声明中，"暂时"一词，他提了5次。达尔朗明白，对盟军来说，自己不过是枚棋子，他11月21日致信艾森豪威尔："各方传来的消息都认为，我不过是个柠檬，榨过后便可随手扔掉。"

令人反感的胡话莫过于此，叫艾森豪威尔不胜其烦。他声称："老天，你认为我想谈政治？见鬼，我不想谈，我烦透了这种该死的政治问题。"虽然艾森豪威尔无法了解罗斯福背地里怀疑他的判断，但是他明白自己不过是个可以丢弃的过河卒。提到他的战前军衔（如果革除三星中将军衔，他将重返这个职务），他曾咕哝道："告诉罗斯福，我是美国最他妈优秀的少校。"让他大动肝火的是，报纸歪曲事实，说他不顾民权，是个法西斯分子（他的发音是"肥起司分子"）。担任公职这些年，他从没像 1942 年冬这样敏感、暴躁。媒体的批评对和平时期默默无闻的军官来说是种磨砺。但是在战争时期，面对劈头盖脸的批评，艾森豪威尔终于按捺不住，说道："我绝不是反动分子！耶稣基督在上！我是个十足的理想主义者！"

★ ★ ★

漫长的一天后，艾森豪威尔回达尔·艾尔瓦尔别墅吃晚餐。轴心国轰炸机再次炸毁了别墅内的供暖、煤气和供水设备，勤务兵只能在餐厅壁炉上做饭。拼花石地板冷如冰窖。通风良好的别墅有七间卧室、一间带乒乓球桌的藏书室、一间放着一架大钢琴的琴房。艾森豪威尔时而玩"挑棒棒游戏"，时而和手下的参谋高歌一曲西点校歌或牛仔小调。

不过，心事重重的夜晚，他会放一张唱片，听意大利歌剧作曲家威尔第的歌剧《游吟诗人》（*Il Trovatore*）中他最喜欢的一节——《看吧！夜幕已揭开》（*Vedi! le fosche notturne spoglie*），也就是著名的铁砧合唱（Anvil Chorus）。别墅中一时成了铁匠铺，回荡着吉普赛人的歌声。刚从伦敦送来的苏格兰小狗泰莱克，转着圈圈追自己的尾巴。

即便是艾森豪威尔这样坚强、无私的指挥官，有时也会有不堪重负之感。几天前，他致信马歇尔："说我没压力，那是假话。"一位朋友说他是个"心事重重、孤独的人"。从不自怜的艾森豪威尔，在给阿诺德将军的信中，偶尔也掩饰不住辛酸的腔调："我犹如一条身不由己的狗。"达尔朗协议事件闹得沸沸扬扬，掩盖了他的士兵们在"火炬行动"中获得的非凡成就，对此他也感到很遗憾。

艾森豪威尔还抱恨部队不曾全力以赴，占领突尼斯。他告诉马歇尔："我度日如年，多半为政治经济问题操心。"为攻占突尼斯投入四分之三兵力的某些英国将领，渐渐对这个没带过兵打过仗却统领三军的人有了看法。

"艾森豪威尔一心钻营政治……顾不上德国人。"英国三军总司令布鲁克在

12月7日的日记中写道。布鲁克不得不承认，艾森豪威尔讨人喜欢，以公正无私的态度把盟军联合在一起，而且他运气非常好。不过，他似乎"不了解赶在德国人集结兵力前挺进突尼斯的紧迫性"。

艾森豪威尔责无旁贷。哈里·布彻在感恩节这天的日记中写道："阿尔及尔和东线的一应事务，只有艾克才能协调。"空袭警报呜咽。阿尔及尔港紫色的上空，猩红的高射炮弹和曳光弹、探照灯交织。10英里范围内的炮台和战舰似乎都在开火。港口四周的发烟器施放的烟幕遮天蔽日。阻击火网和烟幕才是防御工事。盟军有6架飞机可以在夜间拦截敌机，结果还没起飞，就被轴心国炸弹或乱开火的盟军炮兵摧毁了3架。

窗户哐哐震动。艾森豪威尔明天又要训斥空军司令，不仅如此，装模作样的防空部队扬言要煽动被吓坏了的法国和阿拉伯平民起来反抗。他走进别墅后的主卧室，防空泛弹片冰雹似的落在屋顶。

艾森豪威尔最近给在西点军校的儿子的信中写道："希望你有空温习一下地中海地理，有朝一日，我想和你探讨这场战役，听听你的看法。"不过，这位将军现在不想考虑大问题。他从床头堆积如山的文件中抽出一本庸俗的西部杂志，入梦前，他想偷几分钟闲，看看偷牛贼、矮种马和八卦新闻。

德美第一场坦克战

感恩节这天，约翰·沃特斯的第1营没吃上烤火鸡，再次躲进突尼斯25英里以西的迪内河谷。他手下的坦克兵点燃浸了汽油的抹布，炖着油腻腻的羊肉，就着硬饼干和浓茶，对付了一顿早餐。香烟早就抽光了，官兵们只得拿手纸卷干桉树叶对付。

不论吃饭、抽烟、写信，还是擦武器，一个个士兵都习惯性地看着天。纳粹空军飞行员平均每个小时来空袭一次，因此美军给迪内山谷起了个新名字，叫"欢乐谷"。11月25日星期三晚上空袭后不到几个小时，德军就夺回了朱代伊德机场，俯冲轰炸机像出租车似的排队，再次在跑道上起降。骤然冲过来的轰炸机让一名记者想起"家乡晚上追蠓虫的燕子"。说到德军俯冲轰炸机,英军上尉伊夫利·沃写道:"凡是德国的东西,都非常高效持久。"

德军 Me-109 战斗机躲在云层背后或附近的山谷,然后突然越过山脊,丢下一批炸弹或扑过来一阵扫射,弹起的弹片和子弹仿佛路上腾起火红的石子。军官们吹响空袭哨,官兵们一个个冲向身边的狭长掩体壕。陆路运输其实都在晚上进行:一队烧毁的车辆让人想到白天开车的危险。酷虐的空袭叫美军义愤填膺,一名士兵说,见到敌军飞机,"他们操起手中的武器(包括迫击炮)就是一阵猛打"。盟军一句非官方的训诫很快在突尼斯流传开来:"要么挖战壕,要么等死。"

盟军飞机难得一次制空,却误伤自己人,给地面部队的折磨雪上加霜。迈杰兹巴卜附近发生的一次事故很快传开。感恩节早上,美军一个高速轻型反坦克装甲车连赶来该镇增援的途中,11 架美军 P-38 闪电飞临上空。装甲车手看到友军战斗机赶来增援喜出望外,欢呼雀跃地冲到开阔地带挥手致意。一架架醒目的双机身 P-38 冷漠地盘旋,直到挡住了太阳,然后下降到 50 英尺的高度,在 3 分钟内来了五轮漂亮的扫射。

这次空袭险些灭了这个连,惊呆了的全连士兵都没来得及还击一枪一弹。五名士兵当场阵亡,包括该单位唯一的一战老兵,另外有 16 人负伤;每辆装甲车和反坦克炮不是被毁就是受损。第 1 装甲师一名被惹火了的连长对士兵们下令,空中凡是比鹅大的目标,格杀勿论。

美军士兵间流传一句老话:"谁飞谁死。"盟军飞行员习惯了友军炮火,"WEFT"(check the Wings, Engines, Fuselage, Tail)原指地面部队识别敌机的定式,即"检查机翼、引擎、机身和尾翼",到了士兵口中就成了"次次都他妈的出错"(Wrong Every Fucking Time)。

尽管发生了这些令人沮丧的小插曲,但是轴心国收缩战线,为伊夫利将军手下的 2 个旅创造了条件,左翼沿地中海公路向东推进了数英里,南翼出迈杰兹巴卜进入麦杰尔达河谷。但两个旅都没能乘胜追击。盟军中路,尖刀部队按兵不动。沃特斯驱车 40 英里,到巴杰征求尖刀指挥官的意见,却被告知第 1 营按兵不动，沿欢乐谷 3 英里的战壕防守。没有命令，不得进攻突尼斯平原。

11 月 26 日拂晓前，沃特斯乘吉普返回设在迪内河以南半英里处一座沙石围墙、名叫圣约瑟夫农庄内的指挥部。大风吹动沿河的胶树；河对岸，一名阿拉伯农夫赶着两头牛耙地。伪装网和干草堆掩饰着村寨内的美军吉普和电台天线。

粗糙的地图上用蓝铅笔标出该营幸存的 52 辆斯图尔特坦克的部署：鲁道夫·巴罗的 C 连在头晚机场大捷之际乘胜追击，从欢乐谷折向右，把守圣约瑟夫农庄 2 英里下游的舒维居伊隘口东面的入口；威廉·R. 塔克少校的 B 连隐蔽在隘口正北一座俯瞰迪内河的山丘后方；卡尔·西格林的 A 连守在隘口以南 1 英里一座长满仙人掌的山脊上，与沃特斯的指挥部遥相呼应。

中午前不久，一名拿着法国海军望远镜的哨兵发现河下游数英里处尘烟滚滚。沃特斯大步流星地跑上山，确认来者是"一支大部队，打头的是几辆惨兮兮的意军侦察装甲车"。事实上，那是德军 3 个连的兵力，其中包括第 190 装甲营的一个装甲连——从马特尔赶来增援撤出迈杰兹巴卜的轴心国部队。沃特斯还没来得及数清德军的坦克，一发发炮弹就呼啸着飞向圣约瑟夫农庄。官兵们扯下伪装网，发动斯图尔特引擎，扔下铺盖卷。德美两军二战第一场坦克战拉开了战幕。

为争取时间，沃特斯命三门 75 毫米口径突击炮占领沿河公路一处橄榄林。他们爬上装甲半履带式坦克，以 1 000 码射程，一连打了 30 发，唯一的效果是造成尘土飞扬，敌人从橄榄枝间予以猛烈的还击。按沃特斯的命令，榴弹炮借几枚烟幕弹的掩护，匆忙返回圣约瑟夫农庄。沃特斯很快发现，直扑过来的 Mk IV 装甲坦克都装了一门 75 毫米口径的长筒大炮，这种新式大炮连盟军情报机关都还没探明情况，其发射速度达每秒 3 000 英尺，是美军坦克大炮的 2 倍，杀伤力大增。

西格林少校驾驶"铁马"号坦克，翻过圣约瑟夫农庄东南的一道山坡，和 A 连其余的 11 辆斯图尔特冲到山下的河谷。空中的机枪子弹仿佛火红的连枷。斯图尔特主炮连连怒吼,击中一辆意军装甲车,该装甲车猛地一停,腾起一阵浓烟。

德军坦克以牙还牙,击中一辆斯图尔特。不足 100 码的 A 连右翼,带领 3 辆坦克的排长小弗利兰·A. 多班中尉见被摧毁的坦克舱盖上吐出"橙红的长火舌",油底壳下汇成一条"亮闪闪的小溪"。弹药爆炸时,炮管火花四射。燃烧的橡胶履带和负重轮腾起阵阵浓烟。

斯图尔特接二连三地被击中,和第一辆一样爆炸。头发和制服都着火的坦克手跌跌撞撞地爬出舱盖,在烂泥地上就地打滚,扯下夹克和冒着火的布条。四肢骨折的士兵困在坦克内,被熊熊大火活活烧死,隆隆的爆炸声中传来他们撕心裂肺的哭喊声。

炸点附近一片狼藉。一枚炮弹没能穿透甲板,但数千克的余力足以震断斯图尔特的铆钉头,如机枪子弹般在坦克内乱窜。一名坦克长事后说,他这辆坦克的炮塔壁被子弹凿出一片铁块,"仿佛指头划过一块黄油,在炮塔内壁划出短短一条弹着点似的红条痕"。

坦克在 300 码内短兵相接。西格林的"铁马"和其他幸存的斯图尔特左冲右突,尘土飞扬、硝烟弥漫,坦克司机仅凭感觉换挡,操纵方向。一名排长说,比起德军坦克上的大炮,斯图尔特上的 37 毫米口径炮如同"玩具枪"。"德国兵看来是被惹恼了。"

右翼的多班中尉对一辆德国 Mk IV 就打了 18 发炮弹,但从坚硬的装甲板上弹开的炮弹,"仿佛马达驱动的砂轮,洒落一地火花"。多班拼命地踢司机的双肩,吼着指挥司机迂回前进。一辆德军坦克在 50 码内一发命中了多班的坦克前舱,斯图尔特正面仿佛中了一锤的罐头盒,顿时陷了进去。其司机当场阵亡,炮手被打瞎,装弹手爬出舱口时遭乱枪打死。多班虽然受伤,但还活着,他滚到地上,爬进一条战壕。他的坦克轱轱辘辘倒退出战场,遭大火吞没。

10 分钟内,西格林上尉的 12 辆坦克近半数被毁。但沃特斯目前跳出了 A 连所中的陷阱。德军只顾进攻西格林的斯图尔特,没注意到埋伏在舒维居伊隧口入口正北山脊后塔克少校的 B 连。轴心国坦克车队刚进隧口不到 100 码，塔克带领坦克翻过山头，从两翼和后方包抄敌军。近距离射程内，连"小口径炮"的两磅炮弹都能穿透坦克引擎盖。敌人企图掉转车头，但为时已晚，数十发炮弹钻进德军坦克。7 辆德军坦克被毁，包括 6 辆新型 Mk IV。

轴心国幸存者被复仇心切的美国人一路追赶到迪内河。德军步兵和两辆幸存坦克躲进西格林的连队头天失利的村寨。这一次，美军冲开大门，闯进这座要塞，没等敌军撤退到墙外，就轰塌了胸墙。美军乘胜追击，将轴心国士兵一举歼灭在河上游的葡萄园内。夜幕降临后，德军指挥官带领残兵败将撤退到北边 8 英里的马特尔，一到这里，他当即遭撤职，并因擅自撤退被送上军事法庭。这个德国人在 11 月 26 日的作战日记中指出："我方蒙受了重大损失。"

美军的损失大致相当，沃特斯实际是以坦克换坦克。第一次坦克战不分胜负。村寨中的最后一场混战，一枚炮弹击穿"铁马"炮塔，英勇无畏的西格林少校当场阵亡，遗体被送往圣约瑟夫农庄安葬，揭穿了"弱果子先落"这句由来已久的谎话。随后赶到的英国轻骑兵见欢乐谷硝烟弥漫、燃烧的坦克浓烟滚滚，他们给的赞美词或许名副其实。轻骑兵史学家事后写道："美国人干得漂亮，战果辉煌。"

★ ★ ★

盟军又一次把握了契机。左翼的第 36 旅突出重围，跑步前进。中路的尖刀部队扫清迪内河谷，比塞大的门户马特尔遥遥在望。在南翼，争夺突尼斯取决于这座首都附近展开的一系列激战。

欢乐谷以南 10 英里，11 月 27 日星期五拂晓前，英军东萨里郡团第 1 营的步兵占领麦杰尔达谷小镇泰布尔拜。英国兵从敌军哨兵撤出的一个警察局厨房搜出了煮得半熟的鸡蛋和冒着热气的牛排。两个星期前，泰布尔拜的人口还是 4 000 人，如今快速普查清点的数字是 6 名阿拉伯人、3 名意大利人、一头猪、一头毛驴和几只鸡。除几座低矮的茅屋和面市中心广场而建的法兰西饭店，炸弹和大炮将这个小镇夷成了平地。随军记者德鲁·米德尔顿报道："和遭过战火洗劫的城市一样，泰布尔拜是座荒无人烟的空城。"

泰布尔拜隐藏在麦杰尔达河套，掩映在橄榄林中，位于迈杰兹巴卜和突尼斯中间。萨里郡团派了一个连驻守该镇以南一英里的麦杰尔达桥。另一个连登上迈亚纳山——该镇以东一英里一座陡峭、寸草不生的小山，立刻按高度将其命名为 186 高地。从山顶可见铁路和 50 号公路几乎比肩横跨麦杰尔达河通向远方，德军俯冲轰炸机停在 4 个小时前夺回的纳粹德国空军机场。突尼斯城内的清真寺尖塔仿佛地中海雾霭中伸出的一根根纤细的手指，肉眼清晰可见。一名美国装甲兵指挥官事后写道，军官们爬上蓟草丛生、岸燕盘旋的山顶，见到的一幕景象，"在今后激战的日子里，始终挥之不去"。

萨里郡团分散在 7 英里的山上，但这一天官兵们普遍情绪高涨。伊夫利将军说要在 12 个小时内挺进突尼斯。英国第 1 近卫旅的三个营不久前从阿尔及尔赶到，补充伊夫利的第 78 师，美军第 1 装甲师的大部也从奥兰赶来增援。

东萨里郡的官兵们从停在橄榄林中的卡车上拽下毛毯，一致认为进攻前要稍事休息。他们带前来视察的军官登山观摩。一行人中，有一位是首相公子兰道夫·丘吉尔。这位公子哥儿脑满肠肥，穿着一身突击队制服，他停下来把一名在橄榄林中挖散兵坑的士兵教训了好一通："老兄，你知不知道，在那地方挖战壕，说不定会毁了一株千年老树？"

上午 11 点半，德军又杀了回来，不知是谁喊了一声："坦克！坦克！"顿时扫了游客的兴致。17 辆坦克穿过 186 号高地两侧的橄榄林，向萨里郡团的卡车开炮。两个小时内，激烈的战斗从相距 100 码到短兵相接。炮弹和机枪子弹摧杆断枝，直奔泰布尔拜，将高大的仙人掌篱笆和前一次留下来的几座茅屋打得尽是窟窿。英军防守该镇的 8 门野战炮被打哑，稍小的 2 英寸和 6 英寸口径的大炮也难逃一劫。威尔士炮手跳过尸体，往后膛填上一枚炮弹，猛拉火绳。一名英国兵答应身负重伤的战友："要不了一个星期，我们就能去突尼斯吃大橙子了。"

敌我双方在英军阵线展开了拉锯战，下午2点许，炮声渐稀。8门大炮中7门被摧毁，唯一幸存的25磅大炮如今只剩下一名中士。8辆被摧毁的坦克呈半圆形排开，一管弯曲的坦克炮筒正对着几英尺外击毁它的一门英军大炮残骸的炮口。满地瓦砾、弹片，外加德军坦克炸飞出来的基安蒂红葡萄酒瓶和葡萄牙沙丁鱼罐头。9辆逃过一劫的德军坦克沿铁道逃回朱代伊德，德军坦克手逃出燃烧的坦克，像兔子一样奔进沙漠，亡命强盗般边逃跑边回头射击。树林一片狼藉，战斗中阵亡的萨里郡士兵中间躺着弹痕累累的千年老树。

这时候刻不容缓，但组织反攻仍花了一天时间。在萨里郡团埋葬阵亡官兵之际，一个英国营和一个美国营向突尼斯推进。他们奉命占领朱代伊德，同一天突袭马特尔。不少士兵听信空着肚子可免遭腹部伤口感染的传言，没吃早餐和午餐。11月28日星期六下午1点，北安普敦郡团第5营两个连登上美军第13装甲团第2营的19辆坦克。每辆坦克周围紧贴着一打英国兵，300码后跟着北安普敦郡团的两个步兵连，沿头一天德军撤退走过的铁路路基，出发扑向朱代伊德。

英美联军呈楔形冲过纵贯两英里的山地，那块地方东一处果园、西一丛胶树。云雀和红松鸡扑着翅膀蹿出矮丛灌木，但唯一的人迹是186高地上捉着望远镜的军官，仿佛是田径场看台上的观众。右翼的官兵赶到麦杰尔达河，朱代伊德白色的轮廓也遥遥在望。美军驾驶的坦克是"格兰特/李"（General Lee）中型坦克，重达斯图尔特的2倍，车上配备一门75毫米口径大炮，炮台上配有一门37毫米口径大炮和四挺机枪。虽然体积更大、杀伤力更强，但"格兰特/李"却有明显的瑕疵。一名坦克手抱怨说，高达10英尺的车身，"仿佛路上开过来一座大教堂"。大炮的转角较小，也就是说火力带只限坦克的前进方向，炮装得太低，开炮时整个车身暴露无遗。

德军伏兵等打头的美军坦克排（并肩四辆）推进到300码范围内，战壕后顿时喷出一条条火舌。六发反坦克炮弹击中"格兰特/李"，嗒嗒的机枪声响彻四野。英国兵跳下坦克，一部分冲向50码后的浅壕沟，另一部分不是隐蔽在装甲车身后，就是倒地阵亡。5 辆"格兰特/李"很快腾起大火，余下的一边对仙人掌丛开炮，一边撤退。指挥这支坦克部队的亨利·E. 加德纳少校是位 37 岁的蒙大拿人。他带上一名军医助手驾驶一辆半履带式车辆，冲向一辆遭摧毁的坦克。两人打开坦克后舱门，拽出一个大兵（加德纳说："他身受重伤，后背到肩膀被弹片掀起了一大块皮肉。"），然后冒着灼人的火焰，望着战场上挥手叫他们快走的伤员，退了回去。

南安普敦郡团迂回到右翼，打算从河边的胶树林包抄敌军。一阵阵猛烈的德军炮火斩断了他们的去路，德军俯冲轰炸机又炸得他们抱头鼠窜。几辆坦克沿紧靠麦杰尔达河北岸的铁路，准备强攻同一翼。尤金·F. 耶赫利克从敞开的舱口伸头寻找敌军炮兵掩体，德军一发炮弹顿时让他身首异处，他的无头尸体跌落到坦克手身上，后者早已吓呆了。至此，两面夹击全线崩溃。"及时雨"加德纳少校将耶赫利克放在一座山丘后，在尸体旁竖起两个炮弹罩，方便以后收尸。

除了撤退，只能撤退。由于缺乏攻其不备的战略，缺少空中增援、大炮和周密的安排，反攻大败而归。第 1 装甲师事后总结，英国人和美国人"非但不密切配合，反而各自为战"。当夜幕降临后，加德纳带两名英方军医助理和几名担架员返回战场，熊熊燃烧的"格兰特/李"照得战场如同白昼，野战医院当即引来了德军炮火。一名美军士兵说，每辆坦克都"如同点燃了 20 座干草堆"。尸体的焦煳味笼罩着烈火熊熊的车身，飘过杀戮场，军医助理还要努力从上风接近这些"火葬场"。到处是求口水喝的哀求声，夹着因伤势过重而顾不上渴的呜咽声。

在泰布尔拜的一座急救站，树荫下堆着一具具尸体，也聚集了等待送到后方的一队队担架员和伤兵。烧伤人员躺在地上，脸上皮开肉绽，皮煳眉焦。加德纳救出的人中有二等兵罗伊·贝茨——一个 21 岁的西弗吉尼亚小伙子，他陪着几位阵亡的战友等了 9 个小时，才等来了救兵。军医从他右腿上一条 4 英寸的口子里取出一块重达 1 磅的弹片，贝茨攥着弹片发誓："伤一痊愈，我就要回到战场，把这块弹片塞进某个狗杂种的喉咙。"

英国兵对这一幕充耳不闻，污迹斑斑的脸上流着泪水，迈着沉重的步伐回到186高地以西一座被定为北安普敦郡团集结地的农场。米德尔顿汇报称："到了农场，他们跌跌撞撞地一头扑向谷仓，以头撞墙。"一名深受德军俯冲轰炸机所害的步兵喊了一个下午："谁捐六个便士买一架喷火战斗机？"戏谑地模仿不列颠之战（Battle of Britain，1940年7月到10月英德空军的一系列空战。——译者注）期间那条鼓励学生捐零花钱购买战斗机的口号。收听BBC的士兵对盟军正冲进突尼斯的报道嘘声四起。一名听众将这种官方公报比作《爱丽丝梦游仙境》，称其"一派胡言，但在某些方面引人入胜"。记者A. D. 迪万报道，他看见一根罗马式纪念柱上题着"D.M.S."，他将这句祈祷的缩写译成"死者向上帝致敬（The dead salute the gods）"，其中的感悟似乎恰如其分。

临近午夜，北安普敦郡团打算夜袭朱代伊德，但大家都认为这项命令轻率欠妥，当即予以取消。不计美军的伤亡、失踪，伊夫利的两个旅损失580名官兵，他认为还是等到天亮再作打算为妙。

★ ★ ★

可惜英方指挥官的这项决定没传达到美军野战炮兵第5营，11月28日，他们带着紧缺的远程榴弹炮，怀着"朱代伊德属于盟军"的信念，开赴战场。一名美国军官写道，德国空军飞行员丢向50号公路的照明弹整齐划一，"仿佛一盏盏街灯"。泰布尔拜郊外的指挥部帐篷，让一名炮兵指挥官想起"父亲内战期间缴获的一幅弗雷德里克·雷明顿的旧作，一色的灰黑，画中面目严峻的军官盯着一幅地图"。晚上9点，炮兵获悉德军仍盘踞在朱代伊德。但如今已指挥不动美军的英方炮兵总指挥认定，该镇守不到午夜。第5野战炮兵营营长沃伦·C.斯托特中校奉命侦察朱代伊德以北的地形，为在机场附近部署大炮而探路。

晚上9点半，斯托特带4名参谋、3名炮兵指挥官和10名士兵，驱车赶赴目的地。他以三言两语简洁而准确地下达了命令："关闭电台。凡是临时车站，一律步行。这是我们首次执行英方下达的任务。"一轮冉冉东升的明月，将如水的月光洒遍橄榄林。186 高地下的一片树林中，一名英国哨兵拦住了他们，警告说："下一个拐弯处正展开一场坦克战，打得惨烈，长官。"斯托特眼镜反射的月光，给他的脸笼上一抹绿幽幽的色调。他对手下说："按计划继续前进。"往东走了一英里，一行人又停了下来。几辆烧焦了的"格兰特 / 李"烧坏了道路的南侧。一名参谋说："情况看来有变。"听天由命的斯托特摇了摇头说："我有令在身。"

距朱代伊德不到一英里，斯托特要几名炮兵指挥官守在橄榄林中，他带司机和两名参谋前去侦察。茫茫夜色吞没了影影绰绰的指挥车。炮兵连长约瑟夫·S. 弗里林海森上尉事后回忆，半分钟后，远处的林木线"喷出一道蓝白色的火网"。黄色的曳光弹从两侧向路上汇集。军官双目圆睁，只听得反坦克炮一声爆炸，继而归于一片沉寂。他们等了 45 分钟，然后压低嗓子，心急如焚地讨论下一步行动，电台上呼不通斯托特，殊不知在泰布尔拜，该营余部正要出发去朱代伊德，英方取消了地面行动，称"该镇情况有变"。

午夜时分，三名英勇鲁莽的上尉达成一致，前去寻找斯托特中校。三人各带一名司机和机枪手，分乘三辆吉普。第四名军官不肯去。"祝你们好运，"他说，"但我绝不赞成你们的行动。"三辆吉普悄悄钻进林木线，快到斯托特指挥车残骸的时候，德军炮兵从两翼同时开火。

"世界仿佛在我面前爆炸，"弗里林海森上尉事后写道，"空气中弥漫着刺鼻的汽油、无烟火药和 TNT 味。"伏击一分钟内就结束了，数十名德军包围了吉普。在毫发无损地生还的弗里林海森看来，"他们一个个压低帽檐，灰头土脸，就像死人一样"。

他和另外 9 人被俘。斯托特中校、司机和两名参谋阵亡。第 5 野战炮兵营没发一炮一弹，即群龙无首。德军还截获了第 1 装甲师的无线电频率、秘密联络信号和列明美军作战命令的文件。

11 月 29 日拂晓，伊夫利对朱代伊德发起新一轮攻势。遭受重创的北安普敦郡团在 12 辆美军坦克的增援下，再次冲过 186 高地。德国守军头一天才占领此高地，如今弃地而逃，但在美军坦克乘胜追击之际，一支反坦克伏兵击中4辆"格兰特/李",其余的坦克落荒而逃。左翼的北安普敦郡团D连占领了一座山脊,之后不知所踪。一个小时后,才见到这个单位几名跑回来的散兵。"把那头驴拉走,"一名高个子美军炮兵喊道,"30辆德军坦克正朝这个方向开过来。"

高地不久失守,英美联军丢盔弃甲地退了回去。坦克营只剩下25辆"格兰特/李",损失过半,和两天前的萨里郡团一样,北安普敦郡团以惨败告终。

11月29日星期天(确切地说,是"火炬行动"登陆3周后)是盟军在未来6个月的战斗的分水岭。突尼斯眼下已不再是遥遥在望、迷人的白轮廓。攻方人少势微、兵力分散、行动拖拉。他们如今丧失了主动权,从西到东,草寇似的败下战场。丘吉尔在伦敦宣布占领朱代伊德。未能完成这项任务的士兵只能嘲笑BBC,突尼斯战场渐渐落得一个不可避免的境地,即除当局的话外,什么都能信。

在朱代伊德伏击中被俘的弗里林海森上尉等人挤在一辆德军装甲车里,被送往不远处的突尼斯。他们驶过绿树成荫的大道,闻着浓浓的煤烟和畜粪味。弗里林海森冷冷地讽刺道:"我们完成了艾森豪威尔将军关于尽快抵达突尼斯的目标。"

在转送俘虏去意大利的欧韦奈机场时,几名美国人目睹盟军轰炸机撂下几枚炸弹,扬长而去。一听到解除空袭警报声,德军士兵即将挠钩抛向一架遇袭的容克斯运输机,动用推土机将这架刚从意大利飞抵这里就遇袭的飞机残骸拖离跑道。机场起降很快恢复正常,德军士兵不等螺旋桨停止转动,就噔噔噔地跑下飞机舷梯。这时候,一辆救护车停在燃烧的容克斯前,一身石棉制服的德军援救人员忙着从残骸中救出伤员。另一名被俘军官转身对弗里林海森说:"这样打仗的人,是打不垮的。"

★ ★ ★

攻打突尼斯的第一集团军南翼受挫,但突击比塞大的北翼尚存一线希望。一周时间无甚建树,11月27日,伊夫利手下的第36旅出其不意,向东突破塞杰南村，进入沿海一片荒无人烟的高地。28 日拂晓，该旅接令需在日落时分占领马特尔以西 10 英里的一处十字路口，随即沿 7 号公路急行军 26 英里。这一速度，就算不是前无来者，也是史无前例。

4 000 英军官兵草草吃了顿早餐，即刻开拔。他们由阿盖尔 - 萨瑟兰高地团第 8 营带队，在宽仅通得过一辆卡车、蜿蜒曲折的路上走了一个上午。树干上满是收割软木留下的黑疤痕，一堆堆晒干的树皮等着被运往市场。一身红长袍的妇女在淙淙的小溪中洗衣浣纱，穿着脏兮兮的束腰长袍的孩子在一旁抽着跛驴的屁股。南风大作，阿盖尔士兵将吹得干稠的泥浆比作"胶水和油灰的混合物"。要不了几百码，各辆车上的士兵都要带着铁锹跳下车，铲去车轮上的烂泥。工兵掘出不少德军撤退时埋下的地雷。

尽管一再延误，但是截至中午，这队人马还是前进了 15 英里，让军官们欣喜不已。流云飞奔的天空下是块块园地或农场，这片乡村像极了因弗内斯或威廉堡起伏不定的山地，萨瑟兰高地团人仿佛回到了家乡。

临近下午 1 点，该营沿 7 号公路进入一道两侧山势巍峨的山谷。左侧的阿齐格山高耸 1 300 英尺，山脚是茂密的橄榄林，山腰绿草如茵，微风拂过，仿佛游龙走蛇。阿盖尔营营长 J. G. 麦基勒中校将这面斜坡命名为绿山。公路以南的右侧，阿杰雷德山扶摇直上，高达 1 800 英尺，山顶是参差的岩石，麦基勒称之为童山。山谷另一头，贾夫纳村坐落在两山山洼，窄轨铁路从这里消失在隧道中。英国侦察兵发现几个土灰色的身影蹿进散兵坑。一名阿盖尔兵写道，两山似乎"不像前一天经过时那样险恶"，看样子，敌军是这个星期见惯了的小股巡逻队。

两种设想都大错特错。贾夫纳和附近的山坡隐蔽着炮阵和纵横交错的火力带。一份德军报告称之为"微缩版的突尼斯凡尔登"。把守山谷的是 5 门意军反坦克炮和空降工兵第 21 营。

营长鲁道夫·维齐希少校生着一张红扑扑的娃娃脸，眼窝深陷，一双眼睛仿佛是从骷髅洞中偷窥。维齐希身经克里特岛、苏联和法国等战。他最辉煌的战绩，莫过于 1940 年 5 月奇袭一座公认坚不可摧的堡垒，突破比利时防线，希特勒为此亲自授予他一枚骑士勋章。当时维齐希带领 77 名手下，带上一种称作"锥形装药"的爆破装备，分乘 10 架滑翔机空降到堡垒，在 20 分钟内，以伤亡 26 人的代价全歼 800 名守军。埃本·埃玛尔失守，德军坦克大举冲进这个突破口，将英法联军赶到敦刻尔克。现在，维齐希和手下的伞兵正埋伏在贾夫纳和两翼的山坡。

下午 1 点半，阿盖尔营停止前进，埋锅做饭；生着一对酒窝、英俊帅气的麦基勒中校命 A 连向山谷推进。由于只重速度，要赶在天黑前抵达十字路口，阿盖尔营没派前哨去山头瞭望，也不曾派出侦察兵，连起码的警惕都没有。机枪几次扫射可疑的敌军阵地，也没有惊动纪律严明的德军。阿盖尔营 A 连拖着 8 辆履带式小型装甲车慢慢地接近河谷，步兵下车，跌跌撞撞地穿过右侧一块犁过的地。后面跟着麦基勒和手下的几名连长。

一列纵队快到贾夫纳时，维齐希一声令下，一发反坦克炮弹命中领头的装甲车，继而乱枪齐发。一门意军大炮击毁了最后一辆装甲车，斩断了退路。机枪和迫击炮从西向东，来回扫射这列纵队。不到 20 分钟，A 连几乎全军覆没，只逃出 8 个兵。麦基勒命 Y 连冲进山谷，但当即被打得进退不得。志在占领绿山的 B 连从左翼冲进山谷，但也被火力压得抬不起头，X 连此时则刚到童山山脚。全营深陷绝境，麦基勒一步一步地往后撤退。在最关键的一刻，他的副官却兴奋地小声说："快瞧，乔治，松鸡！"只见一窝 7 只鸟蹿进灌木丛。

夜色使阿盖尔营免于全军覆没的命运。麦基勒传令下去，要各连到山谷入口以西半英里处集合。150 名伤亡者中，包括肩膀、胸口和大腿各中一弹的三名连长。一名勇敢的营军医带着担架员对暗处喊道："有人吗？"他沿着 7 号公路一路寻了过来。他们共救回 8 名伤员，包括在一辆装甲车驾驶室找到的一名双腿被打断的司机，他说："哪怕只有一条腿，我也能把这玩意儿给开出来。"最后他不治身亡，尽了自己的职责。

该旅重新调整部署，11 月 30 日拂晓，由两个营配合，再次发动进攻。皇家西肯特郡团以伤亡 161 人的代价，呐喊着冲上一片焦土的童山峰顶，不料却被维齐希休整期间赶来增援的官兵给赶了下去。冲上绿山的一个突击营功亏一篑。战斗惨烈，有些刺刀刺得太狠，拔都拔不出。

一个 4 000 余名官兵的英国旅被相当于其兵力十分之一的敌军挡住了去路。德军总计 14 人阵亡、20 人受伤、1 人失踪。盟军地图上现在可以再画上一条高潮线。和埃本·埃玛尔要塞一样，贾夫纳在 6 个月时间内坚不可摧。

筋疲力尽的英国兵瘫倒在露营地，在如注的雨中，头枕胳膊，张着嘴呼呼大睡。在绿山和童山上，红松和湿泥土味很快就被尸体的腐臭替代，来年春天，那里将只剩下一堆堆白骨。8 辆履带式小型装甲车每隔一英里一辆，在 7 号公路上生了一年半的锈。"形销骨立、满面愁容"的第 36 旅旅长因上了年纪及劳累过度，被送回国内，当时他不过 53 岁。鉴于南面的朱代伊德和北面的贾夫纳两边溃败，安德森将军要伊夫利暂缓进攻，而此时第一集团军准备恢复元气。

★ ★ ★

取消进攻的命令下达到盟军各单位，但最需要这条通报的单位却蒙在鼓里。

首轮进攻朱代伊德期间，伊夫利信心十足，他打算两面夹击，钳制一股肯定会缴械投降的敌军。北部一支 500 人的英美突击队在比塞大附近登陆，破坏敌军的各个设施。突尼斯以南，一个伞兵营要占领一座机场，掩护盟军右翼进攻这座首都。两路大军斗志昂扬，殊不知不但进攻已被取消，而且他们原本指望赶来增援的大部队仍旧远在天边。

11 月 30 日，最后一抹阳光消失在天际，突击队从紧邻阿尔及利亚边界的海滨小镇塔巴卡一座古堡动身。六支英军和四支美军突击队，每队 50 人，外加 8 头买来拉迫击炮的阿尔及利亚毛驴，挤满了 13 艘登陆艇。美军突击队员多半是征自艾奥瓦和明尼苏达的第 34 师官兵，长期接受英国教官训练，他们和约克夏或切尔西的大兵一样，抽"运动员"牌（Players）香烟、喝唐宁茶、穿英军作训服。

英军的《非常规战手册》（*Handbook of Irregular Warfare*）指出，"绝

不能给敌人喘息的机会,所有士兵都必须做好成为暴徒的准备"。美军突击队队长杰克·A.马歇尔少校事后回忆:"突击队的任务是制造不满情绪。我手下的兵受过军法处置的不下一半……有几个人不止一次受过降职处分。"加入突击队,要具备健康、智力、游泳和不晕船等几项素质。

可惜这几项素质,毛驴一项都不具备,在小艇中一路颠簸了60海里,连站都站不稳,更别说驮迫击炮爬山了。登陆艇靠近西迪艾尔穆贾德海滩,突击队员骂着艇长听了都脸红耳热的话,将又叫又吐、连踢带咬的毛驴拽过船舷。三头驴当即沉入海底,其余的总算上了岸,却对这支远征军毫无用处。

12月1日凌晨3点15分,突击队员在比塞大以西16英里踩着齐腋深的海水向纵深推进。在地图上分派了各自的战区后,十支突击队随即分头行动。不到几分钟,他们就发现没有一张地图标明满山茂密的石楠,一名士兵将自己比作"毛刷上的蚂蚁"。只有四脚着地,沿野山羊留下的小道,大兵们才能一个小时前进一英里。

几支突击队沿北岸深一脚浅一脚地走了3天,等着一支永远也到不了的盟军大部队。当地人向德军通风报信,德军当即报以猛烈反攻。两支部队(一英一美)登陆后不久即遭到埋伏,只有5名美军士兵逃脱。一名德军军官向突尼斯汇报,突击队员"在近距离交火中死伤大半,我们生擒52名俘虏"。乱丛灌木林密不透风,和内战时的维尔德内斯(Wilderness,*美国弗吉尼亚东部森林地区。——译者注*)一样,士兵们只得跪倒在地,凭感觉开枪。

四支突击队围攻比塞大一座机场,捣毁了汽油库和停在机场的飞机。刚从意大利赶来的德军士兵穿着一身新制服,一边高歌一边反击,将突击队赶了回去。一名突击队队长前进至比塞大4英里内,却于第二天下午阵亡。一天后,另一名队长中弹,由于双腿受伤,他只能躺在一支用棉绳和两支步枪草草做成的担架上。"快撤出这块阵地!"说完这话不久,他就伤重身亡,他手下的兵将他埋葬在一座荒凉的小山上。

克莱尔·特雷弗总算注意到队长的提议,这位远征军司令"身材高大,留着一把大胡子,看起来就像德古拉伯爵","对所有的官兵,他一概瞧不起"。

生还的突击队员到比塞大城郊伊其克乌尔盐湖以北集结。美军突击队司令杰克·马歇尔汇报:"英军从南线溃败让我们很狼狈,而且又不能违背无线电管制。"官兵们即将弹尽粮绝。收听广播的士兵听"轴心国莎莉"说,要在突尼斯北部将"胆敢来犯的英美突击队"一举歼灭,最叫人不安的是,她一一报出了过去 3 天中阵亡和被俘人员的姓名。特雷弗提出夜袭比塞大,作最后一搏,经过一番激烈的讨论,他手下的指挥官无一请战。12 月 4 日,这支部队摸黑沿一条羊肠小道向西转移。两天后,这支突击队才靠近盟军防线。这次突袭付出 134 人阵亡或被俘的代价,其中多半是美军。

用马歇尔少校的话说,如果说突击队突袭"无功而返",那么伞兵在突尼斯以南的任务则是愚蠢、荒唐。分乘 54 架美军运输机空降的 530 名英国伞兵,准备"给敌人制造恐慌,让敌人一蹶不振"。但空中侦察没发现德军机场早已人去楼空;虽然电话线畅通,他们也不曾给同情盟军的法国农民打个电话,了解一下情况。安德森和伊夫利都说不清,从 2 万英尺这个相对安全的高度轻取的目标,却偏偏要耗上一个营的兵力。执行这次任务的指挥官事后总结说:"究其原因,只能说英军稀里糊涂,不知道何时何地动用空军这支新生力量。"

这位指挥官是约翰·D. 弗罗斯特中校,两年后,他在荷兰小镇阿纳姆"夺桥遗恨"中一举成名。人高马大、满脸胡须的弗罗斯特事后写道:"谁都没来骚扰我们,我们个个都当自己是迦太基大主教,无上光荣!"

当然,盟军先头部队谁都不曾耀武扬威地挺进迦太基。11 月 29 日在突尼斯以北 25 英里空降后,这个营旋即赶着几辆征来的驴车北上。一名士兵事后回忆:"与其说我们是个伞兵营,倒不如说是个巡回马戏团。"另一名士兵写道:"头盔挂在前鞍桥上,我们身穿类似无袖紧身皮夹克(*中世纪服装。——译者注*)的束腰伪装服,轻机枪像石弓一样搭在背后,看上去就像中世纪的骑士。"德军坦克不消几个小时就将这支伞兵逼入绝境。他们刚出虎口,又入狼穴,每次都有伤亡。在辗转向西去找盟军大部队的 3 天里,弗罗斯特手下的兵渴得舔劈开的仙人掌汁,或者吮制服上的雨水。

12月3日中午，身上步枪子弹不足100发的英国兵在迈杰兹巴卜城外8英里处拦下一支美军巡逻队。弗罗斯特问一个不明就里的美国兵："你该不是利文斯顿博士吧？"下午5点，180名官兵列队进入迈杰兹巴卜。此次行动中，289名伞兵伤亡或失踪，该营损失过半。这是北非战役最后一次重大的空降作战行动，却以悲壮而徒劳的方式告终。

瞎指挥害了第一集团军

11月末，艾森豪威尔和克拉克对他们固执地称之为"前线"的地方作了为期两天的巡视，但没有深入突尼斯。克拉克将这次远征戏称为"童子军之旅"。11月28日出发时就出师不利，给两位将军的座驾（装甲凯迪拉克）带路的吉普撞死了一名12岁的阿尔及利亚男孩。

发了抚恤金后，车队继续赶路。日落前没能找到安德森的司令部，一行人摸黑继续赶路，一辆倒霉的吉普又栽进了一条水沟，伤了5个大兵。艾森豪威尔和克拉克在波尼以南40英里的一户法国人家过了一夜，第二天天一放亮，又动身沿途寻找安德森。两位美国将军在一处农舍激烈地讨论了几个小时后，挤进凯迪拉克，返回阿尔及尔。艾森豪威尔染了风寒，气喘吁吁，醉汉似的一头倒在床上，之后就躺在达尔·艾尔瓦尔别墅的卧室里指挥作战。

他不胜其烦，尤其是收到土伦海军基地传来的一条骇人听闻的消息——在军事史上最大的一场自我牺牲的行动中，77艘法军舰只被悉数凿沉。11月11日德军侵占维希法国，放了这个基地一马，两个多星期的时间内，德军一直谋求舰队主动投降。同一时间，达尔朗一再敦促他的老冤家——让·德·拉博德上将启程前往北非，与盟军共命运。德·拉博德两边敷衍，德国人最后失去耐心。11月27日一早，党卫军坦克部队冲进土伦基地的大门。德·拉博德命信号兵从桁端发出一条绝命信号："凿沉！凿沉！凿沉！"

法军水兵打开海底阀，炸毁锅炉，将电台和引航仪器砸了个稀巴烂。侵略军赶到停靠在6号码头上的旗舰，翻译在码头上用蹩脚的法语喊道："上将，我军司令请你原封不动地交出旗舰。"德·拉博德指着脚下正在下沉的甲板吼道："旗舰沉了！"损失的舰只包括3艘战舰、7艘巡洋舰和32艘驱逐舰。艾森豪威尔聊以自慰：这些战利品至少没有落入敌人之手。

总司令对突尼斯前线牵肠挂肚，虽说远隔120英里，但在视察之后，他对之已有所了解。艾森豪威尔同意安德森暂缓进攻，不过他对这位第一集团军司令多少有些不放心。

艾森豪威尔一眼看穿了安德森的心思，用这位苏格兰将军的话说，"本性是种奇怪的东西"。但安德森苏格兰式的悲观与美国人的脾性格格不入，其左右不定的情绪动摇了盟军阵营。艾森豪威尔于11月30日致信马歇尔，他认为安德森"显然一心要赢得这场战争，但反复无常"。克拉克对"安德森式的计划"尤其大为光火，他提出"收回成命，将美军纳入自己的麾下，单独开辟一条战线"。艾森豪威尔眼下不赞成破坏盟军的团结。他深知"战争中最难的莫过于始终如一地严守一项战略计划"，不得"朝三暮四，抛弃既定的行动方针"。他告诉马歇尔："我们同心协力，一心要拿下突尼斯。我们将不遗余力地支持安德森。"

战事日趋明朗，比如盟军情报机关判断失误。"火炬行动"前夕，策划者估计德军可投入515架战斗机防守突尼斯，但实际数字超过550，外加近700架战斗机。相比之下，英美联军在前沿地带只有两座小型的英国机场；在泰贝萨的54架美军P-38，只有40架能参战。眼下流传一段用《多佛白崖》(*The White Cliffs of Dover*) 曲子唱的战场小调：

> 我吃茶的时候，
> 泰布尔拜山谷上空来了俯冲轰炸机。
> 十分钟后喷火来了，
> 对我却屁用没有。

令艾森豪威尔意外的是，美军缺少坦克，同样缺乏装甲战术。美军秉持的宗旨是坦克不应迎战敌军坦克，而是将这一任务交给专门的高速轻型反坦克装甲车，装甲兵团要突破防线，深入到敌后。美军的各项条例规定，不得研发重于 30 吨的坦克，截至 1941 年，坦克装甲只能抵挡轻武器。

盟军的装甲部队远不如敌人。提到不起任何作用的 M-3 斯图尔特，一位美国将军说道："要想用 37 毫米口径坦克炮打伤德国佬，只有一个办法，那就是先逮住他，再给他一个穿心过。"配备 75 毫米口径大炮的半履带式坦克如今号称"紫心勋章盒"。美军坦克一打就着火，大家根据名牌打火机"一打就着"的广告语，给它们起了"郎森"这个绰号。此外，美军坦克兵不懂侦察，与步兵配合失当，误打误撞，眼下是"疲于奔命"。

一应问题都等着卧病在床的总司令定夺。这时候，他气喘吁吁地给马歇尔口授了一封电报："我眼下的目标是乘胜追击，首要目标是牵制比塞大后方的敌人，防止他们突围或大举反攻。"

★ ★ ★

就在这个天真的想法随着传信人飞往华盛顿陆军参谋长的办公室之际，艾森豪威尔想要阻止的"大规模反攻"已然准备就绪。在他和克拉克驱车奔走东线的同一天，凯塞林乘机从罗马南下。一到突尼斯，他就大骂内林畏首畏尾，不该放弃迈杰兹巴卜，不过，这一步"无疑是弃车保卒"。轴心国军队正以一天 1 000 人的速度赶赴突尼斯，但 11 月 29 日的空中侦察统计英美联军在巴杰以东有 135 辆坦克。

盟军日益壮大，要不了多久，他们的地位将不可撼动。29 日下午，凯塞林视察麦杰尔达河谷后，于下午 5 点 45 分下令："必须坚守每一寸土地，甚至不惜牺牲。"他还说，必须拓展桥头堡，以"争取时间"。

内林将这项任务交给了新近赶到的第 10 装甲师师长沃尔夫冈·菲舍尔准将，后者完成在苏联的作战任务后，一直在法国养精蓄锐。内林告诉菲舍尔："在泰布尔拜附近将敌军一举歼灭。"坦克从比塞大码头直接开往前线，缴获的法军 75 毫米大炮则由驴马拉往朱代伊德。又从机场调来德军 88 毫米高射炮，用作西线的反坦克炮。菲舍尔乘一辆权作师部的装甲车在乡下横冲直撞，他手下的参谋则骑着摩托车紧随其后。他们迅速将手下的人马编成四路纵队，打算 12 月 1 日凭借 64 辆坦克和 14 辆装甲车发动进攻。突尼斯城内只留下 30 名士兵，他们要孤注一掷，成败在此一举。

根据 11 月 30 日（星期一）破获的德军情报，安德森获悉德军准备反攻。星期二凌晨 4 点 52 分，一份"加急电报"通知盟军指挥官，德军第 10 装甲师将于拂晓进攻泰布尔拜。就算这条通知已经传达到前线部队，那也并没有起到实际作用。上午 8 点，菲舍尔亲自上阵，带两个"V"形德军方阵从北和东北两翼攻入舒维居伊村。包括约翰·沃特斯的坦克营在内的尖刀部队招架不住，向西逃到麦杰尔达河谷。

"我们身边的士兵一路跑一路喊：'德国兵反攻了！'"一名英国二等兵事后回忆。菲舍尔这个生性嗜血的杀手不慌不忙地步步紧追。记者 A. D. 迪万从西面一座山头见尘土漫天飞扬，滚滚而来，突突的引擎声越来越近。德军坦克越过一道山脊线，"借起伏的地形掩护，从一个盲区冲向另一个盲区"，直冲向河谷。

等菲舍尔的坦克距离泰布尔拜以西 50 号公路几百码，英国炮兵才开火。听到撕帛裂锦的炮弹声，站在坦克外抽烟的德军坦克兵竖起耳朵，不慌不忙地掐灭烟头，上车掉转车头寻找隐蔽处。至少这一刻，菲舍尔的进攻受阻。

两列德军步兵纵队 12 月 1 日下午从东和东南两翼夹攻泰布尔拜。第一列突破朱代伊德，不料却遭到皇家汉普郡团的阻击。汉普郡团换下了两天前伤亡惨重的北安普敦郡团。在给内林的一封措辞尖刻的电报中，菲舍尔把一口怨气全撒到了德军步兵头上："垂头丧气、不见一丝斗志，仓促上阵……谁也别想带这样一支部队冲锋陷阵。"从东南发动的进攻也没能占领艾尔巴桥。东萨里郡团坚守这块阵地，美军野战炮兵第 5 营的指挥官如今多半深陷德军的战俘营，爱莫能助。美军即将弹尽粮绝，又无法呼通英国炮兵指挥官以请求下达命令，为了避免大炮落入敌军之手，美军擅自撤退到迈杰兹巴卜。

12 月 1 日夜幕降临时分，坚守泰布尔拜的盟军还不如菲舍尔怄气提到的德军部队。德军从三面包围这座小镇。如果德军坦克从北面切断50号公路，盟军部署在泰布尔拜周围的三个营将被斩断退路。为避免这一灾难，伊夫利派出第1装甲师B战斗群（CCB）的4 000名官兵，即开赴突尼斯前线的第一支美军大部队。

★ ★ ★

他们从奥兰出发，一路奔驰而来。在两个星期的漫长行程里，B战斗群官兵盛气凌人、信心十足，尽管这个师的大部还在从利物浦赶来的路上。横穿阿尔及尔通往突尼斯的700英里公路，英国交管人员沿途竖起提醒"软路肩"的路标："远离路沿（Keep clear of the verges）。"爱搞恶作剧的士兵拿黑漆将路标改为"远离处女（Keep clear of the virgins）"。看见援军源源不断地涌入迈杰兹巴卜，一名英军参谋一头扎进指挥车，喊道："谢天谢地，你们总算来了！"是啊，包括美军在内，已有大批援军赶到，德国人和"处女"都要当心了。

B战斗群指挥官伦斯福德·E. 奥利弗准将绰号"疯子"，现年53岁，生于内布拉斯加，毕业于西点军校，是个老工兵。陆军编制人员突发奇想，将他这个旅命名为"战斗群"，由六个营组成，其中两个现在突尼斯东北部，担任伊夫利的装甲部队前锋。奥利弗将指挥部设在迈杰兹以北5英里的一座红瓦农舍。约翰·迪尔的指挥部设在一座谷仓，周围的灌溉地上随处可见柠檬和杏树。12月2日一早，他派第13装甲团团长保罗·罗比内特上校到泰布尔拜组建一支盟军坦克部队，击退德军的反攻。

罗比内特欣然从命。带兵打仗给了他一个证明自己信条的机会："尽一切所能，避免上司犯错。"他身高5英尺4英寸（约1.63米），生着一副排障器似的下巴，有着骑兵的自负，人称"小拿破仑""小恺撒""罗比"。他的军旅生涯包括奥林匹克马术队队员、塞缪尔法国骑兵学校学员，以及在乔治·马歇尔手下担任过战略计划和情报官。他喜欢出一美元和部下赌枪法，但只有第3步兵师的一名神枪手将这一美元收入囊中。罗比内特年轻时"出口成脏",如今他以"改掉了我这张臭嘴"为豪。这个来自密苏里奥扎克的48岁单身汉,目中无人、牢骚满腹,用第1装甲师一位军官的话说,"像个少见多怪的老处女,人见人厌"。没过几天,他就开罪了英方最高司令部,后者说他"满口空话,牢骚满腹"。后来的一纸解职令意味着盟军低估了他的能力:撇开他的小肚鸡肠不说,其实他是一个懂战术的战略家。

  罗比内特赶到泰布尔拜以西4英里的一座山脊,正好目睹了美军任人宰割的一幕。30辆斯图尔特趁菲舍尔准将还没缓过神来,不等炮兵支援,全速冲向敌军阵地。见美军坦克冲上来,德军飞行员以4辆坦克的损失重创美军,击退了这次进攻。之后,营长不顾连长的激烈反对,指挥一队"格兰特/李"从正面发动进攻。这队坦克在没有探明敌情的前提下,沿泰布尔拜以西两英里的一条铁路线,于正午冲过一片开阔地带。

  不到20分钟,8辆"格兰特/李"被击中,燃起大火。德军反坦克炮兵发发命中,坦克手站在露天下,掏出海泡石烟斗,完全没想要爬上各自的坦克。"他们就像在看戏。"一名中尉说。德军让人闻风丧胆的88毫米高射炮弹拖着半人高的尘旋风,"嗖嗖"地飞过战场。生还者顾不得火中的阵亡者,慌忙抱起伤员。尽管英方钦佩他们的勇气,一名英国兵表示,"没见过这么勇敢的家伙",但是这次进攻空手而归。消息传来,"疯子"奥利弗说:"这帮大兵是自寻死路。"

  罗比内特从山顶指挥部看到,泰布尔拜城外的这条绞索越收越紧。山下一英里处的"格兰特/李"和往北的斯图尔特残骸腾起缕缕油烟。德军统计的战果,当天摧毁64辆坦克和6辆装甲车,生擒200名英美联军俘虏。每隔几分钟,就见敌军从北面运来一门大炮,继而消失在草垛或农宅后。罗比内特数了数,至少有25辆德军坦克,另有不少无疑隐蔽在别处。新式德军机枪的吼声传上山顶(一架MG 42机枪一分钟可打1 500发),一名士兵说"好像魔鬼的铁锤"。

  罗比内特看够了。约翰·沃特斯等指挥官一一前来汇报,罗比内特发现三个美军坦克营中有两个损失过半。尖刀部队显然名存实亡。如果领导有方（当然，罗比内特想到了自己）、指挥得当，盟军大可以趁德军恢复元气前挫败敌人的锋芒。但疲于奔命和瞎指挥害了第一集团军。此时空中力量薄弱，占领突尼斯不过是痴人说梦。罗比内特还得出一个结论：安德森、伊夫利，现在又加上奥利弗，他们都远在后方，难以遥控战场。

他下了山，穿过橄榄林，一路颠簸地返回迈杰兹。他要劝盟军撤退，弃守泰布尔拜。

★ ★ ★

奥利弗同意了，英方也表示赞成，但这已是第二天的事，这时候，又损失了一大批官兵，任务举步维艰。泰布尔拜由詹姆斯·李中校带近 700 名汉普郡团和 500 名东萨里郡团的士兵驻守。12 月 2 日，美军坦克在该镇以北挨打，英军步兵则在朱代伊德以北 2 000 码处疲于奔命。菲舍尔准将亲自上阵，带德军步兵生擒 15 名士兵，他开车将俘虏送到比塞大一座战俘营，然后又带两个坦克掷弹兵连返回前线。

菲舍尔还部署了德军新式秘密武器——此前没人见过的 Mk VI 虎式坦克，这是头年春天研制出来献给元首的生日礼物，由希特勒分配来支援突尼斯战役，以确保一战"定乾坤"。这种坦克是重达 60 吨的庞然大物，前装甲厚达 4 英寸，配备一门 88 毫米口径大炮。第一辆运到比塞大的虎式坦克在码头上卡死，第二辆在路上抛锚。但其余 4 辆在一向爱炫耀脚上球鞋的尼古拉·拜伦·冯·诺尔德上尉的指挥下，隆隆驶入朱代伊德。12 月 2 日上午 10 点左右，所到之处如摧枯拉朽的猛虎和几辆小型坦克攻入英军阵线。

一辆猛虎在 20 码射程内消灭了李中校的一个排，有人看见一名深陷德军重围的中士"猛一转身，拿手中的冲锋枪狠狠地扫射敌人"。坦克随后掉头向南，扫射设在怀特农场内的营部，打死 6 名通信兵。英军右翼，把守麦杰尔达河北岸的一个连展开了肉搏战，但截至中午，这个阵地同样失守，仅有 7 人生还。德军的损失同样惨重。诺尔德信步走进一片空地，准备给另一名上尉交代任务，英军一发反坦克炮弹截断了他两条穿着球鞋的腿，狙击手一枪毙了第二名德军上尉。"情况不容乐观,"一名德军中尉在日记中写道,"一名受伤的英国兵躺在断枝落叶中,就在我们前面 50 米,但只有等天黑后才能带他回去。他被一枪击穿了肺。"午夜时分,汉普郡团后撤两英里,在麦杰尔达河与 186 高地间筑起一道防线,萨里郡团则把守两翼。

如果说 12 月 2 日星期三的情况不容乐观,那么星期四的形势则更加不妙。以火力标明己方阵线的德军,以空袭和 4 个小时的炮击迎接这一天的到来。截至中午,他们包抄并占领了 186 高地。汉普郡团的一名上尉汇报:"极其惨烈的混战持续了一整个上午。"菲舍尔给突尼斯的急电断定:"种种迹象表明,我方已挫败敌人的锐气,敌人即将缴械投降。"

英军少校 H. W. 勒帕图雷尔带领一支队伍欲夺回这座山头,但犹如飞蛾扑火,他最后留下的英勇身影,仍在挥舞一把手枪和手榴弹。战后盟军追授他一枚维多利亚十字勋章,谁料他虽然受伤,却还活着,后来在一所战俘医院露面。12 月 3 日黄昏,两支德军完成两面包抄,在泰布尔拜火车站会师。李损兵折将,手下仅剩 40 名军官和 200 名士兵,他沿营部四周摆开一个防御方阵。事后提起,一名萨里郡士兵说:"重演敦刻尔克一幕。"实际上,在敦刻尔克大撤退期间,安德森将军时任旅长,萨里郡团就是他的麾下,同样落得焦头烂额的境地。在给伊夫利的一封电报中,安德森声称:

> 第 78 师师长不满自己的阵地。不仅如此,这块阵地极其危险,因为它困在泰布尔拜外围一条狭窄的阵线中……敌军盘踞舒维居伊山头,居高临下,泰布尔拜不堪一击。

"拓展阵地,"安德森还说,"否则敌人会将我们一举歼灭。"

但为时已晚。下午 7 点,李传下命令,要幸存官兵装上刺刀,取下阵亡士兵身上的武器。德军用冷冷的声音劝盟军投降:"我们优待俘虏!"一名汉普郡兵回敬了一句:"扯狗屁!"在威利照明弹惨白的光线下,官兵们折向西,沿铁路左侧呈一路纵队前进。李提议说:"靠近些再打。"没一会儿工夫,他端起布朗机枪，大吼一声："冲啊！"一队人马冲进泰布尔拜。两辆德军坦克和一个步兵连在缴械投降前，截杀了第一排喊着冲上来的队伍。英国兵冲进无顶的教堂，进入满目疮痍的小镇。费了好长一段时间，他们才喊着"左、右、左"，列队走过空无一人的大街，不料敌军却已切断通往城西的 50 号公路。按照伊夫利的指示，泰布尔拜已被弃守，但这条关键的命令还未传达到最需要了解的队伍耳中。

连李中校也泄了气，命手下的官兵分成小股，三三两两地趁夜色突围。有人落入麦杰尔达河身亡，其余的冒着通红的机枪子弹弧光在路基道砟上匍匐前进。"回首望泰布尔拜，"一名军官事后写道，"满眼都是敌军要将幸存者赶尽杀绝的炮火。"一度气派的集市如今满目疮痍。

12 月 4 日中午，菲舍尔致电师部。"我们已占领泰布尔拜，"他三言两语地汇报了战绩，"重创敌军，战果辉煌。"两天后，一名美军中尉看见英国残兵陆续返回迈杰兹巴卜，他向罗比内特汇报："除了伤员偶尔骂一句和呻吟一声，他们来得悄无声息，真他妈的训练有素。"伦敦《泰晤士报》一名记者报道，生还者"对敌人咬牙切齿"。"只要在格拉斯哥逍遥一个晚上，"一名士兵说，"我就会重返战场，狠狠地打这帮狗杂种。"

后方一座野战医院，临终的士兵面无血色，额头上显眼的污垢仿佛五月斋的忏悔。军医通宵达旦，忙得一刻不停，遇上血液告急，还要捐自己的血。美军少校亨利·加德纳带领坦克手在泰布尔拜附近苦战了一个星期，他在最近一次战斗中负了伤，带着嵌满榴霰弹片的胳膊赶到这里，找到一个臭气熏天"靠蜡烛照明"的帐篷医院。帐篷中拉长的人影奇形怪状。相邻两个病床的士兵，除了嘴眼留了几个小孔，浑身上下裹着厚厚的绷带。两人时不时无力吸一口气。一名士兵借了支长烟斗，"这样可以抽支烟，因为烟要露在纱布外"。

数英里以东，一名德国军医从手术台上抬起头，喊道："下一个！"接着他截去一名身负重伤的士兵的腿。一名在轴心国外科医院打杂的英国俘虏后来说，他们"毕恭毕敬地将截下来的残肢断臂放在屋角"。

六个星期前从英国出征的 793 名东萨里郡团官兵,只有 343 人返回迈杰兹。汉普郡团的损失更加惨重,原有 689 名官兵,生还 194 人。但另一个国外战场将永远属于英国。李中校在最后一次溃败中负伤被俘。英军部署在泰布尔拜附近的 74 门野战炮,损失 53 门。在为期 3 天的战斗中,菲舍尔统计的盟军损失为 55 辆坦克、300 辆各种车辆、1 000 余名俘虏。记者菲利普·乔丹写道:"前线司令部上下一派迷茫,参谋们似笑非笑(只能如此)地说,不知我们是否会深陷重围……情况瞬息万变。"

罗比内特上校照例一心要避免自己的上司犯糊涂,打算直接向乔治·马歇尔汇报盟军的失败。他坐在泰布尔拜以西高地上的指挥部,提笔给马歇尔写了一封密信,这封信最终落到愤怒的艾森豪威尔手中。信中写道:

> 德方的坦克、步兵和战斗机配合默契。我方配合还有待完善……官兵们的身心承受不了连连空袭之苦,不禁怀疑我方击退敌方空军的努力纯属徒劳……他们看在眼里,记在心上,眼下空中难得一见我方战斗机。

且不论其狂妄傲慢,罗比内特分析独到、一针见血。他承认,这次惨败,他负有不可推卸的责任,因他没有趁夜组织反攻,说不定可以多救几名萨里郡团、汉普郡团和美军的士兵。他事后承认,他"失算在先,没有拿出应对这一意外的对策"。他说,"平心而论,我是个初出茅庐的生手。"

★ ★ ★

12 月 5 日,安德森致信艾森豪威尔:"亲爱的总司令,12 月 3 日一战,以我方惨败告终。"带着一个悲观主义者想法应验的微妙满足感,他将手下的失职归纳为:敌军猛烈的空袭;野战炮运用失当;没有善用美军中型坦克。

他又说:"面对猛攻的敌军坦克,我方蛮打蛮干,行动和指挥失当,等反应过来,为时已晚。尖刀部队前一天在舒维居伊一战应引起警觉,但显然无人注意。"有几个营目前的兵力不足 350 人,而"敌人已补充兵力,比起我方,可以迅速源源不断地获得增援"。后勤靠"一队老掉牙的卡车"运送补给,时断时续。因此,进攻势必至少要再推迟 4 天。

"我深感痛心,"安德森最后说,"但事已至此,无可挽回。"

菲舍尔和手下的第 10 装甲师却无意再等,他看出了盟军 B 战斗群的薄弱环节。在寒冷晴朗的 12 月 6 日早上 7 点,德军沿一英里的前线发动猛攻。德军俯冲轰炸机两轮轰炸,重创在泰布尔拜以西 3 英里盖萨山下安营扎寨的第 6 装甲步兵团第 1 营。德军伞兵爬上一座马鞍形山,占领了山脊,25 分钟内迂回到美军的右翼。一名吓昏了头的炮兵掉转枪口,对准己方的一个排,被打死的士兵仿佛罐头盒中的鲱鱼躺了一地,仅一人生还。德军坦克继而进攻美军右翼,将士兵碾死在散兵坑里,重伤一名连长。这名连长后来死在德军的一所野战医院,被草草地埋在通往突尼斯的路旁。

营长威廉·B. 克恩中校为不让自己的部下全军覆没,命装甲野战炮兵第 27 营 C 连对一英里处的 20 辆德军坦克开火。这次出击引开了追着炮兵打的德军。炮兵带着半履带式榴弹炮,慢慢退到一片怪石嶙峋的圆形凹地。德军坦克穷追不舍,每辆坦克后跟着黑压压的步兵,他们或步行或骑着摩托车。上午 10 点 50 分,炮兵连长威廉·H. 哈里森请求增援。11 点 20 分,他的苦苦哀求以这段电报结束:

> 请问除了 C 连,第 1 装甲师还有没有别的单位?我连奋起反击,但守不了一整天。请务必,务必派兵增援!

上午 8 点,奥利弗将军下令增援,但由于说不清的原因,第 13 装甲团第 2 营没接到命令。到了下午 1 点,海曼·布鲁斯中校才带坦克沿麦杰尔达河辗转 6 英里,赶到盖萨山。布鲁斯以蛮干解决拖拉问题,事先不作侦察,命"坦克全速攻进山谷"。有了巴顿从摩洛哥派来增援的 5 辆新谢尔曼,"格兰特/李"全速赶到这里,却不知克恩手下的人马身在何处,更别提敌军。德军炮兵等 5 辆并排的谢尔曼进入四分之一英里射程。15 分钟后,谢尔曼坦克和大半"格兰特/李"葬身火海。"炮弹连连击中我们两翼的新兵,"菲利普·G. 沃克事后写道,"我东奔西走,要一辆辆坦克边开炮边撤退。他们看起来吓呆了。我又骂又吼,喊着爬上一辆坦克。"一声爆炸,一名士兵在沃克脚下的炮塔中当场阵亡,弹片击中他的胳膊、眼睑和太阳穴。"我疼得破口大骂,打了一针吗啡,才好了些。"

德军炮兵调整部署、装好弹药后,又有几辆美军坦克闯进了埋伏圈。美军惨败,德军医助手套上漆着大红十字的长护板,从燃烧的坦克残骸中救出不少伤员。克恩手下的营在混战中逃过一劫,但伤亡仍高达 219 人。C 连的五门榴弹炮全部被毁,最后一门毁于 20 码不到的炮口下,全连伤亡 39 人,包括如今被俘的英勇无畏的哈里森上尉。此战损失 18 辆坦克。应罗比内特的提议,奥利弗将布鲁斯上校就地免职。亨利·加德纳少校一出院,布鲁斯的余部便纳入了他的麾下。

★ ★ ★

晚上下起了雨,一连下了三天。和一战中的父辈一样,浑身透湿、直打哆嗦的士兵怀疑是德军兴风作浪。虽说菲舍尔的部下也苦不堪言,但盖萨山的惨败如同瘟疫般传遍第一集团军,官兵们因此一蹶不振。如今被称为"斯图卡谷"(即斯图卡式轰炸机谷)的麦杰尔达河谷显得阴森恐怖。德国人的心理战又往士兵的伤口上撒了把盐,尤其是黄昏时分,轻武器万枪齐发,一发接一发的照明弹,仿佛为进攻拉开了序幕。B 战斗群的情报官指出:"总体效果其实是威慑,这是战斗的一大要素。"

小道消息不胫而走:德军枪杀俘虏、使用毒气弹、征招阿拉伯食人族。盟军自卫队枪杀阿拉伯抢劫分子,烧毁他们的房屋,完全无视英美的法律程序。法军士兵将阿拉伯人的尸体吊在巴杰露台的栏杆上以儆效尤,突击队员烧了整个阿拉伯村庄,仅仅因为怀疑他们枪杀了一名护林员。惶惶不安的士兵口口相传亲眼所见或听来的谣言：一名遭伏击的哨兵眼睛像弹珠似的吊在眼眶外；一名胆敢和阿拉伯妇女搭话的英国兵，肉被割成一条条，拼出"当心"这个词；一名遭 88 毫米炮弹斩首的吉普车司机死死地握着方向盘，开了 30 英尺、50 英尺、半英里。

一名记者写道，据传德军坦克手"犹如越狱的杀人犯，一口气能杀死 20 人"，渗透过来的德军坦克兵据说个个都是雕塑高手，几把泥巴就能将 Mk IV 伪装成一辆谢尔曼。士兵们开始找护身符（榴霰弹片尤其受欢迎，被认为能以毒攻毒），人人的口袋都有可能成为遗物盒。

英国军事理论家 J.F.C. 富勒说过："进攻中，前线的士兵有一半害怕，另一半丧失斗志。"不少第一集团军的士兵将烟幕弹误作纷飞的敌军降落伞，有人妄图击落德军照明弹，反而暴露了自己的阵地。高层军官同样惶惶不安。伊夫利下令让英美各部后撤 4 英里，但奥利弗每天都抗议说 B 战斗群不堪一击。安德森已着手弃守"斯图卡谷"。12 月 8 日致艾森豪威尔的一封"绝密"电报中，他传递了这个想法。

"各部必须先休整，才能发动下一轮进攻，"安德森写道，"目前的阵地太招眼，分布过散。"他指出，"我虽悔不该弃守迈杰兹巴卜"，但在迈杰兹以西 15 英里开辟一条新战线是"明智之举"。安德森在当天深夜又发了一封电报给艾森豪威尔，当中写道："人的忍耐力是有限的。"

为了跟总司令强调这一点，在 12 月 9 日一封电报中，他又说："心有余而力不足。"艾森豪威尔的答复还没从阿尔及尔传来，B 战斗群就接令准备撤往巴杰，执行"游丝行动"。但 30 分钟后，撤退令取消。获悉英方的计划，朱安和巴雷两位法国将军吓了一跳。难道安德森将军不知道迈杰兹的战略位置？难道他没听说过汉尼拔的名言——迈杰兹是门户的钥匙？朱安放下行礼的左手，大步走到桌前给吉罗打电话，而后吉罗威胁艾森豪威尔，要他收回成命。

一项新计划出炉：调英国第 1 近卫旅接管迈杰兹，B 战斗群和伊夫利手下各部退到该镇以西，用安德森的话说，"补充兵力、换服装、休整"。这一行动安排在 12 月 10 日晚上。

第 5 章 德国第 10 装甲师的反扑

★ ★ ★

这座山谷显出种种不祥征兆。村民背着几件可怜的家当,从盖萨山的农舍逃进深山。一名醉醺醺的德军逃兵误闯进盟军阵线,交代说掷弹兵在山谷大批集结。雨停了,但淹没小路的水久久不退。地面都成了一片沼泽,乌云压境,风不吹,草不动。

12 月 10 日上午 8 点,奥利弗将军去前线察看敌情。不多久,法军哨兵喊着"德国佬的坦克!德国佬的坦克!"闯进盟军前线。总计约 60 辆的两列坦克纵队沿麦杰尔达河两岸攻了过来。截至中午,美军坦克和迈杰兹巴卜下游 10 英里的图姆堡村附近密布的地雷将敌人阻击在 50 号公路。河南岸一股敌军成群结队地越过泥沼,向克恩上校的第 1 营发动进攻。目前第 1 营退守到泰布尔拜和迈杰兹中间一处崎岖巍峨的高地——布奥卡兹山。布奥卡兹山被称为"布",由克恩把守,现在仍在美国人手中。

东南面危机重重。菲舍尔派出第 7 坦克旅,出动 30 辆坦克,由炮兵配合,打算抄后路夺取迈杰兹。包括"猛虎"在内的坦克隆隆驶过马西科,将约翰·沃特斯仅存的斯图尔特和半履带式摧毁了 10 辆。沃特斯带领余部逃到迈杰兹巴卜,逃过横跨麦杰尔达河的贝利大桥。截至当天下午,敌军攻到城外两英里,兵临城下,有望全歼 B 战斗群。唯一一支英勇无畏的法国轻步兵(散兵)身陷炮兵的重围,进退不得。

罗比内特膝头放着一张粗劣的地图,左手擎一只时不时罢工的电话听筒,坐在迈杰兹西南 3 英里的一座农舍里,试图在脑海里把一场他可能闻所未闻的战争场景拼凑起来。他见不到奥利弗,一再要伊夫利派美军谢尔曼增援的请求如石沉大海。迈杰兹危在旦夕,但下午 1 点 30 分,罗比内特第 13 装甲团第 1 营从"布"正南发动进攻,迎战从后方抄过来的德军。

第 1 营险些得手。一队坦克从天而降,50 码射程内一阵冒着烟的排炮,摧毁了敌军 7 辆措手不及的装甲侦察车。但德军坦克随后赶到(一位美军上尉说,"山顶上到处是德军坦克"),反击半途天折。"小口径步枪"子弹照例在坦克上乱飞,德军坦克的宽履带在泥淖上如履平地。技不如人,武器也不如人,美军指挥官只能瞄准坦克的瞄准器,徒劳地要将他们打瞎。

此战损失 19 辆斯图尔特,当坦克手从一堆废铁中爬出来时,又遭到机枪扫射。二十余名生还的美国兵躲进山涧,继而又慌不择路地向北泅过麦杰尔达河。下午 4 点 30 分,罗比内特下令,要"布"附近的美军余部天黑后通过位于图姆堡的一座单孔桥,沿 50 号公路退守迈杰兹。

此令下达后不久,奥利弗在躲了一天的德军巡逻队后,满身泥泞、筋疲力尽地回到指挥部。他一屁股坐在椅子上,痛心疾首地听完罗比内特历数第 1 营的反攻,热泪盈眶地说:"天哪,你为什么动用轻型坦克进攻?你毁了我!"

罗比内特一把将他拖起来,身材矮小的他伸着下巴,眼睛一眨不眨地直视着奥利弗说:"不,将军,我救了你。"

确实如此,但 12 月 10 日夜,他不过救了一时之急。迈杰兹暂时保住了,但不下三个营的美军依然处境维艰。奥利弗不想再贸然攻下山,反攻回去很快就会断了图姆堡到迈杰兹的去路,他紧张的神经看来也难以应付。疏散任务还不如交给身在"布"的一名中级军官——43 岁的约翰·R. 麦吉内斯中校,他生于俄亥俄州,是西点军校毕业生。奥利弗从橄榄压榨机下拖出一条草垫,倒头睡了过去。

一队人马走出"布"附近的山涧时,天又下起了大如鸟弹的雨。卡车和半履带式车辆反光镜反射的微弱灯光,一点点地接近通往安全地带的麦杰尔达河与碎石公路。一颗照明弹在空中划过一道长达一英里的弧线,落向东北,嘶嘶亮了半分钟才熄灭。300 名德军步兵和两打坦克苦战了一天,在图姆堡火车站附近的某处露营。这是一场肉搏战,炮兵和步兵一样操步枪上阵。夜色下的某处,还有两个排的英国兵苦等美军增援。伊夫利原计划坚守此桥至晚上 10 点半,在 B 战斗群的一再请求下,又延长到凌晨 4 点,最后推到了拂晓。

B 战斗群一个步兵排越过狭窄的图姆堡桥,接着是一队"格兰特/李"。坦克履带吱吱嘎嘎地驶过两边仅几英寸的木板桥面。当"格兰特/李"折上

50 号公路时,火车站附近的德军歌声震天响。枪口喷出的黄色火焰划破夜空,紧接着"哒哒哒"地响起一阵机枪声。一位军官命步兵退回小桥隐蔽处,等歼灭了这个炮阵再说。

但恐慌之情经过了一周的积累,再加上无头司机和吊在眼眶外的眼球等谣言推波助澜,已经达到无以复加的地步。和罗比内特事后说的一样,又一枚啪啪作响的照明弹让"弱者的脑中浮现出一幕幕活生生的恐怖场面"。意志虽薄弱,两条腿却有力:阴森的光线照见一个个惊恐万状的身影飞奔回小桥。他们大叫着:"德国佬!德国佬!"恐惧仿佛点着的引信,传遍整个纵队。一名气喘吁吁的军官蹚过泥淖,跑到麦吉内斯的吉普车跟前,结结巴巴地说:"德军突破防线,不见一个英国兵,据说德军坦克已封锁了这座桥。"

只要到队伍前面看一眼,就能驳斥这段无稽之谈。德军没有突破防线,英国人兵力虽弱,但仍坚守在离桥不远的阵地。德军坦克在早前的战斗中被摧毁,不过是废铁一堆,枪声也只是断断续续。可惜麦吉内斯胆小怕事,他不顾副官理性的分析,吓慌了神,下达了一道重大的命令:"打道回府。"几个营沿着河南岸的一条羊肠小道,返回迈杰兹。

当初跟在队尾,如今在队首的几辆车掉转车头,蹚着深度不及保险杠的泥淖,向西转移。但滚滚的车轮和装甲车履带将本就泥泞的小道碾成了泥浆。没走出几百码,先是坦克,继而是半履带式车辆、大炮、吉普和卡车,一辆接一辆地相继陷入泥浆。汗流浃背的士兵骂着娘,将铺盖和食品箱垫在车轮和履带下。士兵拿锹和铲戽泥浆直到手掌出血,司机则狠踩油门,想要冲出泥浆。离合器烧毁,车轴和传动轴断裂。负重轮滑出履带,油箱烧空。下午1点半,一名副官摇醒奥利弗。这位将军嗅着淡淡的橄榄余烬,难以置信地看着麦吉内斯发来的电报。队伍陷入泥淖,车辆多半进退不得,麦吉内斯已"下令弃车捣毁"。奥利弗想通过电台呼叫这支队伍,但无人应答。

雨天的晨曦中露出一列陷在泥淖中的队伍,沿河水泛滥的麦杰尔达河绵延 3 英里。铝热剂手榴弹炸穿了气缸,在泥浆里凝结成一个个银白色的小坑。不少士兵不顾弃车令,还在前后推着卡车,固执地寻找抓力。有些兵抛下步枪,蹚过一片沼泽地，然后裹着泥浆，死人似的倒地不起。另外几百人深一脚浅一脚地跋涉了 8 英里，返回迈杰兹，一个个累得都没人留意德军的俯冲轰炸机。军官安排征粮队为瑟瑟发抖的士兵征稻草。

中午时分，落汤鸡似的麦吉内斯跟跟跄跄闯了进来。一听到这场溃败，巴顿提议派一个紧急任务执行小组，但奥利弗仅仅就地解了麦吉内斯的职，将他降为第 13 装甲团副营长。奥利弗说："我这辈子从没这么窝囊过。"艾森豪威尔也考虑罢免奥利弗，这一来反而成全了他，送他回国晋升，最终担任师长。晋升准将的罗比内特不久接替奥利弗担任 B 战斗群指挥官。

罗比内特要接管的是一支影子部队。图姆堡的泥坑吞噬了 18 辆坦克、41 门大炮，外加 132 辆半履带式等车辆。车辆深陷泥沼，连大灯也被淹没，深得恐怕连德国人也抢救不出来。安德森观察后，难以置信的心情比愤怒还要强烈，说道："这是一场陷我军于绝境的损失。"上阵两个星期，B 战斗群损失了四分之三的坦克和榴弹炮，外加相当比例的半履带式卡车。美军绝没料到损失如此惨重，未遭捣毁的 124 辆坦克也坏得不成样子，一时无法供应配件。有个营仅剩 6 辆坦克；不少失去坦克的坦克手修了几个星期的路。图姆堡事件两天后，安德森宣布 B 战斗群不再具备作战能力。

对一个月前还雄赳赳气昂昂地从奥兰和阿尔及尔出征的年轻士兵来说，这是万万没想到的奇耻大辱。说到他们的不足之处，生于南非、跟随美军数周的记者 A.D. 迪万一针见血：

> 缺陷显而易见：最主要的是不主动探明敌情、纪律涣散、狂妄自大……他们使用架空索，因为那儿的视野开阔；他们不作伪装，因为那显得过于谨小慎微；他们没有挖狭长掩体壕，因为挖起来太吃力了。

其他缺陷则怪罪不得初次出征的大兵。事实上，突尼斯甚至没有反坦克火箭筒，巴顿倒是有不少，但远在 1 000 英里外的摩洛哥，远水解不了近渴。军械官在轻型坦克中放上活山羊以检验火箭筒的威力，又过了三个星期，他才发现美军坦克兵上阵杀敌用的是训练弹,而不是高爆、具有杀伤力的穿甲弹。德军不仅坦克、战术和空中力量高美军一等,而且他们的望远镜、坦克视角、无烟火药和机枪也强过美军。

更有甚者,盟军——甚至美军自身各单位并没有团结一致,他们不是统一作战,而是各自为营。尽管英雄壮举不胜枚举,但是无论官兵都有负众望。英美两军的指挥同样欠妥。在战役的关键阶段,每个步枪班都弥足珍贵(占领山头和把守关卡,步兵尤其不容小觑),他们却白白葬送了一个又一个营,从"预备役行动""终极行动""村夫行动",到阿盖尔、汉普郡团、萨里郡团、突击队、弗罗斯特的伞兵,再到现在只剩 10 辆战车的麦吉内斯第 2 营。

艾森豪威尔再次往好处打算。"我们吃了亏,敌人也没讨到便宜,"他在 12 月 10 日的一份备忘录中写道,"如果不怕吃苦,冲得更前,战斗得更狠……我们何愁不胜?"历史会为这句话下个定论,但他却料不到"不怕吃苦、冲得更前"中隐含的辛苦。一个月的战斗落下帷幕,这只是盟军和轴心国为期 30 个月的苦战的序幕。演员目前都已亮相。尽管最初几周的战斗都是小规模的,连或营猛攻敌方的连或营,但这场血腥的战斗很快将卷入团、师、军,最终卷入集团军。

盟军还来得及重新部署,突围并占领非洲沿海一线,避免一战中堑壕战的僵局,但时日已不多了。

第6章　关隘之国

阿尼姆中将接管德国第五装甲集团军，转而防守，备战接下来的战斗。盟军预备在平安夜一战投入 80% 的兵力。但在发动攻势前，必须先拿下朗斯托普山。突尼斯战役陷入僵局。法军不肯听命于英方安德森的指挥，英美关系出现裂痕，德军明显更善于打仗……与此同时，美军渐渐在血的教训中学会了作战，也学会了恨。

冷溪近卫团的致命失误

12月中旬的11天里，双方都在麦杰尔达河谷一带恢复元气。一场场战役在迈杰兹巴卜和图姆堡之间挠出了一块宽7英里、满是坟墓的无人地带。巡逻队来来去去，或者有去无回。狙击子弹仿佛愤怒的小鸟，嗖嗖乱飞。炮弹从头顶呼啸而过，已被炸成木片的白杨林上方伸出的乌黑的炮口飘着黑烟。冲击波掀着小帐篷，仿佛池塘投下的石子。凡是会动的都能引来炮火，但阿拉伯农夫依旧拉着古老的犁，绕过炮弹坑，犁着自己的地。地下掩体内的哨兵见了，争论着犁垄是不是给敌机飞行员通风报信的箭头。"在两军交战的中间地带徘徊，"一名记者事后写道，"犹如站在高楼的窗沿，自寻死路。"

迈杰兹一片废墟，但德军大炮还一再打得它瓦砾乱飞，英国人称之为"他们的炮击节目"。空中只要落下一枚哑弹，法军士兵就会念一句"巴黎制造"，以此称赞国内怠工者的劳动成果。活物都转入了地下。一个近卫步兵营占领了一眼人去矿空的铅矿矿井，"过了好几天，他们才发现黑洞洞的矿井尽头住了一大家阿拉伯人"。散兵坑和战壕（英国兵将其称作"墓穴"）像地上生了天花一样。英国工兵自豪地将迈杰兹以东的去路变成了一个"大地雷坑"。

截至12月底，抵达北非的美军官兵达18万人。但突尼斯前线的美军不到1.2万人，外加2万名英军和3万名缺枪少弹的法军（目前加入盟军阵营的只有 7 000 人）。这些士兵全部驻扎第一线。

严冬漫长的夜晚，灯火管制等于下午 6 点熄灯，凌晨 4 点起床。听装炖菜和饼干形同"驴粪蛋"和"装甲板"。士兵们拿味同嚼蜡的硬饼干就着看似墨水、拿椰枣粉冲的代用咖啡进食。军用手纸粗得能当两面抄的信纸，官兵们拿它应付肆虐的痢疾，同时还要指望拿它来写信。

一名士兵在给姐姐的信中说："刮不了胡子，洗不了澡，饱一餐饿一顿，没床、没酒、没姑娘、没娱乐，一无所有。"第 18 步兵团一名排长因送不了圣诞礼物，——给亲朋好友赔不是；军队资金短缺，他仅剩的 50 美元都掏出来为手下的 9 名士兵配了眼镜。罗伯特·M. 马伦中尉说："感谢你们给我的最珍贵的礼物——信任和爱。"之后 3 个月不到，他将血洒疆场。某些部队终于收到了信件，不少人和家人已断了两个月的联系，圣诞礼物包裹里尽是浴衣、拖鞋，最常见的是唱片，说明后方实在不了解战场上的生活。

一个红发男人出现了，他戴着绒线帽，骨瘦如柴（体重不到 100 磅），常常带着酒意和伤感之情，凭借一个打字机以写作教育美国人。他在大萧条期间写过不下 200 万字的报道，他就是流动通讯员欧内斯特·泰勒·派尔，新近上前线担任战地记者。他从突尼斯报道：

> 这里的生活和国内大相径庭。没椅子、电灯、地板或桌子。没地方放东西，甚至无处去买这些用具。报纸、牛奶、床、被褥、暖气管、啤酒、冰激凌和热水一概没有。人们仅仅是在维系生存……生活中的一切享乐之物全是泡影。

停战间隙，英国兵和美国兵比的不是战果，而是各自的遭遇。蓬头垢面的美国兵注意到，不管天气好坏，英国兵每天早上都要认认真真地修脸。他们一身长裤、无领衬衫和宽吊带，让一名美军军官仿佛见到了"周末晚上洗漱一新的老派工人"。每座英国军官食堂都有一个"圣诞肥鹅"募捐箱，每人往里捐 200 法郎和各种建议。美国兵不久就学会了"干得漂亮"(Good show) 这句话，但说的往往是反话。英国随军小贩给两军供应了不少商品,美国人时不时能吃上一顿蜜糖布丁和牛尾炖骨头。吃了英军"混合"军粮中的"牛肉腰花派",有人编了一段讽刺野战炊事员的小调:

> 吃了英国的"混合"军粮,我们最喜欢里面的肉,谁都知道牛有腰子,但其他的肉都到哪儿去了?

在死亡地带对面,德意两军也在清点兵力。轴心国在突尼斯桥头堡的兵力达 5.6 万人,坦克 160 辆,与盟军大致相当,但他们占据了有利地形,且德国空军稍胜一筹。从比塞大以北 20 英里的地中海海岸,战线一直延伸到迈杰兹巴卜以东,继而南下纵贯突尼斯全境。德军第 10 装甲师盘踞在北部扼守突尼斯,意军苏佩尔加师则坐镇突尼斯以南。这块飞地纵深不过 40 英里,就算内林挥师南下,盟军也只能挤在一条狭长的前线。

即使内林挫败了盟军的进攻,也弥补不了他的过错,包括弃守迈杰兹和与生俱来的悲观。12 月 8 日,希特勒在没有事先通知的情况下,就将汉斯-于尔根·冯·阿尼姆中将从苏联调到突尼斯,接管内林新组建的第五装甲集团军。内林黯然回国。现年 53 岁的阿尼姆长着鹰钩鼻,不苟言笑,出自一个自 14 世纪起就为祖国培养军官的普鲁士世家。他在一战和二战中都战功赫赫,在凯塞林的眼中,他是个勤恳、思维敏捷的战地司令。12 月 13 日,阿尼姆宣布,既然已经铲除了泰布尔拜附近的盟军,第五装甲集团军要转而防守,备战接下来的战斗。

防守靠的是防御工事,防御工事需要劳工。6 000 名犹太人正好派上用场。突尼斯犹太人是一个历史悠久的少数民族,多半是工匠和商人;在杰尔巴岛(突尼斯东南海岸以外的岛屿,传说是荷马《奥德赛》里"忘忧国"的原型。——译者注)上,这个犹太人群落自公元前 586 年尼布甲尼撒二世侵吞耶路撒冷后就来到此地,一直沿袭着古老的民风。维希政府授意突尼斯颁布的一项法令规定,自 1940 年起,禁止犹太人从教、从商。轴心国的入侵使他们的生活雪上加霜。

11月23日,德军逮捕了一大批突尼斯犹太人,其中包括犹太人社团议会会长。12月9日,德军命突尼斯大拉比第二天一早为劳工团征召2 000名犹太壮丁,拉比请求缓期,这一数字随即又增加到3 000,且人人都要自带工具报到。第二天仅120人报到,轴心国士兵冲上大街和各个犹太教堂抓捕人质。战略情报局一份秘密调查估计:"由犹太社区提供工具和食品,最终征召了3 600名劳工。数百人顶着盟军的炮火,在比塞大和突尼斯机场卖力干活;另有数百人在绿山和童山附近或泰布尔拜以西,替维齐希少校和菲舍尔将军手下的官兵挖战壕;其余的则被强征去照料拉弹药的骡马。"

12月中旬,犹太人议会接到通知,"作为英国人的盟友",犹太人要缴2 000万法郎,补偿德国在突尼斯损失的炸弹。一家见利忘义的突尼斯银行以犹太人的土地和财产做抵押,以八分利贷出这笔款项。此外,德国人还掠夺了犹太人的金银珠宝和银行存款。与此同时,麦杰尔达山谷两侧崎岖的山上传来阵阵铁镐和铁锹的叮当声。

★ ★ ★

在艾森豪威尔的一再催促下,安德森致电阿尔及尔,盟军将于12月23日至24日夜发动进攻。届时突尼斯铁路终点可储备支撑苦战一周的补给,一轮满月将为盟军行动提供便利。在美军的协助下,伊夫利的第78师可拿下俯瞰麦杰尔达的高地左翼,刚从英国赶到的英国第6装甲师将从麦杰尔达山谷南端一举攻入突尼斯。

安德森对总司令说:"这是一个有违基督教义的圣诞节,但鉴于目前的状况,兴许情有可原。"他同意艾森豪威尔所说,盟军不能"默认德军的桥头堡坚不可摧"。虽然安德森认为攻下突尼斯的"胜算不到五五开","不过,这不是一项完不成的任务,绝非如此。只要计划周密、指挥有方、不畏艰难,外加一个好天气,我们将竭尽全力,取得胜利。如果上天佑我,我们一定能行"。

与此同时,安德森要艾森豪威尔继续关注突尼斯。盟军司令部制订了几套在突尼斯南部的作战方案，但没有一套有助于实现占领首都、切断意大利这条轴心国命脉的主要目标。安德森说，第一集团军"后无援军，已是疲于应付"，在平安夜一战，他打算投入 80% 的兵力。他向艾森豪威尔提议："所有作战计划的关键都在于集中兵力，攻克目标。"

在发动攻势前，安德森首先要夺下一座叫人头疼的山上的德军前哨，其位于麦杰尔达河谷下游，距离迈杰兹巴卜 6 英里。图姆堡桥之战惨败后，菲舍尔的部下占领了阿美拉山。这座长 2 英里、高 800 英尺的险峻山脊仿佛垂直焊接在山体上：山脊突出山谷，距麦杰尔达河仅几百码之遥，扼守通往突尼斯市的 50 号公路和铁路。英国人根据一个板球术语将这座山命名为"朗斯托普山"（Longstop Hill）。

朗斯托普山居高临下，将山下的麦杰尔达河谷尽收眼底：一只兔子、一个人都逃不过山顶上的观察，坦克就更不必说。百里香飘香、石楠和红松丛生的小山，即使在阳光下也阴气逼人。山上怪石嶙峋、铺满灰尘，登山者也染了一身尘土，犹如面粉厂工人。朗斯托普山虽不高，但地势复杂，大大小小的隐蔽坑洼不下千余。山腰下橄榄树成林，山顶几棵橡胶树犹如哨兵。一名英国军官认为这里"地势凶险、起伏不定、贫瘠荒凉，当初想必是魔王亲自操刀"。朗斯托普山也是另一位军官称突尼斯为"关隘之国"的一个例证。

英国人要是少骂几句这座小山，多花些时间研究一番，结果或将截然不同。冷溪近卫步兵团第 2 营在进攻前犯了两个大错：

第一，盟军情报机关认为这座山只有一个德军连把守，有 4 到 8 挺机枪；实际上，敌军的兵力将近一个营，外加埃本·埃玛尔老兵鲁道夫·朗上校手下的第 69 装甲掷弹兵团的三个连。

第二，也是更致命的一点，英国人不但看错了地形，还看错了地图。朗斯托普山实际上是两座山：阿美拉山是主峰，与东北稍矮一点的拉哈尔山隔一道山谷相望，只攻下其一等于两手空空。英军侦察队在 7 英里外用望远镜没看到第二座圆丘。就算如此，盟军地图上明明白白地标着拉哈尔山，11 月和 12 月初，步兵来来回回地在两座山间过了不知多少趟。冷溪近卫步兵团事后承认:"我们没看出它的战略意义。"这一错误着实令人扼腕。

★★★

按军事灾难一条不成文的惯例,进攻之初一切顺利。一周的艳阳晒干了道路,振奋了士气。自从两年半前敦刻尔克大撤退以来,冷溪近卫步兵团一直伺机与敌人来一场正面交锋。一轮明月避开流云,将明亮的月光洒满他们脚下的大路。12月22日星期二晚11点15分,16门英军大炮的阻击火网向德军证实德国空军早就侦察到的盟军突袭。大炮吼了足足15分钟。炮焰染红了橄榄叶,炮弹击中朗斯托普山顶,缕缕白烟在月光下盘旋而上。炮击随即停止,4个冷溪连冲了上去。

英军当即攻占了山西北面一个无人把守的山口,但最棘手的是山顶。空中陡然升起一颗颗照明弹,机枪子弹和手榴弹瀑布般泻下山坡。冷溪兵不顾一名连长和军士长倒地阵亡,仍踏着脚下打滑的碎石,冒着头顶的炮火爬向山顶。新成立的德军第754步兵团的步哨端着刺刀反扑过来,然后匆匆逃回石楠林,临走还不忘回头开几枪。冷溪兵尾随过去,但地形太复杂,有人想借厚厚的云层后露出的星星辨认方向,继而闯入了乱石阵。山的右翼,靠近50号公路,一个冷溪连攻下一座临时火车站,但在德军一次反攻中随即又交还给了敌人。

但不要紧,冷溪兵拿下了这座高地,包括最高峰290高地。两个小时内,他们拿下了朗斯托普山的主要目标。冷溪指挥官不想动用后备连或再攻临时站。按计划,特里·艾伦的第1步兵师的一个营要来和冷溪兵换防,在参加主攻前,他们要在迈杰兹休整一天。

军官将指挥部设在朗斯托普山南面一座白色的小清真寺。山下传来美国人正动身慢慢上山的消息。零星的迫击炮声后的寂静,被英国中士压低嗓子嘶哑的说话声和士兵在贫瘠的土地上挖战壕的叮当声打破。与290高地800码之隔的拉哈尔山伏在暗处,无人看见,也无人知晓。天下起了雨。

一个小时过去了,又一个小时过去。月亮落山,夜色越来越浓,雨点越来越猛。12月23日凌晨3点，美军对答口令的声音仿佛高声私语，在山中此起彼伏——"布鲁克林？""传单！""布鲁克林？""传单！"见暗中闪出美军，一名冷溪中士赶紧要他们别出声。士兵们好不容易出了齐腰深的石楠丛，一个个似落汤鸡。一名英国兵抱怨，美国人一向大嗓门，嘈杂得"就像夏季周日下午的黑潭海滩"。

战斗中两个营换防，就算是兄弟单位，在天气晴朗的大白天也实属不易，何况是在大雨倾盆的夜间，又是分属两个不同国家、对面不识的陌生人之间。前去侦察这支部队的英国哨兵不是错将他们当作敌人，就是不知道他们的去处。第18步兵旅第1营营长罗伯特H.约克中校在临时站附近迷了路，被敌军的机枪所困。他跌跌撞撞地跑进设在清真寺附近的冷溪指挥部时，他手下的参谋则摸黑到处乱窜，800名步兵遍布山间。凌晨4点半，双方完成了指定的任务，冷溪团撤营。一队人马又困又饿，踩着咔嚓咔嚓的靴子，一路唱着《仁君温瑟拉》返回迈杰兹巴卜。

晨曦将危机四伏的朗斯托普山呈现在美军眼前。险峻的山脊近一半在德军手中，美军还没赶到，德军就收复了几个冷溪兵弃守的前沿阵地。英国人说要歼灭的只有几个小股德军，但约克中校从敌军俘虏口中得知，包围朗斯托普山的却是足足一个装甲掷弹兵营，外加源源不断的援军。东边的乱石丛中时不时地闪过一个土灰色的身影或煤斗盔。

敌人不久就展开了进攻。"他们不知从哪儿冒出来的，"欧文·亚洛克上尉事后回忆。临时占领右翼的装甲掷弹兵包围了晚上掉队的A连。掷弹兵用迫击炮和机枪组成一条火力带，在他们还来不及突围时，分批歼灭了这个连。只有一名美军军官和13名士兵死里逃生或被俘。

朗斯托普山顶，哒哒哒的德军炮火犹如"小男孩没完没了地敲着一排铁栅栏"，一位编年史家如是写道。山脊上浓烟滚滚，随着敌军大炮的火焰"跳跃"。没来得及挖好战壕的士兵，被石块崩瞎了眼睛或削去了鼻子。炮火打断了电话线，营部派出去的通信兵有去无回。"打不了几枪，烂泥就会堵住枪口，我们只好扔掉，匍匐过去再找一支，"C连中士查尔斯·C.佩里事后说，

"朗斯托普山激战一天一夜后,地上多的是成打成打的步枪。"

约克被敌军火力压制在 B 连身后 1 000 码的一片沙地,他请求炮兵反击。英国炮兵不了解美国兵的阵地,外加英美联军的无线电话不兼容,反应迟钝。几枚炮弹总算腾起阵阵白烟,一名观察员见了,不禁联想到"巨大的白菊花"。但炮兵也挡不住德军的攻势,截至下午 3 点,德军悉数夺回包括冷溪团进攻前 290 高地在内的阵地。最后一抹余晖消失在天际,这时第 1 营已退到朗斯托普山西南面的防守阵地。

12 月 23 日,听到美军第一次呼救,刚吃完一顿迟到的早餐的冷溪团先是不敢相信,继而一脸不屑。难道美国人连一座拱手送到他们手中的山头都守不住?执着的第 18 步兵团团长弗兰克·格里尔闯进迈杰兹巴卜附近的英军指挥部,说是约克的部下就快弹尽粮绝,形势不容乐观。眼下别无选择,唯一派得出的后援军就是力倦神疲的冷溪团第 2 营,用一名士兵的话说,他们一个个"抱着对忘恩负义者的冷漠之情",拖着沉重的脚步返回朗斯托普山。

这支先头部队赶到朗斯托普山西北面下方的山口,天色已近黄昏。一天一夜的大雨,将麦杰尔达河谷变成一片褐色的汪洋,连骡子都抬不动步,几门大炮只能靠两头牛拉。车辆陷入山外 5 000 码的一片泥沼,进退不得。在一个阴暗潮湿、形同屠宰场的地下室内,军医借着烛光给救不了的士兵做手术。担架员丢下伤员,还没来得及折起沾满血迹的担架,就一头冲进夜色中。四分之一步兵充作小工,扛着笨重的绿弹药箱和迫击炮弹箱,冒着大雨深一脚浅一脚地爬到山脚。阵亡士兵横七竖八地倒在浅战壕内,有的已经发绿膨胀,有的则苍白威严,如同"月亮王子"。战斗临近尾声,一名冷溪团军官不禁要为活着的人说句公道话,当晚在朗斯托普山坡上,凡是头脑还清醒的人都犹如"逃脱地狱,飞出牢笼"。

12 月 24 日拂晓到下午,双方都按兵不动。盟军炮兵接着又拉响了大炮,向 290 高地 100 平方码的山头倾泻了 750 发炮弹。一名见证者写道,山谷中的"树丛处处冒着炮火,炮弹呼啸着钻进云雨"。下午 5 点,冷溪团对一条长 1 200 码的阵地发动猛攻,而美军步兵则近乎袖手旁观。士兵扔着手榴弹冲过山脊，吼着扑向敌人，敌人也还以猛烈的炮火。山下的援军以如同一条条倒流的红色小溪般的炮火配合冷溪团进攻。一个个小小的身影在洞坑闪进闪出，不屈不挠地向上攀登。一发亮如启明星的照明弹通知收复290高地。

站在山顶的冷溪兵终于看到了暮色中的拉哈尔山，与他们隔着一道宽半英里的深谷相望。一位冷溪团少校叹道："谁也没看到这座关键的山峰。"别无选择，只能接着攻。一队英勇的士兵冲下山谷，上了通向顶峰的山坡。德国守军打死了冷溪团冲在前面的排长和中士，迫击炮将余者炸得血肉横飞。

德军炮击稍稍停了一下，继而一连打到第二天上午。现在是骑虎难下，英美8个连以伤亡500余人的代价，包括冷溪团的营长和副官，攻下阿美拉山和拉哈尔山一翼。德军的损失同样惨重，但阿尼姆和菲舍尔驱车赶到朗上校设在山东面的指挥部，要他坚守到底：突尼斯桥头堡本身就岌岌可危。德军步兵和第7装甲团的坦克又奉命赶来增援。

下午7点15分，伊夫利将军向英国最高司令部汇报，朗斯托普山"多半掌握在我军手中"。他满怀信心（恐怕只有圣诞老人才能做到如此乐观），圣诞节早上就能夺下其余山头。

雨点渐小，不久，天空两天来首次放晴，云朵中露出一轮橙红的满月。英军后勤人员冒着纷飞的炮火，将一听听冰冷的圣诞布丁送到弹痕累累的石掩体后的士兵手中。照明弹照见满地的尸体。德军对290高地发动了新一轮狂轰滥炸（地毯式轰炸），只听一个浓重的伦敦腔喊道："把他抬走！把他抬走！"军医助手抬着用步枪和电话线绑成的担架飞奔而去。一个套着雨衣的身影弓着背从一个散兵坑跑到另一个散兵坑，把剃须刀递到士兵的手中。美军随军牧师连声感慨："邋遢的圣诞节！邋遢的圣诞节！"

★ ★ ★

艾森豪威尔至今尚未涉足突尼斯，但马歇尔12月22日一封措辞强硬的电报，让他匆忙赶赴东部前线：

把你的国际大事交给副官，你集中精力管好突尼斯的战事。

23 日上午 6 点 15 分，因为天气恶劣飞机无法起飞，艾森豪威尔爬上装甲凯迪拉克，带领一行 5 辆车驶出阿尔及尔。雨点打着沥青路面，来往前线的卡车碾起的泥浆把路面弄得湿滑不堪。总司令依然是他所谓的一身大老粗的打扮：齐腋的连体裤，扣着裤脚，一件厚夹克，一顶套头绒线帽。无论走到哪里，他都随身携带一个装着幸运币的拉锁钱包和一根手柄上暗藏一把匕首的手杖。他鼻子上架着一副眼镜，一屁股落在后座，扫了一眼厚厚的一摞报告，愁眉苦脸地望着车窗外烟雨蒙蒙的乡村。

他隐约感觉到突尼斯战役陷入了僵局。一想到这，他就满腹怨气。只有拖延战术才能打破这一僵局，但是英美联合参谋部早前一封电报恰恰要他避免拖延战术："第一轮进攻的损失或许惨重，但相比卷入旷日持久的消耗战，损失势必要轻得多。"华盛顿或伦敦果真没人明白突尼斯的胜算几何？在给丘吉尔的一封信中，艾森豪威尔提议道，如果盟军多带几个运输连登陆北非（或多 600 辆卡车），"这场战争说不定早就结束了"。

他无意为部下和自己的指挥开脱。"说到迄今的作战行动，"他写信给朋友托马斯·汉迪少将，"统统有违公认的作战原则，以及教科书中的行动和后勤秩序，今后 20 年中，势必是莱文沃思和军事学院课堂上的众矢之的。"

即便如此，他还是一再"祈求胜利"。安德森发动的新一轮攻势说不定能扭转乾坤。否则，他只能考虑 12 月 16 日丘吉尔在一封私信中提出的建议："学 1864 年的格兰特和南部同盟军，把德国人拖垮。"就艾森豪威尔所知，格兰特 1864 年的伤亡不下 20 万人。首相难道要孤注一掷？又一个斯波特瑟尔韦尼亚 (Spotsylvania，美国弗吉尼亚州东北部村庄，南北战争期间的战场。——译者注) 县衙，还是下一个冷港？

他照例从自己的弱处盘点指挥谋略。他在 12 月中旬的一篇日记中写道："种种经历让我吸取了很多教训。"其中一条教训是，"指挥官势必要耐心等待别人收获战果"。此外，"一个条理清晰的大脑是成功的决定因素"。

> 华而不实的冒险家不会放过任何出风头的机会，成为众人眼中的英雄，可这对他作为司令官的角色毫无用处。反过来，反应迟钝、墨守成规的人在关键位置上也成不了大器。这两点必须相辅相成……司令官的主要职责是寻找几个这类人才。

午后不久，车队驶入君士坦丁。这座努米底亚古都看起来很像西藏的喇嘛庙，一位游客将其石灰石砌的高墙比喻为"冻结的月光"。一条长1 000英尺的峡谷是阿特拉斯山脉最险峻的峡谷。君士坦丁历史上大概经历过八次围困，如今却挡不住准备在此建一座补给站的盟军办事员、随军商贩和高级将领。艾森豪威尔伸了伸腿脚，看了眼谷底鞣革厂飘来阵阵恶臭的峡谷，又接着赶路。

即使到了突尼斯边界，阿尔及尔的烦恼依然萦绕心头，挥之不去招之即来。和法国人的难题久悬而不决，马歇尔却轻飘飘的一句话，要他"把国际大事放一放"。12月7日，吉罗将军又来向他要北非总司令一职。吉罗仍旧不肯让法军听命安德森的指挥，甚至在没有知会艾森豪威尔的情况下，就不断将法国殖民军送上后勤无法支撑他们的前线。后勤运输是个症结，各个港口和补给站需要铁路运输的物资往往要耽搁4天。物资报表是一笔糊涂账，由于英美两家单位纠结不清，越理越乱。靠一战资料计算军需的军械官后来才发现，虽说现在一个师的人数只有一战时的一半，但消耗的弹药却是一战的两倍多。

而且荒唐的问题连绵不断：一支刚刚从英国抵达的船队运来了一大批帐篷架和桩，却没帐篷；盟军联合司令部致电华盛顿抗议道："请别再发袜子和指甲油了。"马歇尔好像还嫌艾森豪威尔不够烦，今天还要他在摩洛哥为罗斯福、丘吉尔和盟军智囊团寻一处合适的会议场所。然后参谋长又嘱咐了一句："没我的许可，不得和英国人讨论此事。"

愁纹渐渐爬上艾森豪威尔浓密的眉头和紫红的眼袋。12月20日，他在给儿子的一封信中说："报纸可以轻易将一个人塑造成英雄，也能将他说得一文不值。"副官说他是头"困兽，靠吼和挠解决问题"。参谋们如同对待大病初愈者或精神病人般，对他唯唯诺诺。马歇尔一周前写道："我最担心增加他的压力，却解决不了问题。"这位参谋长背地里怀疑，艾森豪威尔迟迟不出兵，是否因为蒙受重大伤亡的势必是英国。罗斯福一样耐不住性子："他们的进展为什么这样缓慢？"

压在艾森豪威尔肩头的担子本身就很沉重。美军空军司令詹姆斯·H. 杜利特尔少将年初指挥空军报复日本，因此获得过一枚荣誉勋章，他正准备说明轴心国飞机控制突尼斯机场的缘由，艾森豪威尔反唇相讥："这都是你找的麻烦，回去好好解决吧。你认为我就没有一堆麻烦事要解决吗？"最近在圣乔治饭店的一次午餐上，艾森豪威尔叫一名参谋召集客人和侍者们注意听讲，他补充道："你去告诉在座的各位，谁觊觎我这个位置，尽管来坐好了。"12月17日，也就是吉罗要他让位这一天，他对副官哈里·布彻说："我他妈的

詹姆斯·H. 杜利特尔少将。美国驻北非空军司令，1942年4月因空袭日本荣获一枚荣誉勋章。照片是1942年12月21日，杜利特尔在喷火战斗机座舱中准备从阿尔及尔起飞执行侦察任务前。杜利特尔最初不讨艾森豪威尔喜欢，因为后者不满他将太多时间花在飞行上。

才不想干呢。要是带一个营去冲锋陷阵，那是再简单不过的事。"

★ ★ ★

在盖勒马逗留了一夜，车队浩浩荡荡地挺进突尼斯。12月24日下午两点，车队绕道艾因西摩带上安德森将军后，艾森豪威尔抵达麦杰尔达河北岸凯米斯集郊外一座偏远的农舍，位于巴杰以西20英里处。士兵们从草堆掩体后透过雨柱向外张望。放在显眼处的耙和一辆拖拉机表明用于耕作，而非用于军事目的。吉普和凯迪拉克不得进入谷仓，免得车辙印暴露了维希司令部。维希司令部一个月前由安德森的副手查尔斯·W.奥尔弗里中将组建，目的是配合盟军进攻突尼斯。

艾森豪威尔和安德森蹚着齐踝的烂泥一路寻到农舍的客厅，发现里面挤满一身泥浆的军官。罗比内特和B战斗群的营长应邀前来鼓舞士气。安德森语气冷淡（罗比内特事后说"他看上去情绪极其低落"），但艾森豪威尔的心情也好不了多少。艾森豪威尔掂量再三，既没批评也没称赞B战斗群此前的苦战，更别说对此后战役的启发。罗比内特等人和各位将军一一握过手后，揣度着领导们的心思，消失在雨中。

安德森和奥尔弗里摊开一大幅地图，向总司令回顾前线的情况后，一个个又消沉了。安德森说，1月和2月是阴雨绵绵的冬天，这是从"当地人"口中打听来的。他"下令试验各种规格的设备在烂泥地上的运行情况"，但"效果都不理想"。在地面晒干前，至少6个星期无法发动进攻。

艾森豪威尔点头赞同。就在当天早上，他见过4个士兵徒劳地从烂泥坑里推出一辆摩托车。冬天的僵局在所难免。见总司令大失所望，安德森主动请辞。但是一时难寻一个才智过人、能轻取德军和法军的将领，艾森豪威尔于是驳回了这一请求。

艾森豪威尔指点安德森，B战斗群可以转移到天气和地面相对干燥的南方，罗比内特可以和不久后即将赶到突尼斯的第1装甲师余部会合，但对安德森此前祷告的"关键在于集中兵力，攻克目标"和"得道多助"这一长老式格言却只字不提。

最近的作战计划除攻打朗斯托普山外，其他攻势都延期，何时开展还是个未知数。若想消灭德军靠近迈杰兹的突出部，势必要拿下这座山头。第一集团军的日记指出："出此下策，是因为天气恶劣而暂缓进攻突尼斯。"艾森豪威尔口拟了一封电报，向伦敦和华盛顿告假："由于连续阴雨，近期无望攻打突尼斯。此后或将动用步兵，展开有计划的进攻。正组织一支部队伺机进攻南翼。"

雨点打着农舍的屋顶。士兵则裹着防化服，钻进草堆肚。不知不觉间，天色已近黄昏，官兵们过了一个阴雨绵绵、寒冷凄惨的圣诞夜。

达尔朗上将被暗杀了

平安夜的阿尔及尔一派喜庆气氛。顺山势而建的白屋沐浴着和煦的阳光，棕榈叶随风摇曳。法国人家的母亲货比三家地为孩子挑选玩具和糖果。只一个上午，阿尔及尔香槟（伊斯兰慕斯）的价钱就翻了一番。城外的常青树挂满了官兵的手榴弹、餐具和子弹带。安保松懈，回答哨兵盘问的不是每日的口令，而是一句："是我们，你这个蠢货！"官兵们喝了偷偷藏起的红酒，动手用汽油洗军装、互相理发，准备迎接午夜的礼拜。第1师一名报务员收听到BBC播送平·克劳斯贝唱的《白色圣诞节》，"大红一师"的官兵围在收音机前，默默地流泪。看够了蒙面女人的一帮家伙，编了一首寻开心的小调："我想要个白白嫩嫩的姑娘。"

登陆几个星期后，为改造这支"纪律涣散、在妓院门口排长龙"的占领军，阿尔及尔和奥兰的军官下了大功夫。眼下的活动从法语课到有女伴在场的交谊派对，应有尽有。一名军官汇报："只要有犹太女人或轻浮的姑娘在场，年长的女伴就把自己监护的姑娘们带回家，这种情况屡见不鲜。"这一说法得到一致认同。工兵放空游泳池，统统改作篮球场。盟军还组织了垒球和排球联谊赛（今后10个月要为战场征调2万只垒球和3 000只篮球）。由于不满的阿尔及利亚人不时从中作梗，据说不少比赛打得"异常激烈"。爱看电影的人在阿尔及尔看到了《胜利之歌》（*Yankee Doodle Dandy*，1942年美国经典歌舞片。——译者注）和《叛舰喋血记》（*Mutiny on the Bounty*）。奥兰大剧院被改成专为美军服务的俱乐部。首场综艺演出安排在平安夜，压轴戏是罗伯特·泰勒马戏团和"西班牙双子座"。由于演员不会说英语，一位会外语的军官答应站在台口翻译台词。

可惜罗伯特·泰勒马戏团和"西班牙双子座"不过是场空欢喜。午夜弥撒、寻花问柳或结识正派人家的姑娘更是一句空谈。达尔朗上将的末日到了。

克拉克和墨菲口中的"小个子"，在盟军眼中越来越没有分量。达尔朗不仅是个累赘，而且他也没能说服现已凿沉的土伦舰队投奔英美联军阵营。身为高级专员，他的许多做法就算没有招致义愤，多半也惹人不快，比如他要求200名冷溪近卫步兵团的士兵担任一年一度庆祝拿破仑奥斯特利茨大捷的仪仗队。有人还在阿尔及尔的墙上写下："处死叛徒达尔朗！"最近他为买动盟军记者举办了香槟酒会，结果却激起了他们的公愤。

达尔朗似乎身心疲惫。记者约翰·麦克文说："他那双蓝色的小眼睛黯然神伤。"12月23日为盟军军官举办的一次午餐会上，这位上将表示有意投奔自己的儿子阿兰。身患小儿麻痹症的阿兰死里逃生，目前正在康复中，应罗斯福的邀请，去了佐治亚州的沃姆斯普林斯。达尔朗对克拉克说："我想把这一摊子交给吉罗将军，他好这个，而我并不喜欢。"克拉克将墨菲拉到一边私下说："你瞧，'小个子'没准儿真这么干。"墨菲点了点头："是的，没准儿。"餐后，达尔朗领着墨菲走进自己的办公室，对他说了实话："目前有四个暗杀小组要暗杀我。"

一个就足够了。24日下午2点半，位于米舍莱大街的英式小教堂报半点时，一个生着一头黑发、身形高大的年轻人走下一辆豪华轿车。他一袭黑衣，披着一件褐色外套，信步走向夏宫的南门，向门卫自报名叫莫朗，有私事求见达尔朗。门房将他领进一间小会客室。他点上一支烟，坐在破旧的沙发上等候这位维希副总理。

费尔南德·邦尼·德·拉夏贝尔是个反法西斯的保皇派，父亲是位法国记者，母亲是意大利人。1940年德国入侵法国后，他从法国首都回到故乡阿尔及尔，结识了一个保皇派，一心想保一个冒充流亡国外的法国皇帝亨利三世的骗子登基。这项阴谋从何源起？何以借刺杀达尔朗完成一位法国君主的大业？无人知晓。刚过3点，邦尼就听花园车道上一阵吱吱嘎嘎的车轮声。他从大衣中掏出一把7.65毫米口径鲁比斯左轮手枪，早上在向一位牧师同谋忏悔后，他在附近的一个高尔夫球场试过枪。

从午餐会上回来，达尔朗心事重重地走向办公室。上午诸事不顺，墨菲逼他释放政治犯，恢复阿尔及利亚犹太人的权利。

一推开书房门，上将就听身后的手枪扳机一声脆响，他一转身，邦尼面对面朝他的脸和腹部开了两枪。达尔朗双眼圆睁，口角流着血，瘫倒在门槛上。邦尼逃向一扇窗口，不料被一名阿尔及利亚骑兵给拖了回来，另一名骑兵抡起一把椅子，打掉了他手中的手枪。

半英里外的圣乔治饭店，克拉克正收拾办公桌，准备动身去赴圣诞晚宴。门厅传来一阵急促的脚步声，墨菲一把推开门，闯进他的办公室喊道："他们暗杀了那个小杂种！正送往医院。"

克拉克和墨菲赶到马约医院，候诊室早来了一帮聒噪的法国人。两个美国人推开众人走进手术室，医生刚刚宣布达尔朗抢救无效。"'小个子'看上去平静安详。"克拉克事后说。

克拉克干净利落地处理了暗杀。他眉头一皱，驳回了手下的警卫队持枪集合令，但却增加了圣乔治饭店的哨兵，命军官随身带枪，另外在花园和盟军其他办公场所外架起了机枪。一位军官说："司令部内人声嘈杂。"卡车上站满身穿防化服的士兵，在大街上来回巡逻。平安夜庆典一概取消，为防止"当地人暴动"，阿尔及利亚全境各个兵营的官兵奉命严阵以待。

克拉克虽然认为达尔朗一死，"犹如除掉一个不胜其烦的脓疮"，但还是立刻动手草拟了一份宣传要点，言外之意是轴心国与暗杀脱不了干系。盟军联合司令部的一份官方声明宣布："尽管此事激起了公愤，但阿尔及尔井然有序。"声明暗示达尔朗的死可能引起民众起义,这让不少人哑然失笑。一名记者说:"阿尔及尔人脸上露出从没有过的喜色。"

★ ★ ★

此次视察,艾森豪威尔坚决不要陆军通信部队的军官陪同,刺杀案过了几个小时,他还远在距离凯米斯集的第5军司令部400英里外的路上。阿尔及尔于下午4点发出第一条急电,通信兵却遍寻不得这位总司令。盟军联合司令部下午5点致电第5军司令部,语义含糊地汇报"发生了重大事件";不到一个小时,又一条电报称达尔朗出了事,盟军联合司令部"急于联系身在前线的总司令。务必请他立刻给克拉克回电"。可惜几封急电一封都不曾及时送到艾森豪威尔的手中。

会议从下午一直开到晚上。伊夫利将军下午7点15分发来电报,称他们将于圣诞节一早拿下朗斯托普山,这是艾森豪威尔一天中听到的一大喜讯。他正要落座,和安德森、朱安共进迟到的圣诞晚宴,一名通信兵带着克拉克的急电闯进餐厅:"刚从医院回来。达尔朗身亡。"

凯迪拉克穿过泥泞的晒谷场驶向农舍,黎明前有人会擦去车辙印。公元前202年,就在40英里以南的扎马(Zama,北非古城。——译者注),大西庇阿大败艾森豪威尔儿时的偶像汉尼拔,结束了第二次布匿战争。艾森豪威尔盼着有朝一日去看看,弄明白迦太基人兵败此地的缘故。但这次肯定不能成行,返回阿尔及尔要30个小时。比起克拉克,艾森豪威尔对政治问题一向考虑得比较远,料到这次暗杀会产生预想不到的后果。他在轿车后座上想,达尔朗的死了却了一桩难题,但引发的问题无疑更多。

★ ★ ★

伊夫利将军的预言实现了,他们在圣诞节一早拿下了朗斯托普山。

朗上校损兵折将,主力部队退至拉哈尔山东南一处不堪一击的洼地。他打算拼死一搏,派一支分遣队正面牵制英美联军,一个坦克连迂回到山后,从背面发动进攻,朗上校则亲自带掷弹兵迂回到临时火车站的南面。反攻定在 25 日(星期五)拂晓。

当天晚上,靠马驮弹药、不通英语的一百余名阿尔及利亚狙击兵补充到第 18 步兵团 B 连。一位美军中校连说带比画,将这个连安插在朗斯托普山西北坡一道山口。不知什么缘故,朗斯托普山的炮兵前进观察员脱岗去了夏塞尔·泰法哈一座农舍。一位大惊失色的军官命他们在圣诞节曙光降临前赶回去。

但为时已晚。上午 7 点,德军展开攻势,用一名美军军官的话说,猛烈的炮击"仿佛满世界都在爆炸"。一枚彩色信号弹蹿上拉哈尔山上空,德军从侧翼发动进攻。10 辆装甲车冲过山北面的烂泥坑,冲向法军阵地。由于缺少反坦克武器,狙击兵一哄而散。装甲车排炮从 800 码外纵射美军阵地的左翼。美国兵没有大炮,只能稀稀落落地靠小迫击炮、步枪和手榴弹还击,与其说是在抵抗,倒不如说是在对口令。由于联系不上营部的约克中校,B 连连长咬牙切齿地宣布:"我们将战斗到底。"此时此刻,小巨角河战役(1876 年美军与印第安人的战役。——译者注)却在副连长爱德华·麦格雷戈中尉心头挥之不去。

朗上校亲自带掷弹兵从临时站突破右翼。敌人的炮火落到盟军身后,表明敌军呈两面夹击之势。英美军官都说自己身陷埋伏,怪对方不打一声招呼就从朗斯托普山各座山头撤退。但有一点毋庸置疑,把守阿美拉山顶峰前沿阵地的冷溪兵目前面临灭顶之灾。

上午 9 点,奥尔弗里将军获悉德军又占领了 290 高地,同意伊夫利弃守朗斯托普山。通信员带着撤退令飞奔而去。各支队伍一路埋下地雷,阻挡敌军追兵,你追我赶地返回夏塞尔·泰法哈。费了九牛二虎之力拉来的弹药和医疗设备,这时候又装上大小车辆,运回迈杰兹巴卜。

生还者拖着沉重的脚步踏上了撤退的路,雨点仿佛压死骆驼的最后一根稻草,又淅淅沥沥地下了起来。夜幕降临,走在吉普和卡车前面的军官挥舞着白手绢,要司机跟上,每隔几百码就有疲惫不堪的司机冲出大路。步兵出身的漫画家比尔·穆尔丁说,官兵们如同"病猫挤在热砖块上",隐蔽在夏塞尔·泰法哈和迈杰兹。圣诞大餐是英国杂烩,和"麦杰尔达泥浆水煮的几只骨瘦如柴的鸡"。

谁谁失踪、谁谁阵亡的消息很快在官兵们中间传开。每打完一场仗后,步兵循例要在制作战场胜率表前,检查关系最亲近的弟兄们是否生还。英方伤亡总计 178 人,军官的伤亡比例尤其惨重,冷溪团 12 名副排长只剩一人。美方的损失高达英军的两倍:9 名军官和 347 名士兵伤亡、失踪。第 1 营官兵损失 40%,被要求补充兵员的第 18 团从团花名册中胡乱挑了几个名字搪塞上级,免得他们把胆小鬼和不合格的兵塞进自己的单位。各单位投票表决是收下寄给阵亡官兵的圣诞礼物,还是原封不动地退回国内。

朗斯托普山又落入德军之手,他们给它改了个名字,叫"圣诞山"。阿尼姆下榻的巴斯德广场一隅的豪华大楼庆典不断,官兵们举起突尼斯红酒,向朗上校的"战斗机"啤酒馆致敬;哨兵还树起一棵装点了花环和白蜡烛的圣诞树。26 日晚上 10 点半,一架美军飞机中了敌军的高射炮,不断下降,在投弃了 4 000 发炮弹后,一头栽到突尼斯城西。欢庆戛然而止。炸弹落在梅克德尔大街一线的阿拉伯人聚居区,将 1.6 万平方英尺范围夷为平地,炸死了 84 名平民。

把守朗斯托普山的英美两国士兵中,有人坚守至今。6 个月后,盟军在 290 高地发现发霉的作战服中一具具面向东方的尸骨,身上的装备原封未动,敌人没去骚扰他们,真是咄咄怪事。死者表现出的忠贞,对生者多少是个告慰。德军又重启"炮击训练课",用一名士兵的话说,他们把迈杰兹炸成了"干酪刨丝器"。当手下的营在朗斯托普山惨败的噩耗传来,特里·艾伦将 4 天的战斗归纳为一句话:"阵地失守,使命未竟。"

美军战术漏洞

圣诞节这天丢掉关键一战,又在车后座上劳顿了 30 个小时,艾森豪威尔却神采飞扬。虽然一路车马劳顿、腿脚僵直、力倦神疲,但下午 6 点一回到盟军联合司令部,他很快就恢复如初。他立即召集手下的参谋,给达尔朗夫人亲拟了一封唁电:"他为国尽忠,对他的去世,我们深感痛惜,敬请你节哀顺变。"随后从史密斯的别墅发出电报。艾森豪威尔用一副浑厚的男低音唱着歌,信步走进门厅:

　　天赐你欢乐,先生,驱散你心头的烦恼。

　　总司令和几位军官狼吞虎咽地吃了一顿圣诞大餐:葡萄干布丁、香槟和烤火鸡。巴顿从卡萨布兰卡送来了两只火鸡,其中一只经长途跋涉后逃过了遭拔毛、下锅、下肚一劫。先生们纵情作乐。第二天早餐,哈里·布彻只点了"一碗退烧药"。

　　法国当局调查达尔朗刺杀案可谓神速,邦尼·德·拉夏贝尔的案子还没开庭,他们就替他订了口棺材。敷衍了事的诉讼后是敷衍了事的辩护(邦尼

1942年圣诞节,即达尔朗上将遭暗杀一天之后,8 000余名吊唁者鱼贯走过他的灵柩。"没有人掉下一滴眼泪。"一位记者写道。棺材上放着达尔朗的军帽。

指出，"我依法处置了一个卖国贼"），秘密军事法庭自然是早早定下了死刑判决。被告似乎对缓刑很有把握，居然和审问他的警察讨论未来的外交生涯。他对牧师说："他们不会枪毙我，准是一发空枪。"12月26日，星期六上午7点45分，邦尼被绑在警察所院子的一根柱子上，没等他念完祈祷，就被一枪结果了性命。丘吉尔事后说："他没想到自己会遭枪毙。"

当凶手被秘密处死时，达尔朗将要接受一场名副其实的北非君主葬礼。圣诞节这天，在阿尔及尔市中心的总督府内，达尔朗静静地躺在铺着花环的灵台上，骑兵和狙击兵手持亮闪闪的戟拉开警戒线，迎来8 000名民众的吊唁。一名记者坚决认为，"没人洒一滴眼泪"。另有一名目击者说吉罗将军眼含泪光。吉罗兴许是出于感激，他刚刚接替达尔朗，任高级专员。

无论亲朋，还是其他人等，包括凶手的父亲，来拜祭的人都对放着上将大檐帽的灵柩表示了敬意。几名绑着雪白绑腿的水兵将棺材抬上一辆黑色的灵车，一行人穿街过巷，奔圣菲利普大教堂而去。

12月26日星期六上午9点，葬礼开始，法国官员占据大中殿的右侧，左侧则是被要求摘下"武器和黑纱"的盟军军官代表团。

安魂弥撒唱起时，前来吊唁的亲朋按规矩要走向棺架，画着十字，拿一根雪松枝蘸水洒向灵柩。艾森豪威尔这个至死不渝的堪萨斯新教徒却坐在条凳上一动不动。海军司令安德鲁·B.坎宁安见总司令面对天主教仪式的尴尬，成心要捉弄他一把，过去拍了拍他的肩膀，小声说："去吧。"

"我做不到。"

坎宁安头一摆，"去吧。"

艾森豪威尔走上前去，但没有跪拜，接过雪松枝往水里一伸，用坎宁安事后的话说，洒的水"能把棺材中的人淹死"。总司令瞪着眼睛扑通落座，寻他开心的副手一个个忍俊不禁。

除了道别，葬礼已经结束。前来拜祭的人鱼贯出了教堂，站在台阶上。艾森豪威尔戴上手套，仿佛料到要下雨似的看了眼天空，站到吉罗身旁。一支法军乐队以悲伤的调子奏起《马赛曲》；一名陆军通信兵摄影师记录下盟军军官斜着眼睛或东张西望地行礼的场面。8名水兵扛着棺材走出教堂。法国轻步兵正步走过塞尔麦里路，接着是骑着白马的骑兵、一支英国护旗队和第34师的一个连。一位手拿文件夹的陆军军官指出，"下一次应该避免以下失误：接受检阅前，美军连忘了装刺刀；他们的眼睛没有向右看齐；疏散工作没做好"。这位挑剔的军官希望"下一次"葬礼轮到谁，就不得而知了。

送葬队伍沿米舍莱大街来到夏宫。在犯罪现场，这位无人为之落泪的上将暂时被寄存在一座私人小教堂，等日后葬到海军公墓。小个子如今成了基督教界的众矢之的。戴高乐视达尔朗为"国家顽疾"的一个症状。新近到阿尔及尔任丘吉尔驻盟军联合司令部政治代表的哈罗德·麦克米伦说得有点不客气："一旦投敌，一辈子都洗不清罪名。"

最油滑的莫过于英国谍报人员戴维·亨特的评价。亨特写道："谋杀仿佛一枚石子投进一方小池塘，激不起多大波澜，达尔朗好像从没来过这个世界。"

★ ★ ★

暂缓攻打朗斯托普山后的几个星期，盟军高层指责声一片，尤其是英美关系出现了裂痕。两军间虽操着同一种语言，但产生的隔阂由来已久，一方面，正如美国人的一句老话，"英国是一个有人一如既往地爬上六级台阶，亲切地给你送上一杯茶的国家"；另一方面，不同的口音也产生了隔阂。比如，美军司令部的一个职员接到一位英国军官的电话，听见他浓重的口音，美国人转身问同事："请问你们谁会说法语？"

一名记者嗤之以鼻地写道，美国人普遍将"Arab"（阿拉伯人）一词的首字母"A"发长音，许多英国人听了毛骨悚然，"难听死了，但上流社会却以为时髦"。哈罗德·麦克米伦的母亲是印第安纳州人，他以一口纯正的牛津腔向艾森豪威尔自我介绍："我是印第安纳人。"他指点一位英国军官："就像希腊人对罗马人的看法，你会发现美国人不过是一帮粗俗的商人，比起我们干劲十足，同时又吊儿郎当；比我们淳朴，但也道德败坏。我们要像希腊人牵制罗马皇帝克劳狄一世一样管理盟军联合司令部。"

联盟之间的嫌隙渐生。英国长期以来受到来自美国的恩惠，谁料英国人非但不感恩，反而瞧不起美国人。提到美国人，英国军队上下开口就是"我们的意大利人"。一名英国记者总结了英国人普遍的观点："美国人轻敌——真是天生的外行。"一位英国高级将领对同事说，美国人是"十足的空心大萝卜。他们慷慨好客，但办事效率和忙碌纯属扯淡"。美国人当仁不让地反唇相讥："英国人的屁股，我们来擦。"

朗斯托普山这场兄弟上阵的肉搏持久战让双方的怨念越积越深。第1近卫旅的一份战后报告痛斥第18步兵团：

> 美国人没能守住关键高地，也不曾下力气夺回，这是明摆着的事实……我无意挑美国人的刺，不过，这项任务虽说对任何部队来说都十分艰难，但他们却无法胜任，仓促上阵。

在特里·艾伦看来，美国人性急鲁莽，但这是军事术语。自从六个星期前占领奥兰，和第1师待在阿尔及利亚军营远观英军苦战突尼斯的艾伦一直坐卧不安。他早安排好后事，只等一声令下，便可冲锋陷阵。

"请你始终记住，我爱你比谁爱得都深。"他写信给妻子玛丽·弗朗西斯。他仿佛要脱胎换骨，一把火烧了各种私人档案，包括7月30日马歇尔要艾伦"注意检点"、少喝酒的信（艾伦斥之为"多管闲事"）。艾伦告诉玛丽，烧掉"这些东西"，希望除去"我心头的仇恨和恶念"。一把小火荡涤了他的心灵，只剩下对敌人的仇恨。用欧尼·派尔的话说，"他对德国人和意大利人恨入骨髓"。

但几个星期后，他疑窦丛生，"大红一师"无所事事，安德森却组建了一个可支持更多前线部队的后勤网。艾伦和特德·罗斯福一如既往地苦训手下的官兵，但"大红一师"并不比指挥官更加适应军营生活。他攥着用蓝墨水描了三遍"别碰！务必归还"的拉链皮包，一头冲进设在阿尔及尔的盟军联合司令部。据说他愤怒得脸颊嘶嘶作响，开口就问："这是谁家的战争？有人能参战吗？"

属下的部队被一点点瓜分，送往东线，他先是沮丧，继而愤怒。首先，第 5 野战炮兵营被派往泰布尔拜，纳入英国人的部下，这个营的军官多半被俘。然后，第 26 步兵团被派到突尼斯南部。艾伦深信，"步兵如威士忌，一旦打散，就失去了威力"，而且打散部队破坏了士气。艾伦一向认为，军人冲锋陷阵不是为了目标或国家，而是要信守对兄弟的承诺。他说："一个军人为了辅助身边的兄弟而奋勇作战，和一个连与侧翼齐头并进、奋勇杀敌是一个道理。"

最后一根导火索是抽调他的第 18 步兵团（"大红一师"三分之一的步兵）和之后英国人对该团第 1 营的抨击。艾伦痛惜阵亡的官兵，听了英国人对他们的诬蔑，他大发雷霆，说他的部下"无法胜任、仓促上阵"，他不能坐视不管。他命师情报官调查第 18 团在朗斯托普山一战的表现。不出所料，其后的调查报告与之前的说法大相径庭，英军的渎职与美军的失职不相伯仲。该调查总结，英国指挥官对美国军队"用兵不当"。艾伦把报告塞进背包，启程去设在突尼斯的英国第 5 军指挥部。

奥尔弗里将军一边吃着早餐，一边看着调查报告。艾伦则眯着眼睛，叼着香烟。

奥尔弗里一看完，艾伦就开口问道："我从史密斯和艾森豪威尔将军那里听说一些谣言，说美军士兵素质低下，这让我无法理解，尤其是从你属下的高层口中说出来。"

奥尔弗里变了脸色，耸耸肩说："我不想道歉，我没听近卫旅旅长或师长说过此话。"他指着手中的调查报告问："你打算如何处理？"

艾伦一动不动地盯着他，然后伸手从桌对面的奥尔弗里手上拿过调查报告，一撕两半。他说："我希望英国最高司令部吸取这个教训，学会如何对待美国人，我不想因此引发国际争端，但我认为，如果我指挥英国军队，我会善待他们。"说完，他敬了一个礼，扬长而去。

就算不是出于礼貌，此举也可以说是宽宏大量。艾伦避开一场争执，却留下一个丑陋的伤疤。不过，在战斗打响前，这种必要的宽容越多，盟军这个正义之师的优秀军人才越敢互相信任。

★ ★ ★

到了这一年的年底，盟军在北非的运气也背到了家。艾森豪威尔26日致电参谋长联席会时表示，"迄今最让我失望的"，莫过于放弃攻打突尼斯。当初他奉伦敦和华盛顿之命，"借利比亚抄西部沙漠中轴心国大军的后路"，大举东进，执行"火炬行动"。在这一点上他有辱使命，一碗退烧药也解决不了他的烦恼。

安德森的第一集团军和伯纳德·蒙哥马利目前西出埃及的第八集团军不会夹攻隆美尔在利比亚的残部。盟军失策，虎口之势非但没有歼灭轴心国军队，反而将内线拱手让给了敌人，险些把安德森、蒙哥马利、阿尼姆和隆美尔这四支大军拖入一场消耗战，与25年前西线的情形无异。

一场大围攻隐隐乍现，眼光敏锐的战略家不难看出，盟军绝不会轻易对欧洲堡垒展开灵活的机动战。拔掉一名全副武装、钻进山中的德军下士，相当于拔除一颗阻生牙。有识之士兴许已经看出端倪，突尼斯门户之战留下了一系列后果：盟军的意大利登陆行动被拖延了数月，他们到1944年才突破罗马以南的古斯塔夫防线，意大利战役一直拖到此战结束。但这都是后话，谁都料不到。

眼下要说的是存在的不足。美军战术漏洞一看便知，陆军部派来的观察员谨慎地描述了这些漏洞：

> 德军比我军会打仗。目前的普遍态度是，北非行动不过是一次实弹演习。他们视敌人为客队，而且这不是一场大型战争。就连伤亡惨重的单位也对敌人无甚恨意……上至军官、下至士兵，对战争都毫无心理准备。

一位上校在另一份评估中总结道："我认为，美军纪律涣散，更缺乏勇气，缺乏血洒沙场的愿望和斗志。"一位少将指责基层军官领导无方，校级军官的伤亡比例较大便是一例，他们本应鼓舞手下的士兵冲锋陷阵。

以上都千真万确，但他们没看出美国人身上悄然发生的变化。美军渐渐掌握了作战技巧：避开山脊线；伪装浅战壕；将白磷光烟幕弹塞进引擎，逼出坦克中的敌军。当初没几个人了解这些如今已熟视无睹的事实：战场混乱，炮火连天，危机四伏，惨不忍睹。欧尼·派尔说得对：这里不是安乐窝。他们见识了谁都不该见识的一幕：焚烧尸体，切除内脏；身中诡雷的士兵，脸就像"旧花瓶上的裂纹，冲击波在上面留下上千道小裂口"。

战争磨出了他们的锋芒。他们瞧不起狂热的领导（"邀功求赏"的家伙），但欣赏冷静镇定的上司。他们已充分认识到，战斗出乎意料的漫长，声东击西、欲擒故纵；战场往往空旷荒凉；死亡成了水、火、土和空气之外的第五元素，无处不在。诚然，他们还恨不起来，但因为失去耐心和愤怒，他们逐渐学会了恨。第1师中士C.罗斯·马丁获悉自己的双胞胎兄弟在北非阵亡，表现出的正是这一点："双胞胎兄弟心灵相通，他阵亡的那一刻，我就感到了一种如释重负之感，我再也不必为他牵肠挂肚。"

朗斯托普山一战，还有一位身心疲惫的将军要坐下来为自己辩解。安德森在圣诞节写给艾伦·布鲁克的一封标着"私人和绝密"的长信，确实兼而有之。"诸事不顺，我的全盘计划统统作废，"安德森写道，"我深感失望，因为德国兵力广为分散，我确信这是我们集中兵力，一举突破突尼斯的大好时机。"但他和艾森豪威尔一致认为要"听天由命……天意如此"。

他飞快地回顾了一遍此战的其他问题：

1. 艾森豪威尔似乎执意转战南下；
2. 美方不打算将B战斗群剩下的谢尔曼和"格兰特/李"送给英国人；
3. 达尔朗的死或许是"一了百了"，虽说增强了吉罗的实力，但是让他担任总司令"后果不堪设想。官兵们凶多吉少"。

但安德森的核心话题是泥泞的战场上崇高的一面。落笔之前,他又旧话重提。"我沮丧失望,但消沉又有何益。如果我们不遗余力,此战何愁不胜。""我主贤明,"他说,"不会那样让我们送死。"

第 7 章　战争是条分界线

盟军首领齐聚卡萨布兰卡规划行动方案。丘吉尔深知统制地中海等于统制西方，也决定英帝国在埃及、中东和印度的命运；罗斯福则认为地中海是个无底洞，扩大战线只会耽搁登陆法国。关键问题是：如何将盟军作战资源分配到太平洋和大西洋两个战场？下一仗从何处下手？针对欧洲轴心国的战争是否会沦为和德国小跟班意大利的持久战？他们都已意识到，卡萨布兰卡会议是美国的关键时刻，也是世界史掀开新一页的转折点。

盟军智囊团齐聚卡萨布兰卡

1943年1月9日星期六晚上10点半，总统座驾驶出白宫大门，向南驶过晶莹剔透的爱丽普斯公园和华盛顿纪念馆。驶离四个街区后，车转向驶上十四大街东侧一道重兵把守的坡路，消失在雕版及印刷局楼下。

总统新专列"斐迪南·麦哲伦"号停在两个月前新建的一条秘密支线上，这条支线用于运输印刷局新印制的纸钞。特工拉开车门，将总统抬上几步外的列车，轻手轻脚地扶他坐上一副无扶手的轮椅。罗斯福被华盛顿另一场冬季战争折磨得苍老憔悴，然而当他将一支烟插进烟嘴时，他还是咧着嘴笑了。一场大冒险拉开了帷幕。

包括防毒面具和一挺M-1卡宾枪在内的最后几件行李被抬上列车。为防可疑行李被带进专列，特工在30名总统随员各自的家中替他们整理了行李箱。总统专列上的服务人员都换成白宫游艇上的菲律宾管事。"麦哲伦"号由普尔曼公司制造，是一座豪华的移动堡垒，车窗玻璃达3英寸，装甲后门重达1吨。主车厢有四间包厢、一座观景台、一间可容纳12人的餐厅和一间厨房（存储了符合总统口味的食品，如野鸭、龟鳖和美酒）。车头后的行李车改装成一座通信中心，配备了一台密码机和四台发射机，还有两台1万瓦、可供一座小镇照明的发电机。

一声汽笛后,列车蹒跚前进,驶过海军造船厂。出发半小时后,司机才略知此行的目的地:先是佯作北上马里兰,去往罗斯福位于纽约海德公园的家,然后在米德堡一条支线转向南下。罗斯福此行属于绝密,行程单上只列了一行"登记号1"。新闻发言人星期一早上走进总统空无一人的卧室,才知道他离开了华盛顿。

罗斯福对地图一往情深,早就在地图上安排了5天的行程:乘27个小时的车去迈阿密(服务员要焚香遮盖洗衣房浑浊的气味),然后乘一架从泛美租来的水上飞机转道特立尼达,再乘机飞往巴西,第三程是飞渡2 000英里的大西洋,去往非洲西岸的赞比亚。为防飞机失事,水路沿途还安排了海军舰只。这是自1932年以来,罗斯福首次乘飞机出行,也是美国总统战时首次出国。

但某些成员仍不清楚此行的目的地。虽然保密工作做到了家,但罗斯福还是露出了破绽。新年前夜,白宫照例宴请亲朋,在举杯祝"合众国胜利"前,他给来宾看了麦可·寇蒂斯执导的一部新片。这部电影由亨弗莱·鲍嘉和英格丽·褒曼主演,讲述了1941年,一位美国侨民在良知和同情维希北非之间挣扎的故事。

雷诺:你怎么到卡萨布兰卡来了?

里克:为了我的身体。我来卡萨布兰卡找水。

雷诺:水?什么水?这里是茫茫大漠。

里克:我听信了谣言。

世人只知道《卡萨布兰卡》是部电影。

卡萨布兰卡没有里克,美洲咖啡馆也不见伊尔莎、纳粹党徒或叮咚的钢琴声。但阴谋错综复杂,好莱坞恐怕也构思不出目前戒备森严的安法近郊的勾当。一块方圆一英里的土地围了一圈蛇腹式铁丝网,铁丝上挂着内装石子的罐头盒,这块地中间正在建一座罗马式军营。营地中央是一座白色的四层宾馆，仿佛一艘搁浅在椰枣林中的船。11月8日前，这里曾是德国停战委员会成员的驻地，在那之后，听装烤猪肉和踏着雪橇搔首弄姿的丰满女郎照片就被清空了。陆军通信部队在这里安装了三台交换台，设置了一个文件收发中心，铺设了41英里的电话线。

这片秋海棠和含羞草飘香的如茵草地，顺山势而下，一直延伸到大海，波涛怒吼着扑向黑黝黝的暗礁。安法附近散落着18座别墅，都是最近才从一个法国富商手上没收而来的。特工将几座别墅的监听装置悉数拆除，但留下了几卷配有精美春宫木刻插画的薄伽丘著作。达雷斯萨阿达是最豪华的一座别墅，其起居室摆放着斑马皮沙发，天花板跨度达28英尺，高大的窗户护以铁栅。工兵拿"让·巴特"号上拆下的钢板，将游泳池改建成一座防空洞。军中的木匠奉命打造一条从台阶通向大门的木扶手。至于作何用处，他们也不得而知。

物资和人员涌进这座营盘，包括宾馆前台一样黑着脸的军官。美军士兵拿探雷器和盖革计数器把这块地方搜了个遍。医生监测过食品和瓶装水后，才送到戒备森严的储藏室。

此外，从伦敦远道送来一箱上好的白兰地，艾森豪威尔又应要求从阿尔及尔送来3箱杜松子酒、3箱苏格兰威士忌，外加从陆军妇女辅助队挑选的5名年轻军官。礼宾主任绞尽脑汁，旁敲侧击，想从第2装甲师找一支会演奏《向总统致敬》的军乐队。直到最后才教美军士兵礼仪：在营舍的宣传画上，骑在马背上的乔治·华盛顿忠告他们不得说粗话。

负责这个狂热机构的是美国驻摩洛哥总督乔治·巴顿。"火炬行动"结束后的两个月内，巴顿俨然已将卡萨布兰卡改建成一座大型补给站，同时也是一座登陆港，每周有数千名官兵从那儿涌入非洲。"四轮马车每隔一辆就载着两三个美国兵招摇过市，去和法国女郎喝咖啡、骑自行车、开吉普兜风、打垒球。"大兵端着冲锋枪在镇外的软木林中追逐小姑娘，军官则拿着摩洛哥砍刀去打野猪。法国政府官员让美国将领放心，摩洛哥妓院的性病率"绝对稳定"——100%。卡萨布兰卡生活安逸，再加上法式果仁糕点和殷勤的肉贩，俨然成了一个"安乐窝"。

巴顿的日子却依旧不好过。无论是开着他那辆大派卡德兜风,还是从壳牌石油大厦顶楼办公室眺望大海,他无时无刻不想着盟军正被搁置在这一汪死水中。在突尼斯短暂的一次视察中,他一路招摇过市,喊着:"德国人呢?来打我呀!"他事后写道:"我要出风头,只有战争才能满足我的愿望。"赞美他的新闻剪报满足了他的虚荣心,11月8日以来,比阿特丽斯收集了不下1 000份提到丈夫的文章。这种言过其词的荣誉却让他渴望真正的荣誉。他在一封家信中写道:"就我个人而言,我希望上阵杀敌。"

巴顿把心中的不快多半发泄到了自己的顶头上司身上。听闻上级提拔克拉克为中将,给了他三颗将星,只给了自己两颗,巴顿伤心不已。巴顿当着众人说,克拉克"太能说会道,听得我起鸡皮疙瘩"。他还骂艾森豪威尔明目张胆地讨好英国人,把"lunch"(午餐)和"gas"(汽油)说成"tiffin"和"petrol"。"我看他和克拉克是一对糊涂蛋,不知道下一步该怎么办。"巴顿看出他俩起了嫌隙,很开心地对双方各卖一个耳朵,加深两人的矛盾,以至于克拉克不止一次声称恨不得"要宰了艾克"。巴顿在1月10日的日记中写道:"我觉得艾克投靠了英国。"而艾森豪威尔则担心克拉克两面三刀。"他与克拉克不和。"巴顿背地里写道。

最高司令部的战略还要再等。参加代号为"信条"(SYMBOL)会议的百位首批贵宾陆续抵达卡萨布兰卡。巴顿是东道主,他要不遗余力地讨客人的欢心。

★ ★ ★

从华盛顿、伦敦、直布罗陀和阿尔及尔来的与会者一到内陆10英里内的一座机场,就被匆匆塞进守候在这里的轿车。在驱车去安法的途中,为掩人耳目,车窗上都抹了泥巴。一位外交官说,跑道附近的士兵"小心翼翼地捧一捧泥巴,幸灾乐祸地掷向锃亮的轿车"。

美军参谋长分乘2架运输机,带了6箱小装饰品和派克大衣、雪地鞋、防寒服，以防万一在西伯利亚草原失事便于与当地人交易。他们于 1 月 9 日从华盛顿启程。飞机还没过西半球，一行人就为海军参谋长欧内斯特·J. 金上将所乘的飞机是否取道波多黎各发生了分歧，最后照例是乔治·马歇尔先降落。转道赞比亚途中，军需总长危言耸听，说非洲蚊虫肆虐，机上的乘客个个都做足了预防疟疾的措施。飞机在赞比亚海港巴瑟斯特（Bathurst，班珠尔的旧称。——译者注）跑道上缓缓停下后，马歇尔第一个走下飞机，像养蜂人一样穿着防蚊靴，戴着手套和飘逸的纱帽，谁知迎上来的却是一身短裤短袖衬衫、一脸困惑神色的英方官员。

现在，他们终于到了卡萨布兰卡。

丘吉尔一行来到牛津附近的一座机场，乘一架没有供暖设备的轰炸机，历经 10 个小时的航程才抵达这里。按首相长途飞机旅行的习惯，他只穿了件丝绸马甲。机上的乘客人手一顶降落伞，还有沿途可能坠毁的国家的货币和一套收集露水的设备，一位乘客写道，"如果我们会用的话"，或许可以保住小命。丘吉尔对乔装出行的癖好并不亚于罗斯福，他出行时常常戴一副假胡子；这次出行，他穿了套皇家空军制服。一下飞机，他避开要赶他上车的安保人员，走上柏油路抽了支烟，和众人一一握手，等 20 个手提箱卸下飞机。一位英国将军拿他打趣："傻子才会以为他是个扮作首相的空军准将。"一名粉丝认为他像"一只会握手的大斗犬"。

他是犬，更是狐狸。卡萨布兰卡会议借回顾北非战果，规划盟军之后的行动方针，可惜斯大林缺席：斯大林格勒保卫战期间，他不肯离开苏联。罗斯福早给手下的副官提了个醒："会上英国人会拿出一套方案，绝不会妥协。"

千真万确。丘吉尔对横渡英吉利海峡发动正面进攻并不热衷，与 6 个月前"火炬行动"讨论会上的态度并无二致。11 月 9 日，正当登陆非洲进展得如火如荼之际，他还在鼓吹"果断出击意大利，最好是出击法国南部"。为给英方的地中海持久战提案造势，他命指挥船"布洛洛"号开赴卡萨布兰卡。"布洛洛"号象征着英帝国的官僚作风，船内战情室堆满了红皮文件夹，内装计划研究报告。

抵达安法营当晚，丘吉尔在米拉多别墅召集手下的军方首脑。罗斯福要下榻的达雷斯萨阿达别墅距他一掷之遥，论气派稍胜他的下榻处一筹。首相深知，美国军方认为地中海是个"无底洞"，"扩大战线"只会耽搁扼住纳粹咽喉的法国登陆。与此同时，美方认为英方不同情他们为抗击日本而在太平洋上疲于奔命。但在丘吉尔看来，用他的医生莫兰勋爵的话说，"统制地中海就等于……统制西方"。地中海决定了英帝国在埃及、中东和印度的命运。此外，丘吉尔认为这是轴心国的命门。

首相简要概括了英国卡萨布兰卡之行的计划：他要说服罗斯福；英方各总长要说服美国同仁；所有议题都要进行彻底、全面的讨论，但不得提时间或日程。丘吉尔给手下打气，就像"滴水穿石"，只要坚持不懈，终将成功。

这项任务恰恰没顾及未来的文明社会。在哈罗德·麦克米伦看来，丘吉尔和罗斯福分别是东西方的两位盟主。前者有一个方案，的确，他绝不会妥协。"信条"会议开展之前，后者这位西方盟主要认真考虑的是如何赢得这场战争。

撒出诱饵第 2 军

盟军智囊团齐聚卡萨布兰卡共商作战大计，突尼斯的战事却渐渐偃旗息鼓。恶劣的天气和一根筋的德国人挫败了盟军挺进突尼斯的锐气。艾森豪威尔预计其部下至少将在两个月内进退不得，于是将目光转向南部，在突尼斯的冬天发动自迦太基战争后最大的一次军事行动。

"撒坦行动"（Operation SATIN）的计划是迅速突破突尼斯南部，冲向突尼斯以南 260 英里的海滨小镇加贝斯。一支部队殿后，沿途埋设地雷，阻止隆美尔从利比亚反攻突尼斯，主力部队沿海岸推进 80 英里，拿下目前由 2 700 名轴心国官兵和 15 辆坦克把守的小港斯法克斯。此轮进攻有望阻止隆美尔和阿尼姆会合，同时又能将突尼斯的守军引出洞，再给安德森手下进退不得的第一集团军一次出击的机会。"撒坦行动"将是美方的战果，由美国第 2 军执行，该部目前有第1装甲师和特里·艾伦的步兵团等各部。

"撒坦行动"相当大胆，但也十分冒险，是临时改变的战略。盟军的直接目标不再是攻占突尼斯和比塞大，而是要靠蒙哥马利这把榔头捣毁"撒坦行动"这个铁砧上的隆美尔。虽然自11月8日以来，近43.7万名官兵和4.2万辆战车登陆北非，但突尼斯境内的英美联军仍势单力薄、物资短缺。拉长突尼斯战线等于延长轴心国部队和盟军的战线，前者仍以一天1 000人的速度源源不断地涌入桥头堡。联合参谋部1月初直言不讳地说："盟军目前的战线广而分散，却没有纵深。这种情况势如累卵。"深入海滨的"撒坦行动"先锋可能钳断隆美尔和阿尼姆的会合，也可能被这两片德国磨刀石所击溃。"第2军犹如一个诱饵，一只绑在柱子上的绵羊。"一位美军参谋在1月初写道。

艾森豪威尔和手下的参谋炮制了"撒坦行动"，由于卡萨布兰卡会议迫在眉睫，外加其他事所扰，后又对它不管不顾。1月的头两周，这支拟议中的"撒坦"大军从2万人激增至3.8万人，等于每天要筹措800吨伙食，而非450吨，着实令盟军薄弱的军需部门勉为其难。军需部门一名高官说，这项计划"在后勤上已经告终"。关于此次行动的最终目标，以及南下加贝斯是否行得通，英美双方一直争论不休。但艾森豪威尔一意孤行，认为"不能无所事事"。进攻定在1月第四个星期。

艾森豪威尔采取了几项措施，意在严加管理这条新开辟的战线。然而这条战线始终难遂人愿，最终损失惨重。他将前线指挥部设在君士坦丁一家前孤儿院，为的是"亲临战场"，但他和每个战场都相距200英里之遥。当其代表在君士坦丁时，艾森豪威尔自己则远在后方的阿尔及尔，他常常召见卢

在突尼斯的一次训练中，英军士兵冲进一处阵地。

西恩·特拉斯科特（利奥特港的征服者和新晋升的少将）。鉴于特拉斯科特不够总司令的资格和气魄，他在英国、法国甚至美军分遣队的影响仅限于盟军联合司令部的传声筒。

马克·克拉克倒是指挥突尼斯南部美军的一个人选，但用艾森豪威尔一句尖酸刻薄的话说，克拉克在 1 月初补了一个"他垂涎已久"的缺：新成立的美国第五集团军，属下多是摩洛哥和阿尔及利亚的杂牌军。乔治·马歇尔还在为西班牙这个子虚乌有的威胁所扰，硬是留下新组建的部队以防止西班牙背信弃义，将突尼斯一战交给了别人。哈里·布彻在日记中写道："艾克认为克拉克并没有大失所望，反而如释重负，因为他不想要（突尼斯一战）。"还有人认为克拉克不愿真枪实弹地赌自己的名声，看不惯他的英国人倒是乐得见他离开盟军联合司令部。艾伦·布鲁克背地里说他"野心勃勃、不择手段"。

接掌第五集团军后不久（艾森豪威尔说那是"他的垃圾堆"），克拉克就开始为前途发愁，担心自己还没来得及施展才华，地中海一战就要结束。与此同时，他一贯的自我扩张又让上司寝食难安。这年冬天，艾森豪威尔背地里两次提醒这位老朋友防范野心的危害，马歇尔先知似的皱着眉头让他不要自我标榜。布彻在日记中写道："克拉克自认志向或许过于远大，但他会兢兢业业地完成交付他的使命。"

找谁来指挥第 2 军？艾森豪威尔只有一个人选，但是此人终将成祸害。

★ ★ ★

"你推荐的弗雷登多尔正合我意，我很乐意承认此前对他的怀疑毫无根据。"艾森豪威尔 11 月致电马歇尔。一番阿谀奉承后，艾森豪威尔的疑心很快死灰复燃，继而是悔恨交加。但眼下劳埃德·R. 弗雷登多尔少将还有个好名声，尤其是看在他是"马歇尔的人"分上，美军在满世界的军官中就选他领导起家的军团和第三帝国作战。

弗雷登多尔现年 59 岁，生着一双海螺蓝的眼睛和灰头发，年纪在美军二战期间委任的 34 名军长中排行第二。他五短身材，固执己见，战前以训练得力、领导有方著称。记者喜欢他平易近人和冷静沉稳的作风。每天凌晨2点,他喜欢盘腿坐在地板上玩单人象棋,就像格兰特在维尔德内斯期间挥刀杀敌。他父亲是开拓怀俄明州的元老,曾官至拉勒米的治安官,遭遇偷牛灾后投身军营,参加过美西战争。青年弗雷登多尔于1901年进入西点军校,谁料数学挂科导致6个月后退学。经怀俄明一名参议员力荐,他才撑了一个学期。"非常勇敢的小伙子,只可惜对数学一窍不通。"室友这样评论他。他出人意料地从麻省理工学院获得了一纸文凭,后于1907年在陆军中谋了一个职位。

  35年后的"火炬行动",他标新立异地戴着一顶大檐帽来到奥兰。无论战前军衔和正式军衔,他的等级都比艾森豪威尔和克拉克高出一等,他坚信两人都不愿让他到非洲。身为奥兰真正意义上的军政首脑,弗雷登多尔对维希政府的行径格外开恩。一个有名的法国法西斯分子虽宣称反对"犹太人、黑人和英国人",但他还是拿到了美国重建机场的一纸合同。一名美国外交官不服,弗雷登多尔大发雷霆:"不要跟我说那一套!你懂个屁!"并扬言要逮捕他。他从奥兰大饭店的司令部下发的命令,标题"第2军——战场"引来住在帐篷和战壕内的官兵一片嘘声。

  不孚众望、毫无负担的弗雷登多尔反而愈发桀骜不驯。特拉斯科特说他"直言不讳,上下一视同仁"。他在电话上用的是拗口的密码,但是通话往往半途而废,要么是他自己说着说着就糊涂了,要么就是对方完全摸不着头脑。1月中旬在与特拉斯科特的一次对话中(分机上有速记员监听),弗雷登多尔说:

> 我饭菜不足……有关乌瑟提亚的兵力,犹如从一个烟灰缸转到下一个烟灰缸……食品店的多层三明治不是撤柜,就是售罄。我匀不出一点东西。

  翻译过来就是:我步兵不足……法军指挥官的部下现在调到另一个法国

人的手下。毕盛以北的部队溃败。我抽不出一点人马。

弗雷登多尔还有一种美国高官中普遍存在的仇英心理。第2军简直就是反英情绪的温床，士兵们怪腔怪调地学英国腔，无休无止地污蔑"艾克是英国最优秀的司令"。当第2军拔营开赴前线（真正的前线）时，上下都传唱一首小调：

> 当英国遇到麻烦，
> 要坐下来喝杯茶，
> 他们就招呼跟屁虫，
> 到突尼斯来帮忙。

劳埃德·弗雷登多尔打算在阿尔及利亚东部边界的古镇泰贝萨展开"撒坦行动"，泰贝萨过去是所罗门的禁城和罗马第三军团的大本营。第2军在泰贝萨东南9英里一道山谷安营扎寨，仅有一条羊肠小道可通向山谷，且终日不见阳光。他们准备挥师北上，将轴心国大军一斩为二。

不久，弗雷登多尔带68名参谋进驻这道山谷，官方称作"斯皮迪谷"，但通称"劳埃德最后的安乐窝"和"世外桃源"。第2军的参谋都是初出茅庐的黄毛小子，因此参谋部被戏称为"劳埃德的幼儿园"。劳埃德佯装惊恐地举手喊道："上帝，我要带一帮孩子上阵！"斯皮迪谷附近的冷杉林驻扎了3 000名通信兵、高炮兵和工兵等辅助单位。一名中尉写道："看气势就像马恩河战役，树林里到处是兵，尽管方圆数英里内不见一个敌人。"作战单位则远在东面，往布齐布卡和凯塞林方向。

一名军官说，泰贝萨高原"冰凉如蛇"。几天后他又补充道，"个个都快冻僵了"。由于终日不见阳光，再加上连连暴雪，斯皮迪谷显得格外荒凉。一名军官说，军官们把所有衣服都穿上身，又戴上烟囱帽，吃住工作都在"爱斯基摩小屋"（碎石铺地的冰冷帐篷），搞得这里跟"伐木场"似的。弗雷登多尔头戴一顶大绒线帽，缩在大肚炉旁边的一把帆布椅上，或研究地图，或下单人象棋，或像淳朴的乡下小店售货员般和来来往往的记者唠几句。他参照艾森豪威尔的座驾，定做了一辆防弹凯迪拉克，时不时地打电话到奥兰，问为什么还没送到。

在斯皮迪谷中，风钻和气锤的喧嚣昼夜不息。弗雷登多尔成心为难人，命第 19 工兵团在山谷中开筑一条复式地道，用以隐蔽司令部。弗雷登多尔的一名副官说，这项工程如同"挤纽约地铁"。工兵拿着标明"第 2 军隧道工程"的蓝图，开始着手开掘相隔 50 码的两条隧道。隧道各有一眼高 6 英尺宽 5 英尺的平行通风井，每隔 4 英尺一道厚达 10 英寸的木支架。墙壁和天花衬以木板，鱼鳞般重叠交错。隧道呈 U 形，深达山腹 160 英尺，在末端有一个宽敞的回廊（用作办公室和弹药库）与另一条平行的隧道相交。弗雷登多尔亲自督阵，这道阴暗的山谷不久就呈现出一派皇家格调。这项工程动用了一个工兵连，耗时两周。

有人认为此隧道是出于谨慎，预防敌人空袭，但认为此举荒唐的也不在少数，他们指出，斯皮迪谷离前线有 70 英里之遥，地势隐秘，外加有一个高射炮营警戒。另有人怀疑弗雷登多尔是个胆小鬼。一听见头顶的飞机声，他就会撇下来访的记者，向上翻翻眼睛，嘟哝一句："但愿是我方的。"事后提起，弗雷登多尔手下的工兵主任威廉·A. 卡特中校说："我们炸药不足，缺乏开凿隧道的经验……再说那非常耗时，可惜我怎么说他都不听。"

"为了让他们反感开凿工作并搁置这项工程，我本以为晚上爆破能扰得他们不得安生，"卡特说，"可惜无济于事。"

★ ★ ★

突尼斯战线从北拉到南，从地中海到撒哈拉，绵延 200 英里，盟军和轴心国两支军队在这条交火带上争起了地盘。拉夫上校手下的特遣队在南缘夺回撒哈拉的门户——绿洲小镇加夫萨。突尼斯通敌和抢劫嫌疑人（有时候可凭偷来藏在长袍里的灯具支架甄别），不是被绞死在粉墙农舍外，就是被押回法国军营。

"要枪毙的 39 名阿拉伯人，只有一人幸免一死，"拉夫说，"有一个没有当场身亡，一名行刑人员拔出手枪，对准他的脑袋连开四枪……然后放在突尼斯的阳光下示众。"

在满地泥泞的北方，由于艾森豪威尔零敲碎打地增援麦杰尔达河谷下游势单力薄的法军阵线，盟军各部队的成员混杂，结果乱成一锅粥。调离第 1 师临时协助法军的特德·罗斯福，当初是受到拜伦式古迹的蛊惑。1 月 16 日，他写信给埃莉诺："要是太平盛世，你我可以再次共度良宵。"可惜这种浪漫情调很快就一扫而空。短短一个月内，第 1 师的第 26 步兵团收留了 33 个单位，该团第 3 营的日志中写道："除了日本和德国，我们谁都效命。"罗斯福写道：

> 各单位是个大杂烩——法国人、英国人，还有美国人。这一来，指挥和配合成了一大难题。按军法论处，打散军队是首罪一桩……我已经在职责范围内尽了力。一个人应该有所担当，尽其所能。

前沿阵地中，有 5 个阵地归特别行动处指挥，特别行动处由美国战略情报局协助英国组建，目的是培养本土抵抗组织。为协助安德森的第一集团军和弗雷登多尔的第 2 军，每个阵地由一名英国军官指挥，负责从维希政府的集中营等不满情绪温床中招募人员。由于绝大多数"匪徒"戴眼镜，人称"瞎眼部队"。

此次行动中，卡尔顿·S.库恩是位体态臃肿的哈佛人类学者，这位上了年纪的美国人曾在"火炬行动"中前往摩洛哥运过枪，发明过"骡粪炸弹"——将精心伪装的塑料炸弹随意放在路上，用以炸毁德军的汽车轮胎。库恩操一口流利的法语和阿拉伯语，在艾因泰耶给法国非正规军上爆破课，最后他的门生邦尼·德·拉夏贝尔展示了非凡的课外动手能力，刺杀了达尔朗上将；虽说库恩与暗杀并无瓜葛，但他还是被遣返，等阿尔及尔风头已过才露面。事已至此，他穿着英军制服和台球桌绿毛毡裁的假肩章，化名雷帝奈迪斯上尉，出现在比塞大以西 40 英里、远在开普赛雷特最北端的特别行动处指挥部。

一名同党说:"瞧,这个部队连无赖和凶手都齐了。"

库恩带领 50 名亡命之徒炸毁了一座铁路桥,骚扰当地的意大利军医,成筐成筐地撒"骡粪蛋"。他手下的一帮海盗很快练就了绑票这套本事,绑的通常是有忠于轴心国嫌疑的村子的族长少爷。他们将孩子扣押在开普赛雷特灯塔,要他们的父亲提供敌军阵地的确切消息。库恩说:"除了自己侦察,绑票是我们获取情报的主要来源。"但诡雷却不尽如人意,按这位教授的说法,诡雷只造成了两起伤亡:"一名阿拉伯人和一头奶牛。"

从开普赛雷特到加夫萨和沿线的各个地方,突尼斯的冬天冷得出乎盟军官兵的意料。罗斯福写道:"天寒地冻,由于我军一贯迟钝,没料到这种情况,以为非洲属于热带,我们准备不足。"罗斯福以"我 12 天不曾换过内衣"开头,一一列出了身上的衣服:"毛连衫裤,外面是毛裤和毛衫,再加一件毛衣,带内衬的夹克,再套一件带内衬的作训服,然后围一条围巾,最后罩一件厚短大衣。"衣衫不整的他,仍旧冷得打战。

其他数万名官兵同样如此,欧尼·派尔称他们为"泥水风霜兵"。补给车远远跟不上大军涌入突尼斯的速度,第 2 军缺望远镜、机枪、卡车部件,尤其缺热饭菜。一名听天由命的士兵在家信中写道:"要是三天不吃饭,听装军粮都美味如鸡肉。"还有一名士兵临时想出一个麦片粥配方:碎小麦、炼乳加两卷救生圈(一种糖果。——译者注)放一起煮开。他说:"我们始终想不明白,难道美国的猪和牛都做成了罐头?"偷牛猖獗,士兵们断定烤牛排实际是"突尼斯鹿"或"德国鸡"。

痢疾、寄生虫、脚气和蛀牙折磨着风餐露宿的官兵,除此之外纳粹空军战斗机自不必说。官兵们苦中作乐,把"斯图卡"俯冲轰炸机出现的整个白天戏称为"斯图卡时光",把友军飞机每天的半个来小时露面称为"喷火时光"。由于敌机频繁来袭,战壕越挖越深,最后成了地洞。胆小的士兵常常将南飞的"鹳群"当作来袭的敌机。一个星期内,敌机在迈杰兹巴卜外沿途 6 英里就造成 250 名盟军官兵伤亡,之后伊夫利将空袭中被摧毁的车辆移到看不见的地方,免得影响士气。即便如此,士气还是一蹶不振。

"不出炮火掩护的范围,每周能收到信,顿顿热汤热水……老头都能活成 20 岁。"一名二等兵写道。A.J. 列伯林如是评论:一日苦似一日,部队上阵打仗,就"好比是一个生了冻疮的老人跨进热澡盆"。他们渐渐进入老兵习以为常的状态,认为谁都不比自己强。他们心头仍无恨意。但每次为阵亡兄弟打包没开封的邮件发回后方时,他们便开始热血沸腾。一位军官注意到,盟军掩护炮火如今能引来一片沙哑的叫好声。士兵们吼着:"打!打那些狗杂种!"但"少年早亡"这句辛酸话不绝于耳。以下是从一名阵亡飞行员墨镜盒内找到的遗言:

　　妈妈,请别伤心,其实我很开心。请你安度余生,不留遗憾,因

1943 年 5 月,保罗·罗比内特上校(坐者)在前往北爱尔兰途中的合影。身为第 13 装甲团团长,以及之后的第 1 装甲师第 2 团团长,罗比内特准将身高 5 英尺 4 英寸,有着令人印象深刻的战术技巧,但也因挑剔和骑兵般的自负而"人见人厌"。

为你是一位了不起的妈妈,爱你。吉姆。

这段话足以挑起大兵们的杀气。

★ ★ ★

"撒坦行动"一日日逼近,要带领铁甲军杀向海边的军人总算踏上了突尼斯战场。"老铁甲军"师长奥兰多·沃德少将先是在英国,继而到奥兰苦等一声会合令。沃德的苦恼并不亚于属下遭瓜分的特里·艾伦。B战斗群登陆北非,挺进东线,他却窝在英国,他认为这是马克·克拉克一手造成的。11月中旬,他在日记中写道:"我应该请战,而不是依言从命。"保罗·罗比内特一向致力于防止上司犯糊涂,他说的一句"要么让我上战场,要么你就解了我的职",犹如给沃德火上浇油。但忠于职守的沃德,终于等到了机会。

沃德性格随和、温文尔雅,圆脸上生着一双敏锐的大眼睛。有人说,与其说他是位坦克司令,倒不如说他是位校长。家人称呼他"丹",其他人叫他"平基"(Pinky,指他的头发带红色。——译者注),尽管他曾经长满红发的头上如今只剩下几缕灰发。一年前他曾感慨道:"我50岁了,不时觉得力不从心。"早在20世纪30年代末,一丝不苟的乔治·马歇尔因看不惯他一头乱发,忍不住说:"沃德,去把头发梳梳。"

第1装甲师师长奥兰多·沃德准将,赴非洲前在北爱尔兰短暂待过一段时间。他曾因一头红发,而被称为"平基"。沃德骁勇善战、志向远大、敏感且从不信任英国人。(该照片由沃德的家属提供)

沃德生在密苏里，长在丹佛，比艾森豪威尔更早毕业于西点军校，1916年随第7骑兵团出征墨西哥，在法国打过五仗。他眷念着新婚妻子伊迪丝，自认为是块务农的料。他在日记中写道："儿女情长抹杀了我军人的气质。"转到野战炮兵，他才暂时把务农搁置一旁（他虽不是园艺师，但20世纪20年代在怀俄明边防哨所任指挥官期间，他种了2.5万棵树）。20世纪30年代，在锡尔堡，他把枪炮的革新传得神乎其神，其中一项是将集中12个营的榴弹炮从数小时缩短至16分钟（他耸耸肩说"小菜一碟"）。战前任职陆军参谋部部长的沃德给迟钝的马歇尔留下了深刻的印象，因此马歇尔保举他连升两级。从上校到少将，他的一头乱发都在不停惹祸。

沃德性情耿直、胸怀大志、多愁善感。他的女儿罗宾回忆道："要是教堂里的布道打动了他，那么整条板凳都会抖起来。"他兴许并不虔诚，张口闭口都是《爱丽丝梦游仙境》中的一句话："先行刑，再判决！"他最近对一帮军官坦承："将军们多半不了解自己独特的秉性。"在华盛顿供职期间，他经常到国家动物园看猴子，因为它们的一举一动能说明陆军部那帮灵长目的做派。他心头有一个挥之不去的伤痛：刚满18岁的女儿凯瑟琳于1938年圣诞节死于癌症，沃德陷入了"一个一辈子走不出的麻木期"。

沃德的韬略离不了两个秉性。首先是眼光狭隘的仇英心理。他把美军比作"巴儿狗，只要见一个留着红胡子、拿着手杖、操一口英国腔的人，我们立刻匍匐在地，摇尾乞怜"。11月8日登陆这天，他在日记中写道："他们去教堂为帝国和国王祈祷，而不是盟国。"英方领导的"预备役行动"使他手下的装甲步兵营在奥兰港遭受重创，这件事愈发加深了他的成见。他写道："我不愿屈就英国人之下，他们把我的部下整得够惨的了。"

另一个秉性是随口顶撞上司弗雷登多尔将军。沃德在日记中写道，1月15日一到君士坦丁，"我就去司令部见弗雷登多尔。等了个把小时，没见到一桩称心事……军内事事都不如我所想"。沃德力劝集中"老铁甲军"兵力，一举取胜，但他的建议却被束之高阁，反而倾向于像沃德说的那样"稀稀拉拉地投入战斗"。弗雷登多尔"听不进劝告，偏爱按图索骥"，不侦察地形，不看看地图是否与实地吻合,就仓促下令。沃德很快得出结论,弗雷登多尔和第 2 军参谋连地图都没看清楚,就动笔起草部署令。

美国领导人在卡萨布兰卡求同存异,美军司令与其装甲兵司令副官却在突尼斯迅速产生了隔阂。对这种只能用"私人纠纷"和"愚蠢"解释的不利关系,参谋们先是意外,继而是不解,最后是恐慌。

英美战略分歧白热化

1943 年 1 月 14 日星期四下午 6 点 20 分,"西方盟主"罗斯福莅临卡萨布兰卡。虽历经 5 天舟车劳顿,但他仍兴致勃勃。他脸色苍白,但眼睛炯炯有神,匆匆上了一辆糊了泥巴的轿车,迂回去了安法营。入住达雷斯萨阿达别墅后,这位美国总统招待了丘吉尔十餐,他们在卡萨布兰卡花了 43 个小

1943 年 1 月,英美参谋长在安法饭店举行联席会议。图中人物:欧内斯特·J. 金上将(左一)、乔治·C. 马歇尔将军(左二)、H. H. 阿诺德将军(左三)、约翰·迪尔元帅(右一)、查尔斯·F. A. 波特尔空军上将(右二)、阿兰·布鲁克爵士(右三)、达德利·庞德上将(右四)、路易斯·蒙巴顿中将(右五)。

时共商大计。午夜后一场空袭警报,他们结束了秉烛夜谈,罗斯福凌晨3点才上床就寝。临睡前,他又抽了一支烟,思忖道:"维尼(丘吉尔昵称)在这种形势下运筹帷幄,看他模样,他甚至喜欢这种形势。"

保持战前状况,尤其是维护陛下的帝国是英方的重头戏。为配合自己的方案,丘吉尔首相对罗斯福软硬兼施,而他手下的军方副手却向美国参谋长联席会议主动请缨。1月15日下午2点半,12名英美联盟的高级将领饭毕,返回安法饭店主廊尽头宽敞的半圆形宴会厅。厅内洒满阳光、鲜花飘香,中间摆着一张长方形大会议桌。宴会厅门口挂了一张简洁的牌子,上书"参谋长联席会议",有哨兵把守。这是在卡萨布兰卡开的第三次联席会议,他们今天下午要先听取艾森豪威尔将军关于突尼斯战役和"撒坦行动"的方案,再讨论全球战略这个主要问题。

可怜的艾森豪威尔,这次又是满座胸前挂满勋章、比他战功赫赫的将军。由于高血压、紫红的下眼袋和感冒迁延不愈(烟不离手又加重了病情),圣诞节后他一连四天卧床不起,形容憔悴。罗斯福事后说:"艾克紧张坏了。"当天早上从阿尔及尔启程,可谓一路不顺。艾森豪威尔的空中堡垒的两台引擎失灵,航程的最后50英里,乘客们背着降落伞站在机舱门口,随时准备跳伞。他走上桌首,一帮英国人的眼睛一路跟着他,想不通为何这个出身卑微的人竟然能手握重权。

他没带讲稿,滔滔不绝地说了起来。的确,突尼斯惨遭溃败,盟军又迟迟不决。天气恶劣,道路泥泞不堪。一条简易跑道要2 000吨螺纹钢铺垫才能防止地基下沉,但运输钢材要动用北非铁路至少一天的运力。英美士兵总结了宝贵的作战经验。说到法军(艾森豪威尔在此为直布罗陀地道内的忍气吞声报了一仇),他们时运不济,由吉罗将军领导,吉罗"或许是一名优秀的师长,但他不懂政治和管理"。最后,艾森豪威尔说对付已故的达尔朗是小事一桩。

计划一周内发动的"撒坦行动"十拿九稳。艾森豪威尔说:"首先,右路最初是佯攻,但目前来看,很可能直取斯法克斯,留步兵把守,第1装甲师

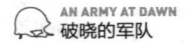

后撤留作机动。"如果成功,"撒坦行动"将把敌人拦腰斩断。

耷拉着眼皮看着这一出的是陆军上将艾伦·布鲁克爵士,他是大英帝国的总参谋长,同时也是一位伟大的军人。布鲁克文静、刻板,能操一口流利的法语,出身军人世家,祖上是北爱尔兰准男爵。他一头黑发,削肩长腿,还有一个令人不安的习惯,即一位仰慕者所说,"蜥蜴似的快速伸出舌头舔舔嘴唇"。一战期间,他被提名表扬过 6 次;但 1925 年 4 月,上帝突然弃他而去,他的宾利车在路上打滑,摔断了自己的腿和妻子的脊椎,妻子几天后不治身亡。

布鲁克写道:"我恨不得随她而去。"他从此深居简出、沉默寡言,渐渐变得弯腰驼背、愁眉不展。再婚虽重新给他带来了欢乐(他给第二任妻子写情意绵绵的信时,数十年来落款都是"你一往情深的老艾伦"),却没能矫正他的驼背和沉默,也没能舒展他的愁眉。这位"榴霰弹上校"的签字通常是一行直白的"我坚决不同意",最后一笔往往因用力过猛而折断。1943 年 1 月,他年满 59 岁。他最大的爱好是养鸟,把《杜鹃探秘》奉若《圣经》。就在当天早上,布鲁克带着望远镜悄悄走上海滩,欣欣雀跃地发现了一只金翅雀、一只黑喉石鵖(bī)、一群三趾滨鹬和一只金眶鸻,他都一一记录在日记上。

这幕奇观并没令他分神放下手头的大事。身为负责 1940 年敦刻尔克大撤退的总指挥,布鲁克不想小看德国人的凶猛,断然不同意艾森豪威尔的"荒唐方案"。至于布鲁克对这位总司令的看法,他在 1942 年 12 月 28 日的日记中毫不客气地写道:"艾森豪威尔不是个可造的将才!他一门心思钻营政治,玩忽职守,这恐怕是因为他不懂军事。"

他犹如一只老鹰扑向一只鸽子,对艾森豪威尔连连发问:安德森手下的第一集团军在北部,蒙哥马利的第八集团军远在利比亚,第 2 军如何向海边推进?如果安德森被牵制两个月,阿尼姆的大军难道不会将我军分解,把斯法克斯的部队各个击破?蒙哥马利和的黎波里远隔一个星期的路程,在遭到重创的港口开放前,第八集团军"寸步难行"。只要危及斯法克斯这条后勤命脉,隆美尔定当"以迅雷不及掩耳之势反戈一击"。这位"沙漠之狐"手下的德意两军总数预计不下 8 万人，阿尼姆有 6.5 万人。难道在无望获得安德森或蒙哥马利援助的情况下，第 2 军还甘冒阿尼姆和隆美尔两面夹击之险？实际上，"超级机密"今天截获的一封电报显示，隆美尔手下的第 21 装甲师已经挥师北上突尼斯。

面对连连诘问，艾森豪威尔想变更部署，但哈普·阿诺德、欧内斯特·金和马歇尔等几位美国高参却作壁上观。马歇尔饱餐一顿后显然已昏昏欲睡，迄今还没开过口。按艾森豪威尔的说法，"弗雷登多尔的方案"指望沃德的第 1 装甲师反戈一击，打败隆美尔。艾森豪威尔面临"一个两难的境地，要么让部队在泥泞中按兵不动，丧失斗志，要么出兵突尼斯，蒙受损失"。他深信，后者是"两害相权取其轻"。即便如此，他希望深入讨论这个问题，并"对方案做出必要的调整"。

艾森豪威尔敬了个礼，表情严峻，一副铩羽而归的模样走出宴会厅。

自从 1942 年 1 月第一轮战略会议以来，英美参谋长或各自的代表会晤了 56 次，但从卡萨布兰卡会议可见他们仍是各说各话。安法会议上，有几件事双方一拍即合，比如支援斯大林的红军集中力量空袭德国本土，除掉 1942 年数量翻番的潜艇。但关键问题是，如何将盟军作战资源分配到太平洋和大西洋两个战场？下一仗从何处下手？对这些关键问题，双方各执一词。指挥官想在会议上出风头，多半虚张声势。"信条"会议的最初几天，他们不仅毫无建树，而且威风扫地。

艾森豪威尔一走出会议室，布鲁克就施展起丘吉尔要求的滴水穿石的本领。他认为"1943 年末，欧洲战场能取得最后的胜利"。先前会议上反复提到的一个论点是，日本的锋芒已挫，只要德国投降，日本必败无疑。但要是放任德国打败苏联，第三帝国将变得坚不可摧。因此，盟军的战略不应仅仅关注先战胜德国，而是要按罗斯福和丘吉尔一年前达成的协议，将盟军主要资源投向欧洲战场。

但下一仗打哪里？美方的想法是"直捣敌人的老巢"：横渡英吉利海峡，突袭法国北部沿海，直捣柏林。"布洛洛"号的红皮文件夹又摊上桌面，上面详细准确地标示了德军在法国和低地国家有46个师，外加德国国内随时可以调动的11个师。

此外，德军可以在两个星期内，凭借北欧横贯东西的铁路线从苏联前线调集大批兵力。截至1943年9月这一保守预计的法国登陆日，盟军顶多可以从英国出动25个师，远非一支常胜大军。此外，船舶和登陆艇匮乏，意味着第一波进攻大西洋壁垒的仅限于6个师，尽管艾森豪威尔在伦敦的亲信最近提出至少要12个师。

他们争论的开端是从西西里发动的地中海行动。这个岛的岸线绵延500英里，多半没有部署重兵。正如丘吉尔对斯大林说的话："你何苦要把脑袋伸进布雷斯特（Brest，法国港市。——译者注）这个虎口，而不去地中海直击他的软肋？"由于意大利铁路线薄弱，不堪盟军一击，德军两周内仅能调集一个师南下增援。英方估计，盟军若将意大利打出战局，将牵制德军54个师和两千余架飞机。重启地中海和苏伊士运河，盟军可节约225艘船只的运力，布鲁克总结道，在这场世界大战中，船只往往比兵力宝贵，因此这是一笔不菲的收获。他啪的一声合上红文件夹。

布鲁克听艾森豪威尔讲话时强耐着性子，此时金上将也以同一种心情倾听布鲁克讲话。在三位美国参谋长中，数金上将的脾气最火爆。他一只胳膊上文着一具锚，另一只则是把匕首。一位仰慕者说，他是"一只令人生畏的甲壳动物"。金好酒色，一副雾号般响亮的嗓子能传遍甲板，用马歇尔的话说，他"敢下海斩恶龙"。在这间芙蓉和发油飘香的会议室，这位上将显得桀骜不驯。太平洋是他的战场，他绝不会让步。一位英国海军上将说："金只关注太平洋，那是他的东方政策；偶尔往背后扔块石头，那是他的西方政策。"

金扔了块石头。他不反对登陆西西里，但他认为英方怕是"拿不出一套全盘作战计划"。退出太平洋是倒行逆施。他断定，日本人正加紧从被占领土搜刮原材料，意欲巩固东印度和菲律宾的内部防御圈。瓜达尔卡纳尔岛的苦战还要持续一个月,巴布亚新几内亚刚刚结束类似的苦战,美澳联军伤亡不下 8 000 人。再往北,一小股美军刚刚登陆安奇卡岛,准备收复阿留申群岛,此战要持续到夏天。

和布鲁克一样,金的观点在会议早期一提再提。金上将认为"盟国不能给日本人喘息及巩固战果的机会"。美军参战的九条前线,五条在太平洋。英方难道不清楚,盟军投到太平洋的人力物力只有 15%？金认为,这一比例应该翻番。

就算他不是在撒谎,15% 这个数字也并非事实。美军不下一半海外兵力和三分之一空军部署在抗日前线；美国驻海外的海军实际上都在太平洋,目前是 4 个师,而且还在持续增加。运输和维持茫茫太平洋上的部队,所需的舰只至少应是大西洋的 3 倍。

但金认为不要紧,"必须先发制人,不要等日本反咬一口"。至于布鲁克的反驳（盟军实力不足,开展不了抵抗日本和欧洲轴心国的全面战争）,金不屑置评。哈普·阿诺德和马歇尔一言不发。会议于下午 5 点解散。

战线已经在收缩。陆军部智囊阿尔伯特·C. 魏德迈准将信不过英国人,和一帮激烈反对插足地中海的手下偷录了各次会议。魏德迈会后提醒几位美军参谋长："如果赞成英方的观点,我们会将我军分散在一个无关紧要的地区。"但英方看来铁了心,要在 1943 年横跨英吉利海峡,登陆西欧。

布鲁克当晚对这一天的事件做了总结。他在这篇看不出手足之情的日记中写道："我们与美国人的关系太近,合作起来绝不容易。"

★ ★ ★

卡萨布兰卡远离战场 1 000 英里,但伤亡人数却扶摇直上。"撒坦行动"遭到重挫,艾森豪威尔丢尽了颜面。"缺乏经验,能力有限",这是布鲁克在日记中下的结论。取消攻打突尼斯的消息很快传开。克拉克对巴顿说,英方把美军排除在最后一战外,不过是想最后在突尼斯把荣誉纳入自己囊中。"倘若如此,"巴顿在日记中写道,"真是无耻至极。"

在宾馆会议室出了丑后，艾森豪威尔慢慢穿过椰树林回到雷斯萨阿达别墅。总统下午4点要见他。艾森豪威尔不知如何是好，特别是如何部署第2军，和他的前途一样未卜。"他心知肚明，自己陷入了绝境。"两天后布彻写道。虽然马歇尔多方努力，要给艾森豪威尔一个相当于英国上将的军衔，但罗斯福对授予他四星却犹豫再三。哈里·霍普金斯在安法记录了如下一番密谈：

  总统对马歇尔说，如果没有充分的理由，他不会提拔艾森豪威尔。他要将提拔建功立业者作为一条原则。艾森豪威尔是干得不错，但他没将德国人赶出突尼斯。

此时，马歇尔也恨艾森豪威尔在参谋长联席会议上不争气。

罗斯福坐在客厅的斑马皮沙发上，思考着法国恐难重振战前的雄风，自言自语道："战后我该如何处置突尼斯？"然后，他就这场战役对艾森豪威尔连连发问。

"你说说，你怎么看？你认为结果如何？"

"什么？"

"要多久才能结束？"

艾森豪威尔吞吞吐吐。看来总统对突尼斯冬天一战太过乐观。

"只要天放晴，先生，到来年春末，我们不是将他们包围，就是将他们赶下大海。"

"你说的春末是什么时候？6月？"

艾森豪威尔点了点头。"最早5月中旬，最迟6月。"

他立下军令状，5月中旬决胜非洲。

艾森豪威尔当晚在巴顿的别墅内诉苦诉到凌晨1点半。巴顿在日记中写道："他认为自己命悬一线，我说'你只能上前线'。他说顾及政治，他不能为之。"

★ ★ ★

　　布鲁克的副手少将约翰·肯尼迪爵士如是评价丘吉尔:"诸事不顺他犯难,没有结果他更犯难,诸事顺利他还是会犯难。"虽然军事委员会出现了不少摩擦,但是"信条"会议却和首相预料的一样顺风顺水;就算他没有犯难,凡事他也要插一脚。1943 年 1 月 16 日,他偷得一分闲,出了安法营地,揣着一口袋贝壳,在汉克灯塔附近的海滩上徜徉。还有一次海滩行,他偶遇几名背着吉他的美军士兵,在他的要求下,他们为他演奏了一曲《你是我的阳光》(*You Are My Sunshine*)。有一天凌晨 3 点丘吉尔吃完夜宵返回驻地米拉多别墅,在门口遭到一名来自北卡罗来纳的小哨兵的盘问,哨兵吼道:"班长!这儿有个家伙自称是英国首相,我看他是个大骗子。"

　　每天早上,他不是穿着粉红色睡衣四处闲逛,就是啜口红酒当早餐,研究一路收集来的军事地图。最后他套着"拉链连衫裤",玩了不知多少局比齐克纸牌游戏,或者看元帅们垒沙堡,在水上漂石子。"过来看看我的地图,"他催道,"要不要来杯威士忌?"午夜过了许久,他还在和幕僚商量大小事宜,见他们哈欠连天,他斥道:"好吧,你们要是不在乎胜负,去睡觉好了。"一位英国将军说,他常常对"别人的意见嗤之以鼻",一旦有人提出异议,他当即大发雷霆:"你现在居功自傲,愧对自己的祖国。你只想领俸受禄,吃饭睡觉。"他还受不得过分的客套。他厉声说:"我们领俸禄,不是为了相互奉承。"总而言之,他要尽兴。

　　罗斯福也发现安法是个好地方。他在花园用餐,喝陈年美酒,看通俗剧《猜猜谁来赴晚宴》(*The Man Who Came to Dinner*)。他两个从军的儿子陪他住在达雷斯萨阿达别墅,他取笑儿子们凌晨 2 点逛卡萨布兰卡露天市场和红灯区。该红灯区是一座小城堡,客人一边喝甜薄荷茶,一边看妓女扭着屁股,撩起裙子,仿佛伯顿作品《阿拉伯之夜》(*Arabian Nights*)中的色情表演。

　　招待摩洛哥苏丹和大臣的国宴办得很成功,只是丘吉尔颇为不满,为了尊重穆斯林的教规,宴会没上酒。首相硬是要设个宴后免费酒吧,好让他解解酒瘾。1月17日中午,罗斯福接见了诺盖斯将军,后者仍不肯放弃摩洛哥总督这个位置。诺盖斯叫屈,说摩洛哥和阿尔及利亚的犹太人要求恢复选举权,罗斯福开心地答道:"这个问题非常简单,这里不存在选举,所以犹太人不必为选举权烦恼。"总统还提出,鉴于犹太人在"整个北非人口中"所占的比例,应限制他们从事法律、医药等职业。他告诉诺盖斯,此举可"消除德国对德国犹太人霸占某种职业这一明确、情有可原的指控"。尽管他对奠定盟军基业的广义上的"自由"有不同见解,但说到谁能成为"时势造就的伟人",罗斯福决不逊于丘吉尔。

★ ★ ★

参谋长们谈了一轮又一轮。争论不休变成犹豫不决,继而又认真讨论,但仍毫无结果。1943年1月16日星期六,就在布鲁克教训艾森豪威尔的那天早上,马歇尔以一通尖锐但合情合理的连珠炮似的问题开场。他说,美方参谋长想问,英方认为怎样才能打败德国?西西里仅仅是通向结局的一条途径,还是结局?美方战略家相信,一旦墨索里尼政府示弱,希特勒会派国防军增援这个不难保护的意大利新兵。下一步怎么办?盟军要拿出什么样的"大方案"来打赢这场战争?"大方案之外的佯攻或枝节问题都可看作真空泵。"马歇尔补充道。

布鲁克发现了一只杓鹬、一只黄鹡鸰和五只小猫头鹰。如今他听惯了美军的论点。他翻开红皮文件夹,以一种随时都可能动怒的语气说:"德军在法国部署了44个师,足以把我们团团围住,一举歼灭……既然要等到德国势弱我们才能向欧洲大陆出兵,何不尽量分散德军的兵力?"

言之有理,仅此而已。美方代表团中仅有的一名军需官拼命地翻着三本活页笔记,参看评论和概要。英方的陈述理由充分、数据确凿。美方拿出了一个意向,英方则拿出了一套方案。美方几位参谋长拿不出一套可行的方案以取代丘吉尔的"软肋":来卡萨布兰卡前,罗斯福和军事智囊团只开过一次策划会,如果总统对作战时间表和战略路线有一个强硬的观点,那么只有他一个人清楚。

当天晚上,马歇尔告诉罗斯福,美方参谋长有意赞同英方代号为"爱斯基摩人行动"(HUSKY)的西西里登陆方案。马歇尔无私、内敛,是一个扑克牌高手,知道何时应冷眼旁观。以下情况统统于他有利:英方提出新要求,登陆北欧要12个师而非原来打算的6个;加强两栖作战训练的需求,在"火炬行动"期间显得更加重要;削减登陆艇产量,以应护航舰短缺之急;最基本的要求是盟国之间团结一致。此外,英方无意"占领意大利",马歇尔告诉总统,"这会增加我方的负担,却得不到相应的回报"。罗斯福点头赞同。

陆军参谋长深知一手好牌的意义,两天中他始终不露声色。随后他开始反击,翻来覆去地争论不休,尤其是围绕太平洋这个问题。1月18日星期一上午,布鲁克据理力争:"我们不可能同时打败日本和德国。鉴于路途遥远,我方参谋长认为,不可能先打日本,如果坚持这样做我们就会输掉这场战争。"马歇尔仅重申了"地中海行动没有期限"这一立场。

你来我往,激烈地争论了两个小时后,会议于下午1点结束。布鲁克的失望之情溢于言表。他对派驻华盛顿的约翰·迪尔元帅说:"这毫无益处,我们决不会和他们达成协议。"迪尔要他早点解决问题。他说:"你总不能将悬而未决的问题提交首相和总统吧?你我都清楚他们会出什么乱子!"

僵局不久被打破。英方提出了一个折中方案,盟军继续出击日本,但不放过"1943年决战德国的机会"。马歇尔、金和阿诺德逐项研究了这套方案,又做了几项小改动,才表示满意。下午5点半,罗斯福和丘吉尔共庆这项协定后各自散去。金上将指出,这份文件"确立了我方赢得这场战争的策略"。

这套方案实际是将对德作战放在首位。它包含一个地中海战略,同时坚定了美国毫不留情地惩罚日本的决心。方案还证明,无论智力和武力,英方都胜过其盟友一筹。这是场考验。阿尔伯特·魏德迈告诉陆军部:"他们像蝗虫一样扑向我们。"

"我们输了个精光,"魏德迈还说,"我们带个耳朵来,谁料却俯首称臣。"

★ ★ ★

总统若要表露这种感情,也只会一个人偷着乐,兴许是他看出美国必将实现霸业。老牌帝国的秩序因世界大战而分崩离析,英联邦的红皮文件夹不会永保现状。

再说总统有要事在身。1月21日上午9点20分,他头戴一顶礼帽,身穿灰色西服,乘一辆橄榄色戴姆勒轿车,由一对摩托车、侦察车和两辆站满特工的吉普开道,顶着呼呼的寒风,驱车88英里北上拉巴特。"一路上随处可见长袍飘逸的阿拉伯人、摩尔人、蒙面妇女、法国兵,以及骑着小毛驴的大胡子土著……还有不计其数的骑自行车者。"车队中的一名上尉说。为转移路人对戴姆勒轿车的注意,特工从吉普车上站起身,手指天空或装作跌下车的模样。到了拉巴特郊外,特工竖起一道隔板,把罗斯福从轿车抬上吉普前座。

身穿马裤、戴着手套的巴顿以一个标准的军礼咧着嘴迎接罗斯福。虽然他极力隐藏,但"信条"安保的压力显然已让他精疲力竭。有一天凌晨3点,巴顿一头闯进安法的特勤局指挥部,他告诫他们:"德国佬知道总统在这儿,要来暗杀他!"特工们要他尽管放心,把他打发走了。巴顿怒气冲冲地说:"一帮成天酒气熏天的下流侦探!"

总统要来视察更是给他火上浇油。首先,克拉克命他找些"参加过登陆的黑人",在偏袒黑人的总统跟前露个脸儿。接着是特勤局坚持参加检阅的部队不得带武器,并且远离路边300英尺;士兵可以带步枪,但不得上子弹。总统车队浩浩荡荡地驶过第2装甲师,十数名特工端着冲锋枪对准手无寸铁的部队负责警戒。为此巴顿大为光火。之前关于罗斯福来到非洲的传言引来一番嘲弄,没有人相信。"凡事皆有可能,"第2装甲师随军牧师说,"这则传言简直是痴人说梦。"之后,随着一声"向右看齐",坐在吉普车内的他来了:狮子头,阔肩膀,牙齿咬着翘得高高的烟斗。全师上下发自肺腑地惊叹:"天哪!"总统挥手致意,一列车队往第3步兵师方向绝尘而去。

第7章 战争是条分界线

1943年1月21日，罗斯福总统在卡萨布兰卡会议期间视察美军。马克·W. 克拉克中将坐在吉普车后排，车后是特工人员。"他们是群低劣的侦探，"巴顿说这些特工，"总是酒气熏天。"

总统一行来到一个野战炊事班，在一支乐队演奏的《查特怒加酷酷》（*Chattanooga Choo-Choo*）乐曲声中，吃了顿煮火腿和甜薯。车队在取道利奥泰港奔梅地亚前，又视察了第9步兵师，克拉克在显眼的位置安排了一队黑人士兵，吸引罗斯福的注意。一排排美军和法军沿着城堡下翠绿的塞布河列队。几位副官踏着号手吹起的"号角"，将两个花圈放在纪念"1942年11月8～11日梅地亚之战"的纪念碑上。罗斯福脱帽鞠躬，久久地向阵亡官兵默哀。

返回卡萨布兰卡的路上，凄风苦雨将吉普车上的特工淋成了落汤鸡。这一幕大快巴顿之心，他陪着总统乘坐着戴姆勒轿车。巴顿当晚在日记中写道，罗斯福说"将印度输给了"英帝国，此外，"一定要灭了德国和日本"。反过来，罗斯福事后指出，巴顿"说过不下五次希望战死沙场"。回到住处，罗斯福草草吃了顿晚餐，9点半就早早就寝。对"西方盟主"来说，这是漫长的一天，但收获颇丰。他看到了未来：民主大军汹涌而至，勇士们将解放一片大陆。

295

★ ★ ★

远处波涛的轰鸣仿佛隐隐的炮声袭过安法如茵的草地。营地上空万里无云,只有海上吹来的缕缕微风约束正午的骄阳。1月24日星期天12点15分,27名记者和相当数量的摄影师穿过两道铁丝网,拥向达雷斯萨阿达别墅。他们在一座临时充作储藏室的空平房待了一个上午,互相拿法国版的《十日谈》打着趣,猜测着自己被招到卡萨布兰卡的原因。

记者盘腿坐在湿漉漉的狗牙草地上,鄙夷地瞧着新闻官跑前跑后,打着官腔要他们"不许提问,不许提问"。一条紫叶子花绕柱的凉廊从别墅后门一直通向台阶,台阶上的麦克风前放着两把皮椅。一名青年军官刚喊了一声:"四把才够!"当即又添了两把。十数位上将和将军鱼贯走出灌木丛或靠在橙子树上,记者们很快发出了一声尖叫,那不是马歇尔吗?布鲁克干什么来了?一见身穿咔叽制服的吉罗和戴高乐将军陪首相和总统走出别墅,他们顿时鸦雀无声。

盟国费尽周折才说合这两个法国对手。吉罗认为"小戴高乐"是个"自私自利、徒有虚名的将军"。尽管自由法国笑纳了英国7 000万英镑经费,但是戴高乐认为吉罗才是英美的傀儡。罗斯福召见吉罗,要他到卡萨布兰卡公开展示法国结盟,他屁颠屁颠地跑来,不料却发现自从艾森豪威尔在直布罗陀求他出手相助使他飘飘然后,他的那点老底现已荡然无存。罗斯福在安法见过吉罗一次,就斥他为"窝囊废"和"靠不住的墙头草"。一位军需官单独和吉罗见了一面,就对翻译说:"你给我告诉这个法国佬,山姆大叔不是圣诞老人。"

戴高乐本人并不想离开伦敦,远赴卡萨布兰卡,最后迫于丘吉尔威胁要断他的经费才赶来。首相说得很刻薄:"我们叫他圣女贞德,恨不得有哪位主教一把火烧死他。"

罗斯福一直认为戴高乐是位心高气傲的霸主,两人在达雷斯萨阿达别墅客厅会见后,罗斯福更确定了自己的看法。为防法国人背信弃义,特工队全体出动（十几个人揣着冲锋枪），悄悄地埋伏在别墅窗帘背后和门口。

两个人高马大的法国人一脸怒色，出现在达雷斯萨阿达别墅的台阶上。两名特工从轮椅上抬起罗斯福，摆花瓶似的将他轻轻地放上一把皮椅。11天的阳光退去了他眼下的黑眼袋。他从嘴上拿下烟斗，招呼几位熟识的记者；其他人等，他则报以一笑。丘吉尔一身灰条纹西服，手持一根手杖，在另一把椅子上落座，一支黑雪茄在他脸上转来转去。摄影师踏上鹤望兰苗圃，拼命地按着快门。

"在我们完成使命之前，你恐怕已弹尽粮绝。"首相将丑话说在了前头。他本来不同意中午举办记者招待会，因为他远未准备好，但答应为此"撑个门面"。他拉低帽檐，板着脸对着太阳。一名记者认为他像"叼着烟的彼得·潘"，另一位记者则认为他看上去"凶神恶煞"。罗斯福请他摘下帽子面对镜头。

"我戴帽子防阳光刺眼，"丘吉尔答道，"你也不妨戴一顶。"

"我生来不戴帽子，"总统咪咪一笑，"现在也没理由要戴。"

两位将军一一落座，吉罗腰杆挺得像截木头，戴高乐拇指和食指夹着香烟，一副无精打采的模样，罗斯福简要概述了刚刚结束的会议，细节必须保密，但此次会议"史无前例，参谋长们亲密无间，下榻同一座宾馆，会后彼此结下了深厚的友谊"。

几位参谋长从树叶间冷冷地看着这一幕。

总统又说道，吉罗和戴高乐将军也同样亲密无间。其实，用一位外交官的话说，他们短暂的交谈仅限于"很高兴为你效劳"。罗斯福抓住两人的胳膊，几乎要将他们从座位上拉起，然后用蹩脚的法语要他们许诺解放法国。两人起身、握手、落座，动作太快了，摄影师们发出抗议，他们这才僵着笑脸，重摆了这套姿势。总统宣布，"这是历史性的一刻"。两位将军随后起身进了香蕉林，留下幕僚发布一则官方套话般的联合声明："我和他们单独见面深谈过。"罗斯福对他们的背影挥手致意："再见！"

"这一幕非常尴尬，"记者艾伦·穆尔黑德事后回忆，"如同初次排练一出业余戏剧。"

由世人见证的一次握手：1943年1月24日，卡萨布兰卡会议结束，应罗斯福（图片中被二人挡住）一再要求，以及为博温斯顿·S.丘吉尔一笑，亨利·吉罗将军（左）和戴高乐将军在镜头前摆姿势。

1943年1月24日，记者和摄影师聚集在达雷斯·萨阿达别墅外的草坪上，记录罗斯福和丘吉尔对刚刚结束的卡萨布兰卡会议的讨论。令丘吉尔感到意外的是，罗斯福总统宣布，只有轴心国"无条件投降"，这场战争才能以"令人接受的方式"结束。

总统现在还要抛出另一个论点。他说:"我们都有过这个念头和想法,但首相和我都不曾将其写下来:只有彻底消灭德国和日本的作战能力,世界才有和平。"也许连英国记者都熟悉美国格兰特的故事。1865年4月,格兰特在阿波托马克斯（Appomattox,美国弗吉尼亚州中部旧村庄,在林奇堡附近,1865年4月9日南军李在此向北军格兰特投降,从而结束美国南北战争。现为国立博物馆。——译者注）要罗伯特·E.李无条件投降。

　　罗斯福说,类似的条款适用于这场战争。"摧毁德国、日本和意大利的作战能力就是让德国、日本和意大利无条件投降。"他继续说道,"这并不是要消灭德国人、日本人和意大利人,而是要摧毁这几个国家征服奴役他人的世界观。"

　　他说,记者们甚至得把这次会议称为"无条件投降会"。丘吉尔点点头,说道:"总统所言,我深表认同。"盟国坚决要求"陷世界于水深火热的罪恶势力无条件投降"。

　　丘吉尔揣摩罗斯福的声明是要让自己无话可说,可是没人深究他的心思。丘吉尔战后拐弯抹角地说,无条件投降这一要求出乎他的意料,简直是阴险狡诈。这个论调是罗斯福1月18日晚抛出的,丘吉尔那时还提出一个联合声明,"说什么盟国决心要战斗到底"。他随后致电伦敦征求战时内阁的意见,战时内阁不像首相,一致赞成这个观点,还赞成投降要求涵盖意大利。丘吉尔没想到罗斯福在此时此地草率地宣布这一公告。

　　总统本人事后说,这个概念"不过是灵光一现",是个荒唐的要求:他在记者会上的讲稿中,"无条件投降"一词出现了三次。在深思熟虑6个月后,罗斯福于1月7日在白宫向陆军参谋长们提出了这个概念,无人反对,尤为罕见的是,马歇尔等高参都认为向参谋机构介绍这项要求并非是要将战争强加于人。美方高参在安法私下简要讨论了这个观点,对魏德迈将军说的"无条件投降势必会逼德国人团结一致,决一死战",未置可否。

　　生米已煮成熟饭。在接下来的几个月里,他们都会对此争论不休;而对这仓促采取的大手笔产生的后果,将引发更长久的讨论。罗斯福显然是要避免重蹈 1918 年的覆辙：当时签订的停战协定语焉不详，事后让纳粹认为德国一战中战败不怪战场上吃了败仗，要怪只怪政治背叛。不过，总统的内战类比也存在漏洞：格兰特提出这项著名的条款，是在 1862 年围困田纳西的道纳尔逊要塞，而不是在 3 年后的弗吉尼亚。无条件投降也不是英国战争的特色：16 世纪末以来的 15 场战争都不是这个结局。第三次布匿战争兴许有得一比，当时罗马要迦太基交出"全部领土和城池，俯首称臣"，迦太基人拒不从命；公元前 146 年，罗马人荡平他们的城池，战争才结束。

生米的确已煮成熟饭，记者自有评说。他们很快就赶到参谋长开会的同一间雅致的会议室，总共编出了 10 万字的稿子，审查官逐页仔细审查后，才交给通信部队的电报员发送。但两位领导人首先邀请记者上前握手。丘吉尔逐一伸出手，从帽檐下眯着眼睛问："你是哪家报社的，嗯？你是哪家报社的？"紧挨着他的罗斯福偏着脑袋，仿佛拉票的随从满脸堆笑地说："幸会，幸会。"

在和一名美国同仁信步走回旅馆的路上，一名苏格兰记者冲总统竖起大拇指。"啊，"这个苏格兰人说，"他有种风范，世界的风范，你说呢？"

美国人失了一着

当记者们还在敲着键盘写稿时，罗斯福和丘吉尔则乘坐那辆橄榄色的戴姆勒，早早出了安法。车队沿 9 号公路往南开了 4 个小时，中途仅在路边打个尖，吃些柳条篮盛着的煮鸡蛋、甜馅饼和苏格兰威士忌。150 英里的路程，每隔几百码就有一名巴顿的哨兵负责警戒，外加美军战斗机在上空巡逻。车队抵达马拉喀什时，已是夕阳西下。尘土、行李和气势逼人的特工顿时乱成一片。

丘吉尔一路上拿一些老掉牙的故事逗总统开心，比如"撒哈拉的巴黎"、沙漠游民的红墙大车店、耍蛇人和"非洲大陆最大最规范的妓院"。马歇尔将军要罗斯福"一概拒绝首相请他参观这个疑为轴心国特工老巢的地方"，也被总统抛到了脑后。总统和首相（各自的代号为 A-1 和 B-1）要远离战争，暂时放松放松。

两人的世外桃源是萨阿迪亚庄园，由一位美国富孀慷慨出借。赤褐色的别墅（有 15 间卧室）饰以精美的穆尔雕刻、低浴缸，以及金黄和品蓝色的壁画。5 名园丁侍弄繁花似锦的庭院，管理祖母绿的大游泳池。和在安法一样，工兵连夜赶造了轮椅坡道，安装了防窃听电话和变压器，又将别墅的法国管家换成美国兵。他们接受了速成培训，端着大托盘，与其他扮作总统、首相和随员的士兵练习餐厅礼仪。负责这项工作的美军中尉不堪重负，精神衰弱，在喝了一瓶波旁威士忌后，被锁在一间卧室休息。

一座带螺旋楼梯的六层瞭望塔高耸萨阿迪亚。经丘吉尔一再坚持，两名副官手扣手把罗斯福抬上 60 级台阶，放在露台上的一把柳条椅上。首相的私人医生莫兰勋爵事后回忆，总统"麻痹的双腿像口技表演者手中的木偶一样，四肢吊着"。10 英里外的阿特拉斯山高耸入云，粉红和紫罗兰色的景致随落日渐浓，令人心醉。"这是世上最美的地方。"丘吉尔喃喃地说。他派人下楼取来总统的大衣，亲手轻轻地披在总统的肩上。

两人肃然坐着。阿拉伯人骑着一摇一摆的骆驼穿过名叫"巴布·哈米斯"的城门。马拉喀什的红城墙渐渐蒙上了一抹血红。大露天市场和广场四周灯火闪烁，这里号称"罪人广场"，曾拍卖戴着镣铐的中非奴隶，也是苏丹大批处决犯人以儆效尤的地方。夜色渐浓，马拉喀什每座清真寺尖塔的广播都在提醒信徒做晚礼拜，晚风和着忍冬和橙色玫瑰的花香，拂过小小的露台。

夜色渐浓，他们这才意识到腹中饥饿。总统恋恋不舍地最后看了一眼靛蓝色的山峦，这才搂住服务员的脖子。丘吉尔跟在后面，轻轻地哼着自己编的一首不着调的小调："噢，战争不再，战争不再。"

★★★

在这个狼烟四起的世界，卡萨布兰卡的交易将有助于规划世界的走向，直到两年零八个月后，柏林和东京沦为废墟。参谋长联席会议举行的 18 场会议的战略成果是推迟一年登陆法国,这一延迟很可能让盟国免遭大劫。卡萨布兰卡无非证实了一点,那就是重兵集结北非和去年夏天"火炬行动"会议得出的结论,导致地中海战略势在必行。

但西西里之后的战局尚不明朗,英方和美方都没有一个打赢这场战争的总体规划。美方参谋长一再发问:"下一个目标是哪里?"这让英方大为光火。地中海战略本身的一个变数就是,针对欧洲轴心国的战争沦为和德国小跟班意大利的持久战。用马歇尔一句不吉利的话说,"软肋"兴许是"不锈钢护壁板"。此外和金上将在安法说的一样,至少在未来一年中,"我们要指望苏联"。这句话是自讨没趣,苏联还在斯大林格勒苦战,分身无暇。丘吉尔坦承:"除了今年春天之前盟军投入法国 50~60 个师,斯大林恐怕一概不予接受。"

安法达成的妥协本身就模棱两可,接下来的几个月又证明,参谋长们的方案不是根据不足、无法实施,就是因故受挫。出兵缅甸和突袭日本的拉包尔(Rabaul,巴布亚新几内亚的新不列颠岛东北部港市。——译者注)海军基地的计划胎死腹中。用布鲁克的话说,船只短缺是"所有作战行动的一大瓶颈",其中的辛酸,局外人无法理解。虽然罗斯福曾满口答应吉罗,要重新装备 11 个法国师,但是那需要 325 艘舰只,美方根本抽不出来。

英美轰炸机打击德国目标同样遥遥无期。1943 年 1 月初,丘吉尔说:"我看美国人没成功往德国丢下一发炮弹。"这句话有失公允:美军驻英国第 8 空军师的 600 余架飞机被用于非洲,机组人员和保障单位几乎也被抽调一空;按英方的意愿,留在联合王国的一支微不足道的美军轰炸机和战斗机队伍轰炸了德军在法国的潜艇基地。过了好几个月,空军司令才执行参谋长们 1 月 21 日下达的命令:"摧毁德国的军事、工业设施、经济机关,打击德国民众的士气,直到他们放弃反抗。"

数月之后,无条件投降一说才开始合乎情理。这一条款"如同吊在英美脖子上发臭的毒瘤",没有必要久拖不决,要将其转变成一场大决战。对于 J.F.C. 富勒的这个说法,许多战略家深表认同。罗斯福知道,这也带来了一定的利益。这项语义不清的要求反映了盟国的民意,是一根精神支柱,似乎也是全面战争的必然结果。德国瓦解后，英国还要粉碎日本。关键是苏联人不必担心西方盟友和达尔朗上将单独签订一份合约。这项声明并没有改变这场战争的军事路线，倒是可能吓住了轴心国中几个不堪一击的可怜虫。英国史学家迈克尔·霍华德说过，就算欠考虑，这项要求也可看作"两位旅人在一个前方山高路险的转折点互相支持和勉励"。

他们在卡萨布兰卡不朽的传统中见证了友谊。诚然，美国人在会议桌上失了风头。英国人的狡诈和帝国的实力在许多问题上占了上风，罗伯特·墨菲叹道："我们迫不得已，成了英国骗子的跟屁虫。"二战期间，罗斯福和丘吉尔两人始终谨小慎微。英方指挥官依然一副傲慢的架势。"美国人虽难以打交道，但不失可爱之处，"布鲁克在日记中写道，"马歇尔两手空空地跑到这儿来。"美国人的愤恨在一份英方的打印例会记录中可见一斑：文件发到华盛顿前，他们都要用铅笔将"aerodromes、defence、honour"改作"airdrome、defense、honor"（分别是"机场、防御、荣誉"的英式和美式拼法。——译者注）。

但罗斯福一句"彼此结下了深厚的友谊"，将真正的关系一言以蔽之。虽然手足间免不了嫌隙和妒忌，但双方建立了比亲戚更近的关系。

副总统亨利·华莱士说过，富兰克林·罗斯福是位了不起的水手，纵横前进时，始终盯着一个方向。总统和丘吉尔同舟共济，但他看的是别处。罗斯福发现首相"仍旧是 19 世纪的殖民主义者"，用外交官埃夫里尔·哈里曼的话说，"旧秩序不会长久"。战争是条分界线。美国的实力，连排列在通往马拉喀什 150 英里沿线的无聊的士兵都看得清清楚楚。不错，美国人是失了一着，作为战略策划者的不足只有他们自己清楚。但英国再也不能轻易将自己的意志强加于人。和整场非洲战役一样，卡萨布兰卡是美国的关键时刻，是世界史掀开新一页的转折点。

★★★

萨阿迪亚星期天的晚宴相当丰盛，只是少了扮作管家的士兵。总统和首相晚上 8 点在沙龙共举鸡尾酒。做东的是美国驻马拉喀什高级外交官肯尼斯·彭道尔，即"火炬行动"之初在阿尔及尔和墨菲一起遭短暂扣押的"十二使徒"之一。罗斯福摊开手脚，躺在沙发上打趣彭道尔："我是帕夏（大官）。你可以吻我的手。"吃完菲力牛排和龙虾后，上了一道穆尔塔形状的果仁糖，塔中烛影摇曳，果盘边上的棉花糖仿佛远方的群山。

众人为国王、国家、总统、"无条件投降"干了不知多少杯，唱了不知多少支曲子。午夜时分，罗斯福和丘吉尔到隔壁一间客厅，伏案给斯大林和蒋介石起草公告。

彭道尔事后回忆，总统和首相凌晨3点半写好特别公告，两人都有一种感染别人的乐观。他写道："首相似乎沉浸在当下，兴奋之情溢于言表；总统则时不时提笔出神地望着远处，那晚他并不伤感，却露出一副领悟悲伤的神色。"

4个小时后，罗斯福被推到萨阿迪亚门口抬上戴姆勒，接着他们驱车去不远处的机场。现在该回国了。丘吉尔则打算在马拉喀什再逗留两天，但他坚持要为总统送行。他对莫兰医生说："我喜欢美国人，他们非常慷慨。"睡眼惺忪的首相趿着一双绣花黑丝绒拖鞋，套一件绣着红龙的厚睡衣和一顶遮不住一头乱发的空军上将帽，出现在机场。他拿雪茄指着跑道上的摄影师，嘟哝着："你可不能拍我。"

相互道别后，罗斯福入座踏上漫长的归国旅程。他在机上给彭道尔写了封感谢信，这封信后来从白宫发出："马拉喀什似乎远离战争和传言。"美军在机场四周拉起了一道警戒线。缕缕晨雾飘过柏油路。东南方向，旭日下的群山仿佛天使的宝座熠熠生辉。丘吉尔钻进小轿车。"别告诉我他们什么时候起飞，这让我紧张。"首相攥着彭道尔的胳膊说道，"他要是有个不测，我可受不了。他是一位忠实的朋友，目光远大，是我此生见过的最伟大的人。"

第 8 章　前线"无"战事

"撒坦行动"中途夭折，盟军策划者又另起炉灶。东多塞尔是盟军在麦杰尔达河南岸的第一道防线，交给了法军。面对来势汹汹的轴心国部队，法军是否靠得住？本以为马克纳西大捷可以弥补法伊德溃败之辽，不料却在舍涅德车站苦战了一天。美军的进攻成了强弩之末。指挥官之间的信任轰然崩塌，安德森和法国人怀疑美国人，艾森豪威尔怀疑弗雷登多尔……东多塞尔对面新鲜猎物（美国人）的味道，将成为"老狐狸"隆美尔的一剂良药。

法军成了送去引诱老虎的羊

突尼斯中部的杏树早早地开了花,白花熏香了 1 月的空气,很快又像为一场婚礼撒花般铺满了大地。阿拉伯人骑着呼哧呼哧的毛驴,驮着成捆的柴火或一筐筐堆得高高的大葱,匆匆去赶集。蒙着面纱的妇女躲在门口铁栅栏后,偷眼瞧路上匆匆走过的士兵。战争和传言从东多塞尔一路传来,但多半是一阵哄乱,犹如道具师搭一座舞台,大幕一旦拉开,上面就要上演一场大战。交火、雷区和空难导致不少士兵伤亡。在马科他临时美军公墓,从当地修道院买来的一堆十字架用完后,殡葬师只好拿食品包装箱的木板凑合。

伤亡数目仍然较小,阵亡者还比较引人注目,比如一名美军军官在乌瑟提亚谷外遭狙击手伏击,吉普被拖回美军战线时正着火,刹车卡死,前线数英里的士兵都看见了那幅景象,仿佛一具尸体骑着一颗彗星穿过突尼斯盆地。

东多塞尔是盟军在麦杰尔达河南岸的第一道防线,英美联军将这道防线交给了法国人。朱安将军手下的 3.5 万名官兵呈一条分散的哨兵线,辐射 200 英里外的撒哈拉绿洲托泽尔。英法之间的紧张关系比起英国人和美国人之间的龃龉有过之而无不及。朱安致信吉罗:"英方高级军官还是老样子,我们以为他们愚蠢或脑子不好使,那是因为他们迟钝或缺乏想象力。"一名英国上校说突尼斯的法国同仁如同"一出喜歌剧中的士兵,在外籍军团服役 45 年，制服上用两根棉线挂满了勋章……我们的关系形同两只斗鸡"。

法国人几乎没有任何反坦克武器，而且美军计划人员认为东多塞尔多是山区，德军不会派装甲部队，因此没有提供。此外，法国人几乎什么都缺：军火、大炮、制服、靴子，马拉卡车，人推马车。炮兵和拿破仑军团的前辈一样，炮阵与炮阵之间靠旗语联系。士气低落，不少法军士兵恳求要一些美国头盔，以此蒙骗德国人，让他们以为遇到了装备精良的美军。A. L. 列伯林写道，分散在荒凉的山脊线上的法军各单位，犹如"送出去诱老虎的羊"。一位美方联络官向艾森豪威尔汇报，法国人"意志消沉"，因为"这似乎是逃跑还是挨打的问题"。

从卡萨布兰卡返回阿尔及尔，艾森豪威尔在日记中承认："刚刚过去的一周又是令人倍感失意，我写下这些事，不过是为了忘却。"放弃"撒坦行动"就是失意之一，此外他也提到了法国"全线溃败的迹象"。其他失意却没有一一列出。艾森豪威尔郁郁不得志，在卡萨布兰卡，无论是罗斯福还是丘吉尔都没对他表示赞赏。布彻 1 月 17 日写道："没人承认他的辛苦付出和领导能力，总统或首相不置一句明确的感谢之词，说明他们善于见风使舵。"在卡萨布兰卡，哈里·霍普金斯对布彻说，攻克突尼斯能够证明艾森豪威尔是"世上最伟大的将军"；倘若失败，他前途堪忧。布彻沉思："这就是将军的人生。"有英国记者估计这位总司令要遭解职，国内的评论家也对他表示不满。一家俄克拉荷马报纸认为："烂泥不过是盟军迟迟不打决胜一仗的愚蠢借口罢了。"艾森豪威尔在给一位西点同窗的信中写道："连连失意时，澄清也无济于事。"

"撒坦行动"中途夭折，盟军计划人员又重起炉灶。眼下并没有向地中海进军的计划，至少不会在蒙哥马利的第八集团军赶到突尼斯援助前贸然行动。取而代之的是，弗雷登多尔手下的第 2 军要展开突袭，不给敌人立足的机会，直到天气转好再协同作战。艾森豪威尔致信马歇尔："我们一定要保持一条果断而积极的战线，打得轴心国部队仓皇而逃。"

1943 年 1 月 18 日在君士坦丁孤儿院举行的一次指挥官会议上，总司令拿出了一套新战略："以攻为守。"朱安一声不吭地听完，提醒道："德国人可不会坐以待毙。"艾森豪威尔顿时恼羞成怒，把积压了一周的怨气全发泄了出来："接下来的两个月，我不想在这条该死的前线按兵不动！"

★★★

同一天，德国人在这一点上配合了他。轴心国部队占领了北部山区的隘口，包括通往比塞大和突尼斯的贾夫纳和朗斯托普山的两个门户。如今他们正要经由中部的东多塞尔和突尼斯南部占领四个突破口。占领隘口将扩张轴心国的桥头堡，守住连接阿尼姆的第五装甲集团军和从利比亚赶来突尼斯的隆美尔的第八集团军之间的沿海走廊。此举还能保证突尼斯市的供水（迈杰兹巴卜东南40英里有一座水库），将主动权牢牢掌握在轴心国阵营。

1月11日，艾森豪威尔曾就切断这座首都的供水一事问过手下的参谋，得到的回答却是，鉴于大雨等其他资源，"无法切断突尼斯的供水"。不过，德国陆军元帅凯塞林并未满足于此，他誓要将英美联军赶出君士坦丁和波尼，但他首先要把东多塞尔牢牢掌握在手中。

1月18日下午，德国50辆装甲车在北部佯攻英军阵线后，虎式坦克和5 000名轴心国步兵血洗了水库附近的法军。敌军马蜂似的冲进乌瑟提亚谷，此处扼守着通往圣城凯鲁万要冲的道路。记者A.D.迪万写道，法军犹如"石坡上的山羊，边战边退"。一天之内，山脊线上相当于7个法军步兵营的兵力被切断退路。朱安说自己"已经绝望"。

安德森将军命一个英国步兵旅从北翼反攻，然后又令弗雷登多尔派第1装甲师的B战斗群从南翼阻挡轴心国的攻势。1月19日下午5点15分，弗雷登多尔在斯皮迪谷老巢电令罗比内特，用词谨慎且一语双关：

> 带上你的部下，比如步兵、玩具枪、烤面包的工具，以及和烤面包工具相反的工具（表示吃喝拉撒的工具。——译者注）和大兵（big fellows），尽快赶到"M"地，也就是你现在的位置以北。叫你们的头儿向一位法国绅士报到，他的名字首字母为"J"，正待在地名首字

母为"D"的地方，方位在"M"左方5个网格处。

罗比内特事后说，翻译这个谜一般费解的电报，"几乎花了和对抗德军一样长的时间"。集团军司令的命令最终还是被破译出来了：3 400名士兵和B战斗群的36辆坦克要赶赴50英里外的马科他（Maktar），罗比内特则要去杰里萨（Djerissa）向朱安（Juin）报到。

接下来的三天是一场混战，任一方都占不了上风。特里·艾伦"大红一师"的5个营加入罗比内特的阵营，特里理论上接受了法军的指挥，但弗雷登多尔对着干，一再对其下达命令，比如破译一条需要耗时9小时的电报。B战斗群的一份评估总结，"这是高层缺乏配合的一个明显的例子"，尽管上级之间的龃龉反而扩展了罗比内特的势力，但标新立异的他从不因此而沾沾自喜。

截至1月24日，战场稳定在一个星期前的德军阵线以西3到8英里。美军伤亡愈200人。当生擒德军400余人的捷报传来时，斯皮迪谷上下一片欢腾，但第二封电报便将这个数字降至40以下，欢呼声戛然而止。法军伤亡惨重，近3 500人被俘，有的营剩余不足200人。"再也指望不上法国人了。"特拉斯科特说。

连吉罗这时候都承认自己拒绝和盟军结盟实属愚蠢之举。1月24日，经法国首肯，艾森豪威尔任命安德森为突尼斯全线总司令，统领美军和法军。弗雷登多尔手下第2军的3.2万名官兵和第一集团军的6.7万名官兵合并，可越过特拉斯科特，直接向艾森豪威尔汇报。

在雨季结束和重启突尼斯攻势前，第2军要"以守为攻"，保护盟军的右翼。艾森豪威尔1月18日下令，并且在1月26日和2月1日重申，第1装甲师在突尼斯南方原地待命，凝成一支有力的"机动预备部队"，抗击轴心国的一切进攻。

在发布这些命令后不久，他就又拆了自己的台，要B战斗群增援乌瑟提亚谷，怂恿弗雷登多尔在各次突袭中"锻炼"老铁甲军余部。这个师非但没有按艾森豪威尔的意思拧成一股绳，反而很快分散到突尼斯南部全境。

一如当初筹划"撒坦行动",艾森豪威尔下达的命令模棱两可,之后又不能保证上令下行。另外,大大小小的事又忙得他无暇分身:出兵西西里的计划正在紧锣密鼓地进行,由巴顿出任美军司令;丘吉尔不顾有人阴谋暗杀"大烟枪"(指丘吉尔)的警告,2月初要带随从访问阿尔及尔;欧文·柏林的马戏团300名演员要到北非巡演;不少美军军官酗酒。此外,艾森豪威尔1月26日致信史密斯:"我们的军营再也不像从前那样整洁、温馨了。"

不少问题需要总司令分神,累及这位作战指挥官的效率。他想搬到君士坦丁亲自督战,但鉴于阿尔及尔事务繁忙无法脱身,此行一推再推。最后他只能远远观战,下达无力的命令,敦促"所有人都要全力应战"。

1月末,艾森豪威尔致信一位华盛顿的朋友:"我们提倡军中尽量一切从简,我常常觉得,这是频繁困扰我的一大难题。"

1943年1月末,在突袭意军驻突尼斯南部舍涅德车站的前哨之前,第1游骑兵营在阿尔及利亚山地中行军。

第 8 章 前线"无"战事

★★★

第 1 装甲师名义上的师长奥兰多·沃德看着再次分崩离析的老铁甲军，暗自神伤。上级完全绕过了他，直接命令罗比内特在乌瑟提亚谷反攻。沃德无所事事，只能起草作战方案，但他知道军长根本不会看。沃德在日记中写道："弗雷登多尔和手下的参谋事无巨细地指挥各师，甚至部署各排。"

沃德提出强攻马克纳西，夺回东多塞尔的另一个隘口。马克纳西在乌瑟提亚战场以南 100 英里，加夫萨正东 50 英里，在通往斯法克斯的公路和铁路线上。1 月 23 日，弗雷登多尔在斯皮迪谷召见沃德，周围冰山雪岭中开凿隧道的气锤声不绝于耳。弗雷登多尔想采纳马克纳西的提议：盟军截断隆美尔北上突尼斯沿海的退路。他打算 1 月 30 日发动进攻，但他想首先突袭舍涅德火车站，即位于加夫萨和马克纳西中间的浅盆地上的一个小站。

沃德不安地扭来扭去。他提醒道，这次突袭会"打草惊蛇"，使德国人警惕美方对马克纳西的企图。弗雷登多尔不耐烦地把手一挥，驳回了异议，要沃德第二天"在舍涅德车站把意大利人打得屁滚尿流"。沃德敬了礼，说了声"好的"，就离开了斯皮迪谷，返回东南 5 英里外的师部。

1 月 24 日凌晨 4 点，一支 2 000 人的美军突击队乘卡车赶往 20 英里外的舍涅德车站。中午前，美军在十字路口开火，3 个小时不到就攻陷了这座村子，意军死伤 100 人，美军生擒近 100 名俘虏。突袭部队返回加夫萨，正好赶上开饭。美军伤亡总计 2 人。

弗雷登多尔得意扬扬。下午 3 点半，他致电身在君士坦丁的特拉斯科特："记得那支我派去马克纳西捣乱的部队吗？他们碰到了一帮敌人，把他们打得落花流水。一有确切消息，我立刻通知你。我想到时你可能会从我这里得到好消息。"晚上 9 点半，弗雷登多尔又打电话吹嘘俘虏中有个意军准将（经仔细审查，其实是个中尉）。军长特拉斯科特吼道："你就自吹自擂吧，×的！"

沃德的师部没怎么庆功。他们抓获了不少俘虏，但现在德国人已清楚美国人盯上了马克纳西。此外，第 1 装甲师一分为三，分布在 100 英里的范围内，艾伦的"大红一师"分布得更广。美军各单位支离破碎，《芝加哥论坛报》早就说突尼斯战役是"零星之战"。

"全军上下都反感最高司令部效率低下、指手画脚，"沃德在1月28日的日记中诉苦，"我承认，我们不该说这话，要尽量忍受和掩饰自己的痛苦。"他又补充道："忍无可忍，但问心无愧。"

★★★

冯·阿尼姆将军及时看出了远在南方的纷争，并且立刻派兵增援马克纳西隘口和舍涅德车站那支倒霉的驻军。但他最愁的是马克纳西以北30英里的山口。法伊德隘口是削尖的山脊间一道狭窄的山谷，红页岩山壁上是一道道狰狞的裂缝，13号公路从中横穿而过，向西折向凯塞林，向东直通斯法克斯。在法国战略家看来，和迈杰兹巴卜扼守北方一样，法伊德隘口是突尼斯中部的要冲。此隘口深仅500码、宽0.5英里，向东是辽阔、一马平川的沿海平原，向西是满目荒凉的突尼斯高原，阿尼姆称之为"我的噩梦"。"及时雨"拉夫上校早在12月初就从200名轴心国守军手中夺下了法伊德，现在把守的法军超过一千余众，东多塞尔最后一个重要的突破口还在盟军的手中。

这一格局即将被改变。隆美尔撤退大军的前锋第21装甲师从阿拉曼赶到突尼斯后，重新调整了装备。1月30日，该师的战斗群兵分三路，呈叉形进攻法伊德隘口。一支法军前哨汇报，德军身穿美军制服，喊着"别开枪，我们是美国人"。法国人被这帮德国佬蒙骗了，30辆装甲车的阵阵炮火逼得法军步步后退，尸横遍野。下午晚些时分，这支英勇的守军被围。

在喧嚣而终日不见阳光的斯皮迪谷，法国军官眼泪汪汪地求弗雷登多尔出手相助。两个被围困在法伊德的营只能坚持几个小时，美军必须立即大举反攻。一名法国军官说："这是前线最重要的一个点，必须守住。"

弗雷登多尔不愿放弃马克纳西，按计划，另一支2 000人的突击部队几个小时内就要对该镇发动进攻。他相信进攻会把轴心国部队从法伊德引过来。但法国人苦苦哀求，安德森上午又发了一项笼统的命令，要他"恢复"法伊德局势，逼得他不得不出手。

及时果断的行动本可以收复法伊德隘口，一改未来几个星期突尼斯战役残酷的进程。但恰恰相反，弗雷登多尔装腔作势地采取了一套折中方案，注定让这一危局雪上加霜。上午9点半，他命第1装甲师A战斗群反攻法伊德隘口，却没有削弱通往凯塞林的必经之路上斯贝特拉镇附近的守军。A战斗群一部分沿13号公路东进，但在冰天雪地中本就缓慢的步伐又遭空袭所阻，先是德军轰炸机，继而是受误导的美军战斗机。下午2点半，离隘口还有7英里，A战斗群团长雷蒙德·E.麦奎林准将决定就地扎营过夜，将进攻推迟到第二天上午。

麦奎林外号"老麦克"，可以说名副其实。生于1887年的他性格随和、古板，生着一头雪白的头发和肯塔基长枪一样挺拔的身姿。麦奎林骑兵出身，戎马一生，20世纪20年代在白宫任副官，后来又到陆军通信兵学校任校长。第1装甲师一位军官说："他为人热情、可赞可叹，但作为一名指挥官，他是20世纪的乔治·阿姆斯特朗·卡斯特（美国内战期间的骑兵军官。——译者注），在许多方面都是个不折不扣的傻瓜。"

"老麦克"一个晚上都在狭小的半履带式指挥车内研究地图、打电话，又多给了敌人半天时间赶出法国残兵。艾森豪威尔派来督战的特拉斯科特和旁观自己手下作战的沃德也赶了过来。两位来客都没察觉出事了，尽管种种迹象都十分明显：麦奎林的延误；法国人不满美军迟迟按兵不动；麦奎林和派来反攻的步兵团团长小亚历山大·N.斯塔克上校结怨。艾伦手下的第26步兵团团长斯塔克外号"老斯塔克"（意为"老顽固"），和"老麦克"的绰号一样，绝不是恭维。他在一战中获得过一枚"优质服务十字勋章"，同时也是个十足的酒鬼，他手下参谋的一项例行工作就是搜他藏在吉普车里的酒瓶。"真是伤透了脑筋，"他的作战参谋事后回忆，"我认为，此人要是有所节制……绝不会是现在这个位置。"

美军1月31日上午7点发动突击，太阳已从东多塞尔探出头，照到进攻士兵通红的脸上。一位情报官提醒麦奎林，德国人在法伊德西口上方架了

88毫米高射炮，专门对付坦克，但"老麦克""坚决否认这一报告的准确性"，第26步兵团一位军官有字为证。

特拉斯科特和沃德驱车800码，到北边攀爬勒西达山。此山长1英里，高2 000英尺，仿佛搁在海滩上的鲸，卧在沙漠盆地上。山脚遍布一行行用作牲口饲料的刺梨。两位将军气喘吁吁地爬上点点云母闪烁的一面陡峭的页岩山坡。勒西达破旧的农舍传来声声鸡鸣和土狗急促的叫声，麦奎林将团部设在13号公路沿线的一块仙人掌地。

从勒西达山东侧放眼望去，特拉斯科特和沃德见到的是和美国高原类似的地形。记者菲利普·乔丹写道："在突尼斯，活了大半辈子的人都不知道这片沙漠始于哪里，止于何处。"往南7英里是深绿色雪松掩映白墙的西吉·布·吉特村，这里曾是一个重要的骆驼市场，如今是有500阿拉伯人和几户法国农民的寂静小镇。往东7英里的东多塞尔，仿佛海上连绵起伏的浪涌，突兀而出。一条沥青路犹如绞索，笔直地通向山脊线上划分法伊德隘口的豁口。

特拉斯科特和沃德扶着望远镜，透过晨霭向东望去，只见十数辆谢尔曼坦克和斯塔克手下的一个步兵营沿13号公路冲向隘口；沃德手下的第6装甲步兵团的一个营出了西吉·布·吉特村，往南穿过一片沟壑纵横的蔬菜地。勒西达山脚下一个炮阵开火，不消一会儿，法伊德隘口附近遍地开起了白花。

在广袤的突尼斯平原，美军显得非常渺小，在沙漠中对阵德军如同以卵击石。美军给出了充裕的时间，敌人以机枪、迫击炮和麦奎林否认存在的88毫米高射炮巩固法伊德隘口。第26步兵团第1营营长杰拉尔德·C.凯莱赫带700名官兵赶到隘口1英里处，继而折向左打算抄隘口的北翼。山中炮声滚滚。该营连着翻过两座山头，谁料却被第三座山头上密集的轴心国炮火压制了一天。天黑以后，凯莱赫命手下的官兵撤退。美军炮兵见这位营长筋疲力尽地从沙漠中走来，拿应急食品法国吐司和糖浆招待了他一顿，他才缓过了神。

对沃德手下的第1装甲团H连来说，这一天短暂而致命。第一战，坦克兵奉命出动 17 辆谢尔曼坦克和几辆反坦克装甲车,从正面进攻隘口。坦克冒着下方山谷的国防军炮火冲进隘口,迎着刺眼的朝阳对准真真假假的炮焰开炮。

不久,伏兵四起。德军反坦克炮三面夹击。劳伦斯·罗伯特森事后回忆:"敌军炮弹打得太猛,呼啸而起的炮弹产生的吸力卷起沙漠上的垃圾、沙子和灰尘,犹如一堵墙似的追着发发炮弹。"炮弹拖着被尾焰染成翠绿色的滚滚烟尘,嗖嗖地钻进美军阵地。不到 10 分钟,美军坦克有一半着火。火苗蹿出舱盖和排气管,每一辆受创的谢尔曼都喷完了车上的 30 磅化学灭火剂。

侥幸逃过一劫的坦克掉转车头,将较厚的前甲对着德军炮口,拼命地退了回去。躺在坦克舱板上的伤员,如同被猎来的小鹿。丢了坦克的坦克兵被密集的绿曳光追随,争先恐后地穿过泥沼。两辆自行榴弹炮撤退中陷进了流沙,炮兵当着勒西达山上两位垂头丧气将军的面引爆了引擎盖上的铝热剂手榴弹。侥幸生还的士兵跌跌撞撞地回到西吉·布·吉特村,法军不计前嫌,匀出了自己的椰枣,拿刺刀切开黑面包给他们充饥。

反攻失利,还损失了 9 辆坦克、伤亡 100 人,外加坦克兵和步兵间的相互信任。麦奎林和斯塔克间的宿怨带到了各自部下之间,但各单位此时都悔不该生出前嫌。双管齐下进攻南缘的两支部队在俯冲轰炸机和装甲部队猛烈的炮火下全线溃败。麦奎林心有不甘,打算 2 月 1 日下午 1 点再次出击,太阳这时候的角度不会与他为敌。1 月 31 日晚上 9 点 15 分,沃德电令麦奎林:"麦奎林,明天集中火力,完成你部的任务。成败就看你了。"

但无济于事。两个步兵营 2 月 1 日(星期一)一早冲上隘口以南 3 英里的山脊。一位军官写道,德军炮兵"一直忍到我们到了目标脚下才开炮,官兵后撤的路上遭到了敌军猛烈的炮击"。一位指挥官呼叫麦奎林:"敌军坦克不计其数,炮火太猛……步兵上去等于送死。"15 辆装甲车冲出法伊德隘口,从左翼纵射步兵,最后是反攻上来的美军谢尔曼坦克解了他们的围。一名中士写道:"坦克震得我们站不稳脚。"麦奎林发给沃德的电报十分扼要:"有辱使命。"

法伊德隘口失守，连带丢了东多塞尔。法国守军阵亡或失踪900余人，第1装甲师一家伤亡就高达210人。继而是口舌之争。麦奎林痛斥斯塔克无能，尽管他自己也欠缺谋略。吉罗将军给弗雷登多尔发了一封措辞严厉的电报，抗议法军遭到的屠杀。第2军军长告诉安德森："夺回隘口代价太大，但我能牵制它。"避开了再发动一轮进攻的提议。安德森同意了。

　　这个星期一下午盟军唯一欣慰的是德军沃尔夫冈·菲舍尔将军身受重伤，菲舍尔曾带领第10装甲师为轴心国赢得泰布尔拜和12月朗斯托普山之战。2月1日菲舍尔的指挥车闯入凯鲁万以西一片标记不清的雷区，引爆了意军的"魔鬼蛋"，炸飞了这位将军的双腿和左臂。他要来笔记本，强忍着痛楚给妻子留了一页半纸的遗言，最后一句写道："很快就结束了。"

D 战斗群的小打小闹

　　弗雷登多尔的眼睛仍然盯着南方，还抱着马克纳西大捷可以弥补法伊德溃败之过的信念。他在斯皮迪谷倚炉而坐，告诉记者他打算"进逼马克纳西，至少绷紧这根弦"。

　　弗雷登多尔非但不按艾森豪威尔的意愿——集中第1装甲师两个战斗团的兵力，反而把这个师一分为四。新近组建的R战斗群一周前在舍涅德车站立了一功，刚组建的D战斗群的目标则是夺取马克纳西。

　　1月30日下午1点，正当轴心国对法伊德展开进攻之际，弗雷登多尔再次绕过沃德，电令R战斗群从加夫萨赶往东北部的西吉·布·吉特村，袭击敌军的侧翼，增援麦奎林。2 000名官兵长途跋涉了一夜，赶到距离法伊德隘口12英里处。但是，1月31日下午4点，弗雷登多尔出尔反尔，他听信"老麦克"反攻法伊德连连大捷（离战场100英里的路途助长了这一幻觉），命R战斗群"南下配合进攻……马克纳西"。

　　R战斗群南下10英里，2月1日下午3点左右，在马克纳西以北13英里处原地待命。接着弗雷登多尔又下了一通相互矛盾的命令，要该团北上，这次是去斯贝特拉和通往凯塞林的公路。这些命令导致的混乱而狼狈的程度非常人能想象。

这样一来，攻打马克纳西的担子就落到了 D 战斗群的肩上。该团的增援部队是第 34 步兵师在突尼斯的先头部队，确切地说是第 168 步兵团的艾奥瓦大兵。这套方案由沃德的炮兵参谋——仓促上任的 D 战斗群团长罗伯特·V. 马莱斯特上校起草，行动直奔主题：与 1 月 24 日类似，炮兵、坦克和步兵突袭舍涅德车站，继而推进 20 英里，直逼马克纳西。

1 月 31 日星期日上午 10 点左右，第 168 团第 1 营步兵挤上敞篷卡车，从加夫萨启程去舍涅德车站。该营刚从阿尔及利亚远道而来，不少士兵还带着笨重的行军包。车厢内数百个橙色的烟头，仿佛点点繁星。官兵们相互转告，一周前舍涅德车站被轻易夺取，据说这个村依然只有奥地利人和意大利人把守。"早上出发时"，一位工兵军官嗅到了"主日学校野餐会的味道"。

1943 年 1 月，美军第 14 战斗机大队技术中士，来自加利福尼亚的厄尔·冯·德利尔在阿尔及利亚雷班集的掩体内。

德军俯冲轰炸机不期而至。第一波的 8 架飞机从东边迎面而来,炸弹翻着筋斗呼啸着落到首尾相接的卡车之间。亲历这一幕的士兵写道:"路上到处躺着死伤和吓得失禁的士兵,我们求告医生、救护车和担架员,尽一切所能救助流血受伤的士兵。"这次空袭伤亡 50 人,是整个突尼斯战役中空袭最惨烈的一次。一名军官写道:

> 我从没见过如此惨烈的一幕,我说的不是浓烟滚滚的卡车四周的尸体和残肢断臂,以及或瘫坐或散落路边或被炸得灰头土脸的士兵,而是士兵们脸上的绝望表情,他们不知所措地念叨着"我们怎么摊上了这种事",垂头丧气地在汽车残骸周围徘徊。

中士将大兵集中到剩下的几辆卡车上,但飞机很快又折了回来,这次还加上德军的大炮在路上遍地开花。吓坏了的官兵一头扎进沙漠。"燃烧的残肢断臂吓得士兵们战战兢兢。"劳伦·E. 麦克布莱德写道。官兵们又各自上了卡车,谁料飞机要来的谣言不胫而走,最后该营弃车分两列纵队,各距 14 号公路 500 码,跌跌撞撞地赶往舍涅德车站。由于天色已晚,赶不上原定下午 5 点的进攻时间,这个营就地扎营过夜。那位工兵军官不禁感慨:"上帝!这次主日学校野餐变了味儿了。"

1942 年下半年,第 168 步兵团由 3 名校官带 3 600 名官兵,1 月又增加了一位。托马斯·D. 德雷克出生在西弗吉尼亚一个产煤小镇,16 岁从军,曾在一战期间获得一枚"优质服务"勋章和两枚银星奖章,之后到潘兴的仪仗队任军士长。退役求学后,于 1923 年重回军营,担任军官。现年 42 岁的他五短身材,英勇、怪异,一路冲突尼斯椰枣商人吼着:"走开!走开!"两个星期前,他颁布团食堂就餐条例,严禁军官狼吞虎咽。他补充说:"不得将两个胳膊肘趴在桌上或东倒西歪地就餐。"士兵们背地里叫他"鸭子"。

1 月 31 日夜,德雷克手下的第 1 营在舍涅德车站附近的橄榄林缩作一团;在斯皮迪谷,他正和弗雷登多尔看着一幅突尼斯南方的地图。弗雷登多尔说,

第 8 章　前线"无"战事

1943 年 2 月初，突尼斯南部的舍涅德车站之战后留下的德军尸体。

德雷克要支援马莱斯特上校的 D 战斗群，突破东翼。他指着马克纳西以东的山脊说："你明天一早发动进攻，占领这片高地，拿下全方位防守阵地后，你可以偷袭隆美尔的交通线，尽量破坏和阻挠他长驱北上。"

但首先要攻克舍涅德车站。德雷克上校出了斯皮迪谷，于 2 月 1 日星期一凌晨赶回加夫萨。他打算增援第 1 营早晨的进攻，派装甲兵上尉弗雷德里克·K.休斯上尉带第 2 营赶到舍涅德车站外的一个中间集结地，马莱斯特的部下早在附近的山谷和果园埋下了伏兵。德雷克要休斯上尉注意夜色中别"越过前线"。当第一抹晨曦染红东方地平线之际，德雷克乘一辆吉普赶到，准备作战。

只可惜他找不到第 2 营。曙光渐渐洒满一马平川的沙漠，800 名官兵也该在这里排开了阵势；但战场上除了丛生的杂草和几辆马莱斯特的坦克，空无一人。14 号公路上的宪兵汇报，80 辆卡车和第 2 营的野战炊事班冲过路边的哨卡，进了舍涅德车站外的无人地带。事后调查表明，休斯上尉带领手下闯进了敌军重兵把守的阵地。

东边传来的激烈枪声和灿烂的降落伞照明弹证明情况不妙。第2营被牵制在距舍涅德车站不到1英里外，接下来的10个小时一直寸步难行。士兵们翻身跳下卡车，用头盔和手扒散兵坑。敌军的迫击炮震耳欲聋，机枪和"踩动的旧缝纫机"一样嗒嗒作响。一轮排炮摧毁了17辆车，着火的轮胎和汽油浓烟滚滚。另一个单位的军官事后指出，"他们处于一个非常不利的位置"。

本以为去马克纳西胜似闲庭信步，谁料在舍涅德车站却成了一场持续一天的苦战。上午9点半，德雷克集合橄榄林中的第1营，脚蹬骑兵靴、脖子上挂着望远镜的他不住地吼道："上那儿去！他们伤不了你们！他们不过是意大利黑鬼，你们是美国人！"

截至中午，部队还在这个小村一英里外，被俯冲轰炸机和密集的子弹压得抬不起头，一名刚入伍的新兵问有谁听到"蜜蜂在嗡嗡叫唤"。士兵仰面躺在地上，用脚踹卡死的步枪枪栓。"那场战斗中，我们才知道沙子和油掺和不到一块儿。"一名中尉事后回忆。敌军子弹打穿了第1营营长约翰·C.佩蒂中校的肚子，他端枪跪在地上射击。12天后，他才咽下最后一口气。佩蒂的副手头部负伤，汩汩而出的鲜血堵住了冲锋枪。敌军一发炮弹击中营部情报官伍德罗·N.南斯中尉。另一名军官说："我看见他的水壶飞向空中，他躺在地上，口中发出断断续续的咯咯声。他几乎被拦腰炸成了两段。"德雷克事后写道："尸横遍野，尘土飞扬，子弹横飞。"

下午3点左右，马莱斯特指挥炮兵和坦克炮轰这座小村，德雷克则命第1营B连从右翼包抄。三个排装上刺刀，兵分三路冲向村子。3辆燃烧的坦克炮塔上趴着烧焦的尸体。一名双腿只剩下一截血肉模糊的残肢的排长冲身旁走过的步兵喊："宰了他们！一个不留！"

在第1营的猛攻下，舍涅德车站于下午4点被拿下。后敌军反扑，又费了好大的功夫夺回这座小镇，俘获的却是过早冲进去的第2营军医和15名助手。最后一轮肉搏战后，这个村子于2月2日凌晨5点半落入美军之手。缴获的战利品包括152名俘虏和一队轴心国侦察用自行车。敌军多半退守马克纳西。

第 8 章 前线"无"战事

★ ★ ★

弗雷登多尔此次再去舍涅德车站，远不如一个星期前风光。在给马莱斯特上校的一封电报中（这次又绕过了和他对着干的沃德），弗雷登多尔宣布："浪费了太多时间……开起你的坦克，给我冲。"

2月2日星期二，D战斗群发起冲锋。截至中午，他们占领了舍涅德车站以东6英里的一座山头。下午4点，德军俯冲轰炸机发起了猛攻。D战斗群后方突然飞来24架俯冲轰炸机，外加左翼随后出现的德军装甲车，德雷克D战斗群手下惊魂不定的步兵顿时丧失了斗志。第168团第2营一名军官飞奔而过，他吼道："那儿有一个突破口！要自保！要自保！"

一呼百应。官兵们跳出战壕，或奔向后方或跳上逃窜的车辆。德雷克说："官兵们撒开双腿，拼命地边跑边吼。半吨火炮牵引车、坦克、吉普、半履带式车辆，只要带轮子的，这列队伍应有尽有。"一位炮兵营长事后回忆："个个都得了癔症似的。敌人的坦克被摧毁了，但癔症还没好。"一名工兵补充道："步兵们个个都向后方逃命。"他的部队也在逃。

军官们在14号公路舍涅德车站临时组建了一个掉队兵收容站，抓捕逃兵。武装警卫和内战时"验伤"才肯放人到后方的武装警卫一样不留情面，此举终于扭转了溃逃的局面。F连中士詹姆斯·麦基尼斯在给父母的信中写道：

> 不少家伙跑了，留下我们在打。我无时无刻不想一时冲动，转身离开。战友无情，但昼夜不停地在你头顶和周围爆炸的炮弹真的很危险。

美军的进攻成了强弩之末。2月3日，几辆反坦克装甲车迂回到马克纳西外6英里，但美军飞机当天下午误炸舍涅德美军阵地，挫伤了进攻的锐势。德雷克致电陆军航空兵控诉："你手下的一帮混账连地图都看不懂！他们炸了我的训练营，而不是敌人的集结地。还有，他们素质低下，偏离了目标500码。"4日拂晓，D战斗群退守加夫萨，10天之内两度弃守舍涅德车站。

这次进攻非但没能攻克马克纳西,也不曾缓解敌军对法伊德隘口的压力,更没能辅助麦奎林的 A 战斗群。第 1 装甲师的一份报告总结:"没有夺取一处重要目标。"美军总计伤亡 331 人,其中包括第 2 营营长,他只是手上受了点小伤,但在星期二(2 月 2 日)下午被吓到了,精神失常。他的位置由副营长罗伯特·穆尔中校顶替,后者年少时就当了上尉,曾是艾奥瓦维利斯卡的药剂师。

信任如同山体滑坡,轰然崩塌。安德森将军和法国人怀疑美国人,艾森豪威尔怀疑弗雷登多尔,弗雷登多尔怀疑沃德,麦奎林怀疑斯塔克,斯塔克怀疑麦奎林。2 月 5 日,弗雷登多尔把沃德召去斯皮迪谷,给他读了一段艾森豪威尔头一天写给自己的信:

> 我最担心的莫过于一些将军寸步不离指挥部。请务必严格关照你的部下……将军与军队中的任何一件物品一样,都是消耗品;此外,你们不断地过分强调将军始终待在指挥部的意义。

1943 年 2 月,第 1 装甲团第 2 营一个坦克班在突尼斯合影。一名坦克兵抱怨说,高达 10 英尺的 M-3 "格兰特/李","就好像路上开过来一座大教堂"。

弗雷登多尔扬起眉毛，故意点了点头，言外之意信中省略的部分是指麦奎林，也或许是指沃德。其实，这封信说得很清楚，总司令言外之意是担心手下这位第2军军长的仇英情绪等毛病。艾森豪威尔对特拉斯科特倾诉了心中的担忧，弗雷登多尔太鲁莽，动辄浪费兵力，让他们"白跑一趟"。

沃德看穿了弗雷登多尔的把戏。沃德在日记中写道："他是个两面三刀的狗杂种，没错，两面三刀。"沃德说这位军长"根本不信任自己的部下"。

在2月1日，艾森豪威尔就想过要放弃东多塞尔，退守西部唤作大多塞尔的绵延起伏的山区。但思前想后，他又改变了主意：美军不赞成交出公平夺来的每一寸土地。他新下达的命令号召坚守前沿阵地，同时，"盟军又在酝酿在3月展开持久、主动的攻势"。

与此同时，部队埋葬了死者，重新在突尼斯南部全线挖起了战壕。一篇连部作战日志说出了许多勇敢士兵的心声："我们不禁怀疑，指挥美军作战的军官是否知道自己在做些什么？"

隆美尔：这都是补给问题

埃尔温·隆美尔很清楚自己在做什么，而且他也等不及3月。2月12日上午8点，在斯法克斯以南1号滨海公路附近一处伪装网下，第8装甲团乐队的乐手聚集在一辆灰蒙蒙的黄拖车旁。柑橘飘香的晨风掩盖了部队习以为常的帆布和热油混合味。乐队又拉又吹，为司令演奏了一曲《小夜曲》，纪念他来非洲两周年。接着他们又演奏了一曲欢快的进行曲，歌词受过去两年艰苦奋斗的启发而作："我们是非洲军团兵……"

拖车门一开，隆美尔元帅走了出来。为抵御早晨的寒气，他套了件军大衣，上有红领章、金纽扣，袖口绣着"非洲军团"。他瘦削、黝黑，和他的部下一样嘴唇长期皴裂，由于长年累月地眯着眼睛，眼角爬满了鱼尾纹。没戴帽子的他，看上去比他51岁的年纪苍老了许多。他宽阔的脸颊上颧骨高耸，大背头如羽毛般一丝不苟。他手下的兵都能从他脸上看出过去两年的伤亡，以及为两个星期前非洲装甲军团挥师入境突尼斯时留在埃及和利比亚的 1 万座德意士兵坟墓的痛苦。

隆美尔几天前还对一位参谋说过:"小伙子,你可能无法想象我多久没睡个好觉了。"认为隆美尔的神经险些要崩溃的凯塞林事后说:"装甲步兵无人能解主帅心头烦恼。"隆美尔"非洲军团的元老"所剩无几,比如第 8 机枪营出征的 1 000 名官兵,只剩下 4 人。在听完草台班子音乐会后,这位陆军元帅上了拖车,给妻子露西·玛丽娅写信:

> 自我踏上非洲土地,已有两个年头。两年激烈的苦战,多半是与远强过我们的敌人交锋……无论尽忠还是尽责,我都无愧于心……无论多么让人伤透脑筋,我们一定要铲除威胁。可惜这却是补给问题。但愿我能实现和我的兵出生入死的决心。你懂我的心。身为一名军人,我别无选择。

前一年夏天,丘吉尔喊道:"隆美尔!隆美尔!隆美尔!除了打败他,就没有别的办法吗?"和史上多数功勋卓著的指挥官一样,隆美尔在对手心中缠绕不去。他生得短小精悍,一副宽下巴,神情严肃,仿佛随时戴着遗容面具。他生在德国西南部斯瓦比亚行政区的符腾堡,父亲和祖父都是教师,既没显赫的身世,朝中也无人,但他身上秉持了家乡的几种传统:自强、节俭、正派和倔强。这位一战中战功赫赫的步兵,始终对坦克这种新生事物心存疑虑,后来是波兰的闪电战改变了他的态度。

4 年中,他从中校擢升到元帅,戈培尔的宣传部把他宣传得神乎其神。1940 年,当他还是一位年轻的师长时,他横扫佛兰德斯,从法国海岸长驱直入西班牙,这一战绩后来被拍成了电影《西线的胜利》(*Victory in the West*),隆美尔还亲自参与了执导。他带了戈培尔的一个走狗到非洲任参谋,为他造势,用凯塞林的话说,他的力量被吹捧得"相当于整整一个师"。

隆美尔在非洲首战告捷,证明了他的大胆、用兵如神和他的个人风格。

第8章 前线"无"战事

1943年初,埃尔温·隆美尔元帅和手下参谋。"隆美尔、隆美尔、隆美尔!"丘吉尔喊道,"除了打败他,我根本不关心其他任何事!"(该照片来自被缴获的德军底片)

他偶尔开一辆指挥车,端一挺冲锋枪猎瞪羚,相比笨拙的英国人,此举为他赢得了"沙漠之狐"的美誉。这次在非洲沿海1 500英里的战线上展开了拉锯战,1942年夏,最终是隆美尔将英国第八集团军赶回到尼罗河。在阿拉曼战役中,他一败涂地。自那以后,他在蒙哥马利的步步紧逼下节节败退。《生活》杂志称他是"带领一支亡命之军的亡寇"。

1月26日拂晓,在入境突尼斯前几个小时,他给露西写道:"我日夜都在担忧这里有个什么闪失。我情绪低落,安不下心来操持军中的大小事务。"失眠、头痛、低血压、风湿、疲劳和肠胃病,他算不得一个健康的人。匆匆赶回埃及救阿拉曼之急前,隆美尔因病一直在国内疗养,此后的4个月,他的身体一直没有恢复。

在最近一次参谋会上,一名部下认为元帅"情绪低落,像变了个人似的"。就在几天前,他还满怀信心,他手下的副官希望突尼斯的青山翠岭能重振他的精神。不过,东多塞尔对面新鲜猎物(美国人)的味道,才是这个"老狐狸"的一剂良药。

轴心国在北非的实力,隆美尔比谁都清楚。截至1月末,1万余名德意官兵抵达突尼斯,且每天有近1 000名从欧洲源源不断地赶来的援军。隆美尔的非洲装甲军团移师突尼斯南部,桥头堡的兵力迅速增至19万,坦克愈300辆,以14个师对阵9个师,暂时胜过盟军一筹。

但隆美尔手下的德军单位编制远远不满，作战兵力不足 3 万。单是 1 月，其殿后部队和英国人一战，就让他损兵折将 2 000 人，补充的兵员总计仅 5 人。有几个单位兵力少得可怜：第 90 轻装甲师只有 2 400 人，第 164 师仅 3 800 人。装备尤其不足：批复的 386 辆坦克，他只拿到了 129 辆，而且能投入战斗的仅有一半；747 门反坦克炮，他手下的官兵拿到了 182 门；3 797 挺机枪，拿到手的是 1 411 挺。兵力尚未遭受损失的炮兵单位只占六分之一。

用凯塞林的话说，隆美尔能"在希特勒面前说得天花乱坠"，但元首并不那么好哄，不是隆美尔想要多少武器和燃料，元首就给他多少。斯大林格勒战役眼下到了最后一搏，而盟军在地中海逐渐加紧封锁，这意味着德国能拨给非洲的只能是零星的必需物资和人力。与隆美尔告诉露西的一样，这都是补给问题。

不错，隆美尔手下有 5 万名意军，但都是墨索里尼在利比亚的帝国军残部。另外还有 3 万余人从意大利运往突尼斯。但桥头堡还有一大批非战斗人员，如随大军撤退的殖民地官员和小商小贩、杂役等。德国一份官方报告估计，截至 2 月末，轴心国在突尼斯的官兵将达 35 万人，其中作战人员的占比不到三分之一。

隆美尔越来越将罪责怪在意大利人头上，这同样也是德国统帅部的态度。虽然要丑化意大利人很容易，但实际上他们在北非也表现出了手段毒辣、指挥有方的一面，尤其是步兵小规模作战。然而意军多半素质低下、装备老化、指挥失当。

意大利最优秀的师早在苏联或在非洲与英国人作战时已遭到了重创。一名德国将军断定，"领袖"（墨索里尼）的军队"痛不欲生"。意大利步兵的标配步枪的生产日期可回溯到 1891 年；意大利制造的手榴弹性能十分不稳定，以至于英军发誓决不再用；意军部队转移基本靠步行，因为卡车数量屈指可数。不少意军新兵目不识丁，教官要在他们左臂拴上大手帕，教他们分辨左右。甚至像凯塞林这样亲意大利的人也说道："意大利人容易满足，他们其实只好三样东西：咖啡、香烟和女人……意大利军人从里到外都不像真正的军人。"非洲装甲集团军 2 月 11 日的作战日记中指出,"从未参战的意军单位,其战斗价值是个大问题……经验表明不能对他们抱任何期望"。

在许多事上,隆美尔和阿尼姆英雄所见略同。18 年前他们同是魏玛共和国的小上尉,而两人最近才在加贝斯会议上第一次见面。当时两人都没留意对方,而且一直互相瞧不起,但这次他们达成了一致。隆美尔的战略评估干脆利落:最高统帅部要么充实非洲两个集团军的装备,要么干脆弃守突尼斯。轴心国在非洲的大业"势如累卵"。他诚挚地希望,"靠周密的算计或能实现政治美梦"。

阿尼姆深感认同。希特勒答应给他增派 6～7 个师,迄今尚未兑现。他手下的兵力,意军占四分之一,他和隆美尔预计需要的 1.5 万吨物资,送达的远不及一半。会上甚至提到将一个旅的同性恋犯人调到非洲。阿尼姆对隆美尔说:"万万不能出现第二个斯大林格勒,否则意大利舰队现在最好送我们回去。"

隆美尔拔营收兵的一席话在柏林和罗马听来,实属忠言逆耳,因为他们认为弃守北非无异于为盟军出兵南欧敞开大门。凯塞林认为隆美尔是个悲观的失败主义者,恨不能立刻逃到突尼斯市或意大利的阿尔卑斯山。轴心国首都答应兑现派兵、增加枪炮等承诺,也许会像挤牙膏似的传送到南方,但不得弃守突尼斯。2 月中旬,希特勒启程视察设在乌克兰的东线司令部,该部认为北非坚不可摧。德国国防军最高统帅部有不少军官志愿节食,以支援在斯大林格勒深陷重围的德国官兵:一天 2.5 盎司面包、6.5 盎司马肉、半盎司糖和一支烟。

突尼斯的官兵要是不想这样勒紧裤带,桥头堡势必要拓展到目前 50 英里的沿海地带以外。要不了多久,隆美尔和阿尼姆势必要守 400 英里的前线,而其对手的坦克、重型榴弹炮、反坦克炮和战斗机等实力正稳步增加。盟军的兵力迅速从 9 个师扩充到 20 个师。过去的一个月,英美联军向突尼斯出动飞机 1.1 万余架次,山雨欲来风满楼。

1 月 19 日,柏林最高统帅部首次放出话来,要他们取道加夫萨和斯贝特拉，进攻泰布尔拜，由此"进攻波尼或君士坦丁，摧毁敌军北部防线"。隆美尔认为，突尼斯桥头堡全线最大的威胁莫过于盟军从加夫萨强攻加贝斯，意欲腰斩两支轴心国大军。德军要想在突尼斯求生（这位元帅深感怀疑，暗自买了一本英语字典），势必要"摧毁突尼斯西南的美军集结地"。蒙哥马利手下胜似闲庭信步的追兵，外加一支德军殿后部队把守马雷特这道大门，至少已使隆美尔官兵在突尼斯休养了两个星期。非洲装甲集团军在击溃美军后又可挥师南下，掉头反扑英国第八集团军。

凯塞林点头，两人对这套进攻方案一拍即合。这次"春风行动"，由阿尼姆手下的第五装甲集团军打头阵，两个装甲师取道法伊德隘口，攻打西吉·布·吉特。"春风行动"要出动200辆马克 III 型坦克和马克 IV 型坦克，外加 12 辆虎式，旨在"摧毁美军小分队，损伤美军的元气，由此打乱和拖延美军的进攻"。"晨风行动"则仰赖隆美尔的非洲装甲集团军，由非洲军团取道加夫萨挥师南下。一旦得到阿尼姆一部的增援，意在泰布尔拜盟军弹药库和斯皮迪谷的隆美尔将有 160 辆坦克，势必如虎添翼。凯塞林宣布："我们要倾巢出动，彻底打垮美军。"

2 月 12 日，装甲兵乐队奏乐为隆美尔庆祝，阿尼姆则定在 2 月 14 日（星期日）情人节这天拂晓发动第一轮进攻。这已是"火炬行动"首次登陆 3 个月后的事。隆美尔在自己的营盘下令，从利比亚边界调数个单位当晚赶到加贝斯西北的一个集结地。

隆美尔眼中又露出了凶光。他下了拖车，欢迎 1941 年随他出征非洲的军官。他们现在只剩下 19 人，仍在他手下冲锋陷阵，今晚受邀来此小聚。乐队再次奏起熟悉的进行曲，一名老战士饱含深情地唱道：

> 德军坦克兵在酷热的沙漠中，
> 为人民和祖国奋战……
> 我们是非洲军团的兵。

第8章 前线"无"战事

★ ★ ★

远征马克纳西失利一周来,前线异乎寻常地平静。突尼斯孩子为了几个法郎,带着敦促对方投降的信在美军和意大利哨兵之间来回奔波。意军倒是不时带着一个旧箱子、一沓淫秽照片,以及布鲁克林或底特律一个表兄弟的地址,悄悄溜进美军阵营。美军一名来回奔波的随军牧师在东多塞尔一处掩体为官兵做礼拜,后者早已把信仰抛到九霄云外。他的助手则在便携式钢琴上弹奏一曲《万古磐石》(Rock of Ages),给每名召集人分几条口香糖,权当圣餐饼。红十字志愿者蜂拥而至,开着一辆号称"加州流动俱乐部"的破卡车分发热咖啡。

在过去的一个月,第2军伤亡700多人,第一批补充兵员从卡萨布兰卡和奥兰兵站赶到了突尼斯。不少人缺步枪或挖战壕的工具。一队190人的补充人员有130人开过小差,还有不少"无意中开了小差的",多半是从弗吉利亚或英国出征前在酒吧或妓院遭他们的长官嫁祸。

第168步兵团补充了450名士兵,但训练有素的屈指可数。第2营新任营长挑了125人,以补偿舍涅德一战的损失,不料却发现他们甚至没接受过最基本的射击训练。穆尔问一名列兵会不会用勃朗宁自动步枪,谁知这名士兵却答道:"不会,我连见都没见过。"第168团2月12日晚还收到了6卡车的反坦克火箭筒。"我们连听都没听说过,"一位军需官事后回忆,"但我们手上有一张使用说明书。"德雷克上校计划2月14日早上开一堂火箭炮培训课。

前线无战事,盟军将军们这才得空考虑北非形同一团乱麻的司令部。2月10日,艾森豪威尔等人在圣乔治饭店费尽心思地起草一份盟军联合司令部组织结构图,最后都成了一团废纸。艾森豪威尔愁容满面地说,组织"过于复杂,难以成文"。混乱致命,极其恼人。"超级机密"截获的隆美尔和阿尼姆的情报表明,轴心国补给严重不足。盟军情报机关认为,尽管轴心国在突尼斯的步兵营数量超过盟军,为55比42,但盟军在大炮上的优势是381

比 241，坦克是 551 比 430。敌人看来很可能正加强防守，保存实力，不会主动进攻。艾森豪威尔和安德森达成了共识，这一判断慎重且合理，但它是错的。究其失误，在于他们忽略了凯塞林和隆美尔的好战天性。

突尼斯的指挥官肯定不会想当然，他们早就拟定了 7 套万一德军反攻的方案。为制定一个万全之策，艾伦、罗斯福、保罗·罗比内特和法国将军在乌瑟提亚谷一座法国农舍开了一次碰头会。艾伦义愤填膺，他的师被瓜分，分散在突尼斯全境。罗比内特说："他说话时吸气，发出认识他的人都熟悉的嘶嘶声。这场会议毫无秩序，因为谁都想发言……艾伦用他那粗犷的法语应付自如，但罗斯福还有待提高。"罗比内特摇着头走出会场，他对手下的情报官说："口水仗打不赢战争，我们不过是自讨苦吃。"

罗比内特照例要发表自己的意见。2 月 9 日，他致信安德森，批评盟军的战略部署，并且警告说："敌军在突尼斯可以集中 5 个装甲师的兵力。"他还告诉弗雷登多尔，坦克应该大规模作战，而不是"分散在全境"。

坦克确实分散在全境。安德森仍将英国第 5 军纳入北部伊夫利将军的麾下。伊夫利属下的法军战区靠英美战友增援，如第 34 步兵师的第 133 和第 135 步兵团。"大红一师"一部仍在乌瑟提亚法国人手下效力，罗比内特的 B 战斗群以 110 辆坦克掩护法军的南翼。再往南是 R 战斗群，然后是麦奎林的 A 战斗群，由舍涅德一战败走北上的德雷克的第 168 团配合，封锁法伊德隘口。第 1 装甲师一位军官说："三个国家的将军借、分、指挥对方队伍，闹得官兵们都弄不清到底谁是自己的上司。"

指挥官也闹不清谁是自己的部下。2 月 6 日，奥兰多·沃德离开设在斯贝特拉外一片沙漠的新师部，驱车 80 英里去斯皮迪谷。弗雷登多尔和不少参谋都推了光头，兴许是为了藐视严寒。第 2 军一名副官写道："看样子是想出风头。"沃德怀疑弗雷登多尔喝高了。但不管怎么说，在不断拓深的地道内传出的 TNT 爆炸声中，听说自己要督战美军防守法伊德隘口，沃德还是欣喜若狂。他返回师部后，又获悉弗雷登多尔不给一句解释，就收回了成命。他的副官在日记中写道，沃德"既愤慨，又失望"。

没了诚意，斯皮迪谷和第1装甲师营盘间充满了敌意。沃德的作战参谋汉密尔顿·H.豪泽中校事后说："除了愤慨、羞辱和失落，我没有别的感受。这是我这辈子最伤心的一段经历……一场大乱。"日后的四星上将豪泽回忆："单凭弗雷登多尔对待沃德将军的方式，我就对他产生了一股难以控制的憎恶。"

2月11日，一道标题为"防守法伊德阵地"的命令对沃德来说简直是奇耻大辱。安德森寸步不让，弗雷登多尔感到压力重大，将各单位的部署明确到了连。与隘口相望的两座山头要占领，弗雷登多尔写道："南侧的克萨瑞山和北侧的勒西达山是扼守法伊德的门户。你们和西吉·布·吉特附近的一个机动部队，必须严防死守这两座山头。"在一段手书的附言中他说："换句话说，我要的是以攻为守，不是以守为攻。敌人势必伺机以动。侦察决不能松懈，尤其是夜间。阵地现在必须架设铁丝网，埋设地雷。L.R.弗雷登多尔。"沃德在小指挥帐篷内站起身，将文件凑近灯，仔细地看了一遍这道命令，猛地在野战桌上拍了一巴掌吼道："瞎指挥！他这是班门弄斧。"

弗雷登多尔只视察过斯贝特拉一次，他对法伊德隘口的了解多半来自地图。沃德手下的第1装甲团团长彼得·C.海因斯三世上校一看到弗雷登多尔的方案，脱口说了一句："老天爷！"倘若敌人展开速攻，部署在两个山头的官兵无疑孤立无援。两座山头相距10英里，隔一片沙漠相望。海因斯想道，这种指挥和一战的防守并无二致，他根本不了解现代化坦克师的速度和威力。

沃德反对"防守法伊德阵地"，似乎只是公然违抗上司的周密部署，而不是反对占领方案。他拒不从命，但仍虚与委蛇。豪泽事后承认："他和我都没有清醒地看出这项部署的严重性。"

军令如山。麦奎林看了命令，指示手下的工兵在A战斗群所在的近40英里的前线架网布雷。一名年轻的中尉困惑地说："找遍北非，都没这么多铁丝网。"约翰·沃特斯中校（巴顿的女婿）奉命指挥勒西达山这个新前哨。他自从圣诞节前一战大伤元气后退回阿尔及利亚休整，一直担任第1装甲团副团长。要将勒西达山变成突尼斯的一个防守阵地，沃特斯要补充900

名官兵，外加一个有 15 辆坦克的连、一个 4 门大炮的炮组和罗伯特·穆尔的第 2 营。

2 月 12 日，沃德驱车去勒西达。两周前，他和特拉斯科特在此目睹了进攻法伊德隘口失利的经过。穆尔手下的步兵在石缝和页岩后刨阵地，悬崖间不断传来铁锹敲打石头的哐啷声。穆尔认为此作战方案"可以防范洪水"，却抵挡不住德国国防军的坦克。由于接任这个营不到一周，他的想法只能闷在心里。他的 E 连被抽到一片沙漠地带担任前哨。上级每天要该连一点点地往东推进，如今这个连埋伏在法伊德隘口一个死角，战线横跨 5 英里，拉得比一个营还长。麦奎林提出在铁丝网上系上装了石子的罐头盒警戒。穆尔答道："长官，坦克几英里外可闻，何苦要听罐头盒里的石子？"穆尔告诉他轴心国进攻的几种迹象，麦奎林顿时发了脾气，他吼道："废话！这不是法伊德隘口方向的进攻。"

沃德发现沃特斯的指挥部塞在半山坡的一道沟内，南面俯瞰西吉·布·吉特，向东可见隘口。沃德说："沃特斯，我奉弗雷登多尔之命，来指导你将兵力全部部署在这座山头和附近。我从没见过这种事，在这里我虽是师部指挥官……"

沃德顿了顿，寻思着恰当的用词。他继续说道："但我现在是光杆司令，手下只剩一个医疗营。我没有指挥权，不能对你发号施令。"

沃特斯同情地点了点头。情报分析人员认为进攻很可能在往北 40 英里处，目标还是毕盛和乌瑟提亚谷附近的法军，但沃特斯心存疑问。东多塞尔一线的敌军活动越来越频繁。侦察回来后，沃特斯问："麦奎林将军，我想请教一个问题，假设明早我一觉醒来，发现一个装甲师开出法伊德隘口进攻我，该怎么办？""老麦克"哼了一声说道："噢，沃特斯，别给我提什么假设。"

沃德现在是掏出了心肺。他又说了一遍："我这辈子都没见过这种事。我绝望了，不知所措。"

往好处想，只能挖掩体。在克萨瑞山上的德雷克上校的严密监视下，穆尔的姐妹单位——第 168 步兵团第 3 营正在勒西达山东南 10 英里和西吉·布·吉特挖掩体。克萨瑞形如马掌，空旷开阔的山脚面向14号公路和法伊德隘口。德军榴弹炮每天上午8点、下午1点和6点准时炮击这座小山，德雷克的部下戏称德军炮兵是准时上下班的公务员。为了给勒西达山上的沃特斯补充900名兵源，德雷克在克萨瑞附近接收了近1 700人，包括军乐队和相当一部分没枪的士兵。

官兵们沦落到一天三顿冷饭和一壶水的境地，最近的一顿热汤热水还是在2月10日。德雷克不再发布"就餐时胳膊肘不得架在桌上"的禁令，他现在满脑子是打仗，顾不上吃饭的事。他下令：凡是临阵脱逃的士兵，格杀勿论。对敌人他也绝不手软。他宣布："告诉全体官兵，逮着德国人，给我狠狠地杀。至于什么时候抓俘虏，我自会告诉你们。"

工兵在克萨瑞山脚一线布雷设阵。靠勒西达的炮兵将炮口对准法伊德附近已知的目标。侦察兵每晚都要深入到东多塞尔，侦察隘口和山脊线上的小突破口。E连这支先锋的前方，是一道单股铁丝网，上面挂着装了石子的罐头盒。

今晚大开杀戒

盟军总司令艾森豪威尔手上的权力远胜过1918年的福熙元帅。但盟军在卡萨布兰卡采取措施，调整指挥结构，不断限制这一权力，艾森豪威尔终有所悟。做了一辈子参谋，善于察言观色的他却过于迟钝，没看出自己早已被英国人包围了（桥牌高手始终清楚还有几张王牌没出）。

经布鲁克将军提议，参谋长联席会议1月20日一致同意由一位将军统领安德森的第一集团军和蒙哥马利即将赶到突尼斯的第八集团军。这位司令就是艾森豪威尔，但需由3名英国副手指挥日常的海陆空行动，用布鲁克在日记中的话说，因为艾森豪威尔缺乏"这一任务必备的战术和战略经验"。坎宁安上将和空军上将亚瑟·W.特德爵士各自掌管海空两军事务，陆军司令是2月刚刚走马上任的哈罗德·R.L.G.亚历山大将军。自从8月以来，亚历

1943 年 3 月 17 日，第十八集团军群新任司令哈罗德·亚历山大元帅（左）于一次全体会议后在菲利亚纳与艾森豪威尔（中）、巴顿会晤，美军当天开始攻打加夫萨和爱尔圭塔。

山大一直是蒙哥马利的顶头上司，是英国近东统帅部的司令。这项安排大快美方的人心，尤其是马歇尔，因为艾森豪威尔可稳坐头把交椅。

这一着棋也正中英国人的下怀。布鲁克在 1 月 20 日的日记中写道：

> 我们将艾森豪威尔架上总司令这个高高在上的位置，他才有闲工夫钻营政治和盟国间的矛盾，我们在他下面安插自己人，处理军情，重新开展刻不容缓的进攻和配合。

艾森豪威尔不知布鲁克在算计，还以为喜得帮手。但参谋长联席会议连下两道命令，授予其部下自主权，削了他的权力，他才如梦方醒。艾森豪威尔拟了一封电报抗议，经史密斯好言相劝，他才平息了怒气。

但 2 月 8 日，他一连两次致电马歇尔，要他提防"是英国人统帅这个大战场的普遍印象……我认为应该宣传由美国牢牢掌握全局"。他还说，授权他的部下有违英国共同指挥的规定，同时也违反了美军在一名司令领导下统一指挥的原则；这一着还可能让他沦为光杆司令。

艾森豪威尔写道，"就我所知"，华盛顿或伦敦"不会"插手盟军联合司令部的人事安排，因为"我会认为这无疑是侵犯我个人的权力"。一吐为快后，艾森豪威尔倒要见见新领导班子到底如何运作。2 月 10 日的一场记者会上，他简要向记者介绍了战局，并且落落大方地赞扬三位英方部下。用布彻的话说，他其实"怒火中烧"。

加官晋爵总算消了艾森豪威尔这口气。2月11日,艾森豪威尔再获一颗将星,成为继尤利西斯·S.格兰特之后,美军历史上第十二位四星上将。尽管他在突尼斯毫无建树,但马歇尔多番美言说动了罗斯福。这次提升是出于政治考虑,迫于无奈,给这位总司令一个至少和他英方部下旗鼓相当的身份。

一听到这个消息,艾森豪威尔随即把内勤召到达尔·艾尔瓦尔别墅的客厅。勤务兵、男仆、厨师和两名侍者毕恭毕敬地站在冰冷的板砖地上,仿佛他要当场一一提拔他们似的。当天晚上,他对着猎猎的炉火,呷着姜汁威士忌,接受新任后勤部长埃弗雷特·S.休斯准将的祝贺。艾森豪威尔在留声机上一遍遍地放着自己最喜欢的唱片——《十二朵玫瑰》:

给我十二朵玫瑰,再添上我的心,送给我深爱的姑娘。

他经历过达尔朗、卡萨布兰卡和凄风苦雨的冬季战役。但鉴于阿尔及尔的钩心斗角,伦敦和华盛顿的政局斗争就更不必说,有人认为不管他肩膀上扛了多少颗将星,他还是砧板上的一块肉。休斯在1月末的日记中写道:"艾克怕是难逃一劫,敌对势力轮番上阵。"

接着是"那个"女人。有人开始传播艾森豪威尔和他苗条的司机凯·萨默斯比的绯闻。到伦敦从军任司机前,萨默斯比做过模特和群众演员,"斯基柏林"这一昵称来自她爱尔兰的家乡。去年夏天她被派作艾森豪威尔的司机,所乘的运输船在非洲沿海遭潜艇击沉,她大难不死,1月中旬才到阿尔及尔向艾森豪威尔报到。她现年34岁,有过婚史,心思细腻,窈窕可人,不仅是总司令的"女司机",还是他的桥牌玩伴和旅伴。她脚蹬马靴、穿一身飞行夹克、头戴钢盔出现在艾森豪威尔面前时,他逗她说她想模仿巴顿。她和弗雷登多尔手下的一位参谋——来自纽约的工兵上校订了婚。

无论如何,流言传得沸沸扬扬。北非流传甚广的一则笑话,说的是总司令的轿车在荒郊野外抛锚。萨默斯比钻进引擎盖修车,艾森豪威尔从车上捧来工具箱。他想必是问:"螺丝刀(Screwdriver,本是"螺丝刀"之意,但拆开单词来看有"乱搞司机"之意。——译者注）？"她想必是这样答道："何不呢？反正我修不了这该死的马达。"埃弗雷特在日记中写道："说到凯，不知艾克是否会矢口否认自己说过这些话，说他想牵着她的手，送她回房，但不陪她上床。他发过不知多少誓，尤其是考虑到姑娘家在伦敦的名声。"2月11日晚上《十二朵玫瑰》结束后，休斯写道："或许凯能助艾克一臂之力，赢得这场战争。"

★ ★ ★

2月12日刚过零点，萨默斯比驾驶着艾森豪威尔的装甲轿车，带领11辆车悄悄出了阿尔及尔。8个星期前马歇尔还斥责艾森豪威尔疏于突尼斯战役，卡萨布兰卡之行后，马歇尔又告诫他："你前线去得太频繁，你要多根据汇报来决策。"其实，此行不过是他第二次去突尼斯，第一次他尚在炮兵射程之外。大雨打着车篷。冬季一场暴风雨突降阿特拉斯，掀翻了帐篷，冰冷的雨水灌满了战壕。大兵们裹着铺盖，盼望春天早早来临。"我从不知道风沙这样可怕。"第19工兵团下士查尔斯·M.托马斯在2月13日的日记中这样写道。

车队在君士坦丁过夜，2月13日拂晓赶往泰布尔拜。凯迪拉克后座上的主要议题是"万一敌人进攻，是否要退守大多塞尔"。从君士坦丁加入护送大军的特拉斯科特不赞成。他认为要守住加夫萨和西吉·布·吉特，掩护目前在凯塞林以南作战的美军机场。

"退守大多塞尔，这只会彰显轴心国军队的优势：集中力量，掌握主动权。"特拉斯科特在最近给艾森豪威尔的一份备忘录中写道。特拉斯科特本意是鼓励盟军坚持抵抗，但"集中力量，掌握主动权"是现代战争的精髓。按特拉斯科特的分析，轴心国胜券在握。另一方面，他还忽略了：德军装甲部队、空中力量和指挥水准也胜过一筹。但特拉斯科特寸步不让的态度影响了艾森豪威尔，他决定不过度扩张战线。

2月13日星期六下午1点45分，车队减速沿着蜿蜒狭窄的石子路，驶进斯皮迪谷。风停雨住，但营地在压境的乌云下显得格外的凄凉。第 2 军的军官跑前跑后，在帐篷里钻进钻出欢迎总司令。艾森豪威尔下了座驾，伸了伸僵直的腿脚。看来谁都不知道去哪儿找允诺到此会合的弗雷登多尔和安德森两位将军。

艾森豪威尔竖起耳朵，一阵震耳欲聋的气锤声响彻山谷。小轨道车满载石屑钻出几条隧道，戴着安全帽的士兵拖着笨重的木料和一摞摞木板。一名参谋介绍几个星期来工兵们不辞辛苦开凿出一个不受空袭影响的军部，这个项目已完成了将近四分之三。艾森豪威尔听得一头雾水，问他们是否协助建设东面的前线防御工事。这名军官眉飞色舞地说："噢，各师有各师的工兵负责！"艾森豪威尔喃喃自语，步入了一顶指挥帐篷。一名中校拿一根教鞭，指着一幅画了红蓝粉笔箭头的大地图，讲解第 2 军的部署。

15 分钟后，弗雷登多尔踩着碎石子地面走了进来。他春风满面，步履欢快，兴致高昂。比尔·达尔比的第 1 游骑兵营刚刚突袭了舍涅德车站附近的一个意大利前哨，任务完成得堪称完美，弗雷登多尔就爱这种小打小闹。凌晨 1 点半，游骑兵长途跋涉 12 英里，穿过一片沙漠，悄悄潜伏到敌人营盘 200 码处。一名连长告诉手下的兵："我们要在这帮家伙身上留下记号……各人要尽量用刺刀，我们是执行命令。各位记住：我们只要带回 10 个俘虏，不能多也不能少。"

游骑兵呐喊着冲向一条半英里的前线，不顾意大利人恳求"别开枪"，挨个帐篷射杀拽着裤子的士兵。美军仅一人阵亡，伤 20 人，敌军伤亡估计在 75 人。他们生擒了 11 名俘虏（不知谁数错了），据一名参战人员说，在回来的路上至少枪毙了一名受伤的俘虏，免得拖累了队伍。（多年以后，一名游骑兵辩称："我只是执行命令。过了这么久，每每说起，我还时常不寒而栗。"）弗雷登多尔去加夫萨给参战士兵颁发银星勋章，此时刚刚回来。游骑兵开玩笑说："这是一个适合大开杀戒的夜晚。"

安德森紧跟弗雷登多尔进了帐篷。这位英国司令板着脸，比平时愈发阴沉。他在另一顶寒冷刺骨的帐篷里和弗雷登多尔的情报主任迪克森谈了一个半小时，情报主任直言不讳地告诉安德森，第一集团军误判了敌人的意图。

本杰明·阿伯特·迪克森少校高大健硕，生着一双深沉的眼睛、留着一把骑兵式胡子，聪明绝顶、不信鬼神。在西点军校求学期间，因为迪克森的中间名（Abbott 有"伟大的精神"之意。——译者注）和强烈抵制礼拜，人们戏称他"修道士"。一战结束，他从步兵军官任上退役，在麻省理工学院学习机械工程，掌握了几项发明专利，包括洗衣设备和仓储机械等。1940 年，他重返军营任情报官。"修道士"迪克森才华出众，对弗雷登多尔忠心耿耿，他现在发现突尼斯南部要出事了。

迪克森 1 月 25 日就曾预言："隆美尔一旦恢复元气，就会在突尼斯南部展开攻势。"他还要盟军提高警惕，因为轴心国步兵可能在利比亚边界附近牵制蒙哥马利的追兵，从而让隆美尔的坦克"一举歼灭"美军。迪克森相信，敌军的进攻很可能取道加夫萨或法伊德隘口，而不是盟军联合司令部和第一集团军情报机关坚称的北部。正是因为这点分歧，安德森才来找迪克森盘问。这位英国将军以一句气话结束了这次会见："就说到这儿吧，小伙子，至少我不能和你握手。"安德森事后告诉弗雷登多尔："你的情报官是个危言耸听而且悲观的家伙。"

安德森向艾森豪威尔概述了自己的战略计划：英国第 5 军在北面；法国居中，由英美联军增援；弗雷登多尔的第 2 军在南面。天气恶劣，再加上纳粹的空中优势，我空军无法展开深入侦察。"超级机密"月初截获的情报表明，轴心国可能取道凯鲁万进攻法军，但很可能是有限的行动，意在夺取有利地形。为慎重起见，安德森将预备队集中在北部，如罗比内特的 B 战斗群和艾伦"大红一师"的大部。凡是取道法伊德隘口或加夫萨的进攻都可能是佯攻。

艾森豪威尔点了点头。弗雷登多尔的作战参谋事后说："2 月 13 日，艾森豪威尔将军很满意全盘的用兵布阵。"总司令本人也在给马歇尔的电报中称赞安德森的方案"细致周密，可实施性强，着眼于守住前沿阵地这一大方向"。至于弗雷登多尔，艾森豪威尔的印象是"对前线了然于心"。"他敏锐而干练，"艾森豪威尔又说，"我对他很放心。"

★★★

夜色笼罩斯皮迪谷之际，一个急电终止了会议，要求安德森立刻赶回突尼斯北部。艾森豪威尔和特拉斯科特将车队削减到 4 辆车，凯·萨默斯比有些难为情地留在第 2 军陪未婚夫。下午 6 点，到泰布尔拜匆匆一游后，一行人驱车 45 英里，去视察塞勒普特和菲利亚纳两座美军机场，然后往东北再驱车 50 英里，抵达斯贝特拉的第 1 装甲师师部。

沃德和罗比内特在隐蔽于一块仙人掌地带的小帐篷内早已恭候多时。艾森豪威尔和沃德自从西点一别，转眼已是一年，老战友们借着烛光深情地相互问候。两次大战间，他们同在军中坚守信仰，感情与日俱增，如今又在这方危机四伏的大陆同病相怜，更加深了兄弟情谊。至于罗比内特，1929 年一见艾森豪威尔，就为这位风流倜傥的年轻少校所折服，后来他表示："我希望结识这位朋友。"

沃德言简意赅地介绍了第 1 装甲师的战略部署，包括将德雷克和沃特斯派往法伊德隘口两个山头。他神采飞扬地把情况说清楚，掩饰了内心的忐忑。就在傍晚，沃德还向罗比内特倾诉第 2 军横加干涉，自己实际被剥夺了一切权力，但他也没当艾森豪威尔的面批评弗雷登多尔。沃德最后一次指挥 B 战斗群，还是在北爱尔兰。这个师有 294 辆坦克和货真价实的炮兵，不能说实力薄弱，但其各单位分布在 60 英里的半月形前线。罗比内特伸着下巴，开始发言。他侦察过丰杜克的工事，只用三言两语就打消了安德森担心敌人从北方突破的顾虑。2 月 12 日，他在给弗雷登多尔的电报中写道："该地区的进攻迹象是司令部内神经过敏。"

今天，他旧话重提，接着指责 A 战斗群最近在法伊德隘口附近的部署。罗比内特说，他们之间相互隔绝，"难以接应"，东多塞尔"从一开始就无多大意义，应该予以放弃，不必再浪费资源，以挽回先前的损失"。

罗比内特补充道："这个阵地的重要性来自它的虚名，但虚名不能和军队相提并论。"鉴于德军性能优越的坦克和反坦克炮，盟军展开全线阵地是"不可能的"。总之，形势严峻。说完，他坐了下来。

这番分析日后将被白痴学者或无聊的幕僚彬彬有礼地叫好。艾森豪威尔若有所思，但未置可否。特拉斯科特则怒目而视，一言不发。参加这次会议的法国军官打破了沉默："艾森豪威尔将军现在来了，美军实力雄厚，可以挽回这一局面。"这话连他自己都不相信。

会议在寒暄和道别声中告终。罗比内特上了吉普，顶着寒风北上B战斗群设在马科他的大营。艾森豪威尔答应明天着手处理他提出的问题。罗比内特事后说："撤退不仅毫无根据因而不足取，而且会令盟军大失颜面。"艾森豪威尔和特拉斯科特钻进凯迪拉克，这次中间挤进了一个沃德，他们驱车往东去西吉·布·吉特。此时已是深夜11点。

在另一片沙漠，另一个指挥部，他们又作了一番指示。在一辆狭窄的帆布篷运兵车内，麦奎林简要总结了最近的情报。法伊德隘口附近的德军阵地没有变化，敌军"一直按兵不动"。第1装甲团团长海因斯上校接着概述了A战斗群的战略计划。海因斯指出，部署在克萨瑞山附近的1 700名官兵尤为危险。这点从几件怪事不难看出，比如小股侦察部队在法伊德隘口以南遭到德军飞机的进攻，这表明敌人另有隐情。一名法国农夫汇报，轴心国哨兵不让阿拉伯人去东多塞尔种地。飞过这片沿海平原的盟军飞行员当天早上轰炸了敌军一队300余辆卡车的车队，足以运一个团的步兵，但卡车上空无一人。

在过去的12个小时内，艾森豪威尔见手下的指挥官惶惶不安，自己心里也没了底。沃德在日记中写道："艾克要临阵换将。"但艾森豪威尔只针对美军阵地的雷区发表了意见：布雷凭什么要花这么久？为什么这么少？德军只要两个小时就能摆下一个对付反攻的新阵地，在这里却要花两天多时间。他厉声说道："明天一早首先布雷！"西吉·布·吉特必须守住。

此外，他不置一言。A战斗群的作战日志指出，艾森豪威尔"听取我们的战况汇报和作战计划，未置可否"。

他走出卡车。天已放晴，满天流云朵朵。西北几百码外是朦胧的棕榈树影和西吉·布·吉特低矮的平房。艾森豪威尔听一名步兵上尉给手下训话："我们不求胜利,甚至不求个人安危。但我们求告上帝,谁都不让一名战友倒下——人人对得起自己,对得起战友,对得起祖国,这样才配得上美国的传统。"艾森豪威尔满眼含泪。

德雷克上校来了,麦奎林从克萨瑞山把他召来,嘉奖他两周前在舍涅德英勇作战。在等候这个仪式的工夫,德雷克问麦奎林:"将军,如果敌人从隘口东边进攻,我们该怎么办?"麦奎林连忙叫他别出声:"别提那个茬。"德雷克立正,艾森豪威尔从口袋掏出一枚银星勋章,别在这位上校的作战服上。他说:"德雷克,你大有前途。"这是他一天当中最有先见之明的话。

2月7日星期天凌晨1点半,艾森豪威尔在沙漠中散了会儿步,看了看刺梨。连他的拉链皮衣和厚手套也抵挡不住沙漠的寒气。下半夜,他绕道斯贝特拉送沃德,然后回斯皮迪谷,再驱车一天回阿尔及尔。他有许多事要考虑。10英里以东,法伊德隘口直插东多塞尔,黑蒙蒙的山脊上锯齿形的峡谷依稀可辨。他钻进暖烘烘的轿车,掉头向相反的方向开去。

一周后,艾森豪威尔总算找到了借口和替罪羊,他要提醒马歇尔,"直接插手战略部署在我是件慎之又慎的事"。没人问他,让他的部下任人宰割是否有失考虑。实际上,艾森豪威尔一心只顾战略和政治大事,缺乏作战经验,简而言之,他根本不了解情人节早上的战略冒险。他既要做总司令又要身兼作战司令,可他两样都没做好。责任在他,同时也锻炼了他在未来战场上的作战经验;但责任不只在他一人,还在于前线接二连三的失误,外加时运不济和红颜祸水。

侦察兵、飞行员和俘虏给不了前线情报,就等于说自2月8日以来,凡是敌军意图方面的情报,都出自"超级机密"截获的电报。但德军的方案几易其稿,策划多半是凯塞林和隆美尔的事,之后再向阿尼姆暗授机宜,没有采用已被盟军轻易破译的计划。"超级机密"于2月13日揭示,第21装甲师奉命前进,星期天(2月14)将是阿尼姆的第五装甲集团军行动的"A-日"。安德森从斯皮迪谷火速赶回司令部评估这条消息后,发出一条预警,第2军凌晨1点29分收到这条编号为915号的电报时,艾森豪威尔正好将银星勋章别在德雷克身上。"急电。绝对优先级。据第一集团军的情报,敌军将于明天展开进攻。"警报在盟军司令部一闪而过。

但警报没有说进攻路线。截获的另一份电报显示,纳粹空军战斗机将于星期天上午赶来增援凯鲁万,据盟军联合司令部和第一集团军估计,敌军会从北面展开进攻。但第 2 军纷纷传阅的电报却是:"据说隆美尔重病入住突尼斯一家医院,可能由此乘机离开突尼斯。"

幻想掩盖事实,小错铸成大祸。德军第 10 装甲师 100 多辆坦克避过盟军飞行员的眼睛,南下驶向法伊德隘口。盟军侦察员汇报,法伊德隘口下方的一道山谷"通不过装甲车",但他们却没侦察到,敌军工兵正在拼命拓宽这条小道。沃特斯中校在勒西达山洞里补几个小时觉之前,曾派一队侦察兵带一部电台去法伊德隘口,但侦察兵却在东多塞尔 3 英里外止步。沃特斯事后承认:"我没出去察看,是我失职。"虽说北风呼啸,这队侦察兵仍很快听见隘口方向传来隐隐的隆隆声,像在轻轻地击鼓,也疑似大批坦克压境。他们如实地汇报,如实地注意到了这阵嘈杂声,A 战斗群的几辆补给船也如实地被派到后方安全地带。

没有营火,没有热水热汤,一阵凄风苦雨对挤在一起盼着第二天天晴的士兵犹如雪上加霜。士兵们在枪口塞上抹布,用油纸包上枪栓。胆小的哨兵一听见风吹草动,就吼着口令:"情况混乱!"然后竖起耳朵听对方对答:"贼他妈的正确!"劳伦斯·P. 罗伯逊中尉带 5 辆坦克和 24 个人,在克萨瑞山东南、东多塞尔背风处停车过夜,背靠背的谢尔曼仿佛一副车轮的两个轮辐。罗伯逊命令每隔 10 分钟关一台引擎,营造这个排越走越远的假象。

勒西达山下,弹药管理员给第 91 野战炮兵营 B 连的每门榴弹炮多丢了 100 发炮弹。该连连长小 W. 布鲁斯·皮尔尼上尉认为"多此一举,我们这个阵地 10 天都无战事"。人人都希望战事不过一时。艾森豪威尔将军早上致电陆军部:"轴心国不可能这时候采取损人不利己的行动。"

第9章 凯塞林之战

盟军在西吉·布·吉特遭遇德军强力反击后整合兵力,在哈姆拉山脚下重新发动反击。攻破凯塞林隘口后,势如破竹的盟军长驱直入,节节败退的隆美尔凭借有限的条件顽强抵抗。艾森豪威尔和亚历山大的意见不合,英美合作关系也受到威胁。最终拿下凯塞林,是盟军的努力还是纯粹的巧合?

西吉·布·吉特战役：来势汹汹的德军

1943 年 2 月 14 日星期天一早，一阵沙尘暴呼啸着掠过突尼斯平原。脸上系着大手帕的德国排雷工兵起出美军埋在法伊德西口的最后一枚地雷。凌晨 4 点，在隘口以东的一处橄榄林中，闪过一道道跳动的灯光，十分壮观。身穿黑制服的士兵提着提灯，沿 13 号公路为 100 多辆坦克（其中有 12 辆虎式坦克）和相当数量的步兵卡车、半履带式装甲运兵车带路。山谷内尾气弥漫、装甲车履带发出的声响不绝于耳。

天边刚刚泛起鱼肚白，苏联前线老兵、如今阿尼姆的参谋长——"春风行动"指挥官海因茨·齐格勒将军爬上法伊德村上方的一道石头掩体。曙光掠过大漠，照亮齐格勒右手边勒西达山奇形怪状的山峦和他左手边的克萨瑞山。没有任何动静，看起来美国人还没睡醒，甚至没有紧急集合，这正是齐格勒乐于见到的。6 点 30 分整，德军司机换挡，装甲车从东多塞尔冲上平原。在他们身后，太阳从飞扬的尘土中冉冉升起，仿佛一个大火球。

德军犹如狼入羊群。首先遭殃的是约翰·沃特斯于前夜派出的步兵小分队，被德军坦克消灭在距离法伊德 3 英里处。美军电台没发出一条预警，命令炮兵炮击隘口的信号火箭也没来得及点燃。该班士兵非死即俘。第 10 装甲师乘胜追击 2 英里，全歼了海因斯装甲 1 团 G 连的 10 辆坦克。这天早上，坦克兵照例离开位于西吉·布·吉特一处山谷附近的夜营地，前往位于勒西达山以东，一座号称绿洲的小山丘。德国人已经观察了一周，对他们的部署和路线一清二楚。几名坦克手下了车，开始做早餐，突然看见一团团绿色火球拖着褐色的尘土尾巴，掠过半英里外的前哨。一名中士惊呆了，他形容这声音是"半个克虏伯钢铁厂（德国军火制造商。——译者注）搬出了德国鲁尔山谷。"不到几分钟，美军坦克就被全歼，该连赶去增援的 6 辆坦克也未能幸免于难。16 柱浓烟直插云霄，这时才刚刚 7 点 30 分。

在勒西达山以东 3 英里处，德军兵分三路。第一路，8 辆坦克和卡车北上，再向西挺进，包抄这座山头，另两路南下直扑西吉·布·吉特。在前一晚还认为多给手下的 B 连增发炮弹实属浪费的布鲁斯·皮尔尼上尉汇报，"坦克和步兵压境，距我方阵地不到 2 000 码……到处都是猩红和白色的闪光。"敌人越来越近，炮长为缩短射程，将炮弹的装药系数从 7 调到 5，后来又调到了 3。减少了火药后，"听起来都不像榴弹炮。"皮尔尼事后写道，"炮弹听起来就没杀伤力，啪的一声，几乎没有后坐力，我们吓得脸色发青。""我们的炮甚至打不飞面前的羽毛。"皮尔尼呼叫他身后勒西达山上的沃特斯。"我们打不退他们，"皮尔尼说，"他们冲到我们跟前来了。""如果打不了，"沃特斯平静地说，"能撤就撤。"

炮兵仓皇后撤，穿过沙漠，但为时已晚，四门大炮只有一门幸免。皮尔尼跟在半履带式弹药运输车后飞奔，身后的德国人让他想起一窝蜂追上来的野狗。敌人又追了上来，他把一枚手榴弹塞进炮管，炸毁了最后一门大炮。凡是在大灾难中，原本不足挂齿的不便常常会变成惨剧中最浓重的一笔，并被深深地印在记忆中。皮尔尼一辈子都忘不了"火炬行动"前从一个爱尔兰皮匠手上买的那双鞋，太打脚了。

美军单位一个接一个失守。一个排的反坦克装甲车被敌军坦克击毁。第 17 野战炮兵团 2 营的装备还是一战时期制造的 155 毫米口径榴弹炮，不知怎么竟然被忘了，放在西吉·布·吉特以东候命撤营。据一名参谋汇报，德军一举"全歼了这个营，缴获全部大炮，官兵多半被俘"。野战炮兵第 91 团第 2 营在西吉·布·吉特拼命地开炮，派出去的侦察员非死即伤，炮兵便成了瞎子。"我们不知道该往哪儿打。"一名中尉说,"野战炮弹、机枪子弹和穿甲弹嗖嗖地钻进镇子。"炮兵将阵亡士兵的尸体扔上空的拖车,边打边向西撤退。

敌军的子弹和坦克炮弹从沙漠上席卷而来。士兵用头盔或手扒散兵坑,直扒到指头流血。"我身边的战友都被坦克上的机枪击中了。"一名士兵回忆,"爆炸声震耳欲聋,听不到他们的嘶喊声。"另一名士兵被吓得泣不成声,他事后承认:"我支持不住,一个人逃了出来。"还有一名士兵跳上一辆吉普车,但由于用力过猛,车钥匙被一折两段。一名高射炮排排长在"混乱和其他单位四下逃窜的情况下搞不清方向",向东南方向逃窜,带着部下撞上敌军的枪口。敌军的先头部队还占领了四所挤满伤员的野战医院,第168步兵团的医疗队大部和第109卫生营的一个连都成了敌人的囊中之物,损失100名官兵,其中包括10名医生。德军军医助手给严重烧伤的美军俘虏分发了橙子。

用一位文书在A战斗群作战日志中写下的话说,敌人"来势汹汹"。麦奎林将军大步走出设在西吉·布·吉特南缘的指挥部,想看看到底是什么情况导致电台不停尖啸及远处冒起的滚滚浓烟。他原以为只要发动一场小反攻就能解决。上午7点30分,他命第1装甲团3营营长率领部队去"收拾残局"。约翰·沃特斯的西点同窗路易斯·V. 海托华中校今年33岁,他拎着个公文包走出了麦奎林的帐篷,爬上一辆谢尔曼坦克(电台天线上飘着一面"一星旗"的"得克萨斯"号)。坦克优哉游哉地驶向绿洲,算上一早遭遇重创的G连,他还有36辆谢尔曼坦克。

在西吉·布·吉特以北两英里处,海托华第一次遭遇俯冲轰炸机的袭击。海托华的坦克没受什么伤,但炸弹"掀起的烟尘挡住了我们的视线",他事后回忆。紧接着,绿色的火球"仿佛用石头打水漂儿",在坦克阵中横冲直撞。他身边的谢尔曼坦克都着起了大火,"时而有两三名士兵爬出坦克,"一名中士汇报,"但敌军坦克一般都能打中。"一发炮弹削掉了H连连长的脑袋。头天晚上奉命去东南方向侦察的劳伦斯·罗伯逊带领一个排突然冲进美军雷区,加入了混战。罗伯逊被30辆装甲车追了数英里,但仍有充裕的时间向追兵发射烟幕弹，以冒充野战炮唬住敌军，借机逃脱。德军第21装甲师将在位于南方20英里以外的马伊兹拉隘口策应针对法伊德隘口方向的进攻。敌人意在两面夹击，将A战斗群一网打尽。

海托华带领该营残部迁回向西吉·布·吉特撤退，不料却陷在加夫萨公路南侧。纳粹德国空军不紧不慢地跟在他们身后，将这个小镇夷为平地。一名上尉开着吉普车冲进隐蔽着A战斗群补给车的橄榄林。"快走，弟兄们！"他吼道，"是死是活，全靠你们自己。"有人东逃西窜，有人拼命地摇着点不着火的发动机，伪装网的末端堵住了许多吉普车和卡车的化油器。一位少校抱着一挺机枪扫射西吉·布·吉特的临时油库，谢尔曼坦克的燃油即将耗尽，被吓坏的坦克兵冲进大火，抢出几罐5加仑装的燃油。

猜疑产生混乱，混乱引发恐慌。士兵和车辆仿佛地面上的雪崩，滚滚卷过沙漠，向西直奔13号和3号公路的交叉口。该交叉口距离西吉·布·吉特10英里，到斯贝特拉尚有一半路程（该交叉口很快就被派去把守的营长威廉·B.克恩中校称为"克恩十字路口"）。炮兵中尉托马斯·H.汉纳姆中尉不禁想起了俄克拉荷马的圈地潮，只是敌人的火箭"响彻天空"。另一名炮兵见几辆半履带式装甲车"仿佛油沾了火星，突然喷出黑红的大火，然后又像一艘沉船，渐渐熄灭"。敬业的突尼斯小贩举着鸡蛋、柑橘和小汽油炉，沿途向走过的美军兜售。

海托华手下只剩12辆坦克，但他仍然向西，以每小时14英里的速度赶去掩护仍在奋战的战友。海托华很快就发现了位于南方半英里外的装甲车，即德军第21装甲师去进攻西吉·布·吉特的那一路队伍。另一支规模更加庞大的敌军坦克部队正绕道勒西达山后挥师北上——在一次次汇道中，其规模被一再夸大。"看那阵势，"一名坦克兵说，"就像陆地上的敦刻尔克。"

海托华率领4辆坦克南下抄近路，并命令余部继续赶往十字路口。"得克萨斯"号在700码射程内，用75毫米口径主炮准确命中两辆敌军坦克。海托华掀开舱盖，扶着望远镜看着这一幕，兴高采烈地汇报，一辆坦克炮塔"腾起的大火仿佛一朵盛开的花。"德军发射的一枚炮弹钻进"得克萨斯"号负重轮,"像兔子一样"从另一侧蹿了出来。炮弹擦过谢尔曼坦克的炮塔和车身,声音听起来"像大铁砧或大钟发出的",海托华事后回忆。在又击中两辆装甲车后,"得克萨斯"号被从左侧飞来的一发炮弹打穿油箱。海托华在熊熊燃烧的汽油中吼道:"快出去!"坦克还没停,车组成员就像"热锅上爆豆子一样地一个个跳了出去"。5 个人向西狂奔,坦克在他们身后爆炸。

当天下午投入战斗的 52 辆坦克中,只有 6 辆逃过一劫。下午 1 点 45 分,6 辆虎式隆隆穿过西吉·布·吉特北郊的瓦砾。下午 5 点 5 分,德军南翼第 21 装甲师和北边第 10 装甲师的坦克在位于小镇以东 2 英里处的 125 号公路会师。两支部队分别从两个方向发起进攻,花了不到 12 个小时。

★ ★ ★

约翰·沃特斯在勒西达页岩山顶,正在以职业的角度看着这幕惨剧,他感到十分沮丧。盟军的作战方案非常愚蠢:法伊德隘口于 1 月末失守后,美军只有两条路可走,要么不惜一切代价夺回东多塞尔,要么退守大多塞尔。可是,他们却选择了更愚蠢的第三条路——将兵力分散在开阔的平原上。这给了敌人乘虚而入,将之逐个击破的机会。和遥遥在望的克萨瑞山一样,勒西达山地势陡峭,居高临下,易守难攻。这一假象迷惑了美国人。其实,这座山不过是让沃特斯看到自己近在眼前的命运罢了。

黎明时分,德军第一攻击波次共计 80 辆坦克和半履带式装甲车北上绕过这座山,刺眼的阳光、灰尘遮蔽了罗伯特·穆尔和手下 900 名官兵的视线,他们抱着来者是友军的幻想没有开枪。海因斯在西吉·布·吉特呼叫过沃特斯。"想必有事,"海因斯以其惯常的轻描淡写的语气说,"前方火力很猛。"

开阔的视野和部队向东溃退时的战报很快令真相大白。上午 8 点 30 分,在步枪射程外,头戴大檐帽的德国军官站在坦克炮塔上,扶着望远镜察看勒西达。一支德军纵队在摩托化部队的引领下,经过一道狭窄的旱河,从东面冲上山脚。敌军刚一进入 300 码射程内,穆尔就下令开火。岩石后泻下一道通红的火舌,将敌人压了下去,留下一地死伤的官兵。这一仗生擒两名德军军官和六名士兵。

中午时分,敌人再次从沃特斯指挥部所在深谷的南面发起进攻。土灰色的身影冲进橄榄林,沃特斯无法通过电台联络穆尔,只好派自己的司机上山寻找。几分钟后,司机跌跌撞撞地跑了回来。穆尔手下一个胆小的步兵开枪击中了他的胸口,鲜血不断从伤口中流出。"长官,我上不去,"司机脸色惨白,对沃特斯说道,"我中弹了。"沃特斯给他注射了两针吗啡,又给他裹上铺盖,可是没过多久,他就停止了呼吸。

沃特斯再次呼叫海因斯。"皮特,我要把这玩意儿给关了,"他说,"他们现在到处在找我,但我认为他们还没发现我的半履带式装甲车。"除了德军侦察兵,大批当地人也来到了战场,搜刮阵亡士兵的遗物,抢夺伤员的财物。穆尔和手下的步兵被隔在一道山坡上。"我要拆了这部电台,把零件藏起来,"沃特斯又说,"我要去下一道壕沟,在那儿一直隐蔽到天黑。"

"给我守住,"海因斯强调,"祝你好运,约翰。"

"你放心,"沃特斯说,"只要杀了山脚下的这帮狗杂种就行。"

下午4点,沃特斯听见岩石上传来一阵脚步声。他以为是自己的部下,便从岩嘴下的藏身处站了起来。15英尺外,两个阿拉伯人带着七个德军兵四散逃开。山脊上,一阵密集的施迈瑟冲锋枪子弹朝沃特斯射来,击中岩石后纷纷弹开。

沃特斯没有中弹,他被俘虏了。德国兵兴高采烈地赶着他走了半英里的山路,并很快就发现他还是巴顿的女婿。几名德军军官坐在临时指挥部内,听着一台收音机播放的舞曲。他们将沃特斯扔上摩托车的偏斗,驱车穿过法伊德隘口,用卡车将他送到突尼斯,再由飞机送往意大利。最后,沃特斯将乘火车翻过阿尔卑斯山,被押送至巴伐利亚战俘营。对他来说,这场战争已经结束。

★ ★ ★

在沃特斯阵地东南方10英里外,德雷克和手下的官兵还在苦战。由于近千名官兵已被部署在克萨瑞山，德雷克决定，带领目前部署在西吉·布·吉特东南各条旱河中的余部，登上位于克萨瑞以西 4 英里处的一座更高的悬崖——加雷特·海迪德山。950 名步兵、乐师、厨师和文书像小鸟一般，登上寸草不生的山顶。在他们中，有近三分之一的人手无寸铁。

见炮兵逃到勒西达山附近，德雷克于上午 8 点致电麦奎林，汇报杂牌军的兵员组成。"老麦克"驳斥他的描述，德雷克还击道："我知道我在说什么，我见了也会害怕。"麦奎林一时语塞，犹豫再三后，对德雷克说："你有能力应付，请你亲自挂帅，阻止这一切。"

第 21 装甲师的出现令德雷克失去了"阻止这一切"的机会。海托华的阻击并没有拖住该师的脚步，装甲部队越过荒野，从西边攻打西吉·布·吉特的后门。德雷克的余部沿 83 号公路长驱北上，进入格雷特·海迪德山和克萨瑞山之间的山口。两座山头上的美军枪炮齐下，想拖住这支距离西吉·布·吉特仅 6 英里的德军先头部队。德军炮兵以大炮、迫击炮和坦克炮还击。"敌人想尽办法折磨人。"一名美军列兵说道。

德雷克很快看出，这块阵地失守已经成为必然。西吉·布·吉特附近的敌军坦克碾过战壕，展现了其严密的战术，似乎已打定主意要击溃德雷克的残军。驻守在克萨瑞山附近的几个美军单位企图趁机开溜，上司在电话里连骂带威胁，才把他们吓了回去。上午 11 点 30 分，麦奎林在西吉·布·吉特通过电台向沃德将军设在斯贝特拉的司令部汇报："德军坦克步步紧逼，威胁到部队的两翼和……德雷克，请指示。"沃德答道："尽你的职责。"中午 12 点 08 分，麦奎林再次汇报："德军就在我们上方。"

德雷克正在格雷特·海迪德山的一个山嘴上察看战场，一名参谋跑了过来，报告道："麦奎林将军让你接电话，他正准备撤退。"德雷克飞扑向电话，不料电话已经断掉了。两名通信兵顺着电话信号，一路找到了 A 战斗群位于西吉·布·吉特外的团部，此时已经空无一人。指挥部临时迁到以西 7 英里处，之后又随残兵败将迁到了斯贝特拉。麦奎林"跑得太快，甚至落下了密码本"，德雷克事后抱怨道。

下午 2 点，德雷克通过电台找到麦奎林，忍气吞声地请求撤离克萨瑞山。麦奎林将他的请求向沃德转达，沃德又向弗雷登多尔转达。在距离沙场 100 英里外的斯皮迪谷，人命贱如草芥。8 分钟内，麦奎林接到通知："德雷克不得撤退，现在还为时尚早。"麦奎林发电报命令格雷特·海迪德山："继续坚守阵地。"

几分钟后，德雷克直接向沃德口授了一封 93 个词的电报，写满了 3 张英国手纸："再次电报麦奎兰（原文如此），请求支援。德军的地面和空中力量占有绝对优势……除非立刻出动装甲部队，并派遣空中支援，否则步兵将损失惨重。"

一名青年上尉叠好电报，塞进军装上衣口袋，爬下格雷特·海迪德山的后坡，驾驶一辆吉普车向西驶去。

★ ★ ★

2 月 14 日拂晓，艾森豪威尔和特拉斯科特离开西吉·布·吉特，返回斯皮迪谷。总司令身穿皮衣，头上的绒线帽扣到了眼睛，"冷得缩作一团，"凯·萨默斯比说，"形容疲惫。"他钻进弗雷登多尔指挥部附近的一顶帐篷，钻进铺在一张行军床上的睡袋睡了两个小时，鼾声如雷。

上午 10 点左右，艾森豪威尔醒了过来，与弗雷登多尔和特拉斯科特讨论了战情。两人承认目前情况不明，但敌军显然只是对局部发起进攻。"我们没有理由认为麦奎林守不住自己的阵地。"特拉斯科特事后写道。前线没有上报其他敌情，但为防万一，特拉斯科特决定弃守加夫萨，让盟军右翼部队撤至易守难攻的大多塞尔山脚。艾森豪威尔点头同意。他随后致电马歇尔："我深信，今天一战足以证明我军的英勇顽强，即便必须放弃一段被拉长的战线。"

真相很快大白。士兵们的确英勇善战，但也有不少人被吓破了胆，根本就没有参战。海托华英勇无畏，在克萨瑞山附近顽强抵抗，麦奎林手下的数百名官兵才幸免于难，但另外数千名官兵则身陷重围，非死即俘。A 战斗群下属的 5 个营中，有 2 个被敌军重重包围，另外 3 个被全歼。轴心国的 9 个营冲进盟军阵线，虽说这些部队已经山穷水尽，战斗力加起来还不如一个满编的装甲师。但德军的精锐部队已经开始行动，其中包括于 1940 年 5 月在色当一鸣惊人的海因茨·古德里安的先锋部队——第 10 装甲师，以及非洲第一支德国师，即最擅长沙漠战的第 21 装甲师。此外，将于反攻第二阶段实施的"晨风行动"（Morgenluf，该行动由隆美尔主导，行动内容是从南方展开进攻。——译者注）还尚未开始。

驻守在斯皮迪谷的部队还没感受到局势的紧迫。敌人很顽固，仍然不肯放弃主动权，这令他们感到不安，而且十分恼火。可是没有一位指挥官能在这生死一线的时刻拿主意。安德森仍然盯着北方，防备着纯属乌有的敌军。A 战斗群还不知道是德军第 10 装甲师将自己送上了不归路，安德森一直猜测，凯鲁万附近的法国人才是该师的目的所在。沃德手下的第 1 装甲师损兵折将，还损失了大批作为关键防守武器的榴弹炮，再加上该师炮兵团团长已于两周前被调职出任临时组建的战斗 4 团团长，因此根本没有力量发起反击。

艾森豪威尔已从摩洛哥和阿尔及利亚调集援兵，但为数有限。和英国人准备在突尼斯北部痛下杀手一样，美国人还幻想着轴心国军队会取道西班牙展开进攻。听到集结号角的部队大多姗姗来迟：美军第 9 步兵师丢失了一半车辆，要么是在"火炬行动"中被留在国内，要么是作为物资被送往突尼斯前线。有些部队甚至开始隔岸观火，第 13 野战炮兵旅的 4 000 多名官兵携带全副装备，于 1942 年 12 月登陆阿尔及利亚，但在 1943 年 3 月中旬前，他们一直按兵不动。

2 月 14 日星期天上午 11 点 30 分，萨默斯比驾车接艾森豪威尔离开斯皮迪谷，返回阿尔及尔。就在海托华拼命战斗、沃特斯藏在一块岩石下的时候，艾森豪威尔命令车队在位于泰布尔拜东南 55 英里处的古城提姆加德稍作停留。在法国考古学家于 19 世纪 80 年代发掘这处遗址之前，这座由罗马第三军团于公元 100 年建造的城池已被人们遗忘了数个世纪。

古城中，街道是由蓝色大理石铺就，两侧林立着陶立克式廊柱，艾森豪

第 9 章　凯塞林之战

1943年2月14日，轴心国反攻凯塞林隘口最初几个小时内，美军反坦克炮炮手对西吉·布·吉特附近的德军坦克严阵以待。

2月14日，德军两面包抄西吉·布·吉特前几个小时，一辆美军坦克横渡该镇郊外的一条旱河。

威尔一行人在此徜徉了一个多小时。提姆加德白色的遗址傍山而建，山顶上是图雷真皇帝高达46英尺的凯旋门。雕刻成嬉戏海豚造型的大理石扶手旁边，有脸盆架作为装饰。过往的人们仿佛能听到战车轮滚动发出的咔嗒声音，还能闻见丘比特祭坛上焚烧雪松枝散发的缕缕清香。一份旅行指南引导游客想象"从沙漠外来的野蛮人浓妆艳抹、头插羽毛，沿着狭窄的小路飞奔"和戴着头盔的罗马士兵行军的步伐。艾森豪威尔和特拉斯科特仔细研究了大广场两根柱子中间的一块碑文:"狩猎、沐浴、娱乐,这才是生活的目的。"

"请你为我祈祷,让我能够'尽心尽力,尽忠尽责'。"几小时后,艾森豪威尔在君士坦丁歇脚,给妻子写了封信。之后,他在阿尔及尔待了些时日,才回到达尔·艾尔瓦尔别墅。他坐在卧室内的大钢琴前,就在几天前的一个晚上,他还大声唱着"十二朵玫瑰"。艾森豪威尔时而靠打响指来自娱自乐。可今晚,突尼斯连连传来的坏消息令他身心疲惫、心事重重,他慢慢打着节拍,一言不发地起身上床。犯错、发愁、伤心、吸取教训,这也是活着的目的。

哈姆拉山反击战

安德森决定收紧南翼战线,撤出加夫萨,官兵们在罗马温泉里匆匆洗了澡之后,便奔西而去,这天是 1943 年 2 月 14 日星期天。15 号公路不久就被超载的难民车、不停叫唤的牲口和 180 辆卡车塞满。一个自称拉宗佳夫人的妓院老鸨一把鼻涕一把泪地向美军军官哭诉,希望他们能救她一命。

救星真的来了,午夜时分,夫人和 6 个被她认作女儿的年轻女子坐在一辆斯图尔特轻型坦克顶上,一个个宛如哥伦布纪念日彩车上的美女。坦克隆隆驶向城外,她们向美军挥手告别。电站被炸毁,"让我们陷入一片黑暗"。一位英国军官写道。工兵继而又在加夫萨 16 世纪城堡下的地道里塞入 6 吨阿芒拿炸药、塑性炸药、爆破筒、火棉和"大量弹壳"。星期一早上这次爆破,就连 30 英里外都能听到。"直径达 3 英尺的石块飞上 100 多英尺高的空中。"一名工兵上尉骄傲地汇报。这次爆破同时摧毁了 30 多座民宅,现场发现 30 具尸体。一天后,轴心国军队赶到时,还有 80 人不知所踪。

沿 15 号公路北上 45 英里就能到达菲利亚纳和塞勒普特,按照安德森的命令,将弃守这两大空军基地。星期天晚上 11 点,3 500 名官兵开始撤离。出于对后来占领这里的德军的"关心",一位军官临走前在墙上钉了一大幅地图,并标记了斯大林格勒周围最近的战线,弗里德里克·保卢斯元帅刚刚

第 9 章 凯塞林之战

西吉·布·吉特附近的一架 P-38 残骸。远处若隐若现的是勒西达山,约翰·沃特斯在此被俘,罗伯特·穆尔则带着部分麾下将士生还。

在西吉·布·吉特附近身陷德军阵地 3 天后,3 名疲惫的士兵返回美军阵地。

率德军第六集团军在此处投降。

34架停在机场待修的飞机要用铝热剂手榴弹炸毁。一名奉命销毁5 000加仑汽油的工兵说："我还没来得及完成任务，德国人就攻进了机场。我是最后一个出来的……他们朝外开枪，但机场浓烟滚滚，他们看不清我。"

最终，敌军还是缴获了50吨航空煤油，而这个工兵也并不是最后一个出来的。第805反坦克装甲车营C连没接到撤退命令，只接到了前一道要求他们向敌人反击的命令。该连伤亡75人，12辆反坦克装甲车和其他车辆全部损毁。

一句谚语已在战场上流传已久："不要相信掉队的兵，更不能相信伤兵。"上述两种"不能被相信的人"陆续回到第1装甲师司令部，但无论他们如何叙述德军势力强大，司令部都充耳不闻。星期天夜间，海托华赶到沃德设在斯贝特拉沙漠中的指挥部，用一名目击者的话说，他"筋疲力尽，称自己的手下已经全部阵亡"。海托华证实，德军的虎式坦克配合其他几十辆装甲车参与了此次作战。从勒西达和克萨瑞山发来的电报详细描述了敌军坦克、大炮和兵力的具体情况。

但盟军最高统帅部仍然对一切持否定态度，哪怕是目击者的证言也不能令高层们放心。安德森到马科他拜访罗比内特，开口要借一个坦克营，将敌人赶出西吉·布·吉特。法国人提议投入B战斗群发动反攻，也被英国人斥为轻率，认为这样会给北方伺机反扑的德国大军可乘之机。星期天晚上8点后不久，安德森致电弗雷登多尔：

> 关于西吉·布·吉特的战斗：明天应集中兵力解决燃眉之急，歼灭敌人……军长对A战斗群蒙受的损失深感痛心，称赞他们英勇善战，相信他们明天能一举歼灭敌人，并确信敌人同样损失惨重。

这种过于乐观的幻觉迅速影响了斯皮迪谷的部队，无人质疑这道命令。沃德和作战参谋汉密尔顿·豪兹起草命令，指挥一支几乎垮掉的部队发动反攻：一个坦克营、一个反坦克装甲车连、C战斗群一个步兵营和几门大炮。

"我很不想这么做。"沃德在日记中写道,但他既没拒不从命,也没增加兵力。不懂装甲兵战术的豪兹事后承认,"没有强烈反对这项命令"是他一辈子的耻辱,"哪怕军籍不保也应在所不惜。"

作为此次反击先头部队的坦克营从未参加过战斗。而第 1 装甲兵团 2 营的战功可以追溯到黑鹰战争时期,他们配备的是新式谢尔曼坦克,营长詹姆斯·D. 阿尔杰中校今年 29 岁,毕业于西点军校。但在这场战争中,这支部队可以算是嫩得像小草。沃德在日记中写道:"阿尔杰只能靠自己了。"

罗比内特站在马科他的路边,目送坦克从他面前隆隆驶过,南下参战。"我们拔营出征,"一名中尉事后写道,"却不知道要干什么。"罗比内特说,年轻的阿尔杰"一路微笑着敬礼"。

★ ★ ★

哈姆拉山坐落在 13 号公路南方,位于西吉·布·吉特和斯贝特拉中间,是观赏德军遭到报应的绝佳看台。2 月 15 日星期一上午 10 点左右,一队军官和记者登上了高达 2 000 英尺的山顶。来者有麦奎林、C 战斗群团长罗伯特·I. 斯塔克、海因斯、海托华,以及喜欢"大笑、总有些奇思妙想,并且骂人用词总是独具创新的"及时雨厄尼·派尔。当天早上在沃德师部,一位军官要派尔放心,"我们今天要把他们赶走,我们有这个本事"。

天气晴朗,阳光明媚。耀眼的阳光流泻开来,仿佛在西吉·布·吉特四周泼洒了一圈水银,眼前平缓的丘陵上,茂密的植被宛如蘸了墨绿油彩的大笔,一抹就是十三英里。在小镇之外,淡紫色的克萨瑞山尤为突兀。左边的勒西达山若隐若现,13 号公路仿佛长长的丝带绕山而过。地势一马平川,如台球桌一般,但其中沟壑纵横。即使身处哈姆拉奥林匹亚山顶,也能看到这片平原之上,到处都是赶着黑牛犁地的阿拉伯农民。裹挟着牛粪味的晨风不时送来阵阵鸟语。

将近下午 1 点,阿尔杰麾下一个营的兵力出现在北边一条骆驼道上。队伍迈着阅兵式的步伐绕过一棵胶树,以每小时 8 英里的速度奔向东南方的西吉·布·吉特。谢尔曼坦克后尘土飞扬，反坦克装甲车以喇叭状的阵形分列两侧，一个步兵营乘坐卡车和半履带式装甲运兵车紧随其后，而队伍的最后是12门大炮。一辆通信车播放着《星条旗永不落》，远在山顶都能听得清清楚楚。一名中尉并不为上级盲目的自信所动，自言自语道："600人开进了死亡谷。"

按照命令，阿尔杰要带领部队推进到被敌人包围的勒西达山和克萨瑞山外，"坚守到友军步兵撤退"。沃德的参谋用蓝铅笔和直尺在手头唯一一张地图上画出了路线，这是一张比例尺为1比100 000的地图，每英里的距离在地图上还不足一英寸。司机以克萨瑞山北面的山嘴作为归航信标。盟军情报部门事先没有进行过侦察，认为敌军坦克仅有60辆，事实上，这还不到实际数字的一半。

下午1点40分，德军20架俯冲轰炸机出现在明亮的空中，仿佛一群燕子。虽然轰炸机并未对美军造成重大伤亡，却冲散了阿尔杰的队形，可见德军指挥官知道这次反攻。收到美军飞机打算反攻西吉·布·吉特的电报后，阿尔杰决定暂时停止前进。可还没等见到友军飞机露面，他又冲了上去，干净利落地干掉了6门隐蔽在塞达吉耶村一条旱河沿线的敌军反坦克炮。

沃德坐在指挥部，边监听电台，边端着一只木盘吃午餐。下午2点45分，C战斗群汇报："坦克正在接近塞达吉耶……敌军没有反应，但目前的迹象表明，敌军要么规模很小，要么是企图引诱我军深入。"他在一张条格纸上给德雷克草拟了一封电报，打算用飞机空投："黛西·梅在月色下与利尔·艾伯纳见面。他来解救你们。沃德亲字。"豪兹同时通过无线电告知克萨瑞山上的官兵："注意观察，抢占先机。"

几封电报刚刚发出A.D.迪万在哈姆拉山的报告，一枚照明弹"如下午太阳下一颗璀璨的钻石"般划过西吉·布·吉特上空。小镇附近，大炮频频喷出火光。20秒过后，敌军的弹片雨点般洒向美军炮阵。阿尔杰汇报，部队左翼出现敌军坦克扬起的尘土，而10分钟后，这一现象又出现在右翼。

他们冲进了山谷的埋伏圈。"地上腾起褐色的尘烟。"派尔写道。他惊讶地发现，阿拉伯人依然不管不顾地犁田，仿佛不愿承认这一天的宁静已被打破。一辆弹药车爆炸，"火苗乱窜，每隔几秒钟就有一枚炮弹爆炸，刺耳的'嗖嗖'声划破天空。"站在麦奎林身边的迪万报告道，"不到几分钟，在阿尔杰坦克部队后方，彩旗般的金黄色尘土就变成了黑色。德军信号灯发出的红色和蓝色的烟交织在一起……反攻已然失败。"

屠杀多半发生在位于西吉·布·吉特外两英里处的一块近千平方码的洋葱地上。成百上千的坦克炮弹掠过地垄，击中装甲板时闪耀着蓝光。截至 4 点 30 分，北翼的 D 连，居中的 E 连和南翼的 D 连的坦克都冒起了浓烟。实验证明，谢尔曼坦克的主炮即使平射也无法穿透虎式坦克的前甲板，而虎式坦克却能在一英里外一炮击穿美军的谢尔曼坦克。一个美国兵计算出——虽不够科学，却是事实——重型坦克从被击穿到烧毁殆尽，整个过程需要 20 分钟，"健壮的士兵能在坦克里撑 10 分钟。"战场的喧嚣掩盖了坦克里士兵们的惨叫声，仿佛他们是在水下嘶吼。

下午 4 点 50 分，斯塔克上校呼叫阿尔杰："出了什么情况？你们有什么需要？""非常忙，"阿尔杰直截了当地说，"形势很严峻，第二个问题不予作答，详情以后再说。"不一会儿，德军的一发炮弹炸断了电台天线，另一发击中炮筒，炮塔被卡死。一连四发炮弹击穿了引擎和炮塔，炸死了报务员，灭火器被触发，喷出阵阵漂亮的烟雾。和两名坦克车组人员跳出舱盖后，阿尔杰在沙漠中往北一路狂奔。半小时后，他被敌军俘虏，将被运往德国的一座战俘营向约翰·沃特斯报到。

斯塔克提醒沃德，派兵去勒西达山和克萨瑞山并非万全之策："日落前根本到不了指定地点。"5 分钟后，他命令步兵营就地坚守，不必冒身陷敌军重围之险。下午 6 点，他下令立刻取消进攻，生者一律撤退。4 辆谢尔曼坦克在哈姆拉山下集结，等待其他 52 辆坦克到来。但最终，这些坦克的下场和该营的作战日记描述的一样，"有去无回"。

"天色渐晚，晚霞为西吉·布·吉特空气中的尘埃抹上了一层红晕，"事后，麦奎林汇报道，"没有风，升起的烟柱标志着燃烧的坦克的位置。"他数了数，一共有 27 辆着火的坦克，但"西吉·布·吉特附近遮天蔽日的尘土挡住了视线，人们看不到更多着火的坦克"。整个夜间，都有筋疲力尽、满身烟尘的坦克兵从沙漠中逃回来。"我身旁全是尸体和残肢断臂，"一名士兵说，"除了一两声狗叫，这里的晚上一片死寂。"德军救援队在被炮弹蹂躏过的地面上一字排开，借着坦克燃烧的火光抢救武器，用水管冲洗几辆没烧着的谢尔曼坦克里的脑浆和血块。

截至第二天早上，A 战斗群在过去两天的伤亡已经达到 1 600 人。损失近 100 辆坦克，外加 75 辆半履带式装甲车和 29 门大炮。鉴于其指挥官领导无能、指挥失策，最高统帅部上下已经不再信任他们。

听着嘀嘀作响的电台，沃德仍不死心。星期一晚上 10 点 30 分，他告诉弗雷登多尔："说不定我们打垮了他们，也说不定是他们打垮了我们。"

安德森不抱幻想。"我们战线拉得过长，"他致电艾森豪威尔，"最好主动退守大多塞尔主峰。"用厄尼·派尔的话说，"东逃西窜、侥幸逃生的噩梦"才刚刚开始。

斯贝特拉的灾难

勒西达山为罗伯特·穆尔和他深陷重围的步兵们提供了一个露天看台，对于阿尔杰的惨败，他们看得一清二楚。除了每天两小时的迫击炮击之外，敌人似乎已经下定决心要把勒西达山上的美军饿得缴械投降。星期一黄昏时分，一架 P-40 战斗机飞过山顶，用降落伞向美军空投了一个包裹。穆尔从中找到了一封信，是写给命运未卜的约翰·沃特斯的："你部务必向布里德·舍加斯以西的公路撤退，届时会有向导接应。装备能带则带。沃德亲笔。"穆尔怀疑有诈，便致电麦奎林指挥部："请问师长的昵称？""电报无误，"麦奎林在电台上答道，"平基。"

晚上 10 点 30 分，穆尔召集驻扎在勒西达山西南坡上的部下。几百张在星光下发青的脸转向他，听取他的指示。重武器的炮门被塞死后丢弃。穆尔仅带了一条舍不得丢掉的英国制造的睡袋和一顶在阿尔及尔被机枪子弹打出了条凹槽的头盔。他们分两列纵队，相距 30 码，沿着一条距 13 号公路 1 英里、与之平行的路线撤退。

集结地点位于向西 9 英里，紧邻哈勒姆山脚下一个通往斯贝特拉的十字路口。伤员被抬上担架；德国俘虏只要出声，一律用刺刀捅死。

穆尔曾在维利斯卡指挥过 F 连很长一段时间，而这次就由该连打头，引领两支长蛇一样的队伍动身下山。官兵们顶着一轮西沉的满月，在经过山脚时，一门 88 毫米口径大炮近在咫尺，几乎"伸手就能摸到"，一位军官事后说。一个德国炮兵向他们喊话。穆尔命令大家不准出声，继续赶路。这个炮兵耸了耸肩，又躺了回去。

半小时后，穆尔听见左边的草丛里有声音，以为是沃德派来找他们的向导。他离开队伍走向树林，只听 30 码外一个黑影冲他吼道："Auf deutsch！"（德语，意为"说德语"。——译者注）穆尔听到后赶紧回到了队伍。"他不会说我们的语言。"他小声告诉一名年轻的上尉。与此同时，这个声音又响了起来，语气更加咄咄逼人，话音未落，机枪子弹便叫嚣着飞过沙漠。

"分散！"穆尔吼道，"快跑！"官兵们四散而逃。德军的第一发炮弹打高了，并未造成伤亡，但才过了 20 秒不到，就有惨叫声响起。穆尔命令他们卧倒，匍匐前进。官兵们拼命地爬。勒西达山西缘也响起了炮声，德军的迫击炮弹在沙漠上绽放出明艳的花朵。该营随军牧师尤金·L.丹尼尔斯中尉要医护人员自顾逃命，他留下来陪伤员，等着被敌人俘虏。

2 月 16 日星期二，凌晨 5 点，穆尔带着 F 连的一支小队抵达那被沃德安插了哨兵的十字路口。一队人马形容憔悴、眼睛通红、饥渴难耐，手和脸上遍布被仙人掌划伤的一道道口子。他们发现，该连已经有 30 多人先一步到达。15 分钟后，H 连的一部分人押着 12 名德军俘虏跟了上来，跟在他们身后的是 G 连。日出时分，穆尔清点了人数，只有 231 人。这一天当中，官兵们陆陆续续赶到了斯贝特拉，去军需官处领取毛毯和外套。经过一遍遍清点，穆尔汇报，两天前出征时共有 904 名官兵，眼下却只剩 432 人。

★ ★ ★

　　德雷克经受着更为严峻的考验。由于远离友军阵线，他和手下1 900名官兵被逼退至克萨瑞和格雷特·海迪德两座山的山顶，这里的防线仍在不断收缩。"我们已经被包围，但体力充沛，斗志高昂。"德雷克通过无线电向沃德汇报。然而，只有第一句是实话。官兵们口干舌燥、饥饿难忍，找出种种借口从阵地溜回来。德雷克甚至授权军乐队队长组建一支行刑队，必要时将会对这支队伍执行枪决，不让其落入敌人手中。

　　德军情报机关误认为占领两个山头的美军兵力只有两个连——而实际上其兵力相当于两个营，因而愈发放肆，决心要吃掉这两支守军。截至2月15日黄昏，一队约300人的掷弹兵在装甲车的掩护下，渗透到克萨瑞山脚。德军机枪手和狙击手一见到风吹草动就开枪，乐队贝斯手在往前线送弹药的途中中弹身亡，冲过来替他报仇的单簧管手也未能幸免。伤员因药物匮乏不治身亡，又因为缺少掘墓人，死亡士兵只能曝尸荒野。美军用雨点般的手榴弹反攻，暂时击退了敌人，但不消一刻工夫，就有煤斗头盔前赴后继地冲上旱河。

　　2月16日下午2点30分，格雷特·海迪德山上的德雷克致电克萨瑞山上的3营营长，建议他"杀出一条血路，来与我部会合"。小约翰·H.范弗利特中校回答道："你我之间有8门88毫米口径大炮。"敌人好像是要故意证明范弗利特是对的，将大炮拖到两座山之间的一块平地，"他们摆好大炮，随心所欲地朝我们发射，"一名中尉回忆，"我们没有大炮，不能还击，轻武器也打不到他们。"

　　几分钟后，麦奎林来电强调，无法派出骑兵驰援："你部只能把握机会，依靠自己的力量突围。将派空军掩护，今天下午会有飞机给你部指示。"本次指示打印在两页纸上，却被空投到了克萨瑞山。范弗利特花了一个多小时才译出这封冗长的电报，然后又拣紧要的译了一份发给德雷克。士兵们用刺刀扎穿汽车轮胎，用铁锤砸烂配件，一时间，两座山头仿佛变成了锻造厂。一名中士走过一座停车场，向每一部机动车的引擎开枪。因为伤重而走不了的官兵（仅克萨瑞山上就有60人）被盖上帆布，留给德国人处置，活着的战友们都祈祷德国人不会太过残忍。一位军官描述该团的随军牧师，"在德军狙击手的射程之内，起身高举双手，祈求上帝发发慈悲"。一轮满月被云朵遮蔽，德雷克下达撤退暗号"戳破气球"后，数百名官兵爬下岩石重叠的山坡。因为一再拖延，最后一队人马直到午夜才走下克萨瑞山，已经无法在破晓前赶到安全地带。

"我们在沙漠上走了一夜，凡是看起来像路的地方，都不过是天际的轮廓，"一名士兵写道，"只要月亮一露脸，或者一听到风吹草动，我们就赶紧止步卧倒。"饥渴难耐，体力不支，士兵们扔下了机枪、迫击炮筒，继而又扔掉了弹药、毯子，甚至是步枪。队列溃散，七零八落。有人倾身上所有，用一千法郎换战友一口水喝。官兵们跌跌撞撞地穿过海托华和阿尔杰曾经在此战斗过、如今尸横遍野的阴森森的战场。饿鬼似的官兵搜遍烧焦了的坦克，拉开C级口粮罐头，舔食里面已经焦糊的杂烩菜和炖牛肉。

戴夫·贝洛维奇来自得梅因，曾是一家书店店员，在一片丛林中，两名战友硬是要他一个人先走。"你长得更像犹太人，不是吗？"一名战友问道，"至于我，可是个天主教徒。"贝洛维奇的父亲是犹太人，他随信仰基督教的母亲在艾奥瓦州长大。战友点燃一根火柴，查看贝洛维奇的身份识别牌：在军衔、名字和所属番号下，刻着一个小小的"H"，即"Hebrew（犹太人）"的首字母，他以前从没注意过。贝洛维奇一把扯下身份识别牌，扔进了灌木丛，加快步伐向西赶去。

东方泛起了鱼肚白，德雷克和部下们才发现，他们正身处西吉·布·吉特以西5英里，一片空旷的沙漠中，哈姆拉山在远处若隐若现，云雾缭绕。泥泞的路上驶过一列卡车，有那么一刻，德雷克的部下以为救兵已到，欣喜若狂。紧接着，身穿灰制服的士兵们涌出帆布篷。一名中尉告诉范弗利特上校："这不是我们的车。"部队左翼，官兵们被机枪打得四散逃窜，潮水般的子弹和迫击炮弹紧随其后。德雷克集合身边400多名官兵，想要派一打敢死队断后。这支敢死队将"前往沙漠中的一座小土丘，占据有利地形"，一名亲历者说，"在那里,他们可以和敌人相持一个小时。"最终,这支敢死队遭坦克掷弹兵包抄,无一生还。

上午10点,德雷克命令威廉·W. 勒特雷尔中尉带另一支敢死队冲锋。"他看了我一眼,喊道:'中尉,带上这几个人,给我冲!'"勒特雷尔事后说。勒特雷尔带着几个吓破了胆的步兵,仓促地组织了一次小规模进攻。"给我冲!"他吼道,接下来就只能眼睁睁地看着自己手中这点小小的权力被打得支离破碎。"他们一个个在我前面倒下。"勒特雷尔幸免于难,被一名德军中士俘虏。"德国什么都好。"俘虏他的德国兵这样劝他,但横飞的机枪子弹的焦煳味,这辈子都在勒特雷尔脑中挥之不去。

装甲车将美军驱赶到一处,将他们团团包围。"我见已经没什么希望,便将手绢拴在一根棍子上挥了挥。"范弗利特说。一名德军军官打开虎式坦克舱盖,冲德雷克喊:"上校,请你投降。"德雷克答道:"见鬼去吧!"说完转身用屁股对着德军士兵。最后,一位德军少校出面,操着一口流利的英语,请德雷克上自己的侦察车。这位少校自称在芝加哥学过法律,遭遇德雷克的连队让他立了一功。

这是一场彻底的溃败。由范弗利特率领,从克萨瑞山上下来的官兵中,近800人被俘,从格雷特·海迪德山下来的600人也遭遇同样的命运。德军殡葬队将阵亡官兵的尸体扔进"万人坑",再把一列一眼望不到头的美军

1943年3月24日,英国第八集团军将士开赴突尼斯南部的马雷特防线。

俘虏推进去。只有百来名美军士兵归队,其中包括没有了姓名牌的普世教徒贝洛维奇,不少人靠偷鸡蛋或烤仙人掌撑了一个多星期。德雷克的二把手,唯一逃脱的军官杰拉尔德·C. 莱恩跌跌撞撞地归队后,写信给妻子:"我不清楚自己到底是清醒,还是神经错乱。"

艾奥瓦州的精锐部队,第 168 步兵团实际上已经被消灭。"吃败仗情有可原,"余下的战争要在德国监狱中度过的勒特雷尔中尉评论道,"但遭遇突袭,实在不能原谅。"

★ ★ ★

西吉·布·吉特大捷打乱了德军的阵脚。德军通过"春风行动"逼盟军弃守加夫萨,此时由隆美尔指挥的"晨风行动"顿时显得多此一举。

盟军通信系统的安全保障措施十分糟糕。通过拦截盟军未经加密的电报,德国人已经对盟军的内部情况和意图了如指掌。事后,沃德第 1 装甲师的安保措施被斥为"极其差劲",属突尼斯美军单位之最。电文中甚至包括"如果敌人再发动进攻,我方只能撤退"等不加掩饰的话。2 月 16 日上午 10 点 40 分,安德森下令,第 2 军务必放弃进一步反攻,令德军指挥官确信美军要全线撤退,而斯贝特拉一战不过是拖延战术罢了。经凯塞林首肯,阿尼姆命令属下向凯塞林隘口和大多塞尔的门户斯贝特拉进军。

2 月 16 日星期二一早,隆美尔的指挥车驶入加夫萨。突尼斯人并不急着挖出废墟中的幸存者,反而在镇上欢天喜地地拽下水管、窗框、水槽,抢夺美军留下的物品。隆美尔一袭长皮风衣,饶有兴趣地望着挤在周围的人群,他们正齐声呐喊:"希特勒!隆美尔!希特勒!隆美尔!"农民们挤上前去,献上鸡蛋和扑扇着翅膀的鸡。与此同时,德国兵瓜分了一辆被美军遗弃的卡车上成箱的"好运"牌香烟。

隆美尔接到了同一条命令,但沙漠之狐要做什么。凯塞林最初计划将第 21 装甲师纳入沙漠军团,攻打加夫萨,但当天早上,阿尼姆知会隆美尔,他拒绝交出该师。阿尼姆打算从斯贝特拉转战东北,清剿乌瑟提亚谷附近的英美联军。隆美尔将手下的官兵派往费利亚纳和塞勒普特两座机场，但他自己却盯上了西翼泰布尔拜这个大军火库。远在东普鲁士的凯塞林与希特勒商量了半天，也没想到化解这对冤家对头的办法。同盟国之间的配合越来越默契，轴心国却因为指挥不统一、意见相左而挫了锐气。德军迟迟拿不定主意，最高统帅部甚至还闹了口角，浪费了两天多时间，这对盟军来说倒是件大好事。

★ ★ ★

"我从不赌博，"隆美尔事后写道，"这样一来就不必担心输赢，但眼下这种局面由不得我，只能搏上一搏。"势单力薄之军必须要赌一把。先突击泰布尔拜，再转道140英里直取波尼，才有望扭转战局，"逼英美联军退守阿尔及利亚"，可"扭转北非战局"。

他致电凯塞林和罗马最高统帅部，请求将第10和第21装甲师纳入麾下，"从两面夹击泰布尔拜及其北部的劲敌"。在等候罗马方面的回复期间，在加夫萨，他用古斯古斯面（couscous，北非摩洛哥、突尼斯一带及意大利南部撒丁岛和西西里岛等地的一种特产，用杜林小麦制成的外形有点儿类似小米的食物，很多地方直接称其为"阿拉伯小米"。简单煮熟之后几乎可以与任何肉类、蔬菜搭配。——译者注）和羊肉宴请了当地的酋长。

阿尼姆在给隆美尔的电话和凯塞林的电报中表达了他的观点。"地形于我方不利。"他将丑话说在了前头。泰布尔拜是山区，易守难攻。而且这场仗至少要打两周，燃料补给还是一个问题。另外，蒙哥马利的第八集团军是否会在马雷特关门打狗，仍是个未知数。最佳方案是调转向北，对盟军形成包围之势，缓解突尼斯西部的压力。

盟军情报机关侦听到了这场旷日持久的口水仗。多亏了"超级机密"，监听人员于2月17日监听到了隆美尔发出的一封电报，表示他不打算冒险派遣手下52辆德军和17辆意军坦克进攻泰布尔拜。然而，"超级机密"却没能破解更为关键的电报：隆美尔向统帅部多索要了两个装甲师。

凯塞林犹豫再三，最后认为这个风险值得一冒。在给最高统帅部的一封电报中，他利用自己的职权支持隆美尔的方案："我认为必须乘胜进攻泰布尔拜。"经隆美尔一再催促，他认为"事不宜迟，应尽早发动进攻，才有一线生机"。罗马方面答应星期五（2月19日）凌晨1点30分回复。隆美尔可以指挥这两个坦克师，以"决胜突尼斯"。但这一切都是计。隆美尔未能如愿西进夺取泰布尔拜，而是接到了北上的命令，直取卡夫的凯塞林，这里路况良好，很容易就能分割安德森的第一集团军，至少能将包围圈的直径缩减50英里。为顾全大局，隆美尔和阿尼姆暂时握手言和。

隆美尔大骂上司"目光短浅，不可理喻"，"没胆量下决定"。可是没过多久他就消了气，要了一瓶香槟。向北或向西都无所谓，他箭已上弦。他突然告诉副官，自己好像"一匹又听到号角的老战马"。

公元647年，哈里发的士兵纵火焚烧斯贝特拉，逼得拜占庭民众拿起刀剑。在此之后，这个小镇还从没像2月16日到17日夜间这样，遭受如此巨大的灾难。"难以形容的混乱，"一位军官写道，"路上挤满了匆匆撤往后方的残兵败将，一眼望不到头。"两个星期前，几百名被赶出法伊德隘口的法国殖民军涌入斯贝特拉。后方办事处的美军士兵听说东线连连失利，也变得越来越紧张。生还者们眼窝深陷，被敌军的大炮撵着，跌跌撞撞地冲进小镇。他们多半都宁愿相信，身后那三支穷追不舍的装甲部队是隆美尔的部下，而不是阿尼姆的。他们吃过沙漠之狐的败仗，个个都异常激动，一名炮兵承认："令人难以置信，那感觉就好像遭一群学生伢围殴，沮丧、丢人。"

恐慌在人群中弥漫。医务人员解散了一所法国医院，凡是装不上大车的东西，一概丢弃，士兵们带上闹钟、裁纸刀和桃子酒，匆匆出发。在美军的战地医院，600多名伤员头挨着脚，躺在绿帐篷内，以避免呼吸时把气吐到别人脸上。脸色苍白的军医助手献了一品脱又一品脱的血后便"收拾东西"，趁夜逃走。他们将裹着军毯的病人抬上敞篷卡车，除了后保险杠上的灯发出亮光，视野中一片黑暗。车队隆隆向西，奔驰在通往凯塞林的路上，纷飞的雪花覆盖了车厢内裹着军毯的伤员。"'后退'是个恐怖的字眼。"一位军医说。对此，一名刻薄的士兵在家信中写道："美国人不后退，只撤退。"

夜色渐浓，战火越燃越近。曳光弹飞进位于斯贝特拉以东3英里处的橄榄林。"出乱子了，我得走了，"一名士兵草草写下这行字，接着又添了一句，"我这辈子从没这么害怕过。"不少单位奉命掩护友军撤退，但多半只自顾自逃命。法国军官再次让马、骡子甚至是人去拉那些抛锚的车辆，令本就拥堵的13号公路更加拥堵。豪兹恳求卡尔顿·库恩及其战略情报局的同事蹲在散兵坑内，端起莫洛托夫鸡尾酒，冲经过的虎式坦克干杯。

"我们不想这么做，"库恩事后说，"这不是战略情报局的本职工作。"虽然这么说，他们却乐此不疲，用步枪子弹做筹码玩扑克、埋驴粪炸弹。为补充电台和电话通信的不足，通信部队的信鸽排于2月11日抵达斯贝特拉，也加入了逃难大军。迄今为止，信鸽没能送出一条消息。训鸽员要调教一周，它们才能准确归巢。现在，这1 500羽仍待调教的鸽子挤在鸽笼中，咕咕地叫着，随着车厢摇摇晃晃，一路向西。

晚上8点30分，工兵事先没打招呼就炸掉了给斯法克斯供水的泵房。接二连三的爆炸摧毁了斯贝特拉以东的铁路桥、公路涵洞和供水管。尽管敌军坦克还远在斯贝特拉数英里外，盟军就慌慌张张地炸掉了临时弹药库，黄光一闪，一声巨响响彻突尼斯中部。

溃兵已成惊弓之鸟，将这次爆炸记到了敌军破坏分子头上。恐慌由点成面，传遍全军上下。司机被吓坏了，在狭窄的街道上横冲直撞，撞坏了保险杠，车也开进了水沟。在13号公路上，各种车辆如同战车一般，三辆一排，你追我赶。军官们挥舞手臂，想拦下手下的士兵，却被推到一旁。爬不上车的士兵们只能往野地里跑。一位年轻的军官见一个步兵排对着夜空一气猛打，便问他们在打谁。一个大兵从冒着烟的M-1坦克上抬起头来，看了他好久才答道："我也不清楚，中尉，只是人家个个都在开枪。"另有人因为荒唐的行径令自己蒙羞。"我们接近了一个阿拉伯村落，"一名侦察兵事后写道，"决定到里面看看情况,就驾驶着一辆半履带式装甲车撞倒一堵矮墙,冲了进去。五名妇女惊恐地逃了出来,进了另一座房子。"调来增援斯贝特拉的英国兵被溃兵挡住了去路。"那帮垃圾没资格在路上走,"一名英国军官骂道,"应该让军人过。"

战争的阴霾压在奥兰多·沃德心头,自从四天前看到敌人如猛虎下山般的攻势后,他再也不敢迈出第 1 装甲师师部一步,更不敢根据那些纷至沓来、触目惊心的急电想象战场上的真实情景。但沃德仍很镇定,作战很开心,尽管美军损失了两个装甲营、两个步兵营、两个炮兵营等作战单位。只有弗雷登多尔于星期二下令炸毁临时弹药库"让他大为光火,喋喋不休"。这样做的确有些为时过早,明摆了在告诉敌人和友军,美军准备后退。

麦奎林和 A 战斗群的残部向西逃窜,得到这一消息后,沃德愈发烦闷。晚上 10 点 45 分,"老麦克"被照明弹和镇子东边果园方向传来的密集的机枪声吵醒。他像棋盘上的马一样跳了起来,来到西郊一片杂草丛生的罗马废墟,接着又跳过殉道者圣尤坤杜斯墓。C 战斗群团长斯塔克上校见麦奎林穿着一身法国骑兵制服,优哉游哉地从身边走过,当即去找沃德。"我告诉沃德将军,"斯塔克说,"如果他认为 A 战斗群是他的部下,那他就错了。"将军呼叫麦奎林,发现他已"身处数英里外的后方,"斯塔克说,"沃德命麦奎林停止后撤,带 A 战斗群回到原来的阵地。"

2 月 17 日凌晨 1 点,沃德通过电话告知身在斯皮迪谷的弗雷登多尔,野蛮人已到了大门口。约 90 辆装甲车已突破位于镇东 3 英里处的美军左翼——其中包括作为先头部队的 9 辆虎式坦克。沃德不知道自己和手下的部队还能坚持多久。

第 2 军司令弗雷登多尔立即致电君士坦丁的特拉斯科特。他曾报告:"情况……看来不妙。""弗雷登多尔认为形式极其严峻,不知能不能守住。"特拉斯科特飞速写道。30 分钟后,弗雷登多尔又打来电话:"第 1 装甲师恐怕不保。"特拉斯科特写道:"我倒觉得第一集团军不会相信,情况像他说的那么严重。"

斯贝特拉有特拉斯科特的间谍，那是一位上校，总是喜欢发抒情诗式的秘密情报。刚过凌晨 1 点，这位上校汇报："在斯贝特拉，坦克在朦胧的月光下战斗，沃德的指挥部被团团围住。"特拉斯科特断定，老铁甲军即将遭难。弗雷登多尔害怕了，不久便下令放弃斯皮迪谷，将新司令部设在位于泰布尔拜东北方 17 英里处的库维夫小学。隧道工程就此烂尾，尚未完工的巷道成为美国"奥西曼提斯"（Ozymandias，即公元前 13 世纪的埃及王雷米西斯二世。他的坟墓在底比斯，形如一座庞大的狮身人面像。——译者注）潮湿的纪念碑。

这通坏消息并不完全真实。敌军是近了，但还没有那么近，出动的兵力当然也没有近百辆坦克（装甲车还远在斯皮迪谷 80 英里外地势险峻的道路上）。盟军派了足够的斯图尔特轻型坦克坚守阵地，拦截了敌人的进攻。"遭遇劲敌。"第 21 装甲师经过几次小规模的遭遇战后上报道。由于只有 65 辆坦克，第 21 装甲师司令决定等天亮再展开进攻。阿尼姆选在这个时候，从第 1 装甲师抽调了一部分兵力向东北方 25 英里外推进。然而，除了地雷和盟军猛烈的炮火之外，阿尼姆什么也没有遇到。

情况远比沃德估计的要乐观，自从离开北爱尔兰踏上征途，该师又拧成了一股。安德森终于看出，轴心国的主要攻击目标是法伊德隘口，便批准弗雷登多尔将 B 战斗群等美军单位调往斯贝特拉。

"将更多大象开到斯贝特拉，要快！"弗雷登多尔命令罗比内特。两列铁甲纵队隆隆向南驶去。沃德将 B 战斗群部署在右翼，即小镇正东；13 号公路对面，A 战斗群残部居左翼；C 战斗群负责殿后，把守小镇的正西面。罗比内特惴惴不安，摆出一副要上阵杀敌的架势，来回奔波了一个晚上，部署手下的坦克。一个炮兵苦着脸，担心自己的炮打得过猛，罗比内特引述了谢尔曼的诗："后方情况不妙，往前走，前面的情况总好过那里。"

其实前线的情况并不妙。A 战斗群溃不成军，最高统帅部也信心尽失。"斯贝特拉的情况不妙。"安德森对一位法国将军说。星期三凌晨 1 点 30 分，这位英国司令批准弗雷登多尔弃守斯贝特拉，同时命令沃德，要守到第二天晚上，以便打通西边的凯塞林和北边的斯比巴这两条退路。弗雷登多尔不同意，如果等到第二天晚上，老铁甲军早就变成一堆冒烟的废铁了。安德森让了一步，将撤营时间定在星期三上午 11 点。可天还没破晓，安德森又变了卦，要弗雷登多尔自己拿主意，在没有接到指示前，要沃德不惜一切代价守住防线。

"我跟大老板又干了一架，"弗雷登多尔告诉特拉斯科特——特拉斯科特现在手下有一个速记员，"他要我在斯贝特拉守一整天……这不又成了一场混战。最后我要求亲自上阵，他们总算是答应了。他们指手画脚，不仅告诉我做什么，还要教我怎么做。总之，我们要打起精神。"

说到德雷克，弗雷登多尔说："我们只能撤了他的职。"

"有沃特斯的消息吗？"特拉斯科特问。

"没有，我们不知道关于沃特斯一星半点的消息。"

弗雷登多尔的语气软了下来。斯皮迪谷开凿隧道的声音被官兵们拔帐篷、装车的喧嚣取代。他的部队分崩离析，伤亡 2 500 人，后撤 50 英里，而且还要继续撤退。他的前途似乎已经到了尽头。从军 35 年，他扬名立万，步步高升。但眼下，艾森豪威尔需要一个替罪羊。

"你觉得老家伙什么时候会革我的职？"弗雷登多尔问。

特拉斯科特支吾道："他知道你尽了力。"

"有时候仅仅是差强人意。"弗雷登多尔说。

沃德和罗比内特严阵以待，但到了 2 月 17 日星期三拂晓，敌人仍然没发动进攻。无论是阵地、兵力还是士气，轴心国都略胜一筹，但他们没有一举击溃人心涣散的美军，反而谨小慎微，举棋不定。凯塞林仍然待在东普鲁士；阿尼姆追着他的大雁去了东北；隆美尔在加夫萨品尝库斯库斯（阿拉伯的一道著名菜肴。——译者注），向最高统帅部请战。虽然德国空军中队重创了斯贝特拉等盟军要塞，但并未造成实质性伤害。正如突尼斯战役之初，轴心国对盟军迟迟按兵不动表示无奈，每过一个小时，都是在给敌人提供增援和调整部署的契机。

沃德又恢复了往日的威风。"我们在仙人掌地上,从早上一直待到下午,"一名中士在给父母的信中写道,"先是用望远镜,后来只需要用肉眼,就能看见远处的装甲车朝我们驶来。将军是最优秀的军人,他非常镇定,抽着雪茄站在地平线上,这一幕令包括我在内的许多胆小鬼都鼓起了勇气。"

上午 11 点 45 分,敌人再次发动了进攻。德军步兵冲下 13 号公路,装甲车攻打美军右翼,罗比内特在镇东数英里外的前哨部署了一个反坦克装甲车营。坦克手向蜂拥而上的装甲车开火,但多半只击中了装甲车后方。随着距离越来越近,后来终于能发发命中。半履带式装甲车非但不按计划以连为单位交替掩护后撤,反而"掉转车头,冲了上去",一名士兵事后回忆说,"几乎人人都在投掷发烟罐,场面非常壮观。"

下午 1 点 15 分,德军装甲车准备从侧面偷袭第 13 装甲团第 2 营。该营营长是 3 个月前在泰布尔拜附近浴血奋战的亨利·加德纳。加德纳手下的兵驾驶的还是 M-3 "格兰特 / 李" 中型坦克,但他们事先在旱河埋伏好,用烂泥精心做了伪装。"我看见 35 辆坦克翻过山坡,几乎从正面向我们冲过来,距离约 3 英里。"加德纳汇报。等,再等。等坦克进入平射射程,他喊道:"小伙子们,叫他们尝尝我们的厉害!"炮弹跃出旱河,击中了 15 辆装甲车,其

1943 年 2 月 26 日,隆美尔撤兵后,第 16 步兵团第 2 营(特里·艾伦麾下第 1 师的一部)士兵向东穿越凯塞林隘口。

中 5 辆被彻底摧毁。这轮齐射"打退了进攻",加德纳说。

只一个小时,坦克又冲了上来,势如破竹地冲进位于斯贝特拉以南 5 英里附近的美军右翼。炮长不停地喊着"添炮弹",在那一张张烟熏火燎的脸上,大张着的嘴仿佛一个个鲜红的"O"。炮击间隙,拼尽最后一丝力气的官兵们站着就打起了盹儿。"昨晚战斗了一夜,我们几乎没睡,个个都很虚弱,损失了好些弟兄。"一名炮兵说。

加德纳事先对罗比内特说过,手下的坦克"很快要出大问题"。下午 2 点 30 分,沃德批准 B 战斗群撤到另外两个团后。3 小时内,加德纳的部下凭借包括营长座驾在内的 9 辆"格兰特/李"中型坦克,漂亮地完成了断后任务。由于车组人员阵亡、坦克着火,加德纳一直躲藏到黄昏时分,才随大军向西撤退。

黄昏时分,德意联军进入斯贝特拉,发现这里桥断梁折、管破水漏、火光冲天,已沦为一片废墟。只有早已变成残垣断壁的罗马寺宇逃过一劫。罗比内特又想起了谢尔曼的一句格言:"刀兵无情,由不得你。"夜幕悄悄笼罩了从凯塞林隘口西侧进入深山密林的盟军纵队,在两周内发生的一系列战斗皆因这座山谷得名。"那晚乌云压境,寒风刺骨……并伴随着夜间转移无法避免的混乱和狼狈,"A.D. 迪万写道,"斯贝特拉军火库冲天的大火映红了半边天。"盟国又挨打了。坚守阵地的战士们却打了场漂亮仗,算是在这漫天的阴霾中迸发出一点火花。骄傲、愤怒、复仇,这场浩劫使士兵爆发出无情的杀气,战争已经深入他们内心。厄尼·派尔也是在大多塞尔高耸云端的群峰脚下艰难跋涉的队伍中的一员,写到身边的士兵,他也认为撤退是"奇耻大辱":

> 你无须怀疑,也不必以他们的能力为耻……美军普通士兵没有错。他们斗志昂扬,士气高涨,身经百战,已被锤炼成为真正的战士。

派尔要告诉读者属于他自己的所见所闻。说来奇怪,这是一条真理。

隘口失守："沙漠之狐"的最大过失？

大多塞尔从东北向西南绵延 200 英里，直到菲利亚纳外。三道山口劈开起伏的山峦，横接突尼斯内陆高原和阿尔及利亚高地。第二道也是最险峻的一道即凯塞林隘口，东望斯贝特拉，俯瞰小村凯塞林。千百年来，这里是兵家必争之地。最窄处宽仅 1 英里，海拔 2 000 英尺。

两名面目狰狞的"哨兵"分列隘口两侧，南面的舍阿奈比山是突尼斯最高峰，高达 5 064 英尺，山势陡峭，山顶被茂密的草木覆盖。北侧的森玛玛山高 4 447 英尺，面对隘口一侧的是悬崖峭壁，东坡山势较缓，可直达山顶。蜿蜒的哈塔卜河从西北向东南，将这道山谷一分为二。最关键的是，这条岸形陡峭的小河夏季干枯，2 月却水流湍急，是隘口南北之间的一条天堑。凯塞林沟壑纵横，满山仙人掌，去过美国西南部的人对此应该很熟悉——不毛之地。

沿位于隘口深处的凯塞林村往西，公路被一分为二。左岔 13 号公路沿哈塔卜向西绵延 30 英里，与泰贝萨附近的阿尔及利亚边界接壤。河与公路横贯巴赫雷特·夫塞纳，这是散落着锌、铅、磷矿脉和农田的山谷。有人将哈塔卜的地势比作"一道参差起伏、九曲十八弯的水沟"。而公路南岔就是 17 号公路，绕过森玛玛山，再往北 30 英里就到达了山顶小镇塔莱，距卡夫 40 英里。

一部军史指出，凯塞林隘口"地势险要，易守难攻，一夫当关万夫难开"，但其并非牢不可破的天堂之门。虽然弗雷登多尔的第 2 军有这样的能耐，但美军没让他来把守这道关卡。沃德麾下的第 1 装甲师残部奉命到泰贝萨以南的高地集结，看守军火库。第 2 军余部照例分散在各地。

"我派了 3 个半的步兵营把守几处山口，"2 月 17 日下午 2 点 30 分前，弗雷登多尔告诉特拉斯科特，"若敌人胆敢来犯，两个步兵营就能把他们轰出去。"

"第 9 师的炮兵正驰援你部。"特拉斯科特答道。

"你要是能给我一支步兵战斗队,我他妈的还要什么后援。"

"我尽力而为。"

"我急需一支步兵战斗队,"弗雷登多尔又说了一遍,"我现在手上只有 3 个半步兵营,远远不够。"

听弗雷登多尔的语气,仿佛已经到了穷途末路。艾森豪威尔每天从卡萨布兰卡送出 800 名官兵,一天还不到一个营,而且多半都无法于 2 月底之前到达突尼斯。"最近几天我都派不出一支战斗队,"特拉斯科特慢条斯理地说,"第 9 师的步兵都还在路上紧赶慢赶呢。"

"支援呢?"

"想都别想。"

这样一来,首轮把守凯塞林的任务就落到了第 19 战斗工兵团肩上。但区区 1 200 名官兵委实难以承担这样的重任。工兵们于 6 个星期前来到前线,除了挖掘斯皮迪谷如今已经废弃的隧道之外,大部分人都还在架桥修路。在出征之前,该团士兵甚至没来得及完成步枪射击训练,全团只有一个人上过战场,武器装备只有 54 辆自卸卡车和 6 把风镐。

2 月 17 日晚上 9 点,这支冒牌步兵团顶着蒙蒙烟雨,在三岔路口正西方向,沿着隘口咽喉摆下一条长 3 英里的散兵线。在接下来的 36 个小时里,德军在山下巩固战果,美军却毫无危机感,刚到晚上就钻进热乎乎的睡袋,仿佛已经胸有成竹。机枪安放得不到位,散兵坑挖得过浅,铁丝网多半还在滚筒上。官兵们非但不把守附近的高地,反而埋伏在隘口谷底。指挥官大都知道,至少从理论上来说,占领山头才能守住山谷。但正如一位军官事后说的那样,在突尼斯战役上,美军多半是"说一套做一套"。

★ ★ ★

在斯贝特拉以西的罗马遗址对面,隆美尔已经在他想做的和他被上司告知必须要做的之间做出了选择。他背着手,鼻梁上架着眼睛,仔细端详着远处森玛玛和舍阿奈比这两座山。那条路通往 70 英里外的泰贝萨和他觊觎已久的军需库,继而直达波尼。最高统帅部指示:"经由17号公路,通往卡夫的后门,塔莱。"

从斯贝特拉取道71号公路,沿大多塞尔东翼北上到达卡夫,也是条捷径。德军肯定要权衡,是从左边攻打凯塞林隘口,还是从右边直上卡夫?隆美尔扶着望远镜研究地形,头戴软檐帽、脚蹬花鞋带沙漠靴的参谋则踮起脚尖张望。

然而,阿尼姆却给他的取舍制造了麻烦,他没把第10装甲师都交给隆美尔,以留作北部所用这个站不住脚的借口,扣下了该师包括虎式坦克在内的一半坦克。虽然大骂手下这两个司令是"猪脑袋",但凯塞林却没从东普鲁士回来调解他们的纠纷。凯塞林认为最高统帅部的指示模棱两可,不等他回到卡夫,隆美尔就要大举进攻泰贝萨。凯塞林鞭长莫及,隆美尔(异乎寻常地唯唯诺诺,怕是另有所图)更是认定卡夫是他的第一个目标。

2月19日星期五,凌晨4点50分,隆美尔下令:非洲军团向西进发,占领凯塞林隘口;第21装甲师沿71公路北上进攻卡夫;第10装甲师——能召集多少就召集多少——到斯贝特拉集结,随时准备取捷径攻占目标。隆美尔已经决定要兵分两路,殊途同归。

★★★

即使远在新司令部,弗雷登多尔也看出凯塞林隘口不堪一击。他从特里·艾伦的第1师调了一个营,外加一个配有4门大炮的法军炮兵营和几辆反坦克装甲车,驰援工兵19团。这样一来,守军人数就达到2 000人。2月18日星期四上午10点左右,他又致电特拉斯科特,称"第1装甲师痛击了敌人"(这是第2军时常幻想的一场大捷),同时请求下拨120辆谢尔曼坦克。特拉斯科特允诺可以给52辆,够装备一个营。他暂时不想说艾森豪威尔决定扣下200多辆新的谢尔曼坦克的事情,生怕一失尽失。

晚上8点,弗雷登多尔打电话给身在泰贝萨以南的艾伦部下,第26步兵团团长亚历山大·斯塔克上校。

第9章 凯塞林之战

"亚历克斯,你务必立刻赶到凯塞林,扮一回'石墙'杰克逊。请立刻去接防。"

斯塔克支吾道:"你是说今晚,将军?"

"不错,亚历克斯,立刻。"

斯塔克10个小时后才动身,摸黑穿过巴希雷·夫塞纳盆地,沿途随时有哨兵对暗号,"情况混乱""贼他妈的好"两种口令此起彼伏。2月19日星期五上午7点30分,他和德国人同时赶到隘口。不像"石墙"杰克逊,斯塔克并不了解部下的能力和素质,部下多半连听都没听说过他。匆匆察看了这道烟雾朦胧的山口后,他才发现,连"石墙"恐怕也回天乏术。除了一个排部署在森玛玛山坡之外,四个步兵连都占据着隘口左翼的凹地。右翼也是如出一辙,一个工兵排把守着舍阿奈比山,三个连守在平地。

部队从山谷一侧转移到另一侧,到达哈塔卜河上最近的桥要绕道10英里。反坦克地雷甚至没有被埋进地里,而是往敌人可能经过的道路上一丢了事。另外6万枚地雷和5 000枚诡雷还远在阿尔及利亚的路上,什么时候送到仍然不得而知。弗雷登多尔还另向安德森要求过30吨铁丝网,但各个排想要的却是沙袋、铁锹和铁镐。

法军一通75毫米口径火炮漂亮的炮击击退了一股企图偷袭隘口的德军。德意志非洲军团的侦察营像摸到火炉似的退了回去。然而,上午10点过后,敌军的炮弹落在了斯塔克设在凯塞林隘口以西3英里处的指挥帐篷附近。一名参谋汇报:"10点15分,35到40辆满载敌军步兵的卡车冲上了我部左翼的高地。"

不久,右翼又出现了一支敌军。一身灰军装的德国鬼子边爬边开枪,终于攀上了石坡。机关炮手端着三脚架和弹药箱,缩在他们身后,用曳光弹猛攻隘口。美军增援部队,包括军乐队、一个坦克排和第9师第39步兵营的3个连终于于下午赶到。仓促间布下的地雷摧毁了5辆装甲车,虽说德军占领了森玛玛峰下的山脊,但斯塔克仍然斗志高昂。

夜幕降临,在美军后方20英里处扼守塔莱公路的英军26坦克旅旅长查尔斯·A. L. 邓费前来慰问斯塔克。斯塔克声称"胜券在握",只可惜炮弹炸断了他的电话线,导致"通信不畅"。起初,邓费怀疑斯塔克错了,便乘指挥车驱车400码亲自一探虚实,被敌军子弹撵着飞奔回来后,便对此深信不疑了。美军没有后援,邓费说:"斯塔克甚至连自己部下的阵地情况都不很清楚,他只是说地雷都已经布下了,却说不出雷区的位置。"

邓费断定,斯塔克"完全控制不了事态……在我看来,斯塔克不过是个可爱的老小孩,虽然勇气可嘉,却力不从心"。晚上7点,他回到塔莱后,向安德森汇报:"隘口的形势非常不利。"斯塔克自己却称邓费是"榆木脑袋"。就算在生死存亡的时刻,这对兄弟也不能冰释前嫌。

然而,斯塔克"完全控制不了事态"是几个小时之后的事情。安德森却选在这个节骨眼下达了一道死命令:"第一集团军不得擅自撤出阵地。除展开反攻之外,任何人一律不得擅离阵地。"

这道空洞的命令经过层层传达,但不少官兵还是离开了阵地。夜色渐深,德军的炮火愈发凶狠。"令人最痛心的,莫过于眼睁睁地看着身边的好兄弟倒下或被炸飞,"一名工兵下士如是说,"一时间,空中竟然会出现那么多炮弹,一些在你周围爆炸,而且还有更多朝你飞来。"更要命的是德军首次动用的新武器——六膛火箭发射器,一次可发射6发75磅高爆炮弹,集中打击一个目标,据说这种炮弹在空中犹如"一群伤心欲绝的妇女",被盟军士兵称为"呻吟米妮"。

"夜晚狂热"在斯塔克右翼的工兵中蔓延。"相当一部分官兵擅离阵地,跑到了后方。"一位工兵军官汇报。其中一部分被逮住,赶回了前线,但有些则消失在茫茫夜色中。

斯塔克的左翼现在处于岌岌可危的状态。晚上8点30分,德军侦察兵血洗了步兵营营部。德军前锋切断了唯一一个驻守森玛玛山山坡的连的退路,紧接着便占领了1191号高地——这座山最重要的一个山头。祸不单行,逃过一劫的士兵们又遭阿拉伯土匪洗劫一空,"有些阿拉伯人趁势夺过M-1和M-03步枪给了士兵一枪。"一名连长委屈地向宪兵司令报告。

第 9 章 凯塞林之战

★ ★ ★

2月20日清晨,天空雾蒙蒙的,局势就像头天凄风苦雨的晚上,十分糟糕。隆美尔起了个大早,去慰问从东南方向攻入隘口的意大利"半人马座"师的一个营。他经过仍然扶着烧焦的汽车方向盘的美军司机的尸体,驱车前往凯塞林村。在一座横跨哈塔卜河的铁路桥上,隆美尔碰到了非洲军团司令卡尔·布洛维斯和已经形同空壳的第10装甲师师长弗朗茨·弗莱赫尔·冯·布劳契。隆美尔发了火。布洛维斯命两个掷弹兵营重新组织进攻,但收效甚微。美军还在负隅顽抗。

隆美尔认为,盟军将恢复元气并阻止他们扩大战果。德军必须在当日突破这道隘口,尤其是第21装甲师,现在仍然在71号公路上毫无建树。他下令再投入3个营,共出动6个营发动进攻,第10装甲师居右,非洲军团居左,5个炮兵营配合助攻。隆美尔痛斥布洛维斯办事不力、布劳契缩在后方——两人都身穿大衣、头戴软檐帽,显得垂头丧气,活像两个被捉回来的逃学生。之后,隆美尔便回到设在凯塞林车站的指挥部。

从上午10点开始,美军节节败退。上午11点22分,第19工兵团团长A.T.W.穆尔通过步话机告知斯塔克,敌军步兵和坦克正沿13号公路向隘口逼近。一位工兵少校吼道:"别管装备了,保命要紧!"炮兵观察员四散奔逃,理由虽然不光彩,但于情于理也说得过去:"这地方太热。"部队被击溃,连变成排、排变成班、班变成散兵游勇,最终只能抱头鼠窜。半小时后,穆尔在报告"敌人血洗我们营部"后冲向山头。不久,他冲进斯塔克的帐篷,宣布第19工兵团不复存在。该团共伤亡128人,虽被重创,但并未被全歼。

按穆尔的说法,"撤退配合失当"是左翼美军的一面镜子。斯塔克命炮兵撤退,甚至没有牵引车帮助法国炮兵转移那些75毫米口径火炮,炮兵们抹着眼泪塞上炮门,向山上逃去。西奥多·J.康韦奉特拉斯科特之命,来察看斯塔克的情况,发现溃兵如潮水般从他身边涌向后方。他一时想起纽约一战,华盛顿骑着马,用刀背徒劳地抽打抱头鼠窜的逃兵。康韦既无马又无剑,

只能加入这支落荒而逃的队伍。

斯塔克一直守到下午 5 点,敌军的手榴弹已经扔到了设在哈塔卜河谷河道内的指挥部前。他带着手下的参谋和刚赶来拍"战斗场面"的两个倒霉记者匆匆溯河而上,上岸后便奔塔莱而去。斯塔克事后说:"有时候,德军士兵离我们还不到 15 码,我们只能靠爬。"

步兵有将近 500 人伤亡、失踪。意军坦克沿 13 号公路向泰贝萨挺进,深入 5 英里,却只看到冒着烟的残骸,不见一个美军的踪影。2 月 21 日星期日,凌晨 3 点 35 分,准确地说是轴心国发动进攻后两个星期,弗雷登多尔的指挥部才发出警告:"据可靠消息,敌人占领了凯塞林隘口两侧的山头……已形成了一条长 4 000 码的战线,向塔莱进攻,现已出隘口 2 000 码。"

凯塞林隘口失守。安德森这时候又放起了空话:"不得以任何借口后撤一步……务必战斗到底。"身心俱疲的美国人同意了,但这不过是英国人要美国人战斗到底的无理要求罢了。

隆美尔的手段

工兵在泰贝萨的临时军火库里放上一块块硝棉,只等一声令下,就会烧毁这一大批物资。有谣言称,大批敌军正横穿巴希雷·夫塞纳,朝这里逼近,400 名军需官兵顿时乱作一团。补给站的军火库有两挺机枪和一门 37 毫米口径榴弹炮。古城墙上,哨兵们一个个瞪大眼睛,观察东面的动静。

一位一肚子喀土穆和巴拉克拉瓦传说的英国军官提议,从城墙上扔手榴弹击退来犯的坦克。军需人员将共 40 万加仑的 5 加仑装汽油装车,做好撤离准备,但如果敌人立刻发起进攻,就只能放弃那 100 万人份的干粮。厨师们提着斧头,疯了似的把饲养的鸡和兔子全部杀光,免得便宜了德国人。早餐时,这个小小的军营饱餐了一顿乱炖肉。

两军对阵,一些细节同样引人注目。儿子昆廷在凯塞林隘口身负重伤的消息传来时,特德·罗斯福正在乌瑟提亚附近支援法军,昆廷与他一战中阵亡的伯父同名——当年一位25岁的炮兵军官。德军的一枚子弹击穿了昆廷的肺，楔进了他的肝脏。救护车司机开车带他先后跑了三所野战医院无果后，找到了一处还没得及撤离的德军前线包扎所。特德·罗斯福写信给妻子埃莉诺：

> 第二天上午，他的体温高达104华氏度（40摄氏度），谁都以为他活不过来了。他们来电问我。天黑后，我动身赶去那里。当时我已经两天没睡，医院远在60英里外，我怕等我赶了60英里的夜路到达那里，他早就不在了。

不过等特德·罗斯福赶到的时候，昆廷还活着，在一顶泥地帐篷内的病床上睡着了。他闯过了鬼门关。"他睡得像个小宝宝，我过去吻他，他还是我们的小宝贝，"特德·罗斯福写道，"我顿时精神一振。"

在设立于库维夫小学的第2军司令部中却难觅这种感人的情境。弗雷登多尔偶尔会借酒解愁，据一位军官描述，他会坐在小学门前的台阶上，"手抱着头，一副失魂落魄的样子"。提到弗雷登多尔，乔治·马歇尔说过："我喜欢那个人，总能从他的脸上看到一股子魄力。"但现在，这张脸上写满了沮丧和绝望，提到对手，他开始以"隆美尔教授"相称。他会两眼直愣愣地盯着地图，吹着不成调子的口哨，然后猝不及防地转身对副官说："如果回国，我要重新把我的车库门漆一遍，漆车库门真是其乐无穷。"

朱安将军生怕盟军会弃守泰贝萨，匆匆赶到库维夫，却发现军长蹲在空荡荡的办公室内的一个包装箱上。朱安抬起左手行了一个军礼，开口恳愿美军继续坚守。交出泰贝萨等于拱手送上一份厚礼，通往君士坦丁的路将变成通途，德军的装甲车可以长驱直入。

弗雷登多尔耸了耸肩，第2军人心浮动，他已无法再派出一兵一卒。他打定主意，安德森怎么说，他就怎么干。

朱安一把将他拖了起来。"我的妻儿都在君士坦丁，"他有些语无伦次，"如果你执行这条命令，我就带走驻守在君士坦丁的一个师，保卫泰贝萨，在那里决一死战。"

弗雷登多尔一时恢复了精神,从包装箱上站起身。"我看他改变了态度,"朱安事后说,"他放下抱着颈子的胳膊,发誓决不弃守泰贝萨。"

弗雷登多尔回到他的新司令部,一座属于维希矿业局的别致小楼。将斯皮迪谷的阴暗寒冷挡在门外,这栋宅子顿时变成了让人昏昏欲睡的安乐窝。他趿着拖鞋坐在燃油炉旁,对手下的参谋说:"达布尼,开瓶酒,我们来喝一杯。"2月20日夜,凯塞林失守,隆美尔教授长驱直入,第1师炮兵主任风尘仆仆、满脸泥浆,仿佛戴了个塑料面具,驱车赶到这里。"我向弗雷登多尔报到,他却说有非常重要的任务交给我,但要等到饭后,"克利夫特·安德勒斯准将说,"午餐!台布、银餐具、一身白制服的侍者、牛肉,甚至还有冰激凌。"

"这一战,我恐怕要成为替罪羊。"弗雷登多尔对手下的一名副官说。的确,除非他能找个替身,弗雷登多尔看上了"平基"沃德。2月19日星期五下午3点15分,他给艾森豪威尔发了一封"看后销毁"的电报:

> 沃德神情疲惫、忧心忡忡,说即便派出再多坦克,也是转手送给德国人,在这种情况下,尽管他已尽了力,窃以为他难以履行指挥官一职。务请立即再派一名得力干将。

在阿尔及尔,艾森豪威尔掂量着这个请求,就在他拿不定主意的时候,盟军指挥机构随大多塞尔的战局变得愈发混乱。由于第1师的一部分已被派往位于凯塞林隘口西南20英里的布齐布卡,弗雷登多尔最初委以特里·艾伦重任,其中还包括法英两军的几支部队。星期六早上,隘口失守,他命罗比内特接管斯塔克的残部,和B战斗群一同组织反攻。沃德再次成了局外人。

几小时后,弗雷登多尔思前想后,认为还是不能把余下的美军坦克拱手送给隆美尔。他坐在指挥车车盖上召开了一场临时会议,又命令罗比内特把守泰贝萨的入口。"这无济于事,罗比,他们打开了突破口,势不可当,"弗雷登多尔无精打采，垂头丧气地说，"你要是能侥幸得胜，我封你为元帅。"

罗比内特把守的西面通道由邓费准将"接应"，邓费正在北面作战，负责封锁通往塔莱的道路，只可惜缺少兼容电台等通信工具，联系不上数千名分散在近千平方英里上的美军官兵。安德森已经深信，凭弗雷登多尔的本事，恐怕难以收拾这个残局，干脆一错再错，派自己的对手卡梅伦·G.G. 尼科尔森准将接管目前集结在突尼斯南部的英、法和美国联军。

弗雷登多尔躲进装了护壁板的餐厅发愁，但安德森的第一集团军司令部也决不安生。"那里形同一团乱麻，"一个英国军官边抽一个患癔症的士兵的耳光边吼道，"站好。"一名英国哨兵道出了盟军上下的心声："这是我这辈子见过的最典型的例子——忙着下命令又收回成命，结果却弄得全军上下乱七八糟。"

★★★

哈罗德·亚历山大将军总算从开罗赶了过来，执行在卡萨布兰卡达成一致的决议，准备接掌突尼斯地面部队的帅印。由他指挥的第十八集团军群的下属单位包括北部的第一集团军和刚刚进入突尼斯的第八集团军。2 月 15 日星期一，在取道阿尔及尔拜访了艾森豪威尔之后——总司令告诉他："你的任务是尽早全歼突尼斯的轴心国军队。"——亚历山大又于星期四晚上和安德森共商大计，并于星期五视察第 2 军，这时候，他手下的 70 名参谋和 500 名士兵进驻了君士坦丁。按计划本该于 2 月 20 日星期六正式接管部队的亚历山大发现，前线一盘散沙，于是提前一天接过了军权。

星期五晚上 7 点 20 分，即弗雷登多尔请求撤沃德的职 4 个小时后，他致电艾森豪威尔："迫于战局，我接掌了军权。"在给蒙哥马利的一封短信中，他承认自己"非常震惊，无对策无方案。战场上英、法、美各作战单位乱成一团"。

一顶军帽、一件开襟式束腰制服、一件皮夹克和一条塞进土耳其高筒靴的灯芯绒裤，将亚历山大的英俊帅气衬托到了极致。他身材匀称，有古铜色的皮肤，嘴角深深的褶皱顺着胡须向下延伸，由于一生都在虚眼眺望，导致眼角布满了皱纹。他是卡尔迪昂伯爵的第三个儿子，从小在阿尔斯特一座大庄园里过着养尊处优的贵族生活（他从小受到教育，要发扬男子汉气概，所以给人以"彬彬有礼"的印象）。在别人眼中，他"聪明，但更能干"，一度立志要成为一名画家，并成为皇家艺术学院院长。但造化弄人，他进了桑赫斯特陆军学院，不久就成为英军最年轻的中校，之后是最年轻的将军。

在30年的军旅生涯中，他从没遇到过敌手。鲁德亚德·吉卜林称他"在危急关头仍然见解独到，总能振奋人心……从容不迫、笑谈江山"。在敦刻尔克，一名参谋对他说，"我军处境危急"，据说亚历山大的回答是："对不起，我听不懂长单词。"身为蒙哥马利的上司，英军阿拉曼大捷绝少不了他的策划。他慈祥、冷静、洁身自好，"活脱脱的一位爱德华二世时代的英雄"，是英国人爱戴的军人，丘吉尔的爱将。

有人却认为他愚蠢。"威灵顿有勇无谋，"一位传记作者如此描述他，"总是没什么斗志。"尽管他统帅过法国、德国、印度和乌尔都军队，但布鲁克和蒙哥马利都认为他是一副"空皮囊"。一位英国军官承认："我甚至想不出他拿出过方案，更别说好方案了。"而人们之所以喜欢他，主要是因为他坦率而冷静——他多才多艺，曾在军队才艺展示上跳过踢踏舞。哈罗德·麦克米伦将亚历山大的食堂比作牛津学院的贵宾席，"不谈"战争，只闲扯些没用的东西，诸如"贝利萨留（Belisarius，505～565年，东罗马帝国将领。——译者注）出征、古罗马式建筑长于哥特式建筑，以及欺负英国平民百姓的花招"。

无论如何，亚历山大来了，他接掌了帅印，却对混乱的局面大吃一惊。他致信丘吉尔和布莱克："错误的根源在于，从一开始就指挥不当。"他认为安德森是位"忠诚的军人，但相当愚钝"。不过，亚历山大事后说，第一集团军司令"被德国人催着走，甚至连自己的司令部都撒手不管……早已丧失了主动权"。

他最放心不下的还是美国人。他邂逅的第一批美国人偏偏又是不可一世的仇英分子，比如在缅甸时就好耍心计的约瑟夫·W.史迪威将军和眼下身在突尼斯的弗雷登多尔。后者"失魂落魄",亚历山大断定,对他,自己已经回天乏术,他手下的一帮人"优柔寡断"。"这个团队拙劣而脆弱,"2月18日,他如是评论第2军,全军上下"低能、素质低下……缺乏斗志"。最初几天,美军的素质着实吓了他一跳。这一印象一直伴随他到意大利担任总司令,间接影响了盟军的团结。

"美国人缺乏斗志,这是我最担心的问题,"他向伦敦方面报告,"从上到下,没有一个人了解身为军人的职责,这种现象在下级军官身上显得尤其严重,他们不带兵打仗,手下的兵只会敷衍了事。"他当着一名美国记者的面,将这次失败归咎为年轻军官"操心"手下的兵:"你要知道,你的兵不是在校生。"届时出兵欧洲,除非美军好自为之,他已将丑话说在了前头,这支军队"一无是处,绝不能担当重任"。

安德森没这个心计,想不到"毛头小伙"有朝一日会长高,也理解不了英美士兵因操一种语言而很容易被掩盖的诸多差异。身经数次大撤退,他应该明白,有时败仗也是一种锤炼,甚至是笔宝贵的财富,大浪淘沙,能者、勇者和幸运者将脱颖而出。

虽然不是全部,但亚历山大确实错了。

★ ★ ★

在凯塞林隘口失守之后,双方又展开了三场独立的战斗,在地理上从东到西,依次展开。以盟军的角度来看,一负两胜,这个胜率改变了他们的运势。

首先,隆美尔出动第21装甲师沿17号公路北上发起强攻时吃了败仗。2月19日星期五早上,在装甲车隆隆冲向卡夫期间——隆美尔双管齐下,突袭盟军防线的右翼——德军情报机关断定,在斯贝特拉以北25英里的斯比巴把守要冲的是英美联军。其实,把守着位于这条柏油路以东要塞的是从第1师和第34师抽调的8个美军步兵营和负责助攻的炮兵。"如果他们发动大规模进攻,我们恐怕守不住,但我们发誓会坚守到底。"第1师的一位军官说。德军遭部署在斯比巴以南6英里的炮兵重创后,卡车载着掷弹兵和25辆装甲车转道东进，妄图突破美军侧翼。德军攻到距离美军战壕 600 码处后败退。截至下午 3 点，炮兵摧毁了 12 辆德军坦克，敌军尸横遍野。一名士兵形容 105 毫米口径炮弹打击装甲车的威力，如同"击中鞋盒，将它们削平"。

  星期六上午，40 辆装甲车协同两个国防军步兵营，对美军侧翼展开的新一轮进攻也迅速溃败。隆美尔始终没有点头，第 21 装甲师只能在斯比巴屡败屡战。战后经过清算，法国步兵逮捕了 12 名犯间谍罪或蓄意破坏罪的阿拉伯人，将他们推到一堵清真寺的墙边，来了一轮排射，将他们就地正法。一名法军上尉又拿出手枪，对准倒在地上的尸体的脑袋，一一补了一枪。

  右路不通，隆美尔只能转道左路。凯塞林隘口已被攻克，向西绕道塔莱便可轻取卡夫，第二场战斗马上就要上演。邓费准将急于挡住德军的攻势，派遣了英军的一小支部队殿后，便从塔莱南下，直取凯塞林。

  结果已经注定。2 月 20 日中午，第 8 装甲团经 17 号公路，向凯塞林隘口以北 2 英里的英军发起猛攻。在接下来的 6 小时里，英军占领的山头一一失守。"我们节节败退，在每座山头都会丢下几辆坦克，有些还在燃烧。"一名士兵写道。一名记者描写大兵逃离燃烧的坦克时的景象，"犹如毛毛虫落进着火的巢穴，烟熏火燎的脸上瞪着一双白色的眼睛，被一束束机枪子弹撵着，左冲右突。"连长 A. N. 比尔比少校从一辆坦克溜到另一辆坦克，指挥手下反击，最后身中数枚弹片阵亡。截至下午 6 点，已经没有坦克可供炮兵军官指挥了，他们一个接一个地倒地阵亡。生还者"迈着僵硬的步子，左轮手枪套不时撞击着腿"，被雪亮的曳光弹撵着，向北逃窜。

  隆美尔再次掌握了主动权，但随后就面临着一个问题：现在该怎么办？他在位于凯塞林附近的指挥部里研究了地图，又乘摩托车穿过隘口察看了阵地。他两次兵分两路，一次是在斯贝特拉，一次是在凯塞林。"我分为二，敌分为十。"他事后解释道。但他有没有实力在北上进击塔莱的同时对西边的泰贝萨发动攻击？虽然塔莱扼守北上卡夫的要道，战略意义十分重要，但隆美尔不敢小觑包括 B 战斗群和埋伏在西部及巴希雷·夫塞纳外伺机反扑、企图从凯塞林截断轴心国退路的美军。第 2 军虽损失惨重，但还有 150 辆坦克。

第 9 章 凯塞林之战

2月21日上午11点25分,一份侦察报告让隆美尔决定展开第三次行动,由此为凯塞林战役画上了一个句号。参差不齐的哈姆拉山横跨南北,位于隘口以西20英里,与阿尔及利亚的边界平行,夯土路基的13号公路横穿而过。德军侦察兵汇报,未在哈姆拉山以东发现美军的大部队;巴希雷·夫塞纳浅盆地中也不见人迹。隆美尔不等纳粹空军飞行员确认盟军的左翼是否有重兵把守,便命令第10装甲师沿17号公路北上,主攻塔莱。非洲军团向哈姆拉推进,以封锁泰贝萨和布齐布卡这两个方向的隘口,保护德军侧翼。

然而侦察兵错了。美军占据有利地形,密布哈姆拉山和附近的各座山头。在哈姆拉山南段,特里·艾伦率第16步兵团把守着布齐布卡隘口。"喂,小伙子们,"他宣布,"这是我们的阵线,我们要在这儿打。"山北段,山脊东面,罗比内特率8个营,11个炮兵连,近50门大炮,以及包括塞内加尔步兵和700名戴罪士兵在内的杂牌军,在巴希雷·夫塞纳布下了一道稀疏的屏障,拦截漏网之鱼。隆美尔在紧靠13号公路的指挥部,视线掠过其间散落着梨园和沙漠农场的雾蒙蒙的平原,远眺20英里外的凯塞林隘口。他依然那么自负,确定这是敌人的必经之路。罗比内特事后说:"这其实都明明白白地写在路上了。"

就在这个星期六,安德森还说"美国人缺乏斗志",他认为美国指挥官尤其"如此",美军上下都在蛮干。艾伦注意到了这种情绪,他向在南线警戒敌军渗透的比尔·达尔比发去电报:"我们的阵地乱作一团……你能不能派一个连长生得膀大腰圆的加强连来?"达尔比派出了C连,该连的上尉的确具有这个生理特征。随后,达尔比告诉手下的官兵:"分开前进,如果有坦克过来,愿上帝保佑坦克。"

敌军坦克果真来犯,但遭殃的是罗比内特。2月21日下午2点,布洛维斯将军出动了40辆装甲车,车载步兵紧随其后,沿哈塔卜南岸展开进攻。从插了羽毛的遮阳帽和独特的行军步伐就能看出,意大利第5狙击兵营也参与了进攻。但不到一个小时,大规模的美军榴弹炮就证明了自己的实力。炮弹飞向无处藏身的轴心国部队。88毫米口径火炮在河对岸还击,可惜布洛维斯手下大炮不足，无法还以盟军颜色。下午4点，来犯者进入美军坦克的埋伏圈，隐蔽在岩石后的反坦克炮倾泻而下，连非洲军团也没见过这种阵势。下午6点，布洛维斯放缓了进攻节奏，这时德军离哈姆拉山还有4英里。顶着羽毛和煤斗头盔的人影在暮色中消失，出了无孔不入的炮火射程。布洛维斯损失了10辆坦克，罗比内特却只丢了1辆。

右翼失利，隆美尔命令布洛维斯分散包抄左翼。他要旁敲侧击，绕到敌后予以致命打击。布洛维斯冒着大雨摸黑穿过泥淖。21日破晓时分，他手下的官兵成了落汤鸡，士气低落、溃不成军，不仅如此，他们还迷了路，跑到了哈姆拉山以南7英里的地方。

但德军并不气馁，在摸清方向后，两个掷弹兵营从布齐布卡正北方发动进攻。截至上午8点，两个营缴获了美军5门榴弹炮和3门小炮，外加30辆车。美军敌不过，只好弃守那云雾缭绕、遍布着欢呼的德军掷弹兵的812号高地，落荒而逃。

初战告捷后壮志凌云，不依不饶地乘胜追击，一举攻破脆弱的防线，这是战争中人们再熟悉不过的一幕了。而非洲军团发动进攻的这个节骨眼，碰巧是罗比内特权力的终点、艾伦挂帅的开端。在35英里外，第2军继续巩固君士坦丁和卡夫的防线，唯恐库维夫失陷。一名英国兵称德军进攻引起的恐慌为"星期天恐慌"，军官们戏称，自己正收拾去战俘营的行李。

但这支军队已经经历了磨炼。即使全军伤亡惨重，官兵们仍然坚守阵地，如铜墙铁壁一般。非洲军团到泰贝萨的直线距离为23英里，但没能再接近一步。上午9点，云开雾散，太阳照耀着812号高地上的数百名孤立无援的德军官兵。布洛维斯出动24辆坦克和第5狙击兵营从西北佯攻哈姆拉山，为受困的步兵解围。这支救兵在山脊线2英里处被美军三面夹击。

"空中硝烟弥漫、弹片横飞，炮声震天。"克利夫特·安德勒斯事后说。说到幸运，非他莫属，这位人称"薯条先生"的第1师炮兵主任戴着一副眼镜、叼着一个烟斗、拿着一根手杖、嘴唇上蓄着一撇小胡子，一副冷静、总是在思考的样子。

艾伦说过："论技术和经验，窃以为无人能与克利夫特相比。"他没有辜负这句褒奖。美军手上有不少炮，但苦于无能人指挥，安德勒斯集中昏头昏脑的炮兵，将他们带上前线。"瞄准敌人的后脑勺、下巴，和穷寇的足迹。"他如是描述一个炮兵阵地。接到美军要反攻的命令，"他们多半如释重负地大声欢呼"。炮兵们抡起斧头，砍倒山前坡上一棵棵松树，用于整理阵地。这是多么壮观的战场。"炮兵的梦想，"安德勒斯说，"谷底到处都是目标，从坦克、88 毫米口径高射炮到步兵和卡车。"

仅第 27 野战炮兵营就配发了 2 000 多发炮弹，军需官对别的单位同样也不吝啬。下午 2 点，已经被打得团团转的非洲军团全线溃败，惊恐万状的士兵向东逃窜，在巴希雷·夫塞纳留下了一具具尸体，如同铺路石一般。第 16 步兵团赶跑了 812 号高地上的掷弹兵，成功夺回了当天早上丢掉的每一门大炮和车辆。又沐枪林弹雨的亨利·加德纳说："最振奋人心的一幕……一名坦克兵端着冲锋枪押着一队高举双手的俘虏绕过一道旱河湾。"

一个美国兵端着头盔在临时战俘营收集了一头盔的铝星（意军列兵的领章和肩章），然后向罗比内特报告，他"俘获了一窝意大利准将"。罗比内特从中摘了两个，按在自己肩上。自从圣诞节前荣升将官后，他一直在找星章。

凯塞林传奇陨落

西边战场的战斗已经谢幕，凯塞林传奇的最后一幕在 17 号公路上拉开了帷幕。隆美尔的主力血洗殿后的英军，长驱北上。在过去的两天，这位筋疲力尽的元帅心头的快意，堪比作为一名青年军官在一战期间体会到的快乐。说到隆美尔 21 日星期天亲自上前线，一位副官说："像过去一样，他突然出现在最前线，在步兵和坦克中间，和士兵们一同冲锋陷阵，敌军的炮兵开炮时，他就像步枪兵一样卧倒在地！"

下午 3 点左右，这种快意消失殆尽。隆美尔看出，手下这支非洲军团早已适应了随心所欲的沙漠战，根本不了解山地作战，更不懂得要选择占领高地，避开挨打的山谷这一要领。以 30 辆坦克、20 门大炮和 35 辆步兵半履带式车辆作为前锋，沿塔莱公路推进的第 10 装甲师也迟迟不见进展。德军情报机关以为美军只在凯塞林隘口以北，谁知半路杀出了一支英国装甲兵，将德军拖了半天，却迟迟不发起决战。隆美尔事后指责布罗伊希等装甲师指挥官，"他们好像没看出和自己交火的是盟军后援"。隆美尔和布罗伊希各乘一辆指挥车，分列公路左右，4 个多小时内，德军进展缓慢。戴着头巾、身穿毛袍的阿拉伯人忙着在山间抢夺死者的财物，就连袜子都不放过，留下一地四仰八叉的惨白尸体。

英国人也有自己的问题。被安德森派来监督邓费等守军的尼科尔森准将碾着齐车轴深的污泥，花了 6 个小时，于 2 月 21 日星期日凌晨 3 点 15 分赶到塔莱。他一来就发现安德森并没有下"死命令"，仅仅是一道含糊其辞、听起来让人十分恼火的指示，"展开攻势"，但不能冒着损失"各处紧缺的"坦克的风险。邓费的 50 辆坦克多半是过时货，难以与装甲车匹敌。

他手下人数最多的一支步兵——即第 5 莱切斯特郡团第 2 营，刚从英国抵达这里。"一时还摸不着头脑，"尼科尔森事后指出，"难以让他们产生紧迫感。"除了 5 辆参战的美军反坦克装甲车，一名英国军官汇报，用美国军官的话说，他没办法集合以"如常言所说的唯一生还者的速度"飞奔而过的掉队兵。这一整天都有数百名斯塔克手下的残兵游勇从塔莱经过，喊着"他追上来了！"谁都不用问"他是谁"。

安德森没下死令，尼科尔森命令邓费："你要不惜一切代价，将来犯你方阵地的德军装甲兵挡在塔莱城外。"下午 4 点，邓费在塔莱以南 12 英里处反守为攻。1 英里外，用一名英国兵的话说，敌军遍布山头，"场面壮观，令人生畏"。

有隆美尔亲自坐镇，装甲车隆隆穿过败下阵来的掷弹兵，德军战斗部队一拥而上。山间坦克炮声震天。盟军坦克威力不敌敌人，往往因为过早还击、回火爆炸，反而暴露了己方阵地的位置。英军格外英勇地战斗了一个小时，邓费损失 15 辆坦克，下令收兵。

第 9 章 凯塞林之战

英军在仙人掌地中左冲右突,总算到了一座位于塔莱以南 3 英里处、由莱切斯特兵把守的山头。"路上的机枪子弹像蛇一样追着我们,"一位军官回忆,邓费"笔直地站在侦察车上,通过无线电,镇定自若地指挥这场战斗",后来才随最后一辆瓦伦丁步兵坦克穿过滚滚浓烟,进入了防御圈。随后,夜幕和雨幕笼罩了战场。

邓费是职业炮兵,事后才发现炮兵被部署在了远离前线的地方,但为时已晚。他手上的大炮差不多已经损失殆尽。负责把守塔莱的是一个不中用的法国营,外加为数不多的援兵,他们都住在"人去楼空、散发着浓烈劣质香水味的"妓院。塔莱海拔 3 300 英尺,宛如一座高原要塞,但这支弱小的军队恐怕抵挡不住敌军破釜沉舟的进攻。该镇以北是一条笔直的公路,地势平坦,通往 40 英里外的卡夫的道路上没有一兵一卒。"我非常担心,"朱安事后承认,"因为如果隆美尔攻破该镇,整个北非将在劫难逃。"

另一支由一辆瓦伦丁步兵坦克带队的装甲兵部队紧跟着邓费,开向 17 号公路边缘的英军阵地。那些躺在挡泥板上抽烟、丢盔弃甲的士兵显然是掉队了。一个散兵坑才挖了一半、还没来得及布地雷、刚挨尼科尔森骂过的莱切斯特兵放下手中的铁锹,抬头望着熟悉的炮塔。视野好的话,说不定还能看到坦克车身上印着的"阿普尔·萨米"。"阿普尔·萨米"于 3 个月前在泰布尔拜成为敌人的战利品。"离我的战壕远点,"一个步兵冲经过的坦克喊道,"别轧坏了。"

掷弹兵犹如跳出木马的希腊人一样跳下坦克,扑向吓呆了的守军。8 辆装甲车和假冒"阿普尔·萨米"冲进英军的阵地。德军扔着手榴弹、端着冲锋枪,冲进莱切斯特的战壕。几发坦克炮弹摧毁了营通信车,发出的求救信号定格在空气中。德军来回摆动枪身,组成了一张火力网。"举手,出来!"黑暗中,一个德军操着一口蹩脚的英语喊道:"缴枪不杀!"几分钟内,莱切斯特兵就被缴了械,300 名发懵的俘虏消失在夜色中。

往北 2 000 码,邓费仅剩的几辆坦克隐蔽在小镇正下方一道杂草丛生的山谷中。下了坦克的兵坐下来正准备吃饭,就见"德军曳光弹飞过我们的头顶,"一名士兵写道,"一颗照明弹飞上空中……两辆德军坦克的机枪口喷射着黄绿色火焰,向我们直冲过来。"一辆爆炸的燃料车将山谷照得形同白昼,映在山上的影子仿佛鬼魅。

"给我狠狠地打这些坦克!"一位连长下令,杂草丛生的地面上,喊杀声持续了 3 个小时。"这是一场射程不到 20 码的坦克战。"邓费说。许多英勇的英国士兵往过来的装甲车上扔"黏性炸弹"——即粘了胶水和引信长度足够燃烧 5 秒才爆炸的手榴弹。晚上 9 点 30 分,司令部文书在作战日志上奋笔写道:"情况混乱。"邓费通过电台告知尼科尔森,莱切斯特郡团遭血洗,坦克也面临着悲惨的命运。但等他提出退守塔莱城外,尼科尔森却一口回绝:"务必不惜一切代价守住。"

他们不惜一切代价在坚守,但代价惊人。到午夜德军最后一辆坦克撤退前发射的最后一发炮弹为止,邓费手下最初的 50 辆坦克只剩下 21 辆,隆美尔占领了一度由莱切斯特人把守的山头。莱切斯特郡团仅集合了 40 名身体健全的官兵,800 名士兵伤亡。邓费把塔莱的炊事员、司机和马夫都送上了前线。不到 1 英里外,仅损失 9 辆装甲车的隆美尔又集结了 50 辆坦克、2 500 名步兵和 30 门大炮。就这一夜双方的较量来说,"佯攻频繁、弹药浪费过多,"一位史学家指出,英国人准备殊死一战,但肯定要等到天明再说。

★ ★ ★

天色大亮,大战却没有打响。一个美国炮兵从天而降,这对英国人来说不啻一个好消息,他带来了 2 200 名官兵、48 门大炮和一颗杀手的心。第 9 步兵师炮兵司令斯塔福德·勒·罗伊·欧文准将 4 天驱车 735 英里,翻越沟壑纵横的阿特拉斯山,终于抵达这里。邓费事后声称,欧文 2 月 21 日星期天晚 8 点抵达塔莱,简直是"天降神兵"。欧文则认为塔莱的局势"极为严峻"。

欧文是艾森豪威尔的西点同窗,他曾是一位骑兵,身材魁梧,长着一头褐色的头发。也许是觉得比起猜测喂马的草料配方,校准枪炮似乎更具挑战性,他便于 1917 年转行去当了炮兵。这位弗吉利亚人幽默风趣、谈吐优雅,还是个心灵手巧的水彩画家，喜爱调兵遣将，也爱吟诗作赋。2月22日，天刚破晓——尽管地图不管用、天气恶劣，再加上英国人误判了敌军的方位——欧文已摆开了一道长3英里的弧形炮阵，以便早上当德军发动第一轮炮击时还以颜色。两军对垒，相隔不足1 000码，狙击手虎视眈眈，导致无法上前观察，美军重炮只能盲目开火，数百发炮弹白白落到了对面山头背后。

美军开始动手了。早上7点，布罗伊希致电已返回凯塞林的隆美尔。装甲师本已准备好进攻，但盟军弹如雨下。此外，凌晨5点，美军装甲部队向德军右翼发动攻击。"对不起，"一位英国坦克连长对手下的士兵说，"我们势必要殊死一搏，不知道我们中能否有人生还。"虽然进攻受挫，英军10辆坦克中的7辆都被摧毁，但这次出击表现出了他们格外坚强的意志。德军可能要发动大规模的反攻，盟军要不要再忍一忍？隆美尔倒是很赞成。

隆美尔已是弹尽粮绝。虽说缴获了不少物资，但手下这支部队紧缺弹药，口粮只够维持4天，燃料甚至已不足以支持车辆行驶200英里。阿拉伯间谍和空军侦察兵来报，盟军的援军正赶往塔莱。

接到布罗伊希的电话，隆美尔又驱车赶到前线。他在仔细察看了塔莱郊外被炮弹翻过的地形后，返回了掩藏在舍阿奈比山和哈塔卜河之间的一片灌木丛中的帐篷。中午时分，凯塞林乘自己那架小型施托希式飞机抵达凯塞林，又乘隆美尔的指挥车去指挥部。

凯塞林果然名不虚传，仍然十分乐观。周末早上，他还担心进攻不过是打嘴仗。但前一晚传到他设在罗马附近的司令部的消息似乎不错，"甚至有望大获全胜。"不错，阿尼姆不肯派出整个第10装甲师是个"不可挽回的严重错误"，凯塞林为此责备过他。但凯塞林相信，盟军撑不了多久。

隆美尔没工夫纠正他这个观念。在为时一个小时频频被刺耳的电话铃声打断的会议上，他坚持"停止进攻，鸣金收兵"。隆美尔将矛头指向阿尼姆、德国空军、意大利人，甚至称自己的手下"战斗意识薄弱"。他的左翼受到来自西面的美军攻击，而这些美军部队十分"善于"防守。下午1点，突袭塔莱的计划被一推再推。一位参谋记录了隆美尔冷静的分析：

不可再继续进攻，敌方援军源源不断，加之天气恶劣，除了柏油路之外，其他路段寸步难行。而且，因山区不适合调派装甲部队，这一问题产生的矛盾日益被激化。上述种种因素都不利于我军发挥优势。

"隆美尔意志消沉，"凯塞林说，"他甚至不加掩饰地表达迫切想要回归南线，回他自己部队的意愿……倒不如和他推心置腹，帮他回忆从前在更加恶劣的情况下取得的战绩，鼓舞他重拾信心。"蒙哥马利的大军"还很远"，根本不足为患。"主动权掌握在我们手中，"凯塞林又说，"泰贝萨唾手可得。"然而这一切都是徒劳无功。号角再也振作不了这匹老战马的精神。他"尽失一贯号令三军的斗志"，凯塞林注意到，"隆美尔身心疲惫。"沙漠之狐"俨然变成了垂暮老人"。

1943年5月1日，第9步兵师在突尼斯北部海岸沿线俘获的意军。

1943年5月7日，攻克比塞大港当天，第9步兵师第60团的士兵在山野中行进。

第 9 章　凯塞林之战

塔莱已经是轴心国北非战役的末尾了。在这个阴雨绵绵的 2 月 22 日星期一，双方炮击不断。截至傍晚，美军炮兵的 105 毫米口径的炮弹只够打 15 分钟。欧文认为 1943 年 2 月 22 日（星期一）是二战期间，他所经历过的最艰苦的一天，这位还要继续在未来的两年中经历多次战斗的军人会说出这样的话，未免会让人觉得有些偏激。但峰回路转，记者 A. B. 奥斯汀写道，在塔莱逃过一劫的英国士兵"如同在马球赛后泡了个热水澡"，嘻嘻哈哈、幸灾乐祸。

凯塞林回到罗马后，才正式批准撤兵。星期一晚上，轴心国部队走出战壕，不声不响、于心不甘地越过凯塞林隘口。第 21 装甲师负责断后，但实际上已经无后可断。"敌人追也不是，不追也不是，"非洲装甲军团 2 月 23 日的作战日志中记载，"当天无战事。"布罗伊希在凯塞林村附近一直等到最后一辆车通过了隘口附近刚布下的一个雷区，工兵又在出口堵上最后几枚泰勒地雷。隆美尔早就快马加鞭，上了经加夫萨返回位于东南部的马雷特的路。他抽空写了封家信："一连数日苦战，我目前安好。可惜我们没能守住夺下已久的阵地。"

敌人追也不是，不追也不是。2 月 22 日，艾森豪威尔给弗雷登多尔发了一封甜言蜜语的电报："在你英明的领导下，敌军目前的进攻终将不能得逞……时间一旦成熟，你部将担当重任，一举将敌人赶出突尼斯。"

当天晚上，总司令又打来电话，称"时机"已经成熟。截获的德军电报表明，德军全面撤兵。弗雷登多尔"大可以放心"地发动反攻，一举擒获隆美尔。艾森豪威尔认为万无一失，才提出"担负全责"。

弗雷登多尔迟疑不决。他认为，敌军可能"还留了一手"。为小心行事，最好还是再守一天。陆军情报官招募突尼斯密探侦察敌军的动向，谁料"阿拉伯人多半目不识丁、不识数，甚至不会看表"，侦察能力十分有限。无人知晓隆美尔身在何处。

第 2 军和第一集团军都犹豫不决。挨了一个多星期的打，高级军官恨不得远远躲着敌人。亚历山大将军在君士坦丁足不出户，试图理清他 3 天前接手的混乱局面。没人顾得上掌握主动权。

几项人事大变动又耽搁了盟军乘胜追击的步伐。艾森豪威尔一直在考虑弗雷登多尔免去沃德职务的请求，他本已准备答应，却听特拉斯科特说，他已"整顿了"撤退期间部队的秩序。总司令从摩洛哥招来了巴顿在"火炬行动"中的一名部下，欧内斯特·N. 哈蒙少将。哈蒙到了阿尔及尔，艾森豪威尔既想要他担任第 2 军军长，又想委任他第 1 装甲师师长的职务，一时难以取舍。人高马大、一度被人称为"无人管束的眼镜蛇"的哈蒙打断了他："你看着办吧，我总不能身兼两职。"他转身上床，不料又被艾森豪威尔叫了起来，替他系上鞋带，这才打发他去突尼斯前线。

2 月 23 日星期二，凌晨 3 点，哈蒙赶到库维夫，出任弗雷登多尔的"高级助理"。艾森豪威尔也致电弗雷登多尔，直截了当地说："我没想到你要撤换沃德，在我看来，至少在两次实战中，他表现出色。"弗雷登多尔一屁股坐在火炉旁的一把椅子上，提笔写了份委任状，任命哈蒙为副军长，负责指挥第 1 装甲师和英国军队。一周之内，哈蒙就被擢升为盟军第八大战略指挥官。"拿去，"弗雷登多尔说，"这支部队是你的了。"哈蒙断定此人是喝高了，把委任状往兜里一揣，乘一辆吉普车去了塔莱。

哈蒙找到并不为委任状所动的尼科尔森。尼科尔森不亢不卑地解释，他打算"决一胜负"，在此之后，哈蒙才能接过指挥权。"哈蒙最初稍显意外，

凯塞林隘口惨败期间被艾森豪威尔派往突尼斯的欧内斯特·N. 哈蒙少将 6 周后归来，担任第 1 装甲师师长。直率、身材结实的他，人称"无人管束的眼镜蛇"。

但很快便鼎力配合，"尼科尔森说，接着又补充道，"我们昨天狠狠地教训了他们一顿，今天早上还要再过把瘾。"哈蒙大声附和，然后去见沃德。"鬼才回来呢。"哈蒙公开说。

2月23日早晨，一名青年军官冲进塔莱的一间地下室，向尼科尔森和邓费报告："德国人跑了！"指挥部顿时炸开了锅，开始议论这激动人心的消息。两位准将不放心，乘一辆巡逻车前往那座曾由莱切斯特兵把守、早前被血洗的山头。

一名军官说，除了趁火打劫的阿拉伯人之外，"眼前只有空荡荡的阵地"。尼科尔森一时还不敢相信手下这支部队逃过了一劫，突然想起了吉卜林（Kipling，1865～1936年，英国作家、诗人。——译者注）的诗句：

> 人们难以说出，但真主知道，
> 　那些隐藏在另一面的伤痛。

按照惯例，隆美尔总会留一支部队把守隘口，用于伏击忘乎所以的追兵。上午11点30分，事后怪自己胆子太小的尼科尔森派侦察兵去探情况，但"不得仓促行动"。经他首肯，这队侦察兵等到下午3点才慢慢摸向凯塞林。

隆美尔早不见了踪影，但盟军花了一天多，才分批翻过大东塞尔。"我

1943年3月，沃尔特·B."比特尔"·史密斯少将在自己的办公室。史密斯是艾森豪威尔的参谋长，他才华横溢，却也性情暴躁。

们行动迟缓,"哈蒙事后承认,"才放跑了他们。"沃德慷慨地任命哈蒙为自己的参谋,然后提笔给盟军联合司令部的比特尔·史密斯写了封短信。

他再难同弗雷登多尔共事。互相猜忌已到了不可调和的地步。手下只剩下两名参谋和一名司机的沃德,垂头丧气、不声不响地在罗比内特的指挥部附近搭了顶帐篷,等候阿尔及尔回话。一位副官注意到,沃德"情绪低落,需要休息"。

★ ★ ★

2月25日早晨,小雪纷纷扬扬地洒在小心翼翼地穿过凯塞林隘口的英美联军身上。放眼望去,满目都是"德军和美军飞机的残骸、焚毁的车辆、被丢弃的坦克和散落一地的弹壳",罗比内特说。一只罐头盒、一封没来得及写完的情书、一双拳击手套都是战争胜败的见证。戴着插了黑羽毛头盔的意大利俘虏为已经膨胀得认不出面目的尸体掘墓。一名看守俘虏的美国大兵坐在吉普上,一边嚼口香糖一边看超人漫画。盟军下令严厉打击趁火打劫的行为,雪地上不时传来阵阵嘶哑的冲锋枪声。突尼斯人夺路而逃,或中弹倒地。

就算盟军想要奋起追击,也不敢触隆美尔麾下狙击手的霉头。和凯塞林附近的13座桥一样,斯比巴和斯贝特拉之间的9座桥梁被悉数炸毁。德军埋设了4.3万枚地雷。在隘口以东,盟军的"车辆从四面八方进入雷区,"一位英国军官说,"扫雷是最无聊的事。"遇到雨天,靠电池供电的探雷器短路,工兵只得带上刺刀探针,像"球童或高尔夫球手寻找丢了的球似的趴在地上"。

1943年2月26日,美军工兵在凯塞林火车站排雷。隆美尔手下的溃兵埋下了4.3万枚地雷,逼得美军像"球童或高尔夫球手寻找丢了的球似的趴在地上"排雷。

大兵们还要留意那些骆驼的残缺不全的尸体，因为骆驼蹄的压力足以引爆一枚含 11 磅 TNT 的泰勒地雷。

盟军一直没有统计出确切的伤亡人数，主要原因在于法、意和突尼斯人的伤亡总是不清不楚。参战的 3 万美军损失了 6 000 人，其中一半人失踪（德军的记录始终较为精确，共俘虏盟军 4 026 人）。弗雷登多尔的第 2 军损失 183 辆坦克、104 辆半履带式装甲车、200 多门大炮、500 多辆吉普车和卡车。除了倒霉的莱切斯特兵和数十辆坦克，英国损失相对较小。德军阵亡 201 人，伤亡总人数不到 1 000。

几个美军单位损失惨重，如第 1 装甲团的 2 营和 3 营，以及合并后仍不满编的 23 营。在"预备役行动"期间，第 6 装甲步兵团在奥兰惨遭重创，凯塞林一战又遭血洗，750 名官兵仅剩 418 人。幸存者犹如衣衫褴褛的福吉谷大兵（Valley Forge，1777 年冬，费城陷落，华盛顿率领败兵残将在这里修整，被冻死的士兵不计其数，是独立战争中最艰难的一段时光。华盛顿利用这段时间重新训练军队，冬天过后，又杀出谷来，重新与英军较量，最终赢得了独立战争的胜利。因此，美国政府在费城规划建造了国家独立历史公园。——译者注），多半光着脚。"我军上下都明白这非同儿戏。"艾森豪威尔告诉马歇尔。

"不可一世的美国人如今因我军史上最大的一次战败而蒙羞，"哈利·布彻在日记中写道，"无疑垂头丧气。"从法伊德隘口到塔莱，美军一周内被逼退了 85 英里，远超过两年后在比利时阿尔登的那场臭名昭著的"突出部战役"。由此看来，凯塞林战役可算是美军吃过的最大一次败仗。

虽说和十天前一样惨痛，但美军只是暂时后退，而不是战败。隆美尔没能夺下盟军的补给站，也没能将英国第一集团军逼出突尼斯北部，盟军并未遭到重创，元气未伤。久经沙场的德军足智多谋、杀气腾腾，轴心国军队的指挥官也高风亮节，带头冲锋陷阵。但轴心国最高统帅部内你争我斗、效率低下，帮派林立，比盟军内部还要糟糕。

双方都违背了重要的作战原则，没有乘胜追击，也没有善加利用敌人内部的混乱。轴心国军队在西吉·布·吉特和塔莱一错再错。此外，隆美尔两次违背了"集中兵力攻击一点"这一基本原则,他选择兵分两路、长线出击。阿尼姆是对的:"没有我的鼎力相助,以一支士气低落、疲惫的部队远征山国实属眼睛大肚子小。"

盟军再次出现了严重的失误。在凯塞林附近作战的 5 个美军师几乎是各自为战。领导走马灯似的频繁调动,有时候甚至一天换俩。简直就是盲人骑瞎马、陌生人指挥陌生人。多年来,弗雷登多尔因美军的拙劣表现饱受苛责,和他的几位部下一样,已经力不从心,跳不出一战的老套路,适应不了现代化的机动战。然而罗比内特认为,不能"一概"怪罪弗雷登多尔。他写道:"翻遍史书,怕是也找不出比此次行动中盟军的指挥机关还要混乱的机构了。"

这个错应该算到艾森豪威尔头上。2 月 20 日,隆美尔大军进逼隘口,艾森豪威尔还在阿尔及尔召开记者会,说"吃了败仗,我担全责",之后却又矢口否认。他承认自己高看了法军,盟军把战线拉得过长,不堪一击。他后悔没在 11 月坚持将法军纳入盟军,以便统一指挥。此外,他在战后写道:"倘若能在 11 月末忍一时之辱,转进攻为防守,敌人恐怕讨不到一点便宜。"

就像他在 2 月中旬,只是建议但没指示第 1 装甲师集中兵力发动进攻一样,他建议但没指示弗雷登多尔大举反攻。37 毫米"小口径步枪"和 75 毫米口径半履带式"紫心勋章盒"远比不上德军的装甲车。2 月末,他甚至为此感到意外,尽管在几个月前他就看出了这些缺陷。西吉·布·吉特之行后,他度过了"漫长、坐卧不安"的一周,期间大部分时间都在口授参谋长联席会议内容,最后还是马歇尔斥责他:"局势艰难,你却将时间花在我们身上,这让我感到不安……你不妨把心思放在这场战争上,我们的工作是支持你,而不是折磨你。"

当然,他依然功不可没。他调派第 2 装甲师和第 3 步兵师增援前线,并派出第 9 师的炮兵驰援塔莱。他致力于重整法军;设计美军训练方法;大刀阔斧地改革情报战;和总是发来令人头疼的电报、坚持要在 3 月结束突尼斯战役并于 6 月出兵西西里的丘吉尔周旋。"我们要准备打一场苦战,"2 月 17 日,艾森豪威尔对首相说,"战争不是你我所想象的那样,说结束就能结束。"

他反省了错误,并从中吸取了教训——这是艾森豪威尔秉持一生的美德——为将要在意大利和西欧打响的战争积累了大量经验。他锻炼自己的意志,准备迎接未来更加险恶的每一场大战。他在给儿子的信中写道:"他们不定哪天就会给我安个莫须有的罪名,把我撤掉,继而降级……我不会伤心,你也无须烦恼……现代战争错综复杂,政府只能拿人当棋子。"

美军指挥官一旦学会联合作战,将装甲兵、步兵、炮兵等作战部队合而为一,艾森豪威尔就可以重振精神。这就好比联盟内部行动,只需在国内训练,就能迅速解决这些问题。大兵们要是在战场上学会这些,往往要付出惨痛的代价。

不过,地面部队和空军仍然各自为战。双方不顾"除非遇袭,否则不得向飞机开火"这一禁令,导致多起误伤事件发生。仅3支盟军战斗机大队,就被友军击毁或击伤了39架飞机。2月22日,迷失航向的B-17"空中堡垒"轰炸机偏离了凯塞林隘口的打击目标90英里,炸死许多突尼斯平民,重创了苏克阿尔巴附近的英军机场。空军之后道歉,并赔偿了几千美元,以了却"官司"。

除了增进各兵种之间的默契,形成联合作战的雏形这一成就之外,凯塞林的惨败还折射出了三个耀眼的希望。首先,美军炮兵在斯比巴、哈姆拉山和塔莱的战斗中展示出了非凡的能力。其次,美军指挥官在炮火中表现出了英勇气概,如欧文、罗比内特、安德勒斯、加德纳、艾伦和许多英军指挥官。最后,能够明确看出,就连埃尔温·隆美尔这种强敌都不是常胜将军,他也会犯错。令人惊奇的是,在"垂头丧气"的凯塞林之战和突尼斯大捷之间,仅仅相隔两个月。

爆破工兵除去了泰贝萨临时补给站上的硝棉和引信。筋疲力尽的官兵倒头睡了一个没有一丝梦魇的觉。10天刺耳的喊杀声过后,阴森的战场一片寂静。早晨,副官的帐篷里间或传来敲击键盘的声音,文书彻夜未眠,用一份失踪和伤亡人员名单解开了牺牲和命运的谜团。

第 10 章　早已名存实亡的世界

　　一心要整顿军纪的艾森豪威尔终于重新起用了他又爱又恨的巴顿，后者回到了第 2 军，继续用粗话鼓励着他的弟兄们。与此同时，乐观过头的阿尼姆将军又策划了几次军事行动，但都以失败告终。德军的形势不容乐观，元首纵观全局，终于下达了一个愚蠢得令隆美尔无比头疼的命令……

雷德奥克的不眠之夜

西南部艾奥瓦州被战争洗礼的第二个冬天刚刚过去，盛开的报春花和下午的太阳透着春意，大着胆子往北方蔓延。对于雷德奥克、维利斯卡、克莱林达和国内其他地方的人们来说，即便听过关于美国抗击德国，以及从非洲挥师西进的报道，战争仍然不过是个抽象的概念。艾奥瓦州人通过新闻、电影和家书了解这场战争，以为自己能够感同身受，但这都不是亲临战场。

蒙哥马利县的专科学校因生源不足而关门。美国利津公园内的棒球场因为人迹罕至，长出了大量杂草。护士和青年医生一走而空，退了休的老医生赖利经动员出山填补了空缺。雷德奥克出租车公司首次聘请了女司机，但个个都难得出车，因为就算有汽油配给卡，除了农民和其他急用，一周只能加4加仑油。

全民皆兵。雷德奥克电影院差不多每晚都要播放电影，周末还加映一场。放学后，孩子们涌向市中心的绿鹦鹉商店买汽水。J.C. 彭尼商场的货架上空空荡荡，但顾客还是不时会进来逛一逛，仿佛购物是一种思维运动，不是买卖。雷德奥克潜行虎队——当然，没人真正看懂这支球队吉祥物的意义——准备参加区篮球赛。学校体育场内正在上演学生剧《十人组》，吸引了一大批人。播种季节临近，多亏州战时委员会英明，增加了蒙哥马利县的犁和中耕机的配额,解决了农机不足的燃眉之急。

即使前线远在天边,但爱国热情仍然高涨。"凯旋日"图书募捐活动已经募集到了 500 本书,雷德奥克的学生要买 900 美元的战争债券,为军队认购一辆吉普车,买得多则可认购九辆。一战老兵精心筹划了一场活动,准备将 1943 年 3 月 9 日作为纪念日,以纪念 M 连于 1918 年的同一天"跳出战壕冲向德军"25 周年。

借喜讯之名,突尼斯传来了第一条坏消息。2 月 22 日,《雷德奥克快讯》以"穆尔率众突出纳粹重围"为题,在头版刊发了一条合众社的报道。在这篇电头为"发自突尼斯前线"的文章中,将这位前娃娃上尉描绘为"眼睛发红、形容憔悴、因缺粮缺水而四肢无力",还历数了他是如何带领手下一众官兵,突出遭德军包围的山头,转移到安全地带。在蒙哥马利县,人人都认为罗伯特·穆尔是一个非常优秀的军人。在之后的两周时间里,除了关于一个遥远的凯塞林发生的战斗的简讯之外,又陆续披露了其他一些详情。

3 月 6 日夜,雷德奥克接到第一条电报。截至午夜,不断有几乎如出一辙的电报发来:"国防部长让我代为转达他的歉意,你的爱子自 2 月 17 日在北非参战,至今下落不明。"小镇上,穿着工装裤或华达呢西装的人们围在紧邻西联公司的约翰逊饭店大门口,靠着一对爱奥尼亚式立柱抽烟、交谈,竖着耳朵听位于库伯大街法院的大钟报时声。

收件人并不难找到。一手拉扯八个孩子长大的寡妇梅·斯蒂夫尔就是这家饭店的领班。15 分钟内,她收到了两封电报,她的两个儿子——弗兰克中士和二等兵迪安失踪,第二天早上,第三封电报送到了她手中,连女婿达雷尔·沃尔夫也没能幸免。"他们不信祈祷,"她说,"但我天天为孩子们祈祷。"维恩·比尔鲍姆家也失去了两个儿子,外加他的女婿和女婿的兄弟。吉莱斯皮的两个儿子双双失踪,他们开饲料店的父亲将电报夹进了家用《圣经》。不在本县的人比较难找,比如洛伊丝·布赖森,她在奥马哈的马丁轰炸机制造厂上班,从下午 4 点工作到午夜,主要负责装配液压管路。她丈夫弗雷德失踪的电报几经辗转,好不容易才送到她手上。17 岁那年,弗雷德就在维利斯卡加入了 F 连。

3 月 11 日，《快报》刊登了一条人们公认正确的消息："西南艾奥瓦州被重创。"仅雷德奥克失踪大兵的照片就占了头版第一页的四栏。文章第一句话就是："战争的氛围越来越浓郁，本周纷至沓来的电报触目惊心。"镇上最忙的人恐怕就是为西联送电报的一个小伙子，16 岁的比利·斯马哈。"他们怕见到我，"事后，比利告诉《周末晚报》，"我从不戴西联的帽子，怕上门时吓着他们。"

一时间谣言四起，说艾奥瓦州的谢南多厄失去了 500 人，其实当地在北非服役的官兵还不到这个数字的四分之一。但事实仍相当残酷：克莱林达损失 41 人、大西洋城 46 人、格林伍德 39 人、康瑟尔布拉夫斯 36 人、谢南多厄 23 人、维利斯卡 9 人。雷德奥克总计损失 45 人，近 M 连的三分之一，M 连损兵 153 人，其中包括一名连长和六名中尉。第 168 步兵团共损失 109 名军官和 1 797 名士兵。"就我所知，在这场战争中，恐怕还没有一个面积相对较小的地区能有这么大的一支部队。"一位军官在接受《康瑟尔布拉夫斯报》的记者采访时说道。

再一次全民皆兵。老兵取消了一战周年纪念活动。信件从战俘营转来，小镇人才知道失踪者多半（有幸）成了俘虏，许多人最后和法国、苏联、荷兰大兵一起被送到 III-B 战俘营，但军官都被送去了西里西亚的战俘营。"爸爸妈妈，除了衬衫、内裤、鞋和作战服，我一件衣服都没有，直到几天前，我已经穿着它们度过了一个月，"来自雷德奥克的杜安·A. 约翰逊中尉 3 月时在信中写道，"先寄食品来，我不管是否全是巧克力。"侥幸逃过被俘厄运或死里逃生的官兵也寄来了信，"我就剩下步枪、新自来水笔、铁锹和小命一条，"威利斯·R. 达恩中士写信给维利斯卡的父母，"谢天谢地！"

女子星期一俱乐部加紧举行书籍募捐活动，募捐箱很快就占据了镇广场四角。美国海外退伍军人协会为德国战俘营募集剃须刀。参战军人父亲协会这个日后被称为声援大队的组织也在日渐壮大。艾奥瓦州的一位大学教师在埃及工作期间遭德国人拘押了 7 个月，他举办了一场演讲，于 3 月中旬一个礼拜天的晚上为卫理会教堂吸引了 900 名会众，来迟的人只好站在唱诗席身穿长袍的歌手身后。

电报纷至沓来，比利·斯马哈忙个不休。《生活》杂志刊登了一篇关于小镇的这场灾难的报道，短短的一篇文章配了两页的小镇航拍照片，并标上失踪、被俘或阵亡士兵家的位置。《纽约先驱论坛报》的一位记者计算，"如果战斗发生在纽约市，并蒙受同一比例的损失，伤亡数字将高达 1.7 万人"。在人口仅有 5 600 的雷德奥克，麋鹿俱乐部和考兹艾尔锅炉公司为阵亡官兵铸造了小的胸章，全镇家家户户的壁炉台和钢琴上都摆着一身笔挺的军装、满脸笑容的士兵照片。华盛顿小学教师弗兰西斯·沃利在剪报簿上列了一个光荣榜，她就像在优秀学生的作业簿上贴星星一样，在每一个失踪大兵的名字前贴了一枚金星。

转眼就到了第二个春天。橡树萌发了绿芽、大雁北归，小溪一路欢歌。草儿为镇东山坡上墓碑林立的公墓披上了一层绿色。小镇人照例去忙各自的事，但战争已然深入了他们心中。"雷德奥克和美国任何一个镇子一样，深知战争的本质。"当地一位史学家写道，这话说得千真万确。

巴顿"驾到"：第 2 军的福音还是噩梦？

隆美尔不声不响地出了凯塞林，穿越突尼斯中部高原，直奔东多塞尔。在 2 月和 3 月交替之际，对阵双方又回到了在险些将美军打回阿尔及利亚的"情人节攻势"之前，各自盘踞的阵地。轴心国在突尼斯南部的势力范围变成了一个脆弱的突出部，突出的部分西及一马平川的斯贝特拉和加夫萨。

隆美尔明白，如果敌人决一死战，自己绝对是抵挡不住的。双方指挥官都看出，非洲战场的最终决战将在这片不断缩小的地盘上打响。在这片宽 50 英里、长 300 英里、近似于长方形的地盘上，两支盟军部队要对阵两支轴心国大军，为控制这片大陆和地中海南部一决胜负。

在北方，阿尼姆的第五装甲集团军正悄悄备战，旨在夺回自入冬就被安德森的第一集团军占领的地盘，扩大突尼斯和比塞大附近桥头堡的辐射范围。隆美尔在南方重整非洲装甲集团军，思考着如何截住这4个月来从埃及出发，取道利比亚西部、辗转上千英里向突尼斯挺进的蒙哥马利第八集团军。

中部，仍属于安德森部下的第2军埋葬了阵亡的官兵，出了凯塞林隘口，想看看是谁来带他们上阵。

★ ★ ★

古时的迦太基人——那些臭名昭著的失败者——常常用酷刑惩罚败军之将。艾森豪威尔是否能记住突尼斯人的前车之鉴还不得而知，但他确实是一个认真学习布匿战争的好学生。为避免遭遇同一种命运，凯塞林的硝烟还没散尽，他就物色好了替罪羊。他致电马歇尔，振振有词地说，在大规模的非洲战役中，"这不过是偶然事件"。

美军的伤亡人数已经高达6 000，加之多场败仗，令士气一落千丈。60辆救护车在奥兰机场和医院之间来来回回，马不停蹄地疏散伤员。"这令人相当气馁，"艾森豪威尔的副手埃弗里特·休斯在日记中写道，"我甚至还理不清这一战的头绪。我们群龙无首，简直就是一盘散沙。"由于新闻审查，国人仍然不知道盟军的具体损失是多少，但艾森豪威尔明白，真相终将大白于天下，恐慌也将在全世界蔓延。

第一个被艾森豪威尔拿来开刀的是他手下的情报官埃里克·E.莫克勒·费里曼准将。艾森豪威尔认为他为了揣测敌人的意图，过于依赖"超级机密"。这位准将黯然离开。"如果你已不被需要，"他说，"争辩也改变不了局面。"艾森豪威尔请伦敦派一个"洞悉德国人心理和思维"的人。军衔略低的指挥官不久也都走人了，其中就有斯塔克。他于3月2日回国，之后战死太平洋。接着是麦奎林。用保罗·罗比内特的话说，突尼斯顿时成了"职业生涯的坟场，尤其是对处于指挥系统中上层的人士"。亚历山大强烈要求革除安德森的职位，由于无法说动蒙哥马利放弃第八集团军参谋长一职，来填补这个空缺，他改变了主意，留下安德森，但需"严加监视"。

奥兰多·沃德也在等着挨这一刀。用他在日记中的话说,"已经没有我和 F 容身的地方了。"当然,这个"F"是个难题。几个月来,艾森豪威尔一直当他是马歇尔的人,并以礼相待,尽管他后悔没把巴顿派到突尼斯。总司令还两度致信马歇尔,不厌其烦地褒奖第 2 军军长凯塞林一战的韬略,称他是一位"顽强"的、名副其实的三星战将。按毛奇的说法,如果一位将军要损失一个师才能"成钢",弗雷登多尔恐怕真可谓是"百炼成钢"了。

但也不能完全无视前线的汇报。厄尼·哈蒙毫不客气。"他无才无德,"2 月 28 日,他在返回摩洛哥的路上向艾森豪威尔报告,"你应该撤了他的职。"弗雷登多尔是个"平庸无能的杂种",哈蒙还说,"肉体和精神上都是懦夫。"特拉斯科特说,"有他指挥",第 2 军打不了一场"好仗"。连亚历山大也随声附和。"我敢说,"他告诉艾森豪威尔,"你必须要一个比那家伙强的得力干将。"

一名军官刚刚抵达非洲,奉命来做他的助手。该名军官与艾森豪威尔同是第 15 届西点毕业生,他出了一个主意,艾森豪威尔认为很合适。3 月 5 日,在泰贝萨附近举行的一次作战会议间隙,艾森豪威尔请奥马尔·N. 布拉德利少将上门廊待一会儿。

"你怎么看这里的指挥?"艾森豪威尔问道,狠狠地抽了一口烟。

"相当不妙,"布拉德利答道,"我和这里所有的师长都一一谈过话,他们都对弗雷登多尔这位军长丧失了信心。"

在莱班吉(Youks-les-Bains)机场匆匆见了一面后,艾森豪威尔不声不响地解决了这个问题。弗雷登多尔被升为三星中将,去田纳西主管新兵训练,也算是荣归故里。艾森豪威尔当然懂得痛下杀手的道理,但他知道,现在还不是时候。他给弗雷登多尔来了一个软着陆,并告诉哈蒙,这是为避免动摇最高统帅部的人心——其中当然也包括他自己。他致电马歇尔,说弗雷登多尔"用兵不善,消极应战"。

3 月 7 日,弗雷登多尔把私藏的酒分给手下的参谋后,于凌晨 3 点 30 分悄悄离开了库维夫。他没有为了赌一把而飞往阿尔及尔,而是乘坐一辆普通的别克汽车,趁着夜晚敌军战斗机发现不了的情况下出发,但"减震器坏了,我们颠簸了一路",他的副官说。弗雷登多尔和随行人员在路上吃了一顿K级口粮,把带在身边的一瓶法国勃艮第葡萄酒给喝了。

"活该。"沃德写道。但没有人比比特尔·史密斯更为尖锐:"在战前,他是位优秀的上校。"

★ ★ ★

当传令兵骑着摩托车,风尘仆仆地赶来,将调任巴顿上前线的命令传达给他时,巴顿正在摩洛哥内地猎野猪。几个小时后,他飞抵阿尔及尔郊外的布兰奇大厦,和艾森豪威尔坐在一辆车的引擎盖上,进行了一次简短的会议。总司令只给了巴顿3个星期的时间整顿第2军,随后便要准备出兵西西里。"你无须向我证明你自己的勇气,我要你担任军长,不是要你去做个伤号,"艾森豪威尔说,"凡身居要职者,只要发现他没有能力胜任自己的工作,就绝不能姑息……我希望你能铁面无私。"

巴顿一直在为他至今生死未卜的女婿发愁——他亲自爬上勒西达山,遍寻约翰·沃特斯的坟墓——总之,无情不是他的本性。"在一次短会上,他声情并茂地痛斥德国人,三度潸然泪下。"布彻说。艾森豪威尔承认,这位军人痛恨敌人,"犹如魔鬼痛恨圣水"。

巴顿在库维夫小学初次露面,给奉命担任他副手的奥马尔·布拉德利留下了深刻的印象:

> 3月7日上午,警笛发出一阵长啸过后,一支由装甲侦察车和半履带式装甲车组成的车队驶进了库维夫山作为第2军司令部的校舍对面的泥泞操场……迎风挺立在第一辆车中的巴顿就像古时战车的驾驭者。他皱着眉头,印有两颗将星的钢盔的帽带紧紧地扣住他的下巴。

"他果真英气逼人。"沃德在日记中写道。一名上尉道出了许多青年军官的心里话:"他吓得我们屁滚尿流。"

第10章 早已名存实亡的世界

以上两种反应都让巴顿感到满意，他甚至顾不得去司令部小坐，就开始发表演讲。他说，军队的士气就是一心要上阵杀敌的意志，这种意志甚至要胜过对生存下去的渴望，美国人尤其要振作精神。巴顿"头顶将星、端着枪，发表了一通马西人式的演讲，就像给我们唱了一首仇恨的歌"，罗比内特说。他一口一句"我们要把那帮杂种踢出非洲"。为此，他同时鼓励军官们要"肯流汗、敢打敢拼、善于思考"，"对德国人同仇敌忾"。

第2军上下倒是很快对巴顿"同仇敌忾"。为整顿军纪，巴顿连连下达的命令引得全军上下都对他不满。按令，尉官一律要佩戴金或银质的帽徽领章，这可是敌军狙击手射杀军官时最钟爱的"靶心"。如果汽车的轮胎漏气或油压不足，被斥为"巴顿的盖世太保"的宪兵有权力惩罚司机。不打绑腿罚款15美元，"我连内衣都没有，更别说绑腿了"。一个大兵叹道。不戴领带罚款10美元。如果在战斗中阵亡的官兵没打领带和没裹绑腿，殡葬单位则不得将其下葬。不擦皮靴、不系帽带也要受罚，就算在厕所也不得违反这些规定。每晚回到学校，巴顿都要带回一堆没收来的毛线帽，他认为这是代表纪律涣散的邋遢装束。

巴顿果断、利索，却粗俗、"出口成脏"，让人搞不清楚他是要严肃军纪，还只是因为性情乖张。"特里，你的散兵坑呢？"一次，在去第1师视察的时候，

奥马尔·N.布拉德利少将出征非洲前留影，他最终接替巴顿，任职第2军军长。这位不苟言笑的密苏里人是"战场上继扎卡里·泰勒后打扮得最不像样的美军司令"，他将铲除突尼斯山中的轴心国部队比作"猎捕野山羊"。

他问艾伦。艾伦指向帐篷外的一条浅战壕,巴顿"嗖"地拉开裤锁,在里面撒了泡尿,以示对被动防守的不屑。

在库维夫,一次与"大红一师"20名军官讨论战情的会议上,哈欠连天、烦躁不安的巴顿突然大骂军官们是懦夫,要"这帮黄腹鱼……去和敌人打一仗"。艾伦手下的参谋长指出,如果系上头盔的帽带,炮弹爆炸产生的冲击波可能会折断士兵的脖子,巴顿顿时口沫横飞,高声吼道:"我需要上校提出意见的时候自然会说,否则你就给我闭嘴。"另一名军官和敌军巡逻队交手后,巴顿当着众人的面说,"你还不如被打死,什么时候要你去死,我会告诉你的。"

如果巴顿是一块磁铁,那么外号就犹如铁块一样纷纷飞向他:可爱的乔治、假戈登、领带巴顿、无聊鬼。最奉承的昵称莫过于"血胆老将",继而又变成了"犟牛""我们的老将""猛将"。钦佩他的人说他天生神武,用一位军官的话说,"他足智多谋、桀骜不驯、身强体壮、令人过目不忘……可惜生不逢时。官兵们犹如避开敌人的正面进攻一样,尽量躲着他。相信来世的人,也许会认为他是威廉·特库姆塞·谢尔曼转世,用沃尔特·惠特曼的话说,他喜欢"故作威严"。布拉德利认为,巴顿不过是"我见过最丑的一只小鸭子"。

但无论如何,第2军士气高涨,也不知是不是巴顿的功劳。从3月8日起,第2军不再隶属于安德森的第一集团军,而是直属亚历山大和第十八集团军群,作为这位元帅整编部队的一部分。第1装甲师和第1步兵师、第9步兵师及第34步兵师等美军单位团结一致、密切配合,这是在过去4个月的战斗中前所未有的。为防止敌人重新发动进攻,美军一边密布雷阵——3月每天都要布下1.2万枚反坦克地雷,一边在各师调整部署,专项训练了数周。"他们给了我们一个湿漉漉的球,"喜欢用橄榄球打比方的艾伦说,"看着我们在泥泞的战场上抱着跑。"

特德·罗斯福在3月1日的日记中写道,自1月14日以来,他第一次换了衣服。干净的内衣、热乎乎的食物和及时的信件令罗斯福感觉重获新生。他开着他的"莽骑兵"吉普车从一个兵营到另一个兵营,从一座帐篷到另一座帐篷，亲切地给士兵们提出建议。官兵们用汽油搓下制服上的污垢，排队灭虱后，他又帮忙分发勋章，用雾号似的嗓子吼着"认可"，而后便驱车去下一个军营。

"我始终认为，说美国人不喜欢勋章纯属一派胡言，"他写信给埃莉诺，"我就喜欢，我想得几个，别在身上，在你跟前晃来晃去，说：'瞧你嫁了个什么样的人。'"

但在其他一些信件中，罗斯福的慎重概括了许多已经了解到自己要与敌军决一死战的官兵们的心情："在我看来，参战国家势必要犯一段时期的错误，才能学会任人唯贤。"他如是写道：

> 我认为这场战争要打5年。要再过一个寒冬，我们才能在这片大陆上站稳脚跟。德国人要再经历一个严冬，战争才能结束……如今我们历经种种磨难，已经明白了很多，这个世界早已名存实亡。

直到战争结束，如何管理部队人员的问题都一直困扰着巴顿和其他美军指挥官。早在凯塞林隘口一役之前，派来补充因伤亡而人数锐减的部队的兵员就带来了类似的问题。如今，随着数千人涌入突尼斯，陆军部面临着重蹈覆辙的危机，就像1918年那样，陆军的人事系统彻底崩溃。

士兵就好比是火花塞或垫片，可以更换。这类零件一旦磨损或毁坏，势必需要新的零件来替换，以保证一个单位能够发挥最大的工作效率。虽然从理论上说是可行的，但这种生产线式的管理模式有几种致命的弊端。2月中旬，兵员告急，陆军部只好从驻扎在摩洛哥的第3步兵师和第2装甲师抽兵调将。这其中虽不乏精兵强将，但仍有少数几位指挥官借机把笨蛋和捣乱的家伙给筛掉了。

更要命的是，陆军部认为空军减轻了步兵的负担，使得他们的损失还不及一战。值得注意的是，谁都不曾料到，步兵的消耗竟远比炊事员和文书大。此外，作战也消耗军队。高级将领们逐渐认识到，各师在前线每作战30个小时到4天，就需要休整。以没有经验，甚至没能与战友建立感情的兵员补充各个单位,对作战来说根本不是什么好事。在突尼斯,这些弊端逐渐显现出来。由于很需要战斗兵员,许多士兵尚未完成基本训练就被派上前线,其中不乏体能低下和目无法纪的家伙。

艾森豪威尔的后勤主任承认,他们就像"一袋袋小麦"似的送了过来。一份研究报告表明,其中 80% 的人甚至不会使用基本武器。被派到第 34 师的 2 400 人中,有相当一部分人已经超龄,导致体能不足。在一批 250 人的兵员中,有 119 人已经 39 岁以上。1.9 万名经过训练的美军装甲兵补充兵员即将赶到突尼斯,但由于后勤单位的迫切需要,他们中多半的人要担任司机、搬运工和弹药管理人员。与其相信陆军人事军官的异想天开,精明的指挥官宁愿选择派干事到新兵站挑选新兵,一位军官写道:"就像去买马似的。"

士兵们的精神崩溃也是一个令人头疼的问题。用一位英国记者的话说,长时间作战的人个个"谈炮色变"。在凯塞林战役前,战场上五分之一到三分之一被疏散的官兵都患有"精神性虚脱"。1943 年春,仅第 95 综合医院的精神病科就接收了 1 700 名官兵,另有数千名官兵出现了各种不稳定的症状。艾森豪威尔为"这种目前不断增加的病例"感到寝食难安。

至于"炮弹休克"一词,是因为一战期间,人们误以为神经紊乱起因于炮火造成的脑震荡,在突尼斯,这种症状被更名为"战斗疲劳"。大兵们也称其为"战争疲劳"或"老兵综合征"。陆军的精神病主任医师这样描述患有该种病症的病人:"垂头丧气、脸色苍白、昏昏欲睡。他神情沮丧,有时泪流满面,手不住地发抖或抽搐。"

到战争结束,仅地面部队就有 50 万名官兵因精神疾病被遣散,大大超过征兵体检的比例,当时 1 500 万应征士兵中,因心理原因不合格的占 12%。每 6 名伤员中就有 1 人发展成了精神病患。

个别病例非常严重,简直骇人听闻。第 1 师的一名士兵"用头撞散兵坑,直撞得额头皮开肉绽,像个疯子似的口吐白沫"。一名 21 岁的步兵是一辆遭迫击炮摧毁的卡车上唯一的幸存者,他拿着一副背带,跑进夜色四处找树上吊。另外一名 21 岁的大兵也精神错乱了,他颤抖着说,在一次炮火掩护下,他只能拿一名德军和一名美军的尸体当掩体。数百，继而是数千名官兵四肢颤抖或麻痹、脏腑功能失调、目光呆滞。有人手脚并用地要在医院病床上挖散兵坑，涕泪横流地说"德国鬼子"要闯进病房来。

一开始，重病患者被疏散到后方，他们往往是美国或英国人，已经和各自单位失去联系，自尊心一落千丈，总喜欢夸大自己的问题。陆军的一份研究报告表明，指挥官和"旧时的清教徒对待性病一样，总是持鸵鸟心态，'我们不讨论这个'或'情况并非如此'。可情况确实如此……前线战士在战斗中惨遭折磨"。

医生很快发现，要尽量用前线的方法治疗这些病人，如电休克疗法；给士兵注射大剂量的巴比妥酸盐，让他们熟睡几天；或者用硫喷妥钠逼出他们压在心头的郁结。在接受治疗的士兵中，有近四分之三的人回到了军中各个岗位，但重返前线的还不到2%。

陆军部的精神病医生这样总结："普通士兵在最初 90 天战斗力最高，180 天后，精力消耗殆尽，差不多已经无力继续在战场上执行命令。"另一份研究报告指出，"除非丧失战斗力，任何人不得擅离岗位。步兵认为这一条有失公允……如果这样，那他们只能求死、求伤或精神崩溃"。紧绷了几个月的神经，经历了死里逃生，见够了说不口的悲伤之后，连最勇敢的军人都不免怀疑——用一位战斗机中队队长的话说——"难道我胆怯了？"现代战争可以毁掉任何一名士兵。

美军不能接受这个结论，第 2 军的新军长肯定要破口大骂。巴顿可容不得别人的能力"低下"。按他的说法，"战斗疲劳"只是一个包庇临阵退缩的胆小鬼的借口。

抵达突尼斯后不久，巴顿在视察一所靠近菲利亚纳的野战医院时发了一通脾气，几个月后，在西西里，他将因此丢掉军权，当时他粗暴地抽了两名住院士兵的耳光。他从一张病床走到另一张病床，轻声安慰受伤的士兵，他问起一名士兵是如何受的伤。这个大兵答道，他是在准备投降时被击中。巴顿旋即转身，一脸的鄙夷。"他活该，"他厉声说，"这是他要投降的报应。"

"卡普里行动"与阿尼姆的乐观主义

2月26日,东方刚露出一抹朦胧的光线,装甲车的履带发出咔咔的声响,翻过长满鼠尾草的石灰石山峦,驶向西迪恩西尔这座村民们世代务农的小村。按照盟军的叫法,"冷笑市"位于连接马特尔和巴杰的11号公路中间,是北至位于70英里外海滨小镇开普赛雷特、南至麦杰尔达河谷的布阿拉代的英军阵线的中心。

黎明时分常能听到百灵鸟的歌声和奶牛哞哞的低吟,但这些令人心旷神怡的美妙音乐到6点30分就戛然而止,德军4个营一举冲进英国守军的阵线。泥灰墙在掩护的炮火中轰然倒塌,急促的机枪声被墙体轰然崩塌时发出的声音淹没。截至上午10点,英国炮兵已经被圣诞节当天占领了朗斯托普山的鲁道夫·朗上校手下的30辆坦克(其中包括15辆虎式坦克)包围,包围圈半径已经缩小至600码。"只剩我和3名士兵,"一名中尉通过步话机报告,"我们守不了多久了,再见。珍重。"

在这次代号为"牛头"的行动中,德军向英军阵线八个不同的地方发起了进攻。虽然德军在西迪恩西尔等地取得了局部胜利,但这次突袭计划不周,反而葬送了轴心国接下来在突尼斯的命运。这次行动最初由阿尼姆策划,准备对迈杰兹巴卜展开一次小规模进攻,但因凯塞林过分乐观,此次行动的目的摇身一变成了占领巴杰,到后来甚至变成了扩大突尼斯周围的轴心国桥头堡的覆盖范围。

身为新的非洲集团军群司令,隆美尔刚刚获准统领自己和阿尼姆手下的两支大军,但阿尼姆临时想起来才告知他"牛头行动"。"牛头行动"其中最重要的一项缺失和几天前攻打塔莱时如出一辙,给了敌人喘息之机。隆美尔大吃一惊,痛斥"最高统帅部是一群傻瓜"。用一名军官评论突尼斯战役对阵双方的话说:"只是一场小仗,却有那么多将军上阵。"

当然,送死的不是傻瓜,而是国防军中的少年和没长胡子的英国大兵。两个多星期内,阵线上爆发了一次次交锋。奥尔弗里将军在第5军前线疲于奔命，四处驰援。截至 3 月 1 日，朗手下只剩 5 辆可以参战的装甲车，手下的士兵称他是"坦克杀手"。

但远在北方的德军打得还可以。阿尼姆亲自督阵，出动 8 个营，冲出贾夫纳的壕沟，踏过头年 11 月于格林和鲍尔德两座山头阵亡的士兵的枯骨。鲁道夫·维齐希率领意军和德国的伞降工兵，巧妙地包抄了驻扎在一座叫作塞杰南的、以采矿为主业的小村庄的英法联军，并于 3 月 3 日攻陷该村。将毫无作战经验的第 46 师逼退了 10 英里后，阿尼姆乘胜追击，又将他们逼退了 10 英里，所在位置距离巴杰以北的门户阿比奥山仅几千码之遥。安德森想弃守迈杰兹巴卜，因为如果德军包抄美军左翼，该镇失守"几乎在所难免"。亚历山大不仅不同意弃守迈杰兹，还下令不得再退。

继而就是一场在凄风苦雨中展开的残酷山地战。狙击手几乎消灭了所有英国下级军官，那些不屑于巴顿给美军立下新规矩的排长和连长们扯下铜制肩章，把左轮手枪换成步枪，望远镜被塞进制服，尽量掩饰身上能表明自己是军官的特征。

阿尼姆力不从心，因为兵力过于分散，无法继续扩大战果。英军北部阵线后撤 20 英里，中部阵线后撤 10 英里，南部阵线移动的距离微乎其微。在重新对突尼斯发起攻势之前，盟军要一座山头一座山头地夺回那些丢掉的地盘。英军伤亡惨重，有 2 500 人被俘，损失了 16 辆坦克。但阿尼姆的损失更加惨重，因为他输不起。尽管他自称伤亡不到 1 000 人，但英军俘虏德军 2 200 人，或许伤亡人数与其不相上下。

此外，"牛头行动"中出动的装甲车近 90% 被毁或损坏。桥头堡的覆盖范围确实稍稍有所扩大，但轴心国的阵线已经危如累卵。这次进攻最大的效果就是让隆美尔大为光火，令安德森如坐针毡，至于战果，可谓微乎其微。

"那段日子真不好受，"安德森事后承认，"总是出乱子。"

★ ★ ★

3 月 5 日下午 2 点，隆美尔的侦察车驶上盘山道，扬起金色的尘土，他仍然非常愤怒，大骂那帮傻瓜。塔莱完败——胜利原本近在咫尺啊！这已是10天前、身后200英里之外的事情。如今，他又回到了心旷神怡的沙漠，和非洲军团一同眺望东方的天际，寻找蒙哥马利大军的踪迹。这是一个美丽的国度，阳光明媚，旱地一望无际，远不同于他的祖国，甚至不同于凯塞林。他长时间地驻足，欣赏着果农灌溉果园的景象和返青的麦地，感叹道："这是多好的一块殖民地啊！"

从这座在地图上标注为715号高地的无名山头的山顶望去，北方20英里外，翠绿的地中海海面波光粼粼。往东70英里是利比亚，但英国人离得更近，兴许只有15英里，部队已经形成了一条横贯南北的阵线，据守四通八达、树木葱郁的贸易重镇梅德宁。"这世界本应是人间天堂，"隆美尔在两天前给露西的信中写道，"可做的事情非常多，特别是在非洲这片广阔的土地上。"

不错，他本可以在这里开拓出一片美丽的殖民地。但这位元帅深知，这里并非天经地义属于德国，当然也不属于意大利，尽管他们对这片土地垂涎已久。他再次敦促军部放弃突尼斯这里和身后的马雷特防线，将他和阿尼姆目前部署的长达400英里的防线缩减到100英里。但那帮傻瓜不会同意的，他们在柏林和罗马抓耳挠腮，隆美尔却执意一搏。

"卡普里行动"是一次破坏性进攻，意在捣毁第八集团军的集结区，在英国展开攻势之前，来个先下手为强。"卡普里行动"一旦失败——北部的"牛头行动"已拖延了他们两天时间——"就是我军在非洲的末日，"隆美尔将丑话说在前面，"没有理由抱任何幻想。"在山下的平原上，3.1万名官兵、215门大炮和135辆坦克（包括第10、第15和第21装甲师）都严阵以待，准备于黎明发动进攻。坦克兵在无动于衷的英国哨兵眼皮底下踢了一场足球赛。

如果说安德森在北部"总是出乱子"，那么蒙哥马利在南部却是一帆风顺。自从1月23日占领的黎波里后，除了在凯塞林战役期间那几场意在骚扰隆美尔的小规模进攻之外，第八集团军前线几乎无战事。为慎重起见，蒙哥马利打算再等一个月才进攻马雷特防线，继而挥师进入突尼斯中部。

但"超级机密"于2月末破译的情报表明,隆美尔有意进攻梅德宁。英方情报机关为补救盟军在凯塞林一战中差强人意的表现,监听人员很快弄清楚了"卡普里行动"出动部队的规模,以及发动进攻的准确时间和地点。蒙哥马利当即不再催赶手下的人马去增援那个在梅德宁担任先锋、腹背受敌的师。为加强防备,他沿长达25英里的前沿阵地布下了300辆坦克、817门大炮和反坦克炮,其兵力2倍于隆美尔的空军和3个身经百战的德国师。

一夜风雨,久久不散的浓雾掩护着冲出旱河的装甲车。3月6日清晨6点,英军官兵刚饮了茶,吃了香肠,无数六膛火箭弹就遮天蔽日地从他们头顶飞过。然而,进攻一开始,德军的进展就颇为不顺。第21装甲师的指挥官不知是计,以为那些在梅德宁以西5英里外的区域里冒充地雷的牛肉罐头是真家伙,指挥部队掉头向左,进入了英军的火炮射程,将部队侧翼暴露在了猛烈的排炮炮火之下。12辆坦克着起火来,全部被丢弃——这一切都发生在于高处观战的隆美尔眼皮底下。

面对密集的反坦克炮火,位于以北2英里处的第15装甲师和位于以南2英里处的第10装甲师同样大吃苦头。"这是一份厚礼,"蒙哥马利写道,"那家伙一定是疯了。"截至上午10点,德军装甲车停止进攻。据英国第201近卫旅汇报,逃过一劫的装甲车"像无头苍蝇"一般在钢雹中寻找隐蔽处。

炮火渐渐变成低沉的轰鸣。下午2点30分,1万名轴心国步兵发动第二轮进攻,步兵是进攻主力,不知这算不算是一份殊荣。一名冷溪近卫团士兵汇报:

> 对面山头上出现了一大批身影,队形整齐划一。一声尖厉的啸声过后,全军的炮弹倾斜而下……硝烟散去,露出一批抬着担架奔逃的身影。

在苏格兰高地团史中,此役被称为"漂亮的一仗",穿灰军装的官兵"像保龄球球瓶一样倒下"。在蒙哥马利办公桌上保存着一张隆美尔的照片,他看不出此次进攻有何过人之处。"元帅搞砸了,我要给他写封信。"他不屑地说了一句,回到拖车,说干就干。

梅德宁一役是"第一次完胜",一位英国少校喊道。不用劳烦英军坦克出击,3 万发炮弹和反坦克弹就已经令非洲军团元气大伤。蒙哥马利损失了 130 名士兵,这简直微不足道。隆美尔手下士兵共伤亡 635 人,52 辆坦克被摧毁,是装甲部队三分之一的兵力。苏格兰近卫团的侦察兵当晚悄悄潜入阵地,炸毁了已经残破的装甲车,留下的残骸"大不过小牌桌。"

在返回 715 号高地驻地前,隆美尔冒险来到阵地察看。伤亡情况明显是一边倒,英国人显然已经提前预知了这一战的部署,元帅怀疑有内奸,说不定是意大利人,凯塞林也持同一观点。两位元帅都不曾想到盟军破译了他们的信件。"从我们不能出其不意地发动进攻那一刻起,此次行动就已经变得毫无意义,"隆美尔说,"全军上下意志消沉。"

祸不单行,柏林最高统帅部当晚又驳回了元帅大幅度缩短轴心国防线的请求。"把两支大军调到这个位于突尼斯和比塞大附近的拥挤的桥头堡,简直就是自取灭亡。"希特勒下了死命令。

虽然在意料之中,但这个决定带来的打击仍旧是毁灭性的。对留在非洲的集团军群来说,"这无疑是自杀"。隆美尔称。3 月 7 日,在从 715 号高地上下来的路上,他打定主意,这就请一次已经拖了很久的病假,去奥地利的阿尔卑斯。突尼斯没人需要他——最高统帅部中策划这场战争的高层肯定不需要。

"在驱车回司令部的路上,"他的指挥日记中记载,"总司令打算这就去治病,立刻就去。"他花了一天时间和非洲的老部下道别:黄疸染黄了他苍白、瘦削的身影,脸和脖子上布满了火疖。"总司令深情道别,"他手下的副官写道,"一切都变了味。"

"几个星期不见,他的脸色令人害怕,"他手下的侦察兵指挥官汉斯·冯·勒克事后说,"他虚弱不堪……身体彻底垮了。"作战地图散落在拖车里,让人不禁联想到他输掉的事业。隆美尔起身,与部下一一握手,泪如泉涌。"一位伟人此刻洒下的泪水,"勒克补充说,"是这场战争中最令我动容的。"

3月9日7点50分,隆美尔在斯法克斯登机,飞往罗马。在一个多月的时间内,盟军一直不知他的行踪,只能追着他的影子打,但他再没踏上非洲一步。"他渐渐被内心燃烧的火焰吞噬。"他的参谋长写道。连凯塞林也难以继续保持乐观。梅德宁是"我们在突尼斯的最后一张王牌",他之后总结,"我们不能再指望战火会迟一年才蔓延到欧洲和德国。打仗需要靠运气,幸运肯定早就不再眷顾隆美尔了。"

一次,隆美尔造访希特勒设在乌克兰的秘密指挥部,趁着喝茶的工夫,他催促元首,希望缩小突尼斯桥头堡的覆盖范围,组建一个易于防守的核心要塞。希特勒一通咆哮,断了他的这个念头。"如果德国人打不赢这场战争,"元首声明,"那他们可以就此腐烂了。"隆美尔对儿子说出了心里话:"我有时候觉得他不是正常人。"

"致阿尼姆将军,"3月12日,隆美尔写道:

> 目前不得撤退……元首驳回了我立刻返回非洲的迫切请求,我只能深表遗憾。他命我立刻就医。我一如既往想念和关切非洲。元首万岁!

他心知肚明,一切都已注定,包括他为之奋斗一生的事业。"我们的辉煌一去不返,"隆美尔事后告诉儿子,"我已误入歧途。"

★★★

3月12日星期五,就在隆美尔怨天尤人之际,艾森豪威尔写信给在西点求学的儿子:"我常说,才华出众的人不是在肩负重任时能说会道,而是一往无前,拿出优秀的成绩。"

目前,美国人的确需要拿出"优秀的成绩",以体现他们的才干。如果说,在北非冬天发生的战事暴露了艾森豪威尔和这支军队的弱点,春天则是展现他麾下官兵骨气和能力的时候了。艾森豪威尔一度天真、曲意逢迎、优柔寡断、缺乏魄力,不过是个挂名司令。美军曾经懒散、傲慢、纪律涣散,不像一支真正的军队。这种习气不是说改就能改的,文韬武略的将军也不会一蹴而就。但无论如何,此战令全军焕发出一种新的活力,这成为盟军后来取得胜利,并成功解放欧洲的重要因素。

在经历了几个月的逆境后,艾森豪威尔终于时来运转,身体恢复了健康。亚历山大和巴顿替他分担了许多。轴心国军队暴露出了更多弱点,而盟军的实力正在与日俱增。丘吉尔公开吹捧他"大公无私,不计个人得失",罗斯福总统要人带话:"你告诉艾克,不仅我,全国都为他做出的成绩而感到骄傲。我坚信他能旗开得胜。"艾森豪威尔重拾信心,逐渐展现出了其卓越的领导能力。

"我严于律己,稳打稳扎。"3月,艾森豪威尔劝马歇尔放心。他看出了自己大力推行的几项规则的力量,虽说官兵并没有严格遵守和执行,但却成为他麾下这支军队的原则。首先是盟军的团结。"德国人的宣传企图告知天下,英美两国在战场上争执不休,"他在给亚历山大的信中写道,"我们要让他们看看。"他还给人以胜利的信心,用一句简单的话就能表明:天使解决了自家矛盾后,善良终将战胜邪恶。"我们还要打一场硬仗,尤其是在突尼斯,"3月21日,他致信一位老朋友,"而最终的目标是直捣敌人老巢,将他们一网打尽。"他告诉哥哥埃德加,"我们要把轴心国军队赶出非洲……这就是我们的目标!"

艾森豪威尔现在更加繁忙,但更加专注。"我不再和从前一样为政治伤神。"他告诉埃德加。他宣布,除非事关战局,否则绝不接待造访阿尔及尔的客人。"美国退伍军人协会指挥官、王子皇孙之流都是讨厌鬼,"他致信马歇尔,"无关赢得这场战争的人我一概不见。"他喜欢性能优越的探雷器、坦克瞄准器及战场上那些彩色通信烟幕弹。

艾森豪威尔不仅谦虚谨慎,而且朴实真诚,为博他一笑,官兵们在所不惜。"艾森豪威尔具有成为领导的优越天赋,"凯塞林战役数周后,一度言辞犀利的记者菲利普·乔丹在日记中写道,"我改变了对此人的看法,他的确有两下子。"3月5日,艾森豪威尔给一度分不清他们兄弟六个的小学老师写了一封信:"我排行老三,是最不起眼的一个,不知你还记不记得。"对于授予自己的第四颗将星,他告诉儿子约翰:"这还抵不上一门小炮,我只关心如何赢得这场战争。"不论和凯·萨默斯比的关系如何,他显然爱慕梅米。"我想念她,她的每一封信都胜过一切。"

他把精力主要花在了"爱斯基摩人行动"上,他暂定于6月中旬的一个满月之夜出兵西西里,他要尽一名总司令的职责,着眼于下一场战役。他组建了一支秘密部队,即141特战队(这个数字是圣乔治饭店一间会议室的门牌号)。几经波折,他为这次突击起草了9套独立行动方案。"制定'爱斯基摩人行动'作战方案是一件复杂的事情,而且困难重重……各种不确定因素和难题让我伤透了脑筋。"他告诉马歇尔。他从"火炬行动"中吸取教训,其中包括关于登陆艇、运输方案、伞兵行动等上百个因素。

除了要放眼西西里,他还要顾及突尼斯的形势。在春季的这场战役中,他主要的职责兴许只是保证完成这项迫切的任务所需的物资供应。战后,人们普遍认为美军之所以能够胜利,完全取决于其绝对的物资优势(简直可称之为"无生命的兵力")。至于撤退,则被归咎于领导无方。但现代战争拼的是政治、经济和军事制度。只有综合工业产能、民族气质和军人教育体制等各方面的力量,才能打造出彻底摧毁敌人的"武器"。

隆美尔说过一句名言:"战斗打响前,军需官就决定了一场战争的胜负。"战斗在北非打了几个月,军需官的作用才真正被承认。美国强大的工业生产力和组织能力逐渐崭露头角。工兵在奥兰港附近建起了一座装配厂,用英语、法语和西班牙语教当地人在9分钟内,把一箱零件组装成一辆吉普车。这个厂向盟军交付了2万辆车辆。附近的一座新厂组装了1 200节火车车厢,是投入北非铁路系统的4 500节车厢和250台机车的其中一部分。

早在1月末,艾森豪威尔就请求华盛顿再送些卡车。不到3个星期,一支由20艘船组成的特殊舰队从诺福克、纽约和巴尔的摩起航,满载着5 000

辆重两吨半的卡车、2 000 辆货车、400 辆自卸卡车和 80 架飞机。另外，用于压载的货物包括 1.2 万吨煤、1.6 万吨面粉、9 000 吨糖、1 000 吨肥皂和 4 000 挺冲锋枪，这些物资均于 3 月 6 日送达非洲。"干得相当漂亮。"一份陆军报告不加掩饰地指出。

一战期间，美军过半数的补给都是在国外采购（包括绝大多数大炮和飞机）。而在此次战争中，一应物资几乎都来自美国，包括大批送往苏联、英国、法国等同盟国的物资。现代战争对物资的需求量达到了一个空前的高度。虽说当今一个步兵师的规模还不到一战的一半，但耗费的弹药却是当时的 2 倍，战斗一天平均耗费 111 吨弹药。在非洲，一个士兵一个月需要的物资高达 13 吨。

但这根本难不倒美国。从 2 月末到 3 月末，130 艘舰只满载 8.4 万名官兵、2.4 万车辆和 100 万吨物资从美国启程，赶赴非洲。在凯塞林一战中，尽管第 2 军损失的坦克多过德军在此战之初集结的装甲车，但这些损失很快就补充上了。而其他物资似乎补充得更为迅速，如一经请求，不到一天，额外长达 500 英里的电话线即从阿尔及尔送到前线。巴顿请求——其实是要求——为全军上下发新鞋，8 万双鞋几乎在一夜之间送到。送到突尼斯的弹药堆积如山，官兵们在上面盖上树枝，冒充阿拉伯村庄。

美国人的本事"在于能够制造物资，而不是节约使用物资"，英方的一份研究报告巧妙地评论道。看见堆放在货舱空隙间的一箱箱可口可乐，英方后勤人员简直不敢相信。一列为驻扎在巴杰的 5 万名官兵运送干粮的火车到达之后，卸车人员发现，整列火车装载的物资是一袋面粉、一件葡萄汁、一车饼干和 16 车花生酱。车底盘和车头被分装到不同船只，就算没被运往不同的大陆，也被运往不同的港口。类似的还有炮弹和炮药、电台和电池，以及分家后根本派不上用场的其他工具。码头上的货物堆积如山、一片混乱，连压载货物都快装不下的船只又带着这些货物返程。舱单简直是一团乱：直到 1944 年夏天，军方才准确列出了运往北非的物资的清单。

"美军不是在解决问题，"一位将军指出，"而是在掩盖。"时间、人力和物资被大肆浪费，虽然浪费，美军却有迅速解决这个问题的能力。凯塞林一战后，美军航空工兵在72个小时内在斯贝特拉附近建起了5座机场。突尼斯战役期间，这样的机场总共建了100多座。突尼斯的敌人不是被"解决掉的"，而是被打垮的。

★★★

德军开创了现代军事后勤的先河，但随着战争进入第43个月，德军后勤部门已经难以维系前线各支部队的补给。由于将大量人力和物力投入东线，外加实力强大的德国海军无暇分身，北非战场轴心国军队的补给全靠意大利舰队维持。

但意大利人根本靠不住。罗马宣布参战，三分之一的意大利商船都被扣留。截至1942年9月，剩下的一半在各处海域沉没。从发起"火炬行动"到1943年5月，意大利在前往突尼斯的途中损失了243艘舰只，多半是遭盟军空袭。用一位德国军官的话说，西西里海峡是"熊熊的火炉"；在意大利水手的眼里，这是一条"不归路"，是世界上最危险的航道。意大利船长为免遭此劫，常常伪造机器故障。一艘为德军第334师运送600头骡子的运输船三次起航，三次掉头返航，一次都没能成功到达非洲。

就算船只不沉，也往往因缺乏燃料而动弹不得。盟军轰炸机对意大利船厂狂轰滥炸，自始至终都有三分之二的护航舰无法执行任务。"为德国而战"的热情随着一份份新的伤亡名单而日渐消减，意大利人开始为保卫自己的祖国而操心。

春天的脚步如飞，昼渐长、夜渐短，趁夜悄悄横穿地中海变得越来越困难。全副武装号称"西贝尔渡船"的浅吃水船算是救了急，截至1月底，90艘船拼死越过了这口"熔炉"。但德军后勤人员估计，他们需要数量为此4倍的船只，钢材紧缺却导致这支船队的规模越来越小。隆美尔启程前就有言在先，"要在北非组织起防御大规模进攻的必要兵力，"每个月至少需要14万吨补给物资，这相当于在1月和2月两个月收到物资总和的2倍，而且这还是在盟军加强封锁前的数字。相比之下，盟军3月仅借位于奥兰附近的港口转移的物

资就高达 22 万吨。

然而，令德军后勤人员头疼的还不仅仅是这些问题。盟军的狂轰滥炸吓坏了阿拉伯码头工人，装卸工需要从汉堡引进。由于港口被毁，运输补给的任务要由 200 架容克 -52 运输机来完成，但每架飞机的负载上限还不到 2 吨。突尼斯境内用于运输物资的火车燃料要从欧洲进口。由于物资短缺，机组人员开始使用当地的褐煤，这大大降低了机车的效率。等褐煤也变成了稀缺物资后，唯一的替代品是烧不了多久的油渣饼掺橄榄渣。甚至连廉价的突尼斯红酒都被用于提炼燃料了。

德国和意大利最高统帅部对这些苦难无动于衷，用一份报告中的话说，这些都是"纸上谈兵，各师都货真价实……船只和舰队永不沉没……各部队始终兵力充足"。盟军在凯塞林节节败退之际，柏林派出的一个视察组就汇报，如果轴心国的舰只以目前的速度沉没，到初夏将一艘不剩。非洲发出的警报越来越刺耳。阿尼姆警告，"如果没有补给，到 6 月 1 日，我们在突尼斯的一切就都完了。"他还说，轴心国的桥头堡届时就是"一个弹尽粮绝的堡垒"。

柏林和罗马从未兑现过许下的诺言，宣称要重振意大利海军，却无能为力，也无力可为。"希特勒不顾事实，一心要改变事实，"凯塞林的参谋长说，"凡是要他认清形势的举动，只能惹他大发雷霆。"

元首的死命令：坚守马雷特防线

电影放映机嗡嗡响起，蒙哥马利食堂内的英国军官顿时住了口。他们放下茶杯，将帆布椅摆正，对着临时用作银幕的军毯。军装上的汗味和毛衫刺鼻的味道掩盖了牛肉罐头和饼干发出的气味。耀眼的照明弹勾勒出被干涸的河床隐蔽着的指挥部参差不齐的轮廓，一弯新月挂在空中，晚风送来隆隆炮声。

电影上映了。银幕上的炮火和现实中的战事混在一起，难解难分：电影中演的是发生在 5 个月前的阿拉曼战役，现实中的是当晚第八集团军进攻马雷特防线此起彼伏的炮声。但这帮男人只对电影着迷。丘吉尔亲自为这部《沙漠的胜利》做了拷贝,自伦敦首映两个星期以来,这部65分钟的纪录片在全球掀起了一轮热潮。3月16日,蒙哥马利看了这部电影,但当过了四个晚上,他再一次观看时,仿佛仍然是第一次观看,用一名苏格兰大兵的话说,"这个头戴黑色贝雷帽的小家伙"重振了自滑铁卢以来英军的雄风。银幕发出的光照得他那张狐狸脸发白,除了稀稀拉拉的黑色胡须微微抖动之外,他几乎一动不动。

隆美尔出现在银幕上(人们在被缴获的德军电影胶片上见过他),炫耀着自己的皮风衣和遮风镜。接着,蒙哥马利用萧伯纳式富有调侃意味的语气说:"犹如一盘被压实了的钢筋。"坦克上码着炮弹,军医助手叠起担架。紧接着,工兵匍匐前进,剪断铁丝网,炮长眯着眼睛看了看表,大吼一声:"开炮!"猛烈的炮击将黑夜变成白昼。一身宽松打扮的步兵左手提枪,蜂拥上阵。刺刀挥舞,号角长鸣。战斗结束了,若隐若现的太阳晒黑了德军士兵的尸体,战俘慢吞吞地走向俘虏营,第八集团军继续向西推进。

11月13日,英国国旗飘扬在图卜鲁格上空,一个星期后,班加西也被英军占领,1月23日,的黎波里被成功解放。而现在,英军正在前往位于梅德宁路上的火车站的路上,也就是目前的马雷特阵地。"穷追不舍。"解说员说。

在首长一遍遍拍打放映机的工夫,军官们返回各自的军营。他们还有仗要打,还不到消遣的时候,再说战事一直进展得不顺利。蒙哥马利站起身,返回自己的大篷车,他身高5英尺7英寸,穿上高帮皮靴兴许要高一些。他喜欢这部电影。"一部第一流的好片子。"他致信亚历山大。用一位记者的话说:"他陶醉于这种征服者的骄傲。"

由于父亲是一位主教,伯纳德·劳·蒙哥马利在偏僻的塔斯马尼亚度过了一个"缺欢少爱"的童年,他渴望成功,认为自己生来就是为了征服别人。他的办公桌上摆着隆美尔的照片,旁边放着一本德雷克1587年出征加的斯前用于祈祷的《圣经》摹本,祈求上帝给他"真正的荣耀"。这就是蒙哥马利的追求——真正的荣耀。他洁身自好、滴酒不沾,喜欢诵读《圣经》,而且固执己见。他还喜欢在手下的爱将面前援引摩西和克伦威尔的名言警句。在于几周前举办的一次关于阿拉曼战役的研讨会上,蒙哥马利宣布在会议上禁止吸烟,而且禁止咳嗽(他自诩禁欲而且"100%"健康,丘吉尔回敬他,自己既抽烟又喝酒,身体"200%"健康)。半生戎马让他变得顽强,爱妻早逝让他变得更加冷酷。"人只爱一次,"他告诉亚历山大,"对于我来说已经结束了。"

他时常将《约伯记》中的一句话挂在嘴边:"就好似火星飞溅,人生多磨难。"他善于组织训练、排兵布阵和带兵打仗。"杀德国人,随军牧师也不放过,一周一个,礼拜天要杀两个。"他告诉手下的官兵。第八集团军20万名官兵,无人不承认他是自己的首长,也无人认为他会虚掷他们的生命。这就是蒙哥马利的才能。他手下的43个步兵营主要来自英联邦国家和盟军,所以他有足够的政治魄力避免浪费他国的部队。

自从1942年8月中旬在埃及接掌大权,在亚历山大的纵容下,蒙哥马利首先在阿拉姆哈勒法大败隆美尔,第二次,也是决定性的一次胜利发生在阿拉曼。10月22日,英军出动1 000多辆坦克,势如破竹,横扫长达40英里的轴心国防线。"及时的物资补给弥补了战略失策造成的损失。"一份报告指出。

12天后,隆美尔全线撤退,败走突尼斯南部。在阿拉曼大捷前,英军

1943年4月解放苏塞后,伯纳德·L.蒙哥马利向这个港市欢呼的人群敬礼。然而蒙哥马利令艾森豪威尔头痛不已:"我能与任何人愉快共处,除了蒙哥马利这个浑球儿。"

基本上屡战屡败。埃及大捷虽然付出了伤亡 13 560 人（敌军伤亡两倍于此）的代价，却给了丘吉尔政府和帝国一线生机。3 年来，英国首次所有教堂钟声齐鸣。蒙哥马利的粉丝们纷纷写信给自己的偶像，其中不乏求婚信，士兵们当他是电影明星，冲过去只为看一眼他疾驰而过的小车。而他现在就是一位明星。"我们都相信他能赢。"一位旅长如是说。

蒙哥马利光芒四射。他孩子气、小心眼、只顾自己，而且缺乏幽默感，不懂得谦虚，做事毫无分寸。这些都是他知名的弱点，换作别人肯定难成大事。"他应该懂得适时承认错误，毕竟都是些无关紧要的小错误，犹如浓烈色彩旁的墨渍，反而衬托出了他不轻易犯错的作风。"战后，一位史学家这样评判他。得益于"他这种颠三倒四的脾气"，他的传记作者罗纳德·列文这样描写他：

> 在战争中，人类善良的本性已经被无情、褊狭和残忍玷污；具备着眼大局同时对很多明显的事物视而不见的神奇能力；一个虔诚而且单纯的基督教徒；爱炫耀、野心勃勃，这些都是善恶仙子一股脑儿地送进蒙哥马利摇篮中的礼物。

他瞧不起法国人，"除了防守机场之外，他们一无是处"。战争期间，他还一直受美国人所累。那次在英国一见，仅点一支烟的工夫，蒙哥马利一句"好人，但不是军人！"就把艾森豪威尔打发走了。不久后，在马雷特第二次相见时，他要致信布鲁克，大肆评论这位总司令："他对排兵布阵、带兵打仗一窍不通。要想我们能赢得这场战争，他最好什么都不要管。"他见都没见过美军一面，就公开表示，"对美国人来说，真正的问题在于，军人不愿打仗，他们还没有领悟战争的真谛。"

对英国同胞来说，蒙哥马利是最具争议的一个人。他认为安德森"没能力指挥一个军"。整个第一集团军一文不值。"突尼斯特战队就是杂牌军，"他声称，"缺乏优秀的军人。"他开玩笑说要将"德国人和第一集团军统

赶下大海"。英方一位高级将领认为他是个"不忠不义的部下"。

蒙哥马利率领部队如此大摇大摆地进入突尼斯，显然是过于自信。他希望能横扫突尼斯，憧憬着赢得那不计其数的荣耀，仿佛教堂的钟声正等着他。"我们要挥师北上，打一场漂亮仗。"他告诉亚历山大。丘吉尔严厉指出："败而不馁、胜而不骄，才能无往不胜。"但用康瑞利·伯内特的话说，尽管按蒙哥马利的命令，"全军上下"分发了数万片苯丙胺，热情高涨，但这支军队仍然"像马球场上的马"，行动缓慢。

与《沙漠的胜利》中的神话相反，在阿拉曼战役之后，蒙哥马利并没有"穷追不舍"。尽管英军的坦克和大炮在数量上分别15倍和12倍于德军，而且"超级机密"等情报机关非常了解轴心国的劣势，但隆美尔还是成功带着主力部队逃之夭夭。比起撤退的轴心国部队，第八集团军离利比亚古代海盗海岸更近。这次闲游浪荡，让隆美尔有功夫在凯塞林大败美国人，再返回梅德宁自讨没趣，然后又溜之大吉。"蒙哥马利一旦赢得了名声，"英国空军少将阿瑟·科宁厄姆指责道，"他绝不敢再拿它去赌。"

★ ★ ★

现在又是一个将胜利的战果纳入囊中的好机会，这多亏了轴心国最高统帅部下的死命令。

马雷特是最后一道防线，绵延22英里，连接了地中海和南方地势参差不齐的马特马他山防线。数个世纪以来，这个狭窄的沿海山口一直是那些横跨撒哈拉沙漠、运送奴隶和象牙的商队进入突尼斯南部的主要通道。柏柏尔响马抓住商旅，逼他们喝下成桶的热水，吐出吞进肚里的黄金。

虽说希特勒犹豫再三才下令死守马雷特，但凯塞林无视隆美尔的质疑，认为向这个位置发动攻击可以一举将突尼斯变成"一个大堡垒"。如果德军退往突尼斯沿海的加贝斯或斯法克斯，就等于是给了亚历山大两支大军会师的机会，同时缩短了盟军轰炸突尼斯和比塞大的路程。按照最高统帅部3月17日下达的命令，马雷特要"坚守到底"。隆美尔远赴欧洲，阿尼姆要负责指挥由北方的第五装甲集团军和南方已更名为"意大利第一集团军"的非洲装甲集团军组成的轴心国集团军群。后者5万名德军官兵和3.5万名意军官兵中，还包括非洲军团的残部，由过去两年带领意军远征苏联的乔瓦尼·梅塞将军指挥。

马雷特防线由法国人于20世纪30年代建造，旨在抵御从东边来犯的意大利人，如今却反了过来，由22个意大利营驻守，由10个德军步兵营和第15装甲师32辆"能动"的坦克负责从后方和两翼支援。旱河到处都是宽100英尺、深20英尺的反坦克壕沟。纵深4英里的前线拉起了密布的铁丝网，布下了17万枚地雷。防线边界是25座破旧的法国仓库，其中几座水泥墙厚达10英尺。靠近轴心国西翼的山外有一片沙漠盐湖，是一道天然屏障，在法国地图上，这片湖被标记为"复杂地形"。

当然，盟军对的轴心国部队防御工事的情况一清二楚。比特尔·史密斯声称，英美情报机关不仅掌握着马雷特的蓝图，还有可靠消息表明，前法军司令和6名副官正在阿尔及尔鬼混，"一个留给自己，五个给妻子。这五个人经常为夫人借火腿、熏肉和糖。"3月12日，在一封引用了《启示录》第12章中的一段经文、含糊但格调轻快的电报中，亚历山大评估了防守马雷特的敌人的意图："魔鬼知道自己时日不多，正气势汹汹地扑向你们。"

蒙哥马利懂《圣经》，而且相信自己懂敌人。第八集团军人多势众，兵力两倍于意大利第一集团军的8.5万人。梅德宁大捷令他更加坚持自己一贯秉持的观念，认为意大利人太弱，抵挡不住他的大军，薄弱的防守根本不值一提。他调遣新西兰军，以不到四分之一的作战兵力，绕道向西、昼伏夜行，深入到敌后，以2.6万人和150辆坦克的兵力突袭敌人腹背，制造混乱。而正面攻势的代号为"拳击家行动"，由第30军沿离海滩数英里的一条长达1 200码的狭窄前线发动进攻。敌军防线一旦被打开缺口，第10军将乘胜出击。"我请客，都是盛宴。"进攻前夜，蒙哥马利要部下放心，"这将是一场盛宴。"

其实，这里由德军第90非洲轻型装甲师的6 500名冷血杀手把守，50多门大炮沿4英里的前线一字排开，这里正是这强大火力网的一部分。马掌形的阵地上驻守着两个掷弹兵营,轴心国军队的工兵利用这三个月的时间加固了马雷特的防御工事。英军发射了 2.4 万发炮弹,对守军却仅仅起到了骚扰作用,近卫军哑着嗓子嘀咕几句或紧张地咬一口揣在口袋里的饼干,披着月光冲了上去。前线上空的降落伞照明弹仿佛一个个小太阳,将官兵们暴露在凶猛的交叉火力之下。沟底几番激烈的刺刀战后,近卫军留下一地血迹斑斑的羊皮大衣,开始后撤。"这是我第一次看见人突然倒地身亡,我一时不敢相信。"一名生还者说。一位德国军官跟俘虏讨要香烟,去换凉咖啡和黑面包。"对你们来说,战争是结束了,"他说,"但我还要打。"

冷溪近卫团伤亡 159 人,掷弹兵伤亡 363 人,34 名军官中伤亡 27 人。"我总算还活着,在 12 个小时之前,我甚至想都不敢想。"冷溪近卫团的随军牧师写道。"进攻彻底失败。"蒙哥马利手下的一名中尉承认,这是"最叫人丧气的事"。敌人伤亡不到 200 人。丧葬队本想从一处火力尤其凶猛的阵地抢回 69 具英军尸体,却发现在通过之前还要先排除 700 枚地雷。

胆子稍小些的人或许要重新考虑如何从正面进攻如此强大的防御工事,但蒙哥马利显然不是胆小的人。他不慌不忙地宣布,初步行动"总的来说非常成功"。由于忙于制定登陆西西里的方案,他无暇分身,对"拳击家行动"更是不闻不问,据一份英国官方作战报告称,他"放手"让师长"破碎机"J. S. 尼科尔斯去打头阵。结果尼科尔斯只出动了一个步兵旅,由一个多半只配备了 2 磅"玩具枪"的瓦伦丁步兵坦克团负责增援,令人扼腕。

成王败寇。3 月 20 日,就在蒙哥马利和军官们看电影的时候,皇家炮兵 300 门大炮打出了 3.6 万发炮弹,多半落在了法西斯青年师头上。该师的阵地就在之前被近卫军偷袭过的地中海海滨以北 8 英里处。"步兵在明亮的月光下欢呼雀跃,就像去野炊。"一名亲历者说。一位军官提着防风灯,引着一队扫雷坦克穿过令人窒息的尘土,来到齐格扎乌河边。不料河岸地势陡峭,而且河水暴涨,有些地方深达 8 英尺,两侧各有一道布满张牙舞爪的水泥桩的反坦克壕。

英军突击队员扛着云梯,仿佛回到了中世纪战场。他们在反坦克壕上架起云梯，以便步兵能冲入迷宫似的战壕。午夜时分，坦克兵在旱河河床上放了数十捆干草和棍棒，方便瓦伦丁步兵坦克通过。别的英国兵则拿带子标出了雷区范围，或为战友架起人梯，助他们爬上河岸。

到目前为止，一切尚在井然有序地进行。不久之后，领头的一辆瓦伦丁步兵坦克陷进土质松软的齐格扎乌河河床，挡住了车辆唯一的通路。坦克炽热的尾气引燃了草垛，威利照明弹、朦胧的月光和熊熊燃烧的火焰照亮了天空。在一条仓促间修好的小路上，四辆坦克顺利过了河，第五辆却陷进了泥坑，挡住了雷区的出口。

截至 3 月 21 日拂晓，4 个步兵营的部分官兵占领了一座宽 1 英里、纵深半英里的桥头堡。由于天气恶劣，飞机受阻，300 门大炮的表现也难以令将军满意，"痛击目标，打晕守军"。白天，意军炮兵发了威，一排排炮火泄进河道。德军掷弹兵和炮兵很快赶来增援法西斯青年师。伤亡人数直线上升。英军士兵花了一天工夫，才将守军赶出碉堡，天黑之后，他们又依靠瓦伦丁步兵坦克在河道中开出了一条道路。工兵原计划在齐格扎乌河开辟三条交叉通道，在历经艰险开凿出第一条后，"士兵们才模模糊糊地感觉到出了岔子，"一名亲历者说，"不知是谁给弄糟了。"

3 月 22 日凌晨时分，42 辆瓦伦丁步兵坦克通过河道，履带轧坏了娇气的堤道，反坦克炮和其他车辆无法跟进。天空乌云密布，空中增援被限制，一场暴雨令齐格扎乌河水位陡涨，工兵一天的辛苦被白白浪费。弹药车拉着沉甸甸的绿车厢冲上前线，担架员来回奔波，连担架都懒得收。"各项行动进展顺利，" 22 日上午 11 点 45 分，蒙哥马利致电亚历山大，"建议你宣布此次行动进展顺利，一切按原计划进行。"

就在蒙哥马利发出这封内容浅薄的电报 1 小时 55 分钟后，德军第 15 装甲师的 7 000 名官兵从位于齐格扎乌河西北 7 英里处的集结地出发，兵分三路大举反扑。30 辆装甲车和两个步兵营冲进桥头堡，与英军展开了一场肉搏战。天气渐好，赶来增援的盟军飞行员不敢贸然开火，怕误伤友军。装甲车有条不紊地攻下一个又一个据点，在狭长掩体和战壕内横冲直撞。35 辆瓦伦丁步兵坦克很快就浓烟滚滚。齐格扎乌翻滚的河谷俨然变成了一座屠宰场，尸体在泥滩搁浅或随波浮沉。袒胸露乳的锡克族工兵冒着噗噗入水的榴弹片，在"上柴草！"的喊声中，用铁丝网和木板抢修堤道。

"一群群受伤和没受伤的官兵们好似阴魂，在雾霭中一闪而逝，"记者杰克·贝尔登写道，"他们或在地上爬，或跌跌撞撞地乱跑。"多半士兵手脚并用地从已经排过雷的区域爬向后方。不合时宜的交谈在炮火声中若隐若现。一个声音透过薄暮，"如何组织力量，才是问题。"

夜幕降临，桥头堡失守。仅第50师第151团的伤亡人数就高达600。退兵如潮。

★ ★ ★

哪怕是好消息，蒙哥马利也反感被叫醒，自阿拉曼一役以来，他的副官从来不敢打扰他休息。3月23日星期二，凌晨2点，副官叫醒他，说第30军军长奥利弗·V.H.利斯将军求见。利斯身材魁梧，长着一口龅牙。他在位于战场东南10英里处的一辆狭窄的、用于运输地图的卡车上见到了蒙哥马利。利斯汇报，第50师幸存的官兵基本已经撤过齐格扎乌河。英军已经取消了后续进攻计划。伤亡惨重，进攻失败。

利斯奉命返回前线，蒙哥马利始终面不改色。第八集团军参谋长"弗雷迪"弗朗西斯·德甘冈准将发现司令头发凌乱、直愣愣地盯着地图，一改往日的冷静作风，脸上写满了焦急。在过去的10个月中，这是第八集团军第一次撤退。隆隆的炮声撞击着卡车，"大炮轰了一夜。"德甘冈事后回忆。蒙哥马利小声问："我该如何是好，弗雷迪？"

答案就在地图上，不到两个小时，蒙哥马利就找到了答案，恢复了镇定。在一名士兵的笔下，马特马他山仿佛一朵飘香的"紫色鸡冠花"，与马雷特防线垂直，其参差的山脊绵延近百英里，与地中海海岸线平行。狭窄的泰巴加隘口穿山而过，距离马雷特50英里，是包抄轴心国防线的必经之路。一个星期前，新西兰军正是奉命沿这个方向迂回到敌后的。迂回路线长达200英里，新西兰人穿过穴居人贫瘠的土地。这个古老的民族犹如田鼠，住在地下小屋中，希罗多德（Herodotus，约公元前484年～前425年，公元前5世纪希腊历史学家，有"历史之父"之称。——译者注）形容他们奇怪的语言如同蝙蝠的叫声。这支人马还驱车冲过一片蝗灾肆虐的地区：数百万只蝗虫卷起一阵风，从西南方向刮来，刮向挡风玻璃和坦克炮塔。3月21日下午3点左右，这支先锋部队冲进了泰巴加隘口。

多亏了纳粹空军侦察机，梅塞将军和部下才提前知晓了这次危险的夹击。也多亏了"超级机密"，英国人才知道此次行动已经被轴心国军队知晓。首先是第164师，继而是第21和第15装甲师，国防军大部队悄悄向西转移。21日夜间，新西兰军以伤亡65人的代价一举生擒850名俘虏。但随后，他们就消极待命、畏首畏尾，没有赶在轴心国援军大批赶到前乘胜追击，与从背后偷袭敌人的大好机会失之交臂。

但这都不要紧，蒙哥马利会重振雄风。3月23日凌晨4点30分，他改变计划，命令新西兰军停止小打小闹，负责主攻。利斯手下的3个师留守沿海，拖住敌方马雷特的守军。但援军要为新西兰人进攻助威，等待利斯在马雷特打开突破口后乘隙而入。白等一场的布赖恩·霍罗克斯中将和手下第10军开始执行代号为"压制行动Ⅱ"的计划，突袭敌军左翼。"我要霍罗克斯负责，"蒙哥马利在黎明前发出的电报中称，"相信他能明白。"然而，这位传奇式的新西兰指挥官却"不明白"。

伯纳德·C.弗赖伯格中将生在英国，长在西西里，在意识到自己天生是个英武神勇的军人之前，一直在做牙医。在部下中以"小孩儿"外号闻名的他，长着一颗健身球似的脑袋，蓄着扫把式的胡子，短裤下的两条细腿如枫树杆一般。在一战索姆河一役中，他获得了一枚维多利亚十字勋章，曾为鲁珀特·布鲁克这位了不起的朋友扶过灵。他身上弹痕累累，丘吉尔曾劝他露出伤疤数了数，共有27道。此外，他还是划艇好手、拳击健将、横渡英吉利海峡的游泳健将。20世纪30年代，他因"主动脉瓣闭锁不全"病退，是英国军队中最了不起的人物。

一个月前，丘吉尔还称赞他是"大英帝国的火蜥蜴"，然而这句夸奖令弗赖伯格大发脾气，"火蜥蜴是他娘的什么玩意儿？"后来他听闻，在传说中，这种生灵能在火中来去自如。"天真似孩子，狡猾如毛利狗。"弗赖伯格迷信，只是他不肯承认，比如他能从镜中看一弯新月。弗赖伯格酷爱文学，时不时操着糙嗓子，朗诵《傲慢与偏见》中获悉女儿要嫁给阔少达西先生时，博内特太太一段高兴得语无伦次的话："一年1万英镑的收入！哦，天呐！我真乐不可支了！我要发狂了！"

输给了名气没他大、军衔没他高的霍罗克斯，火蜥蜴怏怏不快。弗赖伯格一脸"冷笑、没有半分要出手相助的意思"，据英国官方历史记载，霍罗克斯则"为难气恼"。为弥补自己冒昧之过，蒙哥马利各送两人一瓶白兰地，德甘冈则在电报中口口声声地说"诸位将军"，戏称两人为"兴登堡和鲁登道夫"。

蒙哥马利暂时放下了突尼斯和西西里，专心筹划一个能与他英名相匹配的方案。除了继续展开"压制行动Ⅱ"之外，他还提出了一个非同寻常的进攻方案：于下午3点，从西南方向发动进攻，到时候，落日会照得守军睁不开眼睛。忙乱了一夜，3月26日报道，4万名官兵和250辆坦克在泰巴加隘口附近一段长4英里的古罗马城墙下部署了阵地。在伪装好的洞口中，官兵们能看见太阳划过非洲的天际，恰好落到了身后。为打发时间，军官们在战壕内下起了象棋。

下午3点30分，英美轰炸机开始向被炮兵用红蓝两色烟幕弹标注的轴心国目标发动进攻。30分钟后，皇家炮兵开始发威，一阵及时的沙尘暴刮过，令守军眼前发黑。下午4点15分，第一批坦克和紧贴车身的毛利步枪兵呐喊着冲出掩体。一位新西兰指挥官说：

> 步兵爬出掩体，在空无一人的旷野汇成一条长500码的长龙，紧紧跟在坦克身后。下午4点23分，掩护炮火向前移动了100码，发射出一排排整齐划一的炮弹。坦克和步兵冲了上去，进攻开始。

他们涌进隘口，冲在前沿的坦克发射了橙色的烟幕弹，方便盟军飞行员辨认。"快，往前冲，不许停！"军官吼道。两个德国营缴械投降，一哄而散。在一座血染的山头，一位准将汇报："遍地都是死伤的德军，自从1916年的索姆河战役之后，我还没见过在这么一小块地方就有如此惨重的伤亡。"英国坦克长从敞开的舱盖往外扔手榴弹，子弹打光后，毛利人拿石块猛砸四处逃窜的敌军。东面第4印度师的尼泊尔籍士兵"不啻猎犬嗅到了猎物的踪迹"般，吼叫着冲进战场。

夜幕降临时分，英军攻入隘口4英里。坦克"蜗牛探路似的"摸黑跑到半夜，在探出云层的月亮下，一幕奇观正在上演，英德两支军队并肩赶往泰巴加隘口末端的十字要道——哈迈。

德军赢得了这场赛跑。3月27日一早，11门反坦克炮犹如猝然放下的一道闸门，将英军拦在了哈迈以东3英里外长达一天时间。由于赶来实施封锁的部队反遭敌人包抄，梅塞将军敏捷地将部下撤出了马雷特和泰巴加隘口，折向60英里以北、有重兵把守的关卡阿卡里特河。"德军卡车和大炮的队伍犹如一条在地上游过的黑尾巴蛇，"一名英国士兵失望地说，"又一次狡猾地逃脱了。"

蒙哥马利赢得了此战，但不算大获全胜。德军三个师，在意大利友军炮灰般的增援下，拖住了英国三个军长达两周之久。但轴心国集团军为此付出了惨重代价，元气大伤。在马雷特一战中，英军俘虏了7 000人，其中三分之一是德军。第八集团军伤亡4 000人，其中包括在突破泰巴加隘口一战中损失的600人。这一仗打完之后，可以看见这样的景象：一名英国大兵押着几百名意大利俘虏；意大利俘虏鹦鹉似的叽叽喳喳地问他，要不要帮忙押送他们去战俘营，英国大兵答道："哦，上帝，不用！他们相信我。"

"这是我打过的最痛快的一仗。"蒙哥马利欣喜若狂。的确如此，只是从1943年开始，当地经历了5年大旱，当地人传说是蒙哥马利逆了天条。

第八集团军打通了门户，挥师沿海岸线东进，直捣突尼斯。凡是有些头脑的德意军官都清楚，轴心国的两支军队处境堪忧。

但第八集团军似乎缺乏一击置敌人于死地的天分，用一句成语总结他们的攻势，就是"虎头蛇尾"。3月29日早晨，弗赖伯格将军命先遣队绕过加贝斯，沿海滨公路追击。由于交通严重堵塞，已耽搁了12个小时的第4印度师只能在加贝斯待命。第51高地团穿戴整齐，在风笛手的带领下列队游行。此次追击最终不了了之。"敌人还没搞明白。"第90非洲轻型装甲师的作战日记中写道。败军趁机偷桌子、镜子、女装和钢琴。英国人只好退而求其次，缴获了满满6车皮的德国香肠。

蒙哥马利的仰慕者认为他随机应变，变正面进攻为侧面袭击，可谓胆识过人。不过，如果一位指挥官足够细致，能够制订出一个大胆的计划，或许能让马雷特一战成败立分。"我们从未丢失主动权，始终牵着敌人的鼻子走。"蒙哥马利于3月31日声称，"我们要集中兵力，重拳出击。"这个说法令人生疑，实在有违他平日英明的格言。此外，他低估了对手的才能，以及打山区战的手腕，也没把有重兵把守的齐格扎乌河对战斗的影响计算在内。这对在沙漠中转战多年的第八集团军来说是个不祥之兆：这支大军还要在突尼斯北部和意大利面对千山万水。第4印度师师长弗朗西斯·图克总结："第八集团军显然不得要领。"

马雷特一战数月之后，蒙哥马利承认，沿海滨发动攻击已然失利，他本应制定出更优化的方案，随机应变并不丢人。但没过多久他就改口，称会安排左翼部队发动致命一击。可能是因为反复重复的缘故，到战争结束，连他自己都对此信以为真。也许是因为蒙哥马利容不得自己犯错，所以刻意在自己的字典中抹去了像"失误""悲叹"和"出师不利"这类词汇。突破加贝斯，直取突尼斯，这才是他要做的事。他手下的官兵们已经振作精神，准备迎战山川、河流和凶残的敌人。

AN
ARMY
AT
DAWN

第 11 章 **分崩离析的联盟：
英美联军的内部危机**

从加夫萨到丰杜克，盟军一路挺进，可是队伍内部并不和谐。哈罗德·亚历山大将军频频越权，巴顿对他的行为提出抗议。艾森豪威尔甚至开始拿败军之将"开刀"，越来越多的将领被解职。虽然北非战事已到尾声，但盟军还能走得更远吗？

特德·罗斯福的勋章：血战加夫萨

一首阿拉伯老歌这样唱道：

加夫萨是片苦海，
它的水是血，
空气是毒药。
哪怕你待上一千年，
都交不到一个朋友。

这的确是一片苦海——一座有 1 万人口的产磷小镇。由于天高地远，于公元前 2 世纪带领努米底亚人反抗罗马的朱古达（Jugurtha，公元前 156 年～前 104 年，努米底亚国王。——译者注）曾将财宝藏于此地。加夫萨几经易手，如今已经满目疮痍。含苞待放的石榴树和杏树都遮掩不住战争造成的创伤。就在蒙哥马利着手于马雷特东南 120 英里处开战之际，亚历山大命美军再次解放加夫萨。此次行动的代号为"意大利人"，只为给占领该镇和附近山头的 7 000 名"半人马座师团"官兵一点颜色看看。士兵们为此还编了一首下流的小调:"我们三进加夫萨。"

攻打加夫萨怕是满足不了巴顿手下第 2 军的胃口,第 2 军的人数已激增到 88 473 人,其规模和南北战争结束时谢尔曼在卡罗来纳州的部队相当,之所以把这项小任务安排给他们,说明亚历山大根本瞧不起美军的作战能力。亚历山大手上有两套作战方案:一是出动第 2 军和安德森的第一集团军,把东多塞尔上的轴心国大军切成两截,孤立北部的阿尼姆和南方的意大利军;二是派蒙哥马利的第八集团军,将敌人赶进突尼斯附近的桥头堡,并一举歼灭。

亚历山大最终选择了后者。他认为美军缺乏经验,抵挡不住在攻击桥头堡时,装甲师势必要发动的反攻。"我可不想美国人碍手碍脚。"蒙哥马利在背地里告诉亚历山大。他还说,这些兄弟应该"为我们扫雷修路"。

蒙哥马利照例憋不住气,但在凯塞林一战后,亚历山大总是对美军留有余地:他对被吓坏了的美国士兵在塔莱公路上狂奔的一幕依然记忆犹新。虽说已得艾森豪威尔首肯,但他两度要巴顿不得"猝然和敌人激战",免得惹火烧身。亚历山大认为巴顿是匹"烈马",不想让他挡了蒙哥马利的路。比起蒙哥马利和安德森,巴顿更要被严加管束。

艾伦手下的第 1 师奉命到加夫萨修建一座临时军火库,在蒙哥马利攻打斯法克斯和突尼斯期间,负责从南方保护左翼,"为第八集团军助攻"。不过,侦察兵要从加夫萨东南深入加贝斯,如果一切顺利,沃德手下的第 1 装甲师在此之后就要东进,取道舍涅德车站,攻打马克纳西。由巴顿手下第 9 师和第 34 师这两个从没上过阵的师断后。

被排挤到增援这个可有可无的小角色,巴顿于心不甘,但他只好忍气吞声,准备参战。3 月 12 日,授予他三颗将星的消息传来,"我成了中将,"他在日记中写道,"现在我想要得到第四颗将星。"一天后,他似乎重新审视了自己的身份,又写道:"虽然我成了中将,但我还是和从前一样。"见到他的人都会联想到过去的将领,巴顿用 1862 年第二次马纳萨斯战役来比喻进攻加夫萨,"石墙"杰克逊从侧翼增援朗斯特里特。巴顿脚蹬褐色高筒靴、反

披羊皮大衣,对手下的指挥官说,他想"美军和德军尸横遍野"。对手下的士兵,他慷慨陈词:

> 所幸敌人不辱我们军人之名。德国人久经沙场,自信、勇敢、残忍。而我们凶悍、装备精良、身强力壮,上帝和列祖列宗都与我们同在……我们要奋勇杀敌,做个战神凯旋,与妻儿团聚,这何尝不是一件美事?

他已经开始行动。3月16日,巴顿将手下参谋召集到设在菲利亚纳一家潮湿的、弹痕累累的旅馆里的指挥部。他板着脸,因为上唇起了水泡,所以显得愈发严肃。他宣布:"先生们,我们将于明天发动进攻。如果吃了败仗,别回来见我。"说完,他起身告退,回到卧室祈祷。他在给比阿特丽丝的信中写道:"打仗前夕我总是胸闷气短。"

当天晚上,宪兵挥舞着蒙了红胶膜的手电筒,指挥一队人马上了泥泞的

1943年3月16日,美军第2军攻打加夫萨前夜,艾森豪威尔将第三颗星别在兴高采烈的巴顿肩上,将他升为中将。一位军官说,第2军新任军长"头顶将星、端着枪,发表了一通马尔西式的演讲,给大家带来了一首仇恨的歌"。

15 号公路,跋涉 45 英里,前往加夫萨。每辆车的底盘上都装了防地雷的沙袋。在朦胧的月光下,山腰上的阿拉伯人的帐篷如同蛛网。"对将军来说,最痛苦的事情莫过于下达命令后苦等战斗打响。"巴顿在日记中写道。晚上 11 点,他听到了隆隆的炮声。"好,战斗打响了,"他笔走龙蛇地写道,"我要脱鞋上床了。"

战斗没有打响,虽说美军急于上阵,并愿意忘掉凯塞林一战,相信"意大利人行动"就是第二个马纳西斯。1 200 名意大利人和一个德国侦察营据称悄悄逃走了,沃德的 A 战斗群却没发一枪一弹。A 战斗群被大雨所阻,没能按计划斩断敌人逃往舍涅德车站的退路。轰炸机轰炸加夫萨,侦察兵赶着羊在路上排雷,特德·罗斯福却仍在一座小山上苦等。听电台发了几个小时的噪声后,特德·罗斯福终于耐不住性子,冲了上去。骑兵领着一队吉普车,"仿佛一小支舰队渡过小河",一名亲历者写道。部队终于进了加夫萨,却扑了个空。凌晨 0 点 30 分,盟军宣布占领这座小镇。

"意大利人逃之夭夭。"巴顿写道。下身穿着马裤、上身套着野战夹克的他和艾伦驱车从菲利亚纳出发,却碰见了从地窖里钻出来的目瞪口呆的意大利人。一位一身黑衣的老太太在倒塌的露台上痛哭,已经变成一片废墟的小镇上空回荡着她的哭声。轴心国军队的破坏,再加上早晨的狂轰滥炸,都令这个早已被在凯塞林一战撤退期间的美军摧毁的小镇变得更加破烂。阿拉伯和意大利土匪洗劫了加夫萨 500 名法国人和 800 名犹太人的家:他们砸毁家具、撬开房门,抢走地毯、水龙头和浴缸,牵走牛和骆驼。商队已经几个月没来丰杜克,谷物交易所内空无一人。至于那些没被偷也没被砸的物品,都被统统扔下了河。轴心国占领此地后,法军曾将阿拉伯土匪枪毙示众。这时候,他们又开始围捕惯犯。

几个小时不到,这个小镇又落到美军的手中。随军牧师为圣帕特里克节举办了一场弥撒。周末,巴顿将司令部迁到了黄色砖墙、蓝色地砖的警察局。一队巡逻兵在一个废弃的矿井中发现了几节矿车,便坐了上去,矿车沿铁轨呼啸而下,他们像乘过山车似的,开心地尖叫。拉宗佳夫人很快便带着几个"女儿"从泰贝萨赶回来重操旧业,为突尼斯白人士兵 3.4% 和黑人士兵45.1%～100%的性病发病率贡献自己的绵薄之力。巴顿明令禁止美军士兵逛妓院,但法国殖民军却出租头盔和制服给他们做掩护。第2军宪兵队长和情报主任双双来报,一旦被哨兵问起是不是没穿制服,头戴法国军帽的客人便用混杂了法语的英语答道:"不是,肯定不是啦,我是摩洛哥人。"

巴顿深谙宣传之道,立刻招来了随军来到加夫萨的记者。他风度翩翩、口若悬河,用维也纳牛排和上好的咖啡款待来访记者。酒足饭饱后,溜须拍马的记者人手一包香烟和一个"救生圈"。3月17日午夜前,一家电台向美国听众告之:"乔治·S.巴顿中将志在必得。他今天首战告捷……纳粹闻风丧胆。"

但巴顿其实根本不相信,这一战能和"石墙"杰克逊相提并论。"我打赢了这场举世闻名的加夫萨战役。"他在日记中写道,不无自嘲之意。面对记者,他则说:"要是知道德国人在哪里就好了。只要知道他们在哪,我可不管他们打得有多猛。"3月17日晚,他致电特里·艾伦,不等对方开口,他就抢着说道:"你本应该继续前进,找个人打一仗。"

★ ★ ★

19日,就在蒙哥马利着手攻打马雷特之际,亚历山大改变了给美国人的命令,要巴顿兵分两路,继续向东,拿下舍涅德车站后,沃德的坦克和步兵团要再推进20英里,到达马克纳西,并派遣一支队伍摧毁位于东多塞尔对

1943年3月23日,德军第10装甲师破坏性进攻期间,一个美军反坦克装甲营在爱尔圭塔附近侦察。

面的迈祖奈纳粹空军机场。艾伦手下的"大红一师"要深入加夫萨以南的山中。达尔比手下的第1游骑兵营已经占领了位于加夫萨东南10英里处15号公路上的爱尔圭塔。意军沿着一条叫作"胶树路"的石子路逃进了深山，这条路直通往100英里以外的斯法克斯。

凡是见过比尔·达尔比的人都不会怀疑他具备在黑暗中指挥作战的才能。一位军官说，他就有这个能力，"能带人上阵，还能带他们平安回来"。他英俊帅气、为人随和，经常开玩笑说自己出生在阿肯色州的一个穷人家庭，父亲用猪槽喂养他们几个孩子。除了11月在阿尔泽和2月在舍涅德执行过几次小任务之外，这个营几乎没参过战，不少百无聊赖的游骑兵生怕和这场战争擦肩而过，申请调往常规单位，还有不少士兵在阿尔及利亚卖掉山地靴，去买酒或逛妓院。现在，特里·艾伦要交给他们一个在夜间执行的任务，令他们后悔不迭。数千名意大利人撤出加夫萨，盘踞在爱尔圭塔以东群山中一道易守难攻的山谷中。"大红一师"从胶树路发动正面进攻，伤亡数百，沿石子路转道东南的美军各单位则侧翼受敌。艾伦问过达尔比，还有没有别的办法可以避免和敌军正面交锋，绕到他们背后。

3月20日夜，500名游骑兵和70名炮兵在爱尔圭塔3英里外下了15号公路，折向东北。他们用胶布裹住狗牌，免得发出响动，又用唾沫和着泥巴抹了脸，沿一条漆黑的小路摸上了山。1 000多只靴子踩着石头发出轻轻的嘶嘶声，一名士兵将其比作"大海的呜咽"。

游骑兵们绕道10英里，翻过了高逾3 700英尺的奥尔巴塔山沟壑纵横的山肩。他们翻山越岭，下沟过涧，爬上沙石悬崖，手挽手连成"链条"。他们的手磨出了血，疼痛驱散了疲惫。凌晨1点左右，一轮明月升了起来。在这支队伍中还有一位社会名流，他就是拉尔夫·M. 英格索尔，《财富》杂志和《纽约客》的总编，日后还将成为《时代》杂志社的总经理，而当时他不过是个工兵中尉。

谁都不会相信，当月亮升起后，这一路上有多美……深谷、参差不齐的群峰,以及山谷中婆娑的月影,淡淡的流云拂过月亮,划过穹庐,这一切都被一抹柔和的银灰色调笼罩……翻过山脊,就可以看见,在数百码外,有一列披着银甲的身影蜿蜒绕过山脚。

胶树路对面是奥尔巴塔山。1943年3月20～21日,达尔比带领手下的游骑兵越过爱尔圭塔以东的山峦,从后包抄意军。(该照片由作者收藏)

21日破晓时分,英格索尔和炮兵远远落在了后头。他们拖着笨重的大炮,汗流浃背地跋涉了数英里,这一夜似乎并不令人回味。但游骑兵已经到了目的地——位于胶树路上方1 000码的山头——俯瞰沉睡的"半人马座"装甲师的营盘,盘踞在这道狭窄的峡谷中的意军两翼毫无防备。等待进攻命令的游骑兵中有人打起了盹,达尔比叫醒他们时,"一个个爬起来……睡眼惺忪,像孩子一样拿拳头揉眼睛"。他仔细观察了下方的帐篷和工事,说了一声:"好,兄弟们,给我冲。"游骑兵装好刺刀,开始往山下冲去。"你等着瞧,"一个大兵小声说,"他们不会带一个俘虏回来。"

曙光中依然黢黑的山岭回荡着清脆的"冲锋"号声。晨曦用蓝色的笔触勾勒出山谷。"给我杀!"达尔比喊道。游骑兵分散开来,吼叫着冲了上去。子弹打烂了意军军官食堂桌上已经摆好盘的早餐。大兵们还穿着内衣,就被手榴弹赶出了帐篷。"打得好,"达尔比在步话机上喊道,"我们要对南面的山狠点……他们在那里给我们捣乱。"英格索尔赶来,迫击炮刚刚开火。跪在岩石后的游骑兵让他联想到一幅描绘内战的画作上"躲在弗吉尼亚倒塌的石围墙后"射击的士兵。

第 11 章 分崩离析的联盟：英美联军的内部危机

山谷北坡上飘起了白旗。俘虏被擒获，一名会说意大利语的随军牧师还在劝其他人投降。蓝色的烟雾笼罩山谷，一名游骑兵说空气中弥漫着"大炮掀起的尘土和火药味"。阵地上尸横遍野，惊讶的神情凝固在士兵们蜡黄的脸上。德军大炮零散地还击，中午时分，战斗结束。迟来的迫击炮火给了敌人逃跑的机会，不少意大利人逃上了公路，但仍然有许多衣衫褴褛、腰上系着粗麻绳的大兵被俘。1 000 多名俘虏分散在沿胶树路行军的游骑兵和艾伦的部下中间。

炊事车送来一桶热乎乎的乱炖，大兵们用水杯或头盔做容器大吃起来。下午 4 点，游骑兵返回自己的营地。艾伦的 3 个步兵团在爱尔圭塔绕了 15 英里，才扎营宿夜。

"第 2 军阵前没什么德军，"巴顿手下的情报官"修道士"迪克逊汇报，"隆美尔和第八集团军交手后，或许要孤注一掷，对我们发动进攻。大概会在 3 月 24 日以后。"

美军 5 天内行军 75 英里，以伤亡 57 人的代价，占领加夫萨、爱尔圭塔和舍涅德车站，解放了 2 000 平方英里的土地。"就好像一场演习，"特里·艾伦沉思，"有点不对劲。"

3 月 23 日星期二，一阵急促的机枪声吵醒了特德·罗斯福。56 岁的他膝盖残疾、患有关节炎和心房纤维性颤动。特德·罗斯福掀开毯子，费力地坐起身子。为了保暖，他连睡觉也不脱靴子。几个月来，他冷得要命，称这该死的天气为"沙漠的寒冷"。3 天前，他在给埃莉诺的信中写道："我心里只有一个念头：我是不是太老了，不能上阵杀敌了？我们难道就不能重新燃烧如火的青春，共浴阳光？"

特德·罗斯福拄着手杖，迈着斗鸡式的步子爬上山顶。一听那猛烈的机枪声，他就分辨出是来自德军。枪声中还夹杂着美军的还击，哨兵吼叫着用口令盘问对方："三？"

"进攻!"对方回答道。

月光如水银一般洒遍山川,雾霭飘过脚下的沙漠盆地。东方出现了一抹瑰丽的红晕,表明拂晓即将来临。炮火仿佛愤怒的闪电。特德·罗斯福找到设在 336 号高地("意大利人山")上的第 18 步兵团的团指挥部,探身进了齐胸深的战壕。

"脚下那片方圆 7 英里的圆形平原就是战场,"两天后,他写信告诉埃莉诺,"我们看得清清楚楚。"美军阵线的形状如同一枚长约 15 英里的鱼钩。第 1 师下属的 3 个团约 1.6 万名官兵从北向南,占领了科德卜山。第 26 团负责防守靠近胶树路的北翼,正好位于特德·罗斯福阵地的左侧。第 16 步兵团的一部分兵力和第 18 步兵团的一个营居中,位于特德·罗斯福阵地右侧几百码处,此处山势渐缓,被 15 号公路一分为二,形成一道狭窄的山谷,蜿蜒 8 英里穿过美军阵线,与爱尔圭塔相接,通向遥远的加贝斯。

在公路南侧,山势较为陡峭,由美军把守。就在几个小时前,特德·罗斯福派第 18 步兵团的两个营在博尔达山高达 3 000 英尺的一处地势稍低的斜坡上布下阵线。因为地势崎岖,达尔比的游骑兵帮助这两个营把大炮运上了阵地。达尔比的防线向西弯折,是美军鱼钩形阵线上"倒钩"的部分。

工具碰撞岩石发出的声音引起了特德·罗斯福的注意。大兵们顾不得山脊上肆虐的蚂蚁和蝎子,拼命地在岩石上开凿战壕。山坡上开满了白色的小雏菊,一朵朵抬头向着朝阳。亚历山大再次改变主意,命令"大红一师"当天早上就发动进攻。第八集团军在马雷特遇到的困境,令蒙哥马利改变了对美国人的态度。就在 3 天前,他还在日记中痛斥美国人"纯粹是外行"。眼下,他却需要他们的协助。

巴顿奉命沿 15 号公路向加贝斯发动进攻,攻击轴心国侧翼。夜间,美军炮兵负责掩护艾伦的步兵,就在这个时候,情报部门警告,装甲兵来势汹汹,准备一举歼灭第 2 军。头顶传来炮声,越来越密集,特德·罗斯福猜到敌人一定会抢先一步发动偷袭。凯塞林看出,突入加贝斯公路的美军意在围歼马雷特的意大利第一集团军。阿尼姆奉凯塞林之命,派遣三个师中最强的第 10

第 11 章 分崩离析的联盟：英美联军的内部危机

装甲师赶在巴顿行动前予以反击。

在第 336 号高地上，响彻"他们来了"的叫声。特德·罗斯福瞥了一眼弥漫的灰尘和耀眼的光线，他患有弱视的眼睛顿时流出了泪水。加贝斯公路沿线地势开阔，除了杂草和几丛橄榄树之外，几乎毫无遮拦。装甲车仿佛是灰尘幻化出来的，突然就出现在人们眼前：排成长方形队列，沿着公路滚滚而来。数百名德军步兵跳下紧跟在坦克后面的卡车，左手擎着步枪，紧随其后。一位军官形容这一幕犹如"一座巨大的钢铁堡垒冲进山谷"。

队伍前方，一束束橙色炮火绽放。"敌人的坦克数量高达三位数，"一名中士事后回忆，"但没人有心思去数具体有多少。"但特德·罗斯福有这个心思：在烟幕遮住他右侧的敌军梯队前，他数了数，共有 24 辆装甲车冲向了位于 15 号公路上方的隘口。其实，第 10 装甲师的坦克只剩 57 辆，外加数量相当的装甲车和半履带式装甲车。余下的坦克兵分两路，一路带着掷弹兵和一辆用于运载弹药的平底大众汽车冲向美军左翼。在纷乱嘈杂的喊杀声中，特德·罗斯福一面为官兵们打气，一面从加夫萨调遣了一个反坦克装甲车营。

"斯图卡"俯冲轰炸机轮番轰炸，飞扑过来时距离地面非常低，军官朝天打空了手枪子弹，才跳进掩体。"我觉得伸手就能抓住它们。"特德·罗斯福事后告诉埃莉诺。装甲车车身飘起遮天蔽日的浓烟，正好作为自己和掷弹兵的掩护。特德·罗斯福说："平原上烟雾弥漫、尘土飞扬。"

然而，在美军左翼，困扰他们的可不仅仅是烟尘那么简单。上午 8 点，美军第 5 和第 32 炮兵营暴露在前沿阵地，成了敌军迫击炮的目标。两个营之所以占领这处阵地，是为了进攻，而不是挨打。"一个个身影翻过对面的山头。"一名排长汇报。不知出于什么缘故（一贯是因为混乱），第 2 军军部命第 1 师取消节省弹药的计划。可是该师还是死性不改，没把军部的命令当回事，把炮弹都留作库存，最终导致战场上弹尽粮绝。炮手用水罐往发红的炮筒上泼水，其他人则拼命地从后方扛来 96 磅的炮弹。在浅凹槽间飞奔的德国兵朝他们大吼："缴枪不杀！"炮兵打完最后几发炮弹，拿手榴弹炸掉了炮门，和步兵一同边打边退。

位于特德·罗斯福指挥部左翼的两个步兵营一样大难临头。装甲车碾平战壕，血洗了分别隶属于第 16 和第 18 团的第 3 营。两个步兵营的官兵放弃了阵地，翻过科德卜山，才在美军阵地下方的一条大河边上稳住了阵脚。第 18 营 K 连的士兵们一边高喊"来啊，你们这帮德国杂种！"一边丢出如雨点般密集的手榴弹，打得敌方掷弹兵不敢近身。截至下午 3 点，该连共投掷了 1 300 枚手榴弹，伤亡 60 多人。在靠近河边的一小片绿洲上，蓬头垢面、早就扯下领带的特里·艾伦从加夫萨搬来援兵，从泰贝萨调集补给。德军坦克炮火越来越近，一名参谋提出转移师指挥部。"我绝不后撤，"艾伦答道，"谁撤我毙了谁。"

虽然科德卜山一线的战斗无比激烈，但从南部沿 15 号公路攻来的德国人才是第 1 师将面临的真正威胁。第 601 反坦克装甲营的阵地距离特德·罗斯福阵地不远，正好俯瞰 15 号公路。30 辆装甲车横冲直撞，一个连伤亡惨重，很快就败下阵来，另一个连打到弹尽粮绝，也仓皇后撤。德军坦克冲进隘口，要从侧翼包抄美军，A 连在 2 200 码外开火，75 毫米口径大炮一轮齐射，镇住了敌军装甲车。

装甲车掉头向南，不料却陷进了一片排布在干涸湖床沼泽地上的雷区。两侧的反坦克装甲车和艾伦的炮兵越打越猛。每击中一辆装甲车，山脊上的官兵都要大声叫好，但喊得最大声的莫过于大嗓门特德·罗斯福。截至上午 10 点，装甲车深入到被美军称作死亡谷的隘口底部。"他们迟疑了一阵，之

1943 年 3 月 23 日，在爱尔圭塔附近进攻的第 10 装甲师的德军坦克遭到美军炮弹袭击。几个小时的激烈战斗后，特德·罗斯福说敌人"迟疑一阵，之后掉头撤退，我身边的人顿时欢呼雀跃"。

第 11 章 分崩离析的联盟：英美联军的内部危机

后掉头撤退，"特德·罗斯福说，"我身边的人顿时欢呼雀跃。"

第 601 营的 36 门大炮损失了 24 门。该营总计打出了近 3 000 发 75 毫米口径炮弹，近 5 万发机枪子弹。巴顿曾给 601 营营长带了句话："如果敌人再来，希望你能舍身成仁。"但该营营长最终逃过一死，并向艾伦汇报，他的营已经不复存在。第 899 反坦克装甲营损失了 7 辆崭新的 M-10 大炮，该营从加夫萨赶来投入战斗，不料却于上午 10 点在谷底中了敌人的埋伏。"勇敢，但太嫩。"特德·罗斯福如是评论该营。

第 10 装甲师的损失更为惨重。美军的炮兵、反坦克装甲车和地雷摧毁了敌军 37 辆坦克。德军抢出了几辆坦克，余下的全都付之一炬。德军向东逃窜，美国大兵哑着嗓子，跟在他们后面齐声喝彩。

第一次行动告一段落，但德国人决不会善罢甘休。艾伦和特德·罗斯福打扫了战场。伤员在担架上辗转反侧。新的大炮被调来了。19 辆吉普车躲过俯冲轰炸机和远程大炮的攻击，到后方去取弹药。13 辆载着成箱子弹和炮弹的吉普车如同超载的驳船，一路颠簸，好不容易才回来。

★ ★ ★

在开道摩托车的警笛声中，巴顿从菲利亚纳驱车上山，在此之前，他不顾一名士兵刚从阵地上下来，就让他去扛弹药，喋喋不休地训斥他不修边幅、没打绑腿。巴顿不知道德国人身在何处，这会儿他终于知道了。"我要打一场胜仗，"他说，"要是你输了，就无法成为冠军，简直是奇耻大辱。要是你赢了，你就是冠军。"

下午 3 点，一支隶属于第 2 军的英国电台窃听小组破译了德国第 10 装甲师侦察队的一条电报。德军 6 个营将于下午 4 点重新发动进攻。下午 3 点 45 分，另一条被截获的电报显示："进攻将推迟到下午 4 点 40 分。"这样一来，德军炮兵就有时间重新部署阵地。巴顿认为情报太急，已经来不及编码，只能用明码电报通知下属，德军即将发动进攻。下午 4 点 15 分，艾伦命电报员使用德国第 10 装甲师的电台频率发一条电报："你们还等什么？我们 4 点就已准备就绪。第1师。"早就来到该师师部的巴顿摇了摇头:"特里,你什么时候才能学会认真对待这场该死的战争?"

巴顿直言不讳的警告和艾伦的嘲讽,让德军认识到安保失检,第10装甲师很快就换了密码。"此次之后,我们在很长一段时间内都无法破解德军的电报。"艾伦的情报官事后承认。英方对美方的轻率大为光火,但美国人目前已准备就绪。下午4点45分,德军两个掷弹兵营、一个摩托化步兵营、一个炮兵营和两个装甲营出现在距科德卜山仅2英里的15号公路路口。巴顿和艾伦登上336号高地,找到特德·罗斯福,用一位军官的话说,三个人"像在包厢内看戏似的",在战壕内观战。

这一次,敌军坦克畏缩不前,在反坦克装甲车射程外的褐色烟雾中徘徊。A.J. 列伯林形容,坦克这样逡巡不前地进攻,"犹如舞会上缺乏信心的胖小子要去邀请舞伴跟他继续跳下一支舞,却因为不够自信而找借口转身回去,鼓足勇气后又走上前去"。德国掷弹兵则毫不迟疑,直接冲向美军阵地。轻武器和重炮打得越来越猛,形成了交叉火力网。"士兵们昂首挺胸,也不隐蔽,"一位营长事后说,"我们就像割草一样,在1 500码外就将他们撂倒。"

美国炮兵首次尝试了跳弹射击,故意让炮弹掠过地面,飞进敌人的阵地,杀伤力惊人。他们还玩起了"剪刀"把戏:将一部分炮的射程由远调近,将另一部分的射程由近调远,如同用交叉浇灌系统给花园浇水,简直是在用炮弹清扫战场。达尔比在南侧的博尔达山上观看美军定时引信炮弹雨点般撒向敌军的阵地——经过设定,炮弹将在阵地上空数英尺处爆炸。"那阴森的黑烟代表那些炮弹是在德国人头顶上爆炸的,"他写道,"不见人跑,只见尸体扑倒在地。"

这一仗更像是一场屠杀。下令使用定时炮弹阻击敌军的特德·罗斯福认为这一仗"似乎不真实"。掷弹兵首当其冲。还活着的人灰尘满面,形容狼狈,他们终将在劫难逃,归于尘土。特德·罗斯福事后写道:

> 我面前是400名敌军士兵。我们狠狠地打他们,他们匍匐在沙丘后。

第 11 章　分崩离析的联盟：英美联军的内部危机

炮兵的定时炮弹追着他们，在空中爆炸。他们跳起身，冲向后方，头顶腾起黑烟，一个个身穿制服的身影摇摇晃晃地扑倒在地。

敌军士兵黑压压地聚集在一座小山后，盟军炮兵发现了对面的一面山坡。"这个营跳出掩体，跑向后方的一条小河，"克利夫特·安德勒斯说，"但没有一个人能到达那里。"下午 6 点 45 分，第 18 步兵团的一个观察哨汇报："我方炮兵消灭了他们。"每隔 7 码就会有一枚炮弹落进这支退兵队伍。"老天爷！"巴顿小声对特德·罗斯福说道，"这样屠杀优秀的步兵，是不是罪过？"

生还者和装甲车会合了，趁着雾霭和暮色向东撤退。德军的损失无从估计，但战前就大伤元气的第 10 装甲师又遭重创。"超级机密"于 3 月 25 日发送了一封电报，上面列出的一个有 26 辆坦克的单位，其实不过是个徒有其名的装甲师。这个星期内，艾伦的攻击使德军损失了 417 人，外加 24 门大炮，其中一半都损失在 3 月 23 日。美军打了场漂亮仗，打败了在波兰、法国、苏联和突尼斯让对手闻风丧胆的老牌德国装甲师。

"我们扎扎实实地打赢了德军，是一场毋庸置疑的胜仗。"奥马尔·布拉德利称。诚然，爱尔圭塔的战斗不过是以守为攻，巴顿仍没有打响一场他心仪已久、横扫千军的装甲战。

诚然，纪律涣散和喜欢冲进敌人张开的包围圈仍然是美军一时难以克服的缺点。但在面对德军来势汹汹的进攻时，第 1 师也证明了其具备避开敌人锋芒的机动性和强大到足以威慑敌人的火力。"德国佬很快就会知道这支队伍的厉害。"艾森豪威尔发来贺电。

最能代表该师性格的特德·罗斯福获得了一枚陆军优异服务十字勋章。"我从没料到这场战斗会在我脚下打响。"他写信给埃莉诺。但 15 个月后，在一个叫犹他海滩的地方，他将因展现出与科德卜山上同样冷静杰出的指挥才能而荣获另一枚荣誉勋章。

在他的尸首旁，有一封没来得及写完的家信："好了，父母兄弟们，我们断送了他们最美好的东西。"这恰恰是他的真实写照。

铩羽而归：沃德的最后一场仗

在爱尔圭塔东南 40 英里以外，一场同样激烈的战斗打响了，最终，轴心国官兵逃往东多塞尔。

对奥兰多·沃德来说，这场战斗无异于开门红，尽管一场突如其来、水位高达 3 英尺的山洪冲走了他的帐篷和步枪。他手下有 2 万名官兵（第 60 步兵团也被纳入他麾下），227 辆坦克（近一半都是谢尔曼坦克）。3 月 21 日，沃德攻克了舍涅德车站，接着又攻占了附近的山顶小村舍涅德，盘踞于此的 542 名意军拒不"投降"，但第一发炮弹就吓得他们拼命挥舞白旗。3 月 22 日拂晓，侦察兵发现，20 英里以东的马克纳西已变成了一座空城。沃德的人马于当天上午 10 点左右进入该镇。

他继而命令官兵停止进攻，但做出这项决定令他感到非常棘手。按照亚历山大 3 月 19 日的方案，沃德占领马克纳西后应当按兵不动，等待发动"破坏者行动"，出动一个坦克营，突袭斯法克斯以东 15 英里的迈祖奈德军机场。22 日星期一上午，在驱车沿 14 号公路去往马克纳西的路上，沃德一直在思考该如何取舍。得益于灌溉水渠，这片沙漠变成了大片的仙人掌地和果园。马克纳西是一座人来人往的农业集镇，一条长达 300 码的石板街道旁椰枣树成荫，商铺鳞次栉比。在镇子以东 5 英里处，果园止于一座高数百英尺、地势参差不齐的山脊，而山脊对面就是迈祖奈和辽阔的沿海平原。

一位法国联络官劝沃德立即拿下高地，否则"要付出惨重的代价"。沃德掌握的情报很少，并不知道 14 号公路隘口只由几个意大利连队把守，而德军正赶来增援。既然有命令要他在马克纳西按兵不动，他自然无心占领高地或冒险付出无谓的牺牲。取得目前的战果，他手下只伤亡了 31 人。就在昨天，巴顿还敦促沃德"打起精神"，亲自上阵。

虽然巴顿在日记中表达了自己的恼火，认为沃德在占领马克纳西期间"终日无所事事"，但他还是决定不亲自去督阵，只派了一名和沃德配合默契的参谋。沃德抢走参谋的望远镜，发给手下的坦克指挥官。他总是这么做。

第 11 章 分崩离析的联盟：英美联军的内部危机

沃德还有别的烦恼：他从第 9 步兵师借来的第 60 步兵团毫无建树，这个团十分懒散，与沃德手下的坦克兵结怨已久。该团团长弗雷德里克·J. 德罗翰上校为该单位归谁管，和他的副手结了梁子。"这个团分为势均力敌的两派。"一位参谋事后回忆。有的军官居然联名请求撤德罗翰的职。此外，陆军部一位视察员汇报，自从利奥泰港登陆以来，这个团一直被痢疾折磨，总计发病 468 例，而且缺医少药。

罗比内特也令他头痛。自凯塞林战役以来的一个月时间内，沃德越来越不信任手下这位 B 战斗群指挥官。"罗比内特野心勃勃，要置我于死地。"沃德在 2 月末写信告诉妻子。连罗比内特的参谋也认为他背信弃义，一贯不将沃德放在眼里，和第 2 军的人合伙暗算他。一位军官称罗比内特是个"小独裁者"。沃德悲叹他是自己的"眼中钉，一个无比自负和自私的家伙"。他虽然怒火中烧，但对抗不是他的做派。他同时认为，不管罗比内特有多大的野心，他仍是一名能打善战的坦克指挥官。

"罗比内特是一个翻版的'我'，"沃德在 3 月 9 日的日记中写道，"他不好对付，但有能力。"艾森豪威尔也注意到了这一点，3 月 12 日，在给沃德的一封信中，总司令称"罗比内特极其难管，倘若万不得已，只能使用一些见不得人的手段了"。艾森豪威尔也愤愤不平：罗比内特批评军中种种缺点，他甚至在 12 月泰布尔拜溃败后，背地里向马歇尔打小报告。总司令怒火中烧，在给马歇尔的一封信中，艾森豪威尔称罗比内特是个"莫名其妙的家伙"。但罗比内特的指挥能力在前线指挥官中也算名列前茅，本人也是战功卓著，艾森豪威尔如是评价他："除非他学会管好自己的嘴，否则我决不提拔他。他聪明，但除了作战之外，他做事毫无主见。"

最后，沃德还要忍受巴顿的刁难。"乔治·巴顿凡事都要插一杠，"沃德致信艾森豪威尔，"就个人而言，我是个新人。"沃德一腔热情却没得到新军长的青睐。接替弗雷登多尔一周后，巴顿在日记中写道："第 1 装甲师畏首畏尾。"3 月 18 日，他写信给比阿特丽丝："看来我要撤一位将军的职了。"巴顿对沃德高超的指挥技巧、过人的才智和正派的为人等优点视而不见。"沃德无甚建树，"攻陷马克纳西后，巴顿写道，"而且缺乏干劲。"巴顿的脾气愈发暴躁，要沃德"走人"。

一天晚上，沃德在电话中提到，他在当天的战斗中没有损失任何一名军官，军长顿时勃然大怒。"见鬼，沃德，那不是运气，这有什么好夸耀的？那根本无益于官兵的士气！"巴顿一句话打断了他，"我要你多死几个军官。"

沃德一时语塞："你当真？"

"当真，见鬼，我当真。我要你派几名军官上阵出任观察员，不死一两个不许回来。"

沃德也希望有所建树。3 月 22 日，他在日记中写道："巴顿脾气不好，但说得在理。"

★★★

3 月 22 日（星期一），亚历山大下达了新命令，要求第 2 军赶在第 10 装甲师进攻前，按照特里·艾伦的方案，先下手为强。为对轴心国侧翼部队造成威胁，第 1 装甲师奉命继续东进。刚刚决定不占领马克纳西高地的沃德奉巴顿指示，当晚占领各座山头。巴顿说，凡是勇士无不渴望这种机会：指挥 300 辆坦克抄敌人后路。

晚上 11 点 30 分，在 36 门大炮狂轰了 30 分钟后，两个步兵营跳出位于马克纳西以东果园内的掩体，趁着月色越过宽逾半英里的草地。星期二凌晨 3 点 30 分，第 6 装甲步兵团第 3 营没有遇到什么抵抗，就占领了山头的目标。然而，第 60 步兵团第 1 营止步不前。地雷和机枪将官兵们压制在奈米亚山光秃秃的山坡上。奈米亚山地势居高临下，正好扼守住了 14 号公路上的隘口咽喉。日出后不久，该营营长向沃德汇报，他面对的敌人至少有一个营。

其实，他面对的只有 80 名德军步兵（隆美尔的前贴身警卫）和少量工兵。由于一开始就镇住了 10 倍于己的美军，德军靠子弹、石头和雨点般的巨石击退了来犯的美军。一门 88 毫米口径大炮既可用于击退进攻者，也可用于吓唬想投降的意大利人。中午时分，沃德再次发动进攻，这次动用了坦克。4 辆谢尔曼坦克被地雷炸毁，但也没能挫败美军的锐气，就在快要攻到隘口时，才被一阵子弹和石头击退。

沃德一开始就没能攻敌不备，之后又连连失误，没有集中兵力重拳出击。战场是一片山区，十分不利于坦克战。坦克冲入突破口，轧上脆弱的路基，又在到处是岩石的地带甩脱了履带。第一波次进攻中，沃德仅出动了6个步兵营。

德国守军的兵力却在不停增加。美军这时候面对的恰恰是鲁道夫·朗上校，他正奉阿尼姆命令，把守马克纳西高地。朗急于要报"牛头行动"中巴杰的一箭之仇，星期二早晨赶到这里，却发现意军士兵都逃到了后方。在向88毫米口径大炮炮手下达了"务必不能放一人一车过关"的命令后，一身汗水、两眼闪烁着已经胜券在握的精光的朗跑进隘口，组织了一场在德军眼中犹如德国"温泉关"的防守战。

8辆虎式坦克赶来助攻。看见这几辆庞然大物从迈祖奈开过来，士兵们个个欢声雷动。一同赶来的还有远程大炮、19辆小型装甲车和两个掷弹兵营。朗很快集结了350名官兵，与一支加强装甲师对峙。对于不中用的盟友，他事后说："意军虽说人多势众，但指望不上。至于那些没逃跑的，敌人一发动进攻就缴械投降。"

23日黄昏，美军第三轮进攻以失败告终，损失惨重，第3营营长腿上中了一枪。当晚，德军照明弹的冷光照亮山坡，光芒四射的照明弹每每升起，上千名官兵都会不约而同地卧倒，在镁嘶嘶燃尽之前，一个个石头人似的趴在地上一动不动。红色和橙色的曳光弹犹如一根根火针，从各个角度扎向这里，狙击手悄悄穿过阴影。纳粹空军飞行员丢下一串串蝴蝶炸弹，"仿佛一串串灯笼飘向大地，"一名士兵说，"漂亮但令人恐慌。"

星期三早晨7点，沃德出动8个营（包括若干坦克），再次发动进攻。德军前哨放美军侦察兵接近到20码内，才拿手榴弹点燃杂草，将他们击退。一部分士兵逃出大火，其余的人在用作战服扑灭火焰的过程中被射杀。沃德走出位于马克纳西以西3英里处的师部，冒着炮火来到奈米亚山山脚与蜿蜒的14号公路平行的窄轨铁路上。官兵们要么大批大批地躲进涵洞，要么三三两两地逃进果园。

他拟订了作战计划，集合手下的官兵。"快！快！它伤不了你！"他喊道，"我们要翻过那道岗，直接到正面。"但只有少部分人跟了上去。在迫击炮和机枪的火力下，士兵们又惊恐地卧倒在地。部队右翼坦克的去路被地雷封死。美军同样是从侧翼发动了一次更加彻底的包抄，但最终仍然以失败告终。沃德本以为能见到用于掩护谢尔曼坦克避过德军反坦克炮的工事——事实上他没看到掩体，只看到了敌军反攻的装甲车。美军4个营屡战屡败，没能收复一寸失地。

伤亡人数不断上升，最终达到了数百人。冷硬的石头布满战场，再严厉的恫吓也无法让士兵们从涵洞中挪出一步。美军情报人员找到了一个俘虏的日记，里面这样描述：

> 你在这里才明白，什么是花一整天都在白费功夫。这是一片不毛之地，看不见一棵树、一丛灌木，只有几根荒草，其余的只有沙漠、石头……我们从头到脚都是污垢。

第1装甲师的一位军需官说："这是一个靶场，我们是鸭子。"在一座紧邻公路、位置隐蔽的山丘上，已经狼狈不堪的沃德观看了这场战斗，下午才返回师部。

巴顿又去爱尔圭塔和艾伦的师待了一天，见艾伦击退了装甲车，他欣喜若狂。回到设立在菲利亚纳校舍的指挥部后，他三口两口吃完晚饭，提笔给比阿特丽丝写信。晚上7点，参谋拉塞尔·F.埃克斯从马克纳西带来最新战报。沃德在48个小时内毫无进展。"该死的第1装甲师在搞什么鬼？"巴顿勃然大怒。埃克斯稍失偏颇地认为，双方之所以相持不下，是因为沃德存有私心，想要在距离前线15英里处的后方设伏。巴顿拿起电话："给我接沃德将军。"说完，他摔下听筒，又回去写信了。

沃德的电话打了过来。

第11章 分崩离析的联盟：英美联军的内部危机

"你拿下那座山头了吗？"巴顿听了不到10秒，就打断了他，"我不想听什么借口。我要你去拿下那座山头，你要亲自上阵。不拿下那座山头，别回来见我。"他又摔了听筒。

巴顿上床前在日记中写道："我良心不安，担心这是让他去送死。"

★ ★ ★

沃德脸色苍白，一副慷慨就义的表情。他松开头盔帽带，拾起一挺卡宾枪，于晚上8点返回奈米亚山。

他先到隐蔽在马克纳西以东一片树林中的第6步兵团团部。在这顶臭气熏天的帐篷内，他见到了躺在担架上的威廉·B.克恩中校，作为第1营营长，克恩从奥兰一路打到凯塞林。他被一颗机枪子弹打伤了右眼，已经注射了吗啡，伤口上敷了磺胺粉，将被送往后方的野战医院。沃德拍了拍他的肩膀，转身上了路。

第6步兵团的3个营2 000多名官兵准备于午夜后发动进攻。为出其不意，他们决定事先不动用掩护炮火。沃德来到第2营阵地，官兵们见一位少将抱着卡宾枪亲自上阵，一个个目瞪口呆。3月25日星期四，中午12点30分，这支队伍出发前往东北方高大巍峨的奈米亚山。队伍在距离山脊1 200码处兵分两路，一个连折向左，另两个连由沃德带队绕到敌军右翼。前方阵地传来密集的嗒嗒声。沃德训斥一名临阵退缩的中士。"中士，你能回去面对母亲、爱人、朋友，看着他们的眼睛说，你已为祖国尽忠、对战友尽责了吗？不，你不能，"沃德说，"你要做的是往前冲。"

受到训斥的中士冲了上去，但这位中士没能冲多远。德军的交叉火力打得这个营不得不四散隐蔽。沃德带着8个人越过了奈米亚山南坡第一个和第二个山丘。他扔掉了卡死的卡宾枪。"混蛋，伙计们，"他冲身后畏缩不前的官兵喊道，"你们难道还不如一个51岁的老家伙？我们冲上那座山头！"沃德的副官欧内斯特·C.哈特菲尔德上尉怀疑这位将军是有意舍身成仁。

第三个山丘就没有这么容易越过了。"机枪火力太猛，一排机枪火力距离地面 20 英寸，另一排机枪火力距离地面 40 英寸。"哈特菲尔德说。一枚子弹击中了趴在沃德和哈特菲尔德中间的一名通信员的腿。一枚弹片削掉了沃德的眼角和鼻梁。他满脸是血，前襟也沾满了殷红的鲜血。

破晓时分，战斗进入僵持阶段。几名官兵攻上奈米亚山顶，却被德军的迫击炮赶了下去。上午 7 点，沃德爬下山，指挥坦克猛轰德军阵线，但一个小时后，该营已经弹尽粮绝，只好后撤并隐蔽在山脊以下 1 000 码处。伤员潮水般涌向包扎所。沃德下令暂时停止进攻，与两名分别丢了一条腿和被削掉半个脸的士兵同乘一辆救护车前往马克纳西。

沃德于上午 11 点返回师部，罗比内特和奥马尔·布拉德利恰好也在。沃德的模样吓了两人一跳：满脸都是干了的血迹和磺胺粉；手上和腿上布满了一道道伤口，还有青一块紫一块的伤痕；一枚机枪子弹在他的野战夹克上留下了一道口子，"就像被通红的烙铁给烫了。"就在军医给他包扎眼睛的工夫，哈特菲尔德从野战厨房给他端了一杯茶来。被问到感受时，沃德答道："非常难受。"

当天晚上，巴顿在菲利亚纳看过从前线发来的最新战报后，坐下来又写了一封家信。他的笔迹粗犷遒劲，告诉比阿特丽丝："我把沃德培养成了一名真正的军人。"

★ ★ ★

27 日，也就是两天后，巴顿来到该师师部，亲手将一枚银星勋章别在了沃德的胸口。军长"冷静、风趣、有条不紊"，沃德在日记中写道。但在授勋前的单独会见中，巴顿厉声斥责沃德懒散，过于依赖手下的参谋。"我仍对沃德或第 1 装甲师缺乏信心，"巴顿在第二天的日记中写道，"沃德缺乏魄力，而这个师也总是怯阵、容易不安，想打却又怕死。"

巴顿从老铁甲军抽调了一部分坦克，以增援位于南翼的特里·艾伦，但这仍然无法打破马克纳西以东的僵局。沃德在给该师的一封电报中骂道，"七零八落、东躲西闪……给我打起精神，"他说，"要让来犯的敌人付出生命的代价。"

第 11 章　分崩离析的联盟：英美联军的内部危机

他在突尼斯待不了几天了。从夺回舍涅德车站开始，截至 4 月初，第 1 装甲师有 304 人阵亡、1 265 人受伤、116 人失踪，40 辆坦克被毁。战果方面，该师杀敌 2 000 人，俘虏 960 人，纳入艾伦麾下的第 1 装甲团生擒 2 000 人——当然，这是个夸大的数字。艾森豪威尔致信马歇尔，称沃德"自首战受挫后，尚不能振作精神、坚定决心"，他"心肠太软"。

这话不假。担此重任必须有一副钢筋铁胆，还需具备勇于亲自上阵的魄力，但沃德太过审慎、软弱了。就连身处奈米亚山对面山头观战的朗上校，见美军在接近马克纳西高地时表现得畏首畏尾时，也不免感到意外。他断定，只要强攻，就可以将突尼斯战役的时间缩短几个星期。朗看出来，在决战中，美军似乎不愿冒付出重大伤亡的风险，即使要延长战事，也宁可利用物资上的优势打垮敌人。如是评价也十分客观。

4 月 1 日，亚历山大给巴顿的一封信决定了沃德的命运。"经再三考虑，"这位集团军司令总结，"沃德不是指挥美军第 1 装甲师的最佳人选。"（亚历山大在给布鲁克的一封私信中直言不讳地指出，沃德"无能"。）巴顿立刻请求艾森豪威尔召回于凯塞林一战中，在第 2 军短暂履职后，已经返回摩洛哥的厄尼·哈蒙。巴顿不愿当面和同僚交恶，便将这个差事托付给了奥马尔·布拉德利。"我说，布拉德利，你是沃德的好友，"他在早餐桌上说，"你去告诉他，我为什么让他走人。"

几个小时后，布拉德利来到了沃德设在马克纳西果园内的师部。在西点军校，他低沃德一级，两人同在一个连队实习过。他认为撤沃德的职实在有失公正。

似乎为了适应蒙哥马利，一次又一次地修改作战方案已经令亚历山大没有足够的精力去展现自己的智慧。至于巴顿，他没有给出有用的建议，也没有派遣步兵增援，只会破口大骂。布拉德利认为，沃德实在是生不逢时。但对于一位将军来说，在战争中，运气往往也是一种实力。

沃德似乎早已料到了一切，他只是不露声色地笑着，迎接了布拉德利。布拉德利只将巴顿决定换将的消息告诉了他，只字未提亚历山大的信。他坚信，在国内或其他战场，肯定有沃德的一席之地。

沃德的话很少。布拉德利两眼含泪地和他握手道别后，匆匆返回了菲利亚纳。

"布拉德利传我的撤职令，"沃德在日记中写道，"他比我还要不安。"他离开之前，向部下们宣布："在下特此将这个优秀的师的帅印移交哈蒙少将。恳请诸位像对我一样不遗余力地支持他。"

4月5日哈蒙才正式上任，他在赶来的一路上，先是遭国防军轰炸，继而被巴顿责难。当哈蒙问及自己该负责防守，还是发动进攻时，巴顿吼着答道："你干什么来的，问我这些废话？你要么滚出去，要么照我的吩咐干，小心我送你回摩洛哥！"沃德打好铺盖，在马克纳西等待哈蒙到来。给继任者接风过后，他说："这支队伍归你了，哈蒙。"

沃德表面上泰然自若，内心却翻江倒海。他痛恨英国人、弗雷登多尔、艾森豪威尔和巴顿，他认为让巴顿任坦克连长都是抬举他了。如果在突尼斯一切顺利，他认为自己有朝一日能坐上参谋长的宝座。在接下来的一段日子里，还有其他一系列事情令他不快。罗比内特给他发了一封言不由衷但不失慷慨的道别电报，"感谢你的宽容"，沃德回复，"说句实话，我累了，需要换个环境。"身在阿尔及尔的艾森豪威尔满心欢喜地告诉沃德，他"并非庸碌无能"。

马克·克拉克曾经暗中阻挠，不让因在奈米亚山上表现英勇的沃德顺利授勋。复审该案的委员会认为"事实并不足以证明应授予沃德优异服务十字勋章"（已授予的银星除外），克拉克又致信艾森豪威尔："我同意这项提名。"沃德好歹获得了一枚优异服务十字勋章。

沃德是位优秀的军人，宠辱不惊，他常说，自己心如止水。"我的成绩让人们认为我有勇无谋，"他告诉一位朋友，"或许只有傻子才会陷入这样的困境。"4月中旬，他返回丹佛，先是担任陆军反坦克装甲车和野战炮兵学校校长，继而于1945年4月出任另一个占领慕尼黑的装甲师师长。美军历史上，被解职的指挥官难得有东山再起的机会，沃德是个例外。但他仍需克服自己的弱点。

"在战场上,沃德对上司的批评和下属的失败过于敏感,"艾森豪威尔致信马歇尔,"除此之外,从哪一个方面来说他都是一位了不起的指挥官。"

巴顿的抗议

由于美军无法从马克纳西高地深入敌后,亚历山大只好再次改动本已下达给巴顿的命令。3月25日中午,就在沃德治疗伤眼、蒙哥马利准备取道马雷特从左翼出击之际,第2军接到命令,将进攻的重心转移到南翼。第9步兵师和艾伦的第1师会合,在爱尔圭塔东南的敌军防线打开了一个突破口,以便从沃德第1装甲师抽调来的坦克能顺利沿15号公路进逼加贝斯。这次进攻意在骚扰为难蒙哥马利的德军,从敌后斩断轴心国军队,围困马雷特的守军。

按照巴顿的命令,艾伦要于午夜前撤下驻扎在美军阵地南缘博尔达山上的达尔比的游骑兵营和隶属于第18步兵团的两个营。这些部队倒是乐于撤走:德军于前一天晚上发动了一场疯狂的反扑,将他们逼退了2 000码。回到加夫萨的游骑兵沐浴着暖洋洋的春日打起了排球。第18步兵团绕道北上前往胶树路,驻扎在据守15号公路北侧9英里一处阵地的艾伦部左翼。第9师则匆匆接管了位于公路南翼达尔比和第18团腾出的阵地。

就算山顶上的神见到大难即将来临,恐怕也不会自降神格,去掺和军人之间的事。亚历山大朝令夕改,巴顿制定的作战方案也漏洞百出。德军渗透分子占领了博尔达山最高峰和772号高地上一处地理位置非常关键的山嘴,美军的一举一动尽收眼底。美军非但不抢先占领该山峰,打通山脊,反而孤注一掷绕了开去,依仗15号公路两侧的两个步兵师夹击敌人。

此外,第9师兵力不足、消息不灵、装备落后。该师的3个步兵团中,第60步兵团被借给沃德,在马克纳西逞一时之勇;而在过去的5个多月中,第39步兵团一直在阿尔及尔负责警卫,转移途中因为耽搁,不得已将进攻

1943年5月9日，身处比塞大的第9步兵师师长曼顿·S.埃迪少将（左）和副师长丹尼尔·A.斯特鲁准将。

推迟了一天，直到3月28日星期日，这段时间再一次被德军利用。第9步兵师师长曼顿·S.埃迪少将戴着一副眼镜，脑门突出，下巴下垂，活脱脱一个"乡村小学老学究"。但实际上，他精力充沛、富有创意，为整顿军纪，曾给一名二等兵放了三天假，去对一辆空指挥车敬礼。但他的部队没有大炮、装甲推土机和充足的指南针，甚至不具备攻打堡垒的经验。

第1师一位离职军官发来情报，称盘踞在该阵地的"不过是小股德军"，或者是见到美军刺刀就闻风丧胆的意大利人。这情报显然是错的。1903年法国测量原图显示前方地势平坦，这同样大错特错。尽管3月23日一战大伤元气，但第10装甲师和意大利"半人马座"师重整旗鼓，借长方形峡谷和刀劈斧削的山脊之地利，打起了防守战。

德军尤其加强了369号高地的防守。369号高地位于公路以南2英里处，山势险峻，高达500英尺，在沙漠中如鹤立鸡群。工兵从岩石中凿出5个掩体作为指挥部，每个掩体的面积为10平方英尺，然后砌上砖和泥土。机枪点据守着该山北坡，路旁有3个高40英尺的土丘，山坡上的战壕内挤满了步兵。这座山附近部署了10门75毫米口径反坦克炮，另外，每隔100码就有一门威力更大的100毫米口径大炮。夜幕降临后，国防军用卡车为守军送去一罐罐麝香葡萄酒。

扼守15号公路要道的369号高地是第9师的目标。3月28日凌晨3点30分，美军来到博尔达山山脚下的小河，4个营呈一列纵队向东转移。

第 11 章 分崩离析的联盟：英美联军的内部危机

一位军医描写这天的曙光"给蓝天下对面的山峦披上了一层金、紫和黑色的薄纱"。这是许多官兵见到的最后一幕美景。凌晨 5 点 35 分，德军用手枪发射了一枚信号弹。

美军第 47 步兵团第 2 营向南行进，无意中进入了"迷宫"，中了埋伏。15 分钟内，仅打头阵的 E 连就损失 179 人。投降的军官将手帕拴上卡宾枪枪口，继续战斗只有死路一条。"我最后见到他，"一名中尉事后说到一名步兵，"他双手捧着肠子躺在地上。"德军俘虏了 242 名美军官兵，其中包括该营营长、其他 8 名军官和艾森豪威尔送到前线锻炼的副官。事后，美军的一支巡逻队只在浑浊的河流中找到了僵硬的尸体。第 47 步兵团团长晃着拳头，狠狠地抽着烟斗，在指挥部里来回踱步，边走边嘟哝着："这帮杂种，这帮杂种。"

更要命的是，另一个营走错了方向，36 个小时杳无音讯。余下的两个营本应突袭 369 号高地，却攻上了 290 号高地——一座距离公路 1 英里、地图上没有标注过的小山头。这座山头被美军占领，但德军的大炮通过博尔达山上的观察哨，以精确到分米的精度，对这座山头上的战壕进行了轮番炮击。美军官兵钻进所有能隐蔽的地方，用水杯和头盔接尿解渴。伤员祈求救命，军医助理却被会说英语的德军引诱到空旷地带。一名士兵事后在日记中写道："只能躺在隐蔽处，用拳头擂地。"

亚历山大在视察第 2 军时，对这一切熟视无睹，还连声说满意。巴顿大为光火，狠狠地教训了埃迪一通。"从军这些年，还是第一次被巴顿这样教训，"这位师长被骂得有点蒙，"说不定我要被解职了。"埃迪保住了职务，但赔了夫人又折兵。他命手下仅剩的一个营，第 39 步兵团第 2 营于黎明时分沿 15 号公路拿下 369 号高地。

他们又上路了，这次是乘卡车，听说德军打了一天胜仗，已经心生懈怠，意大利那些等着挨打的散兵游勇更是不足为惧。3 月 30 日破晓，官兵们哐哐啷啷放下卡车后挡板，咔咔整理完随身装备后翻下卡车，却再一次把 290 号高地误当成了 369 号高地。一颗信号弹拉开了敌军伏击的序幕，机枪的炼狱之火接踵而至，该营顿时如鸟兽散。官兵们多半沿沥青路逃回，幸免一死或没被俘的，一直躲到夜幕降临才逃了回来。

艾伦手下的第 1 师在 15 号公路以北的进展也不算顺利。除了部队左翼的第 18 步兵团沿胶树路前进了数英里之外，其他各部的进展只能以码和英寸来计。胶树路和公路之间的楔形地带上很快就部署了密密麻麻的大炮，还架设了乱麻似的电话线。3 月 29 日，第 26 步兵团的军医在日记中写道："狙击手和机枪手封锁了每一条沟壑，我方伤亡惨重，官兵们决定隐蔽到天黑……从上午 11 点 30 分开始，我们一直被烈日炙烤到夜幕降临。"白天疏散极为危险，伤员在等待夜幕降临中因流血过多或休克而身亡。

夜晚也是磨难。"你在沙漠打了一天的仗，何时是头？"一个士兵写道，"夜幕笼罩着你，让你窒息。"在第 26 步兵团发出的一封急电中，用五个字归纳了这场战争："这里是地狱。"与第 9 师毗邻的第 16 团出动两个营展开进攻，10 分钟内就伤亡 105 人。一位军官说，艾伦"唠唠叨叨、大发脾气，一支接一支地抽烟，神不守舍"。有人说他甚至又犯了结巴。

3 月 29 日晚上，亚历山大第四次修改了美军进攻方案：第 1 装甲师派出先锋，沿 15 号公路强攻敌军防线。考虑到轴心国防御工事的坚固程度，这个计划成功的机会十分渺茫，也不知道亚历山大花了多少时间研究该阵地。他下达的命令事无巨细，甚至包括各营如何排兵布阵。巴顿怒气冲冲地给集团军司令部回了封电报：

> 我认为应当恭请亚历山大将军注意，我们美军只会向军官下达任务，而不会教他们如何完成任务；否则，我们就是不信任我们的军官……我认为，为了美军的荣誉和声望，我必须提出抗议。

巴顿提交了抗议，挽回了面子，3 月 30 日中午，当天早上才和部下几位指挥官碰过头的克拉伦斯·C. 本森上校照旧率 7 个营发动进攻。"坦克从上百条沟壑冲进山谷，"记者艾伦·穆尔黑德写道，"仿佛一支舰队在碧波万顷的海上战斗……多么壮观的一幕啊。"拉杆天线随着颠簸的坦克摆动，步兵们跳出掩体，紧紧跟在谢尔曼坦克后面。在半英里的阵线上快速前进了 5 000 码后，本森的坦克闯入雷区，接着又在这片被美军称为"三垒"的地带遭德军炮火猛轰。在 300 码后抽着玉米穗烟斗的本森很快就看到了敌军的援军，先是非洲军团的掷弹兵，继而是第 21 装甲师。

"被炮弹击中的坦克腾起大火，"记者约翰·达西·道森报道，"炮塔猛地掀开，小小的身影跳下地，冒着炮火跑向赶来营救他们的吉普车。"穆尔黑德补充道："救护车川流不息，只能听见大炮断断续续的声音。"本森撤退，损失了 5 辆坦克。他说过，从工事中逐出敌人"就像在挖土豆。"

第二天下午 12 点 30 分，本森又发动了一次进攻，但刚有所进展，就又被猛烈的炮火给赶了回来，外加损失了 8 辆坦克。接着，他又召开了战地会议。"我们似乎进退两难。"巴顿在 3 月 31 日的日记中写道。

轴心国军队的阵地向北撤了 2 英里、向南撤了 1 英里后便岿然不动。美军出动两个营进攻 772 号高地失败，损失惨重，事后才发现这里是此战的关键点。"这是一场残酷的山地战。"巴顿告诉艾森豪威尔。4 月 1 日愚人节这天，亚历山大第五次改变命令，计划内容回到了原点：由最初的两个步兵师为坦克打开一个突破口。疲惫的步兵冲上去硬啃那几座山头，但收效甚微。4 月 2 日，第 9 师的作战日记承认："当天毫无进展。"

数万发炮弹落到双方的阵地上。第 9 师在爱尔圭塔消耗了 100 多万发步枪和机枪子弹。第 47 步兵团最初只有 16 副担架，现在已经增加到 91 副；第 39 步兵团增加了 60 副。夜间，救护车刺耳的刹车声也引来了不少炮火。要被拉到加夫萨埋葬的尸体，像原木一样堆在车厢内。

在不到一周的战斗中，第 9 师伤亡 1 812 人，占该师人数的 10%。6 位营长中只剩下了 1 位。仅第 47 步兵团就伤亡 868 人，占该团人数的四分之一。埃迪事后认为，爱尔圭塔之战是该师在二战中打得最艰苦的一战，其艰难程度绝不亚于西西里战役和诺曼底登陆。第 1 师损失近 1 300 人。"大红一师"作战参谋、最后担任该师参谋长的斯坦诺普·梅森也认为爱尔圭塔之战是"三年战争中最艰苦的一战",这是对一个注定要走上西西里、诺曼底和亚琛等杀戮场的师最中肯的评价。

★ ★ ★

进退两难的僵局持续了一周。眼下一个个士兵都和厄尼·派尔说的一样,"身上每个细胞都疲惫不堪"。第 2 军完成了任务,将敌军两个装甲师从第八集团军的阵地引开。蒙哥马利突破了马雷特,占领了加贝斯,目前已将敌人围困在位于美军部队正东边的阿卡里特河沿岸。但这不过是徒增烦恼。随着打通一个能通往海滨的突破口的希望落空,美军一个个都倍感沮丧,用一位少校的话说,"不知谁指挥谁"。特德·罗斯福写信告诉埃莉诺:"我们已错失良机。"

巴顿悲恸欲绝。4 月 1 日星期四上午,他的亲信理查德·N. 詹森上尉视察本森指挥部期间遇空袭身亡,顿时激起了他的火气。8 架俯冲轰炸机冲出云端,炸死三人、炸伤了塔莱的英国英雄邓费准将,一枚炸弹险些击中布拉德利,在距离他战壕 15 英尺处爆炸。詹森当场被冲击波震死。"他身上没有一块完整的骨头,皮肤上却不见一处伤口。"一名军官说。

吉普车运来了詹森的尸体,巴顿正站在加夫萨警察局的门口。他当即驱车上了镇公路,这里还有 20 具裹在垫子里的士兵尸体等候下葬。附近的帐篷里堆着刚运来的十字架和大卫星。巴顿老泪纵横,掀开詹森的裹尸布,吻了他的额头,剪下他一缕头发——要留给死者的母亲。巴顿跪下祈祷后,起身默默地驱车返回办公室。

"先头部队被轰炸了一个早上,"一个小时后,巴顿给盟军最高统帅部写了封言辞尖锐的报告,"我们的作战单位没有空中掩护,德国空军才为所欲为。"

星期四晚上 10 点 45 分,盟军战术空军司令阿瑟·科宁厄姆少将回了一封传单似的电报,连五角大楼史学办公室都收到了一份。巴顿的指控"失实、夸大其词",纯属"狼来了",科宁厄姆愤怒地写道。他指出,4 月 1 日这天,盟军出动飞机 353 架次,其中三分之二都是用于掩护第 2 军,他还说,一开始还以为巴顿的电报"是应景的愚人节笑话……就目前的行动来看,只能说第 2 军相关人员不能胜任这项工作"。

科宁厄姆傲慢的态度和结论虽然咄咄逼人，但确实有理有据。不为盟军提供空中掩护，英美空军就可以集中力量打击并大肆破坏轴心国军队的机场、舰只和后方指挥部等目标，但这些显然都不为地面部队所知。2 月 24 日，纳粹空军出动了 370 架次，此后就减至一天不足 75 架次。笨拙、不堪攻击的俯冲轰炸机近乎绝迹。

巴顿可管不了那么许多，他为科宁厄姆的侮辱而感到震怒。在艾森豪威尔的一再要求下，科宁厄姆发了一封共 27 个字的撤销声明，通知当初的收件人，"撤销"他的电报。4 月 3 日中午，北非盟军两位空军要员，空军中将阿瑟·W. 特德爵士和卡尔·斯帕茨中将赶到了加夫萨。巴顿刚刚气得擂了一通桌子，3 架福克-沃尔夫战斗机两翼喷着黄色的火焰，在加夫萨上空 200 英尺处盘旋。

飞机向街道扫射了一通，又折回去进行了一轮轰炸，一块直径堪比西瓜的弹片穿透了会议室的墙壁，将军们正趴在地板上。巴顿顶着墙上崩落的泥灰冲到外面，对着扬长而去的飞机打了一梭子子弹。特德掸了掸身上的灰尘，问是谁安排了这场奢华的表演。"我他妈的怎么知道，"巴顿答道，"我要知道是谁驾驶的这几架飞机，我要给他们每人寄一枚勋章。"

第二天，科宁厄姆赶来息事宁人。戴着头盔的巴顿像个严厉的法官，板着脸坐在办公桌后。"你别怪我发脾气，"巴顿拍着桌子吼道，"可我也有自尊心，容忍不得人家管美国人叫懦夫……要是你还这么说，我这就卷铺盖回国，还干我的老本行。"

科宁厄姆之后发表了一封热情洋溢的致歉信。巴顿豪侠仗义、不计前嫌，回电告诉这位新西兰人："在军中,你可是位德才兼备的谦谦君子。"但实际上，他心里仍窝了一肚子的火。在日记中，他将矛头指向两个尤其可恨的英国单位，"我希望德国佬好好教训教训第 128 旅和第 6 装甲师。我受够了被英国人当傻子耍……艾克应该下台。"他心怀不平，虽说是只是一时之气，却在一念之间希望盟友灭亡，挚友倒台。

★ ★ ★

美军军营也被怒火感染,这种情绪令他们变得残忍、狠毒。厄尼·派尔这时候注意到官兵们在军中"轻松随意地谈论杀人。他们已完成了从当初普遍认为取人性命是罪恶,到杀人是种艺术这一新的职业观的心理转变"。美军战士终于学会了仇恨。

> 他情绪激扬。他为自己的生命战斗,杀戮之于他,就如写作之于我。他想一个个地或大批地屠杀敌人……前线的士兵们想靠歼灭德军来结束这场战争。他真正进入了战争的状态,而不论我怎么努力,都没能进入状态。

隆美尔所谓的"没有仇恨的战争"在这片沙漠流传了两年有余。当然,这只是神话,而非现实(两支不共戴天的军队难免心怀仇恨)。正如一位记者说的那样,他将战争浪漫化了:如果战争中"没有盖世太保、不涉政治、不屠杀平民、不毁坏房屋、正大光明、纯粹、没有种族偏见"该多好。1942年,连英国都认为要突出敌人的凶残、宣扬屠场的血腥,以此向士兵灌输仇恨,用于作战训练。

美国人缺乏想象力,但效率很高,借各种训诫鼓吹"憎恨"这一价值观。"最终都要杀红眼,何不趁早进入状态?"地面部队总司令莱斯利·J. 麦克奈尔中将在11月的一次全国广播讲话中说道。阿尔及尔盟军联合司令部下发的一份训练简章敦促指挥官"教手下的官兵憎恨敌人,不择手段地杀人"。3月中旬,巴顿对第2军说:"我们迫切地期待上阵杀敌。"

但三周内伤亡6 000人(其中845人阵亡)并非是夸夸其谈。"美国人突然发威,意识到了自己的能力,"4月3日,亚历山大致信布鲁克,"但他们善变,要么崛起,要么倒下。"

这些善变的人动怒了,德国人刺杀俘虏这一惨绝人寰的消息传来,更是火上浇油。"我们在爱尔圭塔学会了憎恨，"第 26 步兵团一名中士事后写道，"对德国佬的憎恨贯穿在突尼斯剩下的战役，从西西里到法国，到比利时，到德国，再到哈尔茨山和捷克斯洛伐克。"第 6 步兵团的一位军官说："士兵只有学会仇恨，才有战斗力。人生的目的一旦变成了上阵杀敌，才能成为一个有价值的人。"

"他们失去了太多朋友，"派尔照例一针见血地指出，"要不了多久，能够激励他们的就只有杀敌。"

仇恨和野蛮行径之间只隔着一层薄纸，枪杀阿拉伯人成了某些单位在北非的游戏。官兵们称土著为东方佬（该俚语源自英国人对突尼斯阿拉伯人的称呼——"严重威胁"），认为他们低人一等，住在狗窝里，和敌人沆瀣一气。

"我们对阿拉伯人毫不留情，"第 1 师的一个士兵写道，"我们只要发现他们到了不该到的地方，就会像在狩猎季节猎杀兔子一样杀死他们。"另一个士兵解释说："这里到处是阿拉伯人，有的我们见了就杀，有的需要找一找，有的我们抓来换鸡和鸡蛋。"

士兵们吹嘘，会把当地人当成游乐场里的靶子，练习枪法，相互比试射杀从山上下来的阿拉伯人。有人则朝骆驼开枪，看骑在上面的人被吓坏了的骆驼掀下来，或者像第 34 师一个士兵说的那样，朝阿拉伯孩子脚上开枪，"看他们吓得乱蹦乱跳"。

在阿尔及利亚的一座集训营中，哨兵接到指示，"凡是身穿白衣，不能立即对上口令者"，格杀勿论。凡是被怀疑是间谍的土著一般要交给法国人审判，但多半没有。"我们让他们自己挖好墓穴，"第 1 师的一名士兵说，"我们让他们排成一排，统统枪毙。"北方格林山附近的英国突击队纵火焚烧有与德国人联系嫌疑的人家的房屋。"围着熊熊燃烧的茅屋，妇女和孩子在外面哭喊，我们心里并不好受。"一名亲历者承认。

在凯塞林战役后，从斯比巴转移到丰杜克途中，"我看见另一个单位的士兵枪击阿拉伯人，他们一跃而起、倒地身亡。"爱德华·贝姆事后说。贝姆来自蒙大拿州，是第 185 野战炮兵团 C 连的一名中尉。"每次听他们大喊大笑，我却无能为力……他们仿佛是在打金花鼠。我听他们喊：'哇，我打中了一个!'那帮家伙都是凶手。"

犯下这种暴行的不过是极少一部分美军,但由宪兵司令和军法官的卷宗来看,美军的纪律极为涣散。一支运送补充兵员去第 2 军的车队在阿尔及利亚艾弗雷维尔附近停车就餐时,有些士兵喝得烂醉,朝 4 号公路上的阿拉伯人开枪。两名男子被一名二等兵打死,一名被打伤。该名士兵还吹嘘:"五个阿拉伯人,我打死了三个。"最终,他被开除军籍,判处劳动教养 20 年。

但还有其他一些罪行最终却不了了之。3 月 31 日,吉罗致信艾森豪威尔,列数"美军骚扰、袭击和枪杀土著"的事件。几星期后,盟军联合司令部的一份秘密备忘录汇报,吉罗的参谋长"再次提请我们关注过去一个月中一再出现的情况。前线地区不断出现强奸阿拉伯妇女的案件"。盟军联合司令部一份关于"美军在前线地区犯下的罪行"的备忘录记录,为维持秩序,往前线增派了一个宪兵营。

其中最骇人听闻的事件莫过于一个位于阿尔及利亚北部、距突尼斯边境 7 英里的名叫塔里夫的村庄被洗劫。4 月中旬,据说一个美军工程兵和一帮喝醉了的官兵在塔里夫连续作恶两天。在法军送到盟军联合司令部的一份调查报告中,证人历数美军轮奸 6 名阿拉伯妇女,其中包括一名 30 岁的斑疹伤寒患者、一名 45 岁的寡妇、一名 55 岁的老妇和她的儿媳。据说一名 15 岁的少女和 40 岁的寡母侥幸逃脱了如狼似虎的士兵的魔掌,还有数名阿拉伯妇女被士兵用枪托殴打。

"在这里,无论是欧洲人还是土著,每天都战战兢兢地生活在战争制造的恐怖中。"当地一位官员写道。据说一名法国调查人员造访驻扎在公路上方两英里处的一个美军连队,有人煞有介事地向他保证,该连队没有涉案。如果美国当局调查了法军的指控(盟军联合司令部档案显示,至少进行了一次初步调查),他们将发现调查结果已经不翼而飞。二战期间,有 140 名美军士兵因谋杀和强奸被判刑,但是否还了惨遭蹂躏的塔里夫一个公道,案卷却只字未提。

第 11 章　分崩离析的联盟：英美联军的内部危机

亚历山大无计可施：易守难攻的丰杜克

特德·罗斯福是最先看出敌军要撤退的人。"今早前线静得出奇"，4月6日星期二，他如是写道。在位于第1师和第9师阵地以东50英里处的阿卡里特河，第八集团军以462辆坦克对25辆坦克的优势向轴心国军队的新阵地发起进攻。"狂风、钢铁和火焰，仿佛世界末日一般。"梅塞将军如此描述这场战斗。5 000余名意大利人被俘，英国兵甚至在爬出反坦克壕沟的时候，让俘虏来充当垫脚石。梅塞告诉阿尼姆，他只能守到星期三晚上，但绝对会"将最后一个兵投进火炉"。然而事实恰恰相反，幸存的官兵于星期二夜晚趁黑溜往北方——几乎全都是德国人，正在和美国人作战的德国人也趁退路没被截断之前仓皇撤退。梅塞长叹："这不是场漂亮仗。"

英国人的日子尤其不好过。第八集团军600人阵亡、2 000人受伤，既不曾歼灭敌人，也没堵住敌人的退路。星期二晚上，亚历山大第六次也是最后一次更改命令：第2军须不计装甲车辆损失，于次日一早大举进攻轴心国军队侧翼。巴顿从笔记本上撕下一页纸，用北欧古代语法给本森上校拟了一封电报："主动进攻并摧毁敌人。小乔治·巴顿。"

他们扑了个空。敌人如鸟兽散，772号高地和博尔达山终于落入了美军之手。一番狂轰滥炸后，美军又攻下了369号高地。没过多久，在15号公路沿线的沙漠上，"美军坦克、半履带式装甲车、自行火炮、吉普车卡车，如同一支西班牙舰队，旌旗招展、齐头并进地向东驶去"。这一仗，美军生擒1 000名俘虏，第2军在爱尔圭塔擒获的俘虏总计达4 700人。但其中德国人仅占十分之一，大部分敌人不过是东北地平线上的灰尘。巴顿用拉丁语在日记中写道："这是世界的荣耀。"

马克纳西附近的高地最终也被一一攻克，靠近迈祖奈和胶树路沿线的美军追兵算是走运了。朗上校侥幸逃脱，德军一支负责殿后的部队被6辆美军坦克血洗后，又被盟军战斗轰炸机折磨了一番。在没遮没拦的沙漠中，第10装甲师的克劳斯·冯·施陶芬贝格上校也遭受了攻击。这位魁梧、身世显赫的作战参谋在苏联任职期间由于看不惯德军的野蛮行径，2月抵达非洲后就在暗中策动兵变，企图推翻希特勒。星期三下午，一架战斗机的20毫米口径机枪击中了施陶芬贝格的指挥车，他身负重伤，被紧急送到斯法克斯的野战医院，军医从腕部截去了他的右手，将手指上还戴着戒指的残肢扔进垃圾桶，然后又摘除了他的左眼，截去了左手上的两根手指。施陶芬贝格被疏散到意大利，上了一列开往慕尼黑的医疗火车。由于休养时间较长，他才有时间策划了1944年7月20日险些送了希特勒小命的炸弹阴谋。

在施陶芬贝格受伤的一两个小时内，美国侦察兵和英国第八集团军才在沙漠中发现对方。"喂，英国兵！"美国兵喊道，尽管他招呼的是印度人。这是在与轴心国军队的战争中，盟军东西两支大军首次会师。和其他英美两军一样，他们并不像一家人。经历了长达两个星期的爱尔圭塔之战，美军士兵个个衣衫褴褛，好像稻草人。用美国人的话说，经历了非洲两年的风吹日晒，原本白色或古铜色皮肤的英国兵只穿短裤、光着上身、头戴贝雷帽或头盔，就像"乘坐吉普车的'阿拉伯人'"。

初次见面免不了握手欢笑，却没留下多少难忘的话语。"这肯定是个意外的惊喜。"一名英国中士春风满面地说。对此，来自肯塔基州的二等兵佩里·瑟西回答："这么说吧，见到纳粹之外的人真是让人开心。"

兄弟团聚，没有敌人能将他们分开。

★ ★ ★

艾森豪威尔欣喜若狂。"我们终于能在同一条战线上并肩作战，起码能让敌人狼狈不堪，"他在给儿子约翰的信中写道，"我一直在盼着这一天，平心而论，我欣喜若狂。"

突尼斯之战的胜利坚定了艾森豪威尔盟军是正义之师的信念，成为他以坚定质朴的爱国热情与知心人滔滔不绝谈起的一个话题。"我愿呕心沥血，打垮希特勒的喽啰。"他告诉约翰。他手下的官兵（和所有的战士一样）上阵杀敌首先是为了彼此，但艾森豪威尔却从中看到了另一面："我们是为了神圣的事业而战。"他在 4 月初写道：

> 野蛮专制，和包含人权、自由、尊严的伟大民主制度。在我看来，在历史上，这是第一场将分别秉持这两种意识形态的参战双方划清界限的战争……我从未像现在一样，感觉自己是一名十字军战士。

他还积极维护盟军的内部团结，认为这关系到即将到来的突尼斯之战的胜利和往后更大、更长远的胜利。"盟军海陆空三军在作战中树立了在今后战争中有益于盟国团结的榜样，"他致信陆军部的 A.D. 瑟尔斯将军，一再重申，"我不允许任何人批评民族阵线。"

推行这一政策并不容易。与英国人过从甚密反而助长了许多美国将军的仇英心理，如巴顿、克拉克和布拉德利。如果英国人能处理好自己傲慢的态度，美国人说不定会以为自己在受人恩赐。"要想收拾这残局，"空军中将特德 3 月 26 日写道，"只有教会美国人使用正确的方法，让他们明白自己的错误。"亚历山大深表认同，并在三天后告诉蒙哥马利："我在他们身上不知下了多少功夫，你要格外小心地和他们相处，因为他们不像我们……我不禁怀疑，这些大兵是否真的尽了职责。"

艾森豪威尔也只能忍气吞声。3 月 30 日，他飞往位于加贝斯以南的第八集团军司令部，和蒙哥马利共商大计。两人当面一团和气，背后却互相诋毁。"他一口土腔、粗门大嗓听得人要发疯，"蒙哥马利向亚历山大抱怨，"他或许精通政治，但对打仗显然一窍不通。"

艾森豪威尔则告诉马歇尔，蒙哥马利是个"不见兔子不撒鹰的家伙"。之后，蒙哥马利要美方送一架 B-17"空中堡垒"轰炸机供他私人使用这个幼稚的要求激化了双方的矛盾，而这只是个开始。蒙哥马利提前占领了斯法克斯，赢了和比特尔·史密斯的君子赌约。"蒙哥马利赢了艾森豪威尔，今晨 8 点 30 分进入斯法克斯，请将'空中堡垒'送过来。"他于 4 月 10 日发出电报。飞机是送来了（于 3 个月后坠毁），但艾森豪威尔却快快不快。"见鬼了，我怎么收拾不了那个小子。"他暗自叫屈。蒙哥马利是"我的心腹大患，我的心腹大患"。

艾森豪威尔似乎已经下定决心要一解心头之恨，他好像一个坚持真理的人一样另辟蹊径下令道："不论是美军还是英军，指挥层的各级人员下达的命令都要不折不扣地执行。"在和亚历山大、巴顿举行的一次会议上，他推心置腹地说没有把自己"看作一个美国人，而是一个盟国人"。巴顿在日记中写道："艾克比英国人还英国人。"

艾森豪威尔醉心于普世主义，却没顾及自己同胞在突尼斯最后一战中担负的责任。第2军军官早就怀疑英方有意让安德森的第一集团军占领比塞大，蒙哥马利的第八集团军占领突尼斯。安德森的参谋公布了一项作战计划：假定轴心国军队不断缩小的桥头堡难以同时容纳英美联军，最后阶段的战斗将把第9师已被调走的第2军排除在外。"巴顿和我都气得无话可说，"布拉德利事后写道，"但既然艾克严令，执行亚历山大的一切命令，所以我们没有提出任何异议。"

巴顿终于没忍住，3月末，他派布拉德利到阿尔及尔，与他的西点同窗私会。艾森豪威尔似乎不知道英方的计划，在布拉德利看来，他也漠不关心。布拉德利提出了3个观点：第一，将美军3个能征善战的师排除在外的战术实在荒谬绝伦；第二，调走第9师，在战术上又回到了各国部队搅在一起的老套路；第三，美国军队只落得个赶晚集的下场。

"这场战争并非一朝一夕就能结束，艾克。战争结束前还有许多美国人

攻克比塞大后不久，滨海公路沿途的美军。该市断水3个月，斑疹伤寒和霍乱肆虐。

第 11 章 分崩离析的联盟：英美联军的内部危机

要参与，"布拉德利说，"你不给我们下达命令，让我们一展身手，你就永远不知道我们有多么优秀。"

艾森豪威尔点了点头，仔细端详着挂在圣乔治饭店办公室墙上的地图。他当天下午致电亚历山大，敦促他"立刻启用第 2 军，血战到底"。新方案于两个星期后出台，出动部分美军（不包括第 1 师，只动用第 1 装甲师的一半兵力）占领比塞大。艾森豪威尔使出宠臣的本事，驾轻就熟地将这个功劳归到自己名下。亚历山大最初的方案"似乎过于呆板"，他致信马歇尔，"此外，似乎存心要将第 2 军排除在外……亚历山大和我的看法一致。"

4 月 5 日，艾森豪威尔给巴顿写了一封信："亚历山大将军告诉我，你部不会被排除在即将到来的战役之外。"

方案虽好，却没用于上阵对敌。丰杜克这个尘土飞扬的小村，却是艾森豪威尔礼让盟国这一美意的最大威胁。

★ ★ ★

在梅塞将军残部逃到突尼斯防线这个避难所前，盟军还有最后一次截击敌人的机会。

马尔奎里利尔河流经爱尔圭塔和突尼斯中间，贯穿东多塞尔，直通东北方 20 英里外的凯鲁万，3 号公路从只有几座土坯茅舍和一座清真寺的丰杜克横穿而过。在这道宽度不足 1 000 码的山谷北侧，是怪石嶙峋的洛拉卜山，南侧是哈乌勒卜山的悬崖峭壁。一条两岸地势陡峭、水流混浊的小河蜿蜒穿过这道隘口。高 300 英尺的山上是东一丛西一丛的刺梨和压枝的橄榄，适逢北非春意盎然的 4 月，岩石上铺满了如雪的金盏菊和猩红的罂粟花。

德军在山坡上驻扎了好几个月，他们在岩石中布下炮阵，在悬崖上凿洞扎营，并配备了炉灶、床和临时的十字架；炮兵将大炮对准西面一览无遗的来路，不放过山下任何一个死角。这里的守军是第 999 非洲师的两个营，其中多半是受过军法处置、认为可以"戴罪立功"的兵。其中不少人是因黑市交易获罪的犯人、被降职的军官和非法屠宰牲口的"无证屠夫"。由于禁止佩戴国徽，他们沦为一支没有胸章、帽徽、领花、肩章及刻有"上帝与我们同在"的皮带扣的杂牌军。英国情报机关认为这两个营的战斗力不足挂齿。

这是一个错误，美军可以证明。3月末，美军敷衍了事地攻打过一次丰杜克隘口。为牵制蒙哥马利的敌人，第2军在马克纳西和爱尔圭塔两地发起了佯攻。3月25日，为配合此次佯攻，巴顿命第34步兵师"去那里制造声势，但不用占领任何目标"。该师第133、第135和第168团终于会师，只是艾奥瓦州人和明尼苏达州人之间仍存在隔阂。这是凯塞林一战在他们的心理和生理上留下的创伤。第34师师长赖德少将是个魁梧的堪萨斯州人，他于3月11日拨通了手下军官的电话，称"我们师懦弱无能"，缺乏"进取精神"。

★ ★ ★

第一次突袭丰杜克就证明了赖德的看法。第34师出动4个营，每辆车前10英尺都有一个人点着烟，负责带路。用一名士兵的话说，在漆黑的晚上出发，"伸手不见五指"。3月27日凌晨6点，美军在长达3 000码的战线上展开进攻。下午3点，4个营冒着猛烈的炮火攻上山，却在距离哈乌勒卜山500码处止步不前。当晚，德军的机枪吼叫了一夜，密集的火力呈橙绿色，据士兵们说，就着这光就能看报。和步兵在之后三天机关算尽一样，于28日一早重新组织的进攻同样失败。

在斯贝特拉附近的第15战地医院，登记帐篷、仅有的四间病房、两个手术帐篷和疏散帐篷里挤满了从丰杜克前线下来的伤兵，护士还打发走了许多辆救护车。遵照巴顿的指示，该师付出了伤亡527人的代价，却没有占领任何目标。损失最大的要数倒霉的第168步兵团，该团于西吉·布·吉特一战惨败后刚刚补充了兵员，现在再次被重创。

亚历山大已经意识到，只有派遣一支大部队才能突破丰杜克隘口，可为时已晚。在突尼斯的6个星期以来，他的战术谨小慎微、因循守旧：长出短击、正面突袭。亚历山大在东多塞尔3个点动用了近9万名美军，兵力与其相当的安德森第一集团军却在过去的一个月里无所事事。正如朗上校所言，如果

第 11 章 分崩离析的联盟：英美联军的内部危机

美军大举进攻马克纳西高地，早就可以将那里的守军扰乱，轴心国军队高级指挥官也逐渐承认，如果亚历山大迅速、果断地向丰杜克发动攻击，非洲战役可提前一个月结束。

亚历山大有意将功补过，他将第 34 师拆散，并入英国第 9 军和法军，用于进攻丰杜克的兵力顿时翻了三倍。步兵将负责撕开马尔奎里利尔河沿线的隘口，让英国第 6 装甲师取道沿海平原前往凯鲁万。南部蒙哥马利的溃兵和巴顿要负责截住并摧毁梅塞的部队，不让他和北方阿尼姆的第五装甲集团军会合。

4 月 6 日星期二，上午 11 点，随着一溜烟尘，约翰·克罗克抵达赖德设在丰杜克东南 9 英里一处果园内的伪装帐篷。这位自 1940 年开始就在法国带过一个旅、声望与日俱增的英国军长几个星期前才抵达非洲。克罗克直爽、稳健，但对美国人多少抱有一丝成见。讽刺挖苦他张口就来，比如"我们的盟友真嫩"，他不喜欢美国人吃饭只用一把叉子和在饭桌上抽烟的习惯。关键是他认为美军装备太重，反而"降低了他们的战略机动性"。

而且，美国军官往往"非常无知，参谋不知如何调兵遣将"。此外，他还觉得美国人似乎生性喜欢幻想，念念不忘地要将凯塞林一战的惨败奉为胜利。克罗克几周前在给妻子的信中写道，要和美国人打交道，"必须谨小慎微，不能以批评的语气和他们说话，更不能转弯抹角"。他们是帮"有许多优点的怪人……相信我，就带兵打仗来说，他们身上基本没什么可取之处"。

克罗克这么认为着实令人感到遗憾，因为他攻打丰杜克的方案并非无懈可击。早在这周开始，他就提议出动英国第 128 步兵旅从北翼攻打洛拉卜山，并由赖德率部从南翼攻打哈乌勒卜山，就像他们最近输掉的那场仗一样。在赖德闷热的帐篷内，15 名军官正围着镶在胶合板上的一幅巨大的、以不同色块标注着各营位置的地图讨论战情，他们发现克罗克改变了计划，希望借此加快装甲部队进攻凯鲁万的步伐。

克罗克认为，洛拉卜山没有重兵把守，所以英国步兵应绕道向北，等待美军顺利取得战果，再占领这座山头。美军炮兵可以用烟幕弹轰炸这座山，但不得动用高爆炮弹,免得误伤赶来的英军官兵。

赖德大吃一惊。刚刚一个星期前,他才在克罗克要求美军攻打的通道以外500码处的洛拉卜山吃了一场败仗。德军之后肯定派重兵把守这处本就易守难攻的阵地。"几天前,他还和我们商量着制定了一套方案,"赖德平静地说,"但现在我无计可施。"他讲明了自己和手下官兵要面临东北两翼猛烈炮火夹击的难处。

克罗克大手一挥,否决了他的异议,认为依靠速度和计谋,可以轻取这道薄弱的防线。赖德努嘴瞪着克罗克,然后耸了耸肩。艾森豪威尔的命令清楚明白:无论美军还是英军,下达的命令下级都要不折不扣地执行。

这时候,另一位军官用法语发话了。法国第19军军长路易斯·马里·凯尔茨将军曾体验过这切肤之痛。德军曾于1月在此击溃他的部下,攻下了他们现在占领的高地。一身蓝制服、头戴金穗红军帽的凯尔茨指出,美军的阵地"除一排仙人掌外,可谓一马平川"。他通过侦察,认为从正面进攻必败无疑。凯尔茨眨了眨那双蓝眼睛,整齐的胡须在红润的脸上抖了抖,又说道,"我们不妨从北翼攻打洛拉卜山,坦克可在这个区域支援步兵。"比起通往哈乌勒卜山的荒芜地带,起伏的地形和茂密的橄榄树可以掩护进攻的官兵。

克罗克洗耳恭听,然后又重申了自己的方案。"我出言调解是白费口舌,"凯尔茨事后说,"我只会说法语,他们应该听不太懂。"

法国第19军军长路易斯·马里·凯尔茨将军(左)授予特里·艾伦(中)和特德·罗斯福(右)十字军功章,以表彰他们在突尼斯战役中的英勇表现。

第 11 章　分崩离析的联盟：英美联军的内部危机

★ ★ ★

　　结果当然不妙。第 34 师似乎已经听天由命，当年春天部队总共买下的 2 600 万美元的人身保险多半是在进攻丰杜克的前夜买下的。随军牧师不是倾听忏悔，就是忙着答疑解惑。近 7 000 人参加了 4 月一个礼拜天举办的法事，差不多占了该师人数的一半。亚历山大告诉艾森豪威尔，第 34 师的官兵"看来对明天的行动相当自信，祝他们一切顺利"。但他却对布鲁克称，他们"吃不了苦、缺乏经验、素质相当低下……难怪他们缺乏斗志"。

　　正如第 135 团团长事后承认的那样，该团军官都不赞成发动这次进攻，"只是谁都没明说罢了"。他们嘲弄英方制订计划"只顾自己、生搬硬套……固执己见"。自从出兵阿尔及尔，赖德一直提防着英国人，这时候，他有失偏颇地认为，他们"想靠美军和美国的物资赢得这场战争"。在丰杜克，无异于要拿第 34 师当炮灰，好让装甲 6 师不伤一兵一卒地去凯鲁万。

　　赖德提出了一个万全之策，该师或许可以在拂晓前不声不响地绕过洛拉卜山。他总算说动克罗克，将原定于 4 月 8 日凌晨 5 点 30 分的进攻提前到 3 点。他手下的官兵一边练习"杂货店"和"商场"这个口令，一边在头盔的网眼里系上便于在夜色中辨认的厕纸。他们吃了最后一顿硬饼干和"尽是骨头的"牛尾汤，然后一点点地啃着发给每个人作为甜点的白面包。星期三（4 月 7 日）晚上 8 点，该团挤上卡车，赶往丰杜克以西的集结地。一行车队后面跟着重达半吨、用作运送尸体的卡车，车身上用白色的粗体字写着："斯图卡山谷灵车——死亡与我们同在。"

　　凌晨 2 点 30 分，步兵们到达了一条浅沟，他们扔下大衣，领了两夹子弹。曾担任过联邦破产仲裁人的第 133 步兵团团长雷·C. 方丹上校告诉手下的军官："据悉会出动空军增援，对敌进行我们迄今还没见过的大规模轰炸。"

　　大规模也好，小规模也罢，轰炸纯属子虚乌有。由于通信不畅，再加上搞不清楚新的进攻时间，空军最后取消了空袭行动。在两个团沿着 2 英里的前线向前逼近之际，远在左边的一个营在夜色中迷了路，折向了河滩，打乱了赖德制订的计划，直到原定的 H 时，即 5 点 30 分才展开进攻。

他们发现自己成了砧板上的肉。"我们前面始终是飞扬的尘土和枪弹。"一名士兵事后回忆。到了天明，6 000 名美军步兵才发现自己竟匍匐在矮得连猫都藏不住的杂草中。"我们就好像盘子上的豌豆。"一名中士说。上午 7 点 30 分，左翼地势居高临下的洛拉卜山和正前方的哈乌勒卜山上的炮火越来越猛，营长下令后撤 2 000 码，等待永远也无法兑现的空袭。官兵们又冲了上去，德国人这回终于找到了靶子。一阵阵炮弹扫荡着阵地，机枪子弹剪断一株株"长柄罂粟"，反坦克炮弹盘锯似的一发接一发地切割着仙人掌。"我们就像当年往邦克山（Bunker Hill，美国马萨诸塞州波士顿的一座山，美国独立战争邦克山战役就在此附近打响。——译者注）上冲的英国兵一样，挺身继续冲向敌人。"一名青年军官写道。

但好景不长。中午时分，美军在距哈乌勒卜山 700 码的山下全线停止进攻。官兵拿刺刀或餐具盖拼命地扒出战壕，然后一动不动地躺在里面，希望躲过擦着制服飞过的火红的弹片。"连动一动眉毛都能引来敌人的炮火。"第 135 步兵团的一名中士说。

情况至少在两天内都不见好转。下午隆隆开上来的坦克让步兵为之一颤，但反而引来了更加猛烈的炮火。几分钟内，4 辆谢尔曼坦克着火，余下的全部退了回去。下午 3 点，新的一轮进攻更是无人理睬，官兵们"抬头望天……将战壕挖得更深"，一名中尉指出。下午 5 点，又增加了 15 辆坦克，但步兵没一个愿跟上去，不消一刻工夫，6 辆坦克熊熊燃烧的车身将幽暗的山谷照得通明。

克罗克将军念念不忘何时放第 6 装甲师前往凯鲁万，他自我安慰，觉得要么能拿下洛拉卜山，要么敌人会弃甲而逃。这纯属克罗克一厢情愿。下午 3 点，敌军的散兵在距离山顶 1 英里处截住了英国步兵。4 月 9 日，一个近卫营打了一场"石头战"，两个英国连的军官非死即伤。下午 3 点 30 分，也就是在盟军发动进攻 34 个小时后，洛拉卜山终被攻下，100 多名德军士兵被俘，但还有相当数量的德国人逃脱。威尔士近卫营损失了 114 人，对一个这样不太重要的山头来说，付出的代价算是惨痛了。

赖德手下的官兵度过了一个难挨的夜晚，又迎来了一个难挨的白天。"这座山头似乎比以前更高更大了，"提到哈乌勒卜山，第 133 步兵团一名中尉写道，美军队伍中"不见一个人在动"。官兵们上了阵地，不找出种种借口溜到后方就不会起身。"那里无遮无拦，"第 135 步兵团一位连长说，"炮火太猛，弹片卷起的尘土仿佛一道烟幕。"3 辆冲出炮兵和步兵掩护范围的美军坦克被逼得仓皇后撤。一位营长请求受军法处置，也不肯再继续战斗 1 个小时，他的要求最终获得了批准。独具一格和勇敢一样引人注目。"我要冲上那座山顶，在德军尸体背上喝茶。"一个二等兵吼道。他的排长答道："二等兵，你现在是中士了，咱们冲。"

他们冲了上去，但泡茶肯定是不可能的，至今都没有。亚历山大自己打破了僵局，撇开临阵不前的美国人，命令克罗克出动一支装甲兵突破隘口。命令层层下达，"隘口犹如出膛的子弹……必须攻破"。"再见，"突击队长对一位战友说，"我恐怕再也见不到你了，我们必定有去无回。"

并非每个人都有去无回，但已经够了，其中就有这位有先见之明的突击队长。第 17/ 第 21 枪骑兵团刚冲出几百码——1854 年，该单位曾在巴拉克拉瓦发起过类似的冲锋——领头的谢尔曼坦克的车组人员便呼叫："前方有一大片雷区，看样子有 300 码宽，我们冲还是不冲？"上级立刻答复："冲，不惜一切代价给我冲。"地雷撕裂了打头的几辆坦克，德军 15 门反坦克炮击中了其余的几辆。从冒着火焰的炮塔中跳出的坦克车组人员还没着地就被机枪击中。这一仗损失了 32 辆坦克。两辆幸免于难的谢尔曼坦克带着不知所措的英国兵撤到后方。几个大兵严重烧伤，作战服上阴燃的火星点着了送他们去前线救护所的装甲车里的毛毯。

不论是不是蛮干（这个问题被坦克兵争论了几年），这次大胆的进攻还是取得了胜利。第 16/ 第 5 枪骑兵团向左，沿着一条汇入马尔奎里利尔河、狭窄但可通航的支流紧跟而上。"坦克仿佛大浪中的拖船，上下颠簸，"一名英国上尉写道，"我们冲了上去，旋转的机器、发出嗒嗒声的布朗宁、隆隆的炮声，前后左右都在颠簸。"坦克冲出沼泽，于当天下午出现在丰杜克村对面1英里处。

南坡之上，远远跟在坦克后面的美国步兵惊讶地发现，英国兵不顾打在车身上的榴霰弹片，躲在谢尔曼背后生火煮茶。惊慌失措的敌军趁暮色踏着小麦和野花逃之夭夭。轴心国军队中，最后有7个营在丰杜克参战，包括那些戴罪立功、已经所剩无几的罪犯。守着大炮的兵一动不动，脚下尽是弹壳。"他们光滑雪白的脸犹如大理石雕像。"一名美国中尉回忆说。

这次突破又为时已晚。4月8日至9日夜，梅塞手下的意大利溃军踏着殿宇和尖塔的影子，穿过了凯鲁万。不畏惧蒙哥马利或巴顿的德国兵于次日晚上又折了回来，将当地旅馆内的亚麻布、餐具和垫子洗劫一空。获悉第10和第21装甲师埋伏在前方，克罗克非但不趁夜向沿海平原推进，反而下令就地扎营。4月10日上午10点，英军100多辆谢尔曼坦克扫清了丰杜克隘口，擒获650名俘虏，摧毁15辆敌军坦克。但敌军大部则卷起一阵黄褐色的尘土，逃之夭夭。

凯鲁万于当天晚上被攻克，盟军列队进入5座城门。"带凹槽的漂亮圆屋顶仿佛一块猩红色地毯上的白色天鹅绒，地里是密密匝匝的罂粟花。"记者菲利普·乔丹写道。虽说这座城市的历史可追溯到公元671年，是伊斯兰教第四大圣地，但一名英国中士的说法实在缺乏诗意："我看它不过是座常见的阿拉伯小镇。"阿拉伯人待在迷宫似的露天市场的铺子里，冷眼旁观着，法国孩子则向解放者们大把大把地抛撒粉红色的薰衣草。听说可以摘下黄星，犹太人喜极而泣。英国兵捡起扔在地上的黄星别在自己帽子上，或递上火柴，让犹太人将其付之一炬。

殡葬队遍寻丰杜克战场，只为赶在劫匪前收回尸体。由于盗墓贼太猖狂，随军牧师不得不带上冲锋枪。除威尔士近卫营之外，英方损失了39辆坦克和数目不明的兵员。"浓烈的尸体焦煳味始终令人胆寒。"第16/第5枪骑兵团随军牧师G.P. 德鲁伊特写道。他刚刚从一辆谢尔曼坦克的残骸中找到了一具烧焦的尸体。"看来几天内，这一幕都将占据我的脑海，挥之不去。"

第 11 章　分崩离析的联盟：英美联军的内部危机

在过去 3 天里，美军总共损失 439 人，其中包括 100 多人阵亡。裹在白垫子里的尸体等着被送到一处新的墓地。"承蒙上帝的恩典，我今天才能在这儿给你们写信。"第 135 步兵团一个士兵在给身在明尼苏达州的父母的信中写道。战地医院内的军医通宵达旦地做手术，一道道切口在寒冷的空气中冒着缕缕热气。英国坦克兵的坚韧尤其让医生动容。"哪怕从他们的手和脸上割下烧焦的皮肤，他们都不吭一声。"第 109 医疗营汇报。

德军的一枚炸弹炸死了第 168 步兵团第 2 营营长罗伯特·穆尔的电报员，并将他炸到了战壕外。暂时失明失聪的穆尔被送到后方，一周后，一个在维利斯卡就认识他的士兵说他"悲伤、茫然、急火攻心、身心疲惫。他念念不忘妻子多萝西和女儿南希，不知还能不能再见到她们"。

一大良机就这样错失了。梅塞的部下眼看就要到达位于首都以南 40 英里处的昂菲达维尔了，这是自 5 个月前阿拉曼失守后，轴心国军队占领的一处最险要的阵地。突尼斯战役即将演变成围城战。至于这场战争到底要持续多久，费尽了各方的心思，仿佛回到了中世纪，就差攻城锤和从城垛上倒下来的滚烫的油来增强气氛了。自从在马雷特、梅德宁、爱尔圭塔、马克纳西和阿卡里特河等地战败后，盟军又在丰杜克丢了颜面。尽管过去一个月俘虏了 6 000 名德军和 2.2 万名意军，但一路苦追到突尼斯沿海却无果而终。

不错，盟军确实错失良机，但总有反戈一击的机会。克罗克首先开炮。4 月 11 日星期天上午，他对一帮从阿尔及尔来视察的军官大放厥词，称"美军第 34 师赖德以下的指挥官远在各自指挥的部队后方"，"靠下级军官"领导"是软弱无能"。将丰杜克之战的失败全部推给第 34 师后，他又提出将该师调离战斗位置，留在后方由"美军管教"。来访的美国将军哈罗德·R. 布尔听了克罗克"尖酸刻薄"的评论后大惊失色，立刻飞回阿尔及尔提醒艾森豪威尔。

要命的是，克罗克和他的心腹早就对 4 位战地记者说过类似的话。美国各大报纸很快刊发了电讯，称盟军又被"隆美尔"捉弄了一把。《时代周刊》4月19日的一篇报道称，丰杜克之战打了美国人"一记响亮的耳光"，"美军和英军形成了鲜明的对比……英国人拿下一座又一座山头，美军终日试探，却始终没对任何一座山头发动进攻"。

赖德没有上钩，只说了一句："英国人贼优秀。"但全师上下情绪低落。克罗克的作战方案堪比1815年1月，英军在新奥尔良不惜代价地从正面进攻安德鲁·杰克逊将军。"我看英国人并不比我们更懂如何与装甲师作战，"第1装甲师新任师长厄尼·哈蒙说。第16/第5枪骑兵团随军牧师在日记中并没有表现出基督的宽容，美国人"照例没攻克他们的目标……着实叫人恼火。由于美国人失败，我们只能坐失良机"。一名经过美军车队的英国炮兵作了一个猥亵的手势，吼道："你们不是又要到下一个阵地去捣乱吧？"英国兵在食堂内又编了个小调：

> 我们的兄弟后悔了，待不下去了。
> 因为德国人狠狠地揍了他们一顿。

艾森豪威尔又气又恼。战术的确是美国人的短板，但绝不像英国人说的那样不可救药，巴顿说这令艾森豪威尔的情绪"低落到极点"。军方审查员失职，没删除《时代周刊》等杂志报纸上的诋毁报道，让总司令大为光火，当即撤了审查主任的职。但他却没对克罗克动手。他大声质问巴顿和布拉德利，他要美军指挥官迁就英国人的这道命令"是否被不折不扣地执行，他们有没有逆来顺受，又有没有不提出任何异议，一丝不苟地接受上峰的命令"。赖德大概"心太软"，不肯撤换无能的下属，这同样让他大惑不解。另外，艾森豪威尔不止是一点小心眼。"艾克说亚历克斯并不像他想的那样优秀，"他的副手埃弗里特·休斯在日记中写道，"他现在面临着真正的战争。"

这些吹毛求疵都是讽刺，只有站在历史的高度才能看清事态。每天平均有近1 000名战俘走进英美联军的战俘营。盟军即将取得一年内的第五次大

第 11 章 分崩离析的联盟：英美联军的内部危机

胜利，这一胜利堪比中途岛之战、阿拉曼之战、瓜达尔卡纳尔之战和斯大林格勒之战，是通往胜利的一个里程碑。20 万轴心国部队如同绵羊，被关进突尼斯一座宽 50 英里、长 80 英里的足以埋葬两个敌集团军的"羊圈"内。盟军很快就要收复一片大陆，地中海即将变成英美联军的"澡盆"。如果有人觉得美军羽翼未丰，只要想想他们从蹩脚的"火炬行动"开始到现在走了多远，就能打消疑虑了。

艾森豪威尔情绪低落，这恰恰印证了威灵顿的格言："败者千般苦，胜者万般愁！"他致信马歇尔："我发现我们和英国盟友间播下了不和的种子，这样的传统可以追溯到儿时读的历史课本。"其中的意味，就好像艾森豪威尔早先说的："不直捣欧洲的心脏，我们就赢不了这场战争。"到如今，虽历经漫长岁月，但为追求同一个目标而维护盟国团结仍是一大军事难题。沙文主义、自负、挫折和不幸都会成为令盟国分道扬镳的因素。和艾森豪威尔才开始懂得的一样，团结需要时刻警惕和高超的外交手腕。

至于丰杜克的官兵，他们瞥了那一排排裹着白尸布的尸体一眼，扭过了脸。

没有昨天。

对他们来说，只有明天，明天才能上场杀敌，他们必须要迎接下一天。在和平年代，中士小塞缪尔·艾伦曾是一名拥有自己乐队的大学生，他在一封家信中解释顽固的虚无主义，让战争中的年轻人在见到尸体时顿时变得老成起来："我们发现，最好忘了这些朋友，不再提起他们，"他写道，"当他们根本没来过这个世界。"

第 12 章

最后的要塞：
北非战场的终章

对于德军来说，北非战场无疑是第二个斯大林格勒。但对盟军来说，却是一次绝佳的"实习"。装备、单兵作战能力、凝聚力和战斗力等各方面都得到了大幅提升，涌现出了无数能征善战之辈。然而，战争还没有结束，英雄们匆匆打完这一仗，奔赴下一个战场……

地狱的犬牙：突尼斯桥头堡

4月11日星期天，10万美军兵分四路，沿四条主干道北上，准备进攻突尼斯桥头堡。灰尘将几支队伍染白，尽管在此之前，他们已经晒得黝黑、衣领也被沙砾染黑。他们需要理发、洗澡、修剪胡须，但最需要休息。用林肯的一句话说，老兵们——现在多半都是合格的老兵了——"累得一塌糊涂"。

照例和他们在一起的厄尼·派尔写道："他们浑身疲惫，从他们的背影就能看出。他们身上布满皱纹，就连衣摆上都写着极度疲惫……他们是年轻人，但污垢、胡须和疲劳令他们看起来仿佛人到中年。"一名中士在给艾奥瓦州的家人的信中写道："5个月来，我们一直住在小帐篷里，我5个月都没在桌上吃过饭了。"

他们沿着曾经有迦太基大象、罗马战车和拜占庭战马走过的公路北上130英里，3万部车辆接到命令，按计划每隔37秒准时发出一辆车。沙漠被远远地抛在了身后。他们又回到了许多人曾于11月和12月战斗过的北部山区。4月中旬，小麦已经高及大腿。道路两侧盛开着岩蔷薇和秋葵，漫山如火的罂粟"迎风招展"。不远处蓝色的牵牛花如浓烟一般——在疲惫的人看来——如同团团迫击炮火。山楂树萌芽、苹果树开花。灌木丛中传来声声鹃啼。

第 12 章　最后的要塞：北非战场的终章

上帝的恩赐与这些军人毫不相干。恰似病理学家能看到头皮下的颅骨，大兵们看到的是满眼春色下的地势。河床不是河床，是峡谷；草原不是草原，是暴露的火力带。月桂丛成了天然的伏击地带，每丛栓皮栎树中说不定都隐蔽着一门德国 88 毫米口径高射炮。见到这起伏的地形，谁都会感到凶险。

连突尼斯的春天都掩不住战争的疮痍。过往卡车腾起的灰尘落在了走在路肩上的难民身上。只有残垣断壁保留了下来，让人能看出这里曾经是西吉·布·吉特、斯贝特拉和迈杰兹巴卜等这些已经有数个世纪的历史的小镇。曾经风景如画、城墙绵延和山顶建有拜占庭塔的巴杰，墙上也贴上了提醒游客们注意斑疹伤寒的黄色标语。

按艾森豪威尔和亚历山大制订的一举歼灭敌人的宏伟计划，他们要直奔巴杰及其附近的地点。该方案大致如下：近 20 个师 30 万美军官兵、外加 1 400 辆坦克和相当数量的大炮，沿从突尼斯以南的昂菲达维尔到比塞大以西的地中海沿岸、横贯 140 英里的弧形阵线，兵分三路发动进攻。蒙哥马利的 6 个师从南部直取首都，同时防止轴心国军队将突尼斯以东的卡本半岛变成可防守数月的非洲巴丹（Bataan，巴丹战役，即 1945 年 1 月 31 ～ 2 月 8 日，美军及菲律宾游击队从日本帝国手中解放菲律宾群岛中吕宋岛之巴丹半岛的战役，是解放菲律宾战役中的一部分，目的是占领马尼拉湾之西的海岸，以使用马尼拉的港口设施及开辟供应线以支援正在进行中的马尼拉战役。——译者注）。

安德森的第一集团军从西南，几乎与麦杰尔达河谷平行，以 6 个英国师和 3 个法国师的兵力攻向突尼斯。在盟军前线的最左翼，美军要以 4 个美国师和统称法国非洲军团的 3 个法国营的兵力，从西部攻打比塞大。"我们让他们去了该去的地方，"亚历山大告诉手下，"让他们背水一战。"

要让盟军各师各就各位，还要平息几场手足间的小纠纷。受克罗克蛊惑，亚历山大虽然答应让第 2 军参战，但还是不想给美军第 34 师机会，要让他们好好"训练"。此外，"鉴于目前该师士气低落、素质低下"，他不肯将第 1 装甲师全部投入战斗。再说艾伦手下的第 1 步兵师要撤下来准备登陆西西里的"爱斯基摩人行动"。

巴顿不干了。美军目前在北非的兵力达4.67万,占英美联军的60%还多,多半被用作"爱斯基摩人行动",或者被归入庞大的美军后勤部门。但亚历山大提出几乎以清一色的英军来取得突尼斯的胜利。"说句老实话,我不高兴。"4月11日,巴顿致信亚历山大。如果美军要"扮演一个可有可无的小角色,影响说不定不那么好"。一天后,他又去信,建议将第34师纳入第2军,使其"重振精神",并且指出,由于该单位属于国民警卫队,"主要职责是维护政界大佬在当地的利益"。换句话说,艾奥瓦州和明尼苏达州的国会议员不会对英国军官侮辱自家军人不闻不问。应巴顿要求,布拉德利带着第二封信去亚历山大设在哈伊德拉的司令部。"把这个师给我,"布拉德利对元帅说,"我们保证他们能拿下且守住第一个目标。"

亚历山大力排众议,对布拉德利说:"拿去吧,他们是你的了。"又经过一番讨价还价,第2军下属的4个师都可以参战:美国后勤人员保证,他们能够在不中断英方给安德森手下大军的补给线的前提下,为自己的军队提供补给,由5 000辆卡车储运巴杰附近的军火,再租渔船从波尼运送弹药。巴顿反对直接向亚历山大汇报才一个多月,如今又要将第2军纳入安德森麾下。安德森并没有要求早已与他分道扬镳的美国人回来,看到攻打比塞大的方案后,他拿手杖敲着地图说:"真是孩子气,真是孩子气。"

"我非要那个浑蛋认错,"厄尼·哈蒙事后发誓。巴顿在日记中说:"我情愿受阿拉伯人领导。"亚历山大再次勉强同意,如果不服安德森的命令,第2军军长可以直接向亚历山大申诉。这个安排与他一贯严谨的作战规则背道而驰,就算不是离经叛道,也可以说是不妥。

美国人终于大批上阵了,尽管在安德森麾下的集团军群中,英军仍占了近三分之二。如果说艾森豪威尔一直追求超越沙文主义因而对国家荣誉这类事敬而远之,那么马歇尔可不是这样。4月13日,他以"美军大失颜面"警告艾森豪威尔,"务必密切关注"。美军仍然强烈要求证明自己在战场上并不比任何一支军队逊色,这种冲动可以追溯到一战。

第 12 章 最后的要塞：北非战场的终章

★ ★ ★

演员各就各位。非洲最后一战的大幕徐徐拉开。英国人从南部和西南部行动，美国人从西部动手，盟军两支劲旅终于要向两支元气大伤的轴心国军队发动进攻。

4月18日，第2军正式换下巴杰附近的英国军队。但当美军司令部进驻位于镇西北2英里处一座农场内的帐篷时，巴顿却没到场。按艾森豪威尔事先做好的安排，巴顿已不声不响地辞去第2军军长一职，为接下来不到3个月时间就要开始的西西里登陆做准备。40天内，他一举成为国家英雄，和德国坦克劲旅打了个平手，不仅如此，用富兰克林·罗斯福的话说，他是"一员优秀战将"。但连他自己也看出，要见好就收。虽说巴顿使出了浑身解数，但他对第2军的活力和纪律的影响微乎其微。即使亚历山大给了他权力，但他在爱尔圭塔、马克纳西或首战丰杜克中并没展示多少战术才华。随后，他发明的出动大批坦克包抄敌军的战术可谓空前绝后。

虽说艾森豪威尔称赞他"为我们树立了一个杰出的榜样"，但巴顿还是要带着未完成的心愿离开突尼斯。他甚至下令夸大第2军给轴心国军队造成的损失：虚报尸体数目。他还在之后的战争中玩过这个花样。一位高级参谋留下了3份记录，巴顿驳回了最初对敌人损失的判断。"这不够'精彩'，要把这次行动写得大些，"第2军助理作战参谋小拉塞尔·F.埃克斯中校战后背地里告诉布拉德利的副官，"结果我们把摧毁、损坏和缴获的装备数量全部多报了一倍。"巴顿的情报主任"修道士"迪克逊记录了4月中旬如下一段对话：

> 巴顿："你统计的敌军伤亡数字与事实不符，我们给他们造成的伤亡是这个数字的十倍。"
>
> 迪克逊："先生，我们统计了敌军能被找到的坟墓数量，询问了医疗和作战人员，查了他们的花名册……久经沙场的老兵大多能

幸免一死。"

巴顿："在数字后面加一个0。"

迪克逊："先生，我不能公然做出此事。"

根据第2军送到阿尔及尔的战后报告，从加夫萨到加贝斯公路一线共计有800座德军坟墓。3月15日到4月10日，第2军自称共摧毁敌军128辆坦克、850辆其他车辆、300门大炮和机枪，不论巴顿有没有要求篡改，这组数字都是被夸大了的。埃克斯还说，由于巴顿离任时总结报告还没做好，他"给了我一张附有亲笔签名的纸，以便我在数字出来的时候刻蜡版"。

在离开加夫萨之际，巴顿摘了一把旱金莲，放在迪克·詹森的墓前。近800名美国士兵和一名青年上尉就埋在那里。他触景生情，老泪纵横，这对于将军来说，绝不是什么坏品行。巴顿在离开突尼斯前的最后一篇日记中写道：

> 我只相信自己的经验，不考虑自己，也不想着别人。军人，甚至号称伟大的军人，都非常懦弱和胆小，他们太斯文了。战争简单、直接而无情。所以我需要简单、率直而无情的人参战。

4月22日星期四上午，巴顿的继任者乘着一辆吉普车登上了巴杰郊外一座绿树成荫的山顶。他身高6英尺，有一头从学生时起就灰白稀疏的头发，戴着一副眼镜，脑门高而突出。他今年已经整整50岁了，一副凸起的下巴常常让人误以为他要和人吵架。少年时的一次滑雪事故使他摔断了几颗牙，因此他一辈子都不肯对着拍照的人微笑，用他的话说，唯恐留下"一口烂牙的永久记录"。他穿着破旧的短夹克，绑着帆布绑腿，成为"自戴草帽的扎卡里·泰勒以来，美军在战场上打扮得最不像一位司令的司令"，一位目击者说。他展开夹在腋下的地图，固定在图架上，然后转身，面对着那些来一睹他的风采、向他打听作战方案的记者。

第 12 章 最后的要塞：北非战场的终章

奥马尔·纳尔逊·布拉德利上位了，并且要一直待到战争结束。他祖上是密苏里州的农民，仅仅能够糊口。父亲是一位被临时聘用的小学教员。艾森豪威尔曾大加赞赏过这位西点同窗的成绩单："他真正的优点就像是一条河，越深，就越是波澜不惊。"

和巴顿一样，布拉德利朴质、直率、无情，但两人的相同点仅限于此。他从不讲脏话，在 33 岁之前他从未尝过酒是什么滋味。他的妻子玛丽主张绝对戒酒，见不得他烂醉如泥，所以从来不涉足军营。他朴实、谦虚、温文尔雅，是位"平民将军"。他耿直得近乎偏执，而且从不会犯下大错。打猎是他最大的爱好，驻本宁堡期间，他常在早饭前到佐治亚州的沼泽去打水蛇。到了突尼斯，他只好以点射副官扔到天上的石子取乐。

他是一个天生谙熟地形的步兵，从巴杰到比塞大，每一道重要的沟壑或山岗，他都谙熟于心。在西点 1915 级被授予将星的 59 人中，有 15 人出自同一个"吉星高照的班"，布拉德利正是跻身这一行列的第一人。阿拉伯人以为"奥马尔"是个穆斯林名字，见自家人在美军中取得这一成就也是欣喜不已。巴顿苦着脸叫屈，说布拉德利"太他 × 的正派了"。

布拉德利在图架上展开地图，手执教鞭，以朴实平易的口音解释即将展开的战役。"他犹如为大学新生略述课程，平实地讲述了作战计划。"蹲坐在他脚下的记者 A.J. 列布林回忆道。马特尔是比塞大要冲，第 9 师将绕过让英国人吃了不知多少苦头的鲍尔德山和格林山，进攻沿海的左翼。而第 1 师和第 34 师将取道西迪恩西尔及其以南的山区，进攻南缘。第 1 装甲师将利用沿海平原上任何一个通往比塞大的突破口进行突破。

布拉德利新官上任烧的第一把火就是违抗艾森豪威尔直接下达的命令，但对此他绝口不提。在 4 月 16 日发出的一封屈尊降贵、抬头为"布拉德吾弟"的电报中，这位总司令指出："你防区的南部较适合部署坦克，希望你在此下一番功夫。"他提出的经过狭窄的迪内河谷发起进攻的路线显然要经过德军的埋伏圈，第 2 军称这个地方为"老鼠夹"，这样做肯定是自取灭亡。布拉德利对这项提议置之不理，命手下的指挥官避开"老鼠夹"。他将前面的任务比作"打野羊"。取道高地,被他称作"跳山头",过去5个月牺牲了太多生命,官兵们必须突破这一瓶颈。这场仗要慢慢打,因为还有许多山头要跳,还有许多羊要打。轴心国军队的工兵耗费数月的时间,用风镐、水泥、不计其数的地雷及6个炮兵营,将这些山头打造成了要塞。如今敌人在第2军战区集结了约1.2万名步兵,而在接下来的两周内,这个数字还要翻上三番。

布拉德利回答了几个问题,便爬上吉普扬长而去。他的作战计划被缩略成半页纸和一张地图,送到毗邻美国战区以南的英国第5军军部。奥尔弗里将军看后摇了摇头说:"布拉德利这家伙显然对带兵打仗一窍不通,根本指挥不了一个军。"

★ ★ ★

地面上的决战虽然刚刚拉开帷幕,但空中的战斗已经展开好几个星期了。在巴杰的战壕内看不出盟军在空中占有任何优势,但被盟军轰炸机的瞄准器瞄准的德军倒霉蛋却看得清清楚楚。盟军向位于突尼斯东北、西西里和意大利南部等地的机场、港口和编组场投下了数千吨烈性炸弹,另外还有数千吨即将投下。比塞大被炸成了废墟,城里不剩一间可以住人的建筑。"我们轰炸比塞大的目的就是要将它从地图上抹去,"一位陆军航空兵将军说。这不是他自吹,是事实。突尼斯被袭击的主要目标是码头和机场,有752名平民

1943年4月25日,在战斗中阵亡的美军人员尸体被骡子从突尼斯北部的山上运下。

被炸死，还有1 000多人受伤。一路冒着猛烈的高射炮火在2.3万英尺高空中飞行的B-17"空中堡垒"轰炸机勉为其难地对目标进行着精准轰炸。在一次对巴勒莫的空袭中，盟军炸毁了一艘军火船，另外7艘货船也被击沉，爆炸引起的巨大波浪将两艘停在沿岸的驳船掀上了码头，致使这个港口瘫痪了几个星期。还有一次空袭，盟军击沉了3艘用于运载一个装甲营到突尼斯的意大利驱逐舰。最终只剩下6名幸存者来讲述这段经历。

突尼斯以北和以东的盟军布雷艇成了这行的专家，轴心国舰船只能由一条宽1英里、长40英里的航道横渡西西里海峡。"超级机密"搞到了详细的载货清单和航行时间，盟军的瞄准手可根据自己的喜好来任意挑选猎物。一艘载运燃料和坦克炮弹的敌口货船说不定能引来50架飞机。美国空军机组人员清楚，平均每28吨炸弹就可击沉一艘中等大小的商船，一个标准的由18架B-17"空中堡垒"轰炸机组成的编队能投下2倍数量的炸弹，攻击完目标返航的机组人员在内部通信系统上一路唱着"给予总比收获好"。仅3月，就有36艘舰只在前往轴心国的途中被击沉，其中近半数是为阿尼姆运的军事物资和燃料。

这导致凯塞林越来越依赖空运。截至4月初，德军每天要出动200余架飞机组成"船型雪橇"低空编队，往非洲运送人员和物资。4月5日，盟军启动"打击行动"，出动战斗机和轰炸机予以回应。在第一次"打击"任务中，美军飞行员伏击了50架飞机，其中包括容克-52运输机和负责护航的战斗机。在"一片混战中"，美军以损失2架飞机为代价，击落了17架德国飞机。此外，轰炸机对比塞大和意大利的目标投下了近1.1万枚20磅重的杀伤炸弹。截至当天晚上，纳粹空军在作战中损失的飞机多达30架，而且停在地面上的损失还更多。

更糟的还在后头。4月18日星期天，阳光和煦，美军第57战斗机大队的4个中队（分别名为"黑蝎子""斗鸡""杀虫剂""黄钻石"）和在卡本半岛上空飞行的"喷火"战斗机中队会合，进行当天的最后一次巡逻。60架战斗机"仿佛阶梯，并排的4架飞机为一级，依次升入空中"，理查德·斯鲁尔森（Richard Thruelsen）和埃利奥特·阿诺德描绘道。"最下一级'阶梯'距离地面 4 000 英尺，而最上一级的'喷火'战斗机距离地面约 1.5 万英尺。"紫色的影子掠过卡本半岛上空，飞行员突然发现，在距海岸 6 英里处，有几架容克 -52 运输机和 6 引擎 Me-323 重型运输机，正组成 V 形编队飞行。"我们从没见过飞得这么漂亮的队形，"一名飞行员事后说，"都不好意思打散它。"

他们兵分两路，从右后方展开突袭，迅速打乱了漂亮的 V 形编队，逐一瞄准掉队的飞机。一名飞行员说到他的第一个猎物："短暂的一声爆炸后，那架飞机的左引擎起火，一路燃烧，引燃了中部和首部引擎。"着火的飞机翻着筋斗，栽进紫色的海面，或撞毁在突尼斯海滩。"海水变得通红，一大圈碎片在油渣中沉浮，"一位目击者说，"海滩上腾起不下十几道冲天的烟柱。"

纳粹空军损失了 38 架飞机。第二天早上又被击落 20 架，4 月 22 日被击落 39 架，其中包括许多运输燃料的飞机。被击中的飞机像腾起的地狱之火，慢慢打着旋，在地中海坠落。在展开"打击行动"的 3 周内，盟军以损失 35 架飞机为代价，击落轴心国 432 架飞机，其中有一半都是德军的运输机队。盟军机场到处都是趾高气扬的空军。"凯塞林要是老犯这种错误，就是成心要毁了我们的名声，"特德中将说。经戈林一再坚持，轴心国飞机只在晚上出动。由于春天白日渐长，每晚只能出动 60 架次，为阿尼姆运送补给和援兵。

桥头堡虽然驻扎了 25 万人，但作战人员还不到三分之一。多数是打着"为了庞大的殖民帝国"这个幌子招来的意大利后勤队伍，或是在隆美尔从北非长途撤退中被摧毁的各师后方指挥部士兵。意军的大炮不到 100 门，用一位将军的话说，"不知如何是好"。那些将通行证卖给急着逃过无人地带的意大利人的阿拉伯黑市贩子生意兴隆。美军飞行员和炮兵用传单怂恿轴心国各级官兵起义或叛逃，这只是第一轮心理攻势，之后两年，盟军还在地中海沿岸印刷了近 40 亿张传单（能装满 4 000 辆卡车）。

轴心国的后备部队仍以一天近 2 000 人的速度被运往突尼斯，但前线部队的建制多半无法重建。第 15 装甲师和第 21 装甲师各剩 5 600 人，第 90 非洲轻型装甲师不到 6 000 人，第 164 非洲轻型装甲师只剩 3 000 人。意大利的"半人马座"师和斯培西亚师全军覆没,其余的 3 个师总共剩下 11 个只能用来吓唬鬼的营。梅塞将军指出:"凭借现有的弹药,根本不可能抵挡敌人的大规模进攻。"到了 4 月末,纳粹空军防空部队连一天 35 加仑的用于维持雷达设备运转的燃料都难以为继。

一位德军参谋指出,"一个没有汽油的装甲师无异于一堆废铁",但一个没有坦克的装甲师连废铁都不如。轴心国装甲部队加起来还不到 150 辆坦克,不到盟军的十分之一。第 15 装甲师只剩 4 辆坦克可以参战。阿尼姆驳回了数次反攻的建议,认为这无异于"以卵击石"。柏林一位前来视察的高官斥责非洲军团是"逃兵",阿尼姆反唇相讥,说自己在"瞄着船"。

德军最高统帅部早在 12 月就开始考虑,该采取何种方式撤出突尼斯桥头堡,但由于凯塞林的乐观,这些以防万一的方案被束之高阁。凯塞林事后提出"清理"无关人员时,希特勒却认为选择性疏散有损士气,一句话就打发了他。盟军情报部门估计,轴心国在 4 月初一天还能撤出 3.7 万名官兵,但直到 4 月中旬他们才从"无用人员"开始进行有限而且为时已晚的疏散。倒霉的"无用人员"必须少吃:一名意大利士兵在日记中写道,他每天的伙食只有半饭盒冰凉的米饭、两个土豆和半个面包。

如果说放弃非洲军团是一时糊涂,那么希特勒显然还在疯狂行事。4 月 8 日,他和墨索里尼在萨尔茨堡附近的一座城堡内秘密会面。领袖先前的自负一扫而空。盟军每向突尼斯逼近一步,就是向罗马逼近一步。在南部,那不勒斯等城市连连遭到空袭。罢工与和平示威席卷了都灵和米兰。垂头丧气的墨索里尼又请求元首,希望柏林能和莫斯科暂时休战,这样轴心国就可以将全部兵力转到地中海,守住突尼斯,同时从西班牙和西属摩洛哥直捣敌后。

希特勒驳回了墨索里尼的方案,他只对牢牢守住突尼斯这一点感兴趣。斯大林格勒惨败后,德军在最近的哈尔科夫大捷中重新燃起了斗志,再一次坚定地相信元首能够彻底打败可恨的苏联人。不到一个月,德军就全歼了苏联 3 个集团军。只要英美联军将兵力集中在轴心国外围,就无法在别处开展

更大规模的行动。他告诉墨索里尼,突尼斯是意大利和南欧诸国的屏障。此外,元首看出,北非的失利会进一步动摇墨索里尼国内的根基,势必危及意大利本土和德国,所以必须坚守突尼斯。

希特勒的一番花言巧语顿时令领袖挺直了腰杆,同意"不惜一切代价"守住桥头堡,一句可怕的话被远离战火的人轻易说出。"我们只要坚持,一切都可能发生,"4月12日,他在罗马告诉凯塞林,"所以我们要守住。"第二天,也就是4月13日,阿尼姆接到命令,不得继续大规模疏散。

见到这道被称为"了结"的命令后,阿尼姆大惊失色,并承认"只想打个平手,请求换防"。可他最终只能按照命令行事,从厨师和文书中抽调人员,拼凑了几个步兵营,去完成这"坚守到底"的任务。

决战前的决战:势如破竹的蒙哥马利

盟军开始集中进攻桥头堡,从位于南部的第八集团军开始,各部的战斗先后打响。一时间,终于可以将盟军视为一个整体了。

蒙哥马利的部队如同一心要将对手撂倒在人行道上的街头霸王,信心十足、大摇大摆地向突尼斯挺进。英国兵将撤退的轴心国官兵丢下的战利品分门别类,包括在凯塞林缴获的美军游泳衣,以及一盒贡品一样被丢在路上的意大利银章。全军上下冷静而自负,即使被解放的村民们蠢头蠢脑地喊着"美国人万岁",他们也置若罔闻,全军上下散发着仇人的血腥味,斗志高昂。

早在4月11日,蒙哥马利就知道亚历山大有意要第一集团军主攻突尼斯。平坦的地形显然适合从西南发动坦克战,而位于正南沿海处的平原因为两侧巍峨陡峭的大山互相对峙,收缩成一个宽不足1英里、长20英里的"漏斗",用英国官方历史中的话说,就是"光秃秃的崖壁、山涧等"。对此,蒙哥马利可以接受,他力劝亚历山大"集中一切力量"对一处"痛下杀手",他还应要求将自己的第1装甲师和一个装甲车团送给了第一集团军。

但蒙哥马利怎肯将好事拱手让人。"安德森要是有点本事也就算了,"他在 4 月 12 日的日记中写道，"但他偏偏没这个本事。" 4 月 16 日，他致电亚历山大："我手下的官兵精神抖擞，个个都想决战'敦刻尔克'。"按照亚历山大的方案，第八集团军的贡献只比一场真心真意的佯攻要好那么一点，但蒙哥马利还是希望出动 4 个师突袭位于昂菲达维尔以北的丘陵，在轴心国桥头堡"关门打狗"，先安德森一步到达突尼斯首都。

"第二高峰毫无用处"是山地战中的一条公理，但第八集团军偏偏发动了一场占领一连串第二高峰的战役。在沙漠中待了数年，地形的陡然变化令人赏心悦目，长途跋涉 1 800 英里，官兵们个个盼着看到青山野花，却在战术上昏了头。令蒙哥马利越来越依赖的蛮攻在这里根本使不上劲：连势不可当的炮火在掩护守军、吞噬大量炮弹的山坡和沟壑纵横的地形上也收效甚微。过去一年连连征战，第八集团军的建制已经不完整，各单位的兵力严重不足，仅仅余下四分之一的步兵，还要负责在崎岖得连骡子都无法行走的山路上运输弹药。

然而这种障碍对英国人来说都不算什么，因为他们的情报部门断定，昂菲达维尔要塞只有 6 到 8 个士气低落的德国营和被第 10 军虎视眈眈地注视着的倒霉的意大利人把守，但估计敌军的兵力不久就将增加 3 倍。蒙哥马利自信能"把敌人撵出昂菲达维尔"，就好像他已经忘了曾在突尼斯山地战中交了 6 个月的学费，认为自己从第一集团军和第 2 军的菜鸟那没学到任何东西。要知道，傲慢和失误一贯是要付出代价的。

就连第二高峰脚下都有坚固的小山丘作瞭望塔，根本近身不得。其中当属位于昂菲达维尔以西 3 英里的泰克鲁奈最为险要，这是一座高 600 英尺的石头山，山顶有一座圆顶的清真寺和一座古柏柏尔要塞，周围都是砖屋。梅塞将军亲自在这里部署了 300 名意大利步兵。"为鼓舞士气，"梅塞事后解释，"我又在要塞加了一个排的德军。"弗赖伯格手下的新西兰兵——尤其是第 28 营的毛利族兵，将于 4 月 19 日午夜前攻打这根"烂石笋"。两天的战斗烧焦了泰克鲁奈灰白的山体和粗糙的台阶，就连要塞的秘密通道也不例外，一座座房屋内外都血迹斑斑。

双方的援兵匆匆赶来驰援。截至4月21日星期三早晨,"泰克鲁奈山顶无时无刻不见炮火,曳光弹划过山谷,在房屋间乱窜",一位指挥官事后写道。意大利军攀着一根绳子,向挤满毛利伤员的临时急救站投了几枚手榴弹,这引来了疯狂的报复。敌军士兵被将士们用刺刀逼下悬崖,还有两名俘虏被扔了下去。"在这残酷的时刻,"一份新西兰官方报告中写道,"一切都失去了控制。"

"中士自告奋勇地担任副排长,下士担任中士。许多情况下,他们还没升任多久就负了伤,"一位自残的营长事后回忆。凄厉的炮火打得两个毛利连各剩下不到20人,12个连长中伤亡了9个。最终虽然攻下了泰克鲁奈,但付出了极大的代价。霍罗克斯将军说:"纵观这场战争,这是我所见过的最英勇的战斗。"新西兰人损失的人数高达459人,其中有34名军官。他们俘获了700多名俘虏,其中四分之三都是意大利人。

与此同时,第4印度师在以西5英里外,对加尔西山发动进攻,以伤亡500名官兵为代价,占领了几个战术上无关紧要的阵地。他们和泰克鲁奈上的官兵一样英勇善战。一位单单头部就受伤12处的廓尔喀排长靠装死才逃过一劫,之后和手下的士兵会合后,他趁着天黑重新发动了进攻。"我的手快断了,鲜血淋漓,"他说,"只好叫排里的一个兵帮我从枪套里拔出手枪,放在我的手上。"据说敦实、黝黑的尼泊尔勇士只有在平地上闲逛时才觉得累,传说廓尔喀人不抓俘虏,只喜欢用长弯刀斩下敌人的首级,战斗结束时,可以通过数套在廓尔喀人手腕上敌人的手表数量,来计算轴心国的损失。

不过,他们终于在有刀、石头、步枪和大炮的加尔西山上碰到了对手。"夜幕中,官兵们扭作一团,"一名来自印度的亲历者说,"每得一寸土地,都会引来誓死坚守到底的亡命之徒的反扑。"

由此看来,敌人终于决定要团结一致,战斗到打光最后一颗子弹。接着,又一轮炮火清洗了战场,继而就是石头战,轴心国军队很清楚,再退一步就要退进大海了。官兵们缺少睡眠、脸色发青。担架员跌跌撞撞地跑上跑下,两腿如灌铅,手掌起了水泡,水泡又被磨破,露出肉来。4月22日,轴心国的炮击似乎比以前更加猛烈了，英国官兵成天缩着头，一位指挥官说："等敌人发过这阵威再说。"另一位苏格兰军官说，他手下的高地联队兵不再带风笛上阵，因为风笛手无一例外都吃了枪子，而且 80 英镑一台的风笛本身就很珍贵。第八集团军有难的消息传来，盟军上下都幸灾乐祸。"我们呼叫蒙蒂，"布拉德利哂笑道，"看他要不要我们派几个美国顾问过去，教教他的沙漠战士们，该如何翻过这些山。"

为"爱斯基摩人行动"忙得焦头烂额、分身无暇的蒙哥马利临战变卦，打算孤注一掷。如果手下的官兵无法突破山头，他就要派他们取道狭窄的沿海公路突破，到达布费夏，再到达突尼斯。在下令停止进攻山头，准备沿 1 号公路正面进攻后，蒙哥马利飞往开罗，准备制定登陆西西里的方案。4 月 26 日星期一，正好是复活节，患了严重的扁桃体炎的蒙哥马利回到部队，却发现自己的部下，尤其是伯纳德·弗赖伯格和弗兰西斯·图克两位师长，竟公然抗命，无视他作为军团司令的个人野心。

气恼的蒙哥马利回到了他的大篷车。"要顾大局，我们必须要在这里有所突破。"他哑着嗓子说。霍罗克斯气得摊开双手。"我们当然能突破，"他抢白道，"不过，等我们突破了，你优秀的第八集团军恐怕就所剩无几了。"蒙哥马利嘀咕了几句，砰地关上了门。

无往不胜的军队偶尔也会遇到坚不可摧的目标，对蒙哥马利来说，昂菲达维尔就是这样的一个目标。连年征战加上在非洲长达数月的长途跋涉，第八集团军已经"精疲力竭"，一位英国情报官写道。蒙哥马利和手下的参谋"好似失去了兴趣，他们向来不喜欢山"。如果蒙哥马利固执己见，一场志在占领泰克鲁奈和海滨公路之间山脊的阵地战将会变成灾难。

没有作战经验的第 56 师经陆路长途跋涉 3 300 英里，于 4 月 26 日从伊拉克赶到前线，不久就损失了一位营长，师长也身负重伤。幸存者如惊弓之鸟，恨不得夺路逃回基尔库克。"他们上山的时候迟疑不前，一会儿便转身退了回来，"一位炮兵军官事后回忆道，"这是我第二次见步兵逃跑，第一次是在马雷特……这一幕让我联想到在索姆河的第一天，那些分散进攻的步兵。"

索姆河是英国军队最讨厌的地方，蒙哥马利如此识时务，实乃俊杰。"目前的方案最终会毁了大业，实非我所愿，"4月29日，他致电亚历山大，"你明天能看看我吗？"他下定决心再将手下的几个师交给第一集团军，让安德森来挑这副担子。此举会让第八集团军退出突尼斯之争，实际上是退出非洲战役。这就是战争。蒙哥马利将要在别的战场上立下战功。在等待亚历山大期间，蒙哥马利匆匆给身在伦敦的布鲁克写了一封信。"见到这幕惨景，我险些落下泪来，"他写道，"我相信我们最后能反败为胜，但我们错失了一个良机，损失了不少好小伙子。"

"我时而觉得，"他又写道，"我需要稍作休息。"

★★★

蒙哥马利这样说并非是在反省自己的表现，而是将矛头指向安德森和第一集团军。他驳回了安德森以"不惜代价、一网打尽"为宗旨的占领突尼斯的方案。第一集团军非但不集中力量进攻敌人软肋，反而在长达40英里的前线分散兵力，多路出击。要是再加上位于南翼的法军和位于北翼的美军，战线就相当于长达90英里。

蒙哥马利是对是错，很快就见了分晓，结果当然是他欢喜，安德森忧愁。后者的方案毫无出奇之处。且不说别的失误，他甚至没能善用盟国空军：计划本就不周全，他还在针对44个目标的70次空袭中白白浪费了自己的绝对优势。但手下有3个装甲师和10个步兵师供他调遣，安德森得出一个合理的结论，燃料短缺的德国人躲不过他的多管齐下。

"伏尔甘行动"就是多管齐下。首先，刚在丰杜克闹得不愉快的克罗克将军的第9军要从右路进攻，引开左路奥尔弗里第5军的敌人。其次，16个小时后，奥尔弗里要沿麦杰尔达河谷直取突尼斯，安德森确信这是"敌人的死穴"。一天后，远在左翼的美军就要大举进攻比塞大，尽管并不指望他们真的能到。而夹在英国第一和第八集团军中间的窝囊废——法国第19军，更是指望不上。安德森打算一举歼灭阿尼姆的第五装甲集团军，再挥师北上，

第 12 章 最后的要塞：北非战场的终章

抄迎战蒙哥马利的意大利第一集团军的后路。这次进攻要持续九天。"我们要齐心协力，一举歼灭阿尼姆和隆美尔的大军。"他对还在追打沙漠之狐不散的影子的部下们说。

如果不是因为缺乏自信，肯尼思·安德森绝对制定不了方案，这种怪事是"人的本性作祟"，"伏尔甘行动"也不例外。"方案虽好，但士兵们愿意打吗？"他问伊夫利将军。部下们从 11 月头几个星期开始就一直在打，手下有死有伤的第 78 师师长不知如何作答。他最后敷衍了一句："你只能先当他们愿意了。"

德军照例首先出击，这次行动代号为"丁香花"（FLIEDERBLÜTE），他们决定殊死一搏，时间就定在 4 月 20 日夜，是凯塞林献给希特勒的生日贺礼。1933 年原本隶属于国家警察部队的赫尔曼·戈林师的 5 个营，与第 10 装甲师的坦克配合，进攻迈杰兹巴卜以南地区。敌人一路高歌猛进，一位在帐篷内睡大觉的英国炮兵军官不胜其扰，吼道："出去，詹姆斯，别搞那么大的响动。"但东方破晓，暴露在猛烈的机枪和炮火下的来犯者突破了他们的阵营。21 日夜幕降临，他们收复了失地，俘虏了德军 450 名官兵，摧毁 33 辆装甲车。英国人的损失微乎其微，只是一个师耽搁了 4 个小时，险些打乱了安德森的"伏尔甘行动"。

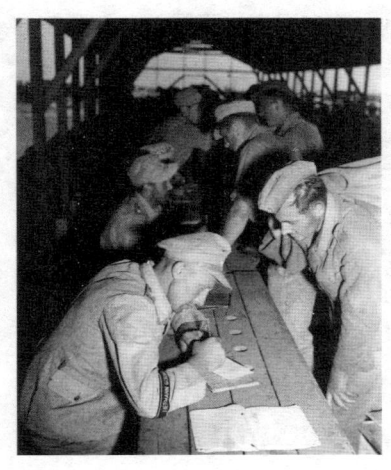

被俘的赫尔曼·戈林师的德军士兵在被转移到美英前，于摩洛哥临时战俘营填写表格。

4月22日星期四，凌晨3点40分，克罗克以一阵猛烈的炮火拉开了战幕。第二天（受难节）晚上，他派第6装甲师打头阵，突破德军防线后深入10英里，有望一鼓作气冲到地中海边。但德军很快开始反攻，反坦克炮火十分猛烈，两军在布库尔宁这座崎岖的小山上相持不下。英国第1装甲师原地踏步，友军的攻势也艰难地向前推进了仅仅几英里，一名在布库尔宁山上的英国兵写道：

> 官兵们开始分小股后撤，多半身负重伤。他们谈到攀上陡峭的悬崖，却遭遇密集的机枪火力网；谈到伤兵一路滚到谷底；谈到拉发地雷和哨壁上的诡雷；谈到照明弹和探照灯照到的角落，就会立刻引来炮火；谈到被绊倒的士兵过早放的枪，暴露了位置；谈到山顶上的掩体、山洞等种种巧妙的防御工事，四周是一摞摞前一次进攻留下的尸体。

4月26日，安德森命第9军停止徒劳无益、代价巨大的进攻。搜救队趁夜蹚过灌浆的小麦，用脚搜索尸体。他们很快发现，德国工兵常常在荒地上埋地雷，再撒上种子，好让长出的庄稼伪装他们的杰作。急救站挤满了伤员，因为休克或被星光照得脸色发青。克罗克将军胸口楔进了一枚英国新式反坦克武器的弹片，第二天就到这里报到。他急于向部下演示这种可击穿一辆虎式坦克的新玩意儿，不料却点着了一块谷地，将自己送进了医院。他要在这里一直待到这场战役结束。

奥尔弗里和第5军也落得同样的下场。按计划，从迈杰兹巴卜出发的三个营将于4月22日穿过大麦地和橄榄林，到达位于麦杰尔达河以北的一个集结区。他们从夏塞尔·泰法哈村附近的山涧进入阵地。第二天，官兵们在如火的骄阳下躺了一整天，心里所想、目力所及的只有位于东北2英里外的朗斯托普山。和12月末一样，朗斯托普山扼守通往麦杰尔达山谷的要冲，只有拿下这座山头，坦克纵队才能通过50号公路前往泰布尔拜和突尼斯。4月的金盏菊和明媚的阳光也遮不住这座双峰山的险恶。包裹在发霉制服中的尸骨还躺在圣诞节战斗期间令他们牺牲的险要裂缝中,一位英国将军事后写道,好像"这些优秀的士兵的灵魂围拢过来观战一样"。

22日晚8点,奥尔弗里展开了进攻,但一阵猛烈的炮火却引来了电闪雷鸣和一场从北部横扫而来的暴雨。在位于迈杰兹附近的炮兵掩体内,400门大炮齐发,步兵从散兵坑内一跃而起,冲向山脚。"我们希望这些炮火是给突尼斯发出的一个报仇雪耻的信号,"BBC记者霍华德·马歇尔报道,"炮兵们赤着上身,一刻不停地发射炮弹,直到步兵们接近敌军的掩护火力网。"亚历山大一行仿佛是来"观看艾格尔峰上的登山者",镇定地扶着望远镜站在麦杰尔达草原上观战。照明弹和炮火照亮了往山坡上爬的小点,而跟在后面的大黑点是骡子。一名赶骡的士兵叫这些不时吓得跑到山脚的骡子是"撒旦四条腿的倔孩子"。

受难日破晓,进攻仍然没有跟上进度。迈杰兹的一名记者写道:"山上一片火海。"阿盖尔萨瑟兰高地团8营负责主攻双峰山的西峰阿美拉山,这样安排主要是因为苏格兰人可以在熟悉的地形找到灵感。恰恰相反,德国炮兵午后刚过就击中了设在空旷地带的营部,营参谋和风笛手死在了阻击火力网之下。

许多德军炮火下的漏网之鱼也因为中暑而倒下。没过多久,这个营就倒了一半,另一半也筋疲力尽。一名德军俘虏掏出了一把藏在身上的自动手枪,打倒了几个苏格兰士兵,这激起了他们怒火,该俘虏随后就被打成了筛子。"阿盖尔萨瑟兰高地团8营的将士们怒火中烧,"在朗斯托普山一战中,因骁勇善战而获得了一枚维多利亚十字勋章的少校J.T.麦克·安德森(J.T.McK. Anderson)说,"我们恨透了德国人和这座山。"安德森少校给步枪装上刺刀,和30名战友一路咆哮着,终于拿下了阿美拉山。由于风笛手已死,他们只好找了个吹口琴的充数。至于朗斯托普山第二高峰拉哈尔山——每一寸土地都和12月时一样难啃——直到星期一复活节,英国坦克才冲上山顶,将其攻下。"山上硝烟弥漫,如同人间地狱。"一名记者写道。300名掷弹兵获准投降,他们的蔡司望远镜和一听听牛舌罐头成了战利品。

虽然攻克了朗斯托普山，但第5军和南翼的第9军都成了强弩之末。阿盖尔萨瑟兰高地团减员三分之一。受难节这天沿麦杰尔达河右岸一战，英国第1步兵师伤亡及失踪500余人，第二天，仅两个营就又损失了329人。支援步兵的45辆坦克中，有29辆被毁或受创。在4月的最后10天内，德国共摧毁英军252辆坦克。

非洲最惨烈的战斗莫过于布奥卡兹山一战了，布奥卡兹山距朗斯托普山4英里，是位于麦杰尔达河对面的一座高700英尺的险峻山脊。4个近卫营攻打布奥卡兹山和山嘴地带长达一个多星期，期间德军"除帽徽外，什么都朝我们扔"。日复一日，炮火声和机枪的嗒嗒声响彻这座山。夜间，士兵们躺在破败的胸墙和石堆下的战壕内，嗅着"迷迭香被弹片撕裂的浓郁味道"。扔完了手榴弹，英国兵举起石头，"就是不让敌人动一步"。大兵们把步枪插在地上，把头盔挂在枪托上，为埋在焦土中的尸体做记号。

截至4月末，爱尔兰第1近卫营只剩下80名官兵，其中包括一名最终把一条腿交给军医手术刀的担架员。现在，他跐着脚跑上跑下，"我顾不上这条烂腿"。第5近卫步兵团为把守一座山头，伤亡近300人，原本16名军官损失了13名，在猛烈的炮火下，一名中尉说："他们肯定急于攻下这座山头。"

这座山虽然仍牢牢地掌握在英国人手中，但余下的部分还属于敌人。截至4月29日，亚历山大和安德森都看出，第5军的进攻已经陷入了停顿。奥尔弗里沿麦杰尔达河两侧迂回60英里，取得的战果和克罗克相差无几，但距离突尼斯还有25英里。第二天，即4月30日星期五，安德森向艾森豪威尔汇报，第一集团军过去一周伤亡3 500人，其中近900人阵亡。在"伏尔甘行动"中，部队每前进3码，就会有一名官兵阵亡。许多连都建制不全，有的连剩下的官兵还不足24人。

英国人损失惨重，但德国人和意大利人也损失不轻。目前，阿尼姆在非洲只剩下69辆可以参战的坦克，另有一个没有坦克的坦克营负责后援。

盟军仍无突破，只有伤心和死亡。安德森不理会赫尔曼·戈林师休战收尸的提议。一到夜间，战场和无人地带的果园中到处都充斥着殡葬队偷偷埋葬尸体的铁锹声。一名随军牧师在布奥卡兹山附近找到了一名阵亡已久的近卫兵的尸体,建议在天亮前埋葬这名士兵。"一只胳膊高举着,"牧师写道,"墓穴太浅,埋不下。我们每次把它按下去,它又弹了起来,夜色中总可以看见那只惨白的手。"

"掰断阵亡士兵的胳膊都非常难。"

"阿道夫,来清点你的喽啰!"

由于英国的两个集团军裹足不前,说是美国人决战突尼斯也不为过。奥马尔·布拉德利最初在北翼发起突袭,其艰难程度不亚于英国人遭到的挫折,但也不比他们更大胆。开弓没有回头箭,虽说每天的进展都以英寸计,但受难日这天发动的攻势可以视为美军光明正大地立下赫赫战功的起始,也是接下来连续两周节节胜利的开端。

"我们窝在一间弥漫着灰尘的旧农舍里,就着烛光写信,"4月22日,特里·艾伦写信给玛丽·弗朗西斯。他叼着烟卷,头发凌乱,身上穿着早在加夫萨和爱尔圭塔就磨破了的绿色衬衫和裤子,勤务兵帮他补了又补,与其说是军装,倒不如说像被子。他肩上的铝星还是两个月前,从一个意大利二等兵肩膀上摘下来的。烛光无法缓解艾伦的压力,更无法抚平他眼角日益加深的鱼尾纹。4月1日他才刚满55岁,但看起来却老得多。他参加过弥撒,为自己和手下,以及那些下令让他们去送死的军官们祈福。"希望我的计划万无一失,"他写道,"这里的局势非常紧张,但愿能够早日结束。"

炮声打断了他的思绪,嘶嘶的白色炮火仿佛灼热的闪电流向山脊。A.B.奥斯丁写道,掩护炮火"将山谷照得如同白昼。不知到底是地动,还是山摇"。一门105毫米口径榴弹炮一个小时最多能向面积为4.3万平方码的区域发射4 000发炮弹。目前,美国炮兵集中了300多门大炮,一分钟能发射11吨安装了新式雷达传感器的炮弹,可在目标上空40英尺处爆炸,杀伤力更大。每一轮集中打击后,炮兵们都要呐喊:"阿道夫,来清点你的喽啰!"

步兵在受难日破晓时分大举发动进攻，厄尼·派尔写道："炮火映照出一列由黑钢盔组成的长长的队伍，行进缓慢。"就在埃迪的第9师横扫了位于左翼、横贯28英里的阵线之际，布拉德利集中第1师、第34师和第6装甲步兵团的兵力，摆出一条长13英里、指向东北方向的半月形阵线，向敌人右翼发起进攻。"大红一师"将三个团散开，每个团向前延伸2英里，向那些根据高度命名的山头移动，如346号、350号、394号、400号、407号、444号、469号和575号高地。敌军的10个营严阵以待，都配备有虎式坦克。一时间炮声隆隆，山顶腾起橙色和红色的大火球，战场上硝烟弥漫。

还不到两个小时，他们就面临灭顶之灾，上帝对艾伦的祈祷置之不理。高高耸立在"老鼠夹"西南口的350号高地成了第18步兵团2营的伤心地，单受难日一天，他们就在这里伤亡了224人。3营在突袭位于以北2英里外的407高地的战斗中损失138人，营长为此失声痛哭。因为该师中路的大炮射程调得太短，误伤了第16步兵团的70名官兵。

士兵们发现，每道山坡上都布满了杀伤性地雷，其中不少是撬猪刀或跳棍，弹到半人高才爆炸。第26步兵团一个连的军官和副排长非死即伤。该团的一名士兵听到战友撕心裂肺地叫喊，事后说道："我滚到他身边，他抬头看着我，说：'行行好，给我一枪吧。'"他话音未落就死了，没人给他一枪。

受难日早上，一位华盛顿要员来到战场，他生得五短身材、面部棱角分明。他当即断定，官兵们缺乏和敌人短兵相接的斗志。莱斯利·J.麦克奈尔中将来突尼斯，对美军的作战能力进行评定。身为美军地面部队司令，这是他的责任。出生于明尼苏达州的麦克奈尔是苏格兰人后裔，有一双蓝眼睛，两只耳朵的听力都不好。他生性孤僻、神秘，是1917年远征法国时最年轻的美国将军。麦克奈尔是炮兵出身，同时还是一位学识渊博的数学家，和别人带烟斗或《圣经》一样，他计算尺从不离身，常说自己不过是个"卖苦力的人"，但一位同仁将他比作"长老会的雄辩家，出口成章，满腹经纶"。"不怕你犯错，"他常常将这句话挂在嘴边，"就怕你不做。"

凌晨5点，麦克奈尔来到艾伦"弥漫着灰尘的旧农舍"，大步走过院内

第 12 章　最后的要塞：北非战场的终章

冒着热气的粪堆，一口喝下一杯咖啡后，和乘"野马"赶到的特德·罗斯福就"一名三星将军亲临前线是否英明"这一话题激烈地争论了一番。明知山有虎偏向虎山行，麦克奈尔躲过警卫，乘一辆保险杠上挂着一块画有三颗将星的大牌子的吉普车，循着炮声一路颠簸冲上前线。在从左翼第 26 步兵团旁边经过时，他喋喋不休地喊着："我还没见过这样无精打采的部队，全军上下毫无斗志。"

当天下午，见 2 营大部被压制在一座山后，士兵们可着嗓子冲他喊："快把吉普开走！"麦克奈尔顿时暴跳如雷，嘴上不住地念叨着"这支不成样子的部队"！他不顾部下的一再劝阻，爬上山脊，来到一个炮兵观察哨，展开地图研究地形。12 发炮弹落在他身后，没有伤到他分毫，但第 13 发炮弹落在了山顶，当场炸死一个副连长。幸亏有头盔后沿阻挡，一枚弹片才没能击穿麦克奈尔的脑袋，只是镶在了他的头骨上。另一块弹片在他颈子和肩膀上划下了一道 7 英寸长的口子，割断了动脉。鲜血染红了展开的地图，他还喃喃自说："我算错了掩体的位置。"吉普车将他送到师急救站，军医剪开了他价值 16 美元的定做衬衫，为此他满嘴牢骚。

输过血并注射过磺胺制剂之后，一辆道奇救护车沿着一条骆驼道将他送到了位于巴杰以北的战地医院。布拉德利及时赶来，将一枚紫心勋章别在麦克奈尔的睡衣上（偏偏又别倒了）。一架飞机先将他送往奥兰的一家医院，再撤回华盛顿，途中，麦克奈尔唠叨不休："美国士兵根本就不是在打仗。"

1943 年 4 月 22 日，美军地面部队司令莱斯利·J. 麦克奈尔中将（中）在突尼斯前线。他当天被一枚德军炮弹炸成重伤。

这当然不是真的。复活节这一周，500 名美军士兵在突尼斯阵亡，另有 2 000 人受伤。即便是五角大楼的污蔑，也贬低不了他们的奉献。艾伦手下的官兵在南翼奋战，一天前进数千码，左翼埃迪将军手下的 2.3 万名官兵（由他手下第 9 师和法国非洲军团的 4 000 人组成）在浓密的草木中手脚并用地跋涉。

第 47 步兵团穿过 7 号公路沿线的剑叶草，直到格林和鲍尔德两座山出现在视野中。在路基和山脚旁边，随处可见英军三次攻打贾夫纳要塞失败后留下的烧焦残骸。第 47 步兵团并不正面发动进攻，而是选择在 23 日上午佯攻德军阵线边缘，牵制敌人，与此同时，两个姐妹团迂回到敌人背后，进行包抄。

长期以来，敌人一直都认为自己占据地利，阵线的地势牢不可破。一开始也的确是这样。冯·曼陀菲尔师 9 个营的 5 000 名官兵把守着位于贾夫纳和地中海之间的长达 20 英里的阵地，这里的防御工事之深，甚至需要用梯子才能在一些掩体上自由上下。第 39 团在 7 号公路以北地区首战失利，被一支德军侦察兵伏击，150 名官兵被俘，其中包括团长 J. 特林布尔·布朗上校。不到一个小时，一名亲眼见布朗等人交出戒指和手表后被带走的上尉带着 G 连英勇反攻，杀伤 45 名德国兵，解救了俘虏，反败为胜。可惜的是，布朗上校的作战方案被逃跑的敌人带走了。午夜后不久，埃迪撤了布朗的职，让他卷铺盖回后方。

就这样日复一日。383 号、432 号、438 号、513 号高地等几座无名山头上发生的激战近在咫尺，士兵们拼命地忍住困意，生怕自己的鼾声引来敌人的手榴弹。山头夺了失，失了夺。山谷起了雾，显得愈发昏暗、阴森恐怖。一名军官形容这里的地势是"戏剧开映前漆黑的舞台"。

面对敌军的反攻，美军炮兵一个劲地猛轰。磷光弹丢在友军阵线附近，不时就会见到士兵跌跌撞撞地冲出浓烟，制服上满是化学物燃烧留下的大洞。山顶清真寺呼唤信徒祷告的钟声引来受惊官兵的炮火，他们认为这是在给德国人通风报信。美军反间谍特工为以防万一，在巴杰以东地区强行腾出了一块面积约为 400 平方英里的"阿拉伯人不得涉足"地带。

埃迪手下的军需官征用 350 头骡子和 50 吨饲料,在吉普车无法通过的路上拉运补给,每次驮队回来,鞍上都会绑着士兵的尸体。

敌人牢牢地守着格林和鲍尔德两座山头,作战部队却慢慢地从 7 号公路以北地区包抄过来。4 月 27 日,第 39 步兵团在格林山以北 2 英里处,对贾夫纳形成包围之势。经历了一个月前的马克纳西一战后,尚在恢复元气的第 60 步兵团沿塞杰南河河岸一路向东挺进。到本月末,该团行进 12 英里,到达比塞大之前,还有一半的路程要走。法国非洲军团出动了 3 个打仗三心二意的营,沿着海滨进发。该部有几位人物颇为著名,其中包括一名西班牙元帅、一名犹太医生和一名因在"火炬行动"中帮助巴顿而下过摩洛哥大牢的反维希上校。但迄今最富传奇色彩的是一个北非连,即穿着一身肮脏长袍、脚跐用旧轮胎制成的凉鞋的摩洛哥土著人。

这支正规军——美国人这样称呼他们——由一群打家劫舍、掳掠土著妇女的"无赖"组成。但他们也有他们的用处,特别是敌军传言北非兵以割下敌人耳朵的数量行赏,据说他们就像数十法郎的票子似的,将耳朵扔到出纳的桌上。为此,许多轴心国官兵睡觉时都扣下帽檐。北非兵午夜突袭,拎着装满兴许是无花果干的口袋不声不响地回来——想换纪念品的士兵们更愿意相信口袋里面装的是敌人的耳朵。

"再拿下一座山头!"每天早上,美国军官都以战友之间互相撒谎时冷冷的语气,向手下的官兵下达命令。每占领一座山头,炮兵就目测得更加清晰,下一炮就打得更准。在爱尔圭塔和马克纳西吸取了教训的步兵一次次地从侧翼逼退敌人。

"再拿下一座山头!"这话虽然不怎么真实,但官兵们个个都能听出谎言中隐含的真理。

★ ★ ★

眼前再没有比塔亨特更大的山头了,也就是美国人口中的 609 号高地。阿尼姆手下的官兵被第 2 军逼退 6 英里后,牢牢地守在了这里。4 月 26 日星期一，布拉德利看出，609号高地是轴心国军队的要塞。

609号高地居高临下，位于美军右翼，西迪恩西尔东南方3英里处：这座海拔近2 000英尺的山头扼守着从巴杰通往马特尔的条条要道。山顶是一片长800码、宽500码的寸草不生的台地，东边和南边各有一道高50码的峭壁。在山顶上，通过望远镜可以看清位于12英里外的马特尔的一座座房屋的窗户，以及位于更远处20英里外的比塞大上空的袅袅炊烟。

除了南坡下的一小丛橄榄树之外，山上无遮无拦，只有断崖给守军提供了藏身之所——数不清的山嘴和缝隙。鹳鸟栖息在崖壁一道道风吹雨蚀的裂缝中，守军埋伏在山脚的碎石堆中。在稍矮的山坡上，金色的麦浪被风掀起，远远望去，仿佛整座山都在随风起舞。461号、490号、531号几座高度相近的高地主要由"巴瑞信"猎兵团（以团长沃尔特·巴瑞信上校的姓命名。——译者注）把守，组成一道纵横交错的火力带。该团多半官兵出身德军伞兵，或毕业于滑翔机学校，用亚历山大的话说，"是非洲最优秀的德军部队"。

安德森直接提出不管这座山。星期二上午，这位英军司令致电布拉德利设在巴杰的司令部："不要管那些在西迪恩西尔与你作对的敌人。将他们逼上山，尽量绕道而走。我并不要你逼退敌人，而是要你迂回到敌后，将他们在比塞大附近建立桥头堡之前一举歼灭。"然而就像平时一样，安德森转念一想，决定抽调美军一个步兵团增援止步不前的第一集团军。

布拉德利大吃一惊，背地里说安德森"昏了头"。当天下午，在艾伦破败的农舍里，布拉德利将地图钉在图架上，向安德森解释为什么不能对609号高地置之不理。虽然"大红一师"取得了一定进展，却在这座山西南方几英里处暴露了部队左翼，德军炮兵也开始对艾伦的部队发起炮击。第1师还缺2 000人，其中包括60名军官，新提拔的上尉仅接受了15分钟的入门培训，就直接被送上前线。艾伦势单力薄，要迎战敌军5个营，必将面临609号高地敌军的大举反攻，左翼被攻击在所难免。此外，绕过609号高地就会回到地形处于弱势的山谷，再次引来其他山头上德军的迫击炮火。"所以我们必须拿下609号高地"，布拉德利断定。

艾伦拼命点头，随后又偏过头来，以免被烟迷了眼睛。安德森对着地图看了一阵，也跟着点了点头。提到抽调一个步兵团，布拉德利一口回绝。"除非有艾克的命令，否则我也爱莫能助。"之后，他对手下的参谋说："这一仗关系到美军是否能扬名天下，所以我只能出此下策。"艾森豪威尔很快表态："坚持你的立场，布拉德利。"

布拉德利将目光落在了美军一支信心尽失、名誉扫地的部队。自 3 个星期前，在丰杜克惨败以来，第 34 师每天都在恶补夜袭和坦克对步兵战术，由师长查尔斯·赖德亲自带队，在炮兵的掩护火力 50 码后发起冲锋。布拉德利告诉赖德："给我拿下那座山，你就突破了我军前沿的敌军防线。拿下这座山头，就没人再敢质疑你部的勇敢。"

4 月 27 日，第 34 师 9 个营沿着长达 6 000 码的前线横跨西迪恩西尔。一个假扮成德军逃兵的家伙硬说负责把守 609 号高地的不过是敌军一支负责殿后的、疲于奔命的部队，只需派出一个 50 人的排就能一举攻下。"全师上下异常兴奋，恨不能立刻上阵。"一名上尉事后回忆。但赖德认为最好"步步为营"，命部下先攻克相邻的山头，再攻打 609 号高地。

官兵们吃了点 C 级口粮，将水壶灌满，抽了最后一支烟。黄昏时分，每名士兵都在钢盔后系上了白布条，方便身后的战友在夜色中跟上。工兵拿白色带子或包上手纸的石头标出通过敌军雷区的路。排长隔几分钟就披上毛毯，就着红光手电看一下指南针。"行行好，"夜色中只听一位连长喊道，"别停下。"他们刚摸到火力带，德军机枪就一挺一挺地叫了起来，划破了寂静的夜空，如同裂帛的风声。"我们猫着腰，跑、卧倒、开枪，再跑。"一名亲历者说。迫击炮弹落在两山的山洼里，黄色的照明弹在头顶开花。官兵们全体卧倒，除扭动的伤员之外，其他人死了似的一动不动。"我们趴在地上等天亮，听着山坡下 100 码处一个伤员的哭喊声，"一个士兵事后回忆道，"他的哭声越来越小，最后完全消失了。"

两次进攻均以失败告终，伤亡惨重，但第 34 师最终还是于 4 月 28 日星期三中午时分攻下了位于西迪恩西尔和 609 号高地之间的 435 号高地和 490 号

第34步兵师眼中的609高地西侧。山坡上金色的麦浪随风翻滚,远远望去,仿佛是这座山在翩翩起舞。

高地,并击退了德军4次反扑。整整一天,山谷内炮声不绝,炮弹炸裂岩石发出的咔咔声不绝于耳。因为阿的平的副作用,数百名官兵上吐下泻。大兵们将这种人工合成的抗疟疾药称为"黄种人魔法",用来代替被日本人独家控制的奎宁。他们恶心、浑身乏力,吐脏了制服的前襟,控制不住的腹泻弄脏了裤子,在星期四所剩无几的时间内又起身跌跌撞撞地向前冲。

第135步兵团3营从490号高地,对位于609号高地南侧的一座名叫科拉德拉的阿拉伯小村发起攻击,刚前进2 000码,山间就起了浓雾。德鲁·米德尔顿望着第一缕曙光说:"像沿着皮科特冲锋的道路,穿过葛底斯堡夏天的麦田一样,顺着这些士兵留下的足迹越过麦田。"该营进攻位于右翼的531号高地时受挫,守军把手榴弹捆成一捆,扔向攀上悬崖的官兵,因为部队另一翼耽搁了,德军很可能要对科拉德拉的这个营发起反扑。

609号高地的山坡上,大炮的炮口"仿佛点点火花,风中夹杂着机枪发出的猛烈的嗒嗒声",米德尔顿写道。该营衣衫不整地退出小村,躲进了位于400码后的橄榄林。村舍内跳蚤肆虐,不少士兵不堪其扰,脱下鞋子、钢盔和子弹袋,一股脑儿地浸进汽油。数百发炮弹落在609号高地山头,用一名大兵的话说,"就像火山喷发,"但德军寸步不让,挫了美军的锐气。

赖德在609号高地受挫让特里·艾伦头疼,他怪第16步兵团"白白"挨了山上敌军的打。4月28日下午2点,他命令第1师的3个团等待第34师能顾好自己的左翼后,再发动进攻。艾伦致电赖德,追问他要多久才能攻下606号高地。

"你说的是609号高地吧？"赖德答道。

"不，我说的就是606号。我师的炮兵已将这座山头削掉了3米。"

星期四早上又毫无进展，艾伦忍无可忍。在此次进攻中，第2军伤亡2 400多人，近半数是"大红一师"的人，敌军的损失仍然不明，自受难日以来只擒获了400名俘虏。第34师用白磷光弹点燃609高地周围的杂草，再由狙击手一个一个地射杀被大火逼出来的德国人。因为觉得自己的师受赖德所累，星期四，艾伦只得命令第16步兵团再次发动进攻，占领位于609号高地正东1英里以外的一座有重兵把守的独立山头，即523号高地。该团团长乔治·A. 泰勒认为此次进攻太过草率，提出抗议，艾伦却置若罔闻，依然我行我素。

艾伦为急躁付出了惨重代价。4月30日星期五，午夜刚过，天就下起了毛毛细雨，第16步兵团1营从南翼穿过一片麦地，爬上523号高地。凌晨4点45分，11名德军士兵被1营俘虏，另有12名被杀死或逃跑。不过，形势急转直下，顶着煤斗头盔的身影借着灰蒙蒙的曙光，冲出附近地震留下的山缝，包围了这座山头。接下来与"巴瑞信"猎兵团的混战"犹如一场巷战"，一名生还者说。"由于两军短兵相接，我们不能叫炮兵。"他还说，怒吼顿时变成了"拳脚相加，外加手榴弹"。

炮声传到泰勒上校的指挥部，一名文书在日志中写道："这个声音悦耳动听。"接着却发现这是德军的炮声。特德·罗斯福命令一个坦克连攻打山头，在一条狭窄的山沟内，3辆谢尔曼坦克被地雷和47毫米口径反坦克炮摧毁，领头坦克中了不下24弹，余下的在快到山顶时被击退。附近的观察哨可以透过浓烟看到这幕惨景，中午时分，他们向泰勒汇报："遍山都是德国佬。"中午12点30分，德国人丢下100多名死伤官兵，带走150多名俘虏，其中包括该营营长查尔斯·J. 德诺姆中校。在接下来的24个小时内，523号高地三易其手。

而在609号高地上，一战定乾坤。布拉德利力排众议（一位上校说："头脑清醒的人是不会在山区出动坦克的。"），说动赖德于4月30日拂晓出动17辆谢尔曼坦克，沿着西面的山坡发动攻击。步兵们紧紧地跟在坦克后面，一手抓着坦克挡板，一手开枪。"上帝保佑各位，"第133步兵团的一位连长对手下说道，"我们必须拼死一搏，才能取得胜利。"

来自艾奥瓦州格伦迪的一等兵爱德华·S.科普萨就是"拼死"的那个，一发炮弹在他胸口撕开了一道口子，可以看见他心脏在跳动。"请告诉我妈妈……"话没说完，他的心脏就停止了跳动。但两个小时之内，在机枪和主炮不停歇的怒吼声中，坦克前进了1英里。下午3点左右，美军士兵攀上一条羊肠小道，赶出工事内的守军，占领了山顶。另外两个营从两翼包抄这座山头，第一支登上山顶的援军是第168步兵团2营，其中包括维利斯卡的F连和谢南多厄的E连。德军于五朔节当天发动的几次小规模反扑都被大炮和自动武器击退，侦察兵汇报，敌军已经全线撤退，不少部队都缴械投降。

"投奔我们的德国兵有的跑、有的仆倒在地，他们多半高举双手、形容憔悴，睁着一双惊恐的大眼睛，"第16步兵团汇报，"那些士兵们挥舞着白旗，到处都是一派战败的景象。"也有敌人举白旗佯装投降，一位妻子在维利斯卡一家廉价商品店打工的军士就中了敌人的诡计，不幸身亡，这让美军士兵们愈发瞧不起敌人。"24小时内，"布拉德利指出，"从第34师前线就没转来几名俘虏。"

609号高地的山顶形同地狱，半英亩见方的荒地上，到处都是遭炮火洗劫的痕迹，除了弹片和血迹斑斑的绷带之外，还有全家福，好像他们临死前

1943年5月8日，于523高地上被俘的第168步兵团第1营营长查尔斯·J.德诺姆中校。不知情的盟军飞机进攻突尼斯湾，幸运地解救了他。照片中的他才重获自由仅仅数小时。

掏出钱包,和亲人们做了道别。见到岩石掩体中的德军尸体,一名大兵联想到一幅关于内战的照片,照片里安蒂特姆河的栅栏旁边,堆放着膨胀的尸体。山顶上"尸横遍野",另一名士兵写道,"臭气熏天。"虽说山上布满了"蛋糕上的葡萄干般密集的弹坑",但都深不过 6 英寸,坚硬的岩石上只有一层薄薄的土壤。弹坑太浅,埋不下尸体,大兵们只好将它们扔进地震留下的裂缝,用推土机埋了了事。厄尼·派尔写道:"经历过的人不禁要问,不知道有没有比这两个星期的山地战更惨烈的战争。"

第 34 师赢回了荣耀,但很快就被人们忘得一干二净。赖德损失了 324 名官兵,阵亡的美军尸体堆在卡车车厢内,被运下山。一名炮兵事后想起:"卡车后厢板上挂着鞋子。"过了山谷,第 16 步兵团的一位参谋命令一名中尉带一支巡逻队返回 523 号高地。

"大概在 523 号高地上抓不到俘虏了。"

"抓不到了,"中尉也这么认为,"没俘虏可抓。"除了尸体和德诺姆上校的地图,山上空无一人。敌人逃之夭夭。和布拉德利预料的一样,占领 609 号高地打乱了敌军从地中海到"老鼠夹"的防线。一名登上 609 号高地的记者写道:"我们脚下的每条公路上都挤满了北上的官兵、大炮和补给。"

巴杰郊外,布拉德利坐在帐篷里的一张铁凳上审阅电报。他看着图架上用红蓝铅笔标明了敌军全线撤退路线和追兵追击路线的地图,兴致高涨,时不时笑出声来,用他副官的话说,他"抚着稀疏的、斑白的头发,自言自语"。北翼的第 9 师、南翼的第 34 师和第 1 装甲师刚刚发来电报,称他们准备通过"百老汇"和"赖利大道"这两条已经清除了地雷的通道,直取迪内河谷。敌军看来要溃退到 15 英里外的马特尔。这时候又来了一封电报,指出敌人可能反扑,布拉德利点了点头。

"叫他们来,"他说,"我们就想杀德国人。"

★ ★ ★

5 月 3 日,马特尔被攻克,比亚历山大预计的早了三天。上午 11 点 30 分,第91侦察营从东西两翼进入这座空城,正赶上德国人炸毁了迪内河上通往东岸的最后一座桥梁。截至傍晚,工兵在这里架起了一座新桥。12条公路和铁路从马特尔通向四面八方,美军占领了这个镇,打碎了轴心国企图集中兵力,歼灭此刻仍在南20英里处麦杰尔达河谷奋战的英国人的美梦。

这里地势平坦,马特尔和比塞大之间的山脚下是两个大湖。燕剪春风,空气中飘着阵阵粪肥和新割下的干草的味道,路肩上栽种着两行整齐的白杨。在一座翠柏环绕的白色庄园里,官兵们发现办公桌上摊着一本俾斯麦自传。看来哈索·冯·曼陀菲尔将军这几个月一直将师部设在这座宅邸中。

美军侦察兵坐在一处能够俯瞰迪内河的山嘴上,唱着《科罗拉多河上的月光》,其他人则在马特尔的一座酒窖内喝得烂醉。第1装甲师师长下令日落时将他们正法。"将军,"一位上校参谋劝他,"我看还是让他们活到日出吧,这是规矩。"哈蒙将军不同意,经过再三权衡,才免了他们死罪。受伤的美军和德军俘虏同住在位于马特尔附近的一个急救站内,"抽烟的、骂人的、扮鬼脸的,什么人都有,"被救护车送来的一名肺部受伤的大兵冲一队俘虏打着手势小声说,"叫这帮杂种去死"。

数千名德军退到了最后一座堡垒里,即伊其克乌尔湖周围的群山。美军炮兵在脸上抹着巴巴索剃须膏当防晒霜,还戴着面纱,挡住乱飞的苍蝇,用大炮狠狠地痛击敌人,点燃了无数干草。"燃烧的阿拉伯茅棚和干草冒着冲天的浓烟",一位军官写道。第13装甲团派出了一个连,将隐蔽在一座战壕内的德军殿后部队全部杀死。"在中型坦克火力下,坍塌的战壕活埋了不少敌人,"另一位军官说,"余下的则被坦克上的机枪统统打死。"指挥官赶着他们往前冲。"这是我们最后一次机会,"埃迪向第9师报告。"别让它溜了……给我冲!"哈蒙要手下的坦克兵把坦克开得"像飞机"。

★ ★ ★

几个星期以来,第1装甲师始终施展不开手脚,这次总算逮着了机会,这里的地形十分适合老铁甲军200辆坦克打追击战。亚历山大计划于5月6

日决战比塞大，同时由第一集团军挂帅，挺进突尼斯。虽然敌军防线严密，但盟军对准比塞大的反坦克炮也是"针锋相对"。

如果说第34师在609号高地大捷前是全军最乱的一支部队，那么经历了凯塞林和马克纳西两场战斗的老铁甲军就是当之无愧的第二名。哈蒙花了一个月时间为这些"会哭的孩子"打气，而"孩子"们至今还在为效忠沃德或罗比内特分帮立派，"水火不容、千疮百孔"。但他也因为言语粗暴，让许多人弃他而去，其中当属4月中旬，像一份备忘录记录的那样，他斥责该师"纪律涣散、无组织无纪律、上下懒懒散散"。

4月13日黄昏时分，他将手下军官召集到四处散落着残骸的勒西达山坡上。哈蒙一通怒斥，用罗比内特的话说，"将过去的战绩一笔勾销"。他怒气冲冲地警告："整个师要攻打马特尔了，但或许你不在此列。"只有少数人有胆量提出抗议，大多数人都神情沮丧地返回各自的阵地。"他的话太不中听，"一名中尉事后写道，"当晚，我们一个个都伤心地上床睡觉。"

现在，他们到达了马特尔，大奖却是前面的比塞大。5月5日，哈蒙驱车前往罗比内特的指挥部，带着这位B战斗群的团长，到一片开阔地私谈。大脑袋、体型如琵琶桶一般的哈蒙高出身材矮小的部下一头。"这些该死的坦克，你们到底愿不愿意打？"他问道。

"我们现在就恨不能投入战斗，"罗比内特一通抢白，"这些坦克一路打过来，还想继续打下去。"从不善罢甘休的他继而说哈蒙不该怀疑"官兵们的勇气"。哈蒙转身上了吉普车，怒火中烧的罗比内特回到帐篷，命令手下的官兵："不要理会把我们说得'一无是处'的无名之辈，我们不应忘记或无视对我们和那些阵亡的弟兄们的侮辱。"

几个小时后，哈蒙在师部召开了最后一次作战会议，决定于次日早上，即5月6日星期四破晓发动进攻，由B战斗群打前锋。但罗比内特在过去一个月的表现和态度始终令哈蒙放心不下。罗比内特"似乎只考虑防守和保存实力"，哈蒙背地里告知陆军部，"我认为他不具备在装甲师担任指挥官的素质。"经历了6个月的战斗，他已经心力交瘁。散会后，见罗比内特驱车返回自己的指挥部，哈蒙喃喃自语："妈的，看来那家伙明天根本不愿意为我战斗。"虽然草率且有失公允，但哈蒙心意已决，他召来司机，乘车跟上罗比内特，去解除他的职务。

白杨成荫的路上，在哈蒙快要赶上吉普车时，德军的大炮撕裂了天空。一发炮弹落在罗比内特身后几英尺，打烂了他的左腿，将他和司机掀出座位。树丛中又落下几发炮弹，B战斗群的士兵才跑出营盘，七手八脚地将受伤的团长塞进救护车，冒着炮火迂回到隐蔽在下一个拐弯处的团部帐篷。

几分钟后，哈蒙"铁青着脸"，掀开帆布门帘走了进来。一眼瞧见伤腿，哈蒙就知道罗比内特的战争结束了。罗比内特抬头，目光呆滞地望着他。他已经将B战斗群交给了本森上校。一个小时后，他被送往位于巴杰的野战医院，一路上叫苦不迭。一个军乐队还等着为他演奏《密苏里华尔兹》。而后，罗比内特乘机飞往阿尔及利亚，接着回国，经过几个月的医疗康复后，这个矮脚鸡结束了他最后一段军旅生涯。

"你即将大获全胜，"担架员抬他上救护车前，罗比内特嘶哑着嗓子对哈蒙说，"只可惜我不能在这里陪弟兄们出生入死。"

"不幸的杂种。"哈蒙摇了摇头，喃喃地说道，转身大步出了帐篷。

胜利的欢呼：攻陷突尼斯

要论非洲战场上最猛烈的掩护炮火，莫过于5月6日凌晨3点，皇家炮兵400多门大炮对麦杰尔达河以南5英里外的5号公路沿线目标的轰炸。第一集团军开展"打击行动"，集中兵力大举进攻突尼斯。"炮焰照亮了炮兵掩体，每分钟都有500到600发炮弹撕裂夜空，几秒钟后落到对面的山坡，仿佛遍地盛开的红色郁金香。"一位青年军官写道。

炮兵在敌人前线每隔6英尺就发射一枚炮弹——而在阿拉曼战役中，每隔30英尺发射一枚——炮弹"仿佛一条涓涓溪流从我们头顶呼啸而过，近到你伸手就能点燃火柴"，一名亲历者称。1小时后，炮击暂停，继而又加大火力,每3分钟向前推进100码。通过空中侦察标出的72个疑似敌军炮阵都受到了多方关照:平均每座敌军炮台都遭到32门大炮的集中火力打击3次,每次长达两分钟。"黑压压的炮弹摧毁了一切生物。"不少能活动的物体也未能幸免,如一个侦察兵惋惜地汇报,一个装着8 000加仑突尼斯红酒的橡木桶被炸。

凌晨5点40分,飞机又对这片大陆进行了史无前例的轰炸。星期四一天,盟军将出动2 000架次飞机,对从迈杰兹巴卜通往突尼斯的道路发起打击。遮天蔽日的战斗机和轰炸机轮番轰炸5号公路沿线位于马西科和圣西普里安附近的一块面积约4平方英里的地段。火力打击之后就是心理攻势:如雪片一般飘下的宣传手册忠告敌军幸存者,他们受了"隆美尔"的骗,被丢在非洲送死。

天刚蒙蒙亮,在一块宽3 000码的阵地上,一门博福斯高射炮隔3分钟便对准一个阵地发射3枚红色曳光弹,步兵们在曳光弹的指引下,潮水般冲了上去。在亚历山大的一再坚持下,蒙哥马利麾下的两个师和一个近卫旅负责支援第一集团军。他们乘坐着装有黄色保险杠的吉普车,车上吊着被烟火熏黑了的茶罐,从昂菲达维尔出发,几天之内就聚集了3万余人。

虽说转移时允许开大灯,但由于多年的灯火管制,开灯行进的车还不到五分之一。山地部落和沙漠部落之间毫无手足之情可言,两支英国军队仿佛"粉笔和奶酪",霍罗克斯承认,第78师的英国兵居然在车上写着:"我们和第八集团军没有瓜葛。"但有了援兵撑腰,安德森势不可当,破晓时分,英国第4师和第4印度师就在德军防线上撕开了一道两英里宽的口子。

4个坦克营冲了上去。在炮火和轰炸中幸存或没能撤离到后方的守军丢下步枪,撒腿就跑。尽管阿尼姆早就从截获的电报中得知了英国人的进攻目标,却无能为力。第五装甲集团军剩下不到70辆坦克,弹药和燃料严重不足。截至上午11点,英国装甲兵仅仅付出很小的代价,就突破了5 000码。安德森最初提出,让坦克暂缓前进,先扫荡这里的残兵。但亚历山大一口否决,要坦克"全速向突尼斯挺进"。事后,他解释道:"长剑要直刺心脏。"

"整个山谷成了烈焰滔天的火海，"美国记者约翰·麦克文写道，"12条道路上空都弥漫着车队卷起的尘土。"硝烟和被车轮碾过的小麦散发出的味道让不少人忍不住蹲下身。司机挂二挡，在指南针的指引下穿过"犹如浓雾的烟尘"。记者艾伦·穆尔黑德这样描写亚历山大："他双手紧握方向盘，脸色苍白，仿佛沾了一脸面粉的面包店学徒，开车一路飞驰。"

盟军监听部门截获了敌军的电报，得知德军军医助理将被送往前线充当步兵。没过多久，能走的伤员也按照命令加入了这支队伍。阿尼姆手下的军需官发出另一封电报，请求不要再从意大利送弹药过来，因为非洲已经没有燃料再对弹药进行配送。第三封电报上报，第15装甲师"吃了败仗……权当它已被全歼"。

鉴于德军的抵抗力量土崩瓦解，英国先头部队奉命继续向前推进，口令为"黄油"。一时间，前线的电台都在叫着："黄油、黄油、黄油。"黄昏时分，两个装甲师抵达马西科，步兵落后了8英里，距突尼斯还有一天的路程。一位英国上校在首都以西的一座山头上汇报："我能看见那座该死的城市的白墙。"

18艘皇家海军驱逐舰在西西里海峡来回巡逻，防止残余的轴心国军队在最后一刻逃亡。被胡乱开火的盟军飞机意外轰炸后，每艘舰只的甲板上都漆上了醒目的代表皇家的红色。盟军宣布，突尼斯沿海5海里范围内的水域为自由火力带，艾森豪威尔手下的海军司令则将当天的命令总结为："击沉、烧毁、摧毁，不放过一个。"

★ ★ ★

被"经纬"号货轮送往意大利战俘营的464名英美俘虏正在替罪人受过。5月5日夜，战俘被押往突尼斯一座已经沦为废墟的码头，登船前，每人只分到了四分之一块酸面包、一勺罐装肉、八个李脯和一勺"红十字"牌通心粉。美国俘虏中包括在523高地上被俘的第16步兵团的德诺姆中校和他150名部下。德军看守照例没收了俘虏的现金，开了一张正式收据，审问他们被俘的轴心国官兵是被送往加拿大还是美国。5月6日凌晨5点，这艘重达

3 000 吨的平底船缓缓从沉船侧畔出港，"沉船的桅杆就像森林"，一名俘虏如是描述。

3 小时后，第一波盟军飞机来袭，击沉了一艘护航的驱逐舰，"经纬"号不得不到卡本西北岸悬崖下的海湾隐蔽。炸弹在船体上撕开了一道道裂缝，机关炮弹穿透上甲板，惊恐万状的俘虏一个个都蜷缩在潮湿的货舱内。德国高射炮手奋起还击，第二轮进攻掀起的蓝烟笼罩着倾斜的船身。由于一次仅允许三个人上甲板方便，身患痢疾的俘虏们只好撬开舱板，直接在污水舱解急。德诺姆事后说，舱内"臭气熏天"。

船缓缓下沉，意大利船长于 5 月 7 日一早起锚，摇摇晃晃地返回突尼斯。盟军发起第三次进攻，一枚炸弹落进艉楼，却是枚哑弹。船靠近突尼斯港时，飞机蜂拥而至，每一发险些命中的炸弹都引来被锁在货舱内大兵们拼命的喊叫。"船似乎跃出海面，一阵惊心动魄的颤抖后又落了回来，"一名中尉事后回忆，"谁都不怀疑这艘船就要沉没，我们拼命地敲牢笼，喊着放我们出去。""完全崩溃的"30 名意大利水手受不了第四轮轰炸，割下救生艇后跳进了海中。成了光杆司令的船长驾船驶向迦太基的一座名叫拉古莱特的小渔村，在离岸 700 码处冲滩。他和德国炮兵放了咆哮的俘虏们，然后乘仅剩的一艘救生艇上了岸。

这是一个漫长的下午，这艘船至少遭到了 6 轮攻击，却都幸免于难：盟军投了 100 多枚炸弹，除那枚哑弹外，一发都没有命中。英国兵扯下意大利国旗，德诺姆手下的官兵撕下客厅内的地毯和窗帘，在风雨甲板上摆了个大红十字。飞行员要么是没看到，要么是认为敌人诈降，仍连连不断地攻击，逼得他们又钻进臭气熏天的货舱。俘虏们放下一艘简易木筏，却被风吹往大海深处。

几个英国兵游上岸去求援，一位勇敢的法国人驾驶一艘摩托艇，带着抗辩去见盟军，要他们停止进攻。"经纬"号货轮这才逃过一劫。据德诺姆说，榴弹炮和机枪在船体上留下了不下 4 000 多个孔。不可思议的是，只有 1 人身亡，3 人受伤。

★ ★ ★

5月6日傍晚，哈蒙手下的第1装甲师冒着小雨向东挺进。A战斗群负责进攻位于比塞大湖西南岸的费里维尔，B战斗群则向正东进发，控制比塞大和突尼斯之间的公路。德军的反坦克炮被一一拔除。原来预计将损失50辆坦克，哈蒙却将损失控制到47辆。在两座湖以北，埃迪手下的第9师奉布拉德利之命，沿11号公路直扑"比塞大"，阻止敌人破坏港口。

截至星期五（5月7日）上午，敌军留下一路烧焦的车辆和尸体，仓皇逃窜。记者A.B.奥斯汀写道："廷贾和费里维尔的妇女推着婴儿车，里面装满了德军亮闪闪的弹壳。她们用这些来做花瓶？还是当伞架？"一位乘坦克来到费里维尔的美军指挥官掏出洋琴，通过电台演奏了《威廉·退尔》的序曲。

欢呼的人群对经过的谢尔曼坦克和美联社战地通讯员哈罗德·V.博伊尔挥舞三色旗，博伊尔站在一辆吉普车上挥手致意："投博伊尔一票/穷苦人家的儿子/忠实的哈尔/'阿-拉伯'人的朋友！"人群欢声雷动，"投博伊尔一票"成了路边人群向跟在先锋队后面不明就里的官兵们的标准问候语。而同样莫名其妙的是大兵们在墙上或路标上留下的涂鸦："基尔罗伊到此一游。"这句话被一路写到了两年后的柏林。

第9师奔比塞大而去，第1装甲师的坦克将轴心国桥头堡一分为二，"大红一师"却在马特尔以南8英里的迪内河谷无所事事。特里·艾伦是个执意要打仗的战士，按兵不动可是要了他的命。他奉布拉德利之命原地坚守阵地，以防"巴瑞信"猎兵团过迪内河反扑。5月5日晚，艾伦制订了一个计划，旨在拔掉驻扎在河东几个山头上的敌军。第18步兵团提出异议，晚11点，特德·罗斯福和几位高参也认为，如果不去骚扰，"巴瑞信"猎兵团定会虚晃一枪，再退到以东较为平坦的地带。艾伦心有所动，开始向神明祷告。午夜时分，他下令发起进攻。

5月6日凌晨4点20分，第18步兵团从迪内河通过55号公路，冲上麦浪翻滚的232号高地的山坡。凌晨5点30分，一个营在黑夜中迷了路，几

第 12 章　最后的要塞：北非战场的终章

个突击连被猛烈的机枪和迫击炮火力压制，进退不得。"到处是嗖嗖的子弹，"3 营的二等兵马克斯·B. 西格尔在日记中写道，"我们的进展并不顺利，许多人被击中，呼喊军医助理……不少大兵跑了回来。我尽量猫着腰。"

早上 7 点，工兵在迪内河上架起了一座桥，但刚过了一辆坦克，桥就在一声巨响中断作两截。3 营营长带着不到 3 打惊魂不定、一声不吭的手下跌跌撞撞地跑了回来。其他人则一动不动地在麦田里一直伏到天黑，生怕引来敌人的炮火。截至下午 4 点，各营和坦克都退到了迪内河对岸。第 18 步兵团共损失 282 人。"巴瑞信"猎兵团趁着夜色溜之大吉。

艾伦罪当受罚，连效忠他的人都怀疑他的判断。"我糊涂的司令啊，"约翰·T. 科利埋怨道，这位传奇的中校在战场上获得了两枚优质服务勋章和八枚银星勋章，"我们挨了一顿痛打……完全是因为指挥官太过自负，他想登阵亡将士榜。"

星期五下午，布拉德利和艾森豪威尔来到位于迪内河以西一处枝繁叶茂的山谷，第 1 装甲师驻扎在此。细雨打湿了路面，伪装网随风起伏。洼地对面有一座破败的农舍，曾是德军的临时补给站，院子里丢了一地灰制服和非洲军团的硬壳太阳帽。自受难日发动进攻，这是艾森豪威尔第三次亲临前线，哈里·布彻说他是"抱蛋的母鸡……生怕踩破了蛋壳"。5 月 3 日，他批准了出兵西西里的最终方案，现在就等着伦敦方面和华盛顿参谋长联席会议的首肯。有了投身突尼斯决战的闲暇，他见到了许多振奋人心的场面。

"我们见天都在总结经验，"他给一位朋友写信道，"总之，同一个错误不能再犯。"他向马歇尔承认，"等解决了手上的事，我要休息 24 小时，任何人都不得打扰，"但他却向布彻提议，"等突尼斯落入囊中，我要好好喝一杯。"

他确实睡眠不佳，时常凌晨 4 点就醒来，在卧室里焦虑地踱步，一根接一根地抽烟，直到早餐时间。虽说非洲大捷指日可待，但还有许多事需要这位总司令操心。"4 月 23 日以来的战斗对我们的见解和计划有着一定影响，"

他致信马歇尔,"我们连固守山国的意大利人都赶不出来,更别提德国人了。而对我们来说,突尼斯战役是一个绝佳范例,因为敌人占尽了地利。"

对于至亲,艾森豪威尔才肯承认自己在这里多待些时日具有重要意义。战争已成定局,统帅的意义才能得以彰显。他在给胞兄阿瑟的信中写到自己慰问"悲观的伤员","看着战场上腐烂的尸体,闻着臭味,感到无比悲伤"。他一声令下,就有成千上万的人去送死,而接下来还将有更多的人要血洒疆场。但他身为指挥官,担负着保卫祖国的重任,所以必须这么做。

"我痛恨战争,决心要粉碎祖国的一切敌人,尤其是希特勒和日本人。"他告诉阿瑟。他还积极参与关于补给和人事的会议,似乎只需这样一厢情愿地出点力气就能尽快结束战争。就在这个星期,他还提议陆军军需官设计一款"粗羊毛冬制服,因为这种材料耐脏"。5月5日星期三,他写信给马歇尔:"我发现那些50到55岁的老兵已经不那么能吃苦耐劳。"

55岁的特里·艾伦跟跟跄跄出了帐篷,在倒地沉沉睡了一觉之后刚被叫醒。他形容憔悴、眼神迷离、头发凌乱。面对问题,他情绪紧张,只能冷淡地予以回答。艾森豪威尔和布拉德利放下放大镜,艾伦三言两语地介绍了前一天晚上进攻232号高地的情况。伤亡惨重,有几个连建制残缺,剩下的人数还不足一个排。他手下的官兵历经几个月的战斗,疲惫不堪。

掠过眼镜框,艾森豪威尔看着艾伦,他指出,英国人缺水、疲惫不堪,从阿拉曼到马雷特,在沙漠中一路追了隆美尔数月,但他们"坚持了下来"。艾伦答非所问,说自己的部下也一连征战了数个星期。会议结束,艾伦疲惫地敬了一个礼,两位将军起身出门。"艾伦要是打起精神、积极进取该有多好。"布彻龙飞凤舞地在日记中写道。

对于这次不快,艾森豪威尔一笑置之。"第2军精神饱满,而第1师消耗巨大。"几个小时后,他致信马歇尔。但布拉德利怏怏不快,称进攻232号高地"是愚蠢之举"。虽说艾伦能征善战,亚历山大甚至对德鲁·米德尔顿说,他是"两次大战中,我见过最优秀的师长",但布拉德利却认为他"不懂如何与人共事,与师级以上各级首长关系糟糕"。艾伦的不服管教和"大

第 12 章　最后的要塞：北非战场的终章

红一师"的自私自利令他伤透脑筋,有人管他们叫"天下第一",尤其是第 1 师要在西西里挑起大梁。

艾伦则在背地里说布拉德利是个"假冒的亚伯拉罕·林肯"。两人性格各异：一个是节俭、克己、有头脑的军长；一个是鲁莽、好酒、感情用事的师长。但布拉德利权力在握，而且总司令也对他言听计从（艾森豪威尔刚刚保举他为三星中将），这对艾伦不利。"从那一刻起，"谈到迪内河惨败，布拉德利这样写道，"我就对特里有了看法。"

艾森豪威尔和布拉德利驱车返回位于 609 号高地下的第 2 军军部新址，第 894 反坦克装甲车营营长查利·P. 伊斯特本中校向第 9 师师部发出电报："比塞大门户大开,请求出发占领该镇。"步话机上立刻传来了埃迪的回答："去吧，祝你们好运。"伊斯特本集合了三个连，带上十几辆坦克，过了一条小河，折上 11 号公路。下午 4 点不到，一队人马就浩浩荡荡地穿过了比塞大西边的城门。

他们进了一座死城。此刻，这座原有 70 万人口的古老港城中空无一人，20 多枚 4 000 磅炸弹和数吨小型炸弹将这里变为废墟。"我从没见过比比塞大更惨的城市。"厄尼·派尔写道。意大利式的房屋成了残垣断壁。盘山道两侧尽是烧焦的棕榈树干，不见一片树叶。店铺被轰炸过后又遭洗劫，腐败的气味和灰尘在雨中经久不散。这里的自来水已经断了三个月，斑疹伤寒和霍乱肆掠。

仓库和船厂成了一片废墟，重达 100 吨的吊机被连根拔起。偌大的一座天主教堂只剩下三面烧焦的残壁和一堆瓦砾。"穿过石砌的大门，就又到了天底下。"一名士兵回忆说。为躲避轰炸，德军兵几个月前就撤到了镇西的帐篷里。最近几天，他们又回来炸掉了被盟军轰炸机漏掉的码头、电厂和小渔船。伊斯特本中校在市中心的废墟上停下来，向一个法国醉汉询问去市政厅的路，机枪子弹在人行道上乱飞，88 毫米口径炮弹在头顶炸裂。在当初由腓尼基殖民者开掘、用于连接比塞大湖和地中海的航道对面 500 码处的废墟中，闪耀着德军殿后部队的炮焰。

伊斯特本的谢尔曼坦克的炮口冒着烟，怒吼着予以还击。炮手们敲掉了埋伏在屋顶和一座尖塔上的德军狙击手。不少法国人跳出地窖，不顾墙上掉落的泥灰和狙击手的子弹，高举酒瓶向解放大军致敬，坦克每一轮齐射都能引来一阵欢呼。"太不可思议了，"一名英国联络官喃喃地说，"太不可思议了。"一个大兵全然不理会大街上谢尔曼坦克隆隆的吼声，在和平咖啡馆用一架破烂的立式钢琴弹了一曲《去蒂珀雷里有很长的路》。"在场的人都起身肃立，轻声哼唱，可是没人记得全歌词，"一篇日记上写道，"这家咖啡馆仿佛置身世外。"

据报道，德国兵死的死，逃的逃。法国非洲军团正式占领了这座城市。美军士兵乘着吉普车，载着一名从一家服装店救出来的丰满的服装模特紧随法军之后。大兵们扯着嗓子，唱起了一首淫荡的军营小调：

　　比塞大不正经的格蒂，
　　裙子下藏了个老鼠夹，
　　夹伤了她男朋友的手指头……

侦察兵汇报，在以东几英里外的"沼地上有数百辆焚毁的车辆，曳光弹照得空中一片通明，等待敌人投降"。哈蒙的谢尔曼坦克一路开到突尼斯湾，瞄准几个企图乘驳船或小艇逃跑的德军，将他们炸上了天。战争即将结束。

★ ★ ★

5 月 7 日下午 3 点 30 分，突尼斯被攻陷了。从第一和第八集团军抽调的德比郡义勇骑兵团和第 11 轻骑兵团迅速冲进这座城市，却被皇家空军误认为是逃跑的德军，被一连轰炸了 3 次。德军狙击手艰难地打着阻击，击穿了英国装甲侦察车的轮胎，轮子只剩一条钢圈的装甲侦察车冒着枪林弹雨，在鹅卵石地面上艰难行驶。与比塞大不同，除了沦为废墟的港口，突尼斯其他地区基本上没被战火蹂躏，被占领期间，18万居民也没有全部逃亡。法国人兴奋地在细雨中奔走，向解放大军投掷花环、喷洒香水。法国自卫队员唱着《马赛曲》，用滑膛枪和马枪追赶溃退的德军。

"街上到处都是熙熙攘攘的平民，随处可见带着女友走上大街、被吓得目瞪口呆的德国人，"一位步兵旅旅长事后写道，"老百姓以法国人的方式纵情高呼……一个大块头、浓妆艳抹的法国女人从身后一把搂住我的腰。"英国兵发现，有些德军军官在马杰斯缇克酒店喝荷兰杜松子酒，或等着阿拉伯理发师来修面。杰巴尔大街上传来阵阵沉闷的爆炸声，那是德国人在用手榴弹炸毁汽车。其余德国人则像是落荒而逃的土匪，开着破车，不停开炮，从大街上呼啸而过。"拿出你的武器，大兵们，"一位中士下令，"德国佬还在负隅顽抗。"

大街上枪弹横飞，谢尔曼坦克放下炮口，对准可能是碉堡的建筑猛轰。据枪骑兵汇报，该市通敌的总督被俘。激烈的交火声中，只听一个伦敦腔吼道："停火！蠢货！是我们！"

该市以东的那座白色大教堂附近，燃烧的燃料库腾起浓烟。国防军毁了大炮，又将轻武器堆在一起，开着装甲车从上面轧过。在欧韦奈机场，唯一起作用的东西是一个风向标。

"卡车上满载官兵，三辆一排。大兵们唱着喊着，源源不断地涌进市内。"在突尼斯对德国人打响第一枪的法国将军有幸领着部下挺进首都。后勤人员、随军商贩、报仇心切的法国人、欢天喜地的犹太人和兜售纪念品的小贩也蜂拥而至。军需官把最好的房子留给了自己的长官，还有因为将占领突尼斯写成"第八集团军一记左勾拳"而惹恼了安德森的记者。"难道就不能停止恶意中伤？"安德森致电艾森豪威尔，"我们是一支军队，为同一大业而奋战。"（"老天，"埃弗里特·休斯在日记中写道，"但愿我们能一时忘掉自己。"）

被反间谍部门称为S军的10支小队横扫突尼斯，占领了130个目标，其中包括分别设在巴黎大道168和172的疑似盖世太保和党卫军的司令部，以及阿布德尔胡瓦大街一座用于训练阿拉伯破坏分子的建筑。此外，他们还拘捕了几十个身份可疑的平民，在巴布加迪德大道，其中一人自称"斯卡尔兹尼，意大利牙医"，到拉古莱特，他又改口说自己是"拉姆丹，突尼斯禽蛋商人"。

★ ★ ★

连月来，艾森豪威尔一直担心，轴心国军队会将卡本半岛变成顽固的堡垒。但随着比塞大和突尼斯被攻陷，阿尼姆面临的是燃料短缺和机动性极强的盟军，根本无法重整旗鼓。5月9日白天，布拉德利的手下截断了比塞大通往突尼斯的最后一条路，在实质上结束了美军在突尼斯的战斗，而剩下的工作不过是清除叛党和将俘虏押送到战俘营。德国军官打着休战旗要和哈蒙谈条件，哈蒙援引格兰特在多纳尔森堡说的话，回答道："无条件投降！我劝你立刻改变主意。"为防万一，他又说："企图逃跑者，格杀勿论。"

没几个人敢逃跑。没过多久，美军每辆卡车和吉普车的引擎盖上都放了一顶德军钢盔，作为炫耀的资本。"打赢一仗，好比是赢了一场牌或抓了好多鱼，"派尔写道，"非常开心，令军人们振奋。"

在前两个星期，第2军的伤亡人数超过了4 400，艾伦第1师的伤亡人数就占了一半。敌人在美军战区最后两个星期阵亡约3 000人，4.1万人被俘。美军缴获了3万把轻武器，如果按照谢里登在阿波马托克斯处理联邦军毛瑟枪的方法来处理，足以摆满一路。那些在战役初期口若悬河的指挥官如今话都不多，5月9日，布拉德利给艾森豪威尔发去电报："完成任务。"

然而，远在南翼的英国人的决战并不顺利。负责把守昂菲达维尔的轴心国军队缺少汽油，要是不丢弃重武器，根本无法撤到40英里外的卡本。身在罗马司令部的凯塞林调遣潜艇运送燃料和物资到突尼斯（每艘潜艇装载20吨），但只有一艘抵达非洲海岸，艇长还找不到合适的海滩卸载军火。

5月8日夜，德军指挥官心怀侥幸，希望能有几桶燃料会顺着潮水漂上岸，便给浮在海上的轴心国船只发信号，要他们投弃燃料桶。柏林令轴心国军队残兵"分乘小艇撤退"的公告引来德军和盟军嘲弄的嘘声。亚历山大发送情报时，引用了丘吉尔于 1940 年闻听德国要入侵英国时说的一句妙语："我们等着，鱼也在等着。"

一切都完了。占领桥头堡从突尼斯到比塞大北线的第五装甲集团军 5 月 8 日下午 3 点 23 分登好最后一条作战日志："坦克和大炮悉数被毁。弹尽粮绝、燃料耗尽。打算：战斗到底……为尽责尽忠，第五装甲集团军最后的战士向祖国和元首致敬。德国万岁。"第 90 非洲轻型装甲师命官兵砸碎包括手表在内的一切装备。

5 月 9 日，在位于突尼斯东南 10 英里处的海滨胜地哈马姆利夫，英国的步兵和坦克扫荡了 6 条平行的大街，清除了敌军狙击手。天雾蒙蒙的，双方在楼梯和玫瑰园等地打起了拉锯战。十几辆坦克沿大街包抄敌人，"仿佛在水面上回旋的汽艇，掀起阵阵浪花"，一位记者报道。另有两支连队穿过小镇，左右转动的坦克炮塔吓得一支阿拉伯人送葬队伍四散逃进小巷。无所顾忌的法国人跳出地窖，为英国兵送上红酒和点心。一名英国中尉在突尼斯大公蓝白相间的残破夏宫大殿中发现了全体内阁成员。大公从内室走了出来，以主人的镇定邀请客人入席喝茶，殷勤地向英国国王和王后问安。

"国王和王后万安，谢谢你。"中尉告诉他，然后以通敌罪将他逮捕。据说他的几位妃子反应激烈，但穿着绚丽的红黑制服的近卫兵当即洗劫了皇宫。

1943 年 5 月 10 日，攻克突尼斯后不久，法国平民以胜利的手势欢迎盟军将士。

摄于 1943 年 5 月 10 日的比塞大鸟瞰图。遭受 7 个月的轰炸后,这座城市没有一座建筑可以住人。厄尼·派尔报道:"轰炸毁了比塞大,其他城市的惨状根本无法与之相提并论。"

和迪内河的特里·艾伦一样,蒙哥马利认为被委派到边缘地带是自己命运不济。遂于 5 月 10 日出动第 56 师,向位于昂菲达维尔西北 20 英里处的扎格万发起进攻,结果损失 400 人,打了一场倒霉且多余的败仗。

11 日星期二,德军被赶出卡本,退守昂菲达维尔以北一处饱经战火的山谷。在几座被解放的城镇里,法国百姓欢天喜地展开国旗,向英国兵抛撒忍冬花。5 月 12 日,士兵们自 12 月以来首次获准燃起营火。舍伍德游骑兵端起用等量杜松子酒、葡萄酒、威士忌和炼乳勾兑的鸡尾酒庆祝胜利。

"回首过去的 6 个月,"一名上尉在给父亲的信中写道,"仿佛憋了一口气,这时候才吐出来。"

5 月 12 日夜,一名近卫步兵写道:"旷野上到处是点点篝火,每一点火光旁都隐约可见一辆谢尔曼坦克的轮廓。德国人列队迈着沉重的脚步去战俘营。我眺望月光下波光粼粼的大海,还能听见残余的德军在顽抗,肆无忌惮的枪炮声在群山间回响。"在卡本半岛,安德森转身对霍罗克斯将军说:"这一天,我期盼已久啊。"

第 12 章　最后的要塞：北非战场的终章

★ ★ ★

　　俘虏数量先是上百，继而上千，再而上万，最后达到了 20 万，甚至有人挥着蚊帐或内裤做的白旗来投降。他们一身灰制服，排着整齐的队伍，操着令人讨厌的德国腔，吞掉每句话最后一个音，一路唱着《莉莉·玛莲》。此外，还有人唱着忧伤的那不勒斯小调。

　　他们个个衣衫褴褛，意大利伞兵像威尼托大街上的花花公子一样，将大衣披在肩上。他们有的乘着后挡板印有棕榈叶标志的非洲军团的深褐色卡车，有的乘着装满了行李和宠物狗的酒精卡车。除此之外，还有坐着梅赛德斯轿车，穿着一身华丽制服、将铁十字扣到喉咙、脚蹬锃亮皮靴的校官和将军，用一个大兵的话说："不知道的还以为这帮杂种是去参加婚礼呢。"

　　"到处是德国人，"厄尼·派尔报道，"让我花了眼。"许多投降的士兵的确花了眼，却是因为喝醉了。5 月 9 日，一支德比郡义勇骑兵团巡逻队报告："发现 19 名海喝香槟的德国军官。"有的德国佬则点头哈腰，挥着手帕，殷勤地喊着："英国兵！英国兵！"由于投降时找不到剑，一位军医院院长递给受降者一盒牙科器械。"巴瑞信"猎兵团、冯·曼陀菲尔师与赫尔曼·戈林师列队去各自的战俘营，看守用混杂着意第绪语的英语发布了命令后，唱起了自己的歌：

　　　　我们不是超人？
　　　　不，我们是超人，最牛的超人……

　　不少轴心国士兵乘坐小艇，或将自己绑在已经超载的飞机的起落架上侥幸逃脱。据"超级机密"统计，在决战的几天里，只有 632 名轴心国士兵撤走，盟军海军在海上抓获了 700 名企图逃跑的敌人，其中包括一名德军排长。一份近卫步兵团的报告书中写道，他"骑在电线杆上，满怀信心地划向"意大利。第 15 装甲师的散兵游勇们过了麦杰尔达河，却又被盟军的鸣枪示警给"劝"

了回来。可是他们发现水太深，只好乘阿拉伯农民的大车去战俘营，每趟收德国人50法郎。

俘虏们涌进战俘营，A.D.迪万写道："伟大的德意志成了院子里的小鸡。"法军司令凯尔茨将军向一批批俘虏宣告："我们用苦难的昨天迎接胜利的今天！"国王龙骑兵卫队还缴获了第21装甲师乐队的乐器，包括一架只有两个琴键完好的钢琴。德国乐手为大家演奏了一首《滚啤酒桶》，德军军官还组织了民歌联欢会、足球联赛和用伪装网做道具的杂耍表演。

5月5日，艾森豪威尔曾告诉马歇尔："突尼斯的轴心国军队数量总计不到15万。"然而，这个数字还不到敌军总数的一半。投降的军队中包括大量的后方指挥部人员和意大利殖民官员。不到一个星期，俘虏人数就达到了22.5万，挤在只能容纳7万人的战俘营中。在攻克突尼斯之前，船只不足、码头灭虱设施简陋等问题就几乎令盟军运送俘虏的系统陷入瘫痪，现在更是雪上加霜。

通过精心计算得出的看守和战俘比例——1名看守看管20个意大利人，3名看守看管20个德国人——很快就成为空谈。所有的战俘加起来，总共需要8 600名看守，相当于半个师。俘虏们被塞进没有厕所的箱车，长途横穿非洲，一路上几乎没有饮水提供。一个大兵说，卡车中的意大利人如"沙丁鱼罐头般摞在一起，上吐下泻"。盟军拿汽油桶充当救生筏，将自由轮改建成监狱船，但还有许多俘虏不得不挤在阿尔及利亚沿海的居民家里，这里的塞内加尔看守偷窃成性。坐在驾驶台上的法国军官啃下巧克力，一点点地扔向疯抢的犯人们。

对某些人来说，这却不算什么。1943年夏天，美军宪兵司令至少记录了21起美国看守或法国殖民军看守枪杀轴心国俘虏的事件，其中大多是因为俘虏企图逃跑，但仍有几起没能给出合理解释。一份军方调查法国战俘营的虐囚报告证明，意大利俘虏被迫一连好几天地修铁路，每天工作14小时，除此之外，还要"被阿拉伯看守鸡奸"。"3个月来，40个人都没毯子盖、没鞋穿，11个人挤在一间只有一扇窗户的囚室。阿拉伯人从窗外冲他们吐口水、扔石头。"意大利俘虏逃跑被抓回来,"不管受什么处罚,哪怕是死,也不愿被交给法国人"。"在131号战俘营里,58名俘虏被判决交还法国人看管时,一个个磕头打滚,向美国人求情,不要让他们回去。一名战俘甚至请求被处死,最后还是被强行塞上法国的汽车。"一位英国将军也说法国看守"用俘虏排雷,而我们认为这有违国际法,他们也不怕遭报复"。

★ ★ ★

挨饿、排雷、口水和鸡奸,轴心国的将军们倒是不必忍受这些,他们最多只是蒙受战败的耻辱。4月末到5月初,几位高官恰好身体有恙,要返回德国治疗,其中就有弗里德里克·韦伯和哈索·冯·曼陀菲尔两位师长。还有几位军官侥幸逃脱,但盟军最终还是擒获了十几位将军。四位陆军将军和两位空军将军向第2军投降。5月10日,他们饱餐了一顿C级口粮,才被引进布拉德利那顶被称为"游乐场"的情报帐篷。在围着胶合板图架长谈期间,"修道士"迪克逊拼命地给他们递烟敬酒。据说,第15装甲师师长涕泗横流,说"美国人赢得光明磊落"。

盟军在南翼抓到了最大的一条鱼。5月12日上午11点15分,墨索里尼批准乔瓦尼·梅塞的意大利第一集团军投降。为表安慰,他提拔梅塞为陆军元帅,并在电报中说:"阁下已执行了命令,大可体面地投降。"几经讨价还价,意大利人最后派出密使打着白旗去和提出"要么无条件投降,要么全部杀光"的英国人谈条件。在英国人给出的期限前10分钟,梅塞投降。

被收押时,他还一个劲地说战俘营的帐篷太小。一位目击者说他"阴着脸",坐在指挥车后座,"被俘的同胞列队走过时,他还从车中起身招呼,但没过多久,他就厌倦了,一屁股坐了回去,任由前不见头后不见尾的意大利兵从面前走过,头都不点一下"。

在海滩上找到一桶燃料后,阿尼姆和几个同党退到位于昂菲达维尔以北20英里的圣玛丽迪济特,和汉斯·克莱默将军非洲军团的残部驻扎在一起。

希特勒"打光最后一颗子弹"这道命令引发了激烈的争论。"在现代战争中，最后一颗子弹到底意味着什么？"阿尼姆问道。5月12日，廓尔喀步枪兵翻过第二座山头，此时阿尼姆早就用完了最后一枚坦克炮弹。营盘中，一面面白旗如雨后春笋般冒出。克莱默发出了最后一封电报，告知柏林，非洲军团"已战到无法再战"。阿尼姆亲手烧了沙漠之狐4月送给他的拖车，派了个蠢头蠢脑的上校去找英国人的司令部。

他很快就把英国第5军军长奥尔弗里将军和第4印度师师长图克尔将军带了回来。数百名目光呆滞的德军官兵目送英国指挥官下了汽车，走进营房。在一道狭窄的山谷内，阿尼姆和克莱默笔直地站在非洲军团最后一辆完好无损、并用树枝精心伪装的汽车旁边。两位德国将军头戴高檐帽，上身穿着笔挺的制服，下身是绿马裤，脚蹬锃亮的马靴。相比穿着破作训裤和掉底沙漠靴、顽皮地自称"冯·塔赫尔将军"的图克尔，阿尼姆好像"要去波茨坦阅兵"，一位目击者说。

阿尼姆会讲一口流利的英语，却用法语告诉英国人，他"不能改变希特勒的命令"，交出北非残兵。奥尔弗里誓将"他们从地图上抹去"，给阿尼姆15分钟时间收拾行李。"他不能接受个人武器被收缴，"奥尔弗里事后回忆，"所以拔出手枪，愤愤地扔在地上。"图克尔笑嘻嘻地讨要他的小折刀，"满面通红的"阿尼姆将刀"当啷"一声扔到桌上。他手下的参谋在汽车外排好队，阿尼姆简短地说了几句，和他们依次握手，行纳粹礼。

"他随后上了自己的车，站在前座，临走时和部下一一打招呼，"奥尔弗里回忆说，"我不喜欢这个人……早走早好。"一支英国卫队护送阿尼姆出了山谷，开上去突尼斯的路，沿途不时可见曾经不可一世的大军被烧焦的残骸，和一队队高喊着"冯·阿尼姆！冯·阿尼姆！"并抬胳膊向他敬礼的俘虏。

阿尼姆将被送往阿尔及尔一座建在足球场内的战俘营。艾森豪威尔故意怠慢他，不给他说话的机会，开了两年后不交出兰斯就不和德国将军说话的先例。一位英国中校征用了阿尼姆的轿车，据说这辆斯太尔-戴姆勒汽车的引擎有 28 个正向和反向齿轮。从大火中抢出来的拖车则被送往印度，作为募集慈善基金时展出的古董。

他负气不交出最后一支军队并不能阻止轴心国军队不攻自破。5 月 13 日星期四下午 1 点 16 分，亚历山大给丘吉尔发了一封文绉绉的电报："阁下，属下谨向你报告，突尼斯战役结束。德军全线停止抵抗，我们已经成为北非海岸的主人。"

后 记

  1943 年 5 月 20 日星期四，突尼斯晨风送香，一轮红日爬上一碧如洗的天空，人行道上的影子渐渐躲进墙角。上午 11 点，树荫下的气温高达 92 华氏度（33.33 摄氏度），用一名士兵写在日记中的话说："热得要命。"但在棕榈遮阴的朱尔·费里大道上仍然人头攒动，这里即将举行结束北非战役的阅兵式。孩子们爬上树梢，或在人群中钻来钻去。小贩沿街兜售法国、英国和美国小国旗，"好似一群兴高采烈的球迷，"哈罗德·麦克米伦在日记中写道，"街道上、房屋里，甚至是屋顶上都挤满了人。"

  临近正午，伴随着呼呼的风笛声和沙沙的格子呢摩擦声，苏格兰团的一队风笛手和鼓手走进了人们的视野。风笛手迈着整齐划一的碎步，走向空无一人的检阅台，旋即转身后退，沿着大道各就各位，卖力地演奏着风笛。接着，一支由高大的近卫步兵组成的仪仗队入场，鞋钉敲击着地面，发出咔咔的清脆声响，用一位美国军官的话说，"迈着无异于白金汉宫卫兵换防时准确的步伐"就位。因为痢疾和高温，近卫军方阵的大兵们渐渐支撑不住，有的晕倒有的退出，人数越来越少。团军士长"使出浑身解数，乘人不注意轮流撤下病号"。

  一队轿车停在检阅台前。艾森豪威尔穿着马裤和齐膝高的马靴，握着手杖，在前排目光呆滞的吉罗将军旁落座。坎宁安、亚历山大、特德和安德森这几位得力干将分列其后。一身薄西服的麦克米伦和罗伯特·墨菲在最后一排就座。其余人员依次按照军衔或身份的高低入席。布拉德利和巴顿被安排到了挤满末流贵族的看台边,布拉德利愠怒地说,自己被安排在一个"腰上系着一条紫色绶带的法国大牧师身旁。绶带挡住了他的便便大腹,将他扮成一支镶着紫水晶的大十字架"。

中午时分,隆隆的炮声响起,人们误以为是空袭,都被吓了一跳,但这不过是开始阅兵的信号。头戴白帽、肩镶红色肩章的外国军团乐队演奏着进行曲迈步经过时,人群欢声雷动,一支黑人卫队的出现引起观礼台上的人们阵阵欢呼。朱安将军带领一支法军分队紧随其后,故意在阿拉伯人和变节分子面前显威风。他们十人一排,列队行军一个多小时,平顶帽、贝雷帽、大檐帽、头巾、红马裤和束腰蓝制服,参差不齐的装扮令他们活像一支欢悦的喜歌剧团。身披红斗篷的阿尔及利亚骑兵跨着白马,高举军刀敬礼。

光着脚的阿尔及利亚、摩洛哥和塞内加尔狙击兵迈着轻松的步子走过。紧随其后的是步履蹒跚、留着大胡子、一身条纹长袍的北非士兵小分队,他们背着皮囊,惹得大兵们都忍不住去按一按,看看里面装的到底是不是敌人的耳朵。而后还有踢着高步、一色金发的德国人和波兰人的法国外籍军团。

美国人紧随法国人之后。一支乐队演奏着《星条旗永不落》,与第 34 师第 135 步兵团共同踏上人行道,一阵风似的走过(因为他们在 609 号高地上的英勇表现,被选为美国步兵的代表)。官兵一把火烧了满是虱子的作训服,换上崭新的橄榄绿羊毛衬衫,放下衣袖,扣子一直扣到领口,钢盔半掩着他们的脸。哈蒙将军说,这支军队走路像"没见过世面的阿肯色乡巴佬",巴顿则抱怨"我们的人在检阅中表现欠佳,我看我们还缺乏身为军人的自豪感,必须要培养这种感觉"。成千上万的观众却不这么看,人行道和露台上一片高呼:"美国万岁!"年轻人则冲上大街,和解放者击掌。

接着又是风笛手。一曲绵绵的《森林中的花朵》送走了最后一队美军,英国人旋即进入视线,近 1.4 万名官兵分九列纵队,由伊夫利将军带队。每一名队员都接到了细致如作战方案般的指示,如"要擦亮乐器"。乐器闪闪发光,官兵们穿着短裤和齐膝的袜子,头戴贝雷帽或军便帽,敞开领口、将

后 记

袖子卷到胳膊肘,露出健壮的四肢和黝黑的面孔。麦克米伦冲"迈着阔步走过的官兵"微笑,一位美军上校承认,"英国人是压轴戏"。他们九个九个一排,毛利兵、澳大利亚兵、锡克兵和冷溪兵,每个方队间隔20码。他们"啪啪"走过主观礼台时,随着指挥官一声清脆的"向右看",齐刷刷地对贵宾行起注目礼。一队"喷火"战斗机和B-17"空中堡垒"轰炸机隆隆地从上空掠过,摆动机翼致敬。

★★★

阅兵队伍在一曲《胜利号》和尾随英国步兵的谢尔曼坦克发出的声响中散去。最后一门大炮过了观礼台,喊哑了嗓子的观众爬下了树。被准予释放的几百名意大利俘虏一边冲着所有走过的方阵热情欢呼,一边抱怨卫兵将他们挡在铁丝网后面。艾森豪威尔爬上车,前往不远处的总督府,朱安将军宴请了70位客人,同时在一张长桌上就座。用哈利·布彻的话说,之后他们

1943年5月20日,美军第34步兵师的将士在胜利阅兵式上列队穿过突尼斯。巴顿抱怨美军"在检阅时表现欠佳",数千名观众却不认同,他们在人行道和露台上高喊"美国万岁"。

要在一个"金碧辉煌的王宫"内举行的仪式上与新大公交接,他是遭罢黜的通敌者的叔叔。还在为被赶出主观礼台而愤愤不平的巴顿与布拉德利返回阿尔及利亚,为登陆西西里做准备。巴顿大发牢骚,说阅兵"纯属浪费时间"。

即使在酷日下晒了两个小时,艾森豪威尔依然兴致不减。一名记者说他"清癯、黝黑、身手敏捷,开心得像个小学生……队伍经过时一一还礼。阅兵结束,他抽着烟,与各领导人谈笑风生"。

"打赢突尼斯战役并不能打动我",他实话告诉马歇尔。突尼斯阅兵式这个主意吓着了他,他想将其改为低调的纪念阵亡将士的活动,但没人愿意采纳他的建议。他依然失眠,兴高采烈只是这位总司令示人的假面。

因为这场战争,艾森豪威尔的变化非常大。他始终以一个堪萨斯小镇人自居,说自己"天真、头脑简单,做不了阴谋家"。他待人真诚、活力四射。肩负重任时,他表现出令人钦佩的风度和品格。但不能说他没有心机,天真往往是一个满腹心机的阴谋家的好幌子。达尔朗事件告诉他,某些事情即便是由他负责,也不能出风头。弗雷登多尔等指挥官的缺点让他学会严格,甚至不留情面地对待下属。他还懂得了一个残酷的法则:如果一支军队想打胜仗,必须有人阵亡。

"在这场战争中,美国人迅速培养出了属于他们自己的伟大军人,这是我们愿意见到的。"一位英国将军事后说。艾森豪威尔就是这样一位伟大的军人。这位英国将军还说,1942年秋天,艾森豪威尔还只是身经百战的英国同仁的"训练有素、忠心耿耿的部下"。如今,他已然成为一位合格的司令。他的儿子约翰后来写道:"1942年出征欧洲前,我知道他是一个锐意进取的聪明人。"北非战役使他"从一个简单的人变成一位重权在握、呼风唤雨的大人物"。

★ ★ ★

虽然庆祝了战争胜利,但还有些小问题需要处理。

一支小舰队从波尼出发,解放了地中海小岛拉格利特,一位英国海军军官说,在舰上与岛民的庆祝仪式一再被迫中断,"先是打捞代表团不时扔到空中、被风吹下海的帽子,再就是打捞落海的市长"。盟军搜救人员遍寻轴心国丢弃在突尼斯的物资,但据称"没发现多少有用的东西,武器多半被摧毁"。数千名工兵开始扫雷,但地雷仍危害着平民和士兵,6月6日,凯·萨默斯比的未婚夫理查德·R.阿诺德少校在塞杰南触雷身亡。

60年后,突尼斯当局平均一个月仍要起出50枚未爆炸的炸弹、炮弹或地雷。据战略情报局秘密文件记载,法国最高统帅部不失时机地在突尼斯展开了"针对穆斯林、在一定程度上是针对意大利人的残酷战役"。法国人在轴心国军队占领突尼斯的6个月间,凭借宣传、反闪族法令和一系列的经济举措,如分田地、以劫取的法币增加工资,在阿拉伯人中深得民心。

战略情报局揭露,为报复占领期间阿拉伯人的背信弃义,"法国人推行了恐怖统治,随意逮捕并拷打穆斯林"。据称杰尔巴岛集中营羁押了3 000名阿拉伯人,殴打和大屠杀时有发生。警察和恶吏"在这里胡作非为,羁押、拷打甚至杀害仇家"。法国官员向西吉·布·吉特村的阿拉伯人索取2 500万法郎,说是赔偿土地遭劫的法国农民。战略情报局称,此举有违盟国宗旨,"不仅给法国当局,而且给美国和英国抹了黑"。

由于忙于登陆西西里,艾森豪威尔和手下的副官无暇顾及此事,但大多数盟军官兵无法坐视不管。官兵们个个都在为下一场战役做准备,一连数日蒙头大睡,用手榴弹在比塞大湖炸鱼,之后便是训练。不少人心头萌发了浓浓的乡愁。连斯帕茨和特德都将西北非看作一场漂亮仗:一帮勇敢的兄弟打的一场轻松、无牵无挂的仗。

目光敏锐的军人却没这种幻觉,全军上下到处冷言冷语。"我是耶稣的小羊羔,"大兵们相互说,"我发誓我是。"厄尼·派尔见过太多不幸,直言不讳地问:"不知还有多少大兵将血洒疆场,可那又能怎样?"虽然都对战争有着清醒的认识,但官兵们仍然会想入非非,坚信自己已经尽了作为军人的职责,将要解甲归田。"在非洲,座座军营谣言四起",一个大兵说。老兵见不少新兵员源源不断地抵达突尼斯,以为至少可以享受一次探亲假。卢西恩麾下的第 3 步兵师刚刚抵达突尼斯。该师有一个生着一张娃娃脸、只上过 5 年学的孩子。他来自得克萨斯乡下，嗜赌成瘾，想要参军，是因为"可以一觉睡到 5 点半"。还不到 19 岁、体重不足 110 磅的一等兵奥迪·L. 墨菲将成为史上立功最多的美国战士，但就算他如此优秀，也不能使大多数官兵在这段时间免于服兵役。

手下官兵的自欺欺人引起了查尔斯·赖德的注意，5 月中旬，他将全体军官和军士集中到位于马特尔附近的一座小山上，对他们说：

> 全师上下谣传第 34 师官兵已经尽了作为军人的职责，已经受够了罪，就要打道回国。不过，先生们，在下今天要告诉各位，这场战争一天不结束，第 34 师就一天不回国……随着这场战争的持续，局势愈发严峻，还有更加艰巨的目标等着我们攻克，随着德军战线收紧，我们还要遭受更大的伤亡。我们要到欧洲战斗，相比之下，突尼斯战役不过是场实弹演习。

这是实话，一个士兵说起了怪话："赖德将军他老人家以部队为家，他太太大概不在乎他回不回去。"

高层指挥官们多半都参加了意大利战役或法国北部战役，诸如艾森豪威尔、布拉德利、巴顿、克拉克、亚历山大和蒙哥马利，他们还要继续与凯塞林、隆美尔交锋。不过，对某些人来说，非洲成了他们舞台的终点。5 月 12 日，安德森在给艾森豪威尔的信中写道："不论将来如何，与弟兄们一同出生入死将是我此生最骄傲的一段记忆。"安德森过得并不顺利，由于蒙哥马利等人将他说得一无是处，回国后他被封为骑士，直到诺曼底登陆才恢复军衔、重掌兵权，战后担任直布罗陀总督，直到退休。

罗伯特·穆尔回国了，自在丰杜克负伤后，他与当初的娃娃上尉判若两人。穆尔奉命到佐治亚训练新兵。两年前他带出的维利斯卡的 F 连"如今所剩无几"，5 月 12 日，他在家信中写道，"只剩下七八个人。全家团聚是一个大喜的日子,不是吗?"

1943年7月15日的确是一个大喜的日子。穆尔拿着手下送给他的告别礼物——一只骆驼皮制公文包,于上午9点30分走向伯灵顿6号。7岁的女儿南希跳进他的怀抱,一家报社的摄影记者捕捉了这个瞬间,为此还获得了普利策大奖。小镇鸣笛欢迎穆尔荣归故里,他家杂货店门前的第三大道两侧国旗招展。罗伯特·穆尔尽忠尽责地打完了这一仗,回国后担任艾奥瓦州国民警卫队准将,于1964年退休,其时家中的杂货店已关了一年。

他1991年去世时,送葬的队伍高唱《共和国战歌》,传颂青年罗伯特在凯塞林隘口一战中,带着手下一个营安然越过德军阵线。长老会教堂门口的留言板上只写了一句话:"老兵不朽。"

在北非伤亡的新兵数以千计。在"火炬行动"和之后的突尼斯战役中,盟军伤亡7万余人,头脚相连可达80英里,从阿尔及利亚边界一直排到突尼斯。英方伤亡3.8万人,第一集团军占三分之二,第八集团军占三分之一,其中6 200人阵亡,1.06万人失踪或被俘。法军伤亡1.94万人,阵亡和失踪将近一半。5月中旬,法国阿尔及利亚各部回国时,官兵们排在大街上点名。点到阵亡的战友,记者约翰·达西·道森写道,只听一个深沉的声音答道:"阵亡!"继而响起鼓声,观众脱帽,女人低头在胸口画着十字。

美军在"火炬行动"中伤亡1 000多人,11月中旬到次年5月中旬,伤亡18 221人,其中2 715阵亡,近9 000人受伤,6 500多人失踪,虽然在此战中,步兵只占海外兵力的14%,但伤亡却高达70%。仅第34师就伤亡、失踪4 000人,占赖德四分之一的兵力,与艾伦第1师的情况相当。

有些单位简直就是遭受了灭顶之灾。第6装甲团1营有734人参加了"火炬行动",6个月内就伤亡了455人,占总人数的62%。该营A连半年内损失4名指挥官,中下级军官的伤亡非常严重。英国各级军官的伤亡同样惨重:6名营长于11月参加了第一轮进攻突尼斯的作战行动,仅剩的一位在5月最后一轮炮战中阵亡。阿盖尔萨瑟兰高地团8营的情况也很糟糕,自登陆布日伊,共49名军官伤亡,是该营一般情况下配置军官数量的1.5倍。

  轴心国军队的伤亡仍不确定。在最后一个月的混战中,对俘虏、坟墓和伤兵数量的统计前后不一。据估计,德军阵亡人数超过8 500,意大利军阵亡3 700人。伤员数一般是阵亡人数的3～4倍,达4万～5万。

  德意两军的战俘人数一样存在争议。5月末,盟军登记在册的伤俘人数为238 243,其中德国人近10.2万。阿尼姆认为战俘总数将近30万,这其中当然包括他自己,而隆美尔的前任参谋长认为德军被俘人数将近16.6万,俘获敌军25万人是个合理的数字。戈培尔私下称北非失守是"第二个斯大林格勒",他在日记中写道:"我方损失巨大。"此话不假,和斯大林格勒一样,德国师有一半被歼灭,突尼斯的战俘营因后方指挥部的"废物"而人满为患。

  但此战以一方惨败、一方得意扬扬而结束。暂且不论轴心国军队伤亡人数统计是否准确,歼灭敌人两个集团军,而敌军在北非作战的士兵数量已变为零,这一点确凿无疑。

★ ★ ★

  用丘吉尔的话说,以7万人伤亡的代价拯救了"一块大陆"。不过,盟军赢得的不仅仅是版图。与德军第一次对阵,美国人收获颇丰。美军4个师为远征、两栖战、山地战、沙漠战和巷战这5种战斗积累了宝贵的作战经验。官兵们懂得了地势、多军种配合、积极侦察、突袭和装甲部队的意义。他们也饱尝被轰炸、被炮击和被机枪扫射的滋味。用一位将军的话说,他们给艾森豪威尔提供了"十万精兵强将"。

  但他们仍任重道远。特拉斯科特担心美军"小有成绩就沾沾自喜",有些指挥官文过饰非。布拉德利认为此战"证明美国兵不愿与敌人短兵相接,这是他的一块心病"。特拉斯科特说:"我们何苦要自欺欺人?"坦克兵和步兵紧密配合的重要性很快就被抛诸脑后,再一次学会还需要付出血的代价。历史学家埃里克·拉拉比曾经指出,北非是一个"可以混迹于此,展示作战和指挥才能的地方"。

这里也产生了这场战争后期才出现的种种事物：有些动人心弦，如法国重归民主同盟；有些令人感到悲哀：如布拉德利、巴顿等人的仇英心理；亚历山大瞧不起美国人的军事才能；种种龃龉、口角和不和。其中意义最为深远的莫过于英美联盟势力的重新洗牌，美国凭借军事力量和综合实力占据了主导地位，其影响不仅延及战后，更延伸到了下一个世纪。

60年后，展现"作战和指挥才能"依然令军人们感到高兴。"军人为三件事而战，"赖德说，"一是荣耀，二是集体荣誉，三是憎恨。这三样被第34师占齐了。"当时，来到摩洛哥和阿尔及利亚的美国人多半认为自己是在为别人而战，但如今，他们已经全身心地投入战斗。德鲁·米德尔顿指出，自突尼斯战役后，"二战变成了盟国间的竞争"。

不少人对战争有了属于自己的新理解。"这里是非分明，"一个来自艾奥瓦州的士兵在给父母的信中写道。第13装甲团一名下士告诉自己的女友："等这一切统统变成遥远的记忆，我可以在别人面前高高地昂起头颅。"他们个个都抱着固执的乐观。"我们不懂什么叫失败，"一名士兵写道。"我们还没想过要吃败仗。"自登陆摩洛哥起一路陪着美国人的一位英国少校总结，美国人"实属另类，除非对他们下达命令或进行说服，他们才能做好"。

非洲战役鉴证了责任、友谊和生存的意义，哪怕是大兵们戏谑的话。"我不能死，"一名中士写信给姐姐，"如果死了，我就不能为政府效力了。"但撇开玩世不恭，却发现他们战斗的真正目的——回家。一个士兵写道："我们都有一个为之战斗和活下去的目标，我们每天都希望并祈祷能够早日踏上归程。"

然而非洲只是漫漫征程的第一步。"首次参战委实鼓舞了士气"，丘吉尔事后写道。不到一年前，轴心国军队还在各前线所向披靡。隆美尔猛攻埃及期间，难民涌向开罗火车站，吓坏了的英国外交官在花园中焚烧文件。如今轴心国只能派出潜艇四处攻击，一日不如一日：自1941年以来，盟军的第一支舰队纵跨地中海，于9天后平安抵达亚历山大。

希特勒完全丧失了战略主动，连凯塞林都看出同盟国阵营的军队势不可当。他事后评论："你们在突尼斯首次展露了空军的优势。"一家瑞士报纸报道，柏林人"抱头鼠窜"，而失去了殖民地的意大利更惨。盟军的频频轰炸令法西斯分子显得愈发无能。5月，一位身在罗马的德国将军汇报："欧洲目前只有一个意大利装甲营在西西里准备迎战，装备是清一色过时的法国坦克，如果敌人初战告捷，目前普遍为人们相信的宿命论势必扰乱人心。"据说墨索里尼心力交瘁，只能靠牛奶和米饭度日。

和斯大林格勒、阿拉曼、中途岛、瓜达尔卡纳尔岛一样，突尼斯处于轴心帝国的外围。1942～1943年冬，德国将17个师从西欧调往东线，这表明北非战役对苏联人展开的伟大抗战的影响微乎其微，尽管地中海战争消耗了相当一部分德国空军。7月初，希特勒说突尼斯一战"拖了盟军长达6个月之久"，同时将意大利留在轴心国阵营，阻止盟国经勃伦纳隘口突袭阿尔卑斯山。

史学家迈克尔·霍华德指出，元首高估了盟军的能力：连巴顿也没想过长驱直入意大利，直捣慕尼黑。但往大了说，此战为轴心国争取了时间，将封锁地中海的时间延长了半年，消耗了盟国的运输力量、制约了其战略计划，使盟国不得不把用于横渡英吉利海峡战争的兵力和物资投入地中海。往小了说，为凯塞林争取了几个月的时间来巩固帝国南翼的防御。

从"爱斯基摩人行动"开始，突尼斯的持久战就耽误了欧洲其他行动。但现在别无选择，盟军只能迎难而上。"打仗就好似在崎岖的路上挑担，"马歇尔说，"有勇气和决心才能坚持到底。"

★ ★ ★

如果在11月，突尼斯首战告捷，盟军说不定能提前几个月登陆西西里和意大利本土，或许于1943年就能攻克罗马。但盟军的海空实力有限，只好将D日定于1944年6月6日，这样才有胜算。

现在还看不出速战速决是出于谨慎考虑。说到"火炬行动"的好处，就

后 记

是令盟军免受因过早登陆北欧而造成的损失。如果德军数十个师在大西洋壁垒后守株待兔,法国将变成一座炼狱。"火炬行动"是拼死一搏,美国空军一份官方史料总结,"是美英在此战中下的一大注",至于横渡英吉利海峡这一大注,必须留到稳操胜券时再下。

眼下,胜利者正在欢庆胜利。丘吉尔致信艾森豪威尔,对英国和美国人来说,胜利是"一个好兆头,令人对将来充满信心。我们可以并肩携手,打倒压迫人类的暴君"。对此,许多人都感同身受。"我们出生入死,结下了深厚的友谊,"第78师一位英国上尉写道,"我们都到鬼门关走了一遭。"美军年轻的担架员凯莱布·米尔恩却再也没回来,5月11日,他在救治一名伤员时被迫击炮击中,当场阵亡。在给母亲的最后一封信中,米尔恩将突尼斯描写成一个生动、精彩的世界:

> 这里四季分明、天气多变,我在冒险和苦难中体会人生的乐趣,这令我感到满足。每当炊烟袅袅升起,每当第一朵郁金香绽放,每当黑云漫天、暴风雨来临之时,我都陪伴在你身边……想想眼下和未来,就想到了你,我仿佛不再只身在外,孤单和痛苦都离我而去,我变成了你脚下的一抔土、你呼吸间的空气、一缕不再孤单的灵魂。

基尔罗伊来过这里,他现在准备继续前进。在突尼斯港外辽远的天空之下,还有一片大陆等着他。

突尼斯郊外的迦太基美军公墓。27英亩的墓碑下埋葬着一个时代的英雄故事。
(作者收藏照片)

551

 ✕ **READING YOUR LIFE**

人与知识的美好链接

近20年来,中资海派陪伴数百万读者在阅读中收获更好的事业、更多的财富、更美满的生活和更和谐的人际关系,拓展他们的视界,见证他们的成长和进步。

现在,我们可以通过电子书、有声书、视频解读和线上线下读书会等更多方式,给你提供更周到的阅读服务。

微信搜一搜
🔍 海派阅读

关注**海派阅读**,随时了解更多更全的图书及活动资讯,获取更多优惠惊喜。还可以把你的阅读需求和建议告诉我们,认识更多志同道合的书友。让海派君陪你,在阅读中一起成长。

也可以通过以下方式与我们取得联系:

📞 采购热线:18926056206 / 18926056062　　📞 服务热线:0755-25970306

✉ 投稿请至:szmiss@126.com　　👁 新浪微博:中资海派图书

更 多 精 彩 请 访 问 中 资 海 派 官 网　　**www.hpbook.com.cn** ▶